佛教研究叢書15

二萬五千頌般若經合論記要（五）

李森田 記要

蘭臺出版社

《現觀莊嚴論》

彌勒菩薩造・法尊法師譯

《二萬五千頌般若波羅蜜多經》

玄奘譯《大般若波羅蜜多經》第二會

目　次

二萬五千頌般若經合論科判(第五冊)

(大般若經第二會現觀莊嚴論合編)

樹喻品卷 463，菩薩行品卷 464，

親近品卷 464，遍學品卷 464、465，

漸次品卷 465

[乙二] 堅固因果

[第六事]漸次加行

[第七事]剎那加行

[甲四] 廣釋法身   法身品第九
[乙一] 身建立

[第八事]果法身

 [丙一] 自性身   [第 67 義](體性身)   67-1

[甲五] 釋餘略義   攝品第十

    1.攝為六義

    2.攝為三義

[論後義]

第五事

第42～45義

【第五事】頂加行

〔義相〕：總修三智，圓滿大乘資糧道慧所攝持之菩薩瑜伽，即頂
加行相。

〔界限〕：從大乘加行道煖位乃至十地最後心。

[丙二]頂加行 （自在果）　　頂現觀品第六

[丁一]加行道頂加行

[戊一]煖頂加行

【第 42 義】：煖頂加行　42

〔義相〕：十二種頂加行相隨得一相之大乘第一順決擇分，
即煖頂加行相。

〔界限〕：唯在大乘加行道煖位。

[夢亦於諸法，觀知如夢等，是至頂加行，所有十二相。](頌5-1)

《般若經》說，得煖位頂加行者，雖於夢中亦能觀一切諸法皆如夢境
等十二種相，謂：

42.1.住加行道煖位利根菩薩，由醒覺時緣真空性薰修毗缽舍那故，則於
夢中亦能觀一切諸法皆如夢境。

42.2.又由醒時多修菩提心力，則於夢中亦能不發愛樂小乘道之心。

42.3.又由醒時不離見佛善根成熟力，則於夢中亦能見如來百千大眾圍繞
說法。

42.4.又於夢中亦見佛騰空現通說法。

42.5.又於夢中亦能為無邊眾生發心說法，謂我醒時當說一切諸法皆如夢
事。

42.6. 又隨於覺、夢，若見地獄等有情，皆能發願：願我成佛國土全無惡趣之名。隨念遠離惡趣。

42.7. 又隨於覺、夢，見焚燒聚落等，發諦實語加持令息。

42.8. 若見他人為藥叉等非人魅著，說諦實語令無魔害。

42.9. 又由自具通神(自己洞悉)，能親近映蔽魔業之善知識。

42.10. 又一切種為利他故，修學般若波羅蜜多。

42.11. 又於一切法無真實執著。

42.12. 又近佛菩提。

[戊二]頂頂加行

【第 43 義】：頂位頂加行　43

〔義相〕：較三千世界有情供養諸佛福德尚多等十六增長，
　　　　　證此增長之大乘第二順決擇分，即頂位頂加行相。

〔界限〕：唯在大乘加行道頂位。

[盡瞻部有情，供佛善根等，眾多善為喻，說十六增長。](頌5-2)

安住頂位頂加行之菩薩智，此以瞻部洲眾生為喻，乃至盡其三千大千世界有情供養諸佛所有善根等眾多為喻，此福較彼尤多以十六種增長為體也。

福德十六增長者，謂：

43.1. 瞻部洲等三千世界諸有情類，以香花等供養如來，較此福德尤為增長。

43.2. 成就思惟甚深般若波羅蜜多，較前福德尤為超勝。

43.3. 若得無生法忍，較前福德尤為超勝。

43.4. 若由頂加行力，瞭解能證所證諸法，皆於勝義無所得，較前福德尤為超勝。

43.5. 較瞻部洲一切有情皆行十善、得四靜慮、四無色定，尤為超勝。

43.6. 又由證得頂加行之力，諸天眾皆來自所。

43.7. 又由頂加行力，映蔽一切諸魔。

43.8. 恭敬其他菩薩等同大師。

43.9. 於一切種慧學清淨，善巧方便二種資糧。

43.10. 由頂加行力，得佛種性。

43.11. 獲得殊勝發心，等得佛果之因。

43.12.由頂加行力，不生六度所治品之心。

43.13.不於色等起執實之心。

43.14.了知〔甚深般若波羅蜜多〕攝餘波羅蜜多。

43.15.獲得圓滿三乘智德。

43.16.由頂加行力，近〔大菩提〕。

[戊三]忍頂加行

【第 44 義】：忍位頂加行　44

〔義相〕：獲得三智隨順慧及於利他不壞堅穩之大乘第三順
決擇分，即忍位頂加行之相。

〔界限〕：唯在大乘加行道忍位。

[由三智諸法，圓滿最無上，不捨利有情，說名為堅穩。](頌5-3)

大乘加行道忍位，

44.1.成就自利智德所攝圓滿發心等，表示三智智德種類之無上妙慧。

44.2.利他德，不捨有情利益堅穩方便。《經》中說名堅穩頂加行。

[戊四]世第一法頂加行

【第 45 義】：世第一法頂加行　45

〔義相〕：成熟親生大乘見道之功能，於無邊三摩地得心遍
住之大乘第四順決擇分，即是世第一法頂加行之
相。

〔界限〕：唯在大乘加行道世第一法。

[四洲及小千，中大千為喻，以無量福德，宣說三摩地。](頌5-4)

大乘世第一法之智，以四洲，小千，中千，大千世界微塵，及諸水塵
用髮端滴數可知其量為喻，若隨喜四菩薩之善根其福極多。《經》中
以此表示宣說世第一法頂加行之三摩地也。

四菩薩者，謂初地，二地至七地，第八地，及住十地。以住加行道
世第一法之菩薩，隨喜彼四菩薩之善根故。

如是圓滿六度所攝，一切現觀種類殊勝三摩地之世第一法頂加行，即
名心遍住頂加行也。

[丁一]加行道頂加行
[戊一]煖頂加行　　【第 42 義】：煖頂加行

1.已得不退轉菩薩之相

(1)乃至夢中亦不貪二乘地及三界

42.1 住加行道煖位利根菩薩，由醒覺時緣真空性薰修毗缽舍那故，則於夢中亦能觀一切諸法皆如夢境

卷 452〈增上慢品 60〉：「常觀諸法如夢、如響、如像、如幻、如陽焰、如光影、如變化事、如尋香城，雖如是觀察而不證實際，當知是菩薩有不退轉相。」

(CBETA, T07, no. 220, p. 283, a$^{26-29}$)

sher phyin:　v.028, pp. 32^{20}–33^{04}　《合論》：v.051, pp. 74$^{12-19}$

42.2 由醒時多修菩提心力，則於夢中亦能不發愛樂小乘道之心

卷 452〈增上慢品 60〉：「第二分增上慢品第六十之一

爾時，佛告具壽善現：

「若菩薩摩訶薩乃至夢中，亦不愛樂稱讚聲聞及獨覺地，於三界法亦不起心愛樂稱讚，」*1　(CBETA, T07, no. 220, p. 283, a$^{23-26}$)

sher phyin:　v.028, pp. 32$^{16-20}$　《合論》：v.051, pp. 75$^{01-06}$

(2)夢中聞佛說法，即善解義趣，能隨法行

42.3 由醒時不離見佛善根成熟力，則於夢中亦能見如來百千大眾圍繞說法

卷 452〈增上慢品 60〉：

「復次，善現！若菩薩摩訶薩夢見如來、應、正等覺，有無數量百千俱胝那庾多眾，恭敬圍繞而為說法。既聞法已善解義趣，解義趣已精進修行，法隨法行，及和敬行，并隨法行，當知是菩薩有不退轉相。」

(CBETA, T07, no. 220, p. 283, a^{29}–b^{4})

sher phyin:　v.028, pp. 33$^{04-18}$　《合論》：v.051, pp. 75$^{07-20}$

(3)於夢中見佛神力施作佛事

42.4 於夢中亦見佛騰空現通說法

卷452〈增上慢品60〉：

「復次，善現！若菩薩摩訶薩夢見如來、應、正等覺，具三十二大丈夫相，八十隨好圓滿莊嚴，常光一尋周匝照曜，與無量眾騰踊虛空，現大神通說正法要，化作化事，令往他方無邊佛土施作佛事，當知是菩薩有不退轉相。」*2

(CBETA, T07, no. 220, p. 283, b$^{4-9}$)

sher phyin:　v.028, pp. 33^{19}–34^{05}　《合論》：v.051, pp. 76$^{01-09}$

(4)夢見愁苦事而無畏，知三界虛妄，亦為有情說三界如夢

42.5 於夢中亦能為無邊眾生發心說法，謂我醒時當說一切諸法皆如夢事

卷452〈增上慢品60〉：

「復次，善現！若菩薩摩訶薩夢見狂賊破壞村城，或見火起焚燒聚落，或見師子、虎狼、猛獸、毒蛇、惡蝎欲來害身，或見怨家欲斬其首，或見父母、兄弟、姊妹、妻子、親友臨當命終，或見自身寒熱飢渴及餘苦事之所逼惱。見如是等可怖畏事，不驚不懼亦不憂惱，從夢覺已即能思惟：『三界非真皆如夢見，我證無上正等覺時，當為有情說三界法，一切虛妄皆如夢境，令諸有情不生執著。』當知是菩薩有不退轉相。」*3

(CBETA, T07, no. 220, p. 283, b$^{9-18}$)

sher phyin:　v.028, p. 34$^{05-20}$　《合論》：v.051, pp. 76^{10}–77^{06}

(5)夢中見三惡道，願成佛時國中無三惡道

42.6 隨於覺夢若見地獄等有情，皆能發願：願我成佛國土全無惡趣之名，隨念遠離惡趣

卷452〈增上慢品60〉：

「復次，善現！若菩薩摩訶薩乃至夢中見有地獄、傍生、鬼界諸有情類，便作是念：『我當精勤修菩薩行，速趣無上正等菩提，我佛土中無有地獄、傍生、鬼界惡趣之名。』從夢覺已亦作是念。善現當知！是菩薩摩訶薩當作佛時，彼佛土中定無惡趣。所以者何？若夢、若覺諸法無二、無二分故，當知是菩薩有不退轉相。」(常修清淨國土因緣故，夢覺佛土中都無惡趣。)

(CBETA, T07, no. 220, p. 283, b$^{19-25}$)

sher phyin:　v.028, pp. 34^{20}–35^{13}　《合論》：v.051, pp. 77^{07}–78^{01}

(6)夢見地獄火，發誓願火即滅

42.7 隨於覺、夢，見焚燒聚落等，發諦實語加持令息

卷 452〈增上慢品 60〉：

「復次，善現！若菩薩摩訶薩夢中見火燒地獄等諸有情類，或復見燒城邑、聚落，便發誓願：『若我已受不退轉記，當得無上正等菩提，願此大火即時頓滅變為清涼。』若此菩薩作是願已，夢中見火即時頓滅，當知已得不退轉記。若此菩薩作是願已，夢中見火不即頓滅，當知未得不退轉記。(若常修慈悲心故，作願火即滅)

(7)晝見火燒城邑，咒願令火滅

「復次，善現！若菩薩摩訶薩覺時現見大火卒起，燒諸城邑或燒聚落，便作是念：『我在夢中或在覺位，曾見自有不退轉相未審虛實，若我所見是實有者，願此大火即時頓滅變為清涼。』若此菩薩作是誓願發誠諦言*4，爾時大火即為頓滅，當知已得不退轉記。若此菩薩作是誓願發誠諦言，火不頓滅，當知未得不退轉記。

「復次，善現！若菩薩摩訶薩覺時見火燒諸城邑或燒聚落，便作是念：『我在夢中或在覺位，曾見自有不退轉相。若我所見定是實有，必獲無上正等菩提，願此大火即時頓滅變為清涼。』是菩薩摩訶薩發此誓願誠諦言已，爾時大火不為頓滅，然燒一家，越置一家復燒一家，或燒一巷，越置一巷復燒一巷，如是展轉其火乃滅，是菩薩摩訶薩應自了知決定已得不退轉記。然被燒者，由彼有情造作增長壞正法業，彼由此業先墮惡趣，無量劫中受正苦果，今生人趣受彼餘殃；或由此業當墮惡趣，經無量劫受正苦果，今在人趣先現少殃。」*4

(CBETA, T07, no. 220, p. 283, b^{25}–c^{22})

sher phyin: v.028, pp. 35^{14}–36^{13} 《合論》：v.051, pp. 78^{02}–79^{09}

(8)非人惱有情，咒願令遠離

42.8 若見他人為藥叉等非人魅著，說諦實語令無魔害

卷 452〈增上慢品 60〉：

「復次，善現！依前所說種種因緣，知是不退轉菩薩摩訶薩。復有成就餘行、狀、相，知是不退轉菩薩摩訶薩，吾當為汝分別解說，汝應諦聽！極善思惟！」

善現對曰：「惟願為說！」

佛言：

「善現！若菩薩摩訶薩見有男子或有女人，現為非人之所魅著，受諸苦惱不能遠離，便作是念：『若諸如來、應、正等覺知我已得清淨意樂，授我無上正等菩提不退轉記；若我久發清淨作意，求證無上正等菩提，遠離聲聞、獨覺作意，不以聲聞、獨覺作意求證無上正等菩提；若我當來必得無上正等菩提，窮未來際利益安樂諸有情類；若十方界現在實有無量如來、應、正等覺，說微妙法利樂有情，彼諸如來、應、正等覺無所不見、無所不知、無所不解、無所不證，現知、見、覺一切有情意樂差別，願垂照察我心所念及誠諦言；若我實能修菩薩行、必獲無上正等菩提、濟拔有情生死苦者，願是男子或此女人，不為非人之所擾惱，彼隨我語即當捨去。』是菩薩摩訶薩作此語時，若彼非人不為去者，當知未得不退轉記。是菩薩摩訶薩作此語時，若彼非人即為去者，當知已得不退轉記。

2.當知微細魔事

(1)魔欺誑菩薩助其咒願，而令起增上慢

①未善修學菩薩發誠諦言，為魔所誑惑

「復次，善現！

有菩薩摩訶薩未善修學布施波羅蜜多乃至般若波羅蜜多，未善安住內空乃至無性自性空，未善安住真如乃至不思議界，未善安住苦、集、滅、道聖諦，未善修學四念住乃至八聖道支，未善修學四靜慮、四無量、四無色定，未善修學八解脫、八勝處、九次第定、十遍處，未善修學空、無相、無願解脫門，未善修學陀羅尼門、三摩地門。未入菩薩正性離生，未具修習一切佛法，遠離菩薩方便善巧。未免惡魔之所擾亂，於諸魔事未能覺知，不自度量善根多少，學諸菩薩發誠諦言，便為惡魔之所誑惑。

「是菩薩摩訶薩見有男子或有女人，現為非人之所魅著，受諸苦惱不能遠離，即便輕爾發誠諦言：『我若已從過去諸佛，受得無上正等菩提不退轉記，今是男子或此女人，不為非人之所擾惱，彼隨我語速當捨去。』是菩薩摩訶薩作此語已，爾時惡魔為誑惑故，即便驅逼非人令去。所以者何？惡魔勢力勝彼非人，是故非人受魔教勅即便捨去。

②魔誑惑令起增上慢

「是菩薩摩訶薩見此事已，歡喜踊躍作是念言：『非人今去是吾威力！

所以者何？非人隨我所發誓願，即便放此男子、女人無別緣故。」是菩薩摩訶薩不能覺知惡魔所作，謂是己力妄生歡喜，恃此輕弄諸餘菩薩言：『我已從過去諸佛受得無上正等菩提不退轉記，所發誓願皆不唐捐。汝等未蒙諸佛授記，不應學我發誠諦言，設有要期必空無果。』是菩薩摩訶薩輕弄毀呰諸菩薩故，妄恃少能，於諸功德生長多種增上慢故，遠離無上正等菩提，不能證得一切智智。是菩薩摩訶薩以無善巧方便力故，生長多品增上慢故，輕蔑毀呰諸菩薩故，雖勤精進而墮聲聞或獨覺地。是菩薩摩訶薩薄福德故，所作善業、發誠諦言皆起魔事。

③菩薩應善覺知諸微細魔事

「是菩薩摩訶薩不能親近供養恭敬、尊重讚嘆諸善知識，不能請問得不退轉諸菩薩相，不能諮受諸惡魔軍所作事業，由斯魔縛轉復堅牢。所以者何？是菩薩摩訶薩未久修行布施、淨戒、安忍、精進、靜慮、般若波羅蜜多，乃至遠離方便善巧故，為惡魔之所誑惑。

是故，善現！諸菩薩摩訶薩應善覺知諸惡魔事，不應妄起增上慢心，退失所求無上佛果。」*5 (CBETA, T07, no. 220, pp. 283c22– 284b27)

(2)魔以功德相記說菩薩已得授記，令起增上慢

卷 453〈增上慢品 60〉：「第二分增上慢品第六十之二

「「復次，善現！云何菩薩摩訶薩未久修行布施、淨戒、安忍、精進、靜慮般若波羅蜜多，乃至遠離方便善巧故，為惡魔之所誑惑，勸諸菩薩應善覺知？

①魔化作種種形象誑惑菩薩

謂有惡魔為誑惑故，方便化作種種形像，來至菩薩摩訶薩前，作如是言：『咄哉！男子！汝自知不？過去諸佛已曾授汝大菩提記，汝於無上正等菩提決定當得不復退轉。汝身父母、兄弟、姊妹、親友、眷屬乃至七世名字差別我悉善知。汝身生在某方、某國、某城、某邑、某聚落中，汝在某年、某月、某日、某時、某宿、相王中生。』如是惡魔若見菩薩稟性柔軟，諸根昧鈍，便詐記言：『汝於先世所稟根性已曾如是。』若見菩薩稟性剛強，諸根明利，便詐記言：『汝於先世所稟根性亦曾如是。』若見菩薩居阿練若、或常乞食、或一受食、或一坐食、或一鉢食、或居塚間、或居露地、或居樹下、或糞掃衣、或但三衣、或常坐不臥、或如舊敷具、或少欲、或喜足、或樂遠離、或具正念、或樂寂定、或具妙慧、或不重利養、或不貴名譽、或好廉儉不塗其足、或少睡眠、或離掉舉、

或樂軟語、或好少言，如是惡魔見此菩薩差別行已，便詐記言：『汝於先世亦曾如是。所以者何？汝今成就如是如是差別功德，世間同見，先世定應亦有如是種種功德，應深慶慰無得自輕。』(塗其足：於足部塗油保護)

②魔以功德相推知菩薩已曾授記，令生增上慢

「是菩薩摩訶薩聞彼惡魔說其過去當來功德，及說現在親友自身名等差別，兼讚種種殊勝善根，歡喜踊躍生增上慢，凌蔑毀罵諸餘菩薩。爾時，惡魔知其闇鈍起增上慢凌蔑他人，復告之言：『汝定成就殊勝功德，過去如來、應、正等覺已授汝記。汝於無上正等菩提，定當證得不復退轉，已有如是瑞相現前。』是時惡魔為嬈彼故，或矯化作苾芻形像，或矯化作居士形像，或矯化作父母、親友、人非人等形像，現前高聲唱言：『善哉！大士乃能成就如是功德，過去諸佛久已授汝大菩提記，汝於無上正等菩提已不退轉。所以者何？諸不退轉地菩薩摩訶薩勝功德相，汝皆具有，應自尊重，勿生疑惑。』時此菩薩聞彼語已，增上慢心轉復堅固。

③菩薩應善覺知微細魔事

「善現！如我所說，實得不退轉菩薩摩訶薩諸行、狀、相，是菩薩摩訶薩實皆非有。善現當知！是菩薩摩訶薩魔所執持，為魔所嬈不得自在。所以者何？是菩薩摩訶薩於得不退轉菩薩摩訶薩諸行、狀、相實皆未有，但聞惡魔矯說其德及名字等，生增上慢，凌蔑毀罵諸餘菩薩。是故，善現！若菩薩摩訶薩欲證無上正等菩提，應善覺知諸惡魔事，勿為欺誑生憍慢心。

「復次，善現！有菩薩摩訶薩魔所執持，為魔所嬈，但聞虛名而生憍慢。所以者何？是菩薩摩訶薩先未修學布施波羅蜜多乃至般若波羅蜜多，先未安住內空乃至無性自性空，先未安住真如乃至不思議界，先未安住苦、集、滅、道聖諦，先未修學四念住乃至八聖道支，先未修學四靜慮、四無量、四無色定，先未修學八解脫乃至十遍處，先未修學空、無相、無願解脫門，先未修學極喜地乃至法雲地，先未修學陀羅尼門、三摩地門，先未修學五眼、六神通，先未修學如來十力乃至十八佛不共法，先未修學無忘失法、恒住捨性，先未修學一切智、道相智、一切相智，先未修學一切菩薩摩訶薩行、諸佛無上正等菩提，由是因緣令魔得便。是菩薩摩訶薩不能了知四魔行相，由此因緣令魔得便。*5

(3)魔為授記成佛名號，令生憍慢

①菩薩不了知諸法實相

「是菩薩摩訶薩不了知色、受、想、行、識，不了知眼處乃至意處，不了知色處乃至法處，不了知眼界乃至意界，不了知色界乃至法界，不了知眼識界乃至意識界，不了知眼觸乃至意觸，不了知眼觸為緣所生諸受乃至意觸為緣所生諸受，不了知地界乃至識界，不了知無明乃至老死，不了知布施波羅蜜多乃至般若波羅蜜多，不了知內空乃至無性自性空，不了知真如乃至不思議界，不了知苦、集、滅、道聖諦，不了知四念住乃至八聖道支，不了知四靜慮、四無量、四無色定，不了知八解脫乃至十遍處，不了知空、無相、無願解脫門，不了知極喜地乃至法雲地，不了知陀羅尼門、三摩地門，不了知五眼、六神通，不了知如來十力乃至十八佛不共法，不了知無忘失法、恒住捨性，不了知預流果乃至獨覺菩提，不了知一切智、道相智、一切相智。亦不了知有情諸法名字實相，所謂無相。

②魔為授記成佛名號，令生憍慢遠離無上菩提

由此因緣令魔得便，方便化作種種形像，語此菩薩摩訶薩言：『汝所修行願行已滿，當證無上正等菩提，汝成佛時當得如是殊勝功德尊貴名號！』謂彼惡魔知此菩薩長夜思願：『我成佛時，當得如是功德名號！』隨其思願而記說之。時此菩薩遠離般若波羅蜜多，無方便善巧故，聞魔記說，作是念言：『奇哉！此人為我記說當得成佛功德名號，與我長夜思願相應。由此故知過去諸佛必已授我大菩提記，我於無上正等菩提決定當得不復退轉。我成佛時必定當得如是功德尊重名號。』是菩薩摩訶薩，如是惡魔、或魔眷屬、或魔所使諸沙門等記說當來成佛名號，如是如是憍慢轉增：『我於未來定當作佛，獲得如是功德名號，諸餘菩薩無與我等。』

「善現當知！如我所說，已得不退轉菩薩摩訶薩諸行、狀、相，此菩薩摩訶薩皆未成就，但聞魔說成佛虛名，便生憍慢，輕弄毀蔑諸餘菩薩摩訶薩眾。善現當知！是菩薩摩訶薩由起憍慢，輕弄毀蔑諸餘菩薩摩訶薩故，遠離無上正等菩提。善現當知！是菩薩摩訶薩遠離般若波羅蜜多，無方便善巧故，棄善友故，常為惡友所攝受故，當墮聲聞或獨覺地。

③捨不捨憍慢

❶得正念，悔過捨憍慢心

「善現當知！是菩薩摩訶薩或有此身還得正念，至心悔過捨憍慢心，數數親近真勝善友。彼雖流轉生死多時，而後還依甚深般若波羅蜜多方便善巧漸次修學，當證無上正等菩提。

❷不得正念，不悔過不捨憍慢心

善現當知！是菩薩摩訶薩若有此身不得正念，不能悔過，不捨慢心，不樂親近真勝善友，彼定流轉生死多時，後雖精進修諸善業，而墮聲聞或獨覺地。

❸妄執虛名佛號，其罪過四重五無間

譬如苾芻求聲聞者，於四重罪若隨犯一，便非沙門非釋迦子，彼於現在定不能得四沙門果。妄執虛名菩薩亦爾，但聞魔說成佛空名，便起慢心，輕弄毀蔑諸餘菩薩摩訶薩眾，當知此罪過彼苾芻所起四重無量倍數，置彼苾芻所犯四重，此菩薩罪過五無間亦無量倍。所以者何？是菩薩摩訶薩實不成就殊勝功德，聞惡魔說成佛虛名，便自憍慢輕餘菩薩，是故此罪過五無間。

④應善覺知微細魔事

由此當知若菩薩摩訶薩欲證無上正等菩提，應善覺知如是記說虛名號等微細魔事，勤求無上正等菩提。*5

(4)魔讚遠離法，而菩薩不知佛真遠離行

①魔所稱譽之遠離法：身處空閑曠遠處

「復次，善現！有菩薩摩訶薩修遠離行，謂隱山林、空澤、曠野，居阿練若宴坐思惟。時有惡魔來至其所，恭敬讚歎謂作是言：『善哉！大士！能修如是真遠離行。此遠離行，一切如來、應、正等覺共所稱讚，天帝釋等諸天神仙皆共守護供養尊重，應常住此勿往餘處。』善現當知！我不讚歎諸菩薩摩訶薩居阿練若、曠野、山林，宴坐思惟修遠離行。」

②顯佛真遠離行：心離二乘、三界念

❶不讚魔所稱譽之遠離法

具壽善現白言：

「世尊！諸菩薩摩訶薩應修何等餘遠離行，而佛不讚居阿練若、曠野、山林，棄勝臥具思惟宴坐遠離功德？」

佛告善現：

「諸菩薩摩訶薩若居山林、空澤、曠野阿練若處，若住城邑、聚落、王都喧雜之處，但能遠離煩惱惡業及諸聲聞獨覺作意，勤修般若波

羅蜜多，及修諸餘殊勝功德，是名菩薩真遠離行。此遠離行一切如
來、應、正等覺共所稱讚，諸佛世尊共所開許，諸菩薩眾常應修學，
若晝若夜應正思惟，精進修行此遠離法，是名菩薩修遠離行。此遠
離行不雜聲聞、獨覺作意，不雜一切煩惱惡業，離諸喧雜畢竟清淨，
令諸菩薩速證無上正等菩提，利樂有情常無斷盡。惡魔所讚隱於山
林、空澤、曠野阿練若處，棄勝臥具宴坐思惟，非諸菩薩真遠離行。
所以者何？彼遠離行猶有喧雜，謂彼或雜惡業煩惱，或雜聲聞、獨
覺作意，於深般若波羅蜜多，不能精勤信受修學，不能圓滿一切智
智。

❷論行過失

「善現當知！有菩薩摩訶薩雖樂修行魔所稱讚遠離行法，而起憍慢不
清淨心，輕蔑毀呰諸餘菩薩摩訶薩眾。謂有菩薩摩訶薩眾雖居城
邑、聚落、王都而心清淨不雜種種煩惱惡業及諸聲聞、獨覺作意，
精勤修學布施波羅蜜多乃至般若波羅蜜多，精勤安住內空乃至無性
自性空，精勤安住真如乃至不思議界，精勤安住苦、集、滅、道聖
諦，精勤修學四念住乃至八聖道支，精勤修學四靜慮、四無量、四
無色定、五神通等世間功德，精勤修學空、無相、無願解脫門，精
勤修學菩薩十地，精勤修學陀羅尼門、三摩地門，精勤修學五眼、
六神通，精勤修學八解脫乃至十遍處，精勤修學如來十力乃至十八
佛不共法，精勤修學無忘失法、恒住捨性，精勤修學一切智、道相
智、一切相智，嚴淨佛土、成熟有情。雖居憒鬧而心寂靜，恒勤修
習真遠離行。彼於如是真淨菩薩摩訶薩眾，心常傲慢，輕弄毀呰，
誹謗凌蔑。

「善現當知！是菩薩摩訶薩遠離般若波羅蜜多，無方便善巧故，雖居
曠野百踰繕那，其中絕無諸惡禽獸、蛇蝎、盜賊，唯有鬼神、羅剎
娑等遊止其中。彼住如是阿練若處，設經一年、或五、或十、或復
乃至百千俱胝，若過是數修遠離行，而不了知真遠離行：謂諸菩薩
摩訶薩眾雖居憒鬧而心寂靜，遠離種種煩惱惡業及諸聲聞、獨覺作
意，發趣無上正等菩提。善現當知！是諸菩薩雖居曠野經歷多時，
而雜聲聞、獨覺作意，於彼二地深生樂著，依二地法修遠離行，復
於此行深生躭染。善現當知！彼雖如是修遠離行，而不稱順諸如來
心。

「善現當知！我所稱讚諸菩薩摩訶薩真遠離行，是菩薩摩訶薩都不成

就，彼於真勝遠離行中亦不見有相似行相。所以者何？彼於菩薩真遠離行不生愛樂，但樂勤修聲聞、獨覺空遠離行。善現當知！是諸菩薩修不真勝遠離行時，魔來空中，歡喜讚歎告言：『大士！善哉！善哉！汝能勤修真遠離行，此遠離行一切如來、應、正等覺共所稱讚。汝於此行精勤修學，速能證得一切智智。』善現當知！是諸菩薩樂著如是二乘所修遠離行法，輕弄毀蔑住菩薩乘雖居憒鬧而心寂靜諸苾芻等，言彼不能修遠離行，身居憒鬧心不寂靜無調善法。

「善現當知！是諸菩薩於佛所讚住真遠離行菩薩摩訶薩輕蔑毀呰，謂居憒鬧心不寂靜，不能勤修真遠離行；於諸如來、應、正等覺所不稱讚住真喧雜行菩薩摩訶薩尊重讚歎，謂不喧雜，其心寂靜，能正修行真遠離行。善現當知！是諸菩薩於應親近恭敬供養如諸佛者，而不親近恭敬供養，反生輕毀；於應遠離不應親近恭敬供養如惡友者，而反親近恭敬供養如事諸佛。善現當知！是諸菩薩遠離般若波羅蜜多，無方便善巧故，妄生種種分別執著。所以者何？彼作是念：『我所修學是真遠離，故為非人稱歎護念。居城邑者，身心擾亂，誰當護念恭敬讚美？』是諸菩薩由此因緣，心多憍慢，輕蔑毀呰諸餘菩薩摩訶薩眾，煩惱惡業晝夜增長。

「善現當知！是諸菩薩於餘菩薩摩訶薩眾為旃荼羅，染污菩薩摩訶薩眾。雖似菩薩摩訶薩相，而是天上人中大賊，誑惑天、人、阿素洛等，其身雖服沙門法衣，而心常懷盜賊意樂。諸有發趣菩薩乘者，不應親近恭敬供養、尊重讚歎如是惡人。何以故？當知是人懷增上慢，外似菩薩內多煩惱。」

(CBETA, T07, no. 220, pp. 284c⁷–287a¹⁴)

sher phyin:　v.028, pp. 36¹³–49⁰⁸　《合論》：v.051, pp. 79¹⁰–92⁰³

42.9 由自具通神，能親近映蔽魔業之善知識

卷 453〈增上慢品 60〉：

「是故，善現！若菩薩摩訶薩真實不捨一切智智，不捨無上正等菩提，深心欲求一切智智，欲證無上正等菩提，普為利樂諸有情者，不應親近恭敬供養、尊重讚歎如是惡人。

「善現當知！諸菩薩摩訶薩應常精進修自事業，遠離生死，不著三界，於彼惡賊旃荼羅人，常應發生慈、悲、喜、捨，應作是念：『我不應起如彼惡人所起過患，設當失念如彼暫起，即應覺知令速除滅。』是故菩薩摩訶薩眾欲證無上正等菩提，當善覺知諸惡魔事，

應勤精進遠離除滅如彼菩薩所起過患，勤求無上正等菩提。*6

3.明親近善知識

(1)欲得無上菩提，當親近善知識

「復次，善現！若菩薩摩訶薩增上作意，欲證無上正等菩提，應常親近恭敬供養、尊重讚歎真善知識。」(得無上菩提因緣：內正思惟，外親近善知識。)

(2)兩種善知識：人善知識、法善知識

爾時，善現即白佛言：「何等名為諸菩薩摩訶薩真善知識？」

①人善知識

佛告善現：

「一切如來、應、正等覺是諸菩薩真善知識，一切菩薩摩訶薩眾亦是菩薩真善知識。諸有聲聞及餘善士，能為菩薩摩訶薩眾宣說開示，分別顯了布施、淨戒、安忍、精進、靜慮、般若波羅蜜多相應義趣令易解者，亦是菩薩真善知識。(有聲聞於先世勤修佛道，皆是利根有憐愍心，為大乘行者說大乘法，令佛種不斷以報佛恩故，亦說為善知識。)

②法善知識

❶通明六度等法是善知識

1.諸道法是善知識

「復次，善現！布施波羅蜜多乃至般若波羅蜜多是諸菩薩真善知識，四念住乃至八聖道支亦是菩薩真善知識，四靜慮、四無量、四無色定亦是菩薩真善知識，八解脫乃至十遍處亦是菩薩真善知識，空、無相、無願解脫門亦是菩薩真善知識，極喜地乃至法雲地亦是菩薩真善知識，陀羅尼門、三摩地門亦是菩薩真善知識，五眼、六神通亦是菩薩真善知識，如來十力乃至十八佛不共法亦是菩薩真善知識，無忘失法、恒住捨性亦是菩薩真善知識，一切智、道相智、一切相智亦是菩薩真善知識，一切菩薩摩訶薩行亦是菩薩真善知識，諸佛無上正等菩提亦是菩薩真善知識，永斷一切習氣相續亦是菩薩真善知識。

「復次，善現！苦、集、滅、道聖諦是諸菩薩真善知識，諸法緣性亦是菩薩真善知識，諸緣起支亦是菩薩真善知識，內空乃至無性自性空亦是菩薩真善知識，真如乃至不思議界亦是菩薩真善知識。*7

2.善知識之作用相 (為師為導等)

「復次，善現！布施波羅蜜多乃至般若波羅蜜多，與諸菩薩摩訶薩眾為師為導，為明為炬，為燈為照，為解為覺，為智為慧，為救為護，為舍為宅，為洲為渚，為歸為趣，為父為母。*8四念住乃至八聖道支，亦與菩薩摩訶薩眾為師為導，為明為炬，為燈為照，為解為覺，為智為慧，為救為護，為舍為宅，為洲為渚，為歸為趣，為父為母。四靜慮、四無量、四無色定，亦與菩薩摩訶薩眾為師為導，為明為炬，為燈為照，為解為覺，為智為慧，為救為護，為舍為宅，為洲為渚，為歸為趣，為父為母。八解脫乃至十遍處，亦與菩薩摩訶薩眾為師為導，為明為炬，為燈為照，為解為覺，為智為慧，為救為護，為舍為宅，為洲為渚，為歸為趣，為父為母。

「空、無相、無願解脫門，亦與菩薩摩訶薩眾為師為導，為明為炬，為燈為照，為解為覺，為智為慧，為救為護，為舍為宅，為洲為渚，為歸為趣，為父為母。極喜地乃至法雲地，亦與菩薩摩訶薩眾為師為導，為明為炬，為燈為照，為解為覺，為智為慧，為救為護，為舍為宅，為洲為渚，為歸為趣，為父為母。陀羅尼門、三摩地門，亦與菩薩摩訶薩眾為師為導，為明為炬，為燈為照，為解為覺，為智為慧，為救為護，為舍為宅，為洲為渚，為歸為趣，為父為母。五眼、六神通，亦與菩薩摩訶薩眾為師為導，為明為炬，為燈為照，為解為覺，為智為慧，為救為護，為舍為宅，為洲為渚，為歸為趣，為父為母。如來十力乃至十八佛不共法，亦與菩薩摩訶薩眾為師為導，為明為炬，為燈為照，為解為覺，為智為慧，為救為護，為舍為宅，為洲為渚，為歸為趣，為父為母。

「無忘失法、恒住捨性，亦與菩薩摩訶薩眾為師為導，為明為炬，為燈為照，為解為覺，為智為慧，為救為護，為舍為宅，為洲為渚，為歸為趣，為父為母。一切智、道相智、一切相智，亦與菩薩摩訶薩眾為師為導，為明為炬，為燈為照，為解為覺，為智為慧，為救為護，為舍為宅，為洲為渚，為歸為趣，為父為母。一切菩薩摩訶薩行，亦與菩薩摩訶薩眾為師為導，為明為炬，為燈為照，為解為覺，為智為慧，為救為護，為舍為宅，為洲為渚，為歸為趣，為父為母。諸佛無上正等菩提，亦與菩薩摩訶薩眾為師為導，為明為炬，為燈為照，為解為覺，為智為慧，為救為護，

為舍為宅，為洲為渚，為歸為趣，為父為母。永斷一切習氣相續，亦與菩薩摩訶薩眾為師為導，為明為炬，為燈為照，為解為覺，為智為慧，為救為護，為舍為宅，為洲為渚，為歸為趣，為父為母。

「復次，善現！苦、集、滅、道聖諦，亦與諸菩薩摩訶薩眾為師為導，為明為炬，為燈為照，為解為覺，為智為慧，為救為護，為舍為宅，為洲為渚，為歸為趣，為父為母。諸法緣性及緣起支，亦與菩薩摩訶薩眾為師為導，為明為炬，為燈為照，為解為覺，為智為慧，為救為護，為舍為宅，為洲為渚，為歸為趣，為父為母。內空乃至無性自性空，亦與菩薩摩訶薩眾為師為導，為明為炬，為燈為照，為解為覺，為智為慧，為救為護，為舍為宅，為洲為渚，為歸為趣，為父為母。真如乃至不思議界，亦與菩薩摩訶薩眾為師為導，為明為炬，為燈為照，為解為覺，為智為慧，為救為護，為舍為宅，為洲為渚，為歸為趣，為父為母。

3.善知識之因緣相 (三世諸佛從此生)

所以者何？一切過去、未來、現在諸佛世尊皆以布施波羅蜜多，廣說乃至不思議界為師為導，為明為炬，為燈為照，為解為覺，為智為慧，為救為護，為舍為宅，為洲為渚，為歸為趣，為父為母。何以故？善現！一切過去、未來、現在諸佛世尊皆從布施波羅蜜多，廣說乃至不思議界而出生故。*9

4.親近善知識

(1)應學諸道法

「是故，善現！若菩薩摩訶薩增上作意欲證無上正等菩提，成熟有情、嚴淨佛土，當學布施波羅蜜多乃至般若波羅蜜多，當學四念住乃至八聖道支，當學四靜慮、四無量、四無色定，當學八解脫乃至十遍處，當學空、無相、無願解脫門，當學極喜地乃至法雲地，當學陀羅尼門、三摩地門，當學五眼、六神通，當學如來十力乃至十八佛不共法，當學無忘失法、恒住捨性，當學一切智、道相智、一切相智，當學一切菩薩摩訶薩行，當學諸佛無上正等菩提，當學永斷一切習氣相續，當學苦、集、滅、道聖諦，當學諸法緣性及緣起支，當學內空乃至無性自性空，當學真如乃至不思議界。

(2)應攝諸有情 (以四攝法)

「善現！是菩薩摩訶薩既學布施波羅蜜多，廣說乃至不思議界，復應以四攝事攝諸有情。何等為四？一者、布施。二者、愛語。三者、利行。四者、同事。善現！我觀此義故作是說，所有布施波羅蜜多，廣說乃至不思議界，與諸菩薩摩訶薩眾為師為導，廣說乃至為父為母。」*10

(CBETA, T07, no. 220, pp. 287a^{14}–288, b^{26})

sher phyin: v.028, pp. 49^{09}–53^{15} 《合論》: v.051, pp. 92^{04}–96^{14}

❷別明般若是善知識，廣攝諸善，應當學

42.10 一切種為利他故，修學般若波羅蜜多

卷 453〈增上慢品 60〉：

「是故，善現！諸菩薩摩訶薩欲得不隨他語行，欲得不依他語住，欲斷一切有情疑，欲滿一切有情願，欲嚴淨佛土，欲成熟有情，應學般若波羅蜜多。何以故？善現！於此般若波羅蜜多甚深經中，廣說菩薩摩訶薩眾所應學法，一切菩薩摩訶薩眾，皆於其中應勤修學。」

*11

(CBETA, T07, no. 220, p. 288b^{26}–c^3)

sher phyin: v.028, pp. 53^{15}–54^{01} 《合論》: v.051, pp. 96^{15}–97^{02}

4.明般若相

(1)正明般若相

①如虛空相是般若相

42.11 於一切法無真實執著

卷 453〈增上慢品 60〉：爾時善現白言：

「世尊！甚深般若波羅蜜多以何為相？」

佛告善現：

「甚深般若波羅蜜多虛空為相，無著為相，無相為相。所以者何？善現！於此般若波羅蜜多甚深相中，諸法諸相皆無所有不可得故。」

②一切法相亦如般若相

具壽善現復白佛言：

「頗有因緣可說般若波羅蜜多所有妙相，諸法亦有如是相耶？」

佛告善現：

「如是！如是！如汝所說。有因緣故可說般若波羅蜜多所有妙相，諸法

亦有如是妙相。何以故？善現！甚深般若波羅蜜多遠離為相，諸法亦以遠離為相；甚深般若波羅蜜多性空為相，諸法亦以性空為相。由此因緣可作是說：甚深般若波羅蜜多所有妙相，諸法亦有如是妙相。以一切法皆自性空離諸相故。」

③法空中，豈有染淨及無上菩提可得？

具壽善現復白佛言：

「若一切法皆自性空遠離諸相，則一切法一切法空，亦一切法一切法離，云何有情施設染淨？非性空法有染有淨，亦非離法有染有淨；非性空法能證無上正等菩提，亦非離法能證無上正等菩提；非性空中有法可得，亦非離中有法可得；非性空中有菩薩摩訶薩證得無上正等菩提，亦非離中有菩薩摩訶薩證得無上正等菩提。世尊！云何令我解佛所說甚深義趣？」

佛告善現：「於意云何？有情長夜有我、我所，心執我、我所不？」

善現對曰：「如是！世尊！有情長夜有我、我所，心執著我、我所。」

佛告善現：「於意云何？有情所執我及我所空、遠離不？」

善現對曰：「如是！世尊！有情所執我及我所皆空、遠離。」

佛告善現：「於意云何？豈不有情由我、我所執馳流生死？」

善現對曰：「如是！世尊！諸有情類由我、我所執馳流生死。」

佛告善現：

「如是有情馳流生死，由有雜染，是故有情施設有染。若諸有情無心執著我及我所則無雜染，若無雜染，則不得有馳流生死。馳流生死既不可得，當知有情遠離雜染，由無雜染施設有情。是故，善現！應知有情雖自性空，遠離諸相，而可施設有染有淨。」*12

(CBETA, T07, no. 220, pp. 288c³–289a⁹)

sher phyin:　v.028, pp. 54⁰¹–56⁰² 《合論》：v.051, pp. 97⁰³–99⁰⁵

(2)論菩提行果

①自利行果

42.12 近佛菩提

❶所行

卷453〈增上慢品60〉：「爾時具壽善現復白佛言：

「世尊！若菩薩摩訶薩能行如是甚深般若波羅蜜多及一切法空、遠離相，是菩薩摩訶薩則不行色，亦不行受、想、行、識；不行眼處，亦不行耳、鼻、舌、身、意處；不行色處，亦不行聲、香、味、觸、

法處;不行眼界,亦不行耳、鼻、舌、身、意界;不行色界,亦不行聲、香、味、觸、法界;不行眼識界,亦不行耳、鼻、舌、身、意識界;不行眼觸,亦不行耳、鼻、舌、身、意觸;不行眼觸為緣所生諸受,亦不行耳、鼻、舌、身、意觸為緣所生諸受;不行地界,亦不行水、火、風、空、識界;不行因緣,亦不行等無間緣、所緣緣、增上緣;不行無明,亦不行行、識、名色、六處、觸、受、愛、取、有、生、老死;不行布施波羅蜜多,亦不行淨戒、安忍、精進、靜慮、般若波羅蜜多;不行內空,亦不行外空、內外空、空空、大空、勝義空、有為空、無為空、畢竟空、無際空、散無散空、本性空、自共相空、一切法空、不可得空、無性空、自性空、無性自性空;不行真如,亦不行法界、法性、不虛妄性、不變異性、平等性、離生性、法定、法住、實際、虛空界、不思議界;不行苦聖諦,亦不行集、滅、道聖諦;不行四念住,亦不行四正斷、四神足、五根、五力、七等覺支、八聖道支;不行四靜慮,亦不行四無量、四無色定;不行八解脫,亦不行八勝處、九次第定、十遍處;不行空解脫門,亦不行無相、無願解脫門;不行淨觀地,亦不行種姓地、第八地、具見地、薄地、離欲地、已辦地、獨覺地、菩薩地、如來地;不行極喜地,亦不行離垢地、發光地、焰慧地、極難勝地、現前地、遠行地、不動地、善慧地、法雲地;不行一切陀羅尼門,亦不行一切三摩地門;不行五眼,亦不行六神通;不行佛十力,亦不行四無所畏、四無礙解、大慈、大悲、大喜、大捨、十八佛不共法;不行無忘失法,亦不行恒住捨性;不行預流果,亦不行一來、不還、阿羅漢果、獨覺菩提;不行一切智,亦不行道相智、一切相智。所以者何?如是諸法能行、所行及由此行、行時、行處皆不可得。

❷行果

「世尊!若菩薩摩訶薩能如是行,不為一切世間天、人、阿素洛等之所降伏,而能伏彼。世尊!若菩薩摩訶薩能如是行,不為一切聲聞、獨覺之所降伏,而能伏彼。所以者何?是菩薩摩訶薩已得安住無能伏位,謂菩薩離生位。世尊!是菩薩摩訶薩恒住一切智智作意不可屈伏。世尊!是菩薩摩訶薩如是行時,則為隣近一切智智,疾證無上正等菩提。」

佛言:

「善現!如是!如是!如汝所說。若菩薩摩訶薩能行如是甚深般若波

羅蜜多及一切法空、遠離相，是菩薩摩訶薩則不行色，亦不行受、想、行、識；乃至不行一切智，亦不行道相智、一切相智。如是諸法能行、所行及由此行、行時、行處皆不可得。若菩薩摩訶薩能如是行，不為一切世間天、人、阿素洛等之所降伏，亦復不為聲聞、獨覺之所降伏，而能伏彼。是菩薩摩訶薩已得安住無能伏位，謂菩薩離生位，恒住一切智智作意不可屈伏，則為隣近一切智智，疾證無上正等菩提。」

(CBETA, T07, no. 220, p. 289a^{10}–c^6)

sher phyin:　v.028, pp. 56^{02}–57^{11}　《合論》: v.051, pp. 99^{06}–100^{17}

[戊二]頂頂加行　　【第 43 義】：頂位頂加行

②利他行果

43.1 較三千世界諸有情以香花等供佛，福德尤為增長

❶約供養恭敬如來說

卷454〈增上慢品60〉：第二分增上慢品第六十之三

「復次，善現！於意云何？假使於此南贍部洲諸有情類皆得人身，得人身已發心修學諸菩薩行，皆證無上正等菩提。有善男子、善女人等盡其壽量以諸世間上妙樂具，供養恭敬、尊重讚歎此諸如來、應、正等覺，復持如是所集善根，與諸有情平等共有迴向無上正等菩提。是善男子、善女人等由此因緣得福多不？」

善現對曰：「甚多！世尊！」

佛告善現：

「若善男子、善女人等，於大眾中宣說如是甚深般若波羅蜜多，施設建立分別開示令其易了，及住如是甚深般若波羅蜜多相應作意。此善男子、善女人等由是因緣所獲功德，甚多於前無量無數。

「復次，善現！於意云何？如是乃至假使三千大千世界諸有情類皆得人身，得人身已發心修學諸菩薩行，皆證無上正等菩提。有善男子、善女人等盡其壽量，以諸世間上妙樂具，供養恭敬、尊重讚歎此諸如來、應、正等覺，復持如是所集善根，與諸有情平等共有迴向無上正等菩提。是善男子、善女人等由此因緣得福多不？」

善現對曰：「甚多！世尊！」

佛告善現：

「若善男子、善女人等，於大眾中宣說如是甚深般若波羅蜜多，施設
建立分別開示令其易了，及住如是甚深般若波羅蜜多相應作意，此
善男子、善女人等由是因緣所獲功德，甚多於前無量無數。

❷約方便教導諸道法說

「復次，善現！於意云何？假使於此南贍部洲諸有情類，非前非後皆
得人身。有善男子、善女人等，方便教導，皆令安住十善業道、或
四靜慮、或四無量、或四無色定、或五神通、或預流果、或一來果、
或不還果、或阿羅漢果、或獨覺菩提、或復無上正等菩提，復持如
是教導善根，與諸有情平等共有迴向無上正等菩提。是善男子、善
女人等由此因緣得福多不？」

善現對曰：「甚多！世尊！」

佛告善現：

「若善男子、善女人等，於大眾中宣說如是甚深般若波羅蜜多，施設
建立分別開示令其易了，及正安住一切智智相應作意。此善男子、
善女人等由是因緣所獲功德，甚多於前無量無數。

「復次，善現！於意云何？如是乃至假使三千大千世界諸有情類，非
前非後皆得人身。有善男子、善女人等，方便教導皆令安住十善業
道、或四靜慮、或四無量、或四無色定、或五神通、或預流果、或
一來果、或不還果、或阿羅漢果、或獨覺菩提、或復無上正等菩提，
復持如是教導善根，與諸有情平等共有迴向無上正等菩提。是善男
子、善女人等由此因緣得福多不？」

善現對曰：「甚多！世尊！」

佛告善現：

「若善男子、善女人等，於大眾中宣說如是甚深般若波羅蜜多，施設
建立分別開示令其易了，及正安住一切智智相應作意。此善男子、
善女人等由是因緣所獲功德，甚多於前無量無數。

(3)相應般若起四無量心，能為一切有情作福田

「善現！當知是菩薩摩訶薩，由此精進增上威力，到諸有情福田彼岸。所
以者何？是菩薩摩訶薩於法精進增上威力，一切有情無能及者，唯除如
來、應、正等覺。何以故？善現！是菩薩摩訶薩修行般若波羅蜜多，見
諸有情無利樂者，起大慈心，非諸聲聞、獨覺所得；見諸有情有衰苦者，
起大悲心，非諸聲聞、獨覺所得；見諸有情得利樂者，起大喜心，非諸

聲聞、獨覺所得；見諸有情離性離相，起大捨心，非諸聲聞、獨覺所得。善現！是菩薩摩訶薩雖於有情平等發起大慈、大悲、大喜、大捨，而於一切無所執著，不同異生、聲聞、獨覺隨有所得起執著心。

「善現！是菩薩摩訶薩雖於有情平等發起慈、悲、喜、捨，然與捨心非恒共住，常為饒益所化有情無暫捨故。善現！是菩薩摩訶薩修行般若波羅蜜多得大光明。謂得布施波羅蜜多大光明故，亦得淨戒波羅蜜多大光明故，亦得安忍波羅蜜多大光明故，亦得精進波羅蜜多大光明故，亦得靜慮波羅蜜多大光明故，亦得般若波羅蜜多大光明故。

「善現！是菩薩摩訶薩雖未證得一切智智，而於無上正等菩提得不退轉故，至有情福田彼岸，堪受一切衣服、飲食、床座、醫藥諸資生具。善現！是菩薩摩訶薩恒住般若波羅蜜多相應作意故，能畢竟報施主恩，亦能親近一切智智。*13

(4)結勸修行

①安住般若相應作意

是故，善現！若菩薩摩訶薩欲不虛受國王大臣及餘有情所有信施，欲示有情真淨道路，欲為有情作大明照，欲脫有情三界牢獄，欲施有情清淨法眼，欲拔有情出生死海，欲與有情作大洲渚，欲惠有情究竟安樂，應常安住甚深般若波羅蜜多相應作意。

「善現！若菩薩摩訶薩能常安住甚深般若波羅蜜多相應作意，諸有所說皆說般若波羅蜜多相應之法。」(CBETA, T07, no. 220, pp. 289c14–290c11)

sher phyin: v.028, pp. 57¹²–62⁰⁵ 《合論》: v.051, pp. 100¹⁸–104¹⁵

43.2 成就思惟甚深般若波羅蜜多，較前福德尤為超勝

卷454〈增上慢品60〉：

「既說般若波羅蜜多相應法已，復能如理思惟般若波羅蜜多相應之法。善現！是菩薩摩訶薩恒住般若波羅蜜多相應作意，諸餘作意於其中間無容暫起。*14

「善現！是菩薩摩訶薩晝夜精進，安住般若波羅蜜多相應作意無時暫捨。譬如有人先未曾有末尼珠寶，後時遇得，歡喜自慶，藏固不謹遇緣還失，生大愁憂常懷歎惜，未曾離念思當何計還得此珠。彼人由是相應作意，緣此寶珠不離心首。諸菩薩摩訶薩亦復如是，恒時安住甚深般若波羅蜜多相應作意。若離般若波羅蜜多相應作意，則為喪失一切智智相應作意。是故，善現！諸菩薩摩訶薩應常安住甚深般若波羅

蜜多相應作意。若常安住甚深般若波羅蜜多相應作意,則不喪失一切智智相應作意。」

② 不離一切智智相應作意

爾時,具壽善現白佛言:

「世尊!一切作意自性皆空,一切作意自性皆離,諸法亦爾。於一切法皆自性空、自性離中,若菩薩摩訶薩、若般若波羅蜜多、若一切智智、若諸作意皆不可得,云何如來、應、正等覺勸諸菩薩摩訶薩眾,不離般若波羅蜜多相應作意,亦令不離一切智智相應作意?」

佛告善現:

「若菩薩摩訶薩知一切法、一切作意皆自性空,皆自性離。如是空、離,非聲聞作,非獨覺作,非菩薩作,非如來作,亦非餘作。然一切法法定、法住、法性、法界、不虛妄性、不變異性、平等性、離生性、虛空界、真如、實際、不思議界,法爾常住。是菩薩摩訶薩即為不離甚深般若波羅蜜多相應作意,亦為不離一切智智相應作意。所以者何?甚深般若波羅蜜多、一切智智及諸作意皆自性空,皆自性離。如是空、離無增無減,能正通達名為不離。」*15

(CBETA, T07, no. 220, pp. 290c¹²–291a¹⁴)

sher phyin: v.028, pp. 62⁰⁵–63¹⁵ 《合論》:v.051, pp. 104¹⁶–106¹⁰

③ 正行般若不增不減得無上菩提

43.3 若得無生法忍,較前福德尤為超勝

卷 454〈增上慢品 60〉:具壽善現復白佛言:

「若深般若波羅蜜多亦自性空、自性離者,云何菩薩摩訶薩眾修證般若波羅蜜多平等性已,便得無上正等菩提?」

佛告善現:

「諸菩薩摩訶薩修證般若波羅蜜多平等性時,非諸佛法有增有減,亦非諸法法定、法住、法性、法界、不虛妄性、不變異性、平等性、離生性、虛空界、真如、實際、不思議界有增有減。何以故?甚深般若波羅蜜多非一、非二、非三、非四,亦非多故。善現!若菩薩摩訶薩聞說如是甚深般若波羅蜜多,其心不驚、不恐、不怖、不沈、不沒、亦不生疑,是菩薩摩訶薩行深般若波羅蜜多已得究竟,安住菩薩不退轉地,疾證無上正等菩提,普為有情作大饒益。」*16

④ 無所行是為行般若

❶ 就四法明無行

爾時，具壽善現復白佛言：

「世尊！為即深般若波羅蜜多空虛、非有、不自在性、不堅實性，能
　行深般若波羅蜜多不？」

「不爾！善現！」

「世尊！為離深般若波羅蜜多空虛、非有、不自在性、不堅實性有法
　可得，能行深般若波羅蜜多不？」

「不爾！善現！」

「世尊！為即深般若波羅蜜多，能行深般若波羅蜜多不？」

「不爾！善現！」

「世尊！為離深般若波羅蜜多有法可得，能行深般若波羅蜜多不？」

「不爾！善現！」

「世尊！為即空性能行空不？」

「不爾！善現！」

「世尊！為離空性有法可得能行空不？」

「不爾！善現！」*17

❷就餘諸法明無行

　1.諸法不行

　　「世尊！為即色、受、想、行、識，能行深般若波羅蜜多不？」

　　「不爾！善現！」

　　「世尊！為離色、受、想、行、識有法可得，能行深般若波羅蜜多
　　　不？」

　　「不爾！善現！」

　　「世尊！為即眼處乃至意處，能行深般若波羅蜜多不？」

　　「不爾！善現！」

　　「世尊！為離眼處乃至意處有法可得，能行深般若波羅蜜多不？」

　　「不爾！善現！」

　　「世尊！為即色處乃至法處，能行深般若波羅蜜多不？」

　　「不爾！善現！」

　　「世尊！為離色處乃至法處有法可得，能行深般若波羅蜜多不？」

　　「不爾！善現！」

　　「世尊！為即眼界乃至意界，能行深般若波羅蜜多不？」

「不爾！善現！」

「世尊！為離眼界乃至意界有法可得，能行深般若波羅蜜多不？」

「不爾！善現！」

「世尊！為即色界乃至法界，能行深般若波羅蜜多不？」

「不爾！善現！」

「世尊！為離色界乃至法界有法可得，能行深般若波羅蜜多不？」

「不爾！善現！」

「世尊！為即眼識界乃至意識界，能行深般若波羅蜜多不？」

「不爾！善現！」

「世尊！為離眼識界乃至意識界有法可得，能行深般若波羅蜜多不？」

「不爾！善現！」

「世尊！為即眼觸乃至意觸，能行深般若波羅蜜多不？」

「不爾！善現！」

「世尊！為離眼觸乃至意觸有法可得，能行深般若波羅蜜多不？」

「不爾！善現！」

「世尊！為即眼觸為緣所生諸受乃至意觸為緣所生諸受，能行深般若波羅蜜多不？」

「不爾！善現！」

「世尊！為離眼觸為緣所生諸受乃至意觸為緣所生諸受有法可得，能行深般若波羅蜜多不？」

「不爾！善現！」

「世尊！為即地界乃至識界，能行深般若波羅蜜多不？」

「不爾！善現！」

「世尊！為離地界乃至識界有法可得，能行深般若波羅蜜多不？」

「不爾！善現！」

「世尊！為即因緣乃至增上緣，能行深般若波羅蜜多不？」

「不爾！善現！」

「世尊！為離因緣乃至增上緣有法可得，能行深般若波羅蜜多不？」

「不爾！善現！」

「世尊！為即無明乃至老死，能行深般若波羅蜜多不？」

「不爾！善現！」

「世尊！為離無明乃至老死有法可得，能行深般若波羅蜜多不？」

「不爾！善現！」

2.諸道法不行

「世尊！為即布施波羅蜜多乃至般若波羅蜜多，能行深般若波羅蜜多不？」

「不爾！善現！」

「世尊！為離布施波羅蜜多乃至般若波羅蜜多有法可得，能行深般若波羅蜜多不？」

「不爾！善現！」

「世尊！為即內空乃至無性自性空，能行深般若波羅蜜多不？」

「不爾！善現！」

「世尊！為離內空乃至無性自性空有法可得，能行深般若波羅蜜多不？」

「不爾！善現！」

「世尊！為即真如乃至不思議界，能行深般若波羅蜜多不？」

「不爾！善現！」

「世尊！為離真如乃至不思議界有法可得，能行深般若波羅蜜多不？」

「不爾！善現！」

「世尊！為即苦、集、滅、道聖諦，能行深般若波羅蜜多不？」

「不爾！善現！」

「世尊！為離苦、集、滅、道聖諦有法可得，能行深般若波羅蜜多不？」

「不爾！善現！」

「世尊！為即四靜慮、四無量、四無色定，能行深般若波羅蜜多不？」

「不爾！善現！」

「世尊！為離四靜慮、四無量、四無色定有法可得，能行深般若波

羅蜜多不？」

「不爾！善現！」

「世尊！為即八解脫乃至十遍處，能行深般若波羅蜜多不？」

「不爾！善現！」

「世尊！為離八解脫乃至十遍處有法可得，能行深般若波羅蜜多不？」

「不爾！善現！」

「世尊！為即四念住乃至八聖道支，能行深般若波羅蜜多不？」

「不爾！善現！」

「世尊！為離四念住乃至八聖道支有法可得，能行深般若波羅蜜多不？」

「不爾！善現！」

「世尊！為即空、無相、無願解脫門，能行深般若波羅蜜多不？」

「不爾！善現！」

「世尊！為離空、無相、無願解脫門有法可得，能行深般若波羅蜜多不？」

「不爾！善現！」

「世尊！為即淨觀地乃至如來地，能行深般若波羅蜜多不？」

「不爾！善現！」

「世尊！為離淨觀地乃至如來地有法可得，能行深般若波羅蜜多不？」

「不爾！善現！」

「世尊！為即極喜地乃至法雲地，能行深般若波羅蜜多不？」

「不爾！善現！」

「世尊！為離極喜地乃至法雲地有法可得，能行深般若波羅蜜多不？」

「不爾！善現！」

「世尊！為即一切陀羅尼門、三摩地門，能行深般若波羅蜜多不？」

「不爾！善現！」

「世尊！為離一切陀羅尼門、三摩地門有法可得，能行深般若波羅蜜多不？」

「不爾！善現！」

「世尊！為即五眼、六神通，能行深般若波羅蜜多不？」

「不爾！善現！」

「世尊！為離五眼、六神通有法可得，能行深般若波羅蜜多不？」

「不爾！善現！」

3.所證不行

「世尊！為即如來十力乃至十八佛不共法，能行深般若波羅蜜多
　不？」

「不爾！善現！」

「世尊！為離如來十力乃至十八佛不共法有法可得，能行深般若波
　羅蜜多不？」

「不爾！善現！」

「世尊！為即三十二相、八十隨好，能行深般若波羅蜜多不？」

「不爾！善現！」

「世尊！為離三十二相、八十隨好有法可得，能行深般若波羅蜜多
　不？」

「不爾！善現！」

「世尊！為即無忘失法、恒住捨性，能行深般若波羅蜜多不？」

「不爾！善現！」

「世尊！為離無忘失法、恒住捨性有法可得，能行深般若波羅蜜多
　不？」

「不爾！善現！」

「世尊！為即預流果乃至獨覺菩提，能行深般若波羅蜜多不？」

「不爾！善現！」

「世尊！為離預流果乃至獨覺菩提有法可得，能行深般若波羅蜜多
　不？」

「不爾！善現！」

「世尊！為即一切菩薩摩訶薩行、諸佛無上正等菩提，能行深般若
　波羅蜜多不？」

「不爾！善現！」

「世尊！為離一切菩薩摩訶薩行、諸佛無上正等菩提有法可得，能

行深般若波羅蜜多不？」

「不爾！善現！」

「世尊！為即一切智、道相智、一切相智，能行深般若波羅蜜多不？」

「不爾！善現！」

「世尊！為離一切智、道相智、一切相智有法可得，能行深般若波羅蜜多不？」

「不爾！善現！」

4.諸法空非有性不行

「世尊！為即色、受、想、行、識空虛、非有、不自在性、不堅實性，能行深般若波羅蜜多不？」

「不爾！善現！」

「世尊！為離色、受、想、行、識空虛、非有、不自在性、不堅實性有法可得，能行深般若波羅蜜多不？」

「不爾！善現！」

「世尊！如是乃至為即一切智、道相智、一切相智空虛、非有、不自在性、不堅實性，能行深般若波羅蜜多不？」

「不爾！善現！」

「世尊！為離一切智、道相智、一切相智空虛、非有、不自在性、不堅實性有法可得，能行深般若波羅蜜多不？」

「不爾！善現！」

5.諸法無為法性不行

「世尊！為即色、受、想、行、識真如、法界、法性、不虛妄性、不變異性、平等性、離生性、法定、法住、實際、虛空界、不思議界，能行深般若波羅蜜多不？」

「不爾！善現！」

「世尊！為離色、受、想、行、識真如、法界、法性、不虛妄性、不變異性、平等性、離生性、法定、法住、實際、虛空界、不思議界有法可得，能行深般若波羅蜜多不？」

「不爾！善現！」

「世尊！如是乃至為即一切智、道相智、一切相智真如、法界、法

性、不虛妄性、不變異性、平等性、離生性、法定、法住、實際、虛空界、不思議界，能行深般若波羅蜜多不？」

「不爾！善現！」

「世尊！為離一切智、道相智、一切相智真如、法界、法性、不虛妄性、不變異性、平等性、離生性、法定、法住、實際、虛空界、不思議界有法可得，能行深般若波羅蜜多不？」

「不爾！善現！」*17

❸諸法不可得故無行

「世尊！若如是諸法皆不能行深般若波羅蜜多，諸菩薩摩訶薩云何能行深般若波羅蜜多？」

佛告善現：「於意云何？汝見有法能行深般若波羅蜜多不？」

善現對曰：「不也！世尊！」

佛告善現：「於意云何？汝見深般若波羅蜜多是菩薩摩訶薩所行處不？」

善現對曰：「不也！世尊！」

佛告善現：「於意云何？汝所不見法，是法可得不？」

善現對曰：「不也！世尊！」

佛告善現：「於意云何？不可得法有生滅不？」

善現對曰：「不也！世尊！」*17

⑤悟無生忍得受記，而受記不可得

❶得無生法忍，受無上菩提記

佛告善現：

「如汝所見諸法法性，即是菩薩摩訶薩眾無生法忍。若菩薩摩訶薩成就如是無生法忍，便為諸佛授與無上正等菩提不退轉記。是菩薩摩訶薩於佛十力、四無所畏、四無礙解、大慈、大悲、大喜、大捨及十八佛不共法等，無量無邊殊勝功德，號能精進如實行者。若能如是精進修行，不得無上正等菩提、一切相智、大智、妙智，無有是處。所以者何？是菩薩摩訶薩既已證得無生法忍，乃至無上正等菩提，於所得法常無退減。」*18

(CBETA, T07, no. 220, pp. 291a^{14}–293a^{6})

sher phyin: v.028, pp. 63^{15}–69^{07}　《合論》：v.051, pp. 106^{11}–112^{04}

❷明受記不可得

1.諸法生性無生性不得記

43.4 了解能證所證諸法皆於勝義無所得，較前福德尤為超勝

若由頂加行力，瞭解能證所證諸法皆於勝義無所得，較前福德尤為超勝。

卷454〈增上慢品60〉：具壽善現復白佛言：

「世尊！諸菩薩摩訶薩為以一切法無生性，得佛無上正等菩提不退轉記不？」

「不爾！善現！」

「世尊！諸菩薩摩訶薩為以一切法生性，得佛無上正等菩提不退轉記不？」

「不爾！善現！」

「世尊！諸菩薩摩訶薩為以一切法生無生性，得佛無上正等菩提不退轉記不？」

「不爾！善現！」

「世尊！諸菩薩摩訶薩為以一切法非生非無生性，得佛無上正等菩提不退轉記不？」

「不爾！善現！」

2.不見得受記者、受記法 (般若中無憶想分別故)

「世尊！若爾云何諸菩薩摩訶薩，得佛無上正等菩提不退轉記？」

佛告善現：「於意云何？汝見有法能得佛無上正等菩提不退轉記不？」

善現對曰：

「不也！世尊！我不見有法能得佛無上正等菩提不退轉記，亦不見法於佛無上正等菩提有能證者，證處、證時及由此證皆不可得。」

佛告善現：

「如是！如是！如汝所說。善現！若菩薩摩訶薩於一切法無所得時，不作是念：『我於無上正等菩提當能證得，我用是法於如是時，於如是處，證得無上正等菩提。』所以者何？善現！諸菩薩摩訶薩修行如是甚深般若波羅蜜多，無如是等一切分別。何以故？善現！甚深般若波羅蜜多一切分別皆遠離故。若起如是種種分

別，非行般若波羅蜜多。」*19

(CBETA, T07, no. 220, p. 293a⁶⁻²⁸)

sher phyin: v.028, pp. 69⁰⁷–70¹⁶ 《合論》：v.051, pp. 112⁰⁵–113¹²

5.明行般若得無量功德

(1)不雜餘心心所，如說行般若得大功德

①不雜餘心心所修般若

43.5 較瞻部洲一切有情皆行十善、得四靜慮、四無色定，尤為超勝

卷 454〈同學品 61〉：第二分同學品第六十一之一

爾時天帝釋白佛言：

「世尊！如是般若波羅蜜多，極為甚深難見難覺，不可尋思過尋思境，微密聰敏智者所證，諸相分別畢竟離故。世尊！若善男子、善女人等，於此般若波羅蜜多甚深經典，常樂聽聞、受持、讀誦、究竟通利、如理思惟、依教修行、為他正說，乃至無上正等菩提，不雜諸餘心、心所法，是善男子、善女人等非為成就少分善根，可於是中能辦斯事。」*20

爾時，佛告天帝釋言：

「如是！如是！如汝所說。憍尸迦！若善男子、善女人等，於此般若波羅蜜多甚深經典，常樂聽聞、受持、讀誦、究竟通利、如理思惟、依教修行、為他正說，乃至無上正等菩提，不雜諸餘心、心所法，是善男子、善女人等必定成就廣大善根，當於是中能辦斯事。憍尸迦！若善男子、善女人等，假使能勸此瞻部洲乃至三千大千世界諸有情類，皆令受行十善業道、若四靜慮、若四無量、若四無色定、若五神通等無量功德。有善男子、善女人等，於此般若波羅蜜多甚深經典，常樂聽聞、受持、讀誦、究竟通利、如理思惟、依教修行、為他正說，是善男子、善女人等所獲功德，勝前福聚百倍、千倍乃至鄔波尼殺曇倍。」*20

②依般若教修行功德殊勝

爾時，眾中有一苾芻語天帝釋言：

「憍尸迦！若善男子、善女人等，於此般若波羅蜜多甚深經典攝心不亂，常樂聽聞、受持、讀誦、究竟通利、如理思惟、依教修行、為他正說，乃至無上正等菩提，不雜諸餘心、心所法。是善男子、善女人

等所獲功德，勝贍部洲乃至三千大千世界諸有情類，皆共受行十善業道、若四靜慮、若四無量、若四無色定、若五神通等無量功德。」

❶ 勝於贍部洲、三千大千世界有情行諸世間善法者

天帝釋言：

「是善男子、善女人等，初發一念一切相智相應心時所獲功德，已勝一切滿贍部洲乃至三千大千世界諸有情類，皆共受行十善業道、若四靜慮、若四無量、若四無色定、若五神通等無量功德多百千倍。何況復能於此般若波羅蜜多甚深經典，攝心不亂，常樂聽聞、受持、讀誦、究竟通利、如理思惟、依教修行、為他正說，乃至無上正等菩提，不雜諸餘心、心所法，所獲功德不可校量。

❷ 勝於天人阿素洛

「苾芻當知！是善男子、善女人等功德智慧，非但勝彼滿贍部洲乃至三千大千世界諸有情類，皆共受行十善業道、四靜慮等無量功德，亦勝一切世間天、人、阿素洛等所有功德。所以者何？是善男子、善女人等速證無上正等菩提，饒益有情無邊際故。

❸ 勝於二乘者

「苾芻當知！是善男子、善女人等功德智慧，非但勝於世間天、人、阿素洛等所有功德，亦勝一切預流、一來、不還、阿羅漢、獨覺所有功德。所以者何？是善男子、善女人等速證無上正等菩提，饒益有情無邊際故。

❹ 勝於遠離般若而修餘道法者

「苾芻當知！是善男子、善女人等功德智慧，非但勝彼一切預流、一來、不還、阿羅漢、獨覺所有功德，亦勝一切菩薩摩訶薩遠離般若波羅蜜多方便善巧，修行布施、淨戒、安忍、精進、靜慮波羅蜜多，安住內空乃至無性自性空，安住真如乃至不思議界，安住苦、集、滅、道聖諦，修行四靜慮、四無量、四無色定，修行八解脫、八勝處、九次第定、十遍處，修行四念住乃至八聖道支，修行空、無相、無願解脫門，修行極喜地乃至法雲地，修行一切陀羅尼門、三摩地門，修行五眼、六神通，修行如來十力乃至十八佛不共法，修行無忘失法、恒住捨性，修行一切智、道相智、一切相智，修行順逆十二緣起觀，嚴淨佛土、成熟有情，修諸菩薩摩訶薩行，及修無上正等覺者所有功德。何以故？是善男子、善女人等速證無上正等菩提，饒益有情無邊際故。

❺勝於遠離般若方便善巧修般若者

「苾芻當知！是善男子、善女人等功德智慧，亦勝一切菩薩摩訶薩遠離方便善巧，修行般若波羅蜜多者所有功德。何以故？是善男子、善女人等速證無上正等菩提，饒益有情無邊際故。

③殊勝之因緣

「苾芻當知！是善男子、善女人等即是菩薩摩訶薩，是菩薩摩訶薩如說修行甚深般若波羅蜜多故，不為一切世間天、人、阿素洛等，及餘菩薩、獨覺、聲聞之所勝伏，能紹一切智智種姓令不斷絕，常不遠離諸佛菩薩真勝善友，不久當坐妙菩提座，降伏一切惡魔眷屬，證得無上正等菩提，拔諸有情生老病死，令得究竟寂靜安樂。

「苾芻當知！是菩薩摩訶薩如說修行甚深般若波羅蜜多故，常學菩薩摩訶薩眾所應學法，不學聲聞、及獨覺等所應學法。

「苾芻當知！是菩薩摩訶薩修行如是甚深般若波羅蜜多，常學菩薩摩訶薩眾所應學故。」(CBETA, T07, no. 220, pp. 293a^{29}–294a^{25})

sher phyin: v.028, pp. 70^{17}–75^{03} 《合論》: v.051, pp. 113^{13}–118^{01}

④明現世、後世功德

❶諸天供養讚歎

43.6 由證得頂加行之力，諸天眾皆來自所

卷 454〈同學品 61〉：

1.四天王天

「護世四王領己天眾來到其所，供養恭敬、尊重讚歎，作如是言：『善哉！大士！當速精進學諸菩薩摩訶薩眾所應學法，勿學聲聞及獨覺等所應學法，若如是學疾當安坐妙菩提座，證得無上正等菩提。如先如來、應、正等覺受四天王所奉四缽，汝亦當受，如昔護世四大天王奉上四缽，我亦當奉。』

2.三十三天

「苾芻當知！是菩薩摩訶薩修行如是甚深般若波羅蜜多，常學菩薩摩訶薩眾所應學故，我等天帝領己天眾來到其所，供養恭敬、尊重讚歎，作如是言：『善哉！大士！當速精進修諸菩薩摩訶薩眾所應學法，勿學聲聞及獨覺等所應學法，若如是學疾當安坐妙菩提座，證得無上正等菩提，轉妙法輪度有情眾。』

3.夜摩天

「苾芻當知！是菩薩摩訶薩修行如是甚深般若波羅蜜多，常學菩薩

摩訶薩眾所應學故，妙時分天子領時分天眾來到其所，供養恭敬、尊重讚歎，作如是言：『善哉！大士！當速精進學諸菩薩摩訶薩眾所應學法，勿學聲聞及獨覺等所應學法，若如是學疾當安坐妙菩提座，證得無上正等菩提，轉妙法輪度有情眾。』

4.兜率天

「苾芻當知！是菩薩摩訶薩修行如是甚深般若波羅蜜多，常學菩薩摩訶薩眾所應學故，妙喜足天子領喜足天眾來到其所，供養恭敬、尊重讚歎，作如是言：『善哉！大士！當速精進學諸菩薩摩訶薩眾所應學法，勿學聲聞及獨覺等所應學法，若如是學疾當安坐妙菩提座，證得無上正等菩提，轉妙法輪度有情眾。』

5.樂變化天

「苾芻當知！是菩薩摩訶薩修行如是甚深般若波羅蜜多，常學菩薩摩訶薩眾所應學故，樂變化天子領樂變化天眾來到其所，供養恭敬、尊重讚歎，作如是言：『善哉！大士！當速精進學諸菩薩摩訶薩眾所應學法，勿學聲聞及獨覺等所應學法，若如是學疾當安坐妙菩提座，證得無上正等菩提，轉妙法輪度有情眾。』

6.他化自在天

「苾芻當知！是菩薩摩訶薩修行如是甚深般若波羅蜜多，常學菩薩摩訶薩眾所應學故，妙自在天子領他化自在天眾來到其所，供養恭敬、尊重讚歎，作如是言：『善哉！大士！當速精進學諸菩薩摩訶薩眾所應學法，勿學聲聞及獨覺等所應學法，若如是學疾當安坐妙菩提座，證得無上正等菩提，轉妙法輪度有情眾。』

7.初禪天

「苾芻當知！是菩薩摩訶薩修行如是甚深般若波羅蜜多，常學菩薩摩訶薩眾所應學故，索訶界主大梵天王領梵眾天、梵輔天、梵會天眾來到其所，供養恭敬、尊重讚歎，作如是言：『善哉！大士！當速精進學諸菩薩摩訶薩眾所應學法，勿學聲聞及獨覺等所應學法，若如是學疾當安坐妙菩提座，證得無上正等菩提，我當往詣菩提樹下，慇懃請轉無上法輪，利樂無邊諸有情眾。』

8.二禪天、三禪天、四禪天、淨居天(śuddhāvāsa)

「苾芻當知！是菩薩摩訶薩修行如是甚深般若波羅蜜多，常學菩薩摩訶薩眾所應學故，極光淨天與光天、少光天、無量光天眾來到其所，供養恭敬、尊重讚歎；遍淨天與淨天、少淨天、無量淨天

眾來到其所，供養恭敬、尊重讚歎；廣果天與廣天、少廣天、無量廣天眾來到其所，供養恭敬、尊重讚歎；色究竟天與無煩天、無熱天、善現天、善見天眾來到其所，供養恭敬、尊重讚歎，各作是言：『善哉！大士！當速精進學諸菩薩摩訶薩眾所應學法，勿學聲聞及獨覺等所應學法，若如是學疾當安坐妙菩提座，證得無上正等菩提，轉妙法輪度有情眾。』

❷諸佛菩薩等常護念，無危難病苦

「苾芻當知！是菩薩摩訶薩如說修行甚深般若波羅蜜多故，一切如來、應、正等覺及諸菩薩摩訶薩眾并諸天、龍、阿素洛等，常隨護念。由此因緣是菩薩摩訶薩，世間一切險難危厄、身心憂苦皆不能害。

「苾芻當知！是菩薩摩訶薩如說修行甚深般若波羅蜜多故，世間所有四大相違所起諸病，皆不侵惱。所謂眼病、耳病、鼻病、舌病、身病、諸肢節病，如是一切四百四病，皆於身中永無所有，唯除重業轉現輕受。

「苾芻當知！是菩薩摩訶薩如說修行甚深般若波羅蜜多故，獲如是等現世功德、後世功德無量無邊，諸佛世尊能知見覺。」

(CBETA, T07, no. 220, pp. 294a^{25}–295a^{12})

sher phyin: v.028, pp. 75^{03}–76^{19} 《合論》: v.051, pp. 118^{02}–119^{16}

(2)巧學般若令魔驚怖

43.7 由頂加行力，映蔽一切諸魔

卷455〈同學品61〉：第二分同學品第六十一之二

爾時，具壽慶喜竊作是念：

「今天帝釋為自辯才宣說如是甚深般若波羅蜜多，讚歎如是甚深般若波羅蜜多功德勝利，為是如來威神之力？」

時，天帝釋即知慶喜心之所念，白言：

「大德！我所宣說甚深般若波羅蜜多，我所讚歎甚深般若波羅蜜多功德勝利，皆是如來威神之力。」

爾時，世尊告慶喜曰：

「如是！如是！今天帝釋宣說讚歎甚深般若波羅蜜多功德勝利，當知皆是如來神力，非自辯才。所以者何？甚深般若波羅蜜多功德勝利，定非一切世間天、人、阿素洛等能知、能說。慶喜當知！若菩薩摩訶薩習學、思惟、修行如是甚深般若波羅蜜多時，此三千大千世界一切惡魔皆生疑

惑，咸作是念：『此菩薩摩訶薩為證實際，退取預流、一來、不還、阿羅漢果、獨覺菩提？為趣無上正等菩提？』

「復次，慶喜！若菩薩摩訶薩不離如是甚深般若波羅蜜多時，諸惡魔生大愁惱，身心痛切如中毒箭。復次，慶喜！若菩薩摩訶薩修行如是甚深般若波羅蜜多時，諸惡魔來至其所，化作種種可怖畏事，欲令菩薩身心驚恐，迷失無上正等覺心，於所修行情懷退屈，乃至發起一念亂意，障得無上正等菩提，是彼惡魔深心所願。」

(3)廣明留難

①為魔所惱亂？不惱亂？

爾時，慶喜即白佛言：

「為諸菩薩摩訶薩行深般若波羅蜜多時，皆為惡魔之所惱亂，為有惱亂、不惱亂者？」

佛告慶喜：

「非諸菩薩摩訶薩行深般若波羅蜜多時，皆為惡魔之所惱亂，然有惱亂、不惱亂者。」

具壽慶喜復白佛言：

「何等菩薩摩訶薩行深般若波羅蜜多時，為諸惡魔之所惱亂？何等菩薩摩訶薩行深般若波羅蜜多時，不為惡魔之所惱亂？」

②為魔所惱亂者

❶心不信解者

佛告慶喜：

「若菩薩摩訶薩先世聞此甚深般若波羅蜜多，心不信解，毀呰誹謗：是菩薩摩訶薩行深般若波羅蜜多時，為諸惡魔之所惱亂。若菩薩摩訶薩先世聞此甚深般若波羅蜜多，信解讚美，不生誹謗：是菩薩摩訶薩行深般若波羅蜜多時，不為惡魔之所惱亂。

❷疑般若有無者

「復次，慶喜！若菩薩摩訶薩先世聞此甚深般若波羅蜜多，疑惑猶豫：『為有為無？為實、不實？』是菩薩摩訶薩行深般若波羅蜜多時，為諸惡魔之所惱亂。若菩薩摩訶薩先世聞此甚深般若波羅蜜多，其心不生疑惑猶豫，信定實有：是菩薩摩訶薩行深般若波羅蜜多時，不為惡魔之所惱亂。

❸惡知識所攝受者

「復次，慶喜！若菩薩摩訶薩離善知識，為惡知識之所攝受，不聞如

是甚深般若波羅蜜多；由不聞故不能解了甚深般若波羅蜜多，不解了故不能修習甚深般若波羅蜜多，不修習故不能請問甚深般若波羅蜜多，不請問故不如說行甚深般若波羅蜜多，不如說行故不能證得甚深般若波羅蜜多：是菩薩摩訶薩行深般若波羅蜜多時，為諸惡魔之所惱亂。若菩薩摩訶薩近善知識，非惡知識之所攝受，得聞如是甚深般若波羅蜜多；由得聞故便能解了甚深般若波羅蜜多，由解了故則能修習甚深般若波羅蜜多，由修習故便能請問甚深般若波羅蜜多，由請問故能如說行甚深般若波羅蜜多，如說行故便能證得甚深般若波羅蜜多：是菩薩摩訶薩行深般若波羅蜜多時，不為惡魔之所惱亂。

❹受行惡法者

「復次，慶喜！若菩薩摩訶薩遠離般若波羅蜜多，攝受讚歎非真妙法，是菩薩摩訶薩行深般若波羅蜜多時，為諸惡魔之所惱亂。若菩薩摩訶薩親近般若波羅蜜多，不攝不讚非真妙法，是菩薩摩訶薩行深般若波羅蜜多時，不為惡魔之所惱亂。

「復次，慶喜！若菩薩摩訶薩遠離般若波羅蜜多，於真妙法毀呰誹謗，爾時，惡魔便作是念：『今此菩薩與我為伴，由彼毀謗真妙法故，便有無量住菩薩乘補特伽羅於真妙法亦生毀謗，由此因緣我願圓滿。』是菩薩乘補特伽羅，設勤精進修諸善法，而墮聲聞或獨覺地，亦令他墮；是菩薩摩訶薩行深般若波羅蜜多時，為諸惡魔之所惱亂。若菩薩摩訶薩親近般若波羅蜜多，於真妙法讚歎信受，亦令無量住菩薩乘補特伽羅於真妙法讚歎信受，由此惡魔愁憂驚怖，是菩薩乘補特伽羅，設不精進修諸善法，而亦決定不令自他退墮聲聞或獨覺地，必證無上正等菩提：是菩薩摩訶薩行深般若波羅蜜多時，不為惡魔之所惱亂。

❺障人學般若者

「復次，慶喜！若菩薩摩訶薩聞說般若波羅蜜多甚深經時，作如是語：『如是般若波羅蜜多理趣甚深，難見難覺，何用宣說、聽聞、受持、讀誦、思惟、精勤修習、書寫流布此經典為？我尚不能得其源底，況餘薄福淺智者哉！』時，有無量住菩薩乘補特伽羅聞其所說，心皆驚怖，便退無上正等覺心，墮二乘地：是菩薩摩訶薩行深般若波羅蜜多時，為諸惡魔之所惱亂。若菩薩摩訶薩聞說般若波羅蜜多甚深經時，作如是語：『如是般若波羅蜜多理趣甚深，難見難

覺，若不宣說、聽聞、受持、讀誦、思惟、精勤修習、書寫流布，能證無上正等菩提必無是處。』時，有無量住菩薩乘補特伽羅聞其所說，歡喜踊躍，皆於如是甚深般若波羅蜜多常樂聽聞、受持、讀誦、究竟通利、如理思惟、精進修行、為他演說、書寫流布，發趣無上正等菩提，是菩薩摩訶薩行深般若波羅蜜多時，不為惡魔之所惱亂。

❻ 自傲輕他者

「復次，慶喜！若菩薩摩訶薩恃己所有功德善根，輕餘菩薩摩訶薩眾，謂作是言：『我能修行布施波羅蜜多乃至般若波羅蜜多，汝等不能。我能安住內空乃至無性自性空，汝等不能。我能安住真如乃至不思議界，汝等不能。我能安住苦、集、滅、道聖諦，汝等不能。我能修行四念住乃至八聖道支，汝等不能。我能修行四靜慮、四無量、四無色定，汝等不能。我能修行八解脫乃至十遍處，汝等不能。我能修行空、無相、無願解脫門，汝等不能。我能修行極喜地乃至法雲地，汝等不能。我能修行淨觀地智乃至如來地智，汝等不能。我能修行五眼、六神通，汝等不能。我能修行如來十力乃至十八佛不共法，汝等不能。我能修行無忘失法、恒住捨性，汝等不能。我能修行一切智、道相智、一切相智，汝等不能。我能嚴淨佛土、成熟有情，汝等不能。我能順逆觀緣起支，汝等不能。我能觀察自相共相，汝等不能。我能修習陀羅尼門、三摩地門，汝等不能。我能修習一切菩薩摩訶薩行、諸佛無上正等菩提，汝等不能。』爾時，惡魔歡喜踊躍言：『此菩薩是我伴黨，輪迴生死未有出期。』是菩薩摩訶薩行深般若波羅蜜多時，為諸惡魔之所惱亂。若菩薩摩訶薩不恃己有功德善根，輕餘菩薩摩訶薩眾，雖常精勤修諸善法，而不執著諸善法相，是菩薩摩訶薩行深般若波羅蜜多時，不為惡魔之所惱亂。

「復次，慶喜！若菩薩摩訶薩自恃名姓眾所識知，輕蔑諸餘修善菩薩，常讚己德毀呰他過，實無不退轉菩薩摩訶薩諸行、狀、相而謂實有，起諸煩惱自讚毀他，言：『汝等無菩薩名姓，唯我獨有菩薩名姓。』由增上慢輕蔑毀呰諸餘菩薩摩訶薩眾。爾時，惡魔見此事已，便作是念：『今此菩薩令我國土宮殿不空，增益地獄、傍生、鬼界。』是時，惡魔助其神力，令轉增盛威勢辯才，由此多人信受其語，因斯勸發同彼惡見。同惡見已隨彼邪學，隨邪學已煩惱熾盛，

心顛倒故，諸所發起身、語、意業，皆能感得不可愛樂衰損苦果。由此因緣，增長地獄、傍生、鬼界，令魔宮殿國土充滿，由是惡魔歡喜踊躍，諸有所作隨意自在：是菩薩摩訶薩行深般若波羅蜜多時，為諸惡魔之所惱亂。若菩薩摩訶薩不恃己有虛妄姓名輕蔑諸餘修善菩薩，於諸功德無增上慢，常不自讚亦不毀他，能善覺知諸惡魔事：是菩薩摩訶薩行深般若波羅蜜多時，不為惡魔之所惱亂。

❼與聲聞獨覺諍鬥者

「復次，慶喜！若菩薩摩訶薩與求聲聞、獨覺乘者，更相毀蔑誹謗鬥諍。爾時，惡魔見此事已，便作是念：『今此菩薩遠離無上正等菩提，親近地獄、傍生、鬼界。所以者何？更相毀蔑誹謗鬥諍，非菩提道，但是地獄、傍生、鬼界險惡趣道。』作是念已，歡喜踊躍，令此菩薩威力轉盛，使無量人增長惡業：是菩薩摩訶薩行深般若波羅蜜多時，為諸惡魔之所惱亂。若菩薩摩訶薩與求聲聞、獨覺乘者，不相毀蔑誹謗鬥諍，方便化導令趣大乘，或令勤修自乘善法：是菩薩摩訶薩行深般若波羅蜜多時，不為惡魔之所惱亂。

❽與菩薩行者諍鬥者

「復次，慶喜！若菩薩摩訶薩與求無上正等菩提忍辱柔和諸菩薩眾，鬥諍誹謗互相毀蔑。爾時，惡魔見此事已，便作是念：『此二菩薩俱遠所求一切智智，皆近地獄、傍生、餓鬼、阿素洛等諸險惡趣。所以者何？鬥諍誹謗，互相毀蔑，非菩提道，但是地獄、傍生、餓鬼、阿素洛等險惡趣路。』是時，惡魔作此念已，歡喜踊躍增其威勢，令二朋黨鬥諍不息：是菩薩摩訶薩行深般若波羅蜜多時，為諸惡魔之所惱亂。若菩薩摩訶薩與求無上正等菩提忍辱柔和諸菩薩眾，不相鬥諍誹謗毀蔑，但相勸率修殊勝行，速趣無上正等菩提：是菩薩摩訶薩行深般若波羅蜜多時，不為惡魔之所惱亂。

❾於得受記者起惡心者

1.明罪過

「復次，慶喜！若菩薩摩訶薩未得無上大菩提記，於得無上大菩提記諸菩薩摩訶薩起瞋忿心，鬥諍輕蔑罵辱誹謗。菩薩摩訶薩隨起爾許念不饒益心，還退爾許劫曾修勝行，經爾許時遠離善友，還受爾許生死繫縛。若不棄捨大菩提心，還爾許劫被戴甲冑，勤修勝行時無間斷，然後乃補所退功德。」

2.能出罪不？

爾時,慶喜白言:

「世尊!是菩薩摩訶薩所起惡心生死罪苦,為要流轉經爾許劫,為於中間亦得出離?是菩薩摩訶薩所退勝行,為要精勤經爾許劫然後乃補,為於中間有復本義?」

佛告慶喜:

「我為菩薩、獨覺、聲聞說有出罪還補善法。慶喜當知!若菩薩摩訶薩未得無上大菩提記,於得無上大菩提記諸菩薩摩訶薩起瞋忿心,鬥諍輕蔑罵辱誹謗後無慚愧,懷惡不捨,不能如法發露悔過。我說彼類於其中間無有出罪還補善義,要爾許劫流轉生死,遠離善友、眾苦所縛。若不棄捨大菩提心,要爾許劫被戴甲胄,勤修勝行時無間斷,然後乃補所退功德。

若菩薩摩訶薩未得無上大菩提記,於得無上大菩提記諸菩薩摩訶薩起瞋忿心,鬥諍輕蔑罵辱誹謗後生慚愧,心不繫惡,尋能如法發露悔過,作如是念:『我今已得難得人身,何容復起如是過惡失大善利?我應饒益一切有情,何容於中反作衰損?我應恭敬一切有情如僕事主,何容於中反生憍慢罵辱凌蔑?我應忍受一切有情捶打呵叱,何容於中反以暴惡身語加報?我應和解一切有情令相敬愛,何容復起勃惡語言與彼乖諍?我應堪忍一切有情長時履踐,猶如道路亦如橋梁,何容於彼反加凌辱?我求無上正等菩提,為拔有情生死大苦,令得究竟安樂涅槃,何容反欲加之以苦?我應從今盡未來際,如癡、如瘂、如聾、如盲,於諸有情無所分別,假使斬截頭、足、手、臂,挑眼、割耳、劓鼻、截舌,及餘一切身分肢體,於彼有情終不起惡。若我起惡,則便退壞所發無上正等覺心,障礙所求一切智智,不能利益安樂有情。』慶喜當知!是菩薩摩訶薩我說中間亦有出罪還補善義,非要經於爾許劫數流轉生死,惡魔於彼不能惱亂,疾證無上正等菩提。

3.破忿恚因緣

「復次,慶喜!住菩薩乘諸善男子、善女人等與求聲聞、獨覺乘者不應交涉,設與交涉不應共住,設與共住不應與彼論議決擇。所以者何?若與彼類論議決擇,或當發動忿恚等心,或復起於麁惡言說;然諸菩薩於有情類,不應發起忿恚等心,亦不應生麁惡言說。設被斬截首足身分,亦不應起忿恚麁言。所以者何?諸菩薩摩訶薩應作是念:『我求無上正等菩提,為拔有情生死眾苦,令

得究竟利益安樂，何容於彼翻為惡事？』慶喜當知！若菩薩摩訶薩於有情類起忿恚心，發麁惡語，便礙無上正等菩提，亦壞無邊菩薩行法。是故菩薩摩訶薩眾欲得無上正等菩提，於諸有情不應忿恚，亦不應起麁惡言說。」

(CBETA, T07, no. 220, pp. 295a²⁰–297c⁹)

sher phyin:　v.028, pp. 76¹⁹–85⁰³　《合論》：v.051, pp. 119¹⁷–127²⁰

6.菩薩同學

43.8 恭敬其他菩薩等同大師

卷 455〈同學品 61〉：具壽慶喜白言：

「世尊！諸菩薩摩訶薩與菩薩摩訶薩云何共住？」

佛告慶喜：

「諸菩薩摩訶薩與菩薩摩訶薩，共住相視應如大師。所以者何？是諸菩薩展轉相視，應作是念：『彼皆是我真善知識，與我為伴，同乘一船，學處、學時及所學法，若由此學皆無有異。如彼應學布施波羅蜜多乃至般若波羅蜜多，我亦應學。如彼應學內空乃至無性自性空，我亦應學。如彼應學真如乃至不思議界，我亦應學。如彼應學苦、集、滅、道聖諦，我亦應學。如彼應學四念住乃至八聖道支，我亦應學。如彼應學四靜慮、四無量、四無色定，我亦應學。如彼應學八解脫乃至十遍處，我亦應學。如彼應學空、無相、無願解脫門，我亦應學。如彼應學極喜地乃至法雲地，我亦應學。如彼應學一切陀羅尼門、三摩地門，我亦應學。如彼應學五眼、六神通，我亦應學。如彼應學如來十力乃至十八佛不共法，我亦應學。如彼應學無忘失法、恒住捨性，我亦應學。如彼應學成熟有情、嚴淨佛土，我亦應學。如彼應學一切智、道相智、一切相智，我亦應學。』

「復作是念：『彼諸菩薩為我等說大菩提道，即我良伴，亦我導師。若彼菩薩摩訶薩住雜染作意，離一切智智相應作意，我當於中不同其學。若彼菩薩摩訶薩離雜染作意，不離一切智智相應作意，我當於中每同其學。』慶喜當知！若菩薩摩訶薩能如是學，菩提資糧疾得圓滿。若菩薩摩訶薩如是學時，與諸菩薩摩訶薩眾名為同學。」*21

(1)明同(等)學之體

①總明所學同性(平等性)：十八空

　第二分同性品第六十二之一

　爾時，具壽善現白佛言：

「世尊！云何菩薩摩訶薩同性，由諸菩薩摩訶薩住此中學名為同學？」

佛告善現：

「內空是菩薩摩訶薩同性，外空乃至無性自性空是菩薩摩訶薩同性，諸菩薩摩訶薩住中學故，名為同學，由此同學速證無上正等菩提。

②別明諸法之同性

「復次，善現！色色性空，受、想、行、識受、想、行、識性空，是菩薩摩訶薩同性。眼處眼處性空，乃至意處意處性空，是菩薩摩訶薩同性。色處色處性空，乃至法處法處性空，是菩薩摩訶薩同性。眼界眼界性空，乃至意界意界性空，是菩薩摩訶薩同性。色界色界性空，乃至法界法界性空，是菩薩摩訶薩同性。眼識界眼識界性空，乃至意識界意識界性空，是菩薩摩訶薩同性。眼觸眼觸性空，乃至意觸意觸性空，是菩薩摩訶薩同性。眼觸為緣所生諸受眼觸為緣所生諸受性空，乃至意觸為緣所生諸受意觸為緣所生諸受性空，是菩薩摩訶薩同性。地界地界性空，乃至識界識界性空，是菩薩摩訶薩同性。無明無明性空，乃至老死老死性空，是菩薩摩訶薩同性。布施波羅蜜多布施波羅蜜多性空，乃至般若波羅蜜多般若波羅蜜多性空，是菩薩摩訶薩同性。內空內空性空，乃至無性自性空無性自性空性空，是菩薩摩訶薩同性。真如真如性空，乃至不思議界不思議界性空，是菩薩摩訶薩同性。苦聖諦苦聖諦性空，集、滅、道聖諦集、滅、道聖諦性空，是菩薩摩訶薩同性。四念住四念住性空，乃至八聖道支八聖道支性空，是菩薩摩訶薩同性。四靜慮四靜慮性空，四無量、四無色定四無量、四無色定性空，是菩薩摩訶薩同性。八解脫八解脫性空，乃至十遍處十遍處性空，是菩薩摩訶薩同性。空解脫門空解脫門性空，無相、無願解脫門無相、無願解脫門性空，是菩薩摩訶薩同性。淨觀地淨觀地性空，乃至如來地如來地性空，是菩薩摩訶薩同性。極喜地極喜地性空，乃至法雲地法雲地性空，是菩薩摩訶薩同性。陀羅尼門陀羅尼門性空，三摩地門三摩地門性空，是菩薩摩訶薩同性。五眼五眼性空，六神通六神通性空，是菩薩摩訶薩同性。如來十力如來十力性空，乃至十八佛不共法十八佛不共法性空，是菩薩摩訶薩同性。無忘失法無忘失法性空，恒住捨性恒住捨性性空，是菩薩摩訶薩同性。一切智一切智性空，道相智、一切相智道相智、一切相智性空，是菩薩摩訶薩同性。預流果預流果性空，乃至獨覺菩提獨覺菩提性空，是菩薩摩訶薩同性。菩薩摩訶薩行菩薩摩訶薩行性空，是菩薩摩訶薩同性。佛無上

正等菩提佛無上正等菩提性空,是菩薩摩訶薩同性。

③住同性中學速證菩提

諸菩薩摩訶薩住中學故,名為同學,由此同學速證無上正等菩提。」

*21

(CBETA, T07, no. 220, pp. 297c[9]–298c[4])

sher phyin: v.028, pp. 85[05]–87[19]《合論》: v.051, pp. 128[01]–130[13]

(2)教同學

①除顛倒行(為色乃至無上菩提之盡離滅不生而學,是學一切智智?)

43.9 於一切種慧學清淨、善巧方便二種資糧

卷455〈同性品62〉:爾時,善現復白佛言:

「世尊!若菩薩摩訶薩為色盡故學,為受、想、行、識盡故學,是學一切智智不?為色離故學,為受、想、行、識離故學,是學一切智智不?為色滅故學,為受、想、行、識滅故學,是學一切智智不?為色不生故學,為受、想、行、識不生故學,是學一切智智不?世尊!若菩薩摩訶薩如是乃至為菩薩摩訶薩行盡故學,為佛無上正等菩提盡故學,是學一切智智不?為菩薩摩訶薩行離故學,為佛無上正等菩提離故學,是學一切智智不?為菩薩摩訶薩行滅故學,為佛無上正等菩提滅故學,是學一切智智不?為菩薩摩訶薩行不生故學,為佛無上正等菩提不生故學,是學一切智智不?」

佛告善現:

「如汝所說『若菩薩摩訶薩為色盡故、離故、滅故、不生故學,是學一切智智不?為受、想、行、識盡故、離故、滅故、不生故學,是學一切智智不?如是乃至為菩薩摩訶薩行盡故、離故、滅故、不生故學,是學一切智智不?為佛無上正等菩提盡故、離故、滅故、不生故學,是學一切智智不?』

②明究竟行(於色真如乃至無上菩提真如不盡、不離、不滅、不斷,不作證,是學一切智智)

善現!於意云何?色真如盡、離、滅、斷不?受、想、行、識真如盡、離、滅、斷不?如是乃至菩薩摩訶薩行真如盡、離、滅、斷不?佛無上正等菩提真如盡、離、滅、斷不?」

善現對曰:「不也!世尊!不也!善逝!」

佛告善現:

「若菩薩摩訶薩於真如如是學,是學一切智智。善現當知!真如無盡、

無離、無滅、無斷,不可作證。若菩薩摩訶薩於真如如是學,是學一切智智。*22

(3)同學之利益

①學六度等是學一切智智

「復次,善現!若菩薩摩訶薩如是學時,是學布施波羅蜜多乃至般若波羅蜜多,是學內空乃至無性自性空,是學真如乃至不思議界,是學苦、集、滅、道聖諦,是學四念住乃至八聖道支,是學四靜慮、四無量、四無色定,是學八解脫乃至十遍處,是學空、無相、無願解脫門,是學極喜地乃至法雲地,是學一切陀羅尼門、三摩地門,是學五眼、六神通,是學如來十力乃至十八佛不共法,是學無忘失法、恒住捨性,是學一切智、道相智、一切相智,是學一切菩薩摩訶薩行,是學諸佛無上正等菩提。善現!若菩薩摩訶薩學布施波羅蜜多乃至諸佛無上正等菩提,當知是學一切智智。

②廣明同學之利益

❶同學之益

「復次,善現!若菩薩摩訶薩如是學時,至一切學究竟彼岸,一切天魔及諸外道所不能伏,疾至菩薩不退轉地,行自祖父一切如來、應、正等覺所應行處,於能護法無倒隨轉,能作離暗所應作法,善能成熟一切有情,巧能嚴淨自佛國土,名為善學大慈、大悲、大喜、大捨及餘無量無邊佛法。善現!若菩薩摩訶薩如是學時,是學三轉十二行相無上法輪,是學安處百千俱胝那庾多眾於無餘依般涅槃界令般涅槃,是學不斷佛種妙行,是學諸佛開甘露門,是學安立無量無數無邊有情住三乘法,是學示現一切有情究竟寂滅真無為界,是為修學一切智智,如是學者下劣有情所不能學。善現!若菩薩摩訶薩欲善拔濟一切有情生死大苦,應如是學。

❷舉劣說勝

「復次,善現!若菩薩摩訶薩如是學時,決定不墮地獄、傍生、琰魔鬼界,決定不生邊地、達絮、蔑隸車中,決定不生旃茶羅家、補羯娑家,及餘種種貧窮、下賤、不律儀家,終不盲聾、瘖瘂、攣躄、根支殘缺、背僂、顛癇、癭疣、疥癩、痔瘻、惡瘡,不長不短,亦不黧黑,及無種種穢惡瘡病。

「復次,善現!若菩薩摩訶薩如是學時,生生常得眷屬圓滿,形貌端嚴,言詞威肅,眾人愛敬,所生之處離害生命乃至邪見,終不攝受

虛妄邪法，不以邪法而自活命，亦不攝受破戒、惡見、謗法有情以為親友。

❸得化他利益

「復次，善現！若菩薩摩訶薩如是學時，終不生於耽樂少慧長壽天處。所以者何？是菩薩摩訶薩成就方便善巧勢力，由此方便善巧力故，雖能數入靜慮、無量及無色定，而不隨彼勢力受生。甚深般若波羅蜜多所攝受故，成就如是方便善巧，於諸定中雖常獲得入出自在，而不隨彼諸定勢力生長壽天，廢修菩薩殊勝妙行。

「復次，善現！若菩薩摩訶薩如是學時，於佛十力、四無所畏、四無礙解、大慈、大悲、大喜、大捨及十八佛不共法等無量無邊諸佛妙法，皆得清淨。由清淨故，不墮聲聞、獨覺等地。」

爾時，具壽善現白佛言：

「世尊！若一切法本性清淨，諸菩薩摩訶薩云何復於諸佛妙法而得清淨？」

佛告善現：

「如是！如是！如汝所說。諸法本來自性清淨。是菩薩摩訶薩於一切法本性淨中，精勤修學甚深般若波羅蜜多，如實通達，無沒無滯，遠離一切煩惱染著，故說菩薩復得清淨。

「復次，善現！雖一切法本性清淨，愚夫異生不知、見、覺，是菩薩摩訶薩為欲令彼知、見、覺故，修行布施波羅蜜多乃至般若波羅蜜多，安住內空乃至無性自性空，安住真如乃至不思議界，安住苦、集、滅、道聖諦，修行四念住乃至八聖道支，修行四靜慮、四無量、四無色定，修行八解脫乃至十遍處，修行空、無相、無願解脫門，修行極喜地乃至法雲地，修行五眼、六神通，修行佛十力乃至十八佛不共法，修行無忘失法、恒住捨性，修行一切陀羅尼門、三摩地門，修行一切智、道相智、一切相智。是菩薩摩訶薩於一切法本性清淨如是學時，於佛十力乃至十八佛不共法，及餘無量無邊佛法，皆得清淨，不墮聲聞、獨覺等地。於諸有情心行差別，皆能通達至極彼岸，善巧方便令諸有情證一切法本性清淨，證得究竟安樂涅槃。」*23　(CBETA, T07, no. 220, pp. 298c⁵–299c¹⁷)

sher phyin:　v.028, pp. 87¹⁹–96¹¹　《合論》: v.051, pp. 130¹⁴–139⁰⁷

(4)歎法勸修

①能如說而行般若者甚為稀有

43.10 由頂加行力得佛種性

卷 455〈同性品 62〉：

「善現當知！譬如大地，少處出生金銀等寶，多處出生沙石瓦礫。諸有情類亦復如是，少分能學甚深般若波羅蜜多，謂住大乘諸菩薩眾；多學聲聞、獨覺地法，謂求自利中下乘者。」(CBETA, T07, no. 220, p. 299c[17–21])

sher phyin: v.028, p. 96[11–15] 《合論》：v.051, p. 139[08–13]

43.11 獲得殊勝發心等，得佛果之因

卷 455〈同性品 62〉：

「善現當知！譬如人趣，少分能修轉輪王業，多分受行小國王業。諸有情類亦復如是，少分能修一切智智道，多分受行聲聞、獨覺道。

「善現當知！求趣無上正等菩提諸菩薩眾，少證無上正等菩提，多墮聲聞及獨覺地。

「善現當知！住菩薩乘補特伽羅，若不遠離甚深般若波羅蜜多方便善巧，定能趣入不退轉地。若有遠離甚深般若波羅蜜多方便善巧，定於無上正等菩提當有退轉。是故菩薩摩訶薩眾欲得菩薩不退轉地，欲入菩薩不退轉數，當勤修學甚深般若波羅蜜多方便善巧無得暫廢。」

(CBETA, T07, no. 220, pp. 299c[21]–300a[3])

sher phyin: v.028, pp. 96[15]–97[12] 《合論》：v.051, pp. 139[14]–140[13]

②學般若功德殊勝，應學

❶不生煩惱心

43.12 由頂加行力，不生六度所治品之心

卷 455〈同性品 62〉：

「復次，善現！若菩薩摩訶薩如是修學甚深般若波羅蜜多方便善巧，終不發起慳貪、破戒、忿恚、懈怠、散動、惡慧俱行之心，亦不發起貪欲、瞋恚、愚癡、憍慢俱行之心，亦不發起放逸、謬誤及餘過失俱行之心。」

(CBETA, T07, no. 220, p. 300a[4–8])

sher phyin: v.028, p. 97[12–19] 《合論》：v.051, pp. 140[14]–141[01]

❷無取相著心

43.13 不於色等起執實之心

卷 455〈同性品 62〉：

「亦不發起執著色、受、想、行、識俱行之心，亦不發起執著眼處乃

至意處俱行之心，亦不發起執著色處乃至法處俱行之心，亦不發起執著眼界乃至意界俱行之心，亦不發起執著色界乃至法界俱行之心，亦不發起執著眼識界乃至意識界俱行之心，亦不發起執著眼觸乃至意觸俱行之心，亦不發起執著眼觸為緣所生諸受乃至意觸為緣所生諸受俱行之心，亦不發起執著地界乃至識界俱行之心，亦不發起執著無明乃至老死俱行之心，亦不發起執著布施波羅蜜多乃至般若波羅蜜多俱行之心，亦不發起執著內空乃至無性自性空俱行之心，亦不發起執著真如乃至不思議界俱行之心，亦不發起執著苦、集、滅、道聖諦俱行之心，亦不發起執著四靜慮、四無量、四無色定俱行之心，亦不發起執著八解脫乃至十遍處俱行之心，亦不發起執著四念住乃至八聖道支俱行之心，亦不發起執著空、無相、無願解脫門俱行之心，亦不發起執著淨觀地乃至如來地俱行之心，亦不發起執著極喜地乃至法雲地俱行之心，亦不發起執著五眼、六神通俱行之心，亦不發起執著如來十力乃至十八佛不共法俱行之心，亦不發起執著三十二相、八十隨好俱行之心，亦不發起執著無忘失法、恒住捨性俱行之心，亦不發起執著陀羅尼門、三摩地門俱行之心，亦不發起執著一切智、道相智、一切相智俱行之心，亦不發起執著預流果乃至獨覺菩提俱行之心，亦不發起執著一切菩薩摩訶薩行俱行之心，亦不發起執著諸佛無上正等菩提俱行之心。所以者何？是菩薩摩訶薩行深般若波羅蜜多方便善巧，不見有法是可得者，無所得故，不起執著色等諸法俱行之心。」(無有法可取相，若善若不善等。)

(CBETA, T07, no. 220, p. 300a⁸–b¹³)

❸總攝諸波羅蜜

卷 456〈同性品 62〉：第二分同性品第六十二之二

「復次，善現！若菩薩摩訶薩如是修學甚深般若波羅蜜多方便善巧威德力故，攝持一切波羅蜜多，增長一切波羅蜜多，導引一切波羅蜜多。何以故？善現！甚深般若波羅蜜多中，含藏一切波羅蜜多故。」

(CBETA, T07, no. 220, p. 300b²¹–²⁶)

sher phyin:　v.028, pp. 97¹⁹–98²⁰ 《合論》：v.051, pp. 141⁰²–142⁰³

43.14 於一一波羅蜜多中了知攝餘波羅蜜多而行

了知甚深般若波羅蜜多攝餘波羅蜜多。

卷 456〈同性品 62〉：

「善現！譬如薩迦耶見遍能含藏六十二見*24，甚深般若波羅蜜多亦
　復如是，含藏一切波羅蜜多。善現！譬如一切死者命根滅故諸根隨
　滅，甚深般若波羅蜜多亦復如是，布施等五波羅蜜多悉皆隨從，若
　無般若波羅蜜多，亦無一切波羅蜜多。是故，善現！若菩薩摩訶薩
　欲至一切波羅蜜多究竟彼岸，應學如是甚深般若波羅蜜多。」
(CBETA, T07, no. 220, p. 300b^{26}–c^{5})

sher phyin: v.028, p. 98^{20}–99^{08} 《合論》：v.051, p. 142$^{04\text{-}14}$

❹超勝一切有情

43.15 獲得圓滿三乘智德

卷 456〈同性品 62〉：

「復次，善現！若菩薩摩訶薩能學如是甚深般若波羅蜜多，於諸有情
　最尊最勝。何以故？是菩薩摩訶薩已能修學最上處故。

「復次，善現！於意云何？於此三千大千世界諸有情類寧為多不？」

善現對曰：

「贍部洲中諸有情類尚多無數，何況三千大千世界諸有情類寧不為
　多！」

佛告善現：

「如是！如是！如汝所說。善現！假使三千大千世界諸有情類，非前
　非後皆得人身，得人身已，非前非後皆發無上正等覺心，修諸菩薩
　摩訶薩行，修行滿已，非前非後皆證無上正等菩提。有菩薩摩訶薩
　盡其壽量，能以種種上妙花鬘、塗散等香、衣服、瓔珞、寶幢、幡
　蓋、伎樂、燈明、房舍、臥具、飲食、醫藥，供養恭敬、尊重讚歎
　此諸如來、應、正等覺。於意云何？是菩薩摩訶薩由此因緣得福多
　不？」

善現對曰：「甚多！世尊！」

佛告善現：

「若菩薩摩訶薩能於如是甚深般若波羅蜜多，常樂聽聞、受持、讀誦、
　究竟通利、如理思惟、依教修行、書寫流布，所獲福聚甚多於前無
　量倍數。所以者何？甚深般若波羅蜜多具大義用，能令菩薩摩訶薩
　眾疾得無上正等菩提。

「是故，善現！若菩薩摩訶薩欲居一切有情上首，欲普饒益一切有
　情，無救護者為作救護，無歸依者為作歸依，無所趣者為作所趣，

無眼目者為作眼目，無光明者為作光明，失正路者示以正路，未涅槃者令得涅槃，當學如是甚深般若波羅蜜多。

❺得諸善功德

「善現！若菩薩摩訶薩欲得無上正等菩提，欲行如來所行境界，欲遊戲佛所遊戲處，欲作如來大師子吼，欲擊諸佛無上法鼓，欲扣諸佛無上法鍾，欲吹諸佛無上法螺，欲昇諸佛無上法座，欲宣諸佛無上法義，欲決一切有情疑網，欲入諸佛妙甘露界，欲受諸佛微妙法樂，欲證如來殊勝功德，當學如是甚深般若波羅蜜多。

「善現！若菩薩摩訶薩能學如是甚深般若波羅蜜多，無有一切功德善根而不能攝，無有一切功德善根而不能得。所以者何？甚深般若波羅蜜多是一切種功德善根所依處故。」

❻雖得二乘功德，但直入菩薩位

具壽善現白言：

「世尊！諸菩薩摩訶薩能學如是甚深般若波羅蜜多，豈於一切聲聞、獨覺功德善根能攝、能得？」

佛告善現：

「是菩薩摩訶薩亦於一切聲聞、獨覺功德善根能攝、能得，然於其中無住無著。以勝智見正觀察已，超過聲聞及獨覺地，趣入菩薩正性離生故，此菩薩摩訶薩眾，無有一切功德善根而不攝得。

❼疾得無上菩提

善現！若菩薩摩訶薩能學如是甚深般若波羅蜜多，則為隣近一切智智，速證無上正等菩提。

❽堪作世間福田

「善現！若菩薩摩訶薩能學如是甚深般若波羅蜜多，則為一切世間天、人、阿素洛等真實福田，超諸世間沙門、梵志、聲聞、獨覺福田之上，疾能證得一切智智，隨所生處不捨般若波羅蜜多，不離般若波羅蜜多，常行般若波羅蜜多。

❾遠離二乘，疾近佛乘

「善現！若菩薩摩訶薩能如是學甚深般若波羅蜜多，當知已於一切智智得不退轉，於一切法能正覺知，遠離聲聞及獨覺地，隣近無上正等菩提。」

(CBETA, T07, no. 220, pp. 300c⁵–301b³)

sher phyin: v.028, pp. 99⁰⁸–102⁰⁶ 《合論》: v.051, pp. 142¹⁵–145¹⁷

(5)明行法得失

①邪行相,著心取相

43.16 由頂加行力,近大菩提

卷 456〈同性品 62〉:

「善現!若菩薩摩訶薩作如是念:『此是般若波羅蜜多,此是修時,此
是修處,我能修此甚深般若波羅蜜多,我由如是甚深般若波羅蜜多棄
捨如是所應捨法,定當證得一切智智!』是菩薩摩訶薩非行般若波羅
蜜多,亦於般若波羅蜜多不能解了。

②遮邪行相,破著相

何以故?甚深般若波羅蜜多不作是念:『我是般若波羅蜜多,此是修
時,此是修處,此是修者,此是般若波羅蜜多所遠離法,此是般若波
羅蜜多所照了法,此是般若波羅蜜多所證無上正等菩提。』若如是知
是行般若波羅蜜多。

③正行相,破邪著,亦說實相

「善現!若菩薩摩訶薩作如是念:『此非般若波羅蜜多,此非修時,此
非修處,此非修者,非由般若波羅蜜多遠離一切所應捨法,非由般若
波羅蜜多定能證得一切智智。所以者何?以一切法皆住真如、法界、
法性、不虛妄性、不變異性、平等性、離生性、法定、法住、實際、
虛空界、不思議界,此中一切皆無差別。』善現!若菩薩摩訶薩能如
是行,是行般若波羅蜜多。」*25

(CBETA, T07, no. 220, p. 301b³⁻²¹)

sher phyin:　v.028, pp. 102⁰⁶–103⁰¹　《合論》: v.051, pp. 145¹⁸–146¹³

[戊三]忍頂加行　【第 44 義】:忍位頂加行

7.讚歎發菩提心行菩薩道

(1)發心行菩薩道者福德無量

44.1 獲得堅固殊勝智慧之頂加行

卷 456〈別品 63〉:第二分無分別品第六十三

①讚歎發無上菩提心者

爾時,天帝釋竊作是念:

「若菩薩摩訶薩修行般若波羅蜜多乃至布施波羅蜜多,安住內空乃至無

性自性空，安住真如乃至不思議界，安住苦、集、滅、道聖諦，修行四念住乃至八聖道支，修行四靜慮、四無量、四無色定，修行八解脫乃至十遍處，修行空、無相、無願解脫門，修行極喜地乃至法雲地，修行一切陀羅尼門、三摩地門，修行五眼、六神通，修行如來十力乃至十八佛不共法，修行無忘失法、恒住捨性，修行一切智、道相智、一切相智，修行菩薩摩訶薩行，修行無上正等菩提，尚超一切有情之上，況得無上正等菩提！

「若諸有情聞說一切智智名字心生信解，尚為獲得人中善利及得世間最勝壽命，況發無上正等覺心，或常聽聞如是般若波羅蜜多甚深經典！若諸有情能發無上正等覺心，聽聞般若波羅蜜多甚深經典，諸餘有情皆應願樂，所獲功德世間天、人、阿素洛等不能及故。」*26 （最勝壽命指慧命而言。）

②以散花功德，願求三乘者速得圓滿

時，天帝釋作是念已，即取天上微妙香花，奉散如來、應、正等覺及諸菩薩摩訶薩眾。既散花已，作是願言：

「若菩薩乘諸善男子、善女人等求趣無上正等菩提，以我所集功德善根，令彼所求無上佛法一切智智速得圓滿。以我所集功德善根，令彼所求自然人法、真無漏法速得圓滿。以我所集功德善根，令彼一切所欲聞法皆速圓滿。以我所集功德善根，若求聲聞、獨覺乘者亦令所願疾得滿足。」

(CBETA, T07, no. 220, p. 301b²²-c²¹)

sher phyin: v.028, pp. 103⁰²–104¹⁷ 《合論》：v.051, pp. 146¹⁴–148⁰⁸

44.2 獲得堅固殊勝方便之頂加行

卷 456〈別品 63〉：

「作是願已，即白佛言：「世尊！若菩薩乘諸善男子、善女人等已發無上正等覺心，我終不生一念異意，令其退轉大菩提心。我亦不生一念異意，令諸菩薩摩訶薩眾厭離無上正等菩提，退住聲聞、獨覺等地。

「世尊！若菩薩摩訶薩已於無上正等菩提心生欲樂，我願彼心倍復增進，疾證無上正等菩提。願彼菩薩摩訶薩眾見生死中種種苦已，為欲利樂世間天、人、阿素洛等發起種種堅固大願：『我既自度生死大海，亦當精勤度未度者。我既自解生死繫縛，亦當精勤解未解者。我於種種生死怖畏既自安隱，亦當精勤安未安者。我既自證究竟涅槃，亦當精勤令未證者皆同證得。』」

(CBETA, T07, no. 220, pp. 301c²¹–302a⁵)

sher phyin: v.028, pp. 104¹⁷–105¹¹ 《合論》: v.051, pp. 148⁰⁹–149⁰⁵

[戊四]世第一法頂加行【第 45 義】：世第一法頂加行
(心遍住頂加行)

(2)隨喜福德無量無邊
①帝釋天問
　　卷 456〈別品 63〉：
　　「世尊！若善男子、善女人等，於初發心菩薩摩訶薩功德善根起隨喜心，得幾許福？於久發心菩薩摩訶薩功德善根起隨喜心，得幾許福？於不退轉地菩薩摩訶薩功德善根起隨喜心，得幾許福？於一生所繫菩薩摩訶薩功德善根起隨喜心，得幾許福？」
②佛舉喻明福德無量
　　爾時，佛告天帝釋言：
　　「憍尸迦！四大洲界可知兩數*27，此善男子、善女人等，隨喜俱心所生福德不可知量。憍尸迦！乃至三千大千世界可知兩數，此善男子、善女人等，隨喜俱心所生福德不可知量。憍尸迦！假使三千大千世界為一大海，有取一毛析為百分，持一分端霑大海水可知滴數，此善男子、善女人等，隨喜俱心所生福德不可知量。」
③勸學隨喜迴向
　　時，天帝釋復白佛言：
　　「世尊！若諸有情於菩薩摩訶薩功德善根不隨喜者，當知皆是魔所魅著。世尊！若諸有情於菩薩摩訶薩功德善根不隨喜者，當知皆是惡魔朋黨。世尊！若諸有情於菩薩摩訶薩功德善根不隨喜者，當知皆從魔界中沒來生是間。所以者何？若菩薩摩訶薩求趣無上正等菩提，修諸菩薩摩訶薩行，若諸有情於彼菩薩摩訶薩眾功德善根隨喜迴向，皆能破壞一切魔軍、宮殿、眷屬。世尊！若諸有情深心敬愛佛、法、僧寶，隨所生處常欲見佛，常欲聞法，常欲遇僧，於諸菩薩摩訶薩眾功德善根應生隨喜。既隨喜已，迴向無上正等菩提，而不應生二、無二想*27。若能如是，疾證無上正等菩提，利樂有情，破魔軍眾。」
④佛讚隨喜迴向功德
　　❶明功德

爾時，佛告天帝釋言：

「如是！如是！如汝所說。憍尸迦！若諸有情於菩薩摩訶薩功德善根深心隨喜，迴向無上正等菩提，是諸有情速能圓滿諸菩薩行，疾證無上正等菩提。若諸有情於菩薩摩訶薩功德善根深心隨喜，迴向無上正等菩提，是諸有情具大威力，常能奉事一切如來、應、正等覺及善知識，恒聞般若波羅蜜多甚深經典，善知義趣。憍尸迦！是諸有情成就如是隨喜迴向功德善根，隨所生處，常為一切世間天、人、阿素洛等供養恭敬、尊重讚歎，不覩惡色，不聞惡聲，不嗅惡香，不嘗惡味，不覺惡觸，不思惡法，常不遠離諸佛世尊，從一佛國趣一佛國，親近諸佛種諸善根，成熟有情、嚴淨佛土。何以故？

❷明因緣

「憍尸迦！是諸有情能於無數最初發心菩薩摩訶薩功德善根深心隨喜，迴向無上正等菩提。能於無數已住初地乃至十地菩薩摩訶薩功德善根深心隨喜，迴向無上正等菩提。能於無數一生所繫菩薩摩訶薩功德善根深心隨喜，迴向無上正等菩提。由此因緣，是諸有情善根增進，速證無上正等菩提。既證無上正等菩提，能盡未來如實利樂無量無數無邊有情，令住無餘般涅槃界。

❸勸修

以是故，憍尸迦！住菩薩乘諸善男子、善女人等，於初發心菩薩摩訶薩功德善根，於久發心菩薩摩訶薩功德善根，於不退轉地菩薩摩訶薩功德善根，於一生所繫菩薩摩訶薩功德善根，皆應隨喜，迴向無上正等菩提。於生隨喜及迴向時，不應執著即心、離心隨喜迴向*27，不應執著即心修行、離心修行。若能如是無所執著，隨喜迴向修諸菩薩摩訶薩行，速證無上正等菩提，能盡未來利益安樂諸有情眾，皆令安住究竟涅槃。」

(CBETA, T07, no. 220, p. 302a^5–c^8)

sher phyin:　v.028, pp. 105^{12}–108^{19}　《合論》：v.051, pp. 149^{06}–152^{20}

註解：

*1 夢中不貪二乘、三界

(1)不貪三界：常觀行諸法如夢如幻，不貪世間樂(三界)。

(2)不貪二乘：常行慈悲心於有情，深樂佛法，不取二乘。

菩薩堅心，深入空及慈悲心，乃至夢中亦不貪二乘及三界，何況覺時。此為不退轉相。

*2 見佛神力施作佛事

夢中見佛：

(1)三十二相，八十種好，放無量光明；

(2)現神通，說正法；

(3)身毛孔化作無量佛，往十方佛土施作佛事，度脫有情。

菩薩夢中得見諸佛祕密法，得清淨意樂而習行諸佛法，了知諸法實相。此為不退轉相。

*3 夢中見愁苦事而不怖畏

菩薩常行畢竟空，於我我所煩惱薄弱，於自身不惜，何況餘親。

由此因緣夢中見自己及親人若殺若死，村落若壞若燒，不驚懼憂惱。

如是於不死事見死，於不畏事見畏，一切三界皆爾，何只夢中，此等皆非真。

若我作佛時，當為有情說此三界非實法。此為不退轉相。

*4 咒願滅火

(1)菩薩於無量劫修集福德，得諸法實相故，鬼神龍王等能助滅火。

若於夢中能滅火，覺已亦應能滅火，以佛說夢覺無異故。

若有不滅者，此有情必犯重罪，所謂壞正法業。

久習般若之菩薩，以其誓願力，可令不次第燒，惟罪重者不救，此不妨不退轉相。

(2)誠諦語(真實語) sacca adhiṭṭhāna kiriyā (巴利)

①sacca 諦、真實的 (梵 satya)

adhiṭṭhāna 誓願、決意、依處、攝持

kiriyā 所作業

②真實語

真實語 saccavajja (巴利)，即真實的話語或指「言而有信」。

由於佛陀所說的話都是真實不虛，憑藉著這些真實語的力量，可以使念誦者達成所願、心想事成。

真實語的內容能否如願實現的關鍵，在於是否真實，不在於是善是惡。

真實語是「四如意足」之重要基礎，直接影響我們發願之實現。由諸多經典記載，可知其威德力不可思議。

南傳《護衛經》之所以能替信眾祈福消災，是由於經文內容都是真實語。

《小部·黃金睒摩本生經》

世尊前世仍為菩薩時，名黃金睒摩，照顧瞎眼的父母。黃金睒摩於河中取水造飯時，為華利夜仛王誤射毒箭而昏迷。其父母以七句真實語，清除兒子身上之箭毒。

《中部·鴦掘摩經》 86 經

尊者鴦掘摩，為難產婦人說真實語「婦人！我得聖生以來，不知故意奪生類之命事，由此至言，汝得安，得能安產。」而此婦人順利生產，母子平安。

③咒語

《阿含經》或律部中，可見佛陀多處訶斥咒語。南傳上座部也明確反對持咒，其《護衛經》的偈誦不是咒語，使用的是顯語，不是密語。

大乘經中則宣揚咒語之功德，密教更將持咒視為基本修持方法之一。

❶婆羅門教和印度教四部吠陀中，夜柔吠陀是祭祀時誦咒文之集錄，阿闥婆吠陀是禳災招福咒語之集錄。祭祀萬能是其三大原則之一，而誦咒又是祭祀之核心內容。

mantra 曼怛羅，為密咒或真言，dhāranī 陀羅尼為總持，vidyā(巴利 vijja)為明、明咒、咒術。故咒又可分作神咒、禁咒、密咒、明咒、真言、陀羅尼等。在佛教語中通常是指有特殊效驗的神秘音聲。

❷在印度，《阿含經》流傳很久後才出現大乘經，而以《阿含經》居於主導地位。於漢地，由於無《阿含經》流傳之歷史，大乘經一開始就居於主導，而大乘經流傳近千年後於唐宋開始興起密教，但未興盛。在藏地，由於未流傳《阿含經》，大乘經也僅在前弘期流行一段時間，後弘期開始就是以秘密經典為主。

早期大乘經大多無咒語，中晚期大乘經無咒語反而是少數。隋唐及以後出現之密乘經，咒語是不可少的內容。大乘經中咒語越來越多，是佛教密教化之表現，也是逐漸被印度教同化之表現。

❸咒語是不是佛法的組成部份？

　1.持咒是外求法，借助外力達到目的，類似神通。

　　通過持咒不能離苦得解脫。雖然佛陀反對弟子持咒，但並未說念咒沒有作用，只是無助於解脫。

　2.南傳五部、漢譯阿含經有很多佛陀明確反對持咒之內容，諸部廣律更列為禁戒。阿含經和漢譯廣律中，佛陀把咒語稱為「畜生明」(tiracchānavijja 愚如畜生)，持咒者若以此為生則為邪命。

　3.阿含經中佛陀說咒非常少，極少數如《長阿含經》、《大會經》及《雜阿含經》、《優婆先那經》，而與此等經相當之南傳長部《大會經》，相應部《優婆先那經》中並沒有咒語。

④咒願

阿含經和漢譯廣律中之咒願與咒語無關。

咒願之咒即是「祝」，咒願即是祝願。祝願內容都是顯語，不是密語。

(咒如作為名詞，可說是宗教或巫術之密語。咒若作為動詞，對美好之人、事之願望，如同祝，希望他人不順利則如同詛咒。)

此中所說之誠諦語(真實語)，應是同《阿含經》及廣律所說之咒願，並非如中晚期大乘及密教中常說之咒語。

*5 微細魔事

未善學諸道法、未得無生法忍菩薩，於諸魔事未能覺知，易為惡魔之所誑惑。

(1)欺誑助其作咒，令生增上慢

　　菩薩見有人為非人所魅著，便作咒欲驅離非人。魔為菩薩驅離非人，令菩薩誤以為是己之咒力驅離，而生增上慢，遠離無上菩提，不能得一切智智。

(2)魔以功德相推知菩薩已曾授記，令生增上慢。

　　魔作種種形，妄為未入位菩薩記說過去未來及現在諸功德，故說其已曾授記，令菩薩生增上慢。

(3)魔為授記成佛名號，令生憍慢

　　魔為菩薩授記成佛名號，令起憍慢，遠離無上菩提。

　　①若菩薩還得正念，至心悔過捨憍慢心，後依般若漸次修學，當證無上菩提。

　　②若不得正念、不能悔過、不捨憍慢心，雖精進修行，當墮聲聞獨覺地。

　　③妄執成佛虛名，自憍輕他，其罪過四重五無間。

　　（四重中妄語稱「我是阿羅漢」，此中授記佛名而自言「我當作佛」，是故罪重於四重。）

(4)應善覺知微細魔事

　　魔順菩薩意，隨其本念，助成其心者為微細魔事。菩薩未得不退轉法，魔誑言已得，亦是微細魔事。菩薩應善覺知此等微細魔事，能不遠離無上菩提。

*6 真遠離行

　　魔所讚遠離行者，是獨處山林、居阿練若宴坐思惟者。魔讚此等行者，令生憍慢心，輕餘眾中住菩薩，以是故遠離佛道，墮於二乘。

　　佛所說真遠離行，不論居住山林、阿練若處，或住城邑王都喧雜處，但能遠離煩惱惡業及諸聲聞獨覺作意，勤修般若波羅蜜多，修諸功德，即是名菩薩真遠離行。

　　真遠離行：

(1)心離三界念：遠離生死，不著三界。欲求一切智智，欲證無上菩提。

(2)心離二乘念：遠離聲聞獨覺作意。應作慈悲喜捨，普為利樂一切有情。

*7 諸道法是善知識

　　除六波羅蜜外，餘諸道法亦皆是善知識。

　　六波羅蜜是略說，四念住等是廣說，以解六波羅蜜。

　　六波羅蜜是遠道，三十七品等是近因緣。

　　　　六波蜜菩薩道是遠道；三十七品菩提道是近道。

　　　　六波羅蜜中布施、持戒等雜，故遠；三十七品但有禪定智慧，故近。

　　　　六波羅蜜有世間、出世間，雜，故遠；三十七品、三解脫門等乃至十八佛不共法，畢竟清淨，故近。

　　別說真如乃至不思議界等無為法，真實不虛，能成菩薩事。行四念住等諸道法，得真如等法，令菩薩出虛誑法，故名善知識。

*8 諸道法之作用相

　　六波羅蜜等諸道法，能與諸菩薩為師為導等。

(1)為師為導：六波羅蜜等法如世尊所說不可破壞，是為師；如是道法，徑入無量佛法中，是為導是為道。

(2)為明炬為燈照：人若常依諸道法思惟、分別、修行，可得大智慧，破世間無明黑闇。

(3)為解為覺：諸道法能知諸法實相、畢竟空，得究竟道。

(4)為智為慧：為有情得方便力、得智慧力。

(5)為救為護：為世間得義利、得安樂，為世間濟拔諸苦，不墮三惡趣。

(6)為舍宅為歸：為世間作依止及歸處。

(7)為洲為渚：諸道法為斷三漏(欲有漏、有有漏、無明有漏)、四流(欲流、有流、見流、無明流)之寂滅法。

(8)為趣：能為有情作所趣而發心，為有情說色趣空，說色非趣非不趣，說諸法空中趣非趣亦不可得。

(9)為父為母：以般若波羅蜜為母，以五波羅蜜為父。

*9 說諸道法為善知識之因緣

三世諸佛皆從諸道法出生故，諸道法為諸佛父母。

*10 親近善知識

以諸道法為善知識，故應親近。

(1)應當學：六波羅蜜等是自利法，應當學。

(2)攝諸有情：行者欲以此諸道法教化有情、淨佛世界，應以四攝法攝取有情。

如是自利、利他故，說諸道法為師、為導等。

*11 別說般若是善知識

般若波羅蜜中，若世間若出世間，若大若小，無事不說，能令有情自知諸法實相，若有魔等化作佛身亦不信不隨。般若能令有情自得菩薩道，漸漸具足佛法，淨佛世界、成熟有情，故應學。

*12 諸法有染淨

(1)有染：我我所為有情顛倒因緣，有顛倒則生煩惱，煩惱造業則有生死流轉，是名為染。

(2)有淨：若依般若，觀五蘊無常、苦、空、無我，離自相。自相空，則畢竟不生。爾時我我所心滅，餘煩惱滅，業因緣滅，則無生死流轉，是名為淨。

故雖一切法相皆空，亦以如是因緣有染有淨。

*13 相應般若起四無量心，為有情作福田

(1)起四無量心

若菩薩安住一切智智相應作意，能到有情福田邊(彼岸)。

何以故？

菩薩行般若波羅蜜時，得諸法平等忍，雖行空，而能住四無量心。

①大慈心：見有情無利樂故，

②大悲心：見有情有悲苦(趣死地)故，

③大喜心：見有情得利樂(行道生歡悅)故，

④大捨心：見有情離性離相(不與想俱，斷除煩惱)故。

是為菩薩大智光明，所謂六波羅蜜。

(2)為有情作福田

菩薩能生六波羅蜜乃至一切相智故，能生大悲等。此大悲是大乘之本，雖未證得一切智智(未

作佛)，已能為一切有情作大福田，於無上正等菩提亦不退轉。

*14 般若心與說般若

(1)般若心：菩薩常安住般若相應作意(般若心)。

若無所說，應答默然，不得論說諸餘俗事，常住般若心(般若相應作意)。

(2)說般若：諸有所說，皆說般若相應之法。

菩薩從般若心出，說般若波羅蜜，說般若波羅蜜已，還入般若中，不令餘心、餘語得入。

*15 相應一切智智之般若行

問：若諸法、諸作意皆空不可得，云何說不離般若作意、不離一切智智作意？

答：若菩薩知：

(1)諸法自性空，非聲聞、獨覺、菩薩所作，亦非如來所作，皆是從因緣生。

(2)然諸法法性、法界、真如、實際常住世間。

此即是菩薩不離般若作意、不離一切智智作意。

以般若、一切智智、作意皆空故、離故，如是空離無增無減。

*16 正行般若不增不減得無上菩提

問：若般若波羅蜜自性空、自性離，云何菩薩與般若波羅蜜平等(修證般若波羅蜜平等性)已，便得無上菩提？

答：

(1)諸法真如、法性、實際不增不減故，般若波羅蜜不增不減。(般若波羅蜜即是諸法真如、法性、實際；真如、法性、實際，即是般若波羅蜜。)

菩薩若與般若波羅蜜平等，則菩薩不增不減。

世間法非一即是二，不異即是一，而真如、法性、實際非一非異，般若波羅蜜亦如是。

(2)若菩薩得如是不增不減，聞如是般若波羅蜜相，其心不驚不恐，當知是菩薩行般若波羅蜜已得究竟，必安住不退轉地，能疾證無上菩提。(凡夫著我心故有驚恐，菩薩我相斷故不驚不恐)。

*17 無所行是為行般若

(1)就四法明無行

①行般若波羅蜜

❶即空不行：空非有法，云何能行般若？

❷離空不行：一切法空、無相、無作，云何離空更有法可行？

❸即般若不行：法不自行，故般若不行般若。

❹離般若不行：一切法攝在般若中，更無有法可行般若。

②行空

❶即空不行：空不行空。

❷離空不行：一切法皆是空，故無有法可行空。

(2)就餘諸法明無行

①有為法不行

蘊處界等法皆虛誑和合因緣而有，不自在故，無住相，云何能行？

②諸道法及所證不行

　　行者、諸道法及所證如同蘊處界法皆和合有故不能行。

③無為法不行

　　真如、法性、實際等無為法，不生不滅、常住自性，故不行。

(3)諸法不可得故無行

　問：人假名有故不行，諸法和合因緣生、無自性亦不行，則誰行般若？若不行，云何得無上菩提？

　答：佛陀反問作答。

　　①不見行般若者

　　　反問：汝以慧眼見有一法行般若不？

　　　善現以三解脫門入諸法實相中，見諸法相不可得，何況有行者。

　　　故答：不見有行般若者。

　　②不見行般若處

　　　反問：汝見般若波羅蜜菩薩行處不？

　　　般若波羅蜜中一切諸觀滅，若常若無常、若生若滅等，不見般若有定相，云何當說是般若波羅蜜多？故答：不見所行處。

　　③不見之法亦不可得

　　　反問：若汝以慧眼不見之法，為有為無？

　　　慧眼實，肉眼天眼虛誑，若以慧眼觀而不見則無，故答：不可得(無)。

　　④不可得法亦無生

　　　反問：若法無、不可得，是法有生不？

　　　是法本自無、畢竟空、無所有，是法有、無義之戲論已滅，云何有生？故答：無生滅。

*18 得無生法忍，受無上菩提記

(1)由信力、智慧力所見諸法法性，通達無礙、住於其中，即是菩薩之無生法忍。

　以世俗諦說，有五蘊假名菩薩得如是法，是名「行般若波羅蜜」，以勝義諦說諸戲論語言即是無生、觀諸法自性空，不見少法可得，入正性離生。觀一切法不生不滅、不增不減、不垢不淨、不常不斷、非有非無等，破一切生滅之無常相，但於不生不滅亦不著，不墮空無所有中。

(2)若隨無生忍行精進不息，不得一切相智、無上正等菩提，無有是處。於佛十力、四無礙解、四無所畏等殊勝功德，精進如實行者，得如是無生法忍，捨生死肉身得法性生身，住菩薩果報神通中，一時能作無量變化身，淨佛世界，度脫有情，具足佛法作道場，若具足如是正因緣，不得無上菩提無有是處。

(若無因緣則無肉身果報，邪因緣亦無果報，因緣少亦無果報。)

*19 受記不可得

(1)受記不可得

　　①無生法不得記

若未得無生法忍，深著世間法，諸煩惱厚，雖有福德善心，為煩惱所遮；若得無生法忍，無有是事。未得無生法忍，用力艱難，譬如陸行；得無生法忍，用力甚易，譬如乘船。

故善現問：得無生法，可得不退轉記？

世尊言：不也。(以無生法不生不滅，無得相，云何受記？)

②生法不得記

生法虛誑、妄語、作法，云何能得無上菩提真實法？

③生不生法、非生非無生法不得記

此二法皆有過，如上述。

(2)般若中無憶想分別，不見得受記者、受記法

善現問：「若爾，云何當授記？」

佛反問：「汝以慧眼觀，見有法與菩薩授記不？」

答言：「不見。」

①是法從本以來寂滅相、是中無見不見、授記不授記，亦不見無上正等菩提，亦無得法，亦無得者。

②行甚深般若波羅蜜多無憶想分別，故不作是念：

「我當證得無上菩提。我用是法於如是時，於如是處，證得無上菩提。」。

*20 不雜餘心心所而行般若

(1)餘心心所

指①慳貪等及能破六波羅蜜之惡心。　　　　②令惡心能增長者。

③聲聞、獨覺心。　　　　④無記、散亂心能遮善心者。

(2)雖行十善道能得甚多福德，若離諸法實相，則為虛妄不牢固、無常、盡、滅，不足為多。不如過尋思境、畢竟離諸相分別而行般若波羅蜜多者之福德殊勝。

*21 同學與同性

有二種平等忍：

有情平等忍，離鬥諍而同學，如〈同學品〉說。

法平等忍，所學平等法(同性)，如〈同性品〉中說。

諸法諸法性空，是菩薩同性；菩薩住此中學，名為同學；由此同學速證無上菩提。

(1)同學

菩薩共住，彼此相視如佛。彼是我真伴同乘一船俱到佛道，同學六波羅蜜等，同戒、同見、同道，如同白衣之兄弟不共鬥，我等是同法兄弟亦不應共諍。若彼離雜染作意，不離一切智智作應，彼所學我亦應學，名為同學。

(2)同性

所學平等法是菩薩同性(平等性)。

內空乃至無性自性空是菩薩同性。

色色性空是菩薩同性，乃至蘊處界諸法、諸道法、諸所證皆空，其法性亦空，是菩薩同性。

*22 教平等學

善現問：若觀色等無常、念念滅不住，若得是觀，心離色，心離色故，煩惱滅，煩惱滅故，得

無生法。如是學是為學一切智智不？

佛反問：色真如是為盡、離、滅、斷不？

善現答：不也！世尊！

以真如從本以來不集、不和合，云何有盡？

本來不生，云何有滅？

是法本來虛誑，無有定相，云何可斷？

故佛結成：真如常、不可證、不可滅、不可斷，說盡、離、滅、斷，是為除顛倒行，並非究竟。

若能於真如如是學，是為真學一切智智。

*23 得化他利益

問：若一切法本性清淨，云何復於諸佛妙法而得清淨？

答：

(1)諸法本來自性清淨，菩薩精勤修學般若波羅蜜多，能如實通達，心無沒(疑)無滯(不生邪見)，遠離煩惱染著，故說復得清淨。

(2)凡夫於諸法本性清淨不知不見。

(3)菩薩為是人故，行六波羅蜜及諸助道法，於一切法中得清淨智慧力，捨三界顛倒，過聲聞獨覺地。菩薩得是功德故，遍知十方三世有情心心所法及心所行所起之種種業因緣，知已，隨其所應，為說法開化。

如是等利益，皆是學般若故得。

*24 薩迦耶見含藏六十二見

人以無明故，於五蘊生我見，謂身死如去、不如去。

(1)常見：若謂如去，則是常見。

(2)斷見：若不如去，則是斷見。

(3)見取：若謂斷滅，現今受樂、著五欲，以惡法為最，生見取。

(4)戒取：若謂是常，出家學道，持戒苦行，生戒取。

(5)邪見：或時見斷、常俱有過故，便言「無因緣果報」，則生邪見。

住是五見中，世間常無常、前際後際等，生五十七見。

故說身見攝六十二見。

*25 明「行般若波羅蜜多」

(1)邪行相：著心取相

若菩薩作是念：「此是般若波羅蜜，我以是般若波羅蜜得一切智智。」

此為著心取相之邪行相。

①生我心：五蘊和合假名菩薩，隨逐假名計以為我。

②著般若相：「此是般若波羅蜜。」

是人著般若是有是無，我見般若、得般若、著般若等。

般若實是<u>無著相</u>，而是人說有相之般若是第一義，即是邪行相。

③有所作相：「我以般若波羅蜜得一切智智。」

般若實是<u>無作相</u>，而是人欲用般若有所作，所謂我用是般若於此時、此處，棄捨所應遠離法，照了所應得法，證得無上正等菩提，此亦是邪行相。

(2)遮邪行相

　　若不如是念，名為行般若波羅蜜。

(3)正行相

　　除破邪著外，亦說實相，是為正行相。

　　應作是念：「於一切處，不顯示般若波羅蜜相，亦不生我心、我用般若波羅蜜有所作；但知
　　一切法常住真如、法界、法性、實際中，皆無差別。」

*26 發心行菩薩道者福德無量

　　菩薩行者行六波羅蜜乃至一切相智等諸菩薩道時，所得功德尚能勝於一切有情，更何況已得無
　　上正等菩提者。

　　有情可大分為二種，一發菩提心者，二未發心者。若發心則種無量無上佛法因緣，不僅勝於未
　　發心者，亦勝於已離欲之二乘人。

(1)發心復行菩薩道

　　發心菩薩或有但空發心，或有發心復行菩薩道者。此等菩薩行者，雖尚未成就，但因行菩薩
　　道、說諸法實相，已能破諸外道及魔民等戲論，何況成佛。

(2)意願利益有情

　　諸多有情皆自求利樂，愛其所親；阿羅漢、獨覺雖不貪世樂，自為滅苦而求涅槃樂，不能濟
　　度有情；而菩薩行者發心：「我當作佛，滅一切有情苦。」雖尚未斷煩惱，而能意願利益有
　　情，故為勝。

(3)若初發大心大願，則以此發心為論，說為勝於二乘人；若就戒定慧行為論，此二乘人勝於此
　　發心者。若得無生發心，則願行皆勝。

*27 不即心、不離心

(1)知兩數：稱知斤兩。

(2)不生二、無二想

　　不應生二想：不分別隨喜心、迴向心，以其畢竟空故。

　　不應生無二想：不見諸法有定相(一相)，以其皆因緣生故。

(3)不即心、不離心

　　不即心：此明無相之心迴向。心相即寂，心無心相，故云不即心(非心)。

　　不離心：雖心相即寂，亦不離此心而得迴向，故云不離心。

第五事

第46義

[丁二] 見道頂加行

【第 46 義】：見道頂加行　46

〔義相〕：〔住於見所斷分別種子之能治種類之大乘隨現觀。〕

〔界限〕：〔唯在大乘見道。〕

[戊一] 所治分別

1.略標

(1)所取分別　　46.1

[轉趣及退還，其所取分別，當知各有九，非如其境性。](頌5-5)

大乘見所斷，於轉趣、退還事執為實有所取之分別，各有九種。

當知彼九非如其境之體性而妄起執著，是於所著境錯亂之識故。

(轉趣與退還，不可得及觀緣之自性，依次為菩薩與聲聞等之法，從受持與拋捨上而取決。)

(2)能取分別　　46.2

[由異生聖別，分有情實假，是能取分別，彼各有九性，](頌5-6)

[若所取真如，彼執為誰性，如是彼執著，自性空為相。](頌5-7)

(46.2.1)大乘見所斷，能取分別亦有二種：由於異生執實有有情，及由聖者差別執為假有士夫，皆於彼二，執為實有能受用者故。

當知彼執各有九種，由有九種境故。

(46.2.2)此諸分別皆是錯亂，不得境之實性故。

以彼所取於真如無故，故彼所執，為誰境之性耶？

都非彼境之性故，如是當知彼諸執著(能取)皆以性空為相也。

2.廣釋
(1)轉趣所取分別　　46.3

[自性及種姓，正修行諸道，智所緣無亂，所治品能治。](頌5-8)
[自內證作用，彼業所造果，是為轉趣品，所有九分別。](頌5-9)

如是於大乘道果執為實所受用中，初轉趣(趣入)所取分別，差別有九，謂：

(46.3.1)菩薩總所趣事，由六度因勝義非有，於勝義非有之無上菩提果亦勝義無得，然名言有可得之果，緣此執為實所受用。

(46.3.2)又由趣入不動地等，故緣佛種性決定；

(46.3.3)又緣道自性見道等正修行；

(46.3.4)又緣道所緣不錯亂智境；

(46.3.5)又緣能除所治之殊勝功能，由先見功德而取與先見過失而捨，便能生所知障之對治及得永害所治品之功能故；

(46.3.6)又依道果自利，緣大乘自內證；

(46.3.7)又依道果利他功能，緣大乘種性決定者遠離聲聞等地之作用；

(46.3.8)又依利他業，緣稱所化意樂，現變化身而利有情；

(46.3.9)由善巧方便力，安立一切眾生於涅槃果，緣彼執為實所應趣之所取分別。

由此等皆是所應行事，故名轉趣；緣彼執實即是分別。

(所取分別於趣入面有九種有依，承許為見道之加行分際所要捨除。)

(2)退還所取分別　　46.4

[墮三有寂滅，故智德下劣，無有攝受苦，道相不圓滿，](頌5-10)
[由他緣而行，所為義顛倒，少分及種種，於住行愚蒙。](頌5-11)
[及於隨行相，九分別體性，是所退還品，聲聞等心起。](頌5-12)

第二所取分別，謂退還(拋捨)分別，此亦有九，謂：

(46.4.1)二乘道由墮三有與寂滅邊，故智德下劣。

(46.4.2)由無方便妙慧攝持，故增上緣下劣。

(46.4.3)修利他行，道相不圓滿。(非一切所知障之對治，故修習之道不完備。)

(46.4.4)修自利行，方便下劣，故隨他緣而往解脫，謂最後有亦須待如來等教授。

(46.4.5)修俱利行下劣，所為顛倒，不趣三大。

(46.4.6)斷德下劣，但斷少分。(但斷煩惱障)

(46.4.7)智德下劣，得初果等種類智德。

(46.4.8)雖得二乘阿羅漢果，亦未能斷無明隨眠，故於自利住定及利他正行不如實知。

(46.4.9)由大乘能攝三乘一切功德，故一切相智須隨小乘一切涅槃行，故二乘涅槃俱有過失。(故非所取而為所捨)

如是九境，是二乘心中所起，非定性菩薩所應趣事，故名退還也。

(第二種所取分別為拋捨品之有依(此於二乘心續所執取而生)，有九種。承許於菩薩見道之心心所，趣入分際所要斷除。)

(3)實執能取分別　　46.5

[所取及所捨，作意與繫屬，所作意三界，安住與執著，](頌5-13)
[法義唯假立，貪欲及對治，失壞如欲行，當知初能取。](頌5-14)

見道頂加行時所斷於執補特伽羅為實物有，更執彼為勝義能受用者。此見所斷初能取分別，亦有九種，謂：

(46.5.1)緣取功德、捨過失之補特伽羅；(世俗如幻而取捨)

(46.5.2)緣作意實有者；

(46.5.3)緣繫屬所作意之實有三界者；

(46.5.4)緣執一切法實有而安住者；(以不住空性而住)

(46.5.5)緣執著一切皆無我者；

(46.5.6)緣了知法義皆唯假立者；

(46.5.7)緣所治品貪欲者；(以不貪執(所治品)為前行之耽著，此為不了知空性之不貪執。)

(46.5.8)緣執相之能對治者；(以平等觀修之對治為對治)

(46.5.9)緣失壞如欲往一切相智經久稽留之補特伽羅，分別為實有故。
　　　　(不如實知般若波羅蜜多，故如欲前往而受滯留。)

當知此九即初能取分別。

(耽著為真實之實有法，承許為見道加行階段所要斷除。)

(4)假執能取分別　　46.6

[不如所為生，執道為非道，謂生俱有滅，具不具道性，](頌5-15)

[安住壞種性，無希求無因，及緣諸敵者，是餘取分別。](頌5-16)

假執能取分別有九：

(46.6.1)緣唯修小乘，道不能如所為事出生三大之假士夫；

(46.6.2)緣離小乘道，執六度為非道之假士夫；

(46.6.3)緣果生須俱因滅，離世俗性執有餘勝義之士夫；

(46.6.4)緣執一切道性實有相續具不具之士夫；

(46.6.5)緣執色等實有而安住之士夫；

(46.6.6)緣由發心等失壞，聲聞等種性之士夫；

(46.6.7)緣唯以空性便執為足，更不希求佛果之士夫；

(46.6.8)緣不修般若波羅蜜多因之士夫；

(46.6.9)緣魔等障礙菩提之諸敵者事。

此九分別，即緣彼彼境，執為實受用者之分別，此即除前實執分別之所餘，為第二類能取假有之分別也。

(以耽著假立實有法，而有第二類九種能取分別，承許為見道之心心所，為趣入分際所要斷除。)

(如是以九偈明四類中各有九種見道之對治品，為斷除彼等，應知四種對治。)

[戊二]分別之對治
1.見道頂加行之因　　46.7

[為他示菩提，其因謂付囑，證彼無間因，具多福德相。](頌5-17)

(46.7.1)為他開示證菩提之方便於大菩提而安立他。

(46.7.2)其大菩提之因，謂付囑般若波羅蜜多之文義。

(46.7.3)能證彼頂加行之無間因，謂自於定中修般若波羅蜜多等，具足眾多福德為相之大乘加行世第一法，即見道頂加行之因也。

(承許此等為成辦大菩提之見道因。)

2.彼大菩提果　　46.8
(1)自宗大菩提　　46.8.1

[垢盡無生智，說為大菩提，無盡無生故，彼如次應知。](頌5-18)

為何承許見道為具備如是因之大菩提？

法界自性無生滅，但有假立煩惱與所知障染汙之生與不生，如虛空，如云：「除法界外，如是非有法。」

或言一多因果性不異，無有合理之實有法，如空花等，亦無生滅。

無倒證悟一切法之相為諸垢永盡及無生智，此為法身等如實之本體，說為大菩提。

《經》說垢盡智與無生智即是大菩提，然非垢先實有而後永盡，亦非先無而後新生，是故當知了達本來永盡及無生之究竟智，如其次第，即盡智與無生智。

(2)許實有不應理　　46.8.2

[無滅自性中，謂當以見道，盡何分別種，得何無生相，](頌5-19)
[若有餘實法，而於所知上，說能盡諸障，吾以彼為奇。](頌5-20)

諸實事師謂：先有真實垢法，後以壞想於彼盡相了知為盡，名為盡智。又許實法相續生斷，以無生想於不生相了知不生，名無生智。

此破彼云：

大乘見道，何能盡其實有之所知障能取所取分別種類耶？

定不應盡。

何能得其斷相續生之無生相耶？

定不能得。

以汝所許先有之真實障法〔今乃新滅〕，無此滅性故，以彼障先未有故。是故當許中觀宗也。

又實事宗既說實有能治、所治諸法，復說愚蒙所知之垢障可盡，吾慈氏實覺彼甚奇稀有，以障若實有，則對治不可斷故。

(3)當許諸法皆空　　46.8.3

[此中無所遣，亦無少可立，於正性正觀，正見而解脫。](頌5-21)

今此法中，諸世俗法由損減門無可除遣，諸勝義法由增益門無少法可安立，故於世俗正有性，正觀勝義無自性之法性。如是遠離增減二邊所決擇之正見，若能精勤修習，便能現見真實義，解脫二障而成正覺也。

3.見道頂加行之自性　　46.9
(1)正說　　46.9.1~46.9.6

[施等一一中，彼等互攝入，一剎那忍攝，是此中見道。](頌5-22)

布施等一一度中，皆能互攝六度，以一剎那苦法智忍所攝之無間道，彼頂加行即此中之見道故。

言「此中見道」者，表示頂加行品中，由一一度互攝六度而顯見道，諸餘品中則以餘相而明見道也。

(二種所取分別二種能取分別，各有九種，合有三十六種。若以欲色無色界區分，則有一百零八種分別。一剎那苦法智忍所攝頂加行，斷除能生此等分別之一百零八種煩惱習氣，係以緣起法性證獲。)

(2)斷德自在　　46.9.7

[次由入獅子，奮迅三摩地，觀察諸緣起，隨順及回逆。](頌5-23)

見道頂加行斷障相之後，又說見道頂加行，正習彼加行之瑜伽師，根本定時安住獅子奮迅三摩地；於後得位，觀察緣起順逆也。十二緣起，謂無明、行、識、名色、六處、觸、受、愛、取、有、生、老死。

(46.9.7) (1)順逆緣起
　　①其中從無明緣行，乃至生緣老死，是雜染品隨順緣起。
　　②後老死由生起，乃至行由無明起，是雜染品回逆緣起。
　　③從無明滅故行滅，乃至生滅故老死滅，是清淨品隨順緣起。
　　④從由生滅故老死滅，乃至由無明滅故行滅，是清淨品回逆緣起。
　(2)通達四諦
　　①如是修習雜染品隨順緣起者，便能通達集諦自性以了知惑業之主即無明與行故。
　　②修彼回逆緣起者，便能通達苦諦自性，以了知生與老死，是惑業之果究竟成熟性故。
　　③修習清淨品隨順緣起者，便能通達道諦自性，以知無明對治，證無我慧能斷無明之根本故。
　　④修彼回逆緣起者，便能通達滅諦自性，以知永斷染汙無明之究竟果，即滅除生與老死故。
　是故修習順逆緣起，即是通達四諦之最勝方便也。

[丁二]見道頂加行　【第 46 義】：見道頂加行
[戊一]所治分別

1.略標所取分別

46.1 略標所取分別

大乘見所斷，於轉趣、退還事執為實有所取之分別，各有九種。

當知彼九非如其境之體性而妄起執著，是於所著境錯亂之識故。

(1)一切法皆無分別

卷 456〈別品 63〉：時，舍利子問善現言：

「為但般若波羅蜜多無分別，為靜慮、精進、安忍、淨戒、布施波羅蜜多亦無分別？」

善現答言：

「非但般若波羅蜜多無分別，靜慮、精進、安忍、淨戒、布施波羅蜜多亦無分別。」

舍利子言：

「為但六波羅蜜多無分別，為色、受、想、行、識亦無分別，為眼處乃至意處亦無分別，為色處乃至法處亦無分別，為眼界乃至意界亦無分別，為色界乃至法界亦無分別，為眼識界乃至意識界亦無分別，為眼觸乃至意觸亦無分別，為眼觸為緣所生諸受乃至意觸為緣所生諸受亦無分別，為地界乃至識界亦無分別，為無明乃至老死亦無分別，為內空乃至無性自性空亦無分別，為真如乃至不思議界亦無分別，為苦、集、滅、道聖諦亦無分別，為四靜慮、四無量、四無色定亦無分別，為八解脫乃至十遍處亦無分別，為四念住乃至八聖道支亦無分別，為空、無相、無願解脫門亦無分別，為淨觀地乃至如來地亦無分別，為極喜地乃至法雲地亦無分別，為一切陀羅尼門、三摩地門亦無分別，為五眼、六神通亦無分別，為如來十力乃至十八佛不共法亦無分別，為無忘失法、恒住捨性亦無分別，為一切智、道相智、一切相智亦無分別，為預流果乃至獨覺菩提亦無分別，為一切菩薩摩訶薩行亦無分別，為諸佛無上正等菩提亦無分別，為有為界亦無分別，為無為界亦無分別？」

善現答言：

「非但六波羅蜜多無分別，色亦無分別，受、想、行、識亦無分別，乃至有為界亦無分別，無為界亦無分別。」*1

(2)諸法無分別而有六道、三乘

舍利子言：

「若一切法皆無分別，云何分別五趣差別，謂是地獄、是傍生、是鬼界、是人、是天？云何分別聖者差別，謂是預流、是一來、是不還、是阿羅漢、是獨覺、是菩薩、是如來？」

①凡夫顛倒造業故有六道

善現答言：

「有情顛倒煩惱因緣，發起種種身、語、意業，由此感得欲為根本業異熟果，依此施設地獄、傍生、鬼界、人、天五趣差別。

②聖者斷惑、知無分別而有三乘

又所問言『云何分別聖差別？』者，舍利子！無分別故，施設預流及預流果；無分別故，施設一來及一來果；無分別故，施設不還及不還果；無分別故，施設阿羅漢及阿羅漢果；無分別故，施設獨覺及獨覺菩提；無分別故，施設菩薩摩訶薩及菩薩摩訶薩行；無分別故，施設如來、應、正等覺及彼無上正等菩提。

「舍利子！過去如來、應、正等覺由無分別、分別斷故，可施設有種種差別；未來如來、應、正等覺亦無分別、分別斷故，可施設有種種差別；現在十方諸佛世界一切如來、應、正等覺現說法者亦無分別、分別斷故，可施設有種種差別。舍利子！由是因緣，當知諸法皆無分別，由無分別真如、法界廣說乃至不思議界為定量故。

(3)無分別行、無分別果

「舍利子！諸菩薩摩訶薩應行如是無所分別甚深般若波羅蜜多。若菩薩摩訶薩能行如是無所分別甚深般若波羅蜜多，便能證得無所分別微妙無上正等菩提，覺一切法無分別性，盡未來際利樂有情。」*1

(CBETA, T07, no. 220, pp. 304b^7–305a^4)

sher phyin:　v.028, pp. 118^{12}–121^{19} 《合論》: v.051, pp. 153^{07}–156^{16}

2.略標能取分別

46.2 略標能取分別

(46.2.1)實執分別

大乘見所斷，能取分別亦有二種：由於異生執實有有情，及由聖者差別執為假有士夫，皆於彼二，執為實有能受用者故。當知彼執各有九種，由有九種境故。

(46.2.2)假執分別

此諸分別皆是錯亂，不得境之實性故。以彼所取於真如無故，故彼所執，為誰境之性耶？都非彼境之性故，如是當知彼諸執著皆以性空為相也。

(1)明菩薩行般若，不見堅法非堅法 (真實法、無真實法)

卷 456〈堅非堅品 64〉：第二分堅非堅品第六十四之一

時，舍利子問善現言：

「諸菩薩摩訶薩修行般若波羅蜜多，為行堅法？為行非堅法？」

善現答言：

「諸菩薩摩訶薩修行般若波羅蜜多，行非堅法，不行堅法。何以故？舍利子！般若波羅蜜多乃至布施波羅蜜多非堅法故，內空乃至無性自性空非堅法故，真如乃至不思議界非堅法故，苦、集、滅、道聖諦非堅法故，四念住乃至八聖道支非堅法故，四靜慮、四無量、四無色定非堅法故，八解脫乃至十遍處非堅法故，空、無相、無願解脫門非堅法故，極喜地乃至法雲地非堅法故，一切陀羅尼門、三摩地門非堅法故，五眼、六神通非堅法故，如來十力乃至十八佛不共法非堅法故，無忘失法、恒住捨性非堅法故，一切智、道相智、一切相智非堅法故，一切菩薩摩訶薩行非堅法故，諸佛無上正等菩提非堅法故，一切智智非堅法故。所以者何？諸菩薩摩訶薩行深般若波羅蜜多時，於深般若波羅蜜多尚不見有非堅可得，況見有堅可得！如是乃至行一切智智時，於一切智智尚不見有非堅可得，況見有堅可得！」*2

(2)明菩薩所行甚深

①菩薩不證實際

時，有無量欲、色界天咸作是念：

「住菩薩乘諸善男子、善女人等能發無上正等覺心，如深般若波羅蜜多所說義行，不證實際平等法性，不墮聲聞及獨覺地，由此因緣，是善男子、善女人等甚為希有，能為難事，應當敬禮。」

②顯真般若行，雖知有情不可得而誓度無邊有情

爾時，善現知彼諸天心之所念，便告彼曰：

「是善男子、善女人等不證實際平等法性，不墮聲聞及獨覺地，非甚希有，亦未為難。若菩薩摩訶薩知一切法及諸有情皆不可得，而發無上正等覺心，被精進甲，誓度無量無邊有情，令入無餘般涅槃界，是菩薩摩訶薩乃甚希有，能為難事。*3

❶約有情空說

「諸天當知！若菩薩摩訶薩雖知有情都無所有，而發無上正等覺心，被精進甲為欲調伏諸有情類，如有為欲調伏虛空。所以者何？虛空離故，當知一切有情亦離；虛空空故，當知一切有情亦空；虛空非堅實故，當知一切有情亦非堅實；虛空無所有故，當知一切有情亦無所有。由此因緣，是菩薩摩訶薩乃甚希有，能為難事。

「諸天當知！是菩薩摩訶薩被大悲甲，為欲調伏一切有情，而諸有情都無所有，如有被甲與虛空戰。

「諸天當知！是菩薩摩訶薩被大悲甲，為欲利樂一切有情，而諸有情及大悲甲俱不可得。所以者何？有情離故，此大悲甲當知亦離；有情空故，此大悲甲當知亦空；有情非堅實故，此大悲甲當知亦非堅實；有情無所有故，此大悲甲當知亦無所有。

「諸天當知！是菩薩摩訶薩調伏利樂諸有情事亦不可得。所以者何？有情離、空、非堅實、無所有故，此調伏利樂事當知亦離、空、非堅實、無所有。

「諸天當知！是菩薩摩訶薩亦無所有。所以者何？有情離、空、非堅實、無所有故，當知菩薩亦離、空、非堅實、無所有。

「諸天當知！若菩薩摩訶薩聞如是事，其心不驚、不恐、不怖、不憂、不悔、不沈、不沒，當知是菩薩摩訶薩行深般若波羅蜜多。*4

❷約法空說

「所以者何？諸色離即有情離，受、想、行、識離即有情離，眼處乃至意處離即有情離，色處乃至法處離即有情離，眼界乃至意界離即有情離，色界乃至法界離即有情離，眼識界乃至意識界離即有情離，眼觸乃至意觸離即有情離，眼觸為緣所生諸受乃至意觸為緣所生諸受離即有情離，地界乃至識界離即有情離，因緣乃至增上緣離即有情離，無明乃至老死離即有情離，布施波羅蜜多乃至般若波羅蜜多離即有情離，內空乃至無性自性空離即有情離，真如乃至不思議界離即有情離，苦、集、滅、道聖諦離即有情離，四念住乃至八聖道支離即有情離，四靜慮、四無量、四無色定離即有情離，八解

脫乃至十遍處離即有情離，空、無相、無願解脫門離即有情離，淨觀地乃至如來地離即有情離，極喜地乃至法雲地離即有情離，一切陀羅尼門、三摩地門離即有情離，五眼、六神通離即有情離，如來十力乃至十八佛不共法離即有情離，三十二大士相、八十隨好離即有情離，無忘失法、恒住捨性離即有情離，一切智、道相智、一切相智離即有情離，預流果乃至獨覺菩提離即有情離，一切菩薩摩訶薩行離即有情離，諸佛無上正等菩提離即有情離，一切智智離即有情離。」(CBETA, T07, no. 220, p. 305a⁵–c²⁹)

卷 457〈堅非堅品 64〉：第二分堅非堅品第六十四之二

「諸天當知！諸色離即布施波羅蜜多乃至般若波羅蜜多離，受、想、行、識離即布施波羅蜜多乃至般若波羅蜜多離，如是乃至諸色離即一切智智離，受、想、行、識離即一切智智離。

「諸天當知！諸眼處離即布施波羅蜜多乃至般若波羅蜜多離，耳、鼻、舌、身、意處離即布施波羅蜜多乃至般若波羅蜜多離，如是乃至諸眼處離即一切智智離，耳、鼻、舌、身、意處離即一切智智離。

「諸天當知！諸色處離即布施波羅蜜多乃至般若波羅蜜多離，聲、香、味、觸、法處離即布施波羅蜜多乃至般若波羅蜜多離，如是乃至諸色處離即一切智智離，聲、香、味、觸、法處離即一切智智離。

「諸天當知！諸眼界離即布施波羅蜜多乃至般若波羅蜜多離，耳、鼻、舌、身、意界離即布施波羅蜜多乃至般若波羅蜜多離，如是乃至諸眼界離即一切智智離，耳、鼻、舌、身、意界離即一切智智離。

「諸天當知！諸色界離即布施波羅蜜多乃至般若波羅蜜多離，聲、香、味、觸、法界離即布施波羅蜜多乃至般若波羅蜜多離，如是乃至諸色界離即一切智智離，聲、香、味、觸、法界離即一切智智離。

「諸天當知！諸眼識界離即布施波羅蜜多乃至般若波羅蜜多離，耳、鼻、舌、身、意識界離即布施波羅蜜多乃至般若波羅蜜多離，如是乃至諸眼識界離即一切智智離，耳、鼻、舌、身、意識界離即一切智智離。

「諸天當知！諸眼觸離即布施波羅蜜多乃至般若波羅蜜多離，耳、鼻、舌、身、意觸離即布施波羅蜜多乃至般若波羅蜜多離，如是乃至諸眼觸離即一切智智離，耳、鼻、舌、身、意觸離即一切智智離。

「諸天當知！諸眼觸為緣所生諸受離即布施波羅蜜多乃至般若波羅

蜜多離，耳、鼻、舌、身、意觸為緣所生諸受離即布施波羅蜜多乃至般若波羅蜜多離，如是乃至諸眼觸為緣所生諸受離即一切智智離，耳、鼻、舌、身、意觸為緣所生諸受離即一切智智離。

「諸天當知！諸地界離即布施波羅蜜多乃至般若波羅蜜多離，水、火、風、空、識界離即布施波羅蜜多乃至般若波羅蜜多離，如是乃至諸地界離即一切智智離，水、火、風、空、識界離即一切智智離。

「諸天當知！諸因緣離即布施波羅蜜多乃至般若波羅蜜多離，等無間緣、所緣緣、增上緣離即布施波羅蜜多乃至般若波羅蜜多離，如是乃至諸因緣離即一切智智離，等無間緣、所緣緣、增上緣離即一切智智離。

「諸天當知！諸無明離即布施波羅蜜多乃至般若波羅蜜多離，行乃至老死離即布施波羅蜜多乃至般若波羅蜜多離，如是乃至諸無明離即一切智智離，行乃至老死離即一切智智離。

「諸天當知！諸布施波羅蜜多離即內空乃至無性自性空離，淨戒、安忍、精進、靜慮、般若波羅蜜多離即內空乃至無性自性空離，如是乃至諸布施波羅蜜多離即一切智智離，淨戒、安忍、精進、靜慮、般若波羅蜜多離即一切智智離。

「諸天當知！諸內空離即布施波羅蜜多乃至般若波羅蜜多離，外空乃至無性自性空離即布施波羅蜜多乃至般若波羅蜜多離，如是乃至諸內空離即一切智智離，外空乃至無性自性空離即一切智智離。

「諸天當知！諸真如離即布施波羅蜜多乃至般若波羅蜜多離，法界乃至不思議界離即布施波羅蜜多乃至般若波羅蜜多離，如是乃至諸真如離即一切智智離，法界乃至不思議界離即一切智智離。

「諸天當知！諸苦聖諦離即布施波羅蜜多乃至般若波羅蜜多離，集、滅、道聖諦離即布施波羅蜜多乃至般若波羅蜜多離，如是乃至諸苦聖諦離即一切智智離，集、滅、道聖諦離即一切智智離。

「諸天當知！諸四念住離即布施波羅蜜多乃至般若波羅蜜多離，四正斷乃至八聖道支離即布施波羅蜜多乃至般若波羅蜜多離，如是乃至諸四念住離即一切智智離，四正斷乃至八聖道支離即一切智智離。

「諸天當知！諸四靜慮離即布施波羅蜜多乃至般若波羅蜜多離，四無量、四無色定離即布施波羅蜜多乃至般若波羅蜜多離，如是乃至諸四靜慮離即一切智智離，四無量、四無色定離即一切智智離。

「諸天當知！諸八解脫離即布施波羅蜜多乃至般若波羅蜜多離，八勝

處、九次第定、十遍處離即布施波羅蜜多乃至般若波羅蜜多離，如是乃至諸八解脫離即一切智智離，八勝處、九次第定、十遍處離即一切智智離。

「諸天當知！諸空解脫門離即布施波羅蜜多乃至般若波羅蜜多離，無相、無願解脫門離即布施波羅蜜多乃至般若波羅蜜多離，如是乃至諸空解脫門離即一切智智離，無相、無願解脫門離即一切智智離。

「諸天當知！諸淨觀地離即布施波羅蜜多乃至般若波羅蜜多離，種姓地乃至如來地離即布施波羅蜜多乃至般若波羅蜜多離，如是乃至諸淨觀地離即一切智智離，種姓地乃至如來地離即一切智智離。

「諸天當知！諸極喜地離即布施波羅蜜多乃至般若波羅蜜多離，離垢地乃至法雲地離即布施波羅蜜多乃至般若波羅蜜多離，如是乃至諸極喜地離即一切智智離，離垢地乃至法雲地離即一切智智離。

「諸天當知！諸陀羅尼門離即布施波羅蜜多乃至般若波羅蜜多離，三摩地門離即布施波羅蜜多乃至般若波羅蜜多離，如是乃至諸陀羅尼門離即一切智智離，三摩地門離即一切智智離。

「諸天當知！諸五眼離即布施波羅蜜多乃至般若波羅蜜多離，六神通離即布施波羅蜜多乃至般若波羅蜜多離，如是乃至諸五眼離即一切智智離，六神通離即一切智智離。

「諸天當知！諸如來十力離即布施波羅蜜多乃至般若波羅蜜多離，四無所畏乃至十八佛不共法離即布施波羅蜜多乃至般若波羅蜜多離，如是乃至諸如來十力離即一切智智離，四無所畏乃至十八佛不共法離即一切智智離。

「諸天當知！諸三十二大士相離即布施波羅蜜多乃至般若波羅蜜多離，八十隨好離即布施波羅蜜多乃至般若波羅蜜多離，如是乃至諸三十二大士相離即一切智智離，八十隨好離即一切智智離。

「諸天當知！諸無忘失法離即布施波羅蜜多乃至般若波羅蜜多離，恒住捨性離即布施波羅蜜多乃至般若波羅蜜多離，如是乃至諸無忘失法離即一切智智離，恒住捨性離即一切智智離。

「諸天當知！諸一切智離即布施波羅蜜多乃至般若波羅蜜多離，道相智、一切相智離即布施波羅蜜多乃至般若波羅蜜多離，如是乃至諸一切智離即一切智智離，道相智、一切相智離即一切智智離。

「諸天當知！諸預流果離即布施波羅蜜多乃至般若波羅蜜多離，一來果乃至獨覺菩提離即布施波羅蜜多乃至般若波羅蜜多離，如是乃至

諸預流果離即一切智智離，一來果乃至獨覺菩提離即一切智智離。

「諸天當知！諸菩薩摩訶薩行離即布施波羅蜜多乃至般若波羅蜜多離，如是乃至諸菩薩摩訶薩行離即一切智智離。

「諸天當知！諸佛無上正等菩提離即布施波羅蜜多乃至般若波羅蜜多離，如是乃至諸佛無上正等菩提離即一切智智離。

「諸天當知！諸一切智智離即布施波羅蜜多乃至般若波羅蜜多離，如是乃至諸一切智智離即諸佛無上正等菩提離。

「諸天當知！若菩薩摩訶薩聞說諸法無不遠離，其心不驚、不恐、不怖、不憂、不悔、不沈、不沒，當知是菩薩摩訶薩行深般若波羅蜜多。」*4

(CBETA, T07, no. 220, pp. 306a⁵–307c⁴)

sher phyin: v.028, pp. 122⁰¹–125⁰⁹ 《合論》: v.051, pp. 156¹⁷–160⁰⁸

❸約般若空說

卷 457〈堅非堅品 64〉：爾時，世尊告善現言：

「何因緣故，諸菩薩摩訶薩於深般若波羅蜜多不沈、不沒？」

具壽善現白言：

「世尊！以一切法皆非有故、皆遠離故、皆寂靜故、無所有故、無生滅故，諸菩薩摩訶薩於深般若波羅蜜多不沈、不沒。

「世尊！由如是等種種因緣，諸菩薩摩訶薩於深般若波羅蜜多不沈、不沒。所以者何？諸菩薩摩訶薩於一切法，若能沈沒、若所沈沒、若沈沒時、若沈沒處、若沈沒者，由此沈沒皆不可得，以一切法不可得故。

「世尊！若菩薩摩訶薩聞如是說，其心不驚、不恐、不怖、不憂、不悔、不沈、不沒，當知是菩薩摩訶薩行深般若波羅蜜多。何以故？是菩薩摩訶薩觀一切法皆不可得、不可施設，是能沈沒、是所沈沒、是沈沒時、是沈沒處、是沈沒者由此沈沒。以是因緣，諸菩薩摩訶薩聞如是說，其心不驚、不恐、不怖、不憂、不悔、不沈、不沒。

*4

(3)菩薩行般若，諸天禮敬諸佛護念

①諸天禮敬

「世尊！若菩薩摩訶薩能如是行甚深般若波羅蜜多，諸天帝釋、大梵天王、諸眾生主恒共禮敬。」

佛告善現：

「若菩薩摩訶薩能如是行甚深般若波羅蜜多，非但恒為諸天帝釋、大梵天王、諸眾生主共所禮敬，是菩薩摩訶薩亦為過此極光淨天、若遍淨天、若廣果天、若淨居天及餘天眾恒共禮敬。是菩薩摩訶薩亦為十方無量、無數、無邊世界一切如來、應、正等覺現說法者恒共護念。

「善現當知！是菩薩摩訶薩能如是行甚深般若波羅蜜多故，則令布施波羅蜜多乃至般若波羅蜜多速得圓滿，亦令內空乃至無性自性空速得圓滿，亦令真如乃至不思議界速得圓滿，亦令苦、集、滅、道聖諦速得圓滿，亦令四念住乃至八聖道支速得圓滿，亦令四靜慮、四無量、四無色定速得圓滿，亦令八解脫乃至十遍處速得圓滿，亦令空、無相、無願解脫門速得圓滿，亦令極喜地乃至法雲地速得圓滿，亦令一切陀羅尼門、三摩地門速得圓滿，亦令五眼、六神通速得圓滿，亦令如來十力乃至十八佛不共法速得圓滿，亦令無忘失法、恒住捨性速得圓滿，亦令一切智、道相智、一切相智速得圓滿，亦令一切菩薩摩訶薩行速得圓滿，亦令諸佛無上正等菩提速得圓滿，亦令一切智智速得圓滿。

「善現當知！若菩薩摩訶薩能如是行甚深般若波羅蜜多，常為如來、應、正等覺及諸菩薩摩訶薩眾共所護念，速能圓滿一切功德，是菩薩摩訶薩當知行佛所應行處，亦正修行佛所行行故，此菩薩如佛世尊。

②諸佛護念，魔不能壞

　❶十方諸佛護念

　　「善現當知！是菩薩摩訶薩其心堅固，假使十方殑伽沙等諸佛世界一切有情皆為惡魔，一一惡魔各復化作爾許惡魔，此諸惡魔皆有無量無邊神力，是諸惡魔盡其神力不能障礙是菩薩摩訶薩，令不能行甚深般若波羅蜜多，不證無上正等菩提。所以者何？是菩薩摩訶薩已得般若波羅蜜多方便善巧，達一切法不可得故。

　❷魔不能壞

　　1.觀一切法空，不捨一切有情

　　　「善現！若菩薩摩訶薩成就二法，一切惡魔不能障礙，令不能行甚深般若波羅蜜多，不證無上正等菩提。云何為二？一、觀諸法皆畢竟空。二、不棄捨一切有情。

　　2.所作如所說，為諸佛所護念

　　　「善現！若菩薩摩訶薩成就二法，一切惡魔不能障礙，令不能行甚深般若波羅蜜多，不證無上正等菩提。云何為二？一、如所說悉

皆能作。二、為諸佛常所護念。*5

③諸天讚歎

「善現！若菩薩摩訶薩能如是行甚深般若波羅蜜多，諸天神等常來禮
敬，親近供養、請問勸發，作如是言：『善哉！大士！欲證無上正等
菩提，當勤住空、無相、無願。所以者何？大士！若菩薩摩訶薩精勤
住空、無相、無願，一切有情無依怙者能作依怙，無歸依者能作歸依，
無救護者能作救護，無投趣者能作投趣，無洲渚者能作洲渚，無舍宅
者能作舍宅，與暗冥者能作光明，與聾盲者能作耳目。何以故？大士！
如是住空、無相、無願即為安住甚深般若波羅蜜多，若能安住甚深般
若波羅蜜多，疾證無上正等菩提。』

④諸佛讚歎

❶十方佛白稱揚讚歎

「善現！若菩薩摩訶薩能如是住甚深般若波羅蜜多，便為十方無量、
無數、無邊世界現在如來、應、正等覺處大眾中說正法時，自然歡
喜稱揚讚歎是菩薩摩訶薩名字、種姓及諸功德，所謂安住甚深般若
波羅蜜多微妙功德。

「善現當知！如我今者為眾宣說甚深般若波羅蜜多，於大眾前自然歡
喜稱揚讚歎寶幢菩薩摩訶薩、頂髻菩薩摩訶薩等諸菩薩摩訶薩，及
餘現住不動佛所、淨修梵行、安住般若波羅蜜多諸菩薩摩訶薩名
字、種姓及諸功德，所謂安住甚深般若波羅蜜多微妙功德。現在東
方殑伽沙等諸佛世界一切如來、應、正等覺，為眾宣說甚深般若波
羅蜜多，於彼亦有諸菩薩摩訶薩淨修梵行，安住般若波羅蜜多。彼
諸如來、應、正等覺各於眾前，自然歡喜稱揚讚歎彼菩薩摩訶薩名
字、種姓及諸功德，所謂安住甚深般若波羅蜜多微妙功德。南西北
方四維上下殑伽沙等諸佛世界一切如來、應、正等覺，為眾宣說甚
深般若波羅蜜多，於彼亦有諸菩薩摩訶薩淨修梵行，安住般若波羅
蜜多。彼諸如來、應、正等覺各於眾前，自然歡喜稱揚讚歎彼菩薩
摩訶薩名字、種姓及諸功德，所謂安住甚深般若波羅蜜多微妙功德。

「善現當知！有菩薩摩訶薩從初發心修行般若波羅蜜多，漸次圓滿大
菩提道，漸次圓滿甚深般若波羅蜜多，乃至當得一切智智，亦為十
方殑伽沙等諸佛世界一切如來、應、正等覺說正法時，於大眾前自
然歡喜稱揚讚歎是菩薩摩訶薩名字、種姓及諸功德，所謂修行甚深
般若波羅蜜多微妙功德。何以故？善現！是菩薩摩訶薩能為難事，

不斷佛種，饒益有情。」

❷佛所稱歎菩薩之勝德

1.德行勝故

爾時，具壽善現白佛言：

「世尊！何等菩薩摩訶薩為諸如來、應、正等覺說正法時，在大眾前自然歡喜稱揚讚歎名字、種姓及諸功德，為不退轉、退轉位耶？」

佛告善現：

「有菩薩摩訶薩住不退轉位修行般若波羅蜜多，為諸如來、應、正等覺說正法時，在大眾前自然歡喜稱揚讚歎名字、種姓及諸功德。復有菩薩摩訶薩雖未受記而行般若波羅蜜多，亦為如來、應、正等覺說正法時，在大眾前自然歡喜稱揚讚歎名字、種姓及諸功德。」

爾時，善現復白佛言：「此所說者是何菩薩？」

佛告善現：

「有菩薩摩訶薩隨不動佛為菩薩時所行而學，已得安住不退轉地，是菩薩摩訶薩為諸如來、應、正等覺說正法時，在大眾前自然歡喜稱揚讚歎名字、種姓及諸功德。復有菩薩摩訶薩隨寶幢菩薩摩訶薩、頂髻菩薩摩訶薩等所行而學，是菩薩摩訶薩雖未受記而勤精進行深般若波羅蜜多，亦為如來、應、正等覺說正法時，在大眾前自然歡喜稱揚讚歎名字、種姓及諸功德。

2.智慧力勝故

「復次，善現！有菩薩摩訶薩行深般若波羅蜜多，於一切法無生性中雖深信解而未證得無生法忍，於深般若波羅蜜多雖深信解而亦未得無生法忍，於一切法畢竟空性雖深信解而亦未得無生法忍，於一切法皆寂靜性雖深信解而亦未得無生法忍，於一切法皆遠離性雖深信解而亦未得無生法忍，於一切法皆虛妄性雖深信解而亦未得無生法忍，於一切法皆是空性雖深信解而亦未得無生法忍，於一切法無所有性雖深信解而亦未得無生法忍，於一切法不自在性雖深信解而亦未得無生法忍，於一切法不堅實性雖深信解而亦未得無生法忍。

「善現！如是等菩薩摩訶薩亦為如來、應、正等覺說正法時，在大眾前自然歡喜稱揚讚歎名字、種姓及諸功德。善現！若菩薩摩訶

薩為諸如來、應、正等覺說正法時,在大眾前自然歡喜稱揚讚歎名字、種姓及諸功德,是菩薩摩訶薩超諸聲聞、獨覺等地,定得無上正等菩提。善現!若菩薩摩訶薩行深般若波羅蜜多,為諸如來、應、正等覺說正法時,在大眾前自然歡喜稱揚讚歎名字、種姓及諸功德,是菩薩摩訶薩定當安住不退轉地,住是地已,速證無上正等菩提。

3.信根力勝故

「復次,善現!若菩薩乘諸善男子、善女人等,聞說如是甚深般若波羅蜜多,所有義趣無疑無惑、不迷不悶,但作是念:『如佛所說甚深般若波羅蜜多,其理必然定無顛倒。』是善男子、善女人等,由聞般若波羅蜜多深生淨信,漸次當於不動佛所及諸菩薩摩訶薩所,廣聞般若波羅蜜多,於其義趣深生信解。既信解已,當得住於不退轉地,住是地已,疾證無上正等菩提。

「善現!是菩薩乘諸善男子、善女人等,但聞如是甚深般若波羅蜜多,無疑無惑、不迷不謬、深生信解、不生誹謗,尚獲無量微妙善根,況能受持、讀誦、通利,依真如理繫念思惟,安住真如精勤修學!是善男子、善女人等速當安住不退轉地,疾證無上正等菩提,轉妙法輪度有情眾。」*6

⑤住真如中即住不退轉地,疾證無上菩提

❶安住真如修菩薩行

爾時,具壽善現白佛言:

「世尊!諸法實性竟不可得,云何可說諸菩薩摩訶薩安住真如精勤修學,速當安住不退轉地,疾證無上正等菩提,轉妙法輪度有情眾?」

佛告善現:

「如佛所化安住真如修菩薩行,速當安住不退轉地,疾證無上正等菩提,轉妙法輪度有情眾。諸菩薩摩訶薩亦復如是,安住真如修菩薩行,速當安住不退轉地,疾證無上正等菩提,轉妙法輪度有情眾。」

❷除真如無餘法可得,而真如亦空

具壽善現復白佛言:

「如來所化都無所有,法離真如亦不可得,誰住真如修菩薩行?誰當安住不退轉地?誰證無上正等菩提?誰轉法輪、說何等法、度何等眾?世尊!真如尚不可得,何況得有安住真如修菩薩行,速當安住不退轉地,疾證無上正等菩提,轉妙法輪度有情眾!此若實有,必

無是處。」

佛告善現：

「如是！如是！如汝所說。如來所化都無所有，法離真如亦不可得，誰住真如修菩薩行？誰當安住不退轉地？誰證無上正等菩提？誰轉法輪、說何等法、度何等眾？善現！真如尚不可得，何況得有安住真如修菩薩行，速當安住不退轉地，疾證無上正等菩提，轉妙法輪度有情眾！此若實有，必無是處。所以者何？善現！諸佛出世若不出世，諸法法爾不離真如，廣說乃至不思議界。善現！決定無有安住真如修菩薩行，廣說乃至度有情眾。何以故？善現！諸法真如無生無滅，亦無住異少分可得。善現！若法無生無滅，亦無住異少分可得，誰住其中修菩薩行？誰當安住不退轉地？誰證無上正等菩提？誰轉法輪、說何等法、度何等眾？此中一切都無所有，此若實有，定無是處。但依世俗假施設有。」*7

(CBETA, T07, no. 220, pp. 307c⁵–309c²⁷)

sher phyin:　v.028, pp. 125⁰⁹–135⁰⁶　《合論》: v.051, pp. 160⁰⁹–170⁰⁴

3.廣釋轉趣所取分別　(無分別因行)

46.3 轉趣所取分別

如是於大乘道果執為實所受用中，初轉趣所取分別，差別有九。由此等皆是所應行事，故名轉趣；緣彼執實即是分別。

(1)約即、離(如幻)心說

(46.3.1)六度因勝義非有，無上果勝義無，名言可得，緣此執實。

菩薩總所趣事，由六度因勝義非有，於勝義非有之無上菩提果亦勝義無得，然名言有可得之果，緣此執為實所受用。

卷 456〈別品 63〉：爾時具壽善現白佛言：

「世尊！如佛所說，諸法如幻乃至諸法如變化事，云何菩薩摩訶薩以如幻心能證無上正等菩提？」

①破如幻心

佛告善現：「於意云何？汝見菩薩摩訶薩等如幻心不？」

善現對曰：「不也！世尊！我不見幻，亦不見有如幻之心。」

②破有、無如幻心

佛告善現：

「於意云何？若處無幻、無如幻心，汝見有是心能證無上正等菩提不？」

善現對曰：

「不也！世尊！我都不見有處無幻、無如幻心，更有是心能證無上正等菩提。」

③破離如幻心有法得道

佛告善現：

「於意云何？若處離幻、離如幻心，汝見有是法能證無上正等菩提不？」

善現對曰：

「不也！世尊！我都不見有處離幻、離如幻心，更有是法能證無上正等菩提！」*8

(2)約畢竟離說

①善現問：諸法畢竟離，由何得佛道？

「世尊！我都不見即、離心法，說何等法是有是無，以一切法畢竟遠離故。若一切法畢竟遠離者，不可施設此法是有、此法是無。若法不可施設有無，則不可說能證無上正等菩提，非無所有法能證菩提故。所以者何？以一切法皆無所有，性不可得，無生無滅、無染無淨。何以故？

「世尊！般若波羅蜜多乃至布施波羅蜜多畢竟遠離故，內空乃至無性自性空畢竟遠離故，真如乃至不思議界畢竟遠離故，苦、集、滅、道聖諦畢竟遠離故，四念住乃至八聖道支畢竟遠離故，四靜慮、四無量、四無色定畢竟遠離故，八解脫乃至十遍處畢竟遠離故，空、無相、無願解脫門畢竟遠離故，極喜地乃至法雲地畢竟遠離故，一切陀羅尼門、三摩地門畢竟遠離故，五眼、六神通畢竟遠離故，如來十力乃至十八佛不共法畢竟遠離故，無忘失法、恒住捨性畢竟遠離故，一切智、道相智、一切相智畢竟遠離故，一切菩薩摩訶薩行畢竟遠離故，諸佛無上正等菩提畢竟遠離故，一切智智畢竟遠離故。

「世尊！若法畢竟遠離，是法不應修，亦不應遣，亦復不應有所引發，甚深般若波羅蜜多亦畢竟遠離故，於法不應有所引發。

「世尊！甚深般若波羅蜜多既畢竟遠離，云何可說諸菩薩摩訶薩依甚深

般若波羅蜜多證得無上正等菩提？諸佛無上正等菩提亦畢竟遠離，云何遠離法能證遠離法？是故般若波羅蜜多應不可說證得無上正等菩提。」*9

②佛說：諸法畢竟離，故得無上菩提

佛告善現：

「善哉！善哉！如是！如是！如汝所說。所以者何？善現！甚深般若波羅蜜多乃至布施波羅蜜多畢竟遠離，如是乃至一切菩薩摩訶薩行畢竟遠離，諸佛無上正等菩提畢竟遠離，一切智智亦畢竟遠離。善現！以甚深般若波羅蜜多乃至布施波羅蜜多畢竟遠離，可說菩薩摩訶薩證得畢竟遠離無上正等菩提。如是乃至以一切智智畢竟遠離，可說菩薩摩訶薩證得畢竟遠離無上正等菩提。

③不離般若得菩提 (亦非遠離法能證遠離法)

善現！若甚深般若波羅蜜多乃至布施波羅蜜多非畢竟遠離，應非般若波羅蜜多乃至布施波羅蜜多，如是乃至若一切智智非畢竟遠離，應非一切智智。善現！以甚深般若波羅蜜多乃至布施波羅蜜多畢竟遠離，得名般若波羅蜜多乃至布施波羅蜜多，如是乃至以一切智智畢竟遠離，得名一切智智。是故，善現！諸菩薩摩訶薩非不依止甚深般若波羅蜜多，證得無上正等菩提。善現！雖非遠離法能證遠離法，而證無上正等菩提，非不依止甚深般若波羅蜜多。是故菩薩摩訶薩眾欲得無上正等菩提，常應精勤修學如是甚深般若波羅蜜多。」*9

(3)菩薩所行難或不難

具壽善現白言：「世尊！諸菩薩摩訶薩所行法義並為甚深。」

佛告善現：

「如是！如是！諸菩薩摩訶薩所行法義，並為甚深難見難覺，非所尋思超尋思境，微密智者自內所證不可宣說。善現當知！諸菩薩摩訶薩能為難事，雖行如是甚深法義，而於聲聞、獨覺地法能不作證。」(以世諦說)

①菩薩無所得行不為難

具壽善現復白佛言：

「如我解佛所說義者，諸菩薩摩訶薩所作無難，不應說彼能為難事。所以者何？諸菩薩摩訶薩所證法義都不可得，能證般若波羅蜜多亦不可得，證法、證者、證處、證時亦不可得。(以勝義諦說)

「世尊！諸菩薩摩訶薩觀一切法既不可得，有何法義可為所證？有何般若波羅蜜多可為能證？復有何等而可施設證法、證者、證處、證時？

既爾，云何可執由此證得無上正等菩提？無上正等菩提尚不可證，況證聲聞、獨覺地法！世尊！若如是行是名菩薩無所得行，若菩薩摩訶薩能行如是無所得行，於一切法無障無礙。

②通達諸法畢竟空，住實相中無分別

「世尊！若菩薩摩訶薩聞說此語，其心不驚、不恐、不怖、不憂、不悔、不沈、不沒，是行般若波羅蜜多。世尊！是菩薩摩訶薩如是行時，不見諸相，不見我行，不見不行，不見般若波羅蜜多是我所行，不見無上正等菩提是我所證，亦復不見證時、處等。

「世尊！是菩薩摩訶薩行深般若波羅蜜多不作是念：『我遠聲聞、獨覺等地，我近無上正等菩提。』」(CBETA, T07, no. 220, pp. 302c⁹–303c¹¹)

sher phyin: v.028, pp. 108¹⁹–115¹⁴ 《合論》: v.051, pp. 170⁰⁵–176²¹

❶舉喻顯畢竟空義

　1.虛空喻

(46.3.2)由趣入不動地等，故緣佛種性決定

　卷 456〈別品 63〉：

「世尊！譬如虛空，不作是念：『我去彼法若遠若近。』何以故？虛空無動亦無差別，無分別故。諸菩薩摩訶薩亦復如是行深般若波羅蜜多，不作是念：『我遠聲聞、獨覺等地，我近無上正等菩提。』何以故？甚深般若波羅蜜多於一切法無分別故。」

(CBETA, T07, no. 220, p. 303c¹¹⁻¹⁶)

sher phyin: v.028, pp. 115¹⁴–116⁰¹ 《合論》: v.051, pp. 177⁰¹⁻⁰⁹

　2.幻士喻

(46.3.3)緣道自性見道等正修行

　卷 456〈別品 63〉：

「世尊，譬如幻士，不作是念：『幻質、幻師、觀眾去我若遠若近。』何以故？所幻之士無分別故。諸菩薩摩訶薩亦復如是行深般若波羅蜜多，不作是念：『我遠聲聞、獨覺等地，我近無上正等菩提。』何以故？甚深般若波羅蜜多於一切法無分別故。」

(CBETA, T07, no. 220, p. 303c¹⁶⁻²²)

sher phyin: v.028, pp. 116⁰¹⁻¹⁰ 《合論》: v.051, pp. 177¹⁰⁻¹⁹

　3.鏡像喻

(46.3.4)緣道所緣不錯亂智境

卷 456〈別品 63〉：

「世尊！譬如影像，不作是念：『我去本質及我所依若遠若近。』何以故？所現影像無分別故。諸菩薩摩訶薩亦復如是，行深般若波羅蜜多不作是念：『我遠聲聞、獨覺等地，我近無上正等菩提。』何以故？甚深般若波羅蜜多於一切法無分別故。」

(CBETA, T07, no. 220, p. 303c$^{22-27}$)

sher phyin: v.028, pp. 116$^{10-19}$ 《合論》：v.051, pp. 177^{20}–178^{08}

4.如佛斷愛憎、分別喻

(46.3.5)緣能除所治之殊勝功能

又緣能除所治之殊勝功能，由先見功德而取與先見過失而捨，便能生所知障之對治及得永害所治品之功能故；

卷 456〈別品 63〉：

「世尊！行深般若波羅蜜多諸菩薩摩訶薩無愛無憎。何以故？甚深般若波羅蜜多若愛若憎及境自性不可得故。

「世尊！如諸如來、應、正等覺於一切法無愛無憎，行深般若波羅蜜多諸菩薩摩訶薩亦復如是，於一切法無愛無憎。何以故？諸佛菩薩甚深般若波羅蜜多愛憎斷故。」

(CBETA, T07, no. 220, pp. 303c^{27}–304a^{5})

sher phyin: v.028, pp. 116^{20}–117^{05} 《合論》：v.051, pp. 178$^{09-13}$

(46.3.6)依道果自利，緣大乘自內證

卷 456〈別品 63〉：

「世尊！如諸如來、應、正等覺一切分別、種種分別、周遍分別皆畢竟斷，行深般若波羅蜜多，諸菩薩摩訶薩亦復如是，一切分別、種種分別、周遍分別皆畢竟斷。何以故？諸佛菩薩甚深般若波羅蜜多於一切法無分別故。

「世尊！如諸如來、應、正等覺不作是念：『我遠聲聞、獨覺等地，我近無上正等菩提。』行深般若波羅蜜多諸菩薩摩訶薩亦復如是，不作是念：『我遠聲聞、獨覺等地，我近無上正等菩提。』何以故？諸佛菩薩甚深般若波羅蜜多於一切法無分別故。」

(CBETA, T07, no. 220, p. 304a$^{5-15}$)

sher phyin： v.028, p. 117⁰⁵⁻¹¹ 《合論》：v.051, p. 178¹⁴⁻²⁰

❷般若雖空，若有所作能成辦

　1.變化喻

(46.3.7)依道果利他功能，緣大乘種性決定者遠離聲聞等地之作用

卷 456〈別品 63〉：

「世尊！如諸如來、應、正等覺所變化者，不作是念：『我遠聲聞、獨覺等地，我近無上正等菩提。』何以故？一切如來、應、正等覺及所變化無分別故。行深般若波羅蜜多諸菩薩摩訶薩亦復如是，不作是念：『我遠聲聞、獨覺等地，我近無上正等菩提。』何以故？甚深般若波羅蜜多於一切法無分別故。」

(CBETA, T07, no. 220, p. 304a¹⁵⁻²²)

sher phyin： v.028, p. 117¹¹⁻²¹ 《合論》：v.051, pp. 178²¹⁻179¹⁰

(46.3.8)依利他業，緣稱所化意樂，現變化身而利有情

卷 456〈別品 63〉：

「世尊！如諸佛等欲有所作，化作化者令作彼事，而所化者不作是念：『我能造作如是事業。』何以故？諸所化者於所作業無分別故。甚深般若波羅蜜多亦復如是，有所為故而勤修習，既修習已雖能成辦所作事業，而於所作無所分別。何以故？甚深般若波羅蜜多法爾於法無分別故。」

(CBETA, T07, no. 220, p. 304a²²⁻²⁹)

sher phyin： v.028, pp. 117²¹⁻118⁰⁵ 《合論》：v.051, p. 179¹¹⁻¹⁶

　2.巧工匠喻

(46.3.9)由善巧方便力，安立一切眾生於涅槃果，緣彼執為實所應趣之所取分別

卷 456〈別品 63〉：

「世尊！如巧工匠或彼弟子有所為故造諸機關，或女、或男、或象、馬等，此諸機關雖有所作，而於彼事無所分別。何以故？機關法爾無分別故。甚深般若波羅蜜多亦復如是，有所為故而成立之，既成立已，雖能成辦所作所說，而於其中都無分別。何以故？甚深般若波羅蜜多法爾於法無分別故。」

(CBETA, T07, no. 220, p. 304a²⁹–b⁷)

sher phyin:　v.028, pp. 118⁰⁵⁻¹²　《合論》: v.051, pp. 179¹⁷–180⁰⁴

4.廣釋退還所取分別　(菩薩成就方便力)

46.4 退還所取分別

第二所取分別，謂退還分別，此亦有九。如是九境，是二乘心中所起，非定性菩薩所應趣事，故名退還也。

(1)明往昔因行

(46.4.1)二乘道由墮三有與寂滅邊，故智德下劣

卷460〈巧便品68〉:「第二分巧便品第六十八之一*10

①發心已歷無量劫

爾時，具壽善現白佛言：

「世尊！若菩薩摩訶薩成就如是巧便力者，發菩提心已經幾時？」

佛告善現:「是菩薩摩訶薩發菩提心，已經無數百千俱胝那庾多劫。」

②已供養無量諸佛

具壽善現復白佛言：

「世尊！若菩薩摩訶薩成就如是巧便力者，已曾親近供養幾佛？」

佛告善現:「是菩薩摩訶薩已曾親近供養殑伽沙等諸佛。」

③具足六波羅蜜善根

具壽善現復白佛言：

「世尊！若菩薩摩訶薩成就如是巧便力者，已植何等殊勝善根？」

佛告善現：

「是菩薩摩訶薩發心已來，無有布施、淨戒、安忍、精進、靜慮、般若波羅蜜多所引善根而不圓滿精勤修學，由此因緣，成就如是巧方便力。」

④歎希有

具壽善現復白佛言:「世尊！若菩薩摩訶薩成就如是巧便力者，甚為希有！」

(2)歎方便力之妙用

①般若為萬行之首

佛告善現：

「如是！如是！如汝所說。是菩薩摩訶薩甚為希有。

46-25

❶日月照天下喻

善現當知！如日月輪，周行照觸四大洲界作諸事業，其中所有若情非情，隨彼光明勢力而轉，各成己事。如是般若波羅蜜多，照觸餘五波羅蜜多作諸事業，布施等五波羅蜜多，隨順般若波羅蜜多勢力而轉，各成己事。(以悲智增善根)

❷具輪寶、為轉輪王喻

「善現當知！如轉輪王若無七寶不名輪王，要有七寶乃名輪王。布施等五波羅蜜多亦復如是，若離般若波羅蜜多不得名為波羅蜜多，不離般若波羅蜜多乃得名為波羅蜜多。」(離般若，不得除障破著心)

(CBETA, T07, no. 220, p. 322b^8–c^4)

sher phyin: v.028, pp. 212^{20}–214^{14} 《合論》: v.051, pp. 180^{05}–181^{20}

❸有夫之婦難可侵喻

(46.4.2)由無方便妙慧攝持，故增上緣下劣

卷 460〈巧便品 68〉：

「善現當知！如有女人端嚴巨富，若無強夫所守護者，易為惡人之所凌辱，若有強夫所守護者，不為惡人之所凌辱。布施等五波羅蜜多亦復如是，若無般若波羅蜜多力所攝護，易為天魔及彼眷屬之所沮壞，若有般若波羅蜜多力所攝護，一切天魔及彼眷屬不能沮壞。」

(無般若，其心易破)

(CBETA, T07, no. 220, p. 322c$^{4-10}$)

sher phyin: v.028, pp. 214^{14}–215^{02} 《合論》: v.051, pp. 181^{21}–182^{08}

❹軍勇具鎧杖喻

(46.4.3)修利他行，道相不圓滿

卷 460〈巧便品 68〉：

「善現當知！如勇軍將妙閑兵法，善備種種堅固鎧杖，隣國怨敵所不能害。布施等五波羅蜜多亦復如是，不離般若波羅蜜多，天魔眷屬、增上慢人乃至菩薩、旃荼羅等皆不能壞。」(魔妄授記，令生增上慢)

(CBETA, T07, no. 220, p. 322c$^{10-14}$)

sher phyin: v.028, p. 215$^{02-08}$ 《合論》: v.051, p. 182$^{09-15}$

❺小王依轉輪王喻

(46.4.4)修自利行，方便下劣，故隨他緣而往解脫

修自利行，方便下劣，故隨他緣而往解脫，謂最後有

亦須待如來等教授。

卷 460〈巧便品 68〉：

「善現當知！如贍部洲諸小王等，隨時朝侍轉輪聖王，依彼輪王得至勝處。布施等五波羅蜜多亦復如是，隨助般若波羅蜜多，由彼勢力所引導故，疾能證得一切智智。」(CBETA, T07, no. 220, p. 322c[14-18])

sher phyin: v.028, pp. 215[08-12] 《合論》：v.051, p. 182[16-21]

❻萬流入海喻

(46.4.5)修俱利行下劣，所為顛倒，不趣三大

卷 460〈巧便品 68〉：

「善現當知！如贍部洲東方諸水，無不皆趣殑伽大河，隨殑伽河流入大海。布施等五波羅蜜多亦復如是，無不皆為甚深般若波羅蜜多之所攝引，乃能證得一切智智。」(CBETA, T07, no. 220, p. 322c[18-22])

sher phyin: v.028, p. 215[12-17] 《合論》：v.051, p. 183[01-06]

❼右手善能作事喻

(46.4.6)斷德下劣，但斷少分

卷 460〈巧便品 68〉：

「善現當知！如人右手能作眾事，如是般若波羅蜜多能引一切殊勝善法。

「善現當知！如人左手所作不便，如是前五波羅蜜多不能引生諸勝善法。」

(CBETA, T07, no. 220, p. 322c[22-25])

sher phyin: v.028, pp. 215[17-20] 《合論》：v.051, pp. 183[07-10]

❽眾流入海同一味喻

(46.4.7)智德下劣，得初果等種類智德

卷 460〈巧便品 68〉：

「善現當知！譬如眾流隨其大小，若入大海同得鹹名。如是前五波羅蜜多要入般若波羅蜜多，乃得名為能到彼岸。」

(CBETA, T07, no. 220, p. 322c[25-28])

sher phyin: v.028, pp. 215[20]–216[05] 《合論》：v.051, p. 183[11-17]

❾輪寶隨王意喻

(46.4.8)雖得二乘阿羅漢果亦未能斷無明隨眠，故於自利住定及利他正行不如實知

卷 460〈巧便品 68〉：

「善現當知！如轉輪王欲有所趣，四軍導從輪寶居先，王及四軍念欲飲食輪即為住，既飲食已，王念欲行輪即前去，其輪去住隨王意欲，至所趣方不復前去。如是前五波羅蜜多與諸善法，欲趣無上正等菩提，要因般若波羅蜜多以為前導，進止俱隨不相捨離，若至無上正等菩提更不前進。」

(CBETA, T07, no. 220, pp. 322c^{28}–323a^6)

sher phyin: v.028, pp. 216$^{05-13}$ 《合論》：v.051, pp. 183^{18}–184^{06}

(46.4.9)由能攝三乘功德須隨小乘涅槃行，故二乘涅槃俱有過失

由大乘能攝三乘一切功德，故一切相智須隨小乘一切涅槃行，故二乘涅槃俱有過失。

卷 460〈巧便品 68〉：

「善現當知！如轉輪王欲有所至，四軍七寶前後導從，爾時輪寶雖最居先，而不分別前後之相。如是前五波羅蜜多與諸善法，欲趣無上正等菩提，必以般若波羅蜜多為其前導，然此般若波羅蜜多不作是念：『我於前五波羅蜜多最為前導，彼隨從我。』布施等五波羅蜜多不作是念：『甚深般若波羅蜜多居我等先，我隨從彼。』所以者何？如是六種波羅蜜多及一切法自性皆鈍，無所能為、無有主宰、虛妄不實、空無所有、不自在相，譬如陽焰、光影、水月、幻事、夢等，其中都無分別作用真實自體。」

②般若能攝導萬行

❶諸法雖畢竟空，菩薩當以方便力為有情行六度

爾時，具壽善現復白佛言：

「世尊！若一切法自性皆空，無實相用，諸菩薩摩訶薩云何修行布施、淨戒、安忍、精進、靜慮、般若波羅蜜多，求證無上正等菩提？」

佛告善現：

「諸菩薩摩訶薩於此六種波羅蜜多正修行時，常作是念：『世間有情心恒顛倒，沈溺生死不能自脫，我若不修巧便勝行，不能拔濟彼生死苦；我當為彼諸有情類，勤修布施乃至般若波羅蜜多巧便勝行，

46-28

趣證無上正等菩提，脫諸有情生死大苦。』*11

1.布施

　是菩薩摩訶薩作此念已，為諸有情捨施內外一切所有。既捨施已，復作是念：『我於內外都無所捨。所以者何？此內外物空無自性不可捨施，非唯屬我。』是菩薩摩訶薩由此觀察，修行布施波羅蜜多疾得圓滿，速證無上正等菩提。

2.淨戒

　「是菩薩摩訶薩為脫有情生死苦故，終不犯戒。所以者何？是菩薩摩訶薩常作此念：『我為解脫一切有情生死苦故，求趣無上正等菩提，決定不應斷眾生命乃至邪見，亦定不應求妙欲境，求天富樂，求作帝釋、魔、梵王等，亦定不應求聲聞地或獨覺地唯自解脫。』是菩薩摩訶薩由此觀察，修行淨戒波羅蜜多疾得圓滿，速證無上正等菩提。

3.安忍

　「是菩薩摩訶薩為脫有情生死苦故，終不發起忿恚等心，假使恒遭毀謗、凌辱、辛楚、呵責，痛徹心髓，終不發起一念瞋恨。設復恒遭刀杖、瓦石、杖塊等物捶打其身，割截斫刺，分解支節，亦不發起一念惡心。所以者何？是菩薩摩訶薩觀察一切聲如谷響、色如聚沫，不應於中妄起瞋恨，壞諸善品。是菩薩摩訶薩由此觀察，修行安忍波羅蜜多疾得圓滿，速證無上正等菩提。

4.精進

　「是菩薩摩訶薩為脫有情生死苦故，勤求一切殊勝善法，乃至無上正等菩提，於其中間常無懈怠。所以者何？是菩薩摩訶薩恒作是念：『我若懈怠，不能濟拔一切有情，令其遠離生死大苦，亦不能得一切智智。』是菩薩摩訶薩由此觀察，修行精進波羅蜜多疾得圓滿，速證無上正等菩提。

5.靜慮

　「是菩薩摩訶薩為脫有情生死苦故，修諸勝定乃至無上正等菩提，終不發起貪、瞋、癡等俱行亂心。所以者何？是菩薩摩訶薩常作此念：『我若發起貪、瞋、癡等俱行亂心，則不能成利樂他事，亦不能證所求佛果。』是菩薩摩訶薩由此觀察，修行靜慮波羅蜜多疾得圓滿，速證無上正等菩提。

6.般若

「是菩薩摩訶薩為脫有情生死苦故，不離般若波羅蜜多，乃至無上正等菩提，常勤修學世、出世間微妙勝慧。所以者何？是菩薩摩訶薩恒作是念：『若離般若波羅蜜多，於諸有情不能成熟，亦不能得一切智智。』是菩薩摩訶薩由此觀察，修行般若波羅蜜多疾得圓滿，速證無上正等菩提。

善現！由此因緣，雖一切法無實相用，自性皆空，而諸菩薩摩訶薩眾，勤修六種波羅蜜多常無懈倦，求證無上正等菩提。」

❷諸波羅蜜中，般若波羅蜜為最上

　1.諸波羅蜜無差別，云何般若最勝？

　　爾時，具壽善現復白佛言：

「世尊！若一切種波羅蜜多性無差別，皆是般若波羅蜜多所攝受故，皆由般若波羅蜜多修成滿故，應合為一波羅蜜多，所謂般若波羅蜜多，云何可說般若波羅蜜多於五波羅蜜多，為最為勝、為尊為高、為妙為微妙、為上為無上、無等無等等？」

　　佛告善現：

「如是！如是！如汝所說。如是六種波羅蜜多性無差別，皆是般若波羅蜜多所攝持故。若無般若波羅蜜多，布施等五不得名為波羅蜜多，要依般若波羅蜜多，布施等五乃得名為波羅蜜多。是故前五波羅蜜多攝在般若波羅蜜多，由此唯一波羅蜜多，所謂般若波羅蜜多，是故一切波羅蜜多性無差別。善現當知！如有情類，雖有種種色身差別，若有親近妙高山王，咸同一色。如是前五波羅蜜多，雖有種種品類差別，而為般若波羅蜜多所攝受故，皆由般若波羅蜜多修成滿故，皆入般若波羅蜜多，不可施設差別名性。又布施等波羅蜜多依止般若波羅蜜多，方得趣入一切智智，乃得名為到彼岸者，是故六種波羅蜜多皆同一味，性無差別，不可施設此是布施波羅蜜多乃至般若波羅蜜多。所以者何？如是六種波羅蜜多皆同趣入一切智智，能到彼岸，性無差別，由是因緣，布施等六不可施設名性有異。」*12

　2.隨實義無分別，云何般若最勝？

　　具壽善現復白佛言：

「波羅蜜多及一切法，若隨實義皆無此彼勝劣差別，何緣故說般若波羅蜜多於五波羅蜜多，為最為勝、為尊為高、為妙為微妙、為上為無上、無等無等等？」

佛告善現：

「如是！如是！如汝所說。若隨實義，波羅蜜多及一切法，皆無此
彼勝劣差別，但依世俗言說作用，說有此彼勝劣差別。施設布施
波羅蜜多乃至般若波羅蜜多，為欲度脫諸有情類世俗作用生老病
死，然諸有情生老病死皆非實有但假施設。所以者何？有情無
故，當知諸法亦無所有。甚深般若波羅蜜多達一切法都無所有，
能拔有情世俗作用生老病死，由斯故說般若波羅蜜多於五波羅蜜
多，為最為勝、為尊為高、為妙為微妙、為上為無上、無等無等
等。善現當知！如轉輪王所有女寶於人中女為最為勝、為尊為
高、為妙為微妙、為上為無上、無等無等等，如是般若波羅蜜多
於布施等波羅蜜多，為最為勝、為尊為高、為妙為微妙、為上為
無上、無等無等等。」*12

5.廣釋實執能取分別　(般若能攝諸善法入一切智智)

46.5 實執能取分別

見道頂加行時所斷於執補特伽羅為實物有，更執彼為勝
義能受用者。此見所斷初能取分別，亦有九種。

具壽善現復白佛言：

「世尊！何緣數數讚說甚深般若波羅蜜多於布施等波羅蜜多，為最為勝、為
尊為高、為妙為微妙、為上為無上、無等無等等？」

佛告善現：

「由此般若波羅蜜多以無所得而為方便，普能攝取一切善法，和合趣入一切
智智，安住不動故，我數數讚說般若波羅蜜多。」(無所得為方便，即是般若
不住。)

(CBETA, T07, no. 220, pp. 323a⁶–324b⁷)

sher phyin:　v.028, pp. 216¹³–223⁰² 《合論》：v.051, pp. 184⁰⁷–190¹⁸

(1)不取不捨義

①諸法不可取捨故般若無取捨

(46.5.1)緣取功德、捨過失之補特伽羅

卷 460〈巧便品 68〉：具壽善現復白佛言：

「甚深般若波羅蜜多於諸善法有取捨不？」

佛言：

「不也！甚深般若波羅蜜多於法都無若取若捨。何以故？以一切法皆不可取不可捨故。」

②不憶念取相故，不取色乃至無上菩提

具壽善現復白佛言：「甚深般若波羅蜜多於何等法無取無捨？」

佛告善現：

「甚深般若波羅蜜多，於色無取無捨，於受、想、行、識無取無捨，於眼處乃至意處無取無捨，於色處乃至法處無取無捨，於眼界乃至意界無取無捨，於色界乃至法界無取無捨，於眼識界乃至意識界無取無捨，於眼觸乃至意觸無取無捨，於眼觸為緣所生諸受乃至意觸為緣所生諸受無取無捨，於地界乃至識界無取無捨，於因緣乃至增上緣無取無捨，於無明乃至老死無取無捨，於布施波羅蜜多乃至般若波羅蜜多無取無捨，於內空乃至無性自性空無取無捨，於真如乃至不思議界無取無捨，於苦、集、滅、道聖諦無取無捨，於四念住乃至八聖道支無取無捨，於四靜慮、四無量、四無色定無取無捨，於八解脫乃至十遍處無取無捨，於空、無相、無願解脫門無取無捨，於淨觀地乃至如來地無取無捨，於極喜地乃至法雲地無取無捨，於一切陀羅尼門、三摩地門無取無捨，於五眼、六神通無取無捨，於如來十力乃至十八佛不共法無取無捨，於三十二大士相、八十隨好無取無捨，於無忘失法、恒住捨性無取無捨，於一切智、道相智、一切相智無取無捨，於預流果乃至獨覺菩提無取無捨，於一切菩薩摩訶薩行無取無捨，於諸佛無上正等菩提無取無捨，於一切智智無取無捨。」

(CBETA, T07, no. 220, p. 324b^7–c^9)

sher phyin: v.028, pp. 223^02–224^06 《合論》：v.051, pp. 190^19–192^04

(46.5.2)緣作意實有者

卷 460〈巧便品 68〉：具壽善現復白佛言：

「甚深般若波羅蜜多，云何於色無取無捨，乃至於一切智智無取無捨？」

佛告善現：

「甚深般若波羅蜜多不思惟色，是故於色無取無捨，乃至不思惟一切智智，是故於一切智智無取無捨。」

具壽善現復白佛言：「云何般若波羅蜜多不思惟色，乃至不思惟一切智智？」

佛告善現：

「由此般若波羅蜜多於色不思惟一切相，亦不思惟一切所緣，是故不思

惟色。乃至於一切智智不思惟一切相，亦不思惟一切所緣，是故不思
惟一切智智。」

具壽善現復白佛言：

「若菩薩摩訶薩不思惟色，乃至不思惟一切智智，云何增長所種善根？
若不增長所種善根，云何圓滿波羅蜜多？若不圓滿波羅蜜多，云何證
得所求無上正等菩提？」

佛告善現：

「若時菩薩摩訶薩不思惟色，乃至不思惟一切智智，是時菩薩摩訶薩便
能增長所種善根。所種善根得增長故，便能圓滿波羅蜜多。波羅蜜多
得圓滿故，便能證得所求無上正等菩提。何以故？善現！諸菩薩摩訶
薩要不思惟色，乃至不思惟一切智智，乃能具足修諸菩薩摩訶薩行，
證得無上正等菩提。」*13

(CBETA, T07, no. 220, pp. 324c^9–325a^2)

sher phyin:　v.028, pp. 224^{06}–228^{04}　《合論》：v.051, pp. 192^{05}–196^{04}

(2)不念不著義

(46.5.3)緣繫屬所作意之實有三界者

卷 460〈巧便品 68〉：

「具壽善現復白佛言：「何緣菩薩摩訶薩要不思惟色，乃至不思惟一切智
智，方能具足修諸菩薩摩訶薩行，證得無上正等菩提？」

佛告善現：

「諸菩薩摩訶薩若思惟色乃至思惟一切智智，則有所得。有所得故便著欲
界、色無色界，若著欲界、色無色界，不能具足修諸菩薩摩訶薩行，證
得無上正等菩提。若菩薩摩訶薩不思惟色乃至不思惟一切智智，便無所
得。無所得故則不著欲界、色無色界，若不著欲界、色、無色界，乃能
具足修諸菩薩摩訶薩行，證得無上正等菩提。是故，善現！若菩薩摩訶
薩欲得具足修諸菩薩摩訶薩行，欲疾證得所求無上正等菩提，當勤修學
甚深般若波羅蜜多，不應思惟執著諸法。」*14

(CBETA, T07, no. 220, p. 325, a$^{2-16}$)

sher phyin:　v.028, pp. 228^{04}–229^{04}　《合論》：v.051, pp. 196^{05}–197^{05}

(3)不著不住義

①正明

(46.5.4)緣執一切法實有而安住者

卷 460〈巧便品 68〉：具壽善現復白佛言：

「若菩薩摩訶薩精勤修學甚深般若波羅蜜多，當於何住？」

佛告善現：

「若菩薩摩訶薩精勤修學甚深般若波羅蜜多，不應住色，乃至不應住一切智智。」(CBETA, T07, no. 220, p. 325a^{16-20})

> sher phyin: v.028, p. 229^{04-20} 《合論》：v.051, pp. 197^{06}-198^{01}

②釋因

(46.5.5)緣執著一切皆無我者

卷460〈巧便品68〉：具壽善現復白佛言：

「何緣菩薩摩訶薩精勤修學甚深般若波羅蜜多，不應住色乃至不應住一切智智？」

佛告善現：

「若菩薩摩訶薩精勤修學甚深般若波羅蜜多，於一切法無執著故，不應住色乃至不應住一切智智。何以故？善現！是菩薩摩訶薩不見有法可於其中而起執著及可安住。

③結成

善現！如是菩薩摩訶薩以無所著及無安住而為方便，精勤修學甚深般若波羅蜜多。」*15 (CBETA, T07, no. 220, p. 325a^{20-29})

> sher phyin: v.028, pp. 229^{20}-230^{06} 《合論》：v.051, p. 198^{02-10}

(4)行般若有得有失

①著人、法空之過失

(46.5.6)緣了知法義皆唯假立者

卷460〈巧便品68〉：

❶「復次，善現！若菩薩摩訶薩作如是念：『若能如是無所執著、無所安住，精進修行甚深般若波羅蜜多，是修般若波羅蜜多，是行般若波羅蜜多。我能如是無所執著修深般若波羅蜜多，我能如是無所執著行深般若波羅蜜多，是行般若波羅蜜多。』善現！是菩薩摩訶薩由如是念取相執著，遠離般若波羅蜜多。若遠離般若波羅蜜多則遠離靜慮、精進、安忍、淨戒、布施波羅蜜多，亦遠離內空乃至無性自性空。亦遠離真如乃至不思議界，亦遠離苦、集、滅、道聖諦，亦遠離四念住乃至八聖道支，亦遠離四靜慮、四無量、四無色定，亦遠離八解脫乃至十遍處，亦遠離空、無相、無願解脫門，亦遠離極喜地乃至法雲地，亦遠離一切陀羅尼門、三摩地門，亦遠離五眼、六神通，亦遠離如來十力乃至十八佛不共法，亦遠離無忘失法、恒

住捨性，亦遠離一切智、道相智、一切相智，亦遠離一切菩薩摩訶薩行，亦遠離諸佛無上正等菩提，亦遠離一切智智。所以者何？甚深般若波羅蜜多，於一切法無所執著，非深般若波羅蜜多有執著者及執著性。何以故？甚深般若波羅蜜多都無自性可於諸法有所執著。是故，善現！諸菩薩摩訶薩修行般若波羅蜜多時，起如是想：『此是般若波羅蜜多，我行般若波羅蜜多。』則菩薩摩訶薩修行般若波羅蜜多，於一切法及深般若波羅蜜多皆無執著。

❷「復次，善現！若菩薩摩訶薩修行般若波羅蜜多時，起如是想：『此是般若波羅蜜多，我行般若波羅蜜多，則是遍行諸法實相。』是菩薩摩訶薩由起此想，便退般若波羅蜜多，若退般若波羅蜜多，則退一切殊勝白法。何以故？甚深般若波羅蜜多是一切種白法根本，若退般若波羅蜜多，則為退失一切白法。*16

②著般若無性之過失

「復次，善現！若菩薩摩訶薩作如是念：『甚深般若波羅蜜多攝受布施、淨戒、安忍、精進、靜慮波羅蜜多，乃至攝受一切智智。』是菩薩摩訶薩退失般若波羅蜜多，若退失般若波羅蜜多，則不能攝受布施、淨戒、安忍、精進、靜慮波羅蜜多，乃至不能攝受一切智智。何以故？善現！非離般若波羅蜜多能遍攝受菩提分法，及能證得一切智智。復次，善現！若菩薩摩訶薩作如是念：『安住般若波羅蜜多，便於無上正等菩提定得受記。』是菩薩摩訶薩則退失般若波羅蜜多，若退失般若波羅蜜多，則於無上正等菩提不得受記。何以故？善現！非離般若波羅蜜多可於無上正等菩提得受記故。*16

③著菩薩道之過失

「復次，善現！若菩薩摩訶薩作如是念：『安住般若波羅蜜多，則能引發布施波羅蜜多乃至靜慮波羅蜜多，如是乃至能引發大慈、大悲、大喜、大捨。』是菩薩摩訶薩則退失般若波羅蜜多，若退失般若波羅蜜多，則不能引發布施波羅蜜多乃至靜慮波羅蜜多，如是乃至不能引發大慈、大悲、大喜、大捨。何以故？善現！非離般若波羅蜜多，而能引發安住勝法。*16

④著佛道、起佛見之過失

復次，善現！若菩薩摩訶薩作如是念：『佛知諸法無攝受相，自證無上正等菩提。得菩提已，為諸有情宣說開示諸法實相。』是菩薩摩訶薩則為退失甚深般若波羅蜜多。何以故？善現！如來於法無知、無

覺、無說、無示。所以者何？諸法實性不可知覺、不可施設，云何得
有知覺說示一切法者？若言實有知覺說示一切法者，無有是處。」*16

(CBETA, T07, no. 220, pp. 325a²⁹–326a⁶)

sher phyin: v.028, pp. 230⁰⁶–235⁰⁶ 《合論》: v.051, pp. 198¹¹–203¹²

⑤念諸法無所有、無可取、無所得，是行般若

(46.5.7)緣所治品貪欲者

卷 460〈巧便品 68〉：爾時，具壽善現白佛言：

「世尊！諸菩薩摩訶薩修行般若波羅蜜多，云何當得遠離如是種種過
失？」

佛告善現：

「若菩薩摩訶薩修行般若波羅蜜多，作如是念：『一切法無所有、不可
取。若法無所有、不可取，則無有能現等覺者，亦無有能宣說開示。』
若如是行，是行般若波羅蜜多離諸過失。若菩薩摩訶薩著無所有不可
取法，則離般若波羅蜜多。何以故？善現！甚深般若波羅蜜多，於一
切法無所執著、無所攝受，若於諸法有所執著、有所攝受，則離般若
波羅蜜多！」*17

(CBETA, T07, no. 220, p. 326a⁷⁻¹⁷)

sher phyin: v.028, p. 235⁰⁶⁻¹⁸ 《合論》: v.051, pp. 203¹³–204⁰⁴

⑥於一切法離自相不著，則生般若等法

(46.5.8)緣執相之能對治者
(46.5.9)緣失壞如欲往一切相智經久稽留之補特伽羅
分別為實有

❶善現問

卷 460〈巧便品 68〉：具壽善現復白佛言：

1.「世尊！般若波羅蜜多於般若波羅蜜多為遠離、為不遠離？乃至布
施波羅蜜多於布施波羅蜜多為遠離、為不遠離？如是乃至一切智
智於一切智智為遠離、為不遠離？

2.「世尊！若般若波羅蜜多於般若波羅蜜多設遠離、設不遠離，云何
菩薩摩訶薩能無執著引發般若波羅蜜多？

乃至若布施波羅蜜多於布施波羅蜜多設遠離、設不遠離？云何菩
薩摩訶薩能無執著引發布施波羅蜜多？

(CBETA, T07, no. 220, p. 326a¹⁷⁻²⁵)

sher phyin: v.028, pp. 235¹⁸–237⁰³ 《合論》: v.051, pp. 204⁰⁵–205¹¹

如是乃至若一切智智於一切智智設遠離、設不遠離，云何菩薩摩訶薩能無執著引發一切智智？

❷佛答

佛告善現：

「般若波羅蜜多於般若波羅蜜多非遠離、非不遠離，乃至一切智智於一切智智非遠離、非不遠離。是故菩薩摩訶薩能無執著引發般若波羅蜜多，乃至引發一切智智。何以故？善現！非即自性，非離自性，而能安住引發自性。

1.破人法著

「復次，善現！諸菩薩摩訶薩修行般若波羅蜜多，不執著色，謂此是色，此色屬彼；亦不執著受、想、行、識，謂此是受、想、行、識，此受、想、行、識屬彼；如是乃至不執著一切智智，謂此是一切智智，此一切智智屬彼。善現！是菩薩摩訶薩於如是一切法無執著故，便能引發般若波羅蜜多乃至布施波羅蜜多，乃至能引發一切智智。何以故？善現！若菩薩摩訶薩修行般若波羅蜜多，於諸法中有所執著，謂此是法，此法屬彼，則不能隨意引發安住勝妙功德。

2.破顛倒見

復次，善現！諸菩薩摩訶薩修行般若波羅蜜多，不觀色若常若無常、若樂若苦、若我若無我、若淨若不淨、若寂靜若不寂靜、若遠離若不遠離，亦不觀受、想、行、識若常若無常、若樂若苦、若我若無我、若淨若不淨、若寂靜若不寂靜、若遠離若不遠離，乃至不觀一切智智若常若無常、若樂若苦、若我若無我、若淨若不淨、若寂靜若不寂靜、若遠離若不遠離，是菩薩摩訶薩於如是一切法不觀察故，便能引發般若波羅蜜多乃至布施波羅蜜多，如是乃至能引發一切智智。何以故？善現！若菩薩摩訶薩修行般若波羅蜜多，於諸法中有所觀察若常若無常、若樂若苦、若我若無我、若淨若不淨、若寂靜若不寂靜、若遠離若不遠離，則不能隨意引發安住勝妙功德。

3.明行之得

「復次，善現！若菩薩摩訶薩修行般若波羅蜜多，則為修行靜慮、精進、安忍、淨戒、布施波羅蜜多，亦為安住內空乃至無性自性空，亦為安住真如乃至不思議界，亦為安住苦、集、滅、道聖諦，

亦為修行四念住乃至八聖道支，亦為修行四靜慮、四無量、四無色定，亦為修行八解脫乃至十遍處，亦為修行空、無相、無願解脫門，亦為修行菩薩十地，亦為修行一切陀羅尼門、三摩地門，亦為修行五眼、六神通，亦為修行如來十力乃至十八佛不共法，亦為修行無忘失法、恒住捨性，亦為修行一切智、道相智、一切相智，亦為修行一切菩薩摩訶薩行，亦為修行諸佛無上正等菩提，亦為修行一切智智。」*17

(CBETA, T07, no. 220, p. 326a^{26}–c^{14})

sher phyin: v.028, pp. 237^{03}–240^{18} 《合論》: v.051, pp. 205^{12}–209^{07}

⑦以喻顯般若最勝

❶四軍隨轉輪王喻

卷 460〈巧便品 68〉：

「復次，善現！甚深般若波羅蜜多，隨所行處，所有一切波羅蜜多，及餘一切菩提分法，皆悉隨行；甚深般若波羅蜜多，隨所至處，所有一切波羅蜜多，及餘一切菩提分法，皆悉隨至。善現！如轉輪王隨所行處，四種勇軍皆悉隨行；如轉輪王隨所至處，四種勇軍皆悉隨至。甚深般若波羅蜜多亦復如是，隨有所行及有所至，所有一切波羅蜜多及餘一切菩提分法皆悉隨行，究竟至於一切智智。

❷善御駕馭喻

善現！如善御者駕馭馬車，令避險路行於正道，隨本意欲能往所至。甚深般若波羅蜜多亦復如是，善御一切波羅蜜多及餘一切菩提分法，令避生死涅槃險路，行於自利利他正道，至本所求一切智智。」
*18

(CBETA, T07, no. 220, p. 326c$^{14-28}$)

sher phyin: v.028, p. 240$^{18-21}$ 《合論》: v.051, p. 209$^{08-12}$

6.廣釋假執能取分別 (為度有情行方便當學般若)

(1)般若示現云何是道、云何非道

①明菩薩道與非菩薩道

46.6 假執能取分別

假執能取分別有九。此九分別，即緣彼彼境，執為實受用者之分別，此即除前實執分別之所餘〔假執能取分別〕

也。

　　　(46.6.1)緣唯修小乘道，不能如所為事出生三大之假
　　　　　　士夫
　　　(46.6.2)緣離小乘道，執六度為非道之假士夫
卷 460〈巧便品 68〉：
「具壽善現白言：「世尊！諸菩薩摩訶薩云何為道？云何非道？」
佛告善現：
「諸異生道、若聲聞道、若獨覺道，非諸菩薩摩訶薩道，依此不能往一
　切智智故；甚深般若波羅蜜多所引六種波羅蜜多，是諸菩薩摩訶薩
　道，依此定能往一切智智故。」(CBETA, T07, no. 220, pp. 326c^{28}–327a^{4})
　　sher phyin: v.028, pp. 240^{21}–241^{09} 《合論》：v.051, pp. 209^{13}–210^{02}
②般若令離二乘住一切智智

　　　(46.6.3)緣果生須俱因滅，離世俗性執有餘勝義之士
　　　　　　夫
卷 460〈巧便品 68〉：具壽善現復白佛言：
「甚深般若波羅蜜多出現世間能辦大事，所謂示現諸菩薩摩訶薩道、非
　道相，令諸菩薩摩訶薩眾知是道、是非道，疾能證得一切智智。」
佛告善現：
「如是！如是！如汝所說。甚深般若波羅蜜多出現世間能辦大事，所謂
　示現諸菩薩摩訶薩道、非道相，令諸菩薩摩訶薩眾知是道、是非道，
　疾能證得一切智智。復次，善現！甚深般若波羅蜜多出現世間能辦大
　事，所謂度脫無量無數無邊有情，令得殊勝利益安樂。善現當知！甚
　深般若波羅蜜多，雖作無邊利樂他事，而於此事無所取著。
「復次，善現！甚深般若波羅蜜多，雖能示現色所作事，而於此事無所
　取著；雖能示現受、想、行、識所作事，而於此事無所取著；如是乃
　至雖能示現一切智智所作事，而於此事無所取著；雖能示現聲聞、獨
　覺所作事，而於此事無所取著。善現！甚深般若波羅蜜多，雖能引導
　一切菩薩摩訶薩眾，令趣無上正等菩提，遠離聲聞、獨覺等地，而於
　諸法無生無滅，以法住性為定量故。」
③般若雖無生無滅，不妨行六波羅蜜
　具壽善現復白佛言：
「若甚深般若波羅蜜多，於一切法無生無滅，云何菩薩摩訶薩行深般若
　波羅蜜多時，為諸有情應行布施，應持淨戒，應起安忍，應勤精進，

應住靜慮，應修般若？」（般若無生無滅即畢竟空，不妨行六度。）

❶緣一切智智，應行六波羅蜜

佛告善現：

「諸菩薩摩訶薩修行般若波羅蜜多時，緣一切智智為諸有情應行布施，應持淨戒，應起安忍，應勤精進，應住靜慮，應修般若。

❷功德與有情共迴向一切智智

善現！是菩薩摩訶薩持此善根，與諸有情同共迴向一切智智，如是迴向一切智智，則修六種波羅蜜多速得圓滿，亦修菩薩慈、悲、喜、捨速得圓滿，乃至安坐妙菩提座，常不遠離如是六種波羅蜜多。若不遠離如是六種波羅蜜多，則不遠離一切智智。

❸結勸修六波羅蜜

是故，善現！若菩薩摩訶薩欲疾證得一切智智，當勤精進修學六種波羅蜜多，當勤精進修行六種波羅蜜多。若菩薩摩訶薩當勤精進修學、修行如是六種波羅蜜多，一切善根速得圓滿，疾能證得一切智智。是故，善現！諸菩薩摩訶薩應與六種波羅蜜多常共相應，勿相捨離。」

(CBETA, T07, no. 220, p. 327a⁴–b¹⁵)

sher phyin: v.028, pp. 241⁰⁹–243¹⁴ 《合論》: v.051, pp. 210⁰³–212¹¹

(2)觀法無相應無不相應，依無所住行六波羅蜜

①觀諸法無相應無不相應

(46.6.4)緣執一切道性實有相續具不具之士夫

卷460〈巧便品 68〉：具壽善現白言：

「世尊！云何菩薩摩訶薩能與六種波羅蜜多常共相應，不相捨離？」

佛告善現：

「若菩薩摩訶薩如實觀色非相應非不相應，如實觀受、想、行、識非相應非不相應，乃至如實觀一切智智非相應非不相應，是菩薩摩訶薩能與六種波羅蜜多，常共相應，不相捨離。」（色等諸法顛倒煩惱和合故說相應，以正智觀故說不相應。）

(CBETA, T07, no. 220, p. 327b¹⁵⁻²²)

sher phyin: v.028, pp. 243¹⁴–244¹² 《合論》: v.051, pp. 212¹²–213¹⁰

②觀諸法無所住

(46.6.5)緣執色等實有而安住之士夫

卷460〈巧便品 68〉：

「復次，善現！若菩薩摩訶薩恒作是念：『我不應住色，亦不應住非色，我不應住受、想、行、識，亦不應住非受、想、行、識，乃至我不應住一切智智，亦不應住非一切智智。何以故？色非能住非所住，受、想、行、識亦非能住非所住，如是乃至一切智智非能住非所住故。』善現！是菩薩摩訶薩能與六種波羅蜜多常共相應，不相捨離。善現！若菩薩摩訶薩能以如是無住方便，修行六種波羅蜜多，是菩薩摩訶薩疾能證得一切智智。」

(CBETA, T07, no. 220, p. 327b^{22}–c^2)

sher phyin: v.028, pp. 244^{12}–245^{21} 《合論》：v.051, pp. 213^{11}–214^{21}

(3)欲得無上菩提度脫有情，應學習六波羅蜜

①如人欲得果必先種果樹

(46.6.6)緣由發心等失壞，聲聞等種性之士夫

卷 460〈巧便品 68〉：

「善現！譬如有人欲食菴沒羅果或半娜娑果，先取其子於良美田而種植之，隨時溉灌，守護營理，漸次生長芽莖枝葉，時節和合便有華果，果成熟已取而食之。如是，善現！若菩薩摩訶薩欲得無上正等菩提，先學六種波羅蜜多，復於有情或以布施，或以愛語，或以利行，或以同事而攝受之。既攝受已，教令安住布施、淨戒、安忍、精進、靜慮、般若波羅蜜多，既安住已，解脫一切生老病死，證得常住畢竟安樂。菩薩如是當得無上正等菩提，轉妙法輪，度無量眾。」

(CBETA, T07, no. 220, p. 327c$^{2–13}$)

sher phyin: v.028, pp. 245^{21}–246^{11} 《合論》：v.051, pp. 215$^{01–12}$

②欲得諸功德，當學般若波羅蜜

❶欲不隨他語、欲嚴土熟生者

(46.6.7)緣唯以空性便執為足，更不希求佛果之士夫

卷 460〈巧便品 68〉：

「是故，善現！若菩薩摩訶薩欲於諸法不藉他緣而自悟解，欲能成熟一切有情，欲於佛土能善嚴淨，欲疾安坐妙菩提座，欲能降伏一切魔軍，欲疾證得一切智智，欲轉法輪脫有情眾生老病死、證得常住畢竟安樂，應學六種波羅蜜多，以四攝事方便攝受諸有情眾，既攝受已，應令安住布施、淨戒、安忍、精進、靜慮、般若波羅蜜多。菩薩如是勤修學時，應於般若波羅蜜多常勤修學。」

(CBETA, T07, no. 220, p. 327c$^{13–22}$)

❷欲於法得大自在者

卷 461〈巧便品 68〉:「爾時,具壽善現復白佛言:

「世尊!佛說菩薩摩訶薩應於般若波羅蜜多常勤修學耶?」

佛告善現:

「如是!如是!我說菩薩摩訶薩應於般若波羅蜜多常勤修學。善現!
若菩薩摩訶薩欲於諸法得大自在,當學般若波羅蜜多。」

(CBETA, T07, no. 220, p. 328a$^{6-11}$)

sher phyin: v.028, p. 246$^{12-21}$ 《合論》: v.051, pp. 215^{13}–216^{01}

❸欲得三乘道者

(46.6.8)緣不修般若波羅蜜多因之士夫

卷 461〈巧便品 68〉:

「所以者何?甚深般若波羅蜜多具大勢力,令諸菩薩摩訶薩眾於一切
法得自在故。善現當知!甚深般若波羅蜜多是諸善法所趣向門,譬
如大海是一切水所趣向門。是故,善現!若聲聞乘補特伽羅、若獨
覺乘補特伽羅、若菩薩乘補特伽羅,皆應於此甚深般若波羅蜜多常
勤修學。

「善現!諸菩薩摩訶薩於此般若波羅蜜多勤修學時,應於布施波羅蜜
多乃至靜慮波羅蜜多亦常修學,應於內空乃至無性自性空亦常安
住,應於真如乃至不思議界亦常安住,應於苦、集、滅、道聖諦亦
常安住,應於四念住乃至八聖道支亦常修學,應於四靜慮、四無量、
四無色定亦常修學,應於八解脫乃至十遍處亦常修學,應於空、無
相、無願解脫門亦常修學,應於菩薩摩訶薩地亦常修學,應於一切
陀羅尼門、三摩地門亦常修學,應於五眼、六神通亦常修學,應於
如來十力乃至十八佛不共法亦常修學,應於無忘失法、恒住捨性亦
常修學,應於一切智、道相智、一切相智亦常修學,應於一切菩薩
摩訶薩行亦常修學,應於諸佛無上正等菩提亦常修學,應於一切智
智亦常修學。」(CBETA, T07, no. 220, p. 328a^{11}–b^{4})

sher phyin: v.028, pp. 246^{21}–248^{04} 《合論》: v.051, pp. 216^{02}–217^{06}

❹欲勝諸魔怨者

(46.6.9)緣魔等障礙菩提之諸敵者事

卷 461〈巧便品 68〉:

「善現!如善射人甲冑堅固、弓箭如意,不懼怨敵。諸菩薩摩訶薩亦
復如是,攝受般若波羅蜜多方便善巧,備諸功德,一切魔軍外道異

論所不能屈。是故，善現！若菩薩摩訶薩欲疾證得一切智智，應勤修學甚深般若波羅蜜多。善現！若菩薩摩訶薩能於般若波羅蜜多常勤修學，便為十方無量、無數、無邊世界諸佛世尊常共護念。」

❺十方諸佛所護念者

具壽善現白言：

「世尊！云何菩薩摩訶薩常勤修學甚深般若波羅蜜多，便為十方無量、無數、無邊世界諸佛世尊常共護念？」

佛告善現：

「若菩薩摩訶薩能於般若波羅蜜多常勤修學，則能修行布施波羅蜜多，乃至修行一切智智，由此十方無量、無數、無邊世界諸佛世尊常共護念。」

具壽善現復白佛言：

「是菩薩摩訶薩云何修行布施波羅蜜多，乃至修行一切智智，便為十方無量、無數、無邊世界諸佛世尊常共護念？」

佛告善現：

「是菩薩摩訶薩修行布施波羅蜜多時，觀布施波羅蜜多不可得，乃至修行一切智智時，觀一切智智不可得故，為十方無量、無數、無邊世界諸佛世尊常共護念。

「復次，善現！如是十方無量、無數、無邊世界諸佛世尊，如色不可得故常共護念是菩薩摩訶薩，如受、想、行、識不可得故常共護念是菩薩摩訶薩，乃至如一切智智不可得故常共護念是菩薩摩訶薩。

「復次，善現！如是十方無量、無數、無邊世界諸佛世尊，不以色故常共護念是菩薩摩訶薩，不以受、想、行、識故常共護念是菩薩摩訶薩，乃至不以一切智智故常共護念是菩薩摩訶薩。」

(CBETA, T07, no. 220, p. 328b⁴–c⁶)

sher phyin:　v.028, pp. 248⁰⁴–251¹⁹　《合論》: v.051, pp. 217⁰⁷–221⁰³

[戊二]分別之對治

1.見道頂加行之因

(1)讚菩薩般若行殊勝，應修學

46.7 大小菩提之勝劣　(見道之功德)

①難行能行、說空無礙

　❶難行能行

　　卷 457〈堅非堅品 64〉:「爾時,天帝釋白佛言:

　　「世尊!如是般若波羅蜜多,最極甚深難信難解,諸菩薩摩訶薩行深
　　　般若波羅蜜多,雖知諸法皆不可得,而求無上正等菩提,欲為有情
　　　宣說正法甚為難事!何以故?世尊!決定無有安住真如修菩薩
　　　行、證得無上正等菩提、為諸有情說正法事,而諸菩薩摩訶薩行深
　　　般若波羅蜜多,觀一切法都無所有,於深法性其心不驚、不恐、不
　　　怖、無疑、無滯、不沈、不沒亦不迷悶,如是等事甚為希有!」(知
　　　法空求菩提而心不驚恐,甚難。)

　❷說空無礙

　　爾時,善現語帝釋言:

　　「憍尸迦!如汝所說。諸菩薩摩訶薩行深般若波羅蜜多,觀一切法都
　　　無所有,於深法性其心不驚、不恐、不怖、無疑、無滯、不沈、不
　　　沒亦不迷悶,如是等事甚希有者。憍尸迦!諸菩薩摩訶薩行深般若
　　　波羅蜜多,觀一切法本性皆空,於此空中都無所有,誰可驚恐乃至
　　　迷悶!是故菩薩行深般若波羅蜜多,於深法性其心不驚、不恐、不
　　　怖、無疑、無滯、不沈、不沒、不迷、不悶,未為希有。」(諸法
　　　空,誰可驚恐?故不難。)

　　時,天帝釋白善現言:

　　「大德所說一切依空,是故所言常無罣礙。譬如以箭仰射虛空,若遠
　　　若近俱無罣礙,大德所說亦復如是,誰能於中而敢抗對!」

②佛印可帝釋及善現

　❶印可帝釋

　　第二分實語品第六十五之一

　　爾時,天帝釋白佛言:

　　「世尊!我如是說、如是讚、如是記,為順世尊實語、法語,於法、
　　　隨法為正記不?」

　　時,佛告言:

　　「憍尸迦!汝如是說、如是讚、如是記,諒順世尊實語、法語,於法、
　　　隨法誠為正記。」

　❷印可善現

　　1.帝釋讚歎善現說空

46-44

時，天帝釋復白佛言：

「希有！世尊！大德善現諸有所說，一切依空、無相、無願，亦依四念住乃至八聖道支，亦依四靜慮、四無量、四無色定，亦依八解脫乃至十遍處，亦依苦、集、滅、道聖諦，亦依布施波羅蜜多乃至般若波羅蜜多，亦依內空乃至無性自性空，亦依真如乃至不思議界，亦依菩薩摩訶薩地，亦依一切陀羅尼門、三摩地門，亦依五眼、六神通，亦依如來十力乃至十八佛不共法，亦依無忘失法、恒住捨性，亦依一切智、道相智、一切相智，亦依一切菩薩摩訶薩行，亦依諸佛無上正等菩提。」

2.佛讚善現行空時，觀諸法及行者皆不可得

爾時，佛告天帝釋言：

「憍尸迦！具壽善現住諸法空，觀布施波羅蜜多乃至般若波羅蜜多尚不可得，況有行布施波羅蜜多乃至般若波羅蜜多者可得！觀四念住乃至八聖道支尚不可得，況有修四念住乃至八聖道支者可得！觀四靜慮、四無量、四無色定尚不可得，況有修四靜慮、四無量、四無色定者可得！觀八解脫乃至十遍處尚不可得，況有修八解脫乃至十遍處者可得！觀苦、集、滅、道聖諦尚不可得，況有住苦、集、滅、道聖諦者可得！觀內空乃至無性自性空尚不可得，況有住內空乃至無性自性空者可得！觀真如乃至不思議界尚不可得，況有住真如乃至不思議界者可得！觀空、無相、無願解脫門尚不可得，況有修空、無相、無願解脫門者可得！觀極喜地乃至法雲地尚不可得，況有修極喜地乃至法雲地者可得！觀一切陀羅尼門、三摩地門尚不可得，況有修一切陀羅尼門、三摩地門者可得！觀五眼、六神通尚不可得，況有引發五眼、六神通者可得！觀如來十力乃至十八佛不共法尚不可得，況有引發如來十力乃至十八佛不共法者可得！觀無忘失法、恒住捨性尚不可得，況有引發無忘失法、恒住捨性者可得！觀一切智、道相智、一切相智尚不可得，況有引發一切智、道相智、一切相智者可得！觀一切菩薩摩訶薩行尚不可得，況有能行一切菩薩摩訶薩行者可得！觀諸佛無上正等菩提尚不可得，況有能證諸佛無上正等菩提者可得！觀一切智智尚不可得，況有能得一切智智者可得！觀正法輪尚不可得，況有能轉正法輪者可得！觀三十二大士相、八十隨好尚不可得，況有以此相好莊嚴身者可得！觀無生無滅法尚不可

得，況有能證無生無滅法者可得！何以故？

「憍尸迦！具壽善現於一切法住遠離住，住寂靜住，住無所有住，住無所得住，住空住，住無相住，住無願住。憍尸迦！具壽善現於一切法，住如是等無量勝住。*19

③功德較量

❶菩薩般若行功德勝善現空行

「憍尸迦！善現所住無量勝住，比諸菩薩摩訶薩眾所住般若波羅蜜多甚深行住，百分不及一，千分不及一，百千分不及一，乃至鄔波尼殺曇分亦不及一。

❷菩薩行般若過二乘地，入菩薩位，當得無上菩提

何以故？憍尸迦！除如來住，是諸菩薩摩訶薩眾所住般若波羅蜜多甚深行住，於諸聲聞、獨覺等伴，為最為勝、為尊為高、為妙為微妙、為上為無上、無等無等等。以是故，憍尸迦！若菩薩摩訶薩欲住一切有情上者，應住般若波羅蜜多甚深行住。何以故？憍尸迦！諸菩薩摩訶薩住此住中，超諸聲聞、獨覺等地，證入菩薩正性離生，能速圓滿一切佛法，永斷煩惱習氣相續，能疾證得一切智智，得名如來、應、正等覺，能常利樂一切有情。」*20

(CBETA, T07, no. 220, pp. 309c²⁷–311a¹)

sher phyin: v.028, pp. 135⁰⁶–140¹⁹《合論》: v.051, pp. 221⁰⁴–226¹³

④佛為發無上菩提心比丘授記

(46.7.1)為他開示證菩提之方便於大菩提而安立他

卷457〈實語品 65〉：

「爾時眾中有無量無數三十三天，聞佛所說踊躍歡喜，各取天上微妙香花，奉散如來及苾芻眾。是時眾內六百苾芻從座而起頂禮佛足，偏覆左肩右膝著地，曲躬恭敬合掌向佛，瞻仰尊顏目不暫捨。佛神力故各於掌中，微妙香花自然盈滿，是苾芻眾歡喜踊躍得未曾有，各持此花而散佛上及諸菩薩。既散花已咸發願言，我等用斯勝善根力，願常安住甚深般若波羅蜜多微妙行住，聲聞獨覺所不能住。速趣無上正等菩提，超諸聲聞獨覺等地。

「爾時，世尊知苾芻眾增上意樂趣大菩提定不退轉，即便微笑如佛常法，從其面門放種種光，青黃赤白紅紫碧綠金銀頗胝，遍照三千大千世界，其光漸攝還繞佛身，經三匝已從頂上入。

爾時，慶喜既覩斯瑞歡喜踊躍，即從座起禮佛合掌白言：

「世尊！何因何緣現此微笑？諸佛現笑非無因緣，唯願如來哀愍為說。」
佛告慶喜：

「是苾芻眾於未來世星喻劫中，當得作佛，同號散花如來、應、正等覺、
明行圓滿、善逝、世間解、無上丈夫、調御士、天人師、佛、薄伽梵，
彼佛壽量、所居國土、苾芻弟子一切皆同。是諸如來、應、正等覺，
初生、出家及成佛後，隨所在處若晝若夜，常雨五色微妙音花。以是
因緣故我微笑。是故，慶喜！若菩薩摩訶薩欲得安住最勝住者，當行
般若波羅蜜多。若菩薩摩訶薩欲得安住如來住者，當行般若波羅蜜
多。」(CBETA, T07, no. 220, p. 311a²⁻²⁹)

sher phyin:　v.028, pp. 140¹⁹⁻142⁰² 《合論》: v.051, pp. 226¹⁴⁻228¹⁸

⑤讚歎能行深般若之菩薩

❶能行深般若之行相

1.從人中或覩史多天來

卷457〈實語品 65〉：

「慶喜當知！若善男子、善女人等，精勤修學甚深般若波羅蜜多，
是善男子、善女人等，先世或從人中沒已還生此處，或從覩史多
天上沒來生人中，彼於先世或在人間或居天上，由曾廣聞甚深般
若波羅蜜多故，於今世能勤修學甚深般若波羅蜜多。慶喜當知！
如來現見若善男子、善女人等能勤修學甚深般若波羅蜜多，於
身、命、財無所顧者，定是菩薩摩訶薩也。」*21

(CBETA, T07, no. 220, p. 311a²⁹⁻b⁸)

2.從佛聞般若種善根，並以般若教化他人

卷458〈實語品 65〉：「第二分實語品第六十五之二

「慶喜當知！若善男子、善女人等，愛樂聽聞如是所說甚深般若波
羅蜜多，聞已受持、讀誦、通利、精勤修學、如理思惟，為菩薩
乘諸善男子、善女人等宣說、開示、教誡教授，當知彼人曾於過
去，親從諸佛聞說如是甚深般若波羅蜜多，聞已受持、讀誦、通
利、精勤修學、如理思惟，亦曾為他宣說開示教誡教授。

「慶喜當知！是善男子、善女人等，曾於過去無量佛所種諸善根
故，於今生能辦斯事。是善男子、善女人等應作是念：『我先不
從聲聞、獨覺聞說如是甚深般若波羅蜜多，定從如來、應、正等
覺聞說如是甚深般若波羅蜜多。我先不於聲聞、獨覺種諸善根，
定於如來、應、正等覺種諸善根。由是因緣今得聞此甚深般若波

羅蜜多，愛樂受持、讀誦、通利、精勤修學、如理思惟、廣為他說，能無厭倦。』

「慶喜當知！若善男子、善女人等，愛樂聽聞甚深般若波羅蜜多，聞已受持、讀誦、通利、精勤修學、如理思惟，若義、若文、若法、若意、若毘奈耶皆能通達，是善男子、善女人等，則為現見一切如來、應、正等覺。

3.供養諸佛植多善根，為善知識所攝受

「慶喜當知！若善男子、善女人等，聞說般若波羅蜜多甚深義趣，生淨信解，不毀不謗不可沮壞，是善男子、善女人等已曾供養無量諸佛，於諸佛所發弘誓願，植多善根，亦為無量真善知識之所攝受。

❷欲以三乘得解脫得無上菩提，應行六波羅蜜乃至一切相智

「慶喜當知！若善男子、善女人等，能於如來、應、正等覺勝福田所種諸善根，雖定當得或聲聞果、或獨覺果、或如來果，而證無上正等菩提，要於般若波羅蜜多甚深義趣善達無礙，修行布施波羅蜜多乃至般若波羅蜜多，安住內空乃至無性自性空，安住真如乃至不思議界，安住苦、集、滅、道聖諦，修行四念住乃至八聖道支，修行四靜慮、四無量、四無色定，修行八解脫乃至十遍處，修行空、無相、無願解脫門，修行極喜地乃至法雲地，修行一切陀羅尼門、三摩地門，修行五眼、六神通，修行如來十力乃至十八佛不共法，修行無忘失法、恒住捨性，修行一切智、道相智、一切相智，令得圓滿。

「慶喜當知！若菩薩摩訶薩能於般若波羅蜜多甚深義趣善達無礙，修行布施、淨戒、安忍、精進、靜慮、般若波羅蜜多令得圓滿，如是乃至修行一切智、道相智、一切相智令得圓滿，是菩薩摩訶薩若住聲聞或獨覺地不證無上正等菩提，無有是處。是故菩薩摩訶薩眾欲證無上正等菩提，應於般若波羅蜜多甚深義趣善達無礙，修行布施、淨戒、安忍、精進、靜慮、般若波羅蜜多令速圓滿，如是乃至修行一切智、道相智、一切相智令速圓滿。*22

(2)佛之付囑 (託付)

(46.7.2)付囑般若波羅蜜多之文義為大菩提之因

是故，慶喜！我以般若波羅蜜多付囑於汝，應正受持、讀誦、通利、無令忘失。

①付法勸流通

❶忘失般若有大過失

「慶喜當知！除此般若波羅蜜多甚深經典，受持所餘我所說法，設有忘失其罪尚輕，若於般若波羅蜜多甚深經典，不善受持，下至一句有所忘失，其罪甚重。慶喜當知！若於般若波羅蜜多甚深經典，下至一句能善受持不忘失者，獲福無量。若於般若波羅蜜多甚深經典不善受持，下至一句有忘失者，所獲重罪量同前福。是故，慶喜！我以般若波羅蜜多甚深經典慇懃付汝，當正受持、讀誦、通利、如理思惟、廣為他說、分別開示，令聽受者究竟解了文義意趣，復能為他如理演說。

❷受持般若有大功德

1.受持般若即為受持三世佛菩提

「慶喜當知！若善男子、善女人等，於此般若波羅蜜多甚深經典，受持、讀誦、究竟通利、如理思惟、廣為他說，則為受持攝取過去、未來、現在一切如來、應、正等覺所證無上正等菩提。

2.供養般若即供養三世如來

「慶喜當知！若善男子、善女人等起殷淨心，現於我所欲以種種上妙花鬘、塗散等香、衣服、瓔珞、寶幢、幡蓋、伎樂、燈明，供養恭敬、尊重讚歎無厭倦者，當於般若波羅蜜多甚深經典，至心聽聞、受持、讀誦、究竟通利、如理思惟、廣為他說，或復書寫眾寶莊嚴，常以種種上妙花鬘、塗散等香、衣服、瓔珞、寶幢、幡蓋、伎樂、燈明，供養恭敬、尊重讚歎無得懈怠。

「慶喜當知！若善男子、善女人等，供養恭敬、尊重讚歎甚深般若波羅蜜多，則為供養恭敬、尊重讚歎於我，亦為供養恭敬、尊重讚歎現在十方世界一切如來、應、正等覺現說法者，及為供養恭敬、尊重讚歎過去未來諸佛。

3.信心愛樂般若即信心愛樂三世佛

「慶喜當知！若善男子、善女人等，聞說如是甚深般若波羅蜜多，起淨信心恭敬愛樂，即於過去、未來、現在一切如來、應、正等覺所證無上正等菩提，以淨信心恭敬愛樂。

「慶喜！若汝恭敬愛樂於我、不捨於我，亦當勇勵倍加恭敬、愛樂、不捨甚深般若波羅蜜多，下至一句勿令忘失。

4.般若亦是世尊，不捨三寶、三世佛菩提，應不捨般若

「慶喜！我說如是甚深般若波羅蜜多付囑因緣，雖有無量，舉要而言，如我既是汝等大師，甚深般若波羅蜜多當知亦是汝等大師，汝等天、人敬重於我，亦當敬重甚深般若波羅蜜多。是故，慶喜！我以無量方便善巧付汝般若波羅蜜多甚深經典，汝當受持勿令忘失，我今以此甚深般若波羅蜜多，對諸天、人、阿素洛等無量大眾付囑於汝。

「慶喜！我今誠言告汝，諸有淨信欲不捨佛、欲不捨法、欲不捨僧，復欲不捨過去、未來、現在諸佛所證無上正等菩提，必應不捨甚深般若波羅蜜多，如是名為我等諸佛教誡教授諸弟子法。

5.般若為三世諸佛母，自受持並為他說，速得無上菩提

「慶喜當知！若善男子、善女人等，愛樂聽聞甚深般若波羅蜜多，受持、讀誦、究竟通利、如理思惟，以無量門廣為他說，分別開示、施設安立，令其解了精勤修學，是善男子、善女人等速證無上正等菩提，能近圓滿一切智智。何以故？慶喜！一切如來、應、正等覺，所得無上正等菩提，皆依如是甚深般若波羅蜜多而得生故。

6.六波羅蜜是諸佛法藏，三世諸佛及弟子皆從中學而得成就

「慶喜當知！過去未來現在諸佛，皆依如是甚深般若波羅蜜多出生無上正等菩提。是故，慶喜！若菩薩摩訶薩欲得無上正等菩提，當勤精進修學如是甚深般若波羅蜜多。何以故？慶喜！甚深般若波羅蜜多是諸菩薩摩訶薩母，生諸菩薩摩訶薩故。

「慶喜當知！若菩薩摩訶薩精勤修學布施、淨戒、安忍、精進、靜慮、般若波羅蜜多，速證無上正等菩提。是故，慶喜！我以此六波羅蜜多更付囑汝，當正受持勿令忘失。所以者何？如是六種波羅蜜多，是諸如來、應、正等覺無盡法藏，一切佛法從此生故。

「慶喜當知！現在過去未來諸佛所說法要，皆是六種波羅蜜多無盡法藏之所流出。慶喜當知！現在過去未來諸佛，皆依六種波羅蜜多無盡法藏精勤修學，證得無上正等菩提。慶喜當知！現在過去未來諸佛、聲聞、僧眾，皆依六種波羅蜜多無盡法藏精勤修學，於無餘依妙涅槃界而般涅槃。」(CBETA, T07, no. 220, pp. 311b^{16}–312c^{22})

sher phyin: v.028, pp. 142^{02}–151^{02} 《合論》: v.051, pp. 228^{19}–236^{20}

7.「以般若相應法教菩薩」勝於「令三千世界有情盡得阿羅漢」

(46.7.3)於定中修般若等具足福德為相，是能證彼頂

加行之無間因

能證彼頂加行之無間因，謂自於定中修般若波羅蜜多等具足眾多福德為相之大乘加行世第一法，即見道頂加行之因也。

(1)正說

卷458〈實語品 65〉：

「復次，慶喜！假使汝等為聲聞乘補特伽羅說聲聞法，由此法故三千大千世界有情一切皆證阿羅漢果，猶未為我作佛弟子所應作事。汝等若能為菩薩乘補特伽羅宣說一句甚深般若波羅蜜多相應之法，即名為我作佛弟子所應作事，我於此事深生隨喜，勝於汝等教化三千大千世界一切有情皆令證得阿羅漢果。

「復次，慶喜！假使三千大千世界一切有情，由他教力非前非後皆得人身，俱時證得阿羅漢果，是諸阿羅漢所有殊勝施性福業事、戒性福業事、修性福業事。於意云何？彼福業事寧為多不？」

慶喜白言：「甚多！世尊！彼福業事無量無數。」

佛告慶喜：

「若有聲聞弟子能為菩薩摩訶薩宣說般若波羅蜜多相應之法，經一日夜所獲福聚甚多於彼。慶喜當知！置一日夜但經一日，復置一日但經半日，復置半日但經一時，復置一時但經食頃，復置食頃但經須臾，復置須臾但經俄爾，復置俄爾但瞬息間，是聲聞人能為菩薩摩訶薩眾，宣說般若波羅蜜多相應之法，所獲福聚甚多於前。

(2)因由

何以故？此聲聞人所獲福聚，超過一切聲聞、獨覺諸功德故。

「復次，慶喜！若菩薩摩訶薩為聲聞乘補特伽羅，宣說種種聲聞乘法，假使三千大千世界一切有情由此法故，悉皆證得阿羅漢果，皆具種種殊勝功德，於意云何？是菩薩摩訶薩由此因緣所獲福聚寧為多不？」

慶喜白言：「甚多！世尊！是菩薩摩訶薩所獲福聚無量無邊。」

佛告慶喜：

「若菩薩摩訶薩為聲聞乘、或獨覺乘、或無上乘諸善男子、善女

人等，宣說般若波羅蜜多相應之法，經一日夜所獲福聚甚多於前。慶喜當知！置一日夜但經一日，復置一日但經半日，復置半日但經一時，復置一時但經食頃，復置食頃但經須臾，復置須臾但經俄爾，復置俄爾但瞬息間，是菩薩摩訶薩能為三乘諸善男子、善女人等，宣說般若波羅蜜多相應之法，所獲福聚甚多於前無量無數。何以故？甚深般若波羅蜜多相應法施，超過一切聲聞、獨覺相應法施及彼二乘諸功德故。所以者何？是菩薩摩訶薩自求無上正等菩提，亦以大乘相應之法示現教導讚勵慶喜他諸有情，令於無上正等菩提得不退轉。

(3)結成

「慶喜當知！是菩薩摩訶薩自修布施波羅蜜多乃至般若波羅蜜多，亦教他修布施波羅蜜多乃至般若波羅蜜多；自修四念住乃至八聖道支，亦教他修四念住乃至八聖道支；自住內空乃至無性自性空，亦教他住內空乃至無性自性空；自住真如乃至不思議界，亦教他住真如乃至不思議界；自住苦、集、滅、道聖諦，亦教他住苦、集、滅、道聖諦；自修四靜慮、四無量、四無色定，亦教他修四靜慮、四無量、四無色定；自修八解脫乃至十遍處，亦教他修八解脫乃至十遍處；自修空、無相、無願解脫門，亦教他修空、無相、無願解脫門；自修菩薩地，亦教他修菩薩地；自修一切陀羅尼門、三摩地門，亦教他修一切陀羅尼門、三摩地門；自修五眼、六神通，亦教他修五眼、六神通；自修如來十力乃至十八佛不共法，亦教他修如來十力乃至十八佛不共法；自修三十二大士相、八十隨好，亦教他修三十二大士相、八十隨好；自修無忘失法、恒住捨性，亦教他修無忘失法、恒住捨性；自修一切智、道相智、一切相智，亦教他修一切智、道相智、一切相智；自修一切菩薩摩訶薩行，亦教他修一切菩薩摩訶薩行；自修諸佛無上正等菩提，亦教他修諸佛無上正等菩提；自修一切智智，亦教他修一切智智。由是因緣善根增長，若於無上正等菩提有退轉者，無有是處。」

②佛現攝神通，顯般若無所著

❶觀神通所現不動如來法會如幻，即是無所著般若行

爾時，如來四眾圍繞，讚說般若波羅蜜多付囑慶喜，令受持已，復於一切天、龍、藥叉廣說乃至人非人等大眾會前現神通力，令眾皆見不

動如來，聲聞、菩薩前後圍繞，為如海眾宣說妙法，及見彼土嚴淨之相。其聲聞僧皆阿羅漢，諸漏已盡無復煩惱，得真自在心善解脫、慧善解脫，如調慧馬亦如大龍，已作所作已辦所辦，棄諸重擔逮得己利，盡諸有結正知解脫，至心自在第一究竟。其菩薩僧一切皆是眾望所識，得陀羅尼獲無礙辯，功德智慧猶如大海。於是，世尊攝神通力，令此眾會天、龍、藥叉廣說乃至人非人等，不復見彼不動如來、聲聞、菩薩及餘大眾，并彼佛土嚴淨之相。彼佛眾會及嚴淨土，皆非此土眼根所對。所以者何？佛攝神力，於彼遠境無見緣故。

爾時，佛告具壽慶喜：「不動如來、應、正等覺國土眾會，汝更見不？」

慶喜對曰：「我不復見，彼事非此眼所行故。」

佛告慶喜：

「如彼如來眾會國土，非此土眼所行境界，當知諸法亦復如是，非眼根等所行境界，法不行法、法不見法、法不知法、法不證法。

「慶喜當知！一切法性無能行者，無能見者，無能知者，無能證者，無動、無作。所以者何？以一切法皆如虛空，無有作用，能取、所取性遠離故。以一切法不可思議，能、所思議性遠離故。以一切法皆如幻等，眾緣和合相似有故。以一切法無作、受者，妄現似有無堅實故。慶喜當知！若菩薩摩訶薩能如是行能如是見，能如是知，能如是證，是行般若波羅蜜多，亦不執着此諸法相。慶喜當知！若菩薩摩訶薩如是學時，是學般若波羅蜜多。*23

❷欲得諸波羅蜜，當學般若

「慶喜當知！若菩薩摩訶薩欲得一切波羅蜜多速疾圓滿，應學般若波羅蜜多。所以者何？如是學者，於諸學中為最為勝、為尊為高、為妙為微妙、為上為無上、無等無等等，利益安樂一切有情，無依怙者為作依怙，無歸依者為作歸依，無投趣者為作投趣，無舍宅者為作舍宅，無救護者為作救護，諸佛世尊開許稱讚，修學般若波羅蜜多。

「慶喜當知！若諸菩薩摩訶薩眾及諸如來、應、正等覺住此學中，能以右手若右足指，舉取三千大千世界，擲置他方，或還本處，其中有情不知不覺、無損無怖。所以者何？甚深般若波羅蜜多功德威力不思議故。

「慶喜當知！過去未來現在諸佛及諸菩薩摩訶薩眾，學此般若波羅蜜多，於諸無為及三世法，悉皆獲得無礙智見。是故，慶喜！我說學

此甚深般若波羅蜜多，於諸學中為最為勝、為尊為高、為妙為微妙、為上為無上、無等無等等。

2.見道頂加行之菩提果

46.8 彼大菩提果

(1)般若性無盡、遠離、寂靜故無量

(46.8.1)明自宗之大菩提

《經》說垢盡智與無生智即是大菩提，然非垢先實有而後永盡，亦非先無而後新生，是故當知了達本來永盡及無生之究竟智，如其次第，即盡智與無生智。

「慶喜當知！諸有欲取甚深般若波羅蜜多量、邊際者，如愚癡者欲取虛空量及邊際。何以故？甚深般若波羅蜜多功德無量、無邊際故。

「慶喜當知！我終不說甚深般若波羅蜜多功德勝利如名身等有量、邊際。所以者何？一切名身、句身、文身是有量法，甚深般若波羅蜜多功德勝利非有量法，非諸名身、句身、文身能量般若波羅蜜多功德勝利，亦非般若波羅蜜多功德勝利是彼所量。」(CBETA, T07, no. 220, pp. 312c²³–314b⁵)

sher phyin:　v.028, pp. 151⁰²–157⁰⁴　《合論》: v.051, pp. 236²¹–243⁰⁷

卷 458〈實語品 65〉:「爾時，慶喜白言：

「世尊！何因緣故，甚深般若波羅蜜多說為無量？」

佛告慶喜：

「甚深般若波羅蜜多，性無盡故說為無量，性遠離故說為無量，性寂靜故說為無量，如實際故說為無量，如虛空故說為無量。慶喜當知！一切過去未來現在諸佛世尊皆學般若波羅蜜多，究竟圓滿證得無上正等菩提，為諸有情宣說開示，而此般若波羅蜜多常無有盡。所以者何？甚深般若波羅蜜多譬如虛空，不可盡故。諸有欲盡甚深般若波羅蜜多，則為欲盡虛空邊際。

「慶喜當知！甚深般若波羅蜜多乃至布施波羅蜜多非已盡、非今盡、非當盡，內空乃至無性自性空非已盡、非今盡、非當盡，真如乃至不思議界非已盡、非今盡、非當盡，苦、集、滅、道聖諦非已盡、非今盡、非當盡，四念住乃至八聖道支非已盡、非今盡、非當盡，四靜慮、四無量、四無色定非已盡、非今盡、非當盡，八解脫乃至十遍處非已盡、非今盡、

非當盡，空、無相、無願解脫門非已盡、非今盡、非當盡，極喜地乃至法雲地非已盡、非今盡、非當盡，一切陀羅尼門、三摩地門非已盡、非今盡、非當盡，五眼、六神通非已盡、非今盡、非當盡，如來十力乃至十八佛不共法非已盡、非今盡、非當盡，三十二大士相、八十隨好非已盡、非今盡、非當盡，無忘失法、恒住捨性非已盡、非今盡、非當盡，一切智、道相智、一切相智非已盡、非今盡、非當盡，一切菩薩摩訶薩行非已盡、非今盡、非當盡，諸佛無上正等菩提非已盡、非今盡、非當盡，一切智智非已盡、非今盡、非當盡。所以者何？如是等法無生、無滅、亦無住異，如何可得施設有盡！」*24 (CBETA, T07, no. 220, p. 314b[5]–c[7])

sher phyin: v.028, pp. 157[04]–158[18] 《合論》: v.051, pp. 243[08]–245[03]

(2)廣說般若功德

①佛現廣長舌相能令信受般若

卷 458〈實語品 65〉：

「爾時，世尊從面門出廣長舌相遍覆面輪，現舌相已，還從口入。告慶喜曰：「於意云何？世間若有如是舌相，所發語言有虛妄不？」

慶喜對曰：「不也！世尊！」

佛告慶喜：

「汝從今去，應為四眾廣說如是甚深般若波羅蜜多，分別開示、施設安立、令其易解。慶喜當知！如是般若波羅蜜多甚深經中，廣說一切菩提分法及諸法相，是故一切求聲聞乘補特伽羅、求獨覺乘補特伽羅、求無上乘補特伽羅，皆應依此甚深般若波羅蜜多所說法門，常勤修學勿生厭倦。若能如是常勤修學，速當證得自所求處。

②般若能入文字陀羅尼門，得樂說辯才

「復次，慶喜！甚深般若波羅蜜多是能悟入一切法相，是能悟入一切文字，是能悟入陀羅尼門，諸菩薩摩訶薩應於如是陀羅尼門常勤修學。若菩薩摩訶薩受持如是陀羅尼門，速能證得一切辯才諸無礙解。

③受持般若能持三世諸佛無上菩提

慶喜當知！如是般若波羅蜜多甚深經典，乃是過去未來現在諸佛世尊無盡法藏。是故我今分明告汝，若有於此甚深般若波羅蜜多受持、讀誦、究竟通利、如理思惟，則為受持一切過去未來現在諸佛無上正等菩提。

④能持般若則能總持一切佛法

慶喜當知！我說如是甚深般若波羅蜜多，是能遊趣菩提道者之堅固

足,亦是一切無上佛法大陀羅尼,汝等若能受持如是甚深般若波羅蜜多陀羅尼者,則為總持一切佛法令不忘失,與諸有情盡未來際作大饒益。」

(CBETA, T07, no. 220, pp. 314c⁷–315a⁴)

sher phyin: v.028, pp. 158¹⁹–160⁰⁵ 《合論》: v.051, pp. 245⁰⁴–246¹¹

(3)明「方便慧體」

(46.8.2)許實有性不應道理
(46.8.3)欲證究竟大菩提當許諸法皆空

①般若無盡

卷458〈無盡品 66〉:第二分無盡品第六十六

爾時,具壽善現作如是念:

「如是般若波羅蜜多最為甚深,諸佛無上正等菩提亦最甚深,我當問佛二甚深義。」作是念已,即白佛言:「世尊!甚深般若波羅蜜多即佛無上正等菩提,諸佛無上正等菩提即深般若波羅蜜多,如是般若波羅蜜多及佛無上正等菩提俱最甚深,不可盡故。何緣此二說為無盡?」

佛告善現:

「甚深般若波羅蜜多及佛無上正等菩提,皆如虛空不可盡故,說為無盡。」*25

②引發般若波羅蜜

具壽善現復白佛言:「云何菩薩摩訶薩應引發般若波羅蜜多?」

❶觀五蘊乃至一切相智無盡,引發般若

佛言:

「善現!諸菩薩摩訶薩應觀色無盡故,引發般若波羅蜜多;應觀受、想、行、識無盡故,引發般若波羅蜜多;應觀眼處乃至意處皆無盡故,引發般若波羅蜜多;應觀色處乃至法處皆無盡故,引發般若波羅蜜多;應觀眼界乃至意界皆無盡故,引發般若波羅蜜多;應觀色界乃至法界皆無盡故,引發般若波羅蜜多;應觀眼識界乃至意識界皆無盡故,引發般若波羅蜜多;應觀眼觸乃至意觸皆無盡故,引發般若波羅蜜多;應觀眼觸為緣所生諸受乃至意觸為緣所生諸受皆無盡故,引發般若波羅蜜多;應觀地界乃至識界皆無盡故,引發般若波羅蜜多;應觀因緣乃至增上緣皆無盡故,引發般若波羅蜜多;應觀無明乃至老死皆無盡故,引發般若波羅蜜多;應觀布施波羅蜜多乃至般若波羅蜜多皆無盡故,引發般若波羅蜜多;應觀內空乃至無

性自性空皆無盡故，引發般若波羅蜜多；應觀真如乃至不思議界皆無盡故，引發般若波羅蜜多；應觀苦、集、滅、道聖諦皆無盡故，引發般若波羅蜜多；應觀四念住乃至八聖道支皆無盡故，引發般若波羅蜜多；應觀四靜慮、四無量、四無色定皆無盡故，引發般若波羅蜜多；應觀八解脫乃至十遍處皆無盡故，引發般若波羅蜜多；應觀空、無相、無願解脫門皆無盡故，引發般若波羅蜜多；應觀淨觀地乃至如來地皆無盡故，引發般若波羅蜜多；應觀極喜地乃至法雲地皆無盡故，引發般若波羅蜜多；應觀一切陀羅尼門、三摩地門皆無盡故，引發般若波羅蜜多；應觀五眼、六神通皆無盡故，引發般若波羅蜜多；應觀如來十力乃至十八佛不共法皆無盡故，引發般若波羅蜜多；應觀三十二大士相、八十隨好皆無盡故，引發般若波羅蜜多；應觀無忘失法、恒住捨性皆無盡故，引發般若波羅蜜多；應觀一切智、道相智、一切相智皆無盡故，引發般若波羅蜜多；應觀預流果乃至獨覺菩提皆無盡故，引發般若波羅蜜多；應觀一切菩薩摩訶薩行皆無盡故，引發般若波羅蜜多；應觀諸佛無上正等菩提皆無盡故，引發般若波羅蜜多；應觀一切智智亦無盡故，引發般若波羅蜜多。

「復次，善現！諸菩薩摩訶薩應觀色如虛空無盡故，引發般若波羅蜜多；應觀受、想、行、識如虛空無盡故，引發般若波羅蜜多；如是乃至應觀一切智智如虛空無盡故，引發般若波羅蜜多。*26

❷觀十二因緣空無盡，引發般若

「復次，善現！諸菩薩摩訶薩應觀無明緣行如虛空無盡故，引發般若波羅蜜多；應觀行緣識如虛空無盡故，引發般若波羅蜜多；應觀識緣名色如虛空無盡故，引發般若波羅蜜多；應觀名色緣六處如虛空無盡故，引發般若波羅蜜多；應觀六處緣觸如虛空無盡故，引發般若波羅蜜多；應觀觸緣受如虛空無盡故，引發般若波羅蜜多；應觀受緣愛如虛空無盡故，引發般若波羅蜜多；應觀愛緣取如虛空無盡故，引發般若波羅蜜多；應觀取緣有如虛空無盡故，引發般若波羅蜜多；應觀有緣生如虛空無盡故，引發般若波羅蜜多；應觀生緣老死愁歎苦憂惱如虛空無盡故，引發般若波羅蜜多。*26

(4)十二因緣之妙用

①十二因緣能除二邊顛倒，唯坐道場者能觀

「善現！諸菩薩摩訶薩應如是引發般若波羅蜜多。

善現！諸菩薩摩訶薩如是觀察十二緣起，遠離二邊，是諸菩薩摩訶薩眾不共妙觀。善現！諸菩薩摩訶薩菩提樹下坐金剛座，如實觀察十二緣起，譬如虛空不可盡故，便能證得一切智智。

②不墮二乘地，疾證無上道

善現！若菩薩摩訶薩以如虛空無盡行住引發般若波羅蜜多，如實觀察十二緣起，不墮聲聞及獨覺地，疾證無上正等菩提。

「善現！住菩薩乘補特伽羅，若於無上正等菩提有退轉者，皆悉不依引發般若波羅蜜多善巧作意。由彼不了，云何菩薩摩訶薩修行般若波羅蜜多，能以如虛空無盡行住引發般若波羅蜜多，如實觀察十二緣起？善現！住菩薩乘諸善男子、善女人等，若於無上正等菩提而有退轉，皆由遠離引發般若波羅蜜多方便善巧。若菩薩摩訶薩能於無上正等菩提得不退轉，一切皆依引發般若波羅蜜多方便善巧。是菩薩摩訶薩由依如是方便善巧修行般若波羅蜜多，以如虛空無盡行住引發般若波羅蜜多，如實觀察十二緣起，是菩薩摩訶薩由此因緣，速能圓滿甚深般若波羅蜜多。

③不見法無因生，不見法常不滅

「善現！諸菩薩摩訶薩如是觀察緣起法時，不見有法無因而生，不見有法無因而滅，不見有法性相常住、不生不滅，

④除我見，不見法有我乃至知者見者

不見有法有我、有情廣說乃至知者、見者，

⑤一切法不可得，除法見，不見法常無常等

不見有法若常若無常、若樂若苦、若我若無我、若淨若不淨、若寂靜若不寂靜、若遠離若不遠離。善現！諸菩薩摩訶薩應當如是觀察緣起，修行般若波羅蜜多。

「善現！若時菩薩摩訶薩如實觀察緣起法門修行般若波羅蜜多，是時菩薩摩訶薩不見色若常若無常、若樂若苦、若我若無我、若淨若不淨、若寂靜若不寂靜、若遠離若不遠離，亦不見受、想、行、識若常若無常、若樂若苦、若我若無我、若淨若不淨、若寂靜若不寂靜、若遠離若不遠離，如是乃至亦不見一切智智若常若無常、若樂若苦、若我若無我、若淨若不淨、若寂靜若不寂靜、若遠離若不遠離。

「善現！若時菩薩摩訶薩如是修行甚深般若波羅蜜多，是時菩薩摩訶薩雖行般若波羅蜜多，而不見有所行般若波羅蜜多，亦復不見有法能見所行般若波羅蜜多，亦不見有如是不見。雖行靜慮、精進、安忍、淨

戒、布施波羅蜜多，而不見有所行靜慮乃至布施波羅蜜多，亦復不見有法能見所行靜慮乃至布施波羅蜜多，亦不見有如是不見。如是乃至雖修一切智智，而不見有所修一切智智，亦復不見有法能見所修一切智智，亦不見有如是不見，亦復不見有法能斷一切煩惱習氣相續。善現！諸菩薩摩訶薩於一切法以無所得而為方便，應行般若波羅蜜多。

⑥眾魔憂愁，天人阿修羅等無能壞

善現！若時菩薩摩訶薩於一切法，以無所得而為方便修行般若波羅蜜多，是時惡魔生大愁苦，煩冤荼毒如箭入心。譬如有人父母卒喪，身心楚痛，惡魔亦爾。」

於是善現白言：

「世尊！為一惡魔見諸菩薩摩訶薩眾於一切法，以無所得而為方便修行般若波羅蜜多，生大愁苦，煩冤荼毒如箭入心？為遍三千大千世界一切惡魔皆亦如是？」

佛告善現：

「遍滿三千大千世界一切惡魔皆亦如是，各於本座不能自安。善現！諸菩薩摩訶薩應常安住甚深般若波羅蜜多微妙行住，若菩薩摩訶薩能如是住，世間天、人、阿素洛等伺求其短終不能得，亦復不能惱亂障礙。是故，善現！若菩薩摩訶薩欲得無上正等菩提，當勤安住甚深般若波羅蜜多微妙行住。*27

3.見道頂加行之自性

46.9 見道頂加行之自性

布施等一一度中，皆能互攝六度，以一剎那苦法智忍所攝之無間道，彼頂加行即此中之見道故。言「此中見道」者，表示頂加行品中，由一一度互攝六度而顯見道，諸餘品中則以餘相而明見道也。

(1)以一切智智相應心修般若，能具足六波羅蜜

「善現！若菩薩摩訶薩能正安住甚深般若波羅蜜多微妙行住，則能修滿布施、淨戒、安忍、精進、靜慮、般若波羅蜜多，若菩薩摩訶薩能正修行甚深般若波羅蜜多，便能具足修滿一切波羅蜜多。」

(CBETA, T07, no. 220, pp. 315a⁵–316b²⁹)

sher phyin: v.028, pp. 160⁰⁷–171⁰⁴ 《合論》: v.051, pp. 246¹²–257¹⁷

卷 458〈無盡品 66〉：

「具壽善現白言：「世尊！云何菩薩摩訶薩能正修行甚深般若波羅蜜多，
　便能修滿布施、淨戒、安忍、精進、靜慮、般若波羅蜜多？」

佛告善現：

「若菩薩摩訶薩無倒修行甚深般若波羅蜜多時，以一切智智相應之心而行
　布施，復持如是布施功德，與諸有情同共迴向一切智智。善現！是為菩
　薩摩訶薩能正修行甚深般若波羅蜜多，修滿布施波羅蜜多。若菩薩摩訶
　薩無倒修行甚深般若波羅蜜多時，以一切智智相應之心而行淨戒、安
　忍、精進、靜慮、般若，復持如是淨戒、安忍、精進、靜慮、般若功德，
　與諸有情同共迴向一切智智。善現！是為菩薩摩訶薩能正修行甚深般若
　波羅蜜多，修滿淨戒、安忍、精進、靜慮、般若波羅蜜多。如是，善現！
　諸菩薩摩訶薩能正修行甚深般若波羅蜜多，便能修滿布施、淨戒、安忍、
　精進、靜慮、般若波羅蜜多。」*28

(CBETA, T07, no. 220, p. 316b^{29}–c^{16})

sher phyin: v.028, pp.171^{04}–173^{04} 《合論》：v.051, pp. 257^{18}–259^{07}

(2)布施攝餘五度

(46.9.1)安住布施波羅蜜多

①布施攝戒

(I)安住布施波羅蜜多攝取淨戒波羅蜜多

卷 459〈相攝品 67〉：第二分相攝品第六十七

爾時，具壽善現白佛言：

「世尊！云何菩薩摩訶薩安住布施波羅蜜多攝取淨戒、安忍、精進、靜
　慮、般若波羅蜜多？」

佛告善現：

「若菩薩摩訶薩以無貪著、無慳悋心修行布施，持此布施與諸有情同共
　迴向一切智智，於諸有情住慈身業、語業、意業，離諸罪犯。善現！
　是為菩薩摩訶薩安住布施波羅蜜多攝取淨戒波羅蜜多。」

(CBETA, T07, no. 220, pp. 316c^{24}–p. 317a^{3})

sher phyin: v.028, pp. 173$^{04-13}$ 《合論》：v.051, pp. 259^{08}–260^{01}

②布施攝忍

(II)安住布施波羅蜜多攝取安忍波羅蜜多

卷 459〈相攝品 67〉：

「善現！若菩薩摩訶薩以無貪著、無慳悋心修行布施，持此布施與諸有

情同共迴向一切智智，若有受者餘惡有情非理毀罵、嫌害、凌辱，菩薩於彼不生變異瞋忿害心、身、語加報，唯起憐愍慈悲之心，以善愛言慚愧遜謝。善現！是為菩薩摩訶薩安住布施波羅蜜多攝取安忍波羅蜜多。」

(CBETA, T07, no. 220, p. 317a$^{3-9}$)

sher phyin: v.028, pp. 173$^{13-21}$ 《合論》: v.051, pp. 260$^{01-13}$

③布施攝勤

(III)安住布施波羅蜜多攝取精進波羅蜜多

卷 459〈相攝品 67〉：

「善現！若菩薩摩訶薩以無貪著、無慳悋心修行布施，持此布施與諸有情同共迴向一切智智，設有受者餘惡有情，非理毀罵、嫌害、凌辱，菩薩爾時便作是念：『諸有造作如是類業，還自感得如是類果，我今不應計彼所作，廢修自業。』復作是念：『我應於彼及餘有情，捨心施心倍更增長，無所顧惜。』作是念已，發起增上身心精進，常行惠捨。善現！是為菩薩摩訶薩安住布施波羅蜜多攝取精進波羅蜜多。」

(CBETA, T07, no. 220, p. 317a$^{9-19}$)

sher phyin: v.028, pp. 173^{21}–174^{11} 《合論》: v.051, pp. 260^{13}–261^{08}

④布施攝禪

(IV)安住布施波羅蜜多攝取靜慮波羅蜜多

卷 459〈相攝品 67〉：

「善現！若菩薩摩訶薩以無貪著、無慳悋心修行布施，持此布施與諸有情同共迴向一切智智，於諸受者及餘境界心無散亂，不求諸欲三界二乘，唯求佛果。善現！是為菩薩摩訶薩安住布施波羅蜜多攝取靜慮波羅蜜多。」

(CBETA, T07, no. 220, p. 317a$^{19-24}$)

sher phyin: v.028, pp. 174$^{11-19}$ 《合論》: v.051, pp. 261$^{08-18}$

⑤布施攝慧

(V)安住布施波羅蜜多攝取般若波羅蜜多

卷 459〈相攝品 67〉：

「善現！若菩薩摩訶薩以無貪著、無慳悋心修行布施，持此布施與諸有情同共迴向一切智智，觀諸受者、施者、施物皆如幻事，不見此施於諸有情有益有損，達一切法勝義空故。善現！是為菩薩摩訶薩安住布施波羅蜜多攝取般若波羅蜜多。」*29 (CBETA, T07, no. 220, p. 317a$^{24-29}$)

sher phyin: v.028, pp. 174¹⁹–175⁰⁷ 《合論》: v.051, pp. 261¹⁹–262¹⁰

(3)淨戒攝餘五度

(46.9.2)安住淨戒波羅蜜多

卷 459〈相攝品 67〉：

「具壽善現復白佛言：「世尊！云何菩薩摩訶薩安住淨戒波羅蜜多攝取布施、安忍、精進、靜慮、般若波羅蜜多？」(CBETA, T07, no. 220, p. 317a²⁹–b³)

①淨戒攝施

(I)安住淨戒波羅蜜多攝取布施波羅蜜多

卷 459〈相攝品 67〉：「佛告善現：

「若菩薩摩訶薩安住淨戒波羅蜜多，造身、語、心三種福業，由斯福業離斷生命乃至邪見，不求聲聞、獨覺乘等，唯求無上正等菩提。菩薩爾時安住淨戒，廣行布施隨諸有情所須之物盡皆施與，復持如是布施善根，與諸有情同共迴向一切智智，不求聲聞、獨覺等果。善現！是為菩薩摩訶薩安住淨戒波羅蜜多攝取布施波羅蜜多。」

(CBETA, T07, no. 220, p. 317b^{3–11})

sher phyin: v.028, pp. 175⁰⁹–176¹³ 《合論》: v.051, pp. 262¹¹–263¹⁴

②淨戒攝忍

(II)安住淨戒波羅蜜多攝取安忍波羅蜜多

卷 459〈相攝品 67〉：

「善現！若菩薩摩訶薩安住淨戒波羅蜜多，若諸有情競來分割菩薩支體，各取持去，菩薩於彼不生一念忿恨之心，但作是念：『我今獲得廣大善利，謂捨臭穢危脆之身，得佛清淨金剛之身。』善現！是為菩薩摩訶薩安住淨戒波羅蜜多攝取安忍波羅蜜多。」

(CBETA, T07, no. 220, p. 317, b^{11–17})

sher phyin: v.028, pp. 176¹³–177⁰⁵ 《合論》: v.051, pp. 263¹⁴–264¹²

③淨戒攝勤

(III)安住淨戒波羅蜜多攝取精進波羅蜜多

卷 459〈相攝品 67〉：

「善現！若菩薩摩訶薩安住淨戒波羅蜜多，身心精進恒無間斷，著大悲甲發弘誓言：『一切有情沈溺可畏暴惡難出生死苦海，我當拔置不死界中。』善現！是為菩薩摩訶薩安住淨戒波羅蜜多攝取精進波羅蜜多。」

(CBETA, T07, no. 220, p. 317b^{17–21})

sher phyin: v.028, pp. 177[06–17] 《合論》: v.051, pp. 264[12]–265[03]

④淨戒攝禪

(IV)安住淨戒波羅蜜多攝取靜慮波羅蜜多

卷 459〈相攝品 67〉：

「善現！若菩薩摩訶薩安住淨戒波羅蜜多，雖入四靜慮或四無量、四無色定、或滅盡定，而不墮聲聞、獨覺等地，亦不證實際，隨本願力作是念言：『一切有情沈溺可畏暴惡難出生死苦海，我今既住清淨尸羅，方便引發清淨靜慮，定當拔置不死界中。』善現！是為菩薩摩訶薩安住淨戒波羅蜜多攝取靜慮波羅蜜多。」(CBETA, T07, no. 220, p. 317, b[21–29])

sher phyin: v.028, pp. 177[18]–178[08] 《合論》: v.051, pp. 265[03–19]

⑤淨戒攝慧

(V)安住淨戒波羅蜜多攝取般若波羅蜜多

卷 459〈相攝品 67〉：

「善現！若菩薩摩訶薩安住淨戒波羅蜜多，不見有法若善若非善、若有記若無記、若有漏若無漏、若世間若出世間、若有為若無為、若墮有數若墮無數、若墮有相若墮無相，唯觀諸法不離真如，廣說乃至不思議界，此真如等亦不可得，由此般若波羅蜜多方便善巧，不墮聲聞、獨覺等地，唯求無上正等菩提。善現！是為菩薩摩訶薩安住淨戒波羅蜜多攝取般若波羅蜜多。」*30

(CBETA, T07, no. 220, p. 317b[29]–c[8])

sher phyin: v.028, pp. 178[08]–179[01] 《合論》: v.051, pp. 265[19]–266[16]

(4)安忍攝餘五度

(46.9.3)安住安忍波羅蜜多

卷 459〈相攝品 67〉：

「具壽善現復白佛言：「世尊！云何菩薩摩訶薩安住安忍波羅蜜多攝取布施、淨戒、精進、靜慮、般若波羅蜜多？」(CBETA, T07, no. 220, p. 317c[9–11])

①安忍攝施

(I)安住安忍波羅蜜多攝取布施波羅蜜多

❶忍有情瞋害，隨有情所須皆與之

卷 459〈相攝品 67〉：「佛告善現：

「若菩薩摩訶薩安住安忍波羅蜜多，從初發心乃至安坐妙菩提座，於其中間設有種種有情之類，非理毀罵、嫌害、凌辱，乃至分割支節持去，菩薩爾時都無瞋恨，但作是念：『此諸有情深可憐愍，煩惱

鬼病擾亂身心不得自在，無依無護貧苦所逼，我當施彼隨意所須飲食、衣服及餘種種財寶、資具，令無匱乏。』

❷迴向一切智智

復持如是布施善根，以無所得而為方便，與諸有情同共迴向一切智智，於迴向時無二心轉，謂誰迴向？何所迴向？善現！是為菩薩摩訶薩安住安忍波羅蜜多攝取布施波羅蜜多。」

(CBETA, T07, no. 220, p. 317c$^{11-22}$)

sher phyin: v.028, pp. 179^{01}–180^{01} 《合論》: v.051, pp. 266^{17}–267^{17}

②安忍攝戒

(II)安住安忍波羅蜜多攝取淨戒波羅蜜多

❶不行十不善道，不貪二乘地

卷 459〈相攝品 67〉：

「善現！若菩薩摩訶薩安住安忍波羅蜜多，從初發心乃至安坐妙菩提座，於其中間，設極為救自命因緣，於諸有情終不損害，乃至不起諸惡邪見。菩薩如是修淨戒時，不求聲聞、獨覺等地。

❷迴向一切智智

復持如是淨戒善根，以無所得而為方便，與諸有情同共迴向一切智智，於迴向時無二心轉，謂誰迴向？何所迴向？善現！是為菩薩摩訶薩安住安忍波羅蜜多攝取淨戒波羅蜜多。」

(CBETA, T07, no. 220, p. 317c^{22}–p. 318a^{2})

sher phyin: v.028, pp. 180$^{01-17}$ 《合論》: v.051, pp. 267^{17}–268^{11}

③安忍攝勤

(III)安住安忍波羅蜜多攝取精進波羅蜜多

卷 459〈相攝品 67〉：

「善現！若菩薩摩訶薩安住安忍波羅蜜多，發起勇猛增上精進，常作是念：『若一有情在一踰繕那外，或十、或百乃至無量踰繕那外，或在一世界外，或十、或百乃至無量諸世界外，應可度者我必當往方便教化，令其受持或八學處、或五、或十、或具學處，或令安住淨觀、種姓、第八、預流、一來、不還、阿羅漢果、獨覺菩提，或令安住諸菩薩地，乃至無上正等菩提，尚不辭勞，況為教化無量無數無邊有情，皆令獲得利益安樂而當懈倦！』復持如是精進善根，以無所得而為方便，與諸有情同共迴向一切智智，於迴向時無二心轉，謂誰迴向？何所迴向？善現！是為菩薩摩訶薩安住安忍波羅蜜多攝取精進波羅蜜

多。」(學處 śikṣāpada 指出家眾應學之一切行事準則(戒條等)之總稱。)

(CBETA, T07, no. 220, p. 318a²⁻¹⁵)

sher phyin:　v.028, pp. 180¹⁷–181¹⁴　《合論》: v.051, pp. 268¹¹–269¹⁰

④安忍攝禪

(IV)安住安忍波羅蜜多攝取靜慮波羅蜜多

卷 459〈相攝品 67〉：

「善現！若菩薩摩訶薩安住安忍波羅蜜多，攝心不亂、離欲惡不善法，有尋有伺，離生喜樂，入初靜慮，廣說乃至入滅想受定；是諸定中隨所生起心、心所法及諸善根一切合集，以無所得而為方便，與諸有情同共迴向一切智智，於迴向時無二心轉，謂誰迴向？何所迴向？善現！是為菩薩摩訶薩安住安忍波羅蜜多攝取靜慮波羅蜜多。」

(CBETA, T07, no. 220, p. 318a¹⁶⁻²³)

sher phyin:　v.028, pp. 181¹⁴–182⁰⁹　《合論》: v.051, pp. 269¹⁰–270⁰⁵

⑤安忍攝慧

(V)安住安忍波羅蜜多攝取般若波羅蜜多

卷 459〈相攝品 67〉：

「善現！若菩薩摩訶薩安住安忍波羅蜜多，於諸法中住循法觀，雖以遠離行相，或以寂靜行相，或以無盡行相、或以永滅行相觀一切法，而於寂靜能不作證，乃至能坐妙菩提座，證得無上正等菩提，從此座起轉妙法輪，利益安樂諸有情眾。復持如是妙慧善根，以無所得而為方便，與諸有情同共迴向一切智智。於迴向時無二心轉，謂誰迴向？何所迴向？善現！是為菩薩摩訶薩安住安忍波羅蜜多攝取般若波羅蜜多。」*31

(CBETA, T07, no. 220, p. 318a²³–b⁴)

sher phyin:　v.028, p. 182⁰⁹⁻²¹　《合論》: v.051, p. 270⁰⁵⁻²¹

(5)精進攝餘五度

(46.9.4)安住精進波羅蜜多

卷 459〈相攝品 67〉：

「具壽善現復白佛言：「世尊！云何菩薩摩訶薩安住精進波羅蜜多攝取布施、淨戒、安忍、靜慮、般若波羅蜜多？」(CBETA, T07, no. 220, p. 318b⁴⁻⁶)

①精進攝施

(I)安住精進波羅蜜多攝取布施波羅蜜多

卷 459〈相攝品 67〉：

「佛告善現：「若菩薩摩訶薩安住精進波羅蜜多，身心精進曾無懈怠，求諸善法亦無厭倦，每作是念：『我必應得一切智智，不應不得。』是菩薩摩訶薩為欲利樂一切有情，常發誓願：『若一有情在一踰繕那外，或十、或百乃至無量踰繕那外；或在一世界外，或十、或百乃至無量諸世界外，應可度者我必當往方便教化，或令住聲聞乘，或令住獨覺乘，或令住無上乘，或令受行十善業道。如是皆以法施、財施而充足之，方便引攝。』復持如是布施善根，以無所得而為方便，與諸有情同共迴向一切智智，於迴向時無二心轉，謂誰迴向？何所迴向？善現！是為菩薩摩訶薩安住精進波羅蜜多攝取布施波羅蜜多。」

(CBETA, T07, no. 220, p. 318b$^{6-20}$)

sher phyin: v.028, pp. 182^{21}–184^{02} 《合論》: v.051, pp. 271^{01}–272^{04}

②精進攝戒

(II)安住精進波羅蜜多攝取淨戒波羅蜜多

❶依四種正行修十善道

卷 459〈相攝品 67〉：

「善現！若菩薩摩訶薩安住精進波羅蜜多，從初發心乃至安坐妙菩提座，自離害生命，亦勸他離害生命，無倒稱揚離害生命法，歡喜讚歎離害生命者；如是乃至自離邪見，亦勸他離邪見，無倒稱揚離邪見法，歡喜讚歎離邪見者。

❷不貪三界福，不證二乘地

是菩薩摩訶薩持此淨戒波羅蜜多，不求三界及二乘果，

❸迴向一切智智

以無所得而為方便，與諸有情同共迴向一切智智，於迴向時無二心轉，謂誰迴向？何所迴向？善現！是為菩薩摩訶薩安住精進波羅蜜多攝取淨戒波羅蜜多。」(CBETA, T07, no. 220, p. 318b^{20}–c^{1})

sher phyin: v.028, pp. 184^{03}–186^{11} 《合論》: v.051, pp. 272^{04}–274^{12}

③精進攝忍

(III)安住精進波羅蜜多攝取安忍波羅蜜多

❶破我顛倒入諸法實相，能忍殘害

卷 459〈相攝品 67〉：

「善現！若菩薩摩訶薩安住精進波羅蜜多，從初發心乃至安坐妙菩提座，於其中間人非人等競來惱觸，或復斫刺、斷割支節，隨意持去，菩薩爾時不作是念：『誰斫刺我？誰斷割我？誰復持去？』但作是

46-66

念：『我今獲得廣大善利，彼諸有情為益我故，來割截我身分支節，然我本為一切有情而受此身，彼來自取己所有物而成我事。』

❷迴向一切智智，不向二乘地

菩薩如是審諦思惟諸法實相而修安忍，持此安忍波羅蜜多，不求聲聞、獨覺等地，以無所得而為方便，與諸有情同共迴向一切智智，於迴向時無二心轉，謂誰迴向？何所迴向？善現！是為菩薩摩訶薩安住精進波羅蜜多攝取安忍波羅蜜多。」

(CBETA, T07, no. 220, p. 318c$^{1-14}$)

sher phyin: v.028, pp. 186^{11}–187^{09} 《合論》：v.051, pp. 274^{12}–275^{11}

④精進攝禪

(IV)安住精進波羅蜜多攝取靜慮波羅蜜多

❶依精進得四禪八定四無量心

卷 459〈相攝品 67〉：

「善現！若菩薩摩訶薩安住精進波羅蜜多，勤修諸定，謂離欲惡不善法，有尋有伺，離生喜樂，入初靜慮，廣說乃至入第四靜慮；於諸有情起與樂想，作意入慈無量，廣說乃至入捨無量；於諸色中起厭麁想，作意入空無邊處定，廣說乃至入滅想受定。

❷不受禪定果報，遊諸佛國，親近諸佛

是菩薩摩訶薩雖修如是靜慮、無量、無色、滅定，而不攝取彼異熟果，但隨有情應可受化，作利樂處而於中生。既生彼已，用四攝事而攝取之，方便安立令於布施乃至般若波羅蜜多精勤修學。是菩薩摩訶薩依諸靜慮起勝神通，從一佛國往一佛國，親近供養諸佛世尊，請問甚深諸法性相，精勤引發殊勝善根。持此善根以無所得而為方便，與諸有情同共迴向一切智智，於迴向時無二心轉，謂誰迴向？何所迴向？善現，是為菩薩摩訶薩安住精進波羅蜜多攝取靜慮波羅蜜多。」

(CBETA, T07, no. 220, pp. 318c^{14}–319a^{2})

sher phyin: v.028, pp. 187^{09}–189^{12} 《合論》：v.051, pp. 275^{11}–277^{18}

⑤精進攝慧

(V)安住精進波羅蜜多攝取般若波羅蜜多

卷 459〈相攝品 67〉：

「善現！若菩薩摩訶薩安住精進波羅蜜多，不見布施波羅蜜多乃至般若波羅蜜多若名、若事、若性、若相，不見四念住乃至八聖道支若名、

若事、若性、若相，不見內空乃至無性自性空若名、若事、若性、若相，不見真如乃至不思議界若名、若事、若性、若相，不見苦、集、滅、道聖諦若名、若事、若性、若相，不見四靜慮、四無量、四無色定若名、若事、若性、若相，不見八解脫乃至十遍處若名、若事、若性、若相，不見淨觀地乃至如來地若名、若事、若性、若相，不見極喜地乃至法雲地若名、若事、若性、若相，不見一切陀羅尼門、三摩地門若名、若事、若性、若相，不見五眼、六神通若名、若事、若性、若相，不見如來十力乃至十八佛不共法若名、若事、若性、若相，不見三十二大士相、八十隨好若名、若事、若性、若相，不見無忘失法、恒住捨性若名、若事、若性、若相，不見一切智、道相智、一切相智若名、若事、若性、若相，不見預流果乃至獨覺菩提若名、若事、若性、若相，不見一切菩薩摩訶薩行若名、若事、若性、若相，不見諸佛無上止等菩提若名、若事、若性、若相，不見一切智智若名、若事、若性、若相，如是乃至不見一切法若名、若事、若性、若相，於諸法中不起想念，無所執著，如說能作。復以如是所集善根，以無所得而為方便，與諸有情同共迴向一切智智，於迴向時無二心轉，謂誰迴向？何所迴向？善現！是為菩薩摩訶薩安住精進波羅蜜多攝取般若波羅蜜多。」」*32　(CBETA, T07, no. 220, p. 319a³–b²)

sher phyin:　v.028, pp. 189¹²–191⁰⁴　《合論》: v.051, pp. 277¹⁸–280¹⁴

(6)靜慮攝餘五度

(46.9.5)安住靜慮波羅蜜多

卷 459〈相攝品 67〉:「具壽善現復白佛言:

「世尊！云何菩薩摩訶薩安住靜慮波羅蜜多攝取布施、淨戒、安忍、精進、般若波羅蜜多？」(CBETA, T07, no. 220, p. 319, b³⁻⁵)

①靜慮攝施

(I)安住靜慮波羅蜜多攝取布施波羅蜜多

❶住定心不亂，以四種正行修財法二施

卷 459〈相攝品 67〉:「佛告善現:

「若菩薩摩訶薩安住靜慮波羅蜜多，於諸有情住財、法施，謂離欲惡不善法，有尋有伺，離生喜樂，入初靜慮，廣說乃至入第四靜慮；於諸有情起與樂想，作意入慈無量，廣說乃至入捨無量；於諸色中起厭麁想，作意入空無邊處定，廣說乃至入滅想受定。是菩薩摩訶薩安住靜慮波羅蜜多，以無亂心，為諸有情宣說正法，行財、法施。

是菩薩摩訶薩常自行財、法施，亦常勸他行財、法施，常無倒稱揚行財法、施法，常歡喜讚歎行財、法施者。

❷迴向一切智智，不向二乘地

持此善根，不求聲聞、獨覺等地，但無所得而為方便，與諸有情同共迴向一切智智，於迴向時無二心轉，謂誰迴向？何所迴向？善現！是為菩薩摩訶薩安住靜慮波羅蜜多攝取布施波羅蜜多。」

(CBETA, T07, no. 220, p. 319b^{5–20})

sher phyin: v.028, pp. 191⁰⁴–192¹³ 《合論》：v.051, pp. 280¹⁵–281⁰⁵

②靜慮攝戒

(II)安住靜慮波羅蜜多攝取淨戒波羅蜜多

❶不生三毒惱他心，但修一切智智相應心

卷 459〈相攝品 67〉：

「善現！若菩薩摩訶薩安住靜慮波羅蜜多，受持淨戒，常不發起貪俱行心、瞋俱行心、癡俱行心、害俱行心、慳俱行心、嫉俱行心及毀淨戒俱行之心，但常發起一切智智俱行作意。

❷迴向一切智智，不向二乘地

復持如是淨戒善根，不求聲聞、獨覺等地，但無所得而為方便，與諸有情同共迴向一切智智，於迴向時無二心轉，謂誰迴向？何所迴向？善現！是為菩薩摩訶薩安住靜慮波羅蜜多攝取淨戒波羅蜜多。」

(CBETA, T07, no. 220, p. 319b^{20–28})

sher phyin: v.028, pp. 192¹³–193⁰⁵ 《合論》：v.051, p. 281^{05–19}

③靜慮攝忍 (觀五蘊無實，念無我，能安忍)

(III)安住靜慮波羅蜜多攝取安忍波羅蜜多

卷 459〈相攝品 67〉：

「善現！若菩薩摩訶薩安住靜慮波羅蜜多，修行安忍，觀色如聚沫，觀受如浮泡，觀想如陽焰，觀行如芭蕉，觀識如幻事。作是觀時，於五取蘊不堅實想，恒現在前，復作是念：『諸法皆空非我、我所，誰能割截？誰受割截？誰能毀罵？誰受毀罵？誰復於中發起瞋恨？色是誰色？受是誰受？想是誰想？行是誰行？識是誰識？』如是菩薩安住靜慮波羅蜜多，審觀法時能具安忍，復持如是所集善根，以無所得而為方便，與諸有情同共迴向一切智智，於迴向時無二心轉，謂誰迴向？何所迴向？善現！是為菩薩摩訶薩安住靜慮波羅蜜多攝取安忍波羅

蜜多。」(CBETA, T07, no. 220, p. 319b²⁸–c¹²)

sher phyin: v.028, pp. 193⁰⁵–194⁰¹ 《合論》: v.051, pp. 281¹⁹–282¹⁹

④靜慮攝勤

(IV)安住靜慮波羅蜜多攝取精進波羅蜜多

❶依定發五通

卷 459〈相攝品 67〉：

「善現！若菩薩摩訶薩安住靜慮波羅蜜多，發勤精進，離欲惡不善法，有尋有伺，離生喜樂，入初靜慮具足住；尋伺寂靜，住內等淨，心一趣性，無尋無伺，定生喜樂，入第二靜慮具足住；離喜住捨，具念正知，領身受樂，聖者於中能說能捨，具念樂住，入第三靜慮具足住；斷樂斷苦，先喜憂沒，不苦不樂，捨念清淨，入第四靜慮具足住。菩薩如是修一切種靜慮、解脫、等持、等至，於中皆能不取其相，發起種種神境智通，能作無邊大神變事。或復發起天耳智通，明了清淨過人天耳，能如實聞十方世界情、非情類種種音聲。或復發起他心智通，能如實知十方世界他有情眾心、心所法。或復發起宿住智通，如實念知十方世界無量有情諸宿住事。或復發起天眼智通，明了清淨過人天眼，能如實見十方世界有情、無情種種色像，乃至業果皆如實知。

❷住五神通，遊諸佛國嚴土熟生

是菩薩摩訶薩安住此五殊勝神通，從一佛國趣一佛國，親近供養諸佛世尊，請問如來甚深法義，廣植無量微妙善根，成熟有情、嚴淨佛土，勤修種種菩薩勝行。

❸迴向一切智智

持此善根不求聲聞、獨覺等地，但無所得而為方便，與諸有情同共迴向一切智智，於迴向時無二心轉，謂誰迴向？何所迴向？善現！是為菩薩摩訶薩安住靜慮波羅蜜多攝取精進波羅蜜多。」

(CBETA, T07, no. 220, pp. 319c¹²–320a⁸)

sher phyin: v.028, pp. 194⁰³–197⁰² 《合論》: v.051, pp. 282²⁰–285¹⁸

⑤靜慮攝慧 (觀諸法實相，常一心相應一切智智行)

(V)安住靜慮波羅蜜多攝取般若波羅蜜多

卷 459〈相攝品 67〉：

「善現！若菩薩摩訶薩安住靜慮波羅蜜多，觀色、受、想、行、識不可得，觀眼處乃至意處不可得，觀色處乃至法處不可得，觀眼界乃至意

界不可得，觀色界乃至法界不可得，觀眼識界乃至意識界不可得，觀眼觸乃至意觸不可得，觀眼觸為緣所生諸受乃至意觸為緣所生諸受不可得，觀地界乃至識界不可得，觀因緣乃至增上緣不可得，觀無明乃至老死不可得，觀布施波羅蜜多乃至般若波羅蜜多不可得，觀內空乃至無性自性空不可得，觀真如乃至不思議界不可得，觀苦、集、滅、道聖諦不可得，觀四念住乃至八聖道支不可得，觀四靜慮、四無量、四無色定不可得，觀八解脫乃至十遍處不可得，觀空、無相、無願解脫門不可得，觀淨觀地乃至如來地不可得，觀極喜地乃至法雲地不可得，觀一切陀羅尼門、三摩地門不可得，觀五眼、六神通不可得，觀如來十力乃至十八佛不共法不可得，觀三十二大士相、八十隨好不可得，觀無忘失法、恒住捨性不可得，觀一切智、道相智、一切相智不可得，觀預流果乃至獨覺菩提不可得，觀一切菩薩摩訶薩行不可得，觀諸佛無上正等菩提不可得，觀一切智智不可得，觀有為界不可得，觀無為界不可得。

「如是菩薩觀一切法不可得故無作，無作故無造，無造故無生，無生故無滅，無滅故無取，無取故畢竟清淨常住無變。所以者何？以一切法若佛出世若不出世，安住法性、法界、法住，無生無滅常無變異。是菩薩摩訶薩心常無亂，恒時安住一切智智相應作意，如實觀察一切法性都無所有。復持如是所集善根，以無所得而為方便，與諸有情同共迴向一切智智，於迴向時無二心轉，謂誰迴向？何所迴向？善現！是為菩薩摩訶薩安住靜慮波羅蜜多攝取般若波羅蜜多。」*33

(CBETA, T07, no. 220, p. 320a[8]–b[14])

sher phyin:　v.028, pp. 197[03]–198[21]　《合論》：v.051, pp. 285[18]–287[21]

(7)般若攝餘五度

(46.9.6)安住般若波羅蜜多

卷 459〈相攝品 67〉：具壽善現復白佛言：

「世尊！云何菩薩摩訶薩安住般若波羅蜜多攝取布施、淨戒、安忍、精進、靜慮波羅蜜多？」(CBETA, T07, no. 220, p. 320, b[15–17])

①般若攝施

(I)安住般若波羅蜜多攝取布施波羅蜜多

❶住於十四空，觀法不可得

卷 459〈相攝品 67〉：佛告善現：

「若菩薩摩訶薩安住般若波羅蜜多，觀一切法空無所有。」

「世尊！云何菩薩摩訶薩安住般若波羅蜜多，觀一切法空無所有？」

「善現！諸菩薩摩訶薩安住般若波羅蜜多，觀內空內空性不可得，外空外空性不可得，內外空內外空性不可得，空空空空性不可得，大空大空性不可得，勝義空勝義空性不可得，有為空有為空性不可得，無為空無為空性不可得，畢竟空畢竟空性不可得，無際空無際空性不可得，散無散空散無散空性不可得，本性空本性空性不可得，自共相空自共相空性不可得，一切法空一切法空性不可得。是菩薩摩訶薩安住如是十四空中，不得色若空若不空，不得受、想、行、識若空若不空，不得眼處乃至意處若空若不空，不得色處乃至法處若空若不空，不得眼界乃至意界若空若不空，不得色界乃至法界若空若不空，不得眼識界乃至意識界若空若不空，不得眼觸乃至意觸若空若不空，不得眼觸為緣所生諸受乃至意觸為緣所生諸受若空若不空，不得地界乃至識界若空若不空，不得因緣乃至增上緣若空若不空，不得無明乃至老死若空若不空，不得布施波羅蜜多乃至般若波羅蜜多若空若不空，不得內空乃至無性自性空若空若不空，不得真如乃至不思議界若空若不空，不得苦、集、滅、道聖諦若空若不空，不得四念住乃至八聖道支若空若不空，不得四靜慮、四無量、四無色定若空若不空，不得八解脫乃至十遍處若空若不空，不得空、無相、無願解脫門若空若不空，不得淨觀地乃至如來地若空若不空，不得極喜地乃至法雲地若空若不空，不得一切陀羅尼門、三摩地門若空若不空，不得五眼、六神通若空若不空，不得如來十力乃至十八佛不共法若空若不空，不得三十二大士相、八十隨好若空若不空，不得無忘失法、恒住捨性若空若不空，不得一切智、道相智、一切相智若空若不空，不得預流果乃至獨覺菩提若空若不空，不得一切菩薩摩訶薩行若空若不空，不得諸佛無上正等菩提若空若不空，不得一切智智若空若不空，不得有為界若空若不空，不得無為界若空若不空。

❷悟三輪體空，不生慳著心

是菩薩摩訶薩安住般若波羅蜜多，於諸有情所有布施若食、若飲，及餘資具皆觀為空。若能施、若所施、若施福、若施果，如是一切亦觀為空。

「菩薩爾時由住空觀，貪著、慳悋無容得起。所以者何？是菩薩摩訶薩修行般若波羅蜜多，從初發心乃至安坐妙菩提座，如是分別皆不

得起。如諸如來、應、正等覺無時暫起著心、慳心，此菩薩摩訶薩亦復如是，行深般若波羅蜜多，著心、慳心皆永不起。當知般若波羅蜜多是諸菩薩摩訶薩師，能令菩薩摩訶薩眾不起一切妄想分別，所行布施皆無染著。是菩薩摩訶薩持此善根，以無所得而為方便，與諸有情同共迴向一切智智，於迴向時無二心轉，謂誰迴向？何所迴向？善現！是為菩薩摩訶薩安住般若波羅蜜多攝取布施波羅蜜多。」

(CBETA, T07, no. 220, pp. 320b¹⁷–321a¹⁷)

sher phyin: v.028, pp. 198²¹–202⁰² 《合論》：v.051, pp. 288⁰¹–291⁰⁶

②般若攝戒

(II)安住般若波羅蜜多攝取淨戒波羅蜜多

❶知諸法不可得，不生二乘心

卷 459〈相攝品 67〉：

「善現！若菩薩摩訶薩安住般若波羅蜜多受持淨戒，一切聲聞、獨覺等心無容得起。所以者何？是菩薩摩訶薩觀諸聲聞、獨覺等地皆不可得，迴向彼心亦不可得，迴向彼地身語律儀亦不可得。

❷依四種正行修十善道，不取著戒相

是菩薩摩訶薩安住般若波羅蜜多，從初發心乃至安坐妙菩提座，於其中間自離斷生命，亦勸他離斷生命，無倒稱揚離斷生命法，歡喜讚歎離斷生命者；如是乃至自離邪見，亦勸他離邪見，無倒稱揚離邪見法，歡喜讚歎離邪見者。是菩薩摩訶薩持此淨戒所生善根，不求三界及二乘法，但無所得而為方便，與諸有情同共迴向一切智智，於迴向時無二心轉，謂誰迴向？何所迴向？善現！是為菩薩摩訶薩安住般若波羅蜜多攝取淨戒波羅蜜多。」

(CBETA, T07, no. 220, p. 321a¹⁷–b³)

sher phyin: v.028, pp. 202⁰²–203⁰³ 《合論》：v.051, pp. 291⁰⁶–292¹¹

③般若攝忍

(III)安住般若波羅蜜多攝取安忍波羅蜜多

❶隨順法忍生，不取定法相

卷 459〈相攝品 67〉：

「善現，若菩薩摩訶薩安住般若波羅蜜多起隨順忍，得此忍已，常作是念：『一切法中無有一法若起若滅、若生若老、若病若死、若能罵者、若受罵者、若能謗者、若受謗者、若能割截、斫刺、打縛、

惱觸、加害,若所割截、斫刺、打縛、惱觸、加害,如是一切性相皆空,不應於中妄想分別。』

❷有情加害,菩薩忍心不動

是菩薩摩訶薩得此忍故,從初發心乃至安坐妙菩提座,於其中間假使一切有情之類,皆來訶毀、誹謗、凌辱,以諸刀杖瓦石塊等,損害打擲割截斫刺,乃至分解身諸支節。爾時菩薩心無變異,但作是念:『深可怪哉!諸法性中都無訶毀、誹謗、凌辱、加害等事,而諸有情妄想分別執為實有,發起種種煩惱惡業,現在當來受諸劇苦。』

是菩薩摩訶薩持此善根,以無所得而為方便,與諸有情同共迴向一切智智,於迴向時無二心轉,謂誰迴向?何所迴向?善現!是為菩薩摩訶薩安住般若波羅蜜多攝取安忍波羅蜜多。」

(CBETA, T07, no. 220, p. 321b$^{3-22}$)

sher phyin: v.028, pp. 203$^{03-18}$ 《合論》: v.051, pp. 292^{11}–293^{10}

④般若攝勤 (教有情行道得果,不住有為性、無為性中)

(IV)安住般若波羅蜜多攝取精進波羅蜜多

卷 459〈相攝品 67〉:

「善現!若菩薩摩訶薩安住般若波羅蜜多,為諸有情宣說正法,令住布施波羅蜜多乃至般若波羅蜜多,或令住四念住乃至八聖道支,或令得預流果乃至阿羅漢果,或令得獨覺菩提,或令得一切智智。是菩薩摩訶薩雖為此事,而不住有為界亦不住無為界,復持如是所集善根,以無所得而為方便,與諸有情同共迴向一切智智,於迴向時無二心轉,謂誰迴向?何所迴向?善現!是為菩薩摩訶薩安住般若波羅蜜多攝取精進波羅蜜多。」

(CBETA, T07, no. 220, p. 321b^{22}-c^3)

sher phyin: v.028, pp. 203^{18}–204^{18} 《合論》: v.051, pp. 293^{10}–294^{15}

⑤般若攝禪 (除佛等持,餘等持隨意入出)

(V)安住般若波羅蜜多攝取靜慮波羅蜜多

❶八解脫、九次第定

卷 459〈相攝品 67〉:

「善現!若菩薩摩訶薩安住般若波羅蜜多,除佛等持,於餘一切聲聞、獨覺、菩薩等持,皆能自在隨意入出。是菩薩摩訶薩安住菩薩自在等持,於八解脫皆能自在順逆入出。何等為八?一者、有色觀諸色解脫。二者、內無色想觀外諸色解脫。三者、淨勝解身作證解

脫。四者、超一切色想滅有對想，不思惟種種想，入無邊空，空無邊處解脫。五者、超一切空無邊處，入無邊識，識無邊處解脫。六者、超一切識無邊處，入無少所有，無所有處解脫。七者、超一切無所有處，入非有想、非無想，非想非非想處解脫。八者、超一切非想、非非想處，入滅想受定，滅想受解脫。是菩薩摩訶薩復能於九次第定，若逆若順自在入出。何等為九？謂四靜慮、四無色定、滅想受定，是名為九。

❷師子奮迅等持

(46.9.7)斷德自在

是菩薩摩訶薩於八解脫、九次第定順逆入出，善成熟已，能入師子奮迅等持。」(CBETA, T07, no. 220, p. 321c$^{3-20}$)

sher phyin: v.028, pp. 204^{19}–207^{21} 《合論》: v.051, pp. 294^{15}–299^{06}

卷 459〈相攝品 67〉：

「云何師子奮迅等持？善現！謂菩薩摩訶薩離欲惡不善法，有尋有伺，離生喜樂，入初靜慮，次第乃至超一切非想非非想處，入滅想受定。復從滅想受定起，還入非想非非想處定，次第乃至入初靜慮，是為師子奮迅等持。*34*35

註解：

*1 略明所取分別

(1)諸法於世諦中有分別，於第一義中畢竟空無分別，如眾河未入海前各有別名，入大海則無分別。初發心者未得無生法忍於諸法有分別，若已得無生法忍則無分別。

(2)諸法雖畢竟空無分別，但有情由顛倒煩惱因緣起身、口、意業，隨業感異熟果報，故有六道差別。

聖者斷三結使顛倒，此斷法即是空無分別。世諦說假名有人得是法名預流果，當知此亦畢竟空。乃至佛、佛道亦如是。

(3)菩薩應如是行無分別般若波羅蜜，行無分別般若波羅蜜得無分別之無上正等菩提，覺一切法無分別性。

*2 行般若時不見堅法、非堅法

行般若者，即是行非堅法(非真實法)，以般若波羅蜜空、無定相、無分別故。乃至一切相智亦如是。堅法審定不變異，可取可著，非堅法不實，即是虛誑妄語。

行者行般若波羅蜜時，先於生死中所皆所者之虛妄有為法尚不可得，何況後觀因緣生之般若波羅蜜非所著法而見可得、菩薩觀一切世間不真實，亦不著是般若波羅蜜。

世諦故說真實，勝義中真實不可得，何況不真實。(非實非不實)

*3 不證實際非難，度有情為難

有情、虛誑假名說，是所著處，於顛倒著處而能不著為難。

平等法無為故，非所著處，於無著處不著，是不為難。

*4 聞空心不驚沒是真行般若波羅蜜

(1)明有情無所有，而能發心披大悲甲欲度有情為難。

若知有情、大悲甲、調伏利樂事皆無所有不可得，而心不驚、不沒，當知是為真行般若。

(2)色等法離(空)故，有情亦離(空)。若有情空，法不空，應有怖畏；若法亦空，則無生怖畏處。

菩薩聞一切法離(空)相，心不驚、不沒，是亦名真行般若。

菩薩若聞有情空不驚沒，聞法空不驚沒，即是真行般若波羅蜜。

(3)諸法畢竟空、無所有，無所有故自相離，離相常寂滅，常寂滅故無憶想分別，是故心不驚不沒，一切法能沒、所沒、沒時、沒處、沒者，由此沒皆不可得故。能如是行，是真行般若波羅蜜。

*5 魔不能壞因緣

(1)觀一切法空，不捨一切有情

菩薩兼具二心：

①悲心：憐愍有情，誓願欲度。但不著有情，不取有情相，憐愍有情，引導入空，故雖行憐愍而不妨空。

②空心：觀一切法空，行空而不取空相，空亦空故不著空，故不妨憐愍有情。

若但有悲心無智慧，則心沒在實無有情而有有情之顛倒中，如但有月無日，萬物濕壞。

若但有空心，捨憐愍有情心，則墮斷滅中，如但有日無月，則萬物燋爛。

必須悲心、空心兼用，如日月和合，萬物成熟，則魔不能壞。

(2)所作如所說，為諸佛所護念

　　①所作如所說

　　　若菩薩不如所說行，喜生惡心、生惡業則墮惡道。五種執金剛神捨離妄語人，不復守護，則惡魔得便。

　　②諸佛所護念

　　　若菩薩不為諸佛所護念，則善根朽壞，如魚子不為母魚所護則爛壞不生。

　　若能成就此二，則不為魔所壞。

*6 佛所稱歎菩薩之勝德

　(1)德行勝

　　有菩薩如不動佛為菩薩時所行而學，已得安住不退轉地，或有菩薩如寶幢菩薩、頂髻菩薩等所行而學，雖未受記而精勤行般若波羅蜜者。

　(2)智慧力勝

　　菩薩未得無生法忍、未入菩薩位，行般若波羅蜜力，常思惟籌量，求諸法實相，能信解無生性、空性、寂靜性、遠離性、虛妄性、無所有性、不自在性、不堅實性等。此等為無常、苦、空、無我門攝，或空、無相、無願門攝。雖未得無生法忍，已出柔順法忍，出凡夫法未入聖法，而能信受聖法，似得聖法之人。

　(3)信根力勝

　　菩薩聞如是甚深般若波羅蜜，無疑無惑、不迷不謬、深生信解、不生誹謗。

　　此等菩薩皆為十方諸佛所歡喜稱揚讚歎其名字、種性及諸功德。

*7 法離真如不可得，真如亦空

　　菩薩安住真如(安住畢竟空)中精勤修，速當安住不退轉地，疾證無上菩提。

　　諸法真如，生、滅、住異不可得，若法無此三相，即是畢竟空，云何可住？

　　法離真如不可得，則誰修行？誰住不退轉地？誰證菩提？誰轉法輪度有情？

*8 非即心、離心如幻能證菩提

　　問：諸法如幻，云何以如幻心能證菩提？

　　答：佛反問，善現作答。

　　(1)汝見如幻心不？

　　　不也。心若如幻(空)，云何可見？若可見，則非空(如幻)。

　　(2)若無幻、無如幻心，汝見更有心能證菩提？

　　　不也。不見有無幻、無幻心，更有心能證菩提。

　　(3)離幻、如幻心外，汝見更有法能證菩提？

　　　不也。不見離幻、如幻心外，更有餘法能證菩提。

*9 諸法畢竟離

　(1)諸法畢竟離

　　諸法畢竟離故、畢竟空故，不墮有、無，若法不墮有無，不應得無上道。

　　若法畢竟離，則不可見、不可修、不可斷、不可證，行是法更無所得，畢竟離故。

　(2)諸法畢竟離，由何得道？

問：云何以畢竟離之般若波羅蜜，得證畢竟離之無上菩提？

答：若般若波羅蜜畢竟離，無上菩提畢竟離，以是因緣故可得。

若一法定有相非空者，則是常法，是不生相(從未來至現在，從現在至過去)；

若無實生相，則無滅相；若無生滅，則無四諦；若無四諦，則無法寶，法寶無亦無無上菩提；

若無法寶，則無佛寶，則無三寶；若無三寶，則無一切法，有如是等過罪。

若畢竟離相，則通達無礙。若說畢竟離，當知亦離空，不離空不名畢竟離。

故說：「般若波羅蜜畢竟離故，能得無上菩提。」

此中雖不離般若波羅蜜得無上菩提，亦不說以遠離法能證遠離法。

*10 成就方便力

(1)在[相攝品]67(46,9)，明菩薩於一波羅蜜中能具足諸波羅蜜，而於此[巧便品]68(46,4)則說明之所以然者，是由菩薩之善巧方便故。

(2)以四事明方便：

①就人辨

菩薩為方便之人，般若為方便之法。此問發心幾時、供養多少佛、發心時節、圓滿修學六度之善根。(成就巧便力之往昔因緣)

②就方便妙用辨：般若、方便能導成萬行至無上菩提，如同日月利益眾行。

③就因果方便辨：為有情勤修布施乃至般若波羅蜜多巧便勝行，趣證無上菩提，脫有情生死苦。

④就通達二諦方便辨

就實義，波羅蜜及諸法無差別，依世俗則有勝劣差別。為欲度脫有情世俗生老病死，施設布施乃至般若波羅蜜，然諸有情生老病死皆非實有。

*11 諸法畢竟空，菩薩以方便力為有情行六度

諸法自性皆空，云何修行六波羅蜜能得無上菩提？

「諸法雖畢竟空，有情心顛倒不能自脫，我若不修巧便勝行，不能拔濟生死苦。」

此中巧便勝行，謂金色身、三十二相、八十種好，無量光明，神通變化，梵音說法，色身，十力，四無所畏，十八不共法，無礙解脫、一切相智、大慈大悲等。

具足無量諸佛法，然後能教化有情，有情必能信受。

「由此因緣，雖知諸法無實相用，自性皆空，諸菩薩為有情勤修六波羅蜜多，常無懈倦，求證無上正等菩提。」

*12 諸波羅蜜中，般若最上最勝

(1)諸波羅蜜畢竟空無差別，云何般若波羅蜜最勝？(依未得聖道之空)

若無般若波羅蜜，諸波羅蜜畢竟空無差別，誰能知者？五法云何得波羅蜜名？

五波羅蜜未入般若時，有差別；既入般若，則無差別。如種種色身差別，到妙高山(須彌山)邊皆同一色。前五波羅蜜為般若波羅蜜所攝受，依止般若波羅蜜，方得趣入一切智智，乃得名為到彼岸，是故六波羅蜜皆同一味，性無差別皆由般若力故。

(2)隨實義無分別，云何般若波羅蜜最勝？(依已得聖道之空)

　世人不可但說諸法實相，聞而迷悶生疑悔，是故以勝義為心，用世俗語言為說，是故說分別有諸波羅蜜教化有情。有情實無有法，皆是空、不生不死、不退不起、色等法亦如是。般若波羅蜜雖空，能示如是事故，說為最上最勝。

*13 不取不捨

(1)般若最勝

　諸法雖空，若無般若以無所得為方便普攝一切善法，則不能和合趣入一切智智，故以般若為勝。(善法指五波羅蜜、三十七菩提分、大慈大悲等。)

(2)般若於諸法無取無捨

　般若於諸法無取捨，以諸法(色乃至無上菩提)從因緣生，虛誑無自性，皆不可取不可捨故。

　①不思惟諸法

　　般若波羅蜜於諸法不思惟一切相，亦不思惟一切所緣，是故不思惟諸法。

　②於諸法無取無捨

　　般若不思惟諸法，是故於諸法無取無捨。

(3)能證無上菩提

　菩薩不思惟諸法(色乃至一切智智)，便能增長所種善根，因而能圓滿波羅蜜多，便能證得所求無上菩提。

*14 不念不著

以有情憶念(思惟)諸法，取相著心故善根不得增長，如穀種雖好，雜草多故不能增長。由憶念諸法故，有情生三界善不善處，若無憶念則不著，不著則不生。若能滅諸法中之憶念，即是空、無相、無作解脫門，解脫即是諸法實相。

*15 不著不住

菩薩修學般若，於一切法無執著故，不應住色乃至一切智智。

菩薩不見有法可著、可住，不見著者、住者。

不取相故不著，不著故則不住，於色等一切法中不住，乃至不住中亦不住。

*16 明學般若之失

(1)著人法空之過失 (著空)

　菩薩住人空、法空，作是念：「若能如是無所執著無所安住修行，是修是行般若波羅蜜，我能如是修、如是行。」若如是取相執著，則遠離般若波羅蜜；若遠離般若波羅蜜，則遠離布施波羅蜜乃至遠離一切智智。以般若波羅蜜不著相，無有著處、亦無著者，無自性故。

(2)著般若無性之過失 (著空空)

　若以破空得般若，而著般若無性，則為退失，失故不得受記。

(3)著菩薩道之過失 (著無取法)

　①若作是念：「住般若中能生布施波羅蜜等」，是過失。

　②作是念：「能不著空、不著無性而行是功德、是真道。」亦是過失，以有所求故。

　③若失般若，則不能行布施等波羅蜜及大慈大悲等善法。般若與無上菩提相似，餘諸善法不相似，以其取相著故。

(4)著佛道、起佛見之過失 (著無取法)

　　諸佛於法無知、無覺、無說、無示，於諸法無所得亦不取相，以諸佛法寂滅相，無諸戲論，
　　一切語言道斷故。

　　若菩薩以求空失，無性亦失，但隨佛言，不自分別，而亦為他開示：「不取一切相是佛法。」
　　則亦失般若波羅蜜。

*17 明學般若之得

(1)念諸法無所有、不可取、不可得，是行般若

　　問：若空有失、空空有失、無取法亦有失，然不可無道，云何行者得無過失？

　　答：若菩薩知畢竟空、無所有、不可取，是法不可得知，如是行者無失。

　　　　①有失之行

　　　　　菩薩雖捨著心，無三種過失：❶著畢竟空；❷著無性；❸著菩薩所得道。

　　　　　但猶著佛所行：「如佛所行，必是真道，我但當隨佛行。」則仍為過失，以一切法無所
　　　　　有、不取相故。

　　　　②無過之行

　　　　　如是法相，佛亦無所得，故不應貪貴佛、輕賤餘人，於一切有情其心平等。

(2)於諸法不著自相，則生般若等法

　　問：般若波羅蜜遠離或不遠離般若波羅蜜？

　　　　若般若波羅蜜遠離或不遠離般若波羅蜜，菩薩云何得(生)般若波羅蜜？

　　答：般若於般若非遠離、非不遠離，故能生般若波羅蜜，以非即自性、非離自性，而能生自
　　　　性。清淨般若離自相不著，無有過失。不離自相是即有相著法。

　　　　①明一切法不生，則生般若

　　　　　若菩薩於一切法不生，是名能行般若。

　　　　　❶破人法著

　　　　　　若於諸法無所執著，謂此是法(法)，此法屬誰(人)，便能引發(生)般若波羅蜜乃至引發(生)
　　　　　　一切智智。

　　　　　❷破顛倒見

　　　　　　菩薩行般若時，不觀色(等法)若常若無常、若樂若苦、若我若無我、若淨若不淨、若寂
　　　　　　靜若不寂靜、若遠離若不遠離。於如是法不觀故，便能引發(生)般若波羅蜜乃至引發(生)
　　　　　　一切智智。

　　　　②因由

　　　　　何以故？自性不能生自性故。(性不能生性，無性不能生無性。)

　　　　③行之得

　　　　　菩薩行般若波羅蜜時，若如是觀色乃至觀一切智智，能生般若波羅蜜乃至能生一切智智。

*18 以喻顯般若最勝

(1)四軍隨轉輪王喻

　　諸波羅蜜及餘諸菩提分法，皆隨般若波羅蜜行、皆隨究竟至於一切智智。如四軍皆隨轉輪王
　　所行及所至。

(2)善御駕馭喻

　　般若波羅蜜善御諸波羅蜜及餘諸菩提分法，避生死涅槃險路，行於自利利他正道，至本所求一切智智，如善御駕馭，不失平道。

*19 善現善說空，行空時觀諸法及行者不可得

(1)善現善說空

　　善現以空解脫門入道，亦以此門教化有情。

　　善現好樂說空、善巧說空，有所說皆依空、無相、無願，四念住乃至無上菩提皆和合畢竟空說。

(2)諸法及行者皆不可得

　　行(住)空時，觀諸法及行法者皆不可得。

　　於一切法住遠離行、寂靜行、無所有行、無所得行、空行、無相行、無願行。

*20 菩薩般若行功德殊勝

(1)菩薩般若行勝善現空行

　　①三乘同入諸法實相，但智慧利鈍有別、無明盡不盡有別。

　　②嚴土熟生悲願有別。

　　③就境智論分量有別。(若渴者飲河，不過自足；器有量，非河水有量。)

(2)菩薩學般若空行

　　①行空不取空相，過二乘地；　　　　②得無生法忍入菩薩位；

　　③入菩薩位，具足佛法；　　　　　　④菩薩道具足，當得一切智智；

　　⑤得一切智智故名如來，斷一切煩惱習氣。

　　此等皆以空行為根本。

*21 從人中或覩史多天來能行般若

(1)三惡道罪苦多，故不行般若；欲界天著淨妙五欲，心則狂惑不能行；色界天深著禪定味不能行；無色界無形故不能行；鬼神道眼根等利，諸煩惱覆心，不能專行般若。

(2)人中，苦差三惡道，樂不如諸天，眼等根濁重，身多地種，故能制苦樂意而行般若。兜率天一生補處，常聞般若，五欲雖多，法力勝。從此二處來，能行般若。

*22 欲以三乘得解脫當行六度

　　於佛福田中種善根，雖不虛誑，但欲得三乘入涅槃，要於般若波羅蜜善達無礙，了了行六波羅蜜乃至一切相智，方得疾得佛道，不久受生死苦。

*23 般若無所著

(1)無所著行般若

　　①證諸法空，而不著是法空。

　　②諸法空寂，非眼等所行境。(法法住自相：法法不相見、法法不相知。)

　　　如佛現出神足通，令眾見不動如來法會，佛收攝神足通，眾皆不見不動如來。彼不動如來國土，非此土眼所行境界。

　　　(肉眼、天眼所見，皆是作法、虛誑不實；慧眼、法眼、佛眼，皆是無相無為法，故不可見、不可知。)

③無作等亦如是。

　　諸法無能行者，無能見者，無能知者，無能證者，無動無作。

　　以一切法皆如虛空，無有作用，遠離能取所取故；

　　　一切法不可思議，遠離所能思議性故；

　　　一切法如幻等，眾緣和合相似有故；

　　　一切法無作者、受者，妄現似有無堅實故。

　　若能如是行、如是見、如是知、如是證，是行般若波羅蜜多，不著諸法相。

(2)諸法雖是不可思議相，而以利益有情故讚歎。佛所付囑，但以大慈悲故讚如是般若，而無所
著。

*24 般若無量

　般若波羅蜜是非有量法。

(1)般若波羅蜜性無盡、性遠離、性寂靜。

　性離故，從本以來不生不集，不生不集故不盡不滅。

　過去諸佛皆學般若波羅蜜得度，用此般若波羅蜜度無量眾，皆共入無餘涅槃，般若波羅蜜
故不盡；未來、現在亦如是。故般若波羅蜜不盡，已不盡、今不盡、當不盡。

(2)欲盡般若波羅蜜，如欲盡虛空。般若波羅蜜不可盡，乃至布施波羅蜜不可盡，如是乃至一切
智智亦不可盡，已不盡、今不盡、當不盡。

　何以故？是一切法皆無生；若法無生，云何有盡？

(3)般若不盡故說無量。佛知般若是真無量，為名句文身有量故付囑慶喜。如人以香油瓶付囑弟
子，雖不惜瓶，為受持香油故付囑，名句文能持般若義亦如是，若失名句文，則義不可得。

*25 般若無盡、甚深

(1)般若甚深、菩提甚深

　佛說般若波羅蜜種種相：初說「畢竟空相」(P.46.34)，中說「付囑」似有相(P.46.36)，後還說
空，所謂般若無量義。(P.46.40)

　善現作是念：「般若波羅蜜甚深，諸佛無上菩提甚深。」

　①佛說菩提少分，但為破有情顛倒故。不具足說，所以者何？無能受者故。

　②若人取「如」相，佛言：「如亦空，無生住滅故；若法無生住滅，即是無。」

　③若有取畢竟空者，亦言非也。何以故？若畢竟空是定相可取，是非畢竟空。

　故言「甚深」。

(2)無盡故甚深

　善現問：「般若波羅蜜及無上菩提俱最甚深，以不可盡故。何緣此二說為無盡？」

(3)般若無有盡

　佛答：「甚深般若波羅蜜及佛無上菩提，皆如虛空不可盡故，說為無盡。」

　三世諸佛皆學般若波羅蜜，證得無上菩提，為有情開示，此般若波羅蜜常無有盡(非已盡、非
今盡、非當盡)。所以者何？甚深般若譬如虛空不可盡故。(P.46.41)(如虛空，無有法，但有名
字，無所有故不可盡。)

*26 引發(生)般若波羅蜜

般若波羅蜜若如虛空無所有故不可盡，云何菩薩能生般若波羅蜜？(云何心中生能行、能得？)

(1)觀法無盡，生般若波羅蜜

　①色生不可得如幻

　　❶生相不可得

　　　即色生色不可得，離色生色不可得。

　　　生不可得，生生不可得。

　　❷法不可得

　　　生不可得故，色亦不可得；色不可得故，色生不可得。

　　　二法(能相、所相)不可得故，色如幻如夢，但誑人眼。

　　　若色有生必有盡，以無生故亦無盡。(色體無故無盡)

　②色實相即般若相

　　色真相即是般若波羅蜜相。故說「色不可盡，般若波羅蜜亦不可盡。」

　③受想行識乃至一切智智亦如是

(2)觀十二因緣無盡，生般若波羅蜜

　①無明等因緣和合生，無自相畢竟空

　　若人但觀畢竟空，多墮斷滅邊；若觀有，則墮常邊。離是二邊故，說十二因緣空。

　　無明(法)從因緣和合生，無有定性，即是畢竟空寂相。離斷、常二邊，假名中道。故說「十二因緣如虛空，(無法故)不盡。」

　②無明實相即般若，若取著般若即愚痴。

　　「眼緣色生觸念，觸念從痴生。」(長阿含經)1

　　觸念不在眼中、不在色中，不在內、不在外、不在中間，亦不從十方三世來，是法定相不可得。

　　若得是無明定相，即是智慧，不名為痴。痴相、智慧相無異，痴實相即是智慧，取著智慧相即痴。

　　是故痴實相畢竟清淨，如虛空，無生無滅。

　若以如是觀迴向無上菩提，即名般若波羅蜜。

(3)三種十二因緣法

　說十二因緣凡有三種。

　①凡夫所見

　　凡夫肉眼所見，顛倒著我之心，起諸煩惱業，往來生死中。

　②聖賢所觀

　　逆觀十二因緣，以法眼知老死由生乃至無明為因緣，無有知者、作者。

　　諸法無有定相，從虛誑因緣相續生。行者知其虛誑，不生戲論，但求滅苦入涅槃，不究盡求苦相。

　　此為二乘人及未得無生法忍菩薩所觀之十二因緣。

　③菩薩所觀

　　菩薩觀十二因緣畢竟空、無所有、無所得。求諸法不可得，不可得故無相，如虛空，不可

盡。無明緣行如虛空不可盡，乃至生緣老死愁歎苦憂惱如虛空不可盡故，菩薩行般若波羅蜜。

此為得無生法忍乃至坐道場菩薩所觀之十二因緣。

*27 十二因緣之妙用

(1)能除二邊、顛倒

能遠離二邊邪見：常斷、有無、實空、世間有邊無邊等。

能滅諸顛倒煩惱。

唯坐道場菩薩能具足觀十二緣起。

(2)不墮二乘地、疾證無上菩提

依引發無盡般若波羅蜜善巧作意，如實觀察十二緣起，深入畢竟空中，不墮二乘地，疾證無上菩提。

(3)不見法無因生、不見法常不滅

不見有法無因生、無因滅，不見法從常因緣(邪因)如微塵、世性(自性)生。

(如虛空常，常故則無生，虛空不與物作因，以是故，無有法從常因緣生。)

(4)不見法有我(除我見)

諸法因緣生，不自在；不自在故無我乃至無知者、見者。

(5)諸法不可得(除法見)

安住畢竟空十二因緣中，不見諸法常無常、樂苦、我無我、淨不淨、寂靜不寂靜、遠離不遠離；不見般若、不見法行般若、不見如是不行，如是乃至一切智智亦如是。是名菩薩於一切法以無所得為方便，行般若波羅蜜。

(6)眾魔天人阿修羅等無能壞

菩薩深入十二因緣畢竟空中，不著有、無、非有非無等六十二諸邪見魔網，眾魔不得便、無能壞。

*28 六度互攝

(1)行一度攝餘五度

問：六波羅蜜各各異相，云何行一波羅蜜攝五波羅蜜？

答：①菩薩以方便力故；

②有為法因緣果報相續故相成；

③波羅蜜皆是善法，善法因緣故；

行一波羅蜜攝五波羅蜜。

(2)一念中具足六波羅蜜行

①施度攝六度

❶布施度：布施時如法捨財。

❷淨戒度：安住十善道中布施，不向二乘。

❸安忍度：慳貪等煩惱及魔民不能動其心。

❹精進度：布施時精進不息。

❺靜慮度：攝心在布施不散亂，無疑悔正向無上菩提。

　　　❻般若度：財施、法施時三輪體空。
　　②戒度攝五度
　　　❶布施度：盡受諸戒起正語正業及戒、禪定、無漏律儀，住戒中施有情無畏。
　　　❷安忍度：能制婬、瞋等煩惱，能忍他人逼害及飢寒諸苦。
　　　❸精進度：戒為菩薩道住處，心精進(分別戒相)、身精進(犯則懺除)能修集五波羅蜜。
　　　❹靜慮度：除惡身口業，次除欲、瞋、惱惡覺觀，後除三細覺觀(國土、親里、不死)，除
　　　　　　　　已得禪定。
　　　❺般若度：於破戒起憎、於戒起愛，此憎愛為受罪業因緣，應直入諸法實相，觀持戒破戒
　　　　　　　　皆因緣生無自性、無自性故畢竟空，畢竟空故不著。
　　③忍度攝五度
　　　❶布施度：得罪生忍，能以身施，是為財施；得法忍深入諸法為有情說，是為法施。二施
　　　　　　　　從二忍生。
　　　❷淨戒度：因忍持戒，憐愍有情欲度脫之。
　　　❸精進度：於忍中，身心勤行四波羅蜜。
　　　❹靜慮度：於忍中，心調柔，不著五欲，攝心一處。
　　　❺般若度：修忍能障煩惱，能忍有情過惡，能忍一切深法，得諸法實相，得無生法忍。
　　④精進度攝五度
　　　❶布施度：常行財施、法施、無畏施不捨廢。
　　　❷淨戒度：善身口正業，直向佛道，不貪二乘。
　　　❸安忍度：勤行精進，有人來毀菩薩道，能忍不動。
　　　❹靜慮度：雖行種種餘法，心不散亂，一心念一切智智。
　　　❺般若度：雖勤行身心動之精進；亦不離滅諸戲論，身心不動之精進。
　　⑤靜慮度攝五度
　　　❶布施度：禪定中施一切有情無畏，或為有情說法，或變化飲食衣服布施有情。
　　　❷淨戒度：隨禪定行身口善業，及離聲聞、獨覺心。
　　　❸安忍度：入定得清淨柔軟樂而不著；深入諸法空，能忍受是法而心不疑悔。
　　　❹精進度：忍辱時，欲起諸三摩地而不休不息。
　　　❺般若度：禪定力故，心清淨不動，能入諸法實相。
　　⑥般若度攝五度
　　　❶布施度：能觀三種布施相，如無上正等菩提，滅諸非有非無等戲論。
　　　❷淨戒度：身口業隨般若行，能牢固清淨持戒。
　　　❸安忍度：住般若心中，眾生忍、法忍轉深、清淨。
　　　❹精進度：身心清淨，得不動精進，觀動精進如幻如夢；得不動精進故，不入涅槃。
　　　❺靜慮度：雖常入禪定，由般若波羅蜜力故，不起於禪能度有情。
　　如是等菩薩利智慧故，一心中一時能具足六波羅蜜。
　*29 布施攝餘五度
　　(1)布施攝戒

菩薩安住布施波羅蜜中，布施有情時得慈心。慈心是不貪不瞋正見，是戒波羅蜜之根本。由此三慈心善業能生三種慈身業、四種慈口業。

(2)布施攝忍

菩薩布施而受者起瞋(上者打害，身惡業；中者罵詈，口惡業；下者心瞋，心惡業)，菩薩不生瞋恚，唯起憐愍慈悲心。

(3)布施攝勤

布施時，受者打害，心不沒不捨，應於有情身心精進，捨心施心增長。

(4)布施攝禪

布施時，但攝意於一切智智，心無散亂，不求諸欲三界(今世福樂、後世輪王、天王樂，世間禪定樂)、二乘(涅槃樂)。

(5)布施攝慧

布施時，常觀一切有為作法虛誑不堅固，如幻如夢。

布施時，不見有益無益。

①布施物非定是樂因緣；或有得食，腹脹而死；或有得財，為賊所害；亦以得財生慳貪心，墮惡鬼中。

②財物是有為法，生滅無常，生苦因緣。

③諸法畢竟空故，不分別有利無利，於受者不求恩分，於布施不望果報。

*30 持戒攝餘五度

(1)持戒攝施

菩薩破戒有二因緣：十不善道及二乘道。

菩薩雖有身語心善業，但以欲界心散亂故，得力微薄。故欲界中以持戒為上，不求二乘地，遠離十不善道，住此二戒中布施有情，須食與食，以此善根迴向一切智智。

(2)持戒攝忍

①但說割截身支

人著內身深於外物，惜內身多於外財；為身求財，身尚不惜，何況餘物。

②不生一念忿恨心

何以未斷結人能不生忿恨心？

❶久修慈心故

無量劫來久修慈心，如父母呵護幼兒，不嫌屎尿，未得聖道者煩惱所使不得自在，皆如幼兒。

❷常行畢竟空故

不見割者罵者，不見善者惡者，皆如幻如夢。

❸得為大善利故

我應瞋處而不瞋，是為大利。

(3)持戒攝勤

大乘行者廣行三聚淨戒：律儀戒、善法戒、饒益有情戒，具足四十種善道(自作、教他作、稱揚十善道法、讚歎行十善道者)。

持戒是餘功德住處，若無餘功德，得利甚薄，故應常行身精進、心精進。

①身精進：如法致財，以用布施等。

②心精進：令慳貪等惡心不得入。

菩薩為自度及為有情不應懈怠。

(4)持戒攝禪

菩薩住戒但未得無生法忍，則戒易為諸煩惱所壞。爾時應求禪定樂，除去五欲樂，令戒德清淨；煩惱雖未斷，但已折伏不能生亂。

菩薩得禪心雖柔軟，安住戒波羅蜜故，亦不取二乘地，但為諸有情說諸法實相。

(5)持戒攝慧

①住戒得禪定生

菩薩住戒得禪定，得禪定心清淨，心清淨柔軟，能生實智。(如水澄靜，照鑒分明。)

實智從禪定生，心不為覺觀所動，亦不為貪瞋所濁。

②不見諸定相，但見實相義

❶以慧眼觀有為法、無為法不可得

1.有為法

有為法所謂作法、有為、數法、相法，若有若無(若墮有數若墮無數，若墮有相若墮無相)。菩薩以慧眼觀有為法因緣和合生，不見是實。

2.無為法

無為法有二：一者無相、寂滅、無戲論，如涅槃。(不依因緣生滅)

二者相待「有」而「無」，即此不為覺觀所動、不為貪瞋所濁之心，猶為生煩惱因緣。

相待有為說為無為，有為相尚不可得，何況無為。

❷但見諸法真實相

不見有為法若常、樂、我、淨，見是虛誑法若無，即是諸法實相。

唯觀諸法不離真如乃至不思議界(無生法)，見此無生法能離虛誑有生法。而無生法亦無定實相可取。

③方便善巧不取證二乘地

由此般若波羅蜜方便善巧力(upāyakauśalya 漚和拘羅力)及本願、悲心，不墮二乘地，唯求無上菩提。

*31 安忍攝餘五度

(1)安忍攝施

菩薩安住安忍中，若有受者逆罵、打害，乃至割截身體等，都無瞋恨，但作是念：

「此諸有情煩惱鬼病擾亂，無所依護，深可憐愍，我當施彼所須飲食資具，不應以虛誑身故毀波羅蜜道。」菩薩於命未盡間，增益施迴向一切智智；命終時，以忍、施波羅蜜力，即生好處，續行布施。

(2)安忍攝戒

安住安忍中，不行十不善道，亦不著二乘。以無所得為方便，迴向一切智智。

忍、戒雖和合，但各有自相。忍是心所法，戒是色法；持戒身口意清淨，忍是意清淨；心生、

口說、受持名持戒，安忍但是心生，非受持法。若以次第說，應先戒後忍，若持戒時心未清淨，須忍守心，故先有忍，則持戒容易。

(3)安忍攝勤

若自集功德、若度有情，發心不懈，乃至成辦其事；若有遮道因緣，心不沒不退能堪受眾苦，不以久遠勤苦為難。

(4)安忍攝禪

安忍力故，其心調柔，易得禪定，得慈悲等清淨心、心所法，不著心迴向無上菩提。

(5)安忍攝慧

①具足二忍

菩薩住眾生忍中，忍一切有情所加惡事，行大慈悲，是故得大福德；得大福德故，心柔軟；心柔軟故易得法忍，所謂一切法畢竟無生；住是法忍中，觀一切法空相(寂靜相)、離相、無盡相、寂滅相，如涅槃。

爾時，增長眾生忍，如是畢竟空中誰有罵者？誰有害者？

②不見忍法、忍者、忍處

爾時，具足二忍故，不見忍法、忍者、忍處。如是不戲論一切法故，能見一切法空寂滅相如涅槃。

③求佛道、不中沒

本願求佛道，不著是畢竟空法故，乃至未坐道場不證實際；坐道場已，具足佛法；得佛道，轉法輪，隨意利益有情，此等皆是般若波羅蜜力。

*32 精進攝餘五度

(1)精進攝施

初用精進門入諸波羅蜜，勤行五波羅蜜身心精進無懈怠，求諸善法無厭倦。住是精進中不畏無間地獄苦，何況餘苦。知一切法畢竟空，從畢竟空出，以慈悲心故，還起善業，不取涅槃，是精進力。住精進過無數佛土，以財法二施滿足有情，迴向無上菩提。

(2)精進攝戒

安住精進，勤修十善道。有情以懈怠煩惱心生三界中；厭惡生死故捨佛道取小乘，皆是懈怠相。菩薩不貪三界福，不證二乘果。

(3)精進攝忍

菩薩深入諸法實相，破我顛倒，善集畢竟空故，若有人非人來斫刺、斷割支節持去，作是念：「此中無有刺割者，皆是凡夫虛誑所見；我為憐愍有情故受身，有情自來取去，我不應惜；有情成我事，我得大利，我知諸法實相時，能入涅槃。」

以此思惟修安忍，迴向無上菩提。

(4)精進攝禪

依三類得禪定。

①非從精進得：劫盡時得、生上地得、離欲得、退得(退有漏禪時，無漏禪不失。)

②精進伴隨餘法得：因布施破慳貪等五蓋得、持戒清淨得、修集安忍得、得智慧知欲界無常虛誑不淨得。

③依精進為主得：不因餘五法得，但以日夜精進，經行晏坐，以信等五力，深御五蓋得。

雖修四禪八定、四無量乃至滅想受定，不受禪定果報，遊諸佛國，親近諸佛，攝受有情。

(5)精進攝慧

①依精進得定發神通

依精進力，得禪波羅蜜生神通力。

由具足精進及禪定，得遍至十方教化一切有情，未具足功德欲令具足。

②依精進力觀諸法實相、如所說行

般若波羅蜜有二種：

❶觀諸法實相，不見諸法名、事、性、相，於法不起想念，無所執著。(不見法相，不見非法相。)

❷如說能作。

若有精進力，能具足行此二事。

*33 靜慮攝餘五度

(1)靜慮攝施

安住靜慮，以無亂心、柔軟清淨心為有情說法，行財施、法施；又以神通力變化財物、遣化人說法而行財施、法施。

(2)靜慮攝戒

安住靜慮，受持淨戒，不生三毒惱他之心，但修一切智智相應心。

(3)靜慮攝忍

安住靜慮，修安忍，觀五蘊非實，諸法空非我非我所，無有作者受者。審觀法時能具安忍，迴向一切智智。

(4)靜慮攝勤

發勤精進修諸定而於中不取其相。依定發五神通如實知諸有情事。

又住此神通遊諸佛國供養諸佛，成熟有情、嚴淨佛土。不求二乘，迴向一切智智。

(5)靜慮攝慧

安住靜慮，心常無亂安住一切智智相應作意，能觀諸法實相，如密室然燈，光照明了。

觀諸法不可得，不可得故無作，無作故無造，無造故無生，無生故無滅，無滅故無取，無取故畢竟清淨常住不變。

*34 般若攝餘五度

(1)般若攝施

①觀諸法不可得

❶觀空法、空法性不可得

安住般若波羅蜜多，觀內空、內空性不可得，乃至一切法空、一切法空性不可得。

(內空乃至一切法空之十四空已總攝一切法相之空，行者或行一空、二空乃至十四空，隨本所著多少故。有深著邪見者(有無之見)別說不可得空、無法空、有法空、無法有法空，此等空著重在外道邪見，菩薩於此不說。)

❷觀諸法非空非不空

安住十四空中，觀諸法非空非不空。

②悟布施三輪體空，不生慳著心

　菩薩於諸有情所有布施皆觀為空，能施、所施、施福、施果亦觀為空。

　諸佛斷諸煩惱，著心慳心無時暫起；菩薩住空觀，以般若波羅蜜多力，制令著心慳心亦如佛無容得起。

③依人法二空、行財法二施

　❶財施

　　有情空故，施佛與施有情平等無異；法空故，施寶物與施草木平等無異。斷諸分別一異妄想，入不二法門行布施。

　❷法施

　　不貴有智能受法者，不輕無智不解法者；不分別布施等淺法，及十二因緣、空無相無願等甚深法。諸法皆入寂滅不戲論法中，無有異故。

④觀受者如佛，觀物如無上菩提相，觀己身從本已來畢竟空。般若能令菩薩不起妄想分別，所行布施皆無染著。以此善根迴向一切智智。

(2)般若攝戒

①知諸法不可得，不生二乘心。

②依正行修十善道，不取著戒相。

　菩薩深入清淨般若波羅蜜故，非無有情而能受持十善等戒；欲破殺生顛倒故有不殺生戒，非實相中有。(戒為世間實，非勝義中有。)

③依實相而具足無分別戒

　❶有量持戒

　　為百由旬有情或為一閻浮提有情，持戒不殺，如是等為有量有情持戒；或有一日持戒，或受五戒、七戒，如是等為有量持戒。

　❷無分別戒

　　若為無量國土一切有情持戒，不為一世、二世，如真如、虛空、法性、實際等住；以畢竟空相故不取是戒相，不憎破戒、不著持戒，如是等為般若波羅蜜所生具足無分別戒。

(3)般若攝忍

　安忍有二種：有情忍、法忍。

　菩薩深入般若波羅蜜故，得諸法忍，能信受無量佛法，心無是非分別。

　此中雖以五蘊和合破假名有情，得有情忍，但於觀法空未能深入，猶有法愛，故說隨順法忍。(七地以上得無生法忍。)

(4)般若攝勤

　安住般若為有情宣說正法，令住諸聖道法，令得諸道果，而不住有為性中亦不住無為性中。

　有為性三相：生、住、滅。無為性亦三相：不生、不住、不滅。有為性空，何況有為法；無為性空，何況無為法。以是種種因緣，性不可得，名為性空。　[大智度論]31

　若精進具足五波羅蜜故，行般若波羅蜜，得諸法實相，滅三業：身無所作、口無所說、心無所念。

　　(5)般若攝禪

　　　　除諸佛等持外，於餘聲聞、獨覺、菩薩等持，皆能隨意入出。

　　　　　菩薩住諸等持，逆順出入八解脫。

　　　　　於八解脫，逆順出入九次第定。

　　　　　依八解脫，九次第定，入師子奮迅等持。

　　　　　依師子奮迅等持，入超越等持。

　　　　菩薩住超越等持，得諸法平等實相。

　　　　是為菩薩安住般若波羅蜜攝取靜慮波羅蜜。

*35 八解脫、九次第定、師子奮迅等持、超越等持

　　(1)若大分為世間及出世間禪二類，則四靜慮、四無量及四無色定，屬世間之味禪；六妙門、十
　　　六特勝、通明禪屬世間之淨禪，皆發有漏智。但依世間淨禪，聞佛之說，亦可觀諦理發無漏
　　　智，故亦可說是亦世間亦出世間禪。而出世間禪，雖是緣有為法之事禪，能離欲過，不俟觀
　　　諦理，能發無漏智，此中分為觀、練、熏、修四種。

　　　①觀禪：觀照不淨等境，有九想觀、八解脫、八勝處、十遍處四種。(雜異念)

　　　②練禪：觀禪行用未調練，出入間尚雜異念。自淺至深，順次鍛練四靜慮、滅盡定，不雜異
　　　　　　　念，而有九次第定。(得順次入，未得逆次出)

　　　③熏禪：以前九次第定熏熟自在，能順逆入出，如獅子奮迅進退自在，又能除異念之間雜如
　　　　　　　獅子拂除塵土，此為師子奮迅等持。(次第無間順逆入出)

　　　④修禪：修治前定使之精妙，前之熏禪，雖逆順隨意，但次第無間出入，未得超越自在出入。
　　　　　　　修治前定，方得超越遠近（自初地至三地為近超，乃至至滅盡定為遠超等），出入
　　　　　　　自在，名超越等持。(得超越出入)

　　(2)八解脫（八背捨）

　　　①內有色觀外色解脫。

　　　②內無色觀外色解脫。

　　　③淨勝解身作證解脫。

　　　④超一切色想、滅有對想，不思惟種種想，入無邊空，空無邊處解脫。

　　　⑤超一切空無邊處，入無邊識，識無邊處解脫。

　　　⑥超一切識無邊處，入無少所有，無所有處解脫。

　　　⑦超一切無所有處，入非有想非無想，非想非非想處解脫。

　　　⑧超一切非想非非想處，入滅想受定，滅想受解脫。

　　(3)九次第定

　　　謂四靜慮、四無色定、滅想受定，是名為九。

　　(4)師子奮迅等持

　　　此等持能奮除細微無知之惑，能出入捷疾無間。

　　　分為二種：

　　　①入禪奮迅等持

　　　　遠離欲惡不善法，入有覺有觀之色界初靜慮，如是次第入於二靜慮、三靜慮、四靜慮、空

處、識處、無所有處、非想非非想處、入滅受想定等諸禪定。

②出禪奮迅等持

　　與入禪奮迅等持相反，乃從滅受想定起，還入非想非非想處，由非想非非想處起入無所有處，如是識處、空處、四靜慮、三靜慮、二靜慮、初靜慮，乃至出散心中。

第五事

第47義

[丁三]修道頂加行
[戊一]所依修道　　**47.1**

　　　　【第 47 義】：修道頂加行

　　　　〔義相〕：對治修所斷種子之能治種類大乘隨現觀，即修道
　　　　　　　　　頂加行相。

　　　　〔界限〕：唯在大乘修道。

[滅盡等九定，修往還二相，後以欲界攝，非定心為界，](頌5-24)
[超越入諸定，超一二三四，及五六七八，至滅定不同。](頌5-25)

　　此說修道菩薩，由加行與根本二門入超越等持，謂俱滅盡定等次第定，先修往上順行與下還逆行二相之〔獅子〕奮迅三摩地為加行，次乃進修超越等持之根本故。

　　其修根本時，先從初靜慮直往滅盡定，全無超越修一返。次於八定間雜滅盡定而修一返，謂從滅定起入初靜慮，從初靜慮起仍入滅定；次入二靜慮，次入滅定；如是漸上乃至從滅盡定入非非想定，又入滅定，復入非非想定也。

　　其次，起欲界攝不定心為界，入滅盡定，從滅定起不定心，次超（即置而不入也）滅盡一定而入非非想定，

　　次起不定心，次超滅盡與非非想二定，入無所有定，

　　次起不定心，如是乃至超三　四五六七八定而入初靜慮，

　　次從初靜慮起不定心。

　　此等何故名超越等持耶？

　　謂從初靜慮乃至滅盡定為所間雜，而雜不同類法欲界不定心而修定故。

《般若經》中廣說，論中初二句僅說加行，後六句僅說雜欲界心而修九定。其中直往一返及以八定雜修滅盡定一返，意為易解，故未宣說也。

(如是超越等至現起自主性之性相，即為修道。)

[轉趣及退還，其所取分別，當知各有九，非如其境性。](頌5-5)

大乘見所斷，於轉趣、退還事執為實有所取之分別，各有九種。

當知彼九非如其境之體性而妄起執著，是於所著境錯亂之識故。

(轉趣與退還，不可得及觀緣之自性，依次為菩薩與聲聞等之法，從受持與拋捨上而取決。)

[戊二]所斷分別
1.轉趣所取分別　　47.2

[略標及廣釋，佛所不攝受，無三世功德，](頌5-26)
[及於三妙道，所取初分別，加行相行境。](頌5-27)

大乘修所斷轉趣所取分別有九，謂：

(47.2.1)為攝受愛樂略說眾生，執略說法〔為實所取之俱生分別〕。

(47.2.2)又為攝受樂廣眾生，執廣說法為實所取之俱生分別。

(47.2.3)若不如說修行則佛不攝受，執彼對治修般若波羅蜜多瑜伽為實所取之俱生分別。

(47.2.4)觀待見道由其已滅故，加行道功德於勝義無於名言有，執為實所取之俱生分別。

(47.2.5)由無四句因生故，見道功德於勝義無於名言有，執為實所取之俱生分別。

(47.2.6)由未來無實物故，大乘修道功德於見道時無，於修道時有，執為實所取之俱生分別。

(47.2.7)由寂靜常樂我淨四倒等故，執能得涅槃之加行道為實所取之俱生分別。

(47.2.8)於新證空性之見道，執為實所取之俱生分別。

(47.2.9)由修習已證之勝義無自性故，執大乘修道為實所取之俱生分別。

如是九種分別，即所取中初一類轉趣分別，是修道加行相時之所行境也。

2.退還所取分別　　47.3

[次許心心所，轉趣時有境，不發菩提心，不作意菩提，](頌5-28)
[作意小乘法，不思大菩提，有修與無修，及與彼相反，](頌5-29)
[非如義分別，當知屬修道。](頌5-??)

修道所斷第二所取分別，許為大乘修道心及心所無間道轉時之有境能緣心法也。彼心就境界門差別有九，謂：

(47.3.1)二乘資糧道位由離大乘善知識等故不發大菩提心，執彼大乘 所遮之法為實所受。

(47.3.2)由無「為利他而求成佛」之殊勝福故，名不作意菩提藏。

(47.3.3)由是聲聞種性故，作意彼乘法。

(47.3.4)由是獨覺種性故，現證彼乘法。

(47.3.5)由不修般若波羅蜜多故，不思惟正等菩提。

(47.3.6)由有所得，修般若影像。(具觀緣，故觀修)

(47.3.7)由不能緣真實義故，不修真實義。(不觀緣，故不觀修)

(47.3.8)由不緣真實義故，亦無能修彼者；由無常等不能無得，故亦非無修無常等。

　　　　(不觀緣亦無不觀緣，故不觀修亦無不觀修。)

(47.3.9)由顛倒執真實義故，於不如實義，分別執著。

　　　　於彼等違菩薩道法，執為實所受用。

當知此(第二)九分別屬於大乘修道所斷。(為趣入修道之心與心所分際之九種有境)

3.實執能取分別　　47.4

[施設有情境，施設法不空，貪著簡擇性，為寂事三乘，](頌5-30)
[受供不清淨，破壞諸正行，經說是第一，能取應當知。](頌5-31)

大乘修道加行位就境差別，第一實執有九分別，謂：

(47.4.1)自在補特伽羅非實有生，是依五蘊施設為有情，執為實能受用者之俱生分別。

(47.4.2)又緣諸法唯由心現，故於五蘊等施設為法之補特伽羅執為實有等，准上應知。

(47.4.3)又緣觀一切法由名言有故非空之補特伽羅執為實有。

(47.4.4)又緣未斷一切執著，故於諸法起實貪著之補特伽羅執為實有。

(47.4.5)又緣能簡擇諸實性之補特伽羅執為實有。

(47.4.6)又緣不求三所為事而求苦寂滅事之補特伽羅執為實有。

(47.4.7)又緣由色等不可得故三乘出離之補特伽羅執為實有。

(47.4.8)又緣由未正知法性，故施主等供養未能清淨之補特伽羅，執為實有。

(47.4.9)又緣由於布施等執實而修，破壞波羅蜜多正行之補特伽羅，執為實有能受用者之俱生分別。

此九分別，《般若經》說，當知即是修所斷第一能取分別也。

4.假執能取分別　　47.5

[設有情及因，由此所摧害，故是修道繫，其餘九違品。](頌5-32)

於五蘊等假設有情，及於彼安立之因唯現諸法假立士夫，執彼為實能受用者之心，由此修道頂加行之所摧害。故彼與修道是能治所治相繫之違品，除前實執，此是其餘九種假執分別也。

[如自所緣性，三智障有三，靜道真如等，相應不相應，](頌5-33)
[不等及苦等，諸煩惱自性，及無二愚蒙，為最後分別。](頌5-34)

修道頂加行心心所轉無間道時，所應斷之有境分別心有九，謂：

如自所緣境之體性而知者即三智，此三智有三種障：

(47.5.1)由不了知一切相皆空，障一切相智，緣於斷此障愚蒙之假立士夫，執為實受用者之俱生分別。

(47.5.2)由不了知一切道，障道相智，緣於斷此障愚蒙之假立夫，執為實受用者。

(47.5.3)由不了知一切事，障一切智，緣於斷此障愚蒙之假立士夫，執為實受用者。

(47.5.4)由不了知般若波羅蜜多，於寂靜一切障道愚蒙之假立士夫，緣彼執為實受用者。

(47.5.5)由不了知色等所知與真如，故於真如等與色相應為一性，不相應為異性，而愚蒙之假立士夫，緣彼執為實受用者。

(47.5.6)由不了知魔性本空，於大小乘道不等愚蒙假立士夫，緣彼執為實受用者。

(47.5.7)由於宣說無常等之經義，如言執為究竟真理，故於苦等四諦法性愚蒙假立士夫，緣彼執為實受用者。

(47.5.8)由不了知貪等客性與真如性故，於煩惱性愚蒙假立士夫，緣彼執
　　　　為實受用者。

(47.5.9)由不了知二取相空，於無二取愚蒙之假立士夫，緣彼執為實受用
　　　　者之俱生分別。

此九分別是修所斷最後之能取分別也。(承許為趣入修道之心心所之九種分際有境)

[戊三]斷除所斷之勝利　　47.6

[如諸病痊癒，常時獲安隱，恒修眾生樂，一切勝功德，](頌5-35)
[任運而依附，勝果所莊嚴，上品位菩薩，如眾流歸海。](頌5-36)

(47.6.1)十地菩薩安住大乘上上品修道，由經多無數劫修修道故，能取所
　　　　取四類分別所知障，猶如重病悉盡斷盡，具足順緣，永離違緣，
　　　　譬如病者諸病痊癒，長得安樂。

(47.6.2)又一切種為大悲所轉善巧成辦眾生利樂如是一切勝妙功德，自然
　　　　依附彼三乘斷智德果莊嚴之菩薩，猶如四河同歸大海也。

[丁三]修道頂加行

[戊一]所依修道　　【第 47 義】：修道頂加行

❸住超越等持，得諸法平等相

47.1 所依修道

此說修道菩薩，由加行與根本二門入超越等持，謂俱滅盡定等次第定，先修往上順行與下還逆行二相之〔獅子〕奮迅三摩地為加行，次乃進修超越等持之根本故。

「善現！是菩薩摩訶薩於此師子奮迅等持善成熟已，復入菩薩超越等持。云何菩薩超越等持？善現！謂菩薩摩訶薩離欲惡不善法，有尋有伺，離生喜樂，入初靜慮，從初靜慮起，次第乃至入滅想受定，從滅想受定起入初靜慮，從初靜慮起入滅想受定；從滅想受定起入第二靜慮，從第二靜慮起入滅想受定；從滅想受定起入第三靜慮，從第三靜慮起入滅想受定；從滅想受定起入第四靜慮，從第四靜慮起入滅想受定；從滅想受定起入空無邊處定，從空無邊處定起入滅想受定；從滅想受定起入識無邊處定，從識無邊處定起入滅想受定；從滅想受定起入無所有處定，從無所有處定起入滅想受定；從滅想受定起入非想非非想處定，從非想非非想處定起入滅想受定；從滅想受定起復入非想非非想處定，從非想非非想處定起墮不定心；從不定心還入滅想受定，從滅想受定起住不定心；從不定心入非想非非想處定，從非想非非想處定起住不定心；從不定心入無所有處定，從無所有處定起住不定心；從不定心入識無邊處定，從識無邊處定起住不定心；從不定心入空無邊處定，從空無邊處定起住不定心；從不定心入第四靜慮，從第四靜慮起住不定心；從不定心入第三靜慮，從第三靜慮起住不定心；從不定心入第二靜慮，從第二靜慮起住不定心；從不定心入初靜慮，從初靜慮起住不定心。是為菩薩超越等持。若菩薩摩訶薩安住如是超越等持，得一切法平等實性，復持如是所集善根，以無所得而為方便，與諸有情同共迴向一切智智，於迴向時無二心轉，謂誰迴向？何所迴向？善現！是為菩薩摩訶薩安住般若波羅蜜多攝取靜慮波羅蜜多。」*1

(CBETA, T07, no. 220, pp. 321c20– 322a29)

sher phyin: v.028, pp. 207²¹–212¹⁸ 《合論》: v.051, pp. 299⁰⁷–304⁰²

[戊二]所斷分別

1.得方便力，能知諸法相

47.2 轉趣所取分別

大乘修所斷轉趣所取分別有九。如是九種分別，即所取
中初一類轉趣分別，是修道加行相時之所行境也。

(1)雖多學而實無所學

(47.2.1)為攝受愛樂略說眾生，執略說法為實所取之
俱生分別

(47.2.2)為攝受樂廣眾生，執廣說法為實所取之俱生
分別

卷 461〈巧便品 68〉：具壽善現復白佛言：

「諸菩薩摩訶薩雖多處學而無所學。」

佛告善現：

「如是！如是！諸菩薩摩訶薩雖多處學而無所學。所以者何？實無有法可
令菩薩摩訶薩眾於中修學。」*2

(2)學略攝般若，知諸法略廣相

①應學略廣六波羅蜜，知諸法略廣相

具壽善現復白佛言：

「世尊！為諸菩薩摩訶薩或略或廣宣說六種波羅蜜多相應之法，若菩薩
摩訶薩欲疾證得一切智智，於此六種波羅蜜多相應法教，若略若廣皆
應聽聞、受持、讀誦、究竟通利，既通利已如理思惟，既思惟已審正
觀察，正觀察已，令心、心所於所緣相皆不復轉。」

佛告善現：

「如是！如是！如汝所說。復次，善現！諸菩薩摩訶薩於佛世尊所說六
種波羅蜜多相應法教，若略若廣勤修學時，應於諸法如實了知略廣之
相。」*3

②以四門辨，知一切法略廣相

具壽善現白言：「世尊！云何菩薩摩訶薩於一切法如實了知略廣之相？」

❶約真如明

佛告善現：

「若菩薩摩訶薩如實了知色真如相，受、想、行、識真如相，如實了知眼處真如相，乃至意處真如相，如實了知色處真如相乃至法處真如相，如實了知眼界真如相乃至意界真如相，如實了知色界真如相乃至法界真如相，如實了知眼識界真如相乃至意識界真如相，如實了知眼觸真如相乃至意觸真如相，如實了知眼觸為緣所生諸受真如相乃至意觸為緣所生諸受真如相，如實了知地界真如相乃至識界真如相，如實了知因緣真如相乃至增上緣真如相，如實了知無明真如相乃至老死真如相，如實了知布施波羅蜜多真如相乃至般若波羅蜜多真如相，如實了知內空真如相乃至無性自性空真如相，如實了知苦聖諦真如相，集、滅、道聖諦真如相，如實了知四念住真如相乃至八聖道支真如相，如實了知四靜慮真如相、四無量、四無色定真如相，如實了知八解脫真如相乃至十遍處真如相，如實了知空解脫門真如相、無相、無願解脫門真如相，如實了知淨觀地真如相乃至如來地真如相，如實了知極喜地真如相乃至法雲地真如相，如實了知一切陀羅尼門真如相、一切三摩地門真如相，如實了知五眼真如相、六神通真如相，如實了知如來十力真如相乃至十八佛不共法真如相，如實了知三十二大士相真如相、八十隨好真如相，如實了知無忘失法真如相、恒住捨性真如相，如實了知一切智真如相、道相智、一切相智真如相，如實了知預流果真如相乃至獨覺菩提真如相，如實了知一切菩薩摩訶薩行真如相、諸佛無上正等菩提真如相，如實了知一切智智真如相，是菩薩摩訶薩於一切法如實了知略廣之相。」

具壽善現白言：

「世尊！云何色真如相，受、想、行、識真如相，乃至云何一切智智真如相，諸菩薩摩訶薩如實了知而於中學，於一切法如實了知略廣之相？」

佛告善現：

「色真如無生無滅，亦無住異而可施設，是名色真如相；受、想、行、識真如無生無滅，亦無住異而可施設，是名受、想、行、識真如相；乃至一切智智真如無生無滅，亦無住異而可施設，是名一切智智真如相。諸菩薩摩訶薩如實了知當於中學，於一切法如實了知略廣之相。*4

❷約實際明

「復次,善現!若菩薩摩訶薩如實了知色實際相,受、想、行、識實際相,乃至如實了知一切智智實際相,是菩薩摩訶薩於一切法如實了知略廣之相。」

具壽善現白言:

「世尊!云何色實際相,受、想、行、識實際相,乃至云何一切智智實際相,諸菩薩摩訶薩如實了知而於中學,於一切法如實了知略廣之相?」

佛告善現:

「無色際是名色實際相,無受、想、行、識際是名受、想、行、識實際相,乃至無一切智智際,是名一切智智實際相。諸菩薩摩訶薩如實了知當於中學,於一切法如實了知略廣之相。*5

❸約法界相明

「復次,善現!若菩薩摩訶薩如實了知色法界相,受、想、行、識法界相,乃至如實了知一切智智法界相,是菩薩摩訶薩於一切法如實了知略廣之相。」

具壽善現白言:

「世尊!云何色法界相,受、想、行、識法界相,乃至云何一切智智法界相,諸菩薩摩訶薩如實了知而於中學,於一切法如實了知略廣之相?」

佛告善現:

「色如虛空,無障無礙、無生無滅、無斷無續而可施設,是名色法界相;受、想、行、識如虛空,無障無礙、無生無滅、無斷無續而可施設,是名受、想、行、識法界相;乃至一切智智如虛空,無障無礙、無生無滅、無斷無續而可施設,是名一切智智法界相。諸菩薩摩訶薩如實了知當於中學,於一切法如實了知略廣之相。」

❹約不合不散明

具壽善現白言:「世尊!諸菩薩摩訶薩復云何應知一切法略廣之相?」

佛告善現:「若菩薩摩訶薩如實了知一切法不合不散,是菩薩摩訶薩應如是知一切法略廣之相。」

具壽善現白言:「世尊!何等一切法不合不散?」

佛告善現:「色不合不散,受、想、行、識不合不散,眼處乃至意處不合不散,色處乃至法處不合不散,眼界乃至意界不合不散,色界

乃至法界不合不散，眼識界乃至意識界不合不散，眼觸乃至意觸不合不散，眼觸為緣所生諸受乃至意觸為緣所生諸受不合不散，地界乃至識界不合不散，因緣乃至增上緣不合不散，無明乃至老死不合不散，貪欲、瞋恚、愚癡不合不散，欲界、色界、無色界不合不散，布施波羅蜜多乃至般若波羅蜜多不合不散，內空乃至無性自性空不合不散，真如乃至不思議界不合不散，苦、集、滅、道聖諦不合不散，四念住乃至八聖道支不合不散，四靜慮、四無量、四無色定不合不散，八解脫乃至十遍處不合不散，空、無相、無願解脫門不合不散，淨觀地乃至如來地不合不散，極喜地乃至法雲地不合不散，一切陀羅尼門、三摩地門不合不散，五眼、六神通不合不散，如來十力乃至十八佛不共法不合不散，三十二大士相、八十隨好不合不散，無忘失法、恒住捨性不合不散，一切智、道相智、一切相智不合不散，預流果乃至獨覺菩提不合不散，一切菩薩摩訶薩行不合不散，諸佛無上正等菩提不合不散，一切智智不合不散，有為界不合不散，無為界不合不散。所以者何？如是諸法皆無自性，若無自性則無所有，若無所有則不可說有合有散，諸菩薩摩訶薩於一切法如是了知，則能了知略廣之相。」

③勸學略攝般若

具壽善現白言：

「世尊！如是名為略攝一切波羅蜜多，諸菩薩摩訶薩若於中學能多所作。世尊！如是略攝波羅蜜多，初修業菩薩摩訶薩於中應常修學，乃至住第十地菩薩摩訶薩亦於中應常修學。世尊！若菩薩摩訶薩學此略攝波羅蜜多，於一切法能如實知略廣之相。」

(3)明四門無礙，當勤方便入

①明能入者

佛告善現：

「如是！如是！如汝所說。善現當知！如是略攝波羅蜜多法門，諸菩薩摩訶薩利根者能入，鈍根者不能入，等引根者能入，非等引根者不能入，勤精進者能入，不勤精進者不能入，具正念者能入，不具正念者不能入，具妙慧者能入，具惡慧者不能入。善現！若菩薩摩訶薩欲住不退轉地，當勤方便入此法門；若菩薩摩訶薩乃至欲住第十地，當勤方便入此法門；若菩薩摩訶薩乃至欲得一切智智，當勤方便入此法門。」(CBETA, T07, no. 220, pp. 328c[6]–330a[21])

sher phyin:　v.028, pp. 251^{19}–256^{21}　《合論》：v.051, pp. 304^{03}–309^{05}

②如般若所說行六度者當得一切智智

(47.2.3)執彼對治修般若波羅蜜多瑜伽為實所取之俱生分別

若不如說修行則佛不攝受，執彼對治修般若波羅蜜多瑜伽為實所取之俱生分別。

卷 461〈巧便品 68〉：

「善現！若菩薩摩訶薩如此般若波羅蜜多所說而學，是菩薩摩訶薩則能隨學布施波羅蜜多乃至般若波羅蜜多，亦能隨學內空乃至無性自性空，亦能隨學真如乃至不思議界，亦能隨學苦、集、滅、道聖諦，亦能隨學四念住乃至八聖道支，亦能隨學四靜慮、四無量、四無色定，亦能隨學八解脫乃至十遍處，亦能隨學空、無相、無願解脫門，亦能隨學諸菩薩地，亦能隨學一切陀羅尼門、三摩地門，亦能隨學五眼、六神通，亦能隨學如來十力乃至十八佛不共法，亦能隨學無忘失法、恒住捨性，亦能隨學一切智、道相智、一切相智，亦能隨學一切菩薩摩訶薩行，亦能隨學諸佛無上正等菩提，亦能隨學一切智智。

(4)歎行般若功德果報

①魔事隨起即滅

「善現！若菩薩摩訶薩如如依止甚深般若波羅蜜多所說而學，是菩薩摩訶薩如是如是轉近所求一切智智。善現！若菩薩摩訶薩如此般若波羅蜜多所說而學，是菩薩摩訶薩所有業障及諸魔事隨起即滅。是故，善現！若菩薩摩訶薩欲疾滅除一切業障及諸魔事，欲正攝受巧方便力，當學般若波羅蜜多。

②行般若功德

❶十方三世諸佛護念

「復次，善現！若時菩薩摩訶薩行此般若波羅蜜多，修此般若波羅蜜多，習此般若波羅蜜多，是時菩薩摩訶薩便為十方無量、無數、無邊世界諸佛世尊現說法者常共護念。所以者何？善現！過去、未來、現在諸佛無不皆從甚深般若波羅蜜多而出現故。是故，善現！若菩薩摩訶薩能行般若波羅蜜多，當作是念：『過去未來現在諸佛所證得法，我亦當得如是。』

❷疾證一切智智

善現！諸菩薩摩訶薩應勤修學甚深般若波羅蜜多，若勤修學甚深般若波羅蜜多，疾能證得一切智智。是故，善現！諸菩薩摩訶薩常應不捨甚深般若波羅蜜多相應作意，修行般若波羅蜜多。

③般若功德殊勝

「復次，善現！若菩薩摩訶薩於此般若波羅蜜多如實修行，經彈指頃，所獲福聚其量甚多。假使有人教化三千大千世界一切有情，皆令安住布施、淨戒、安忍、精進、靜慮、般若，或令安住解脫及解脫智見，或令安住預流果乃至獨覺菩提，是人雖得無量福聚，而猶不及如實修行甚深般若波羅蜜多經彈指頃所獲福聚。何以故？善現！如是般若波羅蜜多，能生一切布施、淨戒、安忍、精進、靜慮、般若波羅蜜多，能生一切解脫及解脫智見，能生一切預流果乃至獨覺菩提。現在十方無量、無數、無邊世界諸佛世尊，無不皆由甚深般若波羅蜜多而得出現，過去未來諸佛亦爾。

「復次，善現！若菩薩摩訶薩能不遠離甚深般若波羅蜜多相應作意，修行般若波羅蜜多，經須臾頃、或經半日、或經一日、或經半月、或經一月、或經一時、或經一歲、或經百歲，若復過此，是菩薩摩訶薩所獲福聚其量甚多，勝教十方各如殑伽沙等世界一切有情，皆令安住布施、淨戒、安忍、精進、靜慮、般若，或令安住解脫及解脫智見，或令安住預流果乃至獨覺菩提所獲功德。所以者何？由此般若波羅蜜多，出生過去、未來、現在諸佛世尊，為諸有情如實施設布施、淨戒、安忍、精進、靜慮、般若波羅蜜多，如實施設解脫及解脫智見，如實施設預流果乃至獨覺菩提，如實施設諸佛無上正等菩提故，此福聚勝過於彼。」(CBETA, T07, no. 220, p. 330a²¹–c²³)

sher phyin: v.028, pp. 257⁰¹–260⁰⁶ 《合論》: v.051, pp. 309⁰⁶–313⁰¹

④如般若所說而住，得眾功德

❶諸佛護念、住童貞地、得佛受記

卷461〈巧便品 68〉：

「復次，善現！若菩薩摩訶薩如深般若波羅蜜多所說而住，當知是菩薩摩訶薩不復退轉，常為諸佛之所護念，成就最勝方便善巧，已曾親近供養無量百千俱胝那庾多佛，於諸佛所已種無量微妙善根，已為無量真善知識之所攝受，已久修習布施波羅蜜多乃至般若波羅蜜多，已久安住內空乃至無性自性空，已久安住真如乃至不思議界，已久安住苦、集、滅、道聖諦，已久修習四念住乃至八聖道支，已

久修習四靜慮、四無量、四無色定，已久修習八解脫乃至十遍處，已久修習空、無相、無願解脫門，已久修習諸菩薩地，已久修習一切陀羅尼門、三摩地門，已久修習五眼、六神通，已久修習如來十力乃至十八佛不共法，已久修習一切智、道相智、一切相智，已久修習一切菩薩摩訶薩行，已久修習諸佛無上正等菩提，已久修習一切智智。當知是菩薩摩訶薩住童真地，一切所願無不滿足，常見諸佛無時暫捨，於諸善根恒不遠離，常能成熟所化有情，常能嚴淨所居佛土，從一佛國趣一佛國，供養恭敬、尊重讚歎諸佛世尊，聽受修行無上乘法。當知是菩薩摩訶薩已得無斷無盡辯才，已得微妙陀羅尼法成就最上微妙色身，已得諸佛授圓滿記，於隨所樂為度有情，受諸有身已得自在。

❷善入諸法義

「當知是菩薩摩訶薩善入所緣、善入行相，善入字法、善入非字法，善入言說、善入不言說，善入一語、善入二語、善入多語，善入女語、善入男語、善入非女男語，善入過去時語、善入未來時語、善入現在時語，善入諸義、善入諸文，善入色、善入受、善入想、善入行、善入識，善入蘊、善入處、善入界，善入緣起、善入緣起支，善入世間、善入涅槃，善入法相，善入有為相、善入無為相、善入有為無為相，善入行相、善入非行相，善入相相、善入非相相，善入有性、善入非有性，善入自性、善入他性，善入合、善入離、善入合離，善入相應、善入不相應、善入相應不相應，善入真如、善入不虛妄性、善入不變異性、善入法性、善入法界、善入法定、善入法住，善入緣性、善入非緣性，善入諸聖諦，善入靜慮、善入四無量、善入四無色定，善入六波羅蜜多，善入四念住乃至八聖道支，善入八解脫乃至十遍處，善入陀羅尼門、善入三摩地門，善入三解脫門，善入一切空性，善入五眼、善入六神通，善入如來十力乃至十八佛不共法，善入無忘失法、善入恒住捨性，善入一切智、善入道相智、善入一切相智，善入有為界、善入無為界，善入界、善入非界。

「善入色作意乃至識作意，善入眼處作意乃至意處作意，善入色處作意乃至法處作意，善入眼界作意乃至意界作意，善入色界作意乃至法界作意，善入眼識界作意乃至意識界作意，善入眼觸作意乃至意觸作意，善入眼觸為緣所生諸受作意乃至意觸為緣所生諸受作意，

善入地界作意乃至識界作意，善入因緣作意乃至增上緣作意，善入無明作意乃至老死作意，善入布施波羅蜜多作意乃至般若波羅蜜多作意，善入內空作意乃至無性自性空作意，善入真如作意乃至不思議界作意，善入苦、集、滅、道聖諦作意，善入四念住作意乃至八聖道支作意，善入四靜慮、四無量、四無色定作意，善入八解脫作意乃至十遍處作意，善入空、無相、無願解脫門作意，善入淨觀地作意乃至如來地作意，善入極喜地作意乃至法雲地作意，善入一切陀羅尼門、三摩地門作意，善入五眼、六神通作意，善入如來十力作意乃至十八佛不共法作意，善入三十二大士相、八十隨好作意，善入無忘失法、恒住捨性作意，善入一切智、道相智、一切相智作意，善入預流果作意乃至獨覺菩提作意，善入一切菩薩摩訶薩行作意，善入諸佛無上正等菩提作意，善入一切智智作意。

「善入色色相空，善入受、想、行、識受、想、行、識相空，如是乃至善入一切智智一切智智相空，善入輕安道、善入不輕安道，善入生、善入滅、善入住異，善入正見、善入邪見，善入見、善入非見，善入貪瞋癡、善入無貪無瞋無癡，善入一切見纏隨眠結縛、善入一切見纏隨眠結縛斷，善入名、善入色、善入名色，善入所緣緣、善入增上緣、善入因緣、善入等無間緣，善入行、善入相，善入因、善入果，善入苦、集、滅、道，善入地獄及地獄道、善入傍生及傍生道、善入鬼界及鬼界道、善入人及人道、善入天及天道，善入預流、預流果、預流果道，善入一來、一來果、一來果道，善入不還、不還果、不還果道，善入阿羅漢、阿羅漢果、阿羅漢果道，善入獨覺、獨覺菩提、獨覺菩提道，善入一切菩薩摩訶薩及一切菩薩摩訶薩行，善入一切如來應正等覺及諸佛無上正等菩提，善入一切智及一切智道，善入道相智及道相智道，善入一切相智及一切相智道，善入根、善入根圓滿、善入根勝劣，善入慧、善入疾慧、善入利慧、善入速慧、善入力慧、善入達慧、善入廣慧、善入深慧、善入大慧、善入無等慧、善入真實慧、善入珍寶慧，善入過去世、善入未來世、善入現在世，善入方便、善入顧有情、善入意樂、善入增上意樂，善入文義相、善入諸聖法、善入安立三乘方便。

2.明行般若、引(生)般若、修般若
　(1)行般若得種種勝利

(47.2.4)加行道功德於勝義無於名言有，執為實所取
之俱生分別

觀待見道由其已滅故，加行道功德於勝義無於名言
有，執為實所取之俱生分別。

(47.2.5)見道功德於勝義無於名言有，執為實所取之
俱生分別

由無四句因生故，見道功德於勝義無於名言有，執為
實所取之俱生分別。

(47.2.6)修道功德於見道時無於修道時有，執為實所
取之俱生分別

由未來無實物故，大乘修道功德於見道時無，於修道
時有，執為實所取之俱生分別。

卷461〈巧便品 68〉：
「善現！若菩薩摩訶薩行深般若波羅蜜多，引深般若波羅蜜多，修深般若
波羅蜜多，得如是等種種勝利。」(CBETA, T07, no. 220, pp. 330c^{24}–332a^8)

sher phyin: v.028, pp. 260^{06}–267^{10} 《合論》：v.051, pp. 313^{02}–320^{05}

①辨義
❶行般若波羅蜜

(47.2.7)由寂靜常樂我淨四倒等故，執能得涅槃之加
行道為實所取之俱生分別

由寂靜常樂我淨四倒等故，執能得涅槃之加行道為實
所取之俱生分別。

卷461〈巧便品 68〉：爾時，具壽善現白佛言：
「世尊！諸菩薩摩訶薩云何行深般若波羅蜜多？云何引深般若波羅
蜜多？云何修深般若波羅蜜多？」
佛告善現：
「諸菩薩摩訶薩應觀色乃至識彫落故，破壞故，離散故，不自在故，
不堅實故，性虛偽故，行深般若波羅蜜多。」*6
(CBETA, T07, no. 220, p. 332a$^{9-16}$)

sher phyin: v.028, p. 267$^{10-21}$ 《合論》：v.051, pp. 320^{11}–321^{02}

❷引(生)般若波羅蜜

(47.2.8)於新證空性之見道，執為實所取之俱生分別

於新證空性之見道，執為實所取之俱生分別。

卷 461〈巧便品 68〉：

「善現！汝問『諸菩薩摩訶薩云何引深般若波羅蜜多？』者，諸菩薩摩訶薩應如引虛空空引深般若波羅蜜多。」*7

(CBETA, T07, no. 220, p. 332, a$^{14-16}$)

sher phyin: v.028, pp. 267^{21}–268^{03} 《合論》：v.051, pp. 321$^{03-06}$

❸修般若波羅蜜

(47.2.9)由修習已證之勝義無自性故，執大乘修道為實所取之俱生分別

由修習已證之勝義無自性故，執大乘修道為實所取之俱生分別。

卷 461〈巧便品 68〉：

「善現！汝問『諸菩薩摩訶薩云何修深般若波羅蜜多？』者，諸菩薩摩訶薩應破壞諸法修深般若波羅蜜多。」*8

(CBETA, T07, no. 220, p. 332a$^{16-19}$)

sher phyin: v.028, p. 268$^{03-05}$ 《合論》：v.051, p. 321$^{07-11}$

47.3 退還所取分別

修道所斷第二所取分別，許為大乘修道心及心所無間道轉時之有境能緣心法也。彼心就境界門差別有九，於彼等違菩薩道法，執為實所受用。當知此九分別屬於大乘修道所斷。

(47.3.1)二乘資糧道位，執彼大乘所遮之法為實所受

二乘資糧道位，由離大乘善知識等故不發大菩提心，執彼大乘所遮之法為實所受。

(47.3.2)由無「為利他而求成佛」名不作意菩薩藏

由無「為利他而求成佛」之殊勝福故，名不作意菩提藏。

(47.3.3)由是聲聞種性故作意彼乘法
(47.3.4)由是獨覺種性故現證彼乘法

由是聲聞種性故，作意彼乘法。由是獨覺種性故，現
證彼乘法。

②明時節

卷461〈巧便品68〉：具壽善現復白佛言：

「世尊！諸菩薩摩訶薩應經幾時行深般若波羅蜜多，引深般若波羅蜜
多，修深般若波羅蜜多？」

佛告善現：

「諸菩薩摩訶薩應從初發心乃至安坐妙菩提座，行深般若波羅蜜多，引
深般若波羅蜜多，修深般若波羅蜜多。」*9

③明方法

❶常住一切智智相應作意

「具壽善現復白佛言：

「世尊！諸菩薩摩訶薩應住何等心，無間行深般若波羅蜜多，引深般
若波羅蜜多，修深般若波羅蜜多？」

佛告善現：

「諸菩薩摩訶薩應從初發心乃至安坐妙菩提座，無容橫起諸餘作意，
唯常安住一切智智相應作意，行深般若波羅蜜多，引深般若波羅蜜
多，修深般若波羅蜜多。」(CBETA, T07, no. 220, p. 332a^{19}–b^2)

sher phyin: v.028, p. 268$^{06–14}$ 《合論》：v.051, pp. 321^{12}–322^{06}

❷心心所於境不轉

(47.3.5)由不修般若波羅蜜多故，不思惟正等菩提

由不修般若波羅蜜多故，不思惟正等菩提。

卷461〈巧便品68〉：

「善現！是菩薩摩訶薩乃至能令心、心所法於境不轉，乃得名為行深
般若波羅蜜多，引深般若波羅蜜多，修深般若波羅蜜多。」*10

(CBETA, T07, no. 220, p. 332b$^{2–5}$)

sher phyin: v.028, p. 268$^{14–19}$ 《合論》：v.051, p. 322$^{07–15}$

(2)行不可施設得一切智智

①取相著心不得一切智智 (以四句辨)

(47.3.6)由有所得修般若影像

由有所得,修般若影像。

卷 461〈巧便品 68〉:

「世尊!諸菩薩摩訶薩行深般若波羅蜜多,引深般若波羅蜜多,修深般若波羅蜜多,當得一切智智不?」

「不爾!善現!」(CBETA, T07, no. 220, p. 332b[5-7])

 sher phyin: v.028, pp. 269[19]–269[02] 《合論》: v.051, p. 322[16-18]

(47.3.7)由不能緣真實義故不修真實義

由不能緣真實義故,不修真實義。

卷 461〈巧便品 68〉:

「世尊!諸菩薩摩訶薩不行深般若波羅蜜多,不引深般若波羅蜜多,不修深般若波羅蜜多,當得一切智智不?」

「不爾!善現!」(CBETA, T07, no. 220, p. 332b[7-10])

 sher phyin: v.028, p. 269[02-04] 《合論》: v.051, p. 322[19-21]

(47.3.8)由不緣真實義故亦無能修彼者;由無常等不能無得故亦非無修無常等

由不緣真實義故,亦無能修彼者;由無常等不能無得,故亦非無修無常等。

卷 461〈巧便品 68〉:

「世尊!諸菩薩摩訶薩於深般若波羅蜜多亦行亦不行、亦引亦不引、亦修亦不修,當得一切智智不?」

「不爾!善現!」

「世尊!諸菩薩摩訶薩於深般若波羅蜜多非行非不行、非引非不引、非修非不修,當得一切智智不?」

「不爾!善現!」*11 (CBETA, T07, no. 220, p. 332b[10-15])

 sher phyin: v.028, p. 269[04-08] 《合論》: v.051, p. 323[01-07]

②依諸法實相說得一切智智

(47.3.9)由顛倒執真實義故,於不如實義分別執著

由顛倒執真實義故,於不如實義,分別執著。於彼等

　　　　　違菩薩道法，執為實所受用。

　卷 461〈巧便品 68〉：

「世尊！若爾諸菩薩摩訶薩云何當得一切智智？」

「善現！諸菩薩摩訶薩當得一切智智如真如。」

「世尊！云何真如？」

「善現！如實際。」

「世尊！云何實際？」

「善現！如法界。」*12

　　(CBETA, T07, no. 220, p. 332b$^{15-18}$)

　　sher phyin：　v.028, p. 269$^{08-13}$　《合論》：v.051, p. 323$^{08-15}$

③如我畢竟空說得一切智智

47.4 實執能取分別

　　大乘修道加行位就境差別，第一實執有九分別。此九分別，當知即是修所斷第一能取分別也。

(47.4.1)自在補特伽羅，執為實能受用者之俱生分別

　　自在補特伽羅非實有生，是依五蘊施設為有情，執為實能受用者之俱生分別。

　卷 461〈巧便品 68〉：

「世尊！云何法界？」

「善現！如我界、有情界、命者界、生者界、養者界、士夫界、補特伽羅界。」

「世尊！云何我界乃至補特伽羅界？」

「善現！於意云何？若我、若有情、若命者、若生者、若養者、若士夫、若補特伽羅為可得不？」

「不也！世尊！」

「善現！若我乃至補特伽羅既不可得，我當云何可施設我界乃至補特伽羅界？*13

④行不可施設法當得一切智智

　　如是，善現！若菩薩摩訶薩不施設般若波羅蜜多，亦不施設一切智智，亦不施設一切法，是菩薩摩訶薩定當證得一切智智。」*13

⑤廣明不可施設行

❶一切法皆不可施設

具壽善現復白佛言：

「為但般若波羅蜜多不可施設，為靜慮波羅蜜多乃至布施波羅蜜多亦
　不可施設耶？」

佛告善現：

「非但般若波羅蜜多不可施設，靜慮波羅蜜多乃至布施波羅蜜多亦不
　可施設，若聲聞法、若獨覺法、若菩薩法、若如來法亦不可施設。
　善現！以要言之，一切法若有為若無為皆不可施設！」

❷依勝義說諸法不可得

具壽善現復白佛言：

「若一切法皆不可施設，云何可施設是地獄、是傍生、是鬼界、是人、
　是天、是預流、是一來、是不還、是阿羅漢、是獨覺、是菩薩、是
　如來、是一切法耶？」

佛告善現：「於意云何？有情施設及法施設實可得不？」

善現對曰：「不也！世尊！」

佛告善現：

「若有情施設及法施設實不可得，我云何可施設是地獄、是傍生、是
　鬼界、是人、是天、是預流、是一來、是不還、是阿羅漢、是獨覺、
　是菩薩、是如來、是一切法？如是，善現！諸菩薩摩訶薩行深般若
　波羅蜜多時，應學一切法皆不可施設而趣無上正等菩提。」*13

(CBETA, T07, no. 220, p. 332b^{18}–c^{16})

sher phyin: v.028, pp. 269^{13}–271^{20} 《合論》: v.051, pp. 323^{16}–326^{04}

(3)廣明般若之行法

①明無所行

❶修學不增不減法

(47.4.2)緣諸法唯由心現，故於五蘊等施設為法之補特伽羅執為實有等

卷461〈巧便品68〉：具壽善現白言：

「世尊！諸菩薩摩訶薩行深般若波羅蜜多時，豈不應於色學？豈不應
　於受、想、行、識學？如是乃至豈不應於一切智智學？」

(CBETA, T07, no. 220, p. 332c$^{16-19}$)

sher phyin: v.028, pp. 271^{20}–272^{12} 《合論》: v.051, p. 326$^{05-19}$

(47.4.3)緣觀一切法，由名言有故非空之補特伽羅執

為實有

佛告善現：

「諸菩薩摩訶薩行深般若波羅蜜多時，應於色學不增不減，應於受、想、行、識學不增不減，如是乃至應於一切智智學不增不減。」

1.法不生不滅 (無相解脫門)

具壽善現白言：

「世尊！諸菩薩摩訶薩行深般若波羅蜜多時，應云何於色學不增不減？應云何於受、想、行、識學不增不減？如是乃至應云何於一切智智學不增不減？」

佛告善現：

「諸菩薩摩訶薩行深般若波羅蜜多時，以不生不滅故於色應學，以不生不滅故於受、想、行、識應學，如是乃至以不生不滅故於一切智智應學。」

2.不起不作諸行 (無作解脫門)

具壽善現白言：

「世尊！諸菩薩摩訶薩行深般若波羅蜜多時，應云何以不生不滅故於色學？應云何以不生不滅故於受、想、行、識學？如是乃至應云何以不生不滅故於一切智智學？」

佛告善現：

「諸菩薩摩訶薩行深般若波羅蜜多時，應於色不起不作諸行若修若遣故學，應於受、想、行、識不起不作諸行若修若遣故學，如是乃至應於一切智智不起不作諸行若修若遣故學。」

3.觀諸法自相空 (空解脫門)

具壽善現白言：

「世尊！諸菩薩摩訶薩行深般若波羅蜜多時，應云何於色不起不作諸行若修若遣故學？應云何於受、想、行、識不起不作諸行若修若遣故學？如是乃至應云何於一切智智不起不作諸行若修若遣故學？」

佛告善現：

「諸菩薩摩訶薩行深般若波羅蜜多時，應以觀一切法自相皆空，於色不起不作諸行若修若遣故學；應以觀一切法自相皆空，於受、想、行、識不起不作諸行若修若遣故學；如是乃至應以觀一切法自相皆空，於一切智智不起不作諸行若修若遣故學。」

(CBETA, T07, no. 220, pp. 332c¹⁹–333a¹⁹)

卷 462〈巧便品 68〉：第二分巧便品第六十八之三

爾時，具壽善現白佛言：

「世尊！云何菩薩摩訶薩行深般若波羅蜜多時，應觀一切法自相皆空？」

佛言：

「善現！諸菩薩摩訶薩行深般若波羅蜜多時，應觀色由色空，應觀受、想、行、識由受、想、行、識空；應觀眼處由眼處空，應觀耳、鼻、舌、身、意處由耳、鼻、舌、身、意處空；應觀色處由色處空，應觀聲、香、味、觸、法處由聲、香、味、觸、法處空；應觀眼界由眼界空，應觀耳、鼻、舌、身、意界由耳、鼻、舌、身、意界空；應觀色界由色界空，應觀聲、香、味、觸、法界由聲、香、味、觸、法界空；應觀眼識界由眼識界空，應觀耳、鼻、舌、身、意識界由耳、鼻、舌、身、意識界空；應觀眼觸由眼觸空，應觀耳、鼻、舌、身、意、觸由耳、鼻、舌、身、意觸空；應觀眼觸為緣所生諸受由眼觸為緣所生諸受空，應觀耳、鼻、舌、身、意觸為緣所生諸受，由耳、鼻、舌、身、意、觸為緣所生諸受空；應觀地界由地界空，應觀水、火、風、空、識界由水、火、風、空、識界空；應觀因緣由因緣空，應觀等無間緣、所緣緣、增上緣由等無間緣、所緣緣、增上緣空；應觀無明由無明空，應觀行、識、名色、六處、觸、受、愛、取、有、生、老死由行乃至老死空；應觀布施波羅蜜多由布施波羅蜜多空，應觀淨戒、安忍、精進、靜慮、般若波羅蜜多由淨戒、安忍、精進、靜慮、般若波羅蜜多空；應觀內空由內空空，應觀外空、內外空、空空、大空、勝義空、有為空、無為空、畢竟空、無際空、散無散空、本性空、自共相空、一切法空、不可得空、無性空、自性空、無性自性空由外空乃至無性自性空空；應觀真如由真如空，應觀法界、法性、不虛妄性、不變異性、平等性、離生性、法定、法住、實際、虛空界、不思議界由法界乃至不思議界空；應觀苦聖諦由苦聖諦空，應觀集、滅、道聖諦由集、滅、道聖諦空；應觀四念住由四念住空，應觀四正斷、四神足、五根、五力、七等覺支、八聖道支由四正斷乃至八聖道支空；應觀四靜慮由四靜慮空，應觀四無量、四無色定由四無量、四無色定空；應觀八解脫由八解

脫空，應觀八勝處、九次第定、十遍處由八勝處、九次第定、十遍處空；應觀空解脫門由空解脫門空，應觀無相、無願解脫門由無相、無願解脫門空；應觀淨觀地由淨觀地空，應觀種姓地、第八地、具見地、薄地、離欲地、已辦地、獨覺地、菩薩地、如來地由種姓地乃至如來地空；應觀極喜地由極喜地空，應觀離垢地、發光地、焰慧地、極難勝地、現前地、遠行地、不動地、善慧地、法雲地由離垢地乃至法雲地空；應觀一切陀羅尼門由一切陀羅尼門空，應觀一切三摩地門由一切三摩地門空；應觀五眼由五眼空，應觀六神通由六神通空；應觀如來十力由如來十力空，應觀四無所畏、四無礙解、大慈、大悲、大喜、大捨、十八佛不共法由四無所畏乃至十八佛不共法空；應觀三十二大士相由三十二大士相空，應觀八十隨好由八十隨好空；應觀無忘失法由無忘失法空，應觀恒住捨性由恒住捨性空；應觀一切智由一切智空，應觀道相智、一切相智由道相智、一切相智空；應觀預流果由預流果空，應觀一來、不還、阿羅漢果、獨覺菩提由一來、不還、阿羅漢果、獨覺菩提空；應觀一切菩薩摩訶薩行由一切菩薩摩訶薩行空，應觀諸佛無上正等菩提由諸佛無上正等菩提空，應觀一切智智由一切智智空。如是，善現！諸菩薩摩訶薩行深般若波羅蜜多時，應觀一切法自相皆空。」

❷無所行是行般若

　1.無所行是行般若

　　具壽善現復白佛言：

　　「若色由色空，受、想、行、識由受、想、行、識空，如是乃至一切智智由一切智智空，云何菩薩摩訶薩行深般若波羅蜜多？」

　　佛告善現：「若菩薩摩訶薩都無所行，是行深般若波羅蜜多。」

　2.釋因由 (諸法自性空故)

　　具壽善現復白佛言：

　　「世尊！何緣菩薩摩訶薩都無所行，是行深般若波羅蜜多？」

　　佛告善現：

　　「由深般若波羅蜜多不可得，菩薩摩訶薩亦不可得，行亦不可得，若能行者、若由此行、行時、行處皆不可得。

　　是故，善現！諸菩薩摩訶薩都無所行是行深般若波羅蜜多，以於其中一切戲論不可得故。」*14

②明無所得行

❶以不二平等顯無所得

1.初發心即學無所得

具壽善現復白佛言：

「世尊！若菩薩摩訶薩都無所行是行深般若波羅蜜多，初修業菩薩摩訶薩云何行深般若波羅蜜多？」

佛告善現：

「諸菩薩摩訶薩從初發心，應於一切法常學無所得，如是學已，用無所得而為方便，應修布施波羅蜜多乃至般若波羅蜜多，應住內空乃至無性自性空，應住真如乃至不思議界，應住苦、集、滅、道聖諦，應修四念住乃至八聖道支，應修四靜慮、四無量、四無色定，應修八解脫乃至十遍處，應修空、無相、無願解脫門，應修菩薩摩訶薩地，應修一切陀羅尼門、三摩地門，應修五眼、六神通，應修如來十力乃至十八佛不共法，應修無忘失法、恒住捨性，應修一切智、道相智、一切相智，應修一切菩薩摩訶薩行，應修諸佛無上正等菩提，應修一切智智。」

2.辨有所得、無所得義 (有二相是有所得、無二相是無所得)

具壽善現白言：「世尊！云何名有所得？云何名無所得？」

佛言：「善現！諸有二者名有所得，諸無二者名無所得。」

具壽善現復白佛言：「云何有二名有所得？云何無二名無所得？」

佛告善現：

「眼、色為二，乃至意、法為二，有色、無色為二，有見、無見為二，有對、無對為二，有漏、無漏為二，有為、無為為二，世間、出世間為二，生死、涅槃為二，異生法、異生為二，預流法、預流為二，乃至獨覺菩提、獨覺為二，菩薩摩訶薩行、菩薩摩訶薩為二，佛無上正等菩提、佛為二，如是一切有戲論者皆名為二，諸有二者皆有所得。善現！非眼、非色為無二，乃至非意、非法為無二，如是乃至非佛無上正等菩提、非佛為無二，如是一切離戲論者皆名無二，諸無二者皆無所得。」

3.有所得、無所得平等，是真無所得

具壽善現白言：「世尊！為有所得故無所得？為無所得故無所得？」

佛言：

「善現！非有所得故無所得，非無所得故無所得，然有所得、無所

得平等性名無所得。如是，善現！諸菩薩摩訶薩於有所得、無所
得平等性應勤修學。善現！諸菩薩摩訶薩如是學時，名學般若波
羅蜜多無所得者。」

(CBETA, T07, no. 220, pp. 333a²⁷–334b²¹)

sher phyin:　v.028, pp. 272¹²–277¹³　《合論》：v.051, pp. 326²⁰–332⁰⁵

❷行無所得般若，能從一地至一地

(47.4.4)於諸法起實貪著之補特伽羅執為實有

又緣未斷一切執著，故於諸法起實貪著之補特伽羅執
為實有。

卷 462〈巧便品 68〉：爾時，具壽善現白佛言：

「世尊！若菩薩摩訶薩行深般若波羅蜜多時，不著有所得，不著無所
得，是菩薩摩訶薩云何修行甚深般若波羅蜜多，能從一地至一地漸
次圓滿？若無從一地至一地漸次圓滿，云何能得一切智智？」

佛言：

「善現！諸菩薩摩訶薩行深般若波羅蜜多時，非住有所得行深般若波
羅蜜多，能從一地至一地漸次圓滿得一切智智，非住無所得行深般
若波羅蜜多，能從一地至一地漸次圓滿得一切智智。所以者何？善
現！甚深般若波羅蜜多無所得，一切智智亦無所得，行深般若波羅
蜜多者亦無所得，此無所得亦無所得。善現！諸菩薩摩訶薩應如是
行甚深般若波羅蜜多。」

(CBETA, T07, no. 220, p. 334b²²–c⁶)

sher phyin:　v.028, pp. 277¹³–278⁰⁷　《合論》：v.051, p. 332⁰⁶–²⁰

❸諸法無所得故，行般若具諸善法

1.行般若故，不得諸法相

(47.4.5)緣能簡擇諸實性之補特伽羅執為實有

卷 462〈巧便品 68〉：具壽善現復白佛言：

「若甚深般若波羅蜜多不可得，一切智智亦不可得，能行深般若波
羅蜜多者亦不可得，云何菩薩摩訶薩行深般若波羅蜜多時，於一
切法常樂決擇？謂此是色，此是受、想、行、識，此是眼處乃至
意處，此是色處乃至法處，此是眼界乃至意界，此是色界乃至法
界，此是眼識界乃至意識界，此是眼觸乃至意觸，此是眼觸為緣
所生諸受，乃至意觸為緣所生諸受，此是地界乃至識界，此是因

緣乃至增上緣，此是無明乃至老死，此是布施波羅蜜多乃至般若
波羅蜜多，此是內空乃至無性自性空，此是真如乃至不思議界，
此是苦、集、滅、道聖諦，此是四念住乃至八聖道支，此是四靜
慮、四無量、四無色定，此是八解脫乃至十遍處，此是空、無相、
無願解脫門，此是淨觀地乃至如來地，此是極喜地乃至法雲地，
此是一切陀羅尼門、三摩地門，此是五眼、六神通，此是如來十
力乃至十八佛不共法，此是三十二大士相、八十隨好，此是無忘
失法、恒住捨性，此是一切智、道相智、一切相智，此是預流果
乃至獨覺菩提，此是一切菩薩摩訶薩行，此是諸佛無上正等菩
提，此是一切智智？」

佛告善現：

「諸菩薩摩訶薩行深般若波羅蜜多時，雖於諸法常樂決擇而不得
色，亦不得受、想、行、識，乃至亦不得一切智智。」

(CBETA, T07, no. 220, pp. 334c^6–335a^2)

sher phyin: v.028, pp. 278^{07}–279^{16} 《合論》：v.051, pp. 332^{21}–334^{11}

2.行無所得故，具足諸善法

(47.4.6)緣不求三所為事而求苦寂滅事之補特伽羅執為實有

卷 462〈巧便品 68〉：具壽善現復白佛言：

「諸菩薩摩訶薩行深般若波羅蜜多時，若不得色，亦不得受、想、
行、識乃至亦不得一切智智者，云何能圓滿布施波羅蜜多乃至般
若波羅蜜多？若不能圓滿布施波羅蜜多乃至般若波羅蜜多，云何
能入菩薩正性離生？若不能入菩薩正性離生，云何能成熟有情？
若不能成熟有情，云何能嚴淨佛土？若不能嚴淨佛土，云何能得
一切智智？若不能得一切智智，云何能轉正法輪作諸佛事？若不
能轉正法輪作諸佛事，云何能解脫無量、無數百千俱胝那庾多諸
有情眾生老病死，令得究竟安樂涅槃？」

佛告善現：

「諸菩薩摩訶薩行深般若波羅蜜多時，不為色故行深般若波羅蜜
多，亦不為受、想、行、識故行深般若波羅蜜多，乃至亦不為一
切智智故行深般若波羅蜜多。」*15

③明無為無作行

❶正明無為無作

具壽善現復白佛言：

「諸菩薩摩訶薩行般若波羅蜜多時，為何事故行深般若波羅蜜多？」

佛告善現：

「諸菩薩摩訶薩行深般若波羅蜜多時，無所為故行深般若波羅蜜多。何以故？善現！一切法無為無作，甚深般若波羅蜜多亦無為無作，一切智智亦無為無作，諸菩薩摩訶薩亦無為無作。如是，善現！諸菩薩摩訶薩應以無為無作而為方便，行深般若波羅蜜多。」

(CBETA, T07, no. 220, p. 335a[2-26])

sher phyin:　v.028, pp. 279[16]–281[17]　《合論》：v.051, pp. 334[12]–336[12]

❷釋分別三乘疑

(47.4.7)緣由色等不可得故三乘出離之補特伽羅執為實有

卷462〈巧便品68〉：具壽善現復白佛言：

「若一切法無為無作，不應施設三乘有異，謂聲聞乘、若獨覺乘、若無上乘。」

佛告善現：

「非無為無作法施設可得，要有為有作法施設可得。所以者何？善現！有諸愚夫無聞異生，執著色，執著受、想、行、識，乃至執著一切智智。由執著故，念色得色，念受、想、行、識得受、想、行、識，乃至念一切智智得一切智智。由念得故，作是思惟：『我定當得一切智智，脫諸有情生老病死，令得究竟安樂涅槃。』善現！是諸愚夫無聞異生，由顛倒故作是思惟則為謗佛。所以者何？善現！佛以五眼求色不可得，求受、想、行、識不可得，乃至求一切智智不可得，求諸有情亦不可得。彼諸愚夫無聞異生，盲無慧目執著諸法，若當證得一切智智，脫諸有情生老病死，令得究竟安樂涅槃，必無是處！」

❸釋分別三聚疑

具壽善現復白佛言：

「若諸如來、應、正等覺，以淨五眼求色不可得，求受、想、行、識不可得，乃至求一切智智不可得，求諸有情亦不可得，應無證得一切智智，脫諸有情生老病死，令得究竟安樂涅槃，云何世尊自能證得一切智智，安立有情三聚差別，謂正性定聚、邪性定聚及不定聚？」

佛告善現：

「我證無上正等菩提，以淨五眼如實觀察，決無有情實能證得一切智智，安立有情三聚差別。然諸有情愚癡顛倒，於非實法起實法想，於非實有情起實有情想，我為除遣彼虛妄執，依世俗說不依勝義。」

*16

④明不住行

❶正明不住

具壽善現復白佛言：「如來為住勝義，證得一切智智耶？」

佛言：「不爾！」

善現復問：「如來為住顛倒證得一切智智耶？」

佛言：「不爾！」

善現復問：

「如來若不住勝義證得一切智智，亦不住顛倒證得一切智智者，將無如來不能證得一切智智？」

佛言：

「不爾！善現當知！我雖證得一切智智然無所住，謂不住有為界，亦不住無為界。

❷舉化佛喻，示實得義

1.舉喻、合法

善現！譬如如來所變化者，雖不住有為界亦不住無為界，然有去來行住坐臥。善現！是所變化者，若行布施波羅蜜多乃至般若波羅蜜多，若住內空乃至無性自性空，若住真如乃至不思議界，若住苦、集、滅、道聖諦，若修四念住乃至八聖道支，若修四靜慮、四無量、四無色定，若修八解脫乃至十遍處，若修空、無相、無願解脫門，若修極喜地乃至法雲地，若修一切陀羅尼門、三摩地門，若修五眼、六神通，若修如來十力乃至十八佛不共法，若修無忘失法、恒住捨性，若修一切智、道相智、一切相智，若修一切菩薩摩訶薩行，若修諸佛無上正等菩提，若證一切智智，若轉法輪作諸佛事。是所變化者，復轉化作無量有情，於中安立三聚差別。善現！於意云何？是諸如來所變化者，為實有去來行住坐臥？乃至實有安立有情三聚別不？」

善現對曰：「不也！世尊！」

佛言：

「善現！如來亦爾，知一切法皆如變化，說一切法亦如變化，雖有所作而無真實，雖度有情而無所度，如所變化者度變化有情。如是，善現！諸菩薩摩訶薩行深般若波羅蜜多，應如如來所變化者，雖有所作而無執著。」

2.辨真佛、化佛之同異

具壽善現復白佛言：

「若一切法皆如變化，如來亦爾，是則如來與變化者有何差別？」

佛告善現：

「如來與彼所變化者及一切法實無差別。所以者何？善現！如來所作一切事業，所變化者亦皆能作彼所作事，如來亦能，是故如來與所變化及一切法皆無差別。」

具壽善現復白佛言：

「若無由佛所變化者，如來獨能作所作事？若無如來，彼所變化為獨能作所作事不？」

佛言：「能作。」

善現問曰：「其事云何？」

佛告善現：

「如有如來、應、正等覺名善寂慧，自應度者皆已度訖，時，無菩薩堪受佛記，便化作一佛令住世間，自入無餘依大涅槃界。時，彼化佛於半劫中作諸佛事，過半劫已，授一菩薩大菩提記現入涅槃。時，諸天、人、阿素洛等，皆謂彼佛今入涅槃，然化佛身實無起滅。如是，善現！諸菩薩摩訶薩行深般若波羅蜜多，應信知一切法皆如變化。」

(CBETA, T07, no. 220, pp. 335a^{26}–336a^{11})

sher phyin: v.028, pp. 281^{17}–288^{02} 《合論》：v.051, pp. 336^{13}–343^{01}

(47.4.8)由未正知法性，故施主等供養未能清淨之補特伽羅執為實有

卷462〈巧便品68〉：具壽善現復白佛言：

「若如來身與所變化等無差別，云何能作世間施主真淨福田？若諸有情為涅槃故，於如來所供養恭敬其福無盡，乃至最後入無餘依般涅槃界，如是若有為涅槃故供養恭敬佛變化者，所獲福聚亦應無盡，乃至最後入無餘依般涅槃界。」

佛告善現：

「如如來身由法性故，能與天、人、阿素洛等作淨福田，佛所變化
亦復如是，由法性故能與天、人、阿素洛等作淨福田。如如來身
受諸施主供養恭敬，令彼施主窮生死際其福無盡，佛所變化亦復
如是，受諸施主供養恭敬，亦令施主窮生死際其福無盡。善現當
知！且置供養恭敬如來及變化者所獲功德，若善男子、善女人
等，於如來所起慈敬心思惟憶念，是善男子、善女人等善根無盡，
乃至最後作苦邊際。善現當知！復置於佛起慈敬心思惟憶念所獲
功德，若善男子、善女人等為供養佛，下至一華散虛空中，是善
男子、善女人等善根無盡，乃至最後作苦邊際。善現當知！復置
為欲供養佛故下至一華散虛空中所獲功德，若善男子、善女人
等，下至一稱南謨佛陀、大調御士，是善男子、善女人等善根無
盡，乃至最後作苦邊際。如是，善現！於諸如來、應、正等覺大
福田所供養恭敬，獲如是等大功德利，其量難測。是故，善現當
知！如來與變化佛俱為施主，真淨福田等無差別，與諸法性為定
量故。」

(CBETA, T07, no. 220, p. 336a^{11}–b^{8})

sher phyin: v.028, pp. 288^{02}–289^{10} 《合論》: v.051, pp. 343^{02}–344^{09}

❸勸修不壞行，等心入實相

(47.4.9)由施等執實而修，般若波羅蜜多正行之補特
伽羅執為實有

又緣由於布施等執實而修，破壞波羅蜜多正行之補特
伽羅執為實有能受用者之俱生分別。

卷 462〈巧便品 68〉：

「復次，善現！諸菩薩摩訶薩應以如是諸法法性而為定量，行深般若
波羅蜜多，方便善巧入諸法法性已，而於諸法不壞法性。謂不分別：
此是般若波羅蜜多乃至布施波羅蜜多，此是般若波羅蜜多乃至布施
波羅蜜多法性；此是內空乃至無性自性空，此是內空乃至無性自性
空法性；此是真如乃至不思議界，此是真如乃至不思議界法性；此
是苦、集、滅、道聖諦，此是苦、集、滅、道聖諦法性；此是四念
住乃至八聖道支，此是四念住乃至八聖道支法性；此是四靜慮、四
無量、四無色定，此是四靜慮、四無量、四無色定法性；此是八解
脫乃至十遍處，此是八解脫乃至十遍處法性；此是空、無相、無願

解脫門，此是空、無相、無願解脫門法性；此是極喜地乃至法雲地，此是極喜地乃至法雲地法性；此是一切陀羅尼門、三摩地門，此是一切陀羅尼門、三摩地門法性；此是五眼、六神通，此是五眼、六神通法性；此是如來十力乃至十八佛不共法，此是如來十力乃至十八佛不共法法性；此是三十二大士相、八十隨好，此是三十二大士相、八十隨好法性；此是無忘失法、恒住捨性，此是無忘失法、恒住捨性法性；此是一切智、道相智、一切相智，此是一切智、道相智、一切相智法性；此是預流果乃至獨覺菩提，此是預流果乃至獨覺菩提法性；此是一切菩薩摩訶薩行，此是一切菩薩摩訶薩行法性；此是諸佛無上正等菩提；此是諸佛無上正等菩提法性，此是一切智智，此是一切智智法性。善現！諸菩薩摩訶薩行深般若波羅蜜多，不應如是分別諸法法性差別而壞法性。」*17

⑤明假名行

❶為有情假名說諸法，不壞諸法相

具壽善現白言：

「世尊！若菩薩摩訶薩行深般若波羅蜜多，不應分別諸法法性壞法性者，云何世尊自說諸法法性差別而壞法性？謂世尊說此是色，此是受、想、行、識，此是眼處乃至意處，此是色處乃至法處，此是眼界乃至意界，此是色界乃至法界，此是眼識界乃至意識界，此是眼觸乃至意觸，此是眼觸為緣所生諸受，乃至意觸為緣所生諸受，此是地界乃至識界，此是因緣乃至增上緣，此是無明乃至老死，此是內法，此是外法；此是善法，此是非善法；此是有記法，此是無記法；此是有漏法，此是無漏法；此是世間法，此是出世間法；此是共法，此是不共法；此是有諍法，此是無諍法；此是有為法，此是無為法。世尊！既說如是等法種種差別，將無世尊自壞法性？」

佛言：

「善現！我不自壞諸法法性，但以名相方便假說，令諸有情悟入諸法法性平等，出離生死證得涅槃。是故，善現！一切如來、應、正等覺雖說諸法種種名相，而能不壞諸法實性。」

❷隨世俗假立，不著名相觀無實

具壽善現復白佛言：

「若佛但以名相假說諸法法性，令諸有情方便悟入法性平等，出離生死證得涅槃，云何佛於無名相法，以名相說而言不壞？」

佛告善現：

「我隨世俗於一切法假立名相，為諸有情方便宣說而無執著，故無所
　壞。善現！如諸愚夫聞說苦等，執著名相不了假說，非諸如來及佛
　弟子聞說苦等執著名相，然如實知隨世俗說，無有真實諸法名相。
　善現！若諸聖者於名著名，於相著相，彼則亦應於空著空，於無相
　著無相，於無願著無願，於真如著真如，於法界著法界，於實際著
　實際，於無為著無為。善現！是一切法唯有假名，唯有假相而無真
　實，聖者於中亦不執著唯假名相。如是，善現！諸菩薩摩訶薩住一
　切法，但假名相行深般若波羅蜜多，而於其中無所執著。」

❸行中道般若，能得菩提度有情

具壽善現復白佛言：

「若一切法但有名相，諸菩薩摩訶薩為何事故發菩提心，受諸勤苦行
　菩薩行，謂自勤苦修行布施波羅蜜多乃至般若波羅蜜多，安住內空
　乃至無性自性空，安住真如乃至不思議界，安住苦、集、滅、道聖
　諦，修行四念住乃至八聖道支，修行四靜慮、四無量、四無色定，
　修行八解脫乃至十遍處，修行空、無相、無願解脫門，修行極喜地
　乃至法雲地，修行一切陀羅尼門、三摩地門，修行五眼、六神通，
　修行如來十力乃至十八佛不共法，修行無忘失法、恒住捨性，修行
　一切智、道相智、一切相智，修行一切菩薩摩訶薩行，修行諸佛無
　上正等菩提，修行一切智智皆令圓滿。」

佛告善現：

「以一切法但有名相，如是名相唯假施設，名相性空，諸有情類顛倒
　執著，沈淪生死不證涅槃。是故菩薩摩訶薩眾悲愍彼故發菩提心，
　受諸勤苦行菩薩行，漸次證得一切智智，既自證得一切智智，轉正
　法輪，以三乘法方便拔濟，令出生死入無餘依般涅槃界，然諸名相
　無生無滅，亦無住異施設可得。」*18

(CBETA, T07, no. 220, pp. 336b⁹–337b⁷)

sher phyin:　v.028, pp. 289¹¹–293¹³　《合論》：v.051, pp. 344¹⁰–348¹⁴

3.明三智
(1)明智淺深

47.5 假執能取分別

於五蘊等假設有情，及於彼安立之因唯現諸法假立士夫，執彼為實能受用者之心，由此修道頂加行之所摧害。故彼與修道是能治所治相繫之違品，除前實執，此是其餘九種假執分別也。

修道頂加行心心所轉無間道時，所應斷之有境分別心有九，謂：如自所緣境之體性而知者即三智，此三智有三種障。此九分別是修所斷最後之能取分別也。

卷 462〈巧便品 68〉：爾時，具壽善現白佛言：
「世尊！佛說一切智智為一切智智耶？」
佛言：「善現！我說一切智智為一切智智。」(CBETA, T07, no. 220, p. 337b[8–10])

(47.5.1)緣於斷一切相智障愚蒙之假立士夫執為實受用

由不了知一切相皆空，障一切相智，緣於斷此障愚蒙之假立士夫執為實受用者之俱生分別。

具壽善現復白佛言：
「如來曾說一切智智略有三種，謂一切智、道相智、一切相智。如是三智其相云何？有何差別？」
佛告善現：
「一切智者，謂共聲聞及獨覺智。道相智者，謂共菩薩摩訶薩智。一切相智者，謂諸如來應正等覺不共妙智。」(CBETA, T07, no. 220, p. 337b[10–15])
　　sher phyin:　v.028, pp. 293[13]《合論》: v.051, pp. 348[15]–349[15]
①一切智：觀諸法總相

(47.5.3)緣於斷一切智障愚蒙之假立士夫執為實受用

由不了知一切事，障一切智，緣於斷此障愚蒙之假立士夫執為實受用者。

卷 462〈巧便品 68〉：具壽善現復白佛言：
「何故一切智是共聲聞及獨覺智？」
佛告善現：
「一切智者，謂五蘊、十二處、十八界等差別法門，聲聞、獨覺亦能了

知法門差別,而不能知一切道相及一切法、一切種相故,一切智是共聲聞及
獨覺智。」*19

(CBETA, T07, no. 220, p. 337b^{15–20})

sher phyin: v.028, pp. – 《合論》:v.051, p. 350^{10–16}

②道相智:觀諸法總相、別相

(47.5.2)緣於斷道相智障愚蒙之假立夫執為實受用

由不了知一切道,障道相智,緣於斷此障愚蒙之假立
夫執為實受用者。

❶具足修諸道圓滿

卷 462〈巧便品 68〉:具壽善現復白佛言:

「何故道相智是共菩薩摩訶薩智?」

佛告善現:

「諸菩薩摩訶薩應學遍知一切道相,謂聲聞道相、獨覺道相、菩薩道
相、如來道相。諸菩薩摩訶薩於此諸道應當修學令速圓滿,雖令此
道作所應作,而不令其證住實際故,道相智是共菩薩摩訶薩智。」

❷嚴土熟生前不證住實際

具壽善現復白佛言:

「諸菩薩摩訶薩修如來道得圓滿已,豈於實際亦不證住?」

佛告善現:

「諸菩薩摩訶薩成熟有情、嚴淨佛土及修大願,若未圓滿猶於實際未
應證住,若已圓滿乃於實際應可證住。」(CBETA, T07, no. 220, p.
337b^{20}–c^1)

sher phyin: v.028, pp. – 《合論》:v.051, pp. 349^{16}–350^{09}

❸菩薩無所住而於實際作證

(47.5.4)於寂靜一切障道愚蒙之假立士夫緣彼執為
實受用

由不了知般若波羅蜜多,於寂靜一切障道愚蒙之假立
士夫,緣彼執為實受用者。

1.明不住證實際

卷 462〈巧便品 68〉:具壽善現復問世尊:

「諸菩薩摩訶薩為住於道證住實際耶?」

佛言：「不爾！」

善現復問：「諸菩薩摩訶薩為住非道證住實際耶？」
佛言：「不爾！」

善現復問：「諸菩薩摩訶薩為住道非道證住實際耶？」
佛言：「不爾！」

善現復問：「諸菩薩摩訶薩為住非道非非道證住實際耶？」
佛言：「不爾！」

2.無所住而證

具壽善現復白佛言：「世尊！若爾諸菩薩摩訶薩為何所住證住實際耶？」

佛言：「善現！於意云何？汝為住道得盡諸漏心解脫不？」
「不也！世尊！」

「善現！汝為住非道得盡諸漏心解脫不？」
「不也！世尊！」

「善現！汝為住道非道得盡諸漏心解脫不？」
「不也！世尊！」

「善現！汝為住非道非非道得盡諸漏心解脫不？」
「不也！世尊！」

佛言：「善現！汝何所住得盡諸漏心永解脫？」
善現對曰：「非我有住得盡諸漏心永解脫，然我盡漏心得解脫都無所住。」

佛告善現：
「諸菩薩摩訶薩亦復如是，行深般若波羅蜜多，都無所住證住實際。」*20

③一切相智：遍知諸法相、空假皆無礙

具壽善現復白佛言：「何故一切相智名一切相智耶？」

❶通達諸法寂滅相

佛告善現：
「知一切法皆同一相，謂寂滅相，是故名為一切相智。

❷通達諸法行、狀、相

復次，善現！諸行、狀、相能表諸法，如來如實能遍覺知，由是故名一切相智。」*21

(2)明斷差別

①煩惱無別，而習氣之斷有別

具壽善現復白佛言：

「若一切智、若道相智、若一切相智，如是三智，諸煩惱斷有差別不？有有餘斷、無餘斷不？」

佛告善現：

「非諸煩惱斷有差別，然諸如來一切煩惱習氣相續皆已永斷，聲聞、獨覺習氣相續猶未永斷。」

❶不得無為法，不斷煩惱

善現復問：「諸煩惱斷得無為不？」

佛言：「如是！」

善現復問：「聲聞、獨覺不得無為，煩惱斷不？」

佛言：「不爾！」

❷無為法中無差別

善現復問：「無為法中有差別不？」

佛言：「不爾！」

❸明斷煩惱習氣之差別 (習氣非煩惱)

具壽善現復白佛言：

「若無為法無差別者，佛何故說一切如來、應、正等覺習氣相續皆已永斷，聲聞、獨覺習氣相續猶未永斷？」

佛言：

「善現！習氣相續實非煩惱，然諸聲聞及諸獨覺煩惱已斷，猶有少分似貪瞋癡動發身、語，即說此為習氣相續。此在愚夫異生相續能引無義，非在聲聞、獨覺相續能引無義，如是一切習氣相續，諸佛世尊究竟無有。」*22

②三乘同證無為，世俗言說成分別

❶三乘同證實相，以無為法顯差別

具壽善現白言：

「世尊！道與涅槃俱無自性，佛何故說此是預流、此是一來、此是不

還、此是阿羅漢、此是獨覺、此是菩薩、此是如來？」

佛告善現：

「若預流、若一來、若不還、若阿羅漢、若獨覺、若菩薩、若如來，一切皆是無為所顯。」

具壽善現復白佛言：「無為法中實有預流乃至如來義差別不？」

佛言：「不爾！」

❷依世俗諦說有差別，於勝義無分別

善現復問：「若爾何故佛說預流乃至如來一切皆是無為所顯？」

佛言：

「善現！我依世俗言說顯示有預流等所顯差別，不依勝義，非勝義中可有顯示。何以故？非無為中有語言道或分別慧、若復二種，然由彼彼世俗言說諸法斷故，施設彼彼世俗言說諸法後際。」*23

③通達自相空皆不可得，則不著一切法

具壽善現復白佛言：

「若一切法自相皆空，前際尚無，況有後際，云何施設有後際耶？」

❶諸法自相空故三際不可得

佛告善現：

「如是！如是！如汝所說。諸所有法自相皆空，前際尚無，況有後際！後際實有必無是處，然諸有情不能了達諸所有法自相皆空，為益彼故方便假說：『此是前際，此是後際。』然一切法自相空中，前際後際俱不可得。

❷行自相空則不著一切法

如是，善現！諸菩薩摩訶薩達一切法自相空已，應行般若波羅蜜多。善現當知！諸菩薩摩訶薩達一切法自相皆空，修行般若波羅蜜多，於諸法中無所執著，謂不執著若內若外、若善若非善、若有記若無記、若世間若出世間、若有漏若無漏、若有為若無為諸法差別，亦不執著若聲聞法、若獨覺法、若菩薩法、若如來法，唯依世俗言說假立，不依勝義。」*24

(CBETA, T07, no. 220, pp. 337c¹–338b⁷)

4.釋般若

卷463〈巧便品68〉：「第二分巧便品第六十八之四

(1)辨名義

「爾時，具壽善現白佛言：

「世尊！如來常說甚深般若波羅蜜多，甚深般若波羅蜜多何因緣故名為般
　若波羅蜜多？」

①就正智說 (行)

　佛告善現：

「甚深般若波羅蜜多，到一切法究竟彼岸，故名般若波羅蜜多。

②就得果說 (果)

　　復次，善現！由深般若波羅蜜多，聲聞、獨覺、菩薩、如來能到彼岸，
　　故名般若波羅蜜多。(CBETA, T07, no. 220, p. 338b$^{15-24}$)

　　sher phyin:　v.028, pp. 295^{02}–299^{20} 《合論》：v.051, pp. 350^{17}–355^{12}

③就境相說 (境)

> (47.5.5)於真如等與色相應不相應而愚蒙之假立士
> 夫，緣彼執為實受用
>
> 由不了知色等所知與真如，故於真如等與色相應為一
> 性不相應為異性而愚蒙之假立士夫，緣彼執為實受用
> 者。

❶就壞虛妄義

　復次，善現！甚深般若波羅蜜多，分析諸法過極微量，竟不見有少實
　可得故，名般若波羅蜜多。」

❷就攝實相義

　卷463〈巧便品68〉：

「復次，善現！此深般若波羅蜜多，包含真如、法界、法性，廣說乃
　至不思議界，故名般若波羅蜜多。

❸就空無相義

　復次，善現！於深般若波羅蜜多，無有少法若合若散、若有色若無
　色、若有見若無見、若有對若無對，故名般若波羅蜜多。所以者何？
　甚深般若波羅蜜多，非合、非散、無色、無見、無對、一相，所謂
　無相。」*25

　(CBETA, T07, no. 220, p. 338b^{24}–c^{1})

　sher phyin:　v.028, pp. 299^{20}–300^{05} 《合論》：v.051, p. 355$^{13-21}$

(2)論力用

(47.5.6)由不了知魔性本空於大小乘道不等愚蒙假
立士夫，緣彼執為實受用者

①能生善法

卷 463〈巧便品 68〉：

「復次，善現！甚深般若波羅蜜多能生一切微妙善法，能發一切智慧辯
才，能引一切世、出世樂，能達一切甚深法義，故名般若波羅蜜多。

②無能壞者

復次，善現！甚深般若波羅蜜多理趣堅實，不可動壞，若菩薩摩訶薩
行深般若波羅蜜多，一切惡魔及魔眷屬、聲聞、獨覺、外道、梵志、
惡友、怨讎皆不能壞。所以者何？甚深般若波羅蜜多，說一切法自相
皆空，諸惡魔等皆不可得，故名般若波羅蜜多。善現！諸菩薩摩訶薩
應如實行如是般若波羅蜜多甚深義趣，謂一切法自相皆空，一切惡緣
無能動壞。」*26

(CBETA, T07, no. 220, p. 338c$^{1-12}$)

sher phyin:　v.028, p. 300$^{05-16}$　《合論》: v.051, pp. 356$^{01-11}$

(3)成觀義

(47.5.7)於苦等四諦法性愚蒙假立士夫，緣彼執為實
受用

由於宣說無常等之經義，如言執為究竟真理，故於苦
等四諦法性愚蒙假立士夫，緣彼執為實受用者。

卷 463〈巧便品 68〉：

「復次，善現！諸菩薩摩訶薩欲行般若波羅蜜多甚深義趣，應行無常義、
苦義、空義、無我義、寂靜義、遠離義，應行苦、集、滅、道慧義，應
行苦、集、滅、道智義，應行法、類、他心智義，應行世俗、勝義智義，
應行盡、無生智義，應行盡所有、如所有智義。善現！諸菩薩摩訶薩為
行般若波羅蜜多甚深義趣，應行般若波羅蜜多。」*27

(CBETA, T07, no. 220, p. 338c$^{12-19}$)

sher phyin:　v.028, pp. 300^{16}–301^{05}　《合論》: v.051, pp. 356^{12}–357^{01}

(4)明義非義

①依二諦理說

(47.5.8)於煩惱性愚蒙假立士夫，緣彼執為實受用

由不了知貪等客性與真如性故，於煩惱性愚蒙假立士夫，緣彼執為實受用者。

卷 463〈巧便品 68〉：「具壽善現白言：

「世尊！於此般若波羅蜜多深妙理中義與非義俱不可得，云何菩薩摩訶薩為行般若波羅蜜多甚深義趣，應行般若波羅蜜多？」

❶就世俗對治義說

　1.約煩惱辨

　　佛告善現：

　　「諸菩薩摩訶薩為行般若波羅蜜多甚深義趣，應作是念：『我不應行貪義非義，我不應行瞋義非義，我不應行癡義非義，我不應行邪見義非義，我不應行邪定義非義，我不應行乃至一切見趣義非義。』

　　所以者何？

　　貪欲、瞋恚、愚癡、邪見、邪定，乃至一切見趣真如、實際，不與諸法為義非義。

　2.約善、無記法辨

　　「復次，善現！諸菩薩摩訶薩為行般若波羅蜜多甚深義趣，應作是念：『我不應行色義非義，我不應行受、想、行、識義非義，我不應行眼處乃至意處義非義，我不應行色處乃至法處義非義，我不應行眼界乃至意界義非義，我不應行色界乃至法界義非義，我不應行眼識界乃至意識界義非義，我不應行眼觸乃至意觸義非義，我不應行眼觸為緣所生諸受乃至意觸為緣所生諸受義非義，我不應行地界乃至識界義非義，我不應行因緣乃至增上緣義非義，我不應行無明乃至老死義非義，我不應行布施波羅蜜多乃至般若波羅蜜多義非義，我不應行內空乃至無性自性空義非義，我不應行真如乃至不思議界義非義，我不應行苦、集、滅、道聖諦義非義，我不應行四念住乃至八聖道支義非義，我不應行四靜慮、四無量、四無色定義非義，我不應行八解脫乃至十遍處義非義，我不應行空、無相、無願解脫門義非義，我不應行淨觀地乃至如來地義非義，我不應行極喜地乃至法雲地義非義，我不應行一切陀羅尼門、三摩地門義非義，我不應行五眼、六神通義非義，我不應行如來十力乃至十八佛不共法義非義，我不應行三十二大

士相、八十隨好義非義，我不應行無忘失法、恒住捨性義非義，我不應行一切智、道相智、一切相智義非義，我不應行預流果乃至獨覺菩提義非義，我不應行一切菩薩摩訶薩行義非義，我不應行諸佛無上正等菩提義非義；我不應行一切智智義非義。』

何以故？

善現！如來得無上正等菩提時，求一切法義與非義都不可得。

❷就諸法實相義說

「善現當知！如來出世若不出世，諸法法性、法住、法定，法爾常住，無法於法為義非義。善現！諸菩薩摩訶薩應離一切義非義執，常行般若波羅蜜多甚深義趣。」

②依無作相說

具壽善現復白佛言：「何故般若波羅蜜多不與諸法為義非義？」

佛告善現：

「甚深般若波羅蜜多，為欲證入無為法故不與諸法為義非義。」

③依無增減說

具壽善現復白佛言：「豈不一切賢聖皆以無為為勝義耶？」

佛告善現：

「如是！如是！如汝所說。一切賢聖無不皆以無為而為勝義，然無為法不與諸法為益為損。善現！譬如虛空、真如、法界不與諸法為益為損，諸菩薩摩訶薩甚深般若波羅蜜多亦復如是，不與諸法為益為損，是故般若波羅蜜多不與諸法為義非義。」*28

(5)論得無得

具壽善現復白佛言：

「諸菩薩摩訶薩豈不要學無為般若波羅蜜多，乃能證得一切智智？」

佛告善現：

「如是！如是！如汝所說。諸菩薩摩訶薩要學甚深無為般若波羅蜜多，方能證得一切智智，以不二法而為方便。」

(CBETA, T07, no. 220, pp. 338c[19]–339b[20])

sher phyin:　v.028, pp. 301[05]–304[07]　《合論》：v.051, pp. 357[02]–360[04]

(47.5.9)於無二取愚蒙之假立士夫，緣彼執為實受用

由不了知二取相空，於無二取愚蒙之假立士夫，緣彼執為實受用者之俱生分別。

①示非：以二法、不二法，皆不能得一切智智

卷 463〈巧便品 68〉：「善現復問：「為以不二法得不二法耶？」

佛言：「不爾！」

善現復問：「為以二法得不二法耶？」

佛言：「不爾！」

②顯正：不取相無所得，能得一切智智

善現白言：「若無二法不以二法、不二法得，諸菩薩摩訶薩云何當得一切智智？」

佛告善現：

「二、不二法俱不可得，是故所得一切智智，不以二法、不二法得，然無所得法能得無所得。何以故？甚深般若波羅蜜多及一切智智俱不可得故。」*29

(CBETA, T07, no. 220, p. 339b$^{20-28}$)

sher phyin: v.028, p. 304$^{08-16}$ 《合論》：v.051, p. 360$^{05-17}$

5.安住般若斷能所取分別之勝利

(1)以般若方便起心無所依著

①歎般若甚深，不得有情而證得一切智智

47.6 斷除所斷之勝利

(47.6.1)一切相智即緣無實有之智

十地菩薩安住大乘上上品修道，由經多無數劫修修道故，能取所取四類分別所知障，猶如重病悉盡斷盡，具足順緣，永離違緣，譬如病者諸病痊癒，長得安樂。

卷 463〈樹喻品 69〉：第二分樹喻品第六十九

爾時，具壽善現白佛言：

「世尊！如是般若波羅蜜多最為甚深，諸菩薩摩訶薩能為難事，謂不得諸有情，亦不得彼施設而為有情，速求證得一切智智。世尊！譬如有人欲於無色、無見、無對、無所依止空中種樹，彼甚為難。諸菩薩摩訶薩亦復如是，不得有情及彼施設，而為有情速求證得一切智智極為難事。」

佛言：

「善現！如是！如是！如汝所說。如是般若波羅蜜多最為甚深，諸菩薩

摩訶薩能為難事，不得有情及彼施設，而為有情速求證得一切智智。善現當知！諸菩薩摩訶薩雖不見實有情，亦不見彼施設，而諸有情愚癡顛倒執為實有，沈溺生死受苦無窮，為拔彼故，速求證得一切智智，以巧方便而救度之。」

(CBETA, T07, no. 220, p. 339b29–c14)

sher phyin: v.028, pp. 304¹⁸–305¹³ 《合論》: v.051, pp. 360¹⁸–361¹⁴

②舉喻合法

(47.6.2)具佛所說的修道之智

> 又一切種為大悲所轉善巧成辦眾生利樂如是一切勝妙功德，自然依附彼三乘斷智德果莊嚴之菩薩，猶如四河同歸大海也。

卷 463〈樹喻品 69〉：

「譬如有人良田種樹，是人雖復不識此樹根莖、枝葉、花果受者，而種樹已，隨時溉灌勤加守護，此樹後時漸得生長，根莖、枝葉、花果茂盛，眾人受用愈疾獲安。諸菩薩摩訶薩亦復如是，雖不見有果報有情，而為有情速求證得一切智智，漸次修行布施、淨戒、安忍、精進、靜慮、般若波羅蜜多及餘無量菩提分法，既圓滿已，便能證得一切智智，令諸有情受用果報，枝葉華果各得饒益。

❶葉饒益：離三惡道

「善現當知！枝葉饒益，謂諸有情依此菩薩解脫惡趣。

❷花饒益：受人天樂

其華饒益，謂諸有情依此菩薩或生剎帝利大族，或生婆羅門大族，或生長者大族，或生居士大族，或生四大王眾天乃至或生非想非非想處天。

❸果饒益：得聖道果

其果饒益，謂此菩薩自證無上正等菩提，令諸有情或住預流果，或住一來果，或住不還果，或住阿羅漢果，或住獨覺菩提，或住無上正等菩提，是諸有情勤修善法，依三乘道漸次證得三乘涅槃，如是名為果報饒益。

③結說

善現！諸菩薩摩訶薩雖作如是大饒益事，而竟不見有實有情得涅槃者，但見妄想眾苦寂滅。如是，善現！諸菩薩摩訶薩行深般若波羅

蜜多，不得有情及彼施設，為除滅彼我執顛倒，速求證得一切智智，由是因緣極為難事。」

(2)歡斷惡道及三界苦

具壽善現白言：

「世尊！諸菩薩摩訶薩當知如佛。所以者何？依諸菩薩摩訶薩故便能永斷一切地獄、傍生、鬼界，亦能永斷一切無暇貧窮下賤三界眾苦。」

①菩薩有生善斷惡因，因如佛

佛言：

「善現如是！如是！如汝所說。諸菩薩摩訶薩應知如佛。世間若無諸菩薩眾，便無三世一切如來，亦無獨覺及聲聞眾，亦無永斷一切地獄、傍生、鬼界及餘無暇貧窮下賤三界苦時。是故，善現！汝言菩薩摩訶薩眾猶如佛者，實如所說。

②菩薩學真如，得一切智智，體如佛

復次，善現當知！菩薩摩訶薩眾即是如來。所以者何？善現！若由此真如施設如來，即由此真如施設獨覺，亦由此真如施設聲聞，亦由此真如施設一切賢聖，亦由此真如施設色、受、想、行、識，亦由此真如施設眼處乃至意處，亦由此真如施設色處乃至法處，亦由此真如施設眼界乃至意界，亦由此真如施設色界乃至法界，亦由此真如施設眼識界乃至意識界，亦由此真如施設眼觸乃至意觸，亦由此真如施設眼觸為緣所生諸受乃至意觸為緣所生諸受，亦由此真如施設地界乃至識界，亦由此真如施設因緣乃至增上緣，亦由此真如施設無明乃至老死，亦由此真如施設布施波羅蜜多乃至般若波羅蜜多，亦由此真如施設內空乃至無性自性空，亦由此真如施設苦、集、滅、道聖諦，亦由此真如施設四念住乃至八聖道支，亦由此真如施設四靜慮、四無量、四無色定，亦由此真如施設八解脫乃至十遍處，亦由此真如施設空、無相、無願解脫門，亦由此真如施設淨觀地乃至如來地，亦由此真如施設極喜地乃至法雲地，亦由此真如施設一切陀羅尼門、三摩地門，亦由此真如施設五眼、六神通，亦由此真如施設如來十力乃至十八佛不共法，亦由此真如施設三十二大士相、八十隨好，亦由此真如施設無忘失法、恒住捨性，亦由此真如施設一切智、道相智、一切相智，亦由此真如施設一切菩薩摩訶薩行，亦由此真如施設諸佛無上正等菩提，亦由此真如施設一切智智，亦由此真如施設有為界，亦由此真如施設無為界，亦由此真如施設一切法，亦由此真如施設一切有情，亦

由此真如施設一切菩薩摩訶薩。

「如是,善現!若如來真如、若獨覺真如、若聲聞真如、若一切賢聖真如、若色等一切法真如、若一切有情真如、若一切菩薩摩訶薩真如,如是真如實皆無異,由無異故說名真如。諸菩薩摩訶薩於此真如修學圓滿,便能證得一切智智,既已證得一切智智故名如來。以是因緣當知菩薩摩訶薩眾即是如來,以一切法一切有情皆以真如為定量故。*30

(3)勸學、禮敬行者

①明學真如利益

如是,善現!諸菩薩摩訶薩應學甚深般若波羅蜜多,若學甚深般若波羅蜜多則能學一切法真如,若學一切法真如則於一切法真如得自在,若於一切法真如得自在則得一切有情根勝劣智,若得一切有情根勝劣智則能具知一切有情勝解差別,若能具知一切有情勝解差別則知一切有情自業受果,若知一切有情自業受果則願智圓滿,若願智圓滿則能淨修三世妙智,若能淨修三世妙智則能圓滿一切智智,若能圓滿一切智智則能無倒行菩薩行,若能無倒行菩薩行則能常以財施、法施饒益有情,若能常以財施、法施饒益有情則能如實成熟有情,若能如實成熟有情則能如實嚴淨佛土,若能如實嚴淨佛土則能證得一切智智,若能證得一切智智則能如實轉妙法輪,若能如實轉妙法輪則能安立有情於三乘道,若能安立有情於三乘道則能令有情入無餘依般涅槃界。*31

②勸發心修般若方便善巧

如是,善現!諸菩薩摩訶薩見如是等自利利他無量功德,欲令所發大菩提心堅固不退,應勤精進修行般若波羅蜜多方便善巧。」

③世間天人皆敬禮如說行深般若者

時,具壽善現白佛言:

「世尊!若菩薩摩訶薩能發無上正等覺心,如說修行甚深般若波羅蜜多,世間天、人、阿素洛等皆應敬禮。」

佛言善現:

「如是!如是!如汝所說。若菩薩摩訶薩能發無上正等覺心,如說修行甚深般若波羅蜜多,世間天、人、阿素洛等皆應敬禮。」

(CBETA, T07, no. 220, pp. 339c^{14}–340c^{26})

sher phyin:　v.028, pp. 305^{13}–311^{17}　《合論》: v.051, pp. 361^{15}–367^{17}

註解：

*1 超越等持

此超越等持為增強定心之自在力，於修八定中間雜滅想受定、間雜不定心，作順、逆及次第、超越之修習。超越等持以師子奮迅等持為加行，圓滿修習後為修道頂加行之所依。而在〈阿毘曇〉中，不說從散心入滅盡定，亦無超二之說。

(1)間雜滅想受定

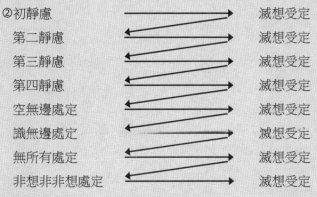

①初靜慮 —次第生→ 滅想受定 ——→ 初靜慮

②初靜慮 　　　　　　　　　滅想受定
　第二靜慮 　　　　　　　　滅想受定
　第三靜慮 　　　　　　　　滅想受定
　第四靜慮 　　　　　　　　滅想受定
　空無邊處定 　　　　　　　滅想受定
　識無邊處定 　　　　　　　滅想受定
　無所有處定 　　　　　　　滅想受定
　非想非非想處定 　　　　　滅想受定

(2)間雜不定心

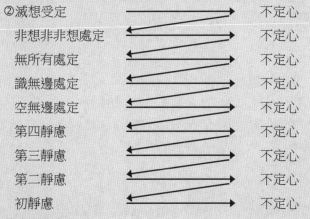

①滅想受定 ——→ 非想非非想處定 ——→ 不定心 ——→ 滅想受定

②滅想受定 　　　　　　　　不定心
　非想非非想處定 　　　　　不定心
　無所有處定 　　　　　　　不定心
　識無邊處定 　　　　　　　不定心
　空無邊處定 　　　　　　　不定心
　第四靜慮 　　　　　　　　不定心
　第三靜慮 　　　　　　　　不定心
　第二靜慮 　　　　　　　　不定心
　初靜慮 　　　　　　　　　不定心

*2 菩薩多學實無所學

(1)菩薩多學

菩薩學世間法，亦學聖道法；學諸波羅蜜亦學畢竟空；學起亦學滅。

凡夫學起不能學滅，聲聞學滅不能學起，菩薩學起亦學滅。

(2)實無所學

起滅如幻如夢，畢竟空故實無所學。

故佛說：「實無有法可令菩薩於中修學。」(皆不可得故)

*3 略廣學六度法教，則知諸法略廣相

(1)略廣學諸法教

於六度相應法教若廣若略勤修學：

①廣：八萬四千法聚、十二分教無量佛法；或言諸法種種別相分別。(別相)

②略：一品乃至一段；或言諸法之空、無相、無願、無生無滅等相。(總相)

(2)如實知諸法略廣相

於諸法教廣聽聞受持、究竟通利、如理思惟、審正觀察(廣相)；

乃至入無相三昧，心心所於所緣相不行(略相)。

菩薩能如是學，能知諸法略廣相。

*4 如實了知真如相，能知諸法略廣相

諸法真如一相，所謂無生無滅，亦無住異。

(1)如實知真如，能知諸法略廣相

真如名諸法實相，常住不壞，不隨諸觀。菩薩得如是真如，即破無明邪見等顛倒，能如實知一切世間法之總相(略)、別相(廣)。

(2)真如雖畢竟無相，但不妨知諸法總相別相

菩薩入諸法實相，不入顛倒果報六情中；念寂滅解脫樂，知世間六情所著皆是虛誑法(此為總相)，而於不淨、無常、苦、空、無我中起上中下分別皆是錯謬(別相)。

*5 無色際是色實際相

無際者，無相可取，無定法可著，即是實際相。

*6 就五蘊明行般若波羅蜜

五蘊是一切世間心所行結縛處。若以般若波羅蜜利智慧力，能破五蘊，通達令空，即是涅槃寂滅相。從寂滅出住六情中，還念寂滅相，知世間諸法皆是空、虛誑、不堅實。

是名行般若波羅蜜。

*7 就如虛空明引(生)般若波羅蜜

行般若無定相故，言語道斷故，不得說若有若無，空如虛空。

虛空中無有法生，虛空亦不能有所生，以無法、無形、無觸，無作相故。

虛空名無法，不得說 [1]常、[2]無常、[3]有、[4]無、[5]非有非無、[6]滅諸戲論，無染無著，亦無文字。

般若波羅蜜亦如是，不有不無、不常不無常等，故般若觀生，如虛空生。

是名引(生)般若波羅蜜。

*8 就壞一切法明修般若波羅蜜

菩薩若得般若入甚深禪定，以般若力觀禪定及其禪定緣皆破壞，以般若波羅蜜捨一切法，不著相故。

是名修般若波羅蜜。

(有以乾慧地為「行」，初地得無生法忍為「引(生)」，得無生法忍後為「修」。或有以初地至六地為「引(生)」，七地以上為「修」(用禪波羅蜜熏修)。)

*9 明時節

菩薩從初發心廣行般若等(等說諸道法)，至安住妙菩提座，得無礙解脫，所得諸法皆捨，此時般若等於佛心中轉名一切智智。

*10 明方法

(1)常住一切智智相應作意

　　①餘念不得入

　　　❶二種心

　　　　心有二種：一者念念生滅心；二者，相續次第(無間)生(總名一心)，而不斷滅。

　　　　若念念生滅中，不應以後心知前心事；若相續不斷中，則有斯義。

　　　　佛說：「心住者，當觀無常相。」以心相續不斷故，名為心住；相續中念念生滅故，當

　　　　觀無常相。如燈燄，雖有生滅，相續不斷故，名為燈炷，而有其用；若以燄中生滅故，

　　　　則無燈用。心亦如是，有二種義故無咎，雖念念滅，以不斷故，而有其用。(《鳩摩羅什

　　　　法師大義》下)

　　　❷餘念不入

　　　　相續次第(無間)生故，雖多，名為一心。是時，不令貪恚等心相續得入。初發心菩薩若

　　　　貪恚等心久住則能障般若波羅蜜，若念少則不能為害。而大菩薩雖行餘諸善法，皆與般

　　　　若和合，能令念念中餘心不入。

　　②常住一切智智相應作意

　　　若常住一切智智作意，心無餘向，縱使死急事至，亦不忘一切智智，餘念不得入。

(2)心心所法於境不轉

　　若心心所法不轉，是為行般若波羅蜜，引(生)般若波羅蜜，修般若波羅蜜。

　　問：若凡夫入無想定、生無想天；聖人住有餘涅槃入滅盡定；聖人入無餘涅槃，其心心所法

　　　　皆不轉。

　　　　菩薩行般若時，云何亦說心心所法不轉？

　　答：有三說：

　　　　①此為阿毘曇中說，非大乘中義。

　　　　　「謂住無想、滅盡等至，諸心心所一切不行，爾時心心所法不起不滅。」《大毘婆沙

　　　　　　論 151》

　　　　　「入無餘依涅槃界者，滅一切有所緣法，心心所法不起不滅。住滅定者，亦滅一切有

　　　　　　所緣法，心心所法不起不滅。」《大毘婆沙論 154》

　　　　②約無相三昧說

　　　　　般若波羅蜜即是涅槃相，故不應有心心所法。

　　　　　❶涅槃無相法非可緣

　　　　　　無相三昧中，色等諸相滅，以無相故，不應生心心所法。(此非無想定、滅盡定。)

　　　　　　三解脫門中思惟涅槃，得定心住定住，是名無相三昧。此中，涅槃無相，而無相三

　　　　　　昧行有相。涅槃無相、無量、不可思議，即是無相無緣法，不可說緣。此中緣涅槃

　　　　　　之心心所法若是實，則非如一切有為生法皆是虛誑相；若是不實，則不能見涅槃，

　　　　　　故不言涅槃有相可緣。

　　　　　❷涅槃實無相，假名說有三相

　　　　　　為破有為法三相，故說無生、無滅、無住異，而實無別無生、無滅、無住異法。有

　　　　　　為法之實相即是無為，離有為相，無為相亦不可得。無為但有假名，無有自相。若

　　　　涅槃有相，即是有定相可取，便是戲論；戲論故有諍訟，若有諍訟瞋恚，尚不得生天人中，何況涅槃。

　　③約真實離妄說

　　　　以先世無明顛倒邪見因緣，而得是身。身中心心所法雖善，因緣生故無自性，虛誑不實；善心果報受人天福樂，皆是無常能生大苦，亦是虛誑不實，何況不善、無記心。般若波羅蜜真實不虛誑，故心心所法不轉。

*11 修、不修、修不修、非修非不修

　「修」是常行積集，皆應是心心所法。此「修」尚不可得，何況「不修」。

　若言真諦理則「不修」，世諦有觀心故言「修」；般若無為法故「不修」，能觀實相故「修」。此二俱有過，故言「非修非不修」。(若取相著心問，有過；若以不取相心說則無過。)

*12 依諸法實相說得一切智智

　若以四句問，皆言不可得，則云何可得？

　(1)如「真如」得。

　(2)如「實際」得。

　　真如無一定相，是諸法體性；實際是行者心所取證，雖是一物，而觀時異。故佛以善現所得之「實際」譬喻「真如」。

　(3)如「法界」得。

　　從見諦道、有學道中能觀諸法如；而無學道中煩惱盡故，定心作證，定心作證故，於一切總相、別相中通達，名為法性(法界)。

　　又欲以我性、眾生性說畢竟空，故法性後說；諸法本生處名為「性」，故此中以「法性」(法界)譬喻「實際」。

*13 不施設(不可說)一切法

　有情及法實不可得，但有假名，不可分別(施設)若有若無。

　　從分別有情等故有諸道名，而有情實不可得。

　若我、有情乃至補特伽羅不可得(非實有)，不可施設(不可說)有我界(性)乃至補特伽羅界(性)。一切法亦如是，不施設般若波羅蜜、不施設一切智智。菩薩若能行如是不可說法，當證得一切智智。

*14 無所行

　(1)修學不增不減法

　　問：前說「應學一切法不可施設」，菩薩行般若時，豈不應於色等諸法學？

　　答：菩薩行(學)般若時，雖於諸法學，但應於諸法作不增不減學。

　　　不增：但見四大及所造色和合成身者，則不生著，是為不增。若於是身中起男女好醜長短相，謂為正實生染著心，是為增。

　　　不減：為破色使空，心著是空，是為減。若不著空，是為不減。

　　①學「不生不滅」

　　　問：云何學不增不減？

　　　答：應以不生不滅故於諸法學。(學不生不滅法，即是學不增不減。)(此為無相解脫門)

②不起不作諸行業

　　問：云何以不生不滅故學？

　　答：應不起不作諸行業若修(有)若遣(無)故學。　(此為無作解脫門)

　　　　起有業：指起欲有、色有、無色有之業。

　　　　起無業：指起離般若正觀，以邪見心欲強滅三有之業。(斷滅邊)

　　　　若菩薩知諸法實相，所謂不生不滅(無相解脫門)，是故不作三種業，不起業相應諸法(無作解脫門)。

③觀諸法自相空

　　問：云何不起不作諸行業故學？

　　答：應觀諸法自相空故學。　(此為空解脫門)

　　　　菩薩行般若時，應觀諸法自相空，所謂色、由色(色相)空，乃至一切智智、一切智智相空。爾時，菩薩能於一切法中行自相空，又能不起不作諸行業。

　　　　如是行般若時，應行諸法自相空。

(2)無所行是行般若

以諸法自性空故，般若、菩薩、行、行者、行法、行處皆不可得，故菩薩都<u>無所行</u>，是行般若波羅蜜多。

(此中由人、法空不可得，以無戲論顯真行。)

*15 無所得行

若菩薩無所行般若波羅蜜行，則初修業者應如何行？

(1)應學無所得法

佛說：「應常學無所得法，以無所得為方便修布施等。」

此無所得法即是無所行。

　　諸法實相畢竟空，畢竟空中無有法可得(若有若無)；菩薩住如是智慧心中，應若多若少布施；而以平等觀(皆不可得)布施物、施者、受者。如是乃至修一切智智。

(2)有所得、無所得

　　①明正

　　　❶有所得：有二相，此為世間顛倒。(分別眼、色，意、法；佛、菩提等相待法。)

　　　❷無所得：無二相，即是涅槃。

　　　諸有為法，皆屬因緣，因屬果，果屬緣，無有定自在者。凡夫無智，分別諸相待二法，作善、不善業；智者知二法皆虛誑，屬因緣，不以是二為二。

　　②顯非

　　　問：從有所得法中無所得？從無所得法中無所得？

　　　　　(為緣諸法取相行道故，得畢竟空無所得？為不緣不取相不行道故，得畢竟空無所得？)

　　　答：1.有所得中得無所得：有所得即是顛倒，行顛倒云何得實？

　　　　　2.無所得中得無所得：無所得即是無所有，無所有云何能生無所有？

　　　　　此二皆有過失。

　　③有所得無所得平等性

有所得、無所得平等，方是真無所得。(平等即是畢竟空、無所得)

因無所得破有所得，事既辦亦捨無所得。

如是菩薩於有所得無所得平等般若中學。

(3)行無所得般若

若般若不可得、菩提不可得、菩薩不可得，云何學般若分別諸法相？云何能具足諸波羅蜜善法？云何能入菩薩正性離生位？云何能成熟有情、嚴淨佛土？

佛告善現：「菩薩不以得色等諸法相故行般若。」

行無所得般若，能從一地至一地，能具諸善法。

*16 無為無作行

(1)無為無作

諸法空、無相、無作、無起，般若波羅蜜、菩薩、菩提亦無相、無作、無起。菩薩為諸法實相故行般若，非以顛倒有所為故。菩薩應以無為無作為方便，於無作般若中行無作無起。

(2)云何有三乘？

若諸法無為無作，云何施設有三乘？

非無為無作法施設可得，要有有為有作法施設可得。

凡夫未得道，著五蘊，亦著空、無作、無起法，執著一切智智、執著有有情可度脫。

佛以五眼求諸法不可得，一切智智、有情不可得。

(3)云何有情三聚差別？

若如來以五眼求諸法不可得，一切智智、有情不可得，應無證得一切智智、度脫有情。云何如來自能證一切智智，安立有情三聚差別？

佛證無上菩提，以淨五眼如實觀察，觀有情一聚不可得，云何有三？

但為欲破顛倒，分別有三：

正定者能破顛倒；邪定者必不能破顛倒，不定者得因緣能破，不得則不能破。

此皆以世俗法故說，非依勝義。

(4)〈俱舍論〉10

①正性定聚：見道後之聖者斷盡見惑等，必定入於擇滅。(涅槃，謂之正性)

②邪性定聚：犯五無間業者，必入地獄。(三惡趣稱為邪性)

③不定性聚：其餘依緣次第不定者。

*17 不住行

(1)不住

①勝義、顛倒二處皆不住

顛倒有法中不可住，而勝義無所有亦不可住。

②實得菩提，但無所住

如來實得一切智智，但無所住。

有為性虛誑不實，無為性空無所有，皆不可住。

(2)舉化佛喻

①舉喻、合法

化佛不住有為性、不住無為性，而能來去、說法。

如來所變化者，雖不言實有來去，不言實有安立有情三聚，但有情眼見似有所行。

如來亦爾，知一切法皆如變化，說一切法亦如變化，雖有所作而無真實，雖度有情而無所度。故菩薩行深般若，應如如來所變化者，雖有所作而無執著。

②真佛化佛之同異

❶供養化佛真佛，其福不異

佛得諸法實相故，供養得福無盡；化佛亦不離實相故，若供養者心能不異，其福亦等。(若惡心出化佛身血，逆罪亦等。)

❷隨世間故結戒，意業最大，心等罪福亦等

為世間事、攝眾僧故結戒，不論實相。(有後世罪重而戒輕者，有後世罪輕而戒重者。)

意業最大，非身口業，若心等，罪福不異。

❸以恭敬心念佛、散華念佛，稱南無佛，即使是石泥像，其福不盡。

以是種種因緣故，真佛化佛無異；於佛福田供養者，其福無量，以一切法實相無別無異故。

(3)勸修不壞行，等心入實相

菩薩行般若波羅蜜，入諸法實相。是諸法實相中，不應分別諸法法性差別而壞法性。

*18 假名行

(1)為有情假名說諸法

佛雖以種種分別說諸法，但以言說欲令有情得解，心無所著，不壞諸法法性。

(2)隨世俗假立言說，於中無有名相著處。菩薩入名相等諸法門中，住是名相般若，應觀一切法無有實。

(3)菩薩知諸法名相等空，則離世間顛倒；亦知名相空，亦離名相空，如是離有離無處中道，以三乘法方便能度有情。

*19 一切智

一切智是共聲聞獨覺智，能知蘊處界等差別法門，能知法之總相皆是無常、苦、空、無我等。

*20 道相智

(1)具足修諸道圓滿

①道有四種：(人天)福樂道、聲聞道、獨覺道、菩薩道。

❶福樂道：十善、布施諸福德。　　　　　　❷聲聞、獨覺道：三十七道品等。

❸菩薩道：三十七道品及六波羅蜜。(菩提大道)

②菩薩法是應了知諸道法，引導有情著菩提大道中；若不任入大道者，著二乘中；若不任入涅槃者，著人天福樂中，做涅槃因緣。菩薩以此等道但為有情，而以佛道為自為、為他。

③菩薩

❶於此諸道應當了知、修學令速圓滿；　　　❷令此道作所應作；

❸而不證住實際，是為共菩薩之道相智。

(2)嚴土熟生前不取證

菩薩應具足一切道，以是道化有情。雖出入是道，未教化有情、嚴淨國土前不取證。具足已，然後坐道場乃取證。

(3)無所住而於實際作證

　　①不住「道」中取證

　　　　❶住道中作證有二過失：

　　　　　1.有結使者不應有畢竟清淨正智，若有正智，則與佛無異。若與佛異，應有煩惱習氣之過失。

　　　　　2.有為法皆是虛誑，和合而有，假名無實。

　　　　　故說「不住道中證實際」。

　　　　❷住「非道」中：住「道」中尚不可得，何況非道。

　　　　❸「道非道」亦有二過失。

　　　　❹「非道非不道」：以著心取相故，不證實際。

　　②無所住而證

　　　　「住」是取相，定有是法。為求無為勝法故，不住有為法，以不用故，不於中住。

　　　　住名相凡夫法中，便有分別，分別此是漏盡，此是解脫。得無相法，則無所分別。

　　　　善現雖得心解脫，而仍以著相之戲論四句問「住道非道等證實際」。

　　　　佛為無相法故，反問善現：「汝得心解脫時住四句中得證耶？」

　　　　善現答：「不也！我無所住而得漏盡。」

*21 一切相智

　(1)一切相智二種相

　　　於三世法中通達無礙，知大小、麁細，無事不知。

　　　一切相智有二種相：

　　　①無相

　　　　通達諸法實相，皆同一相所謂寂滅相。

　　　　如大海水中風不能動，以其深故，波浪不起；一切相智亦如是，戲論風所不能動。

　　　②有相

　　　　諸法可以名相、文字、言說(諸行、狀、相等)，了了通達無礙。

　　　攝有、無二相，故名一切相智。

　(2)別說

　　　或有說十力、四無所畏、四無礙解、十八不共法等盡是智慧相，和合名為「一切相智」。

　　　或復有說金剛三昧次第得無礙解脫故，大小、遠近、深淺、難易無事不知。如是等種種無量因緣，名「一切相智」。

*22 斷煩惱無別，斷習氣有別

　　煩惱斷時有差別，斷已無差別；譬如刀有利鈍，斷時有遲速，斷已無差別。

　　如來煩惱及習氣皆已永斷，聲聞獨覺但斷煩惱，習氣有餘猶未永斷。

　(1)不得無為法不斷煩惱：三乘煩惱斷皆是無為。

　(2)無為法中無別：無為法無相、無量，故無差別。

　(3)斷煩惱、習氣之差別

　　　習氣實非煩惱。

聲聞獨覺雖已斷煩惱，但身口猶有少分似貪、似瞋、似痴相，凡夫愚人為之而有過失。此等三毒習氣，諸佛無有。

*23 三乘同證無為，世俗言說成分別

(1)三乘同證實相

三乘所證若預流、一來、不還、阿羅漢、獨覺、菩薩、如來，一切皆是無為法所顯。(道、涅槃俱無自性。)

(2)依世俗諦說有差別

依世俗言說故有所顯差別(說有差別)，非依勝義說有所差別(無有分別)。勝義中無為無有語言道、分別慧、或復二種，然由彼彼世俗言說但以諸法斷故，施設彼彼世俗言說諸法後際。

此中世俗言說，以斷結使故說有後際，所謂無餘涅槃。(邊名後際、前際。世間無始故無前際；入無餘涅槃故有前際，不復更出故無後際。)

*24 以自相空法行般若

(1)諸法自相空故三際不可得

自相空諸法中，前後際不可得。

①先後不可得

❶先有生，後有老死：若離老死有生，是則不死而生，是生無因無緣。

❷先有死，後有生 ：不生，云何有老死？

故先後不可得。

②一時亦不可得

故說「自相空法中，無有前後際。」

(2)行自相空則不著一切法

若以自相空法行般若，內外法乃至如來法皆不著。

*25 般若名義

(1)就正智說(行)

到一切法究竟彼岸，名般若波羅蜜多。

菩薩行者於一切法總相、別相皆能了知，智慧遍滿可知法中；所得福德智慧、六波羅蜜、三十七品具足滿；又有諸佛、菩薩、諸天佐助，能安隱得度煩惱苦海到究竟彼岸。

(2)就果法說(果)

三乘人以如是般若波羅蜜多度到彼岸，滅一切憂苦。

(3)就境相說(境)

①就壞虛妄義

在般若波羅蜜中，於一切法之內外、大小，由思惟、籌量、分別、推求，乃至微塵，不得堅實。既到微塵，則不可分別；心心所法，乃至一念中亦不可分別。心、色二法破壞，推求不得堅實，故名般若波羅蜜多。

②就攝實相義

般若攝真如、法界、法性、實際等真實不可破壞，故名般若波羅蜜多。

③就空無相義

於般若中，無有少法若合若散，以畢竟空故。般若無色無見無對，一相所謂無相。以此種種因緣，名般若波羅蜜多。

*26 般若力用

(1)能生善法

①能生一切智慧、禪定等善法。

②能生一切樂說辯才，以般若力演說一句，其種種莊嚴窮劫不盡。

③能引一切世、出世樂。

④能達甚深法義，能破邪見無明黑闇，日月不能照處，般若能照。

(2)無能壞者

菩薩行般若，魔及魔民、聲聞獨覺、外道惡人於般若中皆不可得，一切法自相皆空，諸惡緣無能動壞。

*27 般若成觀義

(1)成諸觀義

菩薩欲行般若甚深義，應(觀)行：

①無常義、苦義、空義、無我義、寂靜義、遠離義；

②苦、集、滅、道慧義；

③苦、集、滅、道智義，法、類、他心智義，盡、無生智義，世俗、勝義智義。(十一智)

④盡所有、如所有智義。

菩薩為行般若甚深義，應行般若波羅蜜。

(2)無常有二種：

①著心：若著心，戲論無常，不名行般若。

②無著心：若以無著心，不戲論無常，為破常倒，又不自生著心，是名行般若。

(3)十智與如實智(勝義智)

以十智加如實智成十一智。

是般若如大海有種種寶物，或大或小，唯一是如意寶；般若波羅蜜亦有種種智慧寶(無常等四聖行、十智)，唯有如實智如如意寶。

①如實智相

❶能知諸法實相，所謂真如、法性、實際等。

❷唯是諸佛所得。

諸佛於一切無明盡無遺餘故，能如實知。

煩惱未盡者猶有無明故，不能如實了知；二乘及大菩薩習未盡故，不能遍知一切法一切種，亦不名如實智。

②二種如實智

如實智有二種，一者遍滿具足，二者未具足。

佛具足，二乘及大菩薩未具足。

二乘及大菩薩智慧雖已破無明，佛智慧所除無明分是諸人所不能除。不得言二乘及菩薩智慧是遍如實智。

譬如闇室，為有所作故然燈，所為已辦；後來燈，其明益增。

黑闇有二分，初燈除初分；後燈除第二分。第二分闇與初燈明和合，為後燈所除。

*28 般若非義非非義

(1)依二諦理說

(問)若般若中義、非義不可得，云何為般若義趣應行般若？

(答)

①就世俗對治義說 (行觀照般若破分別)

諸法有三分，非義者貪等煩惱；義者六波羅蜜等善法；非義非非義者色等無記法。

凡夫於煩惱及行煩惱者中生怨憎心；於諸善法及行善法者中生愛念心；於無記法及行無記法者中生痴心。以是故，菩薩應作是念：「不應行諸法義非義。」

此中因緣：

❶惡、善、無記法一如相，無二無分別，無有義、非義。

❷如來得無上菩提時，不見一法若義若非義。

②就諸法實相義說

如來出世不出世，諸法實相常住，不作義、非義。

若如是知，破分別心，故應離義非義執。

(2)依無作相說

「何故般若非義非非義？」

為欲證入無為法，諸法無作無起相故無所作無能作，故般若波羅蜜不作義不作非義。

(3)依無增減說

「若諸賢聖皆以無為法為勝義，何以佛說般若不作義不作非義？」

諸聖賢雖以無為法為義，不作義非義，以無增損故。

譬如虛空真如不能增損有情，以虛空無法故，無有義非義，何況虛空真如。

虛空雖無法，一切世間因虛空故得有所作；般若波羅蜜亦如是，雖無相、無為，而因般若能行五波羅蜜等一切佛道法。

(4)若以著心故，說般若無義、非義；若無著故，但說第一實義。

若以世俗諦說有「義」，第一義中不說「義」。

*29 論有所得、無所得學般若

(1)以不二法為方便，學無為般若得一切智智

般若有二種，

①有為般若：學有為般若，能具足六波羅蜜，住十地中。

②無為般若：學無為般若，滅一切煩惱習，成佛道。

要以不二法(不分別取相)為方便，學無為般若，方能得一切智智。

(2)以二法、不二法皆不能得一切智智

不二法即是無為，無為無有得、不得相，是無為法不可行故。

二法虛誑不實故，云何行不實法而可得實法？

(3)不取相無所得，能得一切智智

若不以「二」、不以「不二」，云何當得一切智智？

佛說：「無所得即是得。」

此中之「二」、「不二」無分別，皆無所得故。

此無所得，不以有所得為行。

雖行有為法得是無所得，其心不取相故無所得。

何以故？與空、無相、無作合行故。

*30 菩薩如佛

諸法如皆一無異。菩薩學是如，必當得一切智智，是如在佛，亦在菩薩，以一相故，是名菩薩為如佛。

*31 學真如之利益

應學甚深般若 → 能學一切法真如 → 於法真如具足得自在 → 得一切有情五善根勝劣智 → 能具知一切有情勝解差別 → 知一切有情(先世)自業受果因緣 → (欲知三世事)願智圓滿 → 能淨修三世妙智 → 能圓滿一切智智 → 能無倒行菩薩行 → 能常以財、法施饒益有情 → 能如實成熟有情→ 能如實嚴淨佛土 → 能得一切智智 → 能如實轉妙法輪 → 能安立有情於三乘道 → 能令有情入無餘依般涅槃界。

第五事

第48義

[丁四]無間道頂加行
 [戊一]正說
　　　【第 48 義】：無間道頂加行　48
　　　〔義相〕：正生一切相智之菩薩究竟瑜伽，即無間道頂加行
　　　　　　　相。
　　　〔界限〕：唯在十地最後心。

1.多福喻　　48.1

[安立三千生，聲聞麟喻德，及離生菩薩，眾善為譬喻，](頌5-37)
[經以無量福，明佛無間道，無間三摩地，證一切相智。](頌5-38)

　無間頂加行，《經》中以自果多福為喻而宣說，謂若有人將三千大千世
界有情，皆安立於聲聞地，獨覺地，菩薩正性離生地所獲眾多福德為喻，
說無間道頂加行所親生之佛果勝出彼福，以此佛果福聚而顯此無間道頂
加行，謂由親果福聚多故，表彼親因亦甚多福也。

　最後心無間道之三摩地，亦名無間三摩地，以得一切相智為自性之佛
果，更無餘道間隔，此即是究竟之親因故。

2.所緣行相　　48.2

[無性為所緣，正念為增上，寂靜為行相，愛說者常難。](頌5-39)

　無間道頂加行之所緣緣，謂無實性一切如幻諸法，以此是斷除一切增益
之處故。

　此之增上緣，謂最後心加行道所攝之正念，即大乘發心，以此於生彼道

為自在之緣故。

此無間道頂加行之行相，謂寂靜一切戲論之智，以此寂靜為彼狀貌故。

頗有不善巧方便愛說二諦相違者，對此無間道頂加行之所緣行相常發攻難，以此所緣行相甚深難測故。

[丁四]無間道頂加行
[戊一]正說　　　　【第 48 義】：無間道頂加行

1.初發心菩薩之福德
48.1 多福顯喻

卷 463〈樹喻品 69〉：「具壽善現復白佛言：「若菩薩摩訶薩普為饒益一切有情，初發無上正等覺心，得幾所福？」

(1)勝趣二乘地者

佛告善現：

「假使充滿小千世界一切有情皆趣聲聞或獨覺地，於意云何？是諸有情其福多不？」

善現對曰：「甚多！世尊！彼所獲福無量無邊。」

佛告善現：

「彼諸有情所獲福聚，於汝所問普為饒益一切有情初發無上正等覺心一菩薩摩訶薩所獲福聚，百分不及一，千分不及一，如是乃至百千俱胝那庾多分亦不及一。所以者何？聲聞、獨覺皆依菩薩摩訶薩有，非菩薩摩訶薩依諸聲聞、獨覺故有。

「復次，善現！置滿小千世界若中千世界一切有情皆趣聲聞或獨覺地所獲福聚。假使充滿三千大千世界一切有情皆趣聲聞或獨覺地，於意云何？是諸有情其福多不？」

善現對曰：「甚多！世尊！彼所獲福無量無邊。」

佛告善現：

「彼諸有情所獲福聚，於汝所問普為饒益一切有情初發無上正等覺心一菩薩摩訶薩所獲福聚，百分不及一，千分不及一，如是乃至百千俱胝那庾多分亦不及一。所以者何？聲聞、獨覺皆依菩薩摩訶薩有，非菩薩摩訶薩依諸聲聞、獨覺故有。

(2)勝住淨觀地、種性地等者

「復次，善現！置滿三千大千世界一切有情皆趣聲聞或獨覺地所獲福聚。假使充滿三千大千世界一切有情皆住淨觀地，於意云何？是諸有情其福多不？」

善現對曰：「甚多！世尊！彼所獲福無量無邊。」

佛告善現：

「彼諸有情所獲福聚，於汝所問普為饒益一切有情初發無上正等覺心一菩薩摩訶薩所獲福聚，百分不及一，千分不及一，如是乃至百千俱胝那庾多分亦不及一。所以者何？聲聞、獨覺皆依菩薩摩訶薩有，非菩薩摩訶薩依諸聲聞、獨覺故有。

「復次，善現！置滿三千大千世界一切有情皆住淨觀地所獲福聚。假使充滿三千大千世界一切有情，皆住種姓地、若第八地、若具見地、若薄地、若離欲地、若已辦地所獲福聚。假使充滿三千大千世界一切有情皆住獨覺地，於意云何？是諸有情其福多不？」

善現對曰：「甚多！世尊！彼所獲福無量無邊。」

佛告善現：

「彼諸有情所獲福聚，於汝所問普為饒益一切有情初發無上正等覺心一菩薩摩訶薩所獲福聚，百分不及一，千分不及一，如是乃至百千俱胝那庾多分亦不及一。所以者何？聲聞、獨覺皆依菩薩摩訶薩有，非菩薩摩訶薩依諸聲聞、獨覺故有。

(3)菩薩漸次增勝

①初發心菩薩不如入菩薩正性離生者

「復次，善現！假使充滿三千大千世界一切有情，皆普為饒益一切有情初發無上正等覺心，是諸菩薩摩訶薩眾所獲福聚，於入菩薩正性離生一菩薩摩訶薩所獲福聚，百分不及一，千分不及一，如是乃至百千俱胝那庾多分亦不及一。

②入正性離生菩薩不如行菩提向者 (向佛道者)

「復次，善現！假使充滿三千大千世界一切有情皆入菩薩正性離生，是諸菩薩摩訶薩眾所獲福聚，於行菩提向一菩薩摩訶薩所獲福聚，百分不及一，千分不及一，如是乃至百千俱胝那庾多分亦不及一。

③行菩提向者不如佛功德

「復次，善現！假使充滿三千大千世界一切有情皆行菩提向，是諸菩薩摩訶薩眾所獲福聚，於一如來、應、正等覺所成福聚，百分不及一，千分不及一，如是乃至百千俱胝那庾多分亦不及一。」

(CBETA, T07, no. 220, pp. 340c²⁶–341b²⁶)

sher phyin: v.028, pp. 311¹⁷–318⁰¹ 《合論》：v.051, pp. 367¹⁸–374⁰²

2.恆正思惟一切智智 (初發心者之所念)

48.2 所緣行相

無間道頂加行之所緣緣，謂無實性一切如幻諸法，以此是斷除一切增益之處故。此之增上緣，謂最後心加行道所攝之正念，即大乘發心，以此於生彼道為自在之緣故。此無間道頂加行之行相，謂寂靜一切戲論之智，以此寂靜即彼狀貌故。頗有不善巧方便愛說二諦相違者，對此無間道頂加行之所緣行相常發攻難，以此所緣行相甚深難測故。

(1)初發心應思惟一切智智

卷 463〈樹喻品 69〉：時，具壽善現白佛言：

「世尊！初發無上正等覺心諸菩薩摩訶薩何所思惟？」

佛言：「善現！是菩薩摩訶薩恒正思惟一切智智。」

(2)一切智智性空

具壽善現復白佛言：「一切智智以何為性？何所緣？何增上？何行相？何為相？」

佛告善現：

「一切智智無性為性，無相、無因、無所警覺、無生現故。又汝所問『一切智智何所緣？何增上？何行相？何為相？』者，善現！一切智智無性為所緣，正念為增上，寂靜為行相，以法界為相。」*1

註解：

*1 初發心之所念

(1)初發心者應恆思惟一切智智

初發心菩薩未得深智慧，既捨世間五欲樂，應繫心於一切智智。

應作是念：雖捨小雜樂，當得清淨大樂；捨顛倒虛誑樂，得實樂；捨繫縛樂，得解脫樂；
捨獨善樂，得共一切有情善樂。

此中所指一切智智，通指佛法、佛道、一切相智、無上正等菩提。

(2)一切智智性空

一切智智無所有。無所有，名非法，無生無滅。

諸法如實緣亦無所有，正念為增上緣，寂滅為行，(法界)無相為相。

佛智是畢竟空，真如、法性、實際、無相，所謂寂滅相。佛得一切智智，不復思惟，無復
難易遠近，所念皆得，故言此正念為增上緣。

第五事

第49義

[戊二]除邪執

【第 49 義】：所除邪執 49

〔義相〕：若執二諦不能同一性攝或種子或現行隨類所攝，即此處所除邪執之相。

〔界限〕：從未入道乃至第七地。

[於所緣證成，及明所緣性，一切相智智，勝義世俗諦，](頌5-40)
[加行與三寶，巧便佛現觀，顛倒及道性，能治所治品，](頌5-41)
[性相並修習，說者邪分別，依一切相智，說為十六種。](頌5-42)

此邪執就所緣分十六種，謂：

49.1.由有為、無為界皆離實體故，無間道頂加行及一切相智之所緣不應道理，此於所緣證成起邪分別。

49.2.由一切法畢竟無自性故，所明離戲論之所緣自性不應道理，此於行相起邪分別。

49.3.由有性無性皆於勝義無所得故，一切相智之智不應道理，此於果上起邪分別。

49.4.實空為真如性故，勝義世俗二諦不應道理，此於二諦起邪分別。

49.5.布施等波羅蜜多勝義無所得故，止觀雙運加行不應道理，此於加行自性起邪分別。

49.6.圓滿慧所證一切所知皆於勝義無所得故，佛寶不應道理；

49.7.一切諸法唯假名故，法寶不應道理；

49.8.所依色等皆於勝義無所得故，僧寶不應道理；此於正行所依之歸依及歸境三寶起邪分別。

49.9.布施等勝義無所得故，善巧方便不應道理，此於差別行起邪分別。

49.10. 所證有性及無性之自性，皆於勝義無可證故，如來現觀不應道理，此於佛現觀起邪分別。

49.11. 無常、不淨等戲論建立，皆於勝義無所得故，緣蘊常等四倒不應道理，此於所治顛倒起邪分別。

49.12. 修道之果於勝義中無菩提可證故，其道自性不應道理，此於道自性起邪分別。

49.13./14. 勝義中無所捨、所取故，所治品與能治品之差別不應道理，此於能治、所治之差別起邪分別。

49.15. 所相諸法勝義無故，諸法之相不應道理，此於性相起邪分別。

49.16. 所修自共相皆於勝義無所得故，修自共相不應道理，此於修習起邪分別。

其中二諦、三寶開為五種，即說二諦互相違者，依一切相智及無間道頂加行之所緣、行相，所起之十六種邪分別也。

其以中觀師所許勝義為因而破世俗之難，當依所許世俗而答，謂犯不定過。

其以中觀師所許世俗為因而破勝義之難，當依所許勝義而答，謂犯不定過。

總之，凡說二諦相違之攻難，皆須以二諦不違而答也。

[戊二]除邪執　　　　【第 49 義】：所除邪執　49

1.諸法以無性為性

49.所除邪執

此邪執就所緣分十六種，其中二諦、三寶開為五種，即
說二諦互相違者，依一切相智及無間道頂加行之所緣、
行相，所起之十六種邪分別也。

49.1 於無間道頂加行及一切相智之所緣證成起邪
分別

(1)無性為性

具壽善現復白佛言：

「為但一切智智無性為性？為色、受、想、行、識亦無性為性？為眼處乃
至意處亦無性為性？為色處乃至法處亦無性為性？為眼界乃至意界亦
無性為性？為色界乃至法界亦無性為性？為眼識界乃至意識界亦無性
為性？為眼觸乃至意觸亦無性為性？為眼觸為緣所生諸受乃至意觸為
緣所生諸受亦無性為性？為地界乃至識界亦無性為性？為因緣乃至增
上緣亦無性為性？為無明乃至老死亦無性為性？為布施波羅蜜多乃至
般若波羅蜜多亦無性為性？為內空乃至無性自性空亦無性為性？為真
如乃至不思議界亦無性為性？為苦、集、滅、道聖諦亦無性為性？為四
念住乃至八聖道支亦無性為性？為四靜慮、四無量、四無色定亦無性為
性？為八解脫乃至十遍處亦無性為性？為空、無相、無願解脫門亦無性
為性？為淨觀地乃至如來地亦無性為性？為極喜地乃至法雲地亦無性
為性？為一切陀羅尼門、三摩地門亦無性為性？為五眼、六神通亦無性
為性？為如來十力乃至十八佛不共法亦無性為性？為三十二大士相、八
十隨好亦無性為性？為無忘失法、恒住捨性亦無性為性？為一切智、道
相智、一切相智亦無性為性？為預流果乃至獨覺菩提亦無性為性？為一
切菩薩摩訶薩行亦無性為性？為諸佛無上正等菩提亦無性為性？為有
為界亦無性為性？為無為界亦無性為性？」

佛告善現：

「非但一切智智無性為性，色、受、想、行、識亦無性為性，如是乃至有
為界、無為界亦無性為性。」

具壽善現復白佛言：

「何緣一切智智無性為性？色、受、想、行、識亦無性為性？如是乃至有
為界、無為界亦無性為性？」

佛告善現：

「一切智智自性無故，若法自性無，此法無性為性，色、受、想、行、識
亦自性無故，若法自性無，此法無性為性。如是乃至有為界、無為界亦
自性無故，若法自性無，此法無性為性。」

(2)和合因緣生法空無自性

具壽善現復白佛言：

「何緣一切智智自性無？色、受、想、行、識亦自性無？如是乃至有為界、
無為界亦自性無？」

佛告善現：

①「一切智智無和合自性故，若法無和合自性，此法則以無性為性。色、
受、想、行、識亦無和合自性故，若法無和合自性，此法則以無性為
性。如是乃至有為界、無為界亦無和合自性故，若法無和合自性，此
法則以無性為性。善現！由是因緣諸菩薩摩訶薩應知一切法皆無性為
性。」

(CBETA, T07, no. 220, pp. 341b²⁷–342a²²)

sher phyin: v.028, pp. 318⁰¹–320¹¹ 《合論》: v.051, pp. 374⁰³–376¹⁷

②「復次，善現！一切法皆以空為自性，無相為自性，無願為自性。善現！
由是因緣諸菩薩摩訶薩應知一切法皆無性為性。

③「復次，善現！一切法皆以真如為自性，實際為自性，法界為自性。善
現！由是因緣諸菩薩摩訶薩應知一切法皆無性為性。」*1

2.起行方便

(1)應起何等方便行？

49.2 於所明離戲論之所緣自性行相起邪分別

具壽善現復白佛言：

「若一切法皆無性者，初發無上正等覺心諸菩薩摩訶薩成就何等方便善
巧，能行布施波羅蜜多乃至般若波羅蜜多，成熟有情、嚴淨佛土？成就
何等方便善巧，能住內空乃至無性自性空，成熟有情、嚴淨佛土？成就
何等方便善巧，能住真如乃至不思議界，成熟有情、嚴淨佛土？成就何
等方便善巧，能住苦、集、滅、道聖諦，成熟有情、嚴淨佛土？成就何

等方便善巧,能行四念住乃至八聖道支,成熟有情、嚴淨佛土?成就何
等方便善巧,能行四靜慮、四無量、四無色定,成熟有情、嚴淨佛土?
成就何等方便善巧,能行八解脫乃至十遍處,成熟有情、嚴淨佛土?成
就何等方便善巧,能行空、無相、無願解脫門,成熟有情、嚴淨佛土?
成就何等方便善巧,能行菩薩摩訶薩地,成熟有情、嚴淨佛土?成就何
等方便善巧,能行一切陀羅尼門、三摩地門,成熟有情、嚴淨佛土?成
就何等方便善巧,能行五眼、六神通,成熟有情、嚴淨佛土?成就何等
方便善巧,能行如來十力乃至十八佛不共法,成熟有情、嚴淨佛土?成
就何等方便善巧,能行無忘失法、恒住捨性,成熟有情、嚴淨佛土?成
就何等方便善巧,能行一切智、道相智、一切相智,成熟有情、嚴淨佛
土?成就何等方便善巧,能行一切菩薩摩訶薩行,成熟有情、嚴淨佛土?
成就何等方便善巧,能行諸佛無上正等菩提,成熟有情、嚴淨佛土?成
就何等方便善巧,能行一切智智,成熟有情、嚴淨佛土?」

(2)應起無所有方便行

①空有無礙方便行

佛告善現:

「是菩薩摩訶薩成就最勝方便善巧,雖知一切法皆無性為性,而常精勤
成熟有情、嚴淨佛土。雖常精勤成熟有情、嚴淨佛土,而恒通達一切
有情及諸佛土,無不皆以無性為性。善現!是菩薩摩訶薩雖行布施波
羅蜜多乃至般若波羅蜜多學菩提道,而知布施波羅蜜多乃至般若波羅
蜜多及菩提道無不皆以無性為性,如是乃至雖行一切智智學菩提道,
而知一切智智及菩提道無不皆以無性為性。善現!是菩薩摩訶薩如是
修行布施波羅蜜多乃至般若波羅蜜多學菩提道,廣說乃至如是修行一
切智智學菩提道,若未成就如來十力、四無所畏、四無礙解、大慈、
大悲、大喜、大捨、十八佛不共法、無忘失法、恒住捨性、一切智、
道相智、一切相智及餘無量無邊佛法,皆名學菩提道未得圓滿。若學
此道已得圓滿,由一剎那相應般若,便能證得一切智智。爾時,一切
微細煩惱習氣相續皆永不生名無餘斷,得名為佛。」

(CBETA, T07, no. 220, p. 342a^{22}–c^{16})

sher phyin: v.028, pp. 320^{11}–324^{04} 《合論》: v.051, pp. 376^{18}–380^{11}

②以佛眼觀諸法畢竟空 (有無皆不可得)

49.3 由有性無性皆於勝義無所得故,於果上起邪
分別

卷 463〈樹喻品 69〉：

「復以無障清淨佛眼，遍觀十方三世等法尚不得無，況當得有！

③學方便行無所有般若

「如是，善現！諸菩薩摩訶薩應行般若波羅蜜多，信解一切法皆無性為性。善現！是名菩薩摩訶薩成就最勝方便善巧，謂行般若波羅蜜多觀一切法，尚不得無，況當得有！

④知諸法無作，無作者

善現！是菩薩摩訶薩修行布施波羅蜜多時，於此布施施者、受者、施物、施果及菩提心，尚不見無，況當見有！如是乃至證得一切智智時，於一切智智若能證者、若所證得、若由此證得、若證得時處，尚不見無，況當見有！所以者何？善現！是菩薩摩訶薩常作是念：『諸法皆以無性為性，如是無性非佛所作、非菩薩作、非獨覺作、非聲聞作、亦非餘作，以一切法皆無作者，作者離故。』」*2

(3)諸法無所有，不失能知義

①諸法無所有，以世俗諦說有無

具壽善現復白佛言：「豈不諸法諸法性離？」

佛告善現：「實爾！諸法諸法性離。」

善現復問：

「若一切法離法性者，云何離法能知離法若有若無？世尊！有法不應能知無法，無法不應能知有法，有法不應能知有法，無法不應能知無法。世尊！如是一切法皆無知為性，云何菩薩摩訶薩行深般若波羅蜜多，於諸法中種種顯示，謂色、受、想、行、識若有若無，眼處乃至意處若有若無，色處乃至法處若有若無，眼界乃至意界若有若無，色界乃至法界若有若無，眼識界乃至意識界若有若無，眼觸乃至意觸若有若無，眼觸為緣所生諸受乃至意觸為緣所生諸受若有若無，地界乃至識界若有若無，因緣乃至增上緣若有若無，無明乃至老死若有若無，布施波羅蜜多乃至般若波羅蜜多若有若無，內空乃至無性自性空若有若無，真如乃至不思議界若有若無，苦、集、滅、道聖諦若有若無，四念住乃至八聖道支若有若無，四靜慮、四無量、四無色定若有若無，八解脫乃至十遍處若有若無，空、無相、無願解脫門若有若無，淨觀地乃至如來地若有若無，極喜地乃至法雲地若有若無，一切陀羅尼門、三摩地門若有若無，五眼、六神通若有若無，如來十力乃至十八佛不共法若有若無，三十二大士相、八十隨好若有若無，無忘失法、

恒住捨性若有若無，一切智、道相智、一切相智若有若無，預流果乃
至獨覺菩提若有若無，一切菩薩摩訶薩行若有若無，諸佛無上正等菩
提若有若無，一切智智若有若無，有為界、無為界若有若無？」

佛告善現：

「諸菩薩摩訶薩行深般若波羅蜜多，隨世俗故，顯示諸法若有若無，不
隨勝義。」

(CBETA, T07, no. 220, pp. 342c^{16}–343b^{3})

sher phyin: v.028, pp. 324^{04}–326^{19} 《合論》：v.051, pp. 380^{12}–383^{06}

②二諦真如無異，為有情故依世俗分別說

❶二諦真如無異

49.4 實空為真如性故，勝義世俗二諦不應道理，此於二諦起邪分別

卷 463〈樹喻品 69〉：善現復問：「世俗、勝義為有異不？」

佛告善現：

「非異世俗別有勝義。所以者何？世俗真如即是勝義。

❷為有情依世俗分別說

諸有情類顛倒妄執，於此真如不知不見，諸菩薩摩訶薩為益彼故，
隨世俗相顯示諸法若有若無，非隨勝義。復次，善現！無量有情於
蘊等法起實有想或實無想，不達諸法非有非無，諸菩薩摩訶薩為益
彼故，顯示蘊等若有若無，令諸有情因斯了達蘊等諸法非有非無，
非欲令執實有無相。

❸應學無所有般若

如是，善現！諸菩薩摩訶薩應勤精進，離有無執，行深般若波羅蜜
多。」*3

(CBETA, T07, no. 220, p. 343b$^{3–14}$)

sher phyin: v.028, pp. 326^{19}–327^{12} 《合論》：v.051, p. 383$^{07–20}$

(4)明菩薩行果

①菩薩行

49.5 布施等波羅蜜多勝義無所得故，止觀雙運加行不應道理此於加行自性起邪分別

❶為無上菩提而行

卷 464〈菩薩行品 70〉：「第二分菩薩行品第七十

爾時，具壽善現白佛言：「世尊！所說菩薩行菩薩行者，何法名為菩薩行耶？」

佛告善現：「菩薩行菩薩行者，謂為無上正等菩提行生死故名菩薩行。」

❷ 於諸法不作二相修菩薩行

具壽善現白佛言：「世尊！諸菩薩摩訶薩當於何處行菩薩行？」

佛言：

「善現！諸菩薩摩訶薩當於色、受、想、行、識空行菩薩行，當於眼處乃至意處空行菩薩行，當於色處乃至法處空行菩薩行，當於眼界乃至意界空行菩薩行，當於色界乃至法界空行菩薩行，當於眼識界乃至意識界空行菩薩行，當於眼觸乃至意觸空行菩薩行，當於眼觸為緣所生諸受乃至意觸為緣所生諸受空行菩薩行，當於地界乃至識界空行菩薩行，當於因緣乃至增上緣空行菩薩行，當於無明乃至老死空行菩薩行，當依布施波羅蜜多乃至般若波羅蜜多行菩薩行，當依內空乃至無性自性空行菩薩行，當依真如乃至不思議界行菩薩行，當依苦、集、滅、道聖諦行菩薩行，當依四念住乃至八聖道支行菩薩行，當依四靜慮行菩薩行，當依四無量行菩薩行，當依四無色定行菩薩行，當依八解脫行菩薩行，當依八勝處行菩薩行，當依九次第定行菩薩行，當依十遍處行菩薩行，當依三解脫門行菩薩行，當依十地行菩薩行，當依一切陀羅尼門行菩薩行，當依一切三摩地門行菩薩行，當依五眼行菩薩行，當依六神通行菩薩行，當依如來十力行菩薩行，當依四無所畏行菩薩行，當依大慈、大悲、大喜、大捨行菩薩行，當依十八佛不共法行菩薩行，當依無忘失法、恒住捨性行菩薩行，當依一切智、道相智、一切相智行菩薩行，當依嚴淨佛土行菩薩行，當依成熟有情行菩薩行，當依引發文字陀羅尼行菩薩行，當依悟入文字陀羅尼行菩薩行，當依悟入無文字陀羅尼行菩薩行，當依引發無礙辯才行菩薩行，當依有為界行菩薩行，當依無為界行菩薩行。

「善現！諸菩薩摩訶薩如是修行菩薩行時，如佛無上正等菩提，於諸法中不作二相。善現！若菩薩摩訶薩如是行般若波羅蜜多時，名為無上正等菩提修菩薩行。善現！諸菩薩摩訶薩若能如是修菩薩行，疾證無上正等菩提。」*4

(CBETA, T07, no. 220, pp. 343b²²–344a⁵)

sher phyin: v.028, pp. 327¹⁴–329¹⁶ 《合論》: v.051, pp. 384⁰¹–386⁰²

②所得果

❶明佛義

49.6 圓滿慧所證一切所知皆於勝義無所得故，佛寶不應道理；此於正行所依之歸依及歸境三寶起邪分別

卷464〈菩薩行品70〉：爾時，具壽善現白佛言：

「世尊所說佛陀，佛陀者依何義故名為佛陀？」

佛告善現：「覺義、實義、薄伽梵義，故名佛陀。

「復次，善現！於諸實法現等正覺，故名佛陀。

「復次，善現！通達實法，故名佛陀。

「復次，善現！於一切法如所有性、盡所有性無顛倒覺，故名佛陀。

「復次，善現！遍於二世及無為法無障智轉，故名佛陀。

「復次，善現！如實開覺一切有情令離顛倒，故名佛陀。」

(CBETA, T07, no. 220, p. 344a$^{5-13}$)

sher phyin: v.028, pp. 329^{16}–330^{04} 《合論》：v.051, p. 386$^{03-12}$

❷明菩提義

49.7 一切諸法唯假名故，法寶不應道理；此於正行所依之歸依及歸境三寶起邪分別

卷464〈菩薩行品70〉：爾時，具壽善現白佛言：

「世尊所說菩提，菩提者依何義故名為菩提？」

1.空、真如、實際

佛告善現：「菩提者是空義，是真如義，是實際義，是法性義，是法界義。

2.能真實覺之名相言說

「復次，善現！假立名相施設言說，能真實覺最上勝妙，故名菩提。

3.不可壞、無分別

「復次，善現！不可壞義是菩提義，無分別義是菩提義。

4.諸法實相不誑不異、假名無實

「復次，善現！是真、是實、非虛妄、非變異，故名菩提。

「復次，善現！唯假名相無實可得，故名菩提。

5.諸佛正遍知、現等覺

「復次，善現！諸佛所有真淨遍覺，故名菩提。

「復次，善現！諸佛由此於一切法、一切種相現等正覺，故名菩提。」
*5

(CBETA, T07, no. 220, p. 344a$^{14-23}$)

sher phyin: v.028, p. 330$^{04-21}$ 《合論》: v.051, pp. 386.^{13}–387^{11}

3.廣明無所有方便行
(1)具行三事
①於諸法無增減而行

> 49.8 所依色等皆於勝義無所得故，僧寶不應道
> 理；此於正行所依之歸依及歸境三寶起邪分
> 別

卷 464〈菩薩行品 70〉：爾時，具壽善現白佛言：

「世尊！諸菩薩摩訶薩為菩提故，修行六波羅蜜多乃至一切智智時，於
何等法為益為損、為增為減、為生為滅、為染為淨？」

佛告善現：

「諸菩薩摩訶薩為菩提故，修行六波羅蜜多乃至一切智智時，於一切法
無益無損、無增無減、無生無滅、無染無淨。何以故？是菩薩摩訶薩
為菩提故，行深般若波羅蜜多，於一切法都無所緣而為方便，不為益
損、不為增減、不為生滅、不為染淨現在前故。」

②不以二法行

具壽善現白言：

「世尊！若菩薩摩訶薩為菩提故，修行六波羅蜜多乃至一切智智時，於
一切法都無所緣而為方便，不為益損、不為增減、不為生滅、不為染
淨現在前者，是菩薩摩訶薩行深般若波羅蜜多，云何攝受布施波羅蜜
多乃至般若波羅蜜多？云何攝受內空乃至無性自性空？云何攝受真
如乃至不思議界？云何攝受苦、集、滅、道聖諦？云何攝受四念住乃
至八聖道支？云何攝受四靜慮、四無量、四無色定？云何攝受八解脫
乃至十遍處？云何攝受空、無相、無願解脫門？云何攝受諸菩薩地？
云何攝受陀羅尼門、三摩地門？云何攝受五眼、六神通？云何攝受如
來十力乃至十八佛不共法？云何攝受無忘失法、恒住捨性？云何攝受
一切智、道相智、一切相智？云何超諸聲聞、獨覺等地，趣入菩薩正
性離生，漸次證得一切智智？」

佛言：

「善現！諸菩薩摩訶薩行深般若波羅蜜多時，不以二故攝受修行六波羅蜜多，乃至不以二故漸次證得一切智智。」

③行不二法增益善根，世間人天及惡不善法不能壞

❶行不二法增益善根

具壽善現復白佛言：

「若菩薩摩訶薩行深般若波羅蜜多時，不以二故攝受修行六波羅蜜多，乃至不以二故漸次證得一切智智者，云何菩薩摩訶薩從初發心乃至後心，恒時增長一切善法？」

佛告善現：

「若菩薩摩訶薩以二故行，則諸善法不得增長。何以故？愚夫異生皆依二故，所起善法不得增長。若菩薩摩訶薩不二故行，從初發心乃至後心，恒時增長一切善法。

❷世間人天及惡不善法不能壞

「是故，善現！諸菩薩摩訶薩善根堅固，世間天、人、阿素洛等不能毀壞令墮聲聞、獨覺等地。世間種種惡不善法不能制伏，令於行六波羅蜜多乃至一切智智時，所有善法不得增長。如是，善現！諸菩薩摩訶薩應行無二甚深般若波羅蜜多。」

④具足三事得一切智智

❶不為善根、非善根故行般若

具壽善現白言：「世尊！諸菩薩摩訶薩為善根故行深般若波羅蜜多耶？」

佛言：

「不爾！諸菩薩摩訶薩不為善根故行深般若波羅蜜多，亦不為不善根故行深般若波羅蜜多。何以故？諸菩薩摩訶薩法應如是，若未親近諸佛世尊，若諸善根未極圓滿，若真善友未多攝受，終不能得一切智智。」

❷行三事，能得一切智智

具壽善現復白佛言：

「云何菩薩摩訶薩親近諸佛、圓滿善根、得真善友多所攝受，速能證得一切智智？」

1.親近諸佛

佛言：

「善現！諸菩薩摩訶薩從初發心，親近如來、應、正等覺。

2.圓滿善根

「聞說正法,所謂契經乃至論議,聞已受持數數溫習令善通利,既善通利思惟觀察,既觀察已深見意趣,見意趣已復善通達,既善通達得陀羅尼,起無礙辯乃至證得一切智智,隨所生處,於所聞持正法教義常不忘失。於諸佛所廣種善根,由善根力所攝受故,不墮惡趣無暇中生。復由善根所攝受故,意樂清淨,淨意樂力所攝持故,常能無倒成熟有情、嚴淨佛土。」

3.承事善友

「復由善根所攝受故,常不遠離真淨善友,謂諸如來、應、正等覺及諸菩薩摩訶薩眾、獨覺、聲聞,并餘能讚佛、法、僧者。」

「如是,善現!諸菩薩摩訶薩親近諸佛、圓滿善根、得真善友多所攝受,速能證得一切智智。是故,善現!諸菩薩摩訶薩行深般若波羅蜜多,欲疾證得一切智智,當勤精進親近諸佛,攝受圓滿所種善根,承事善友勿生厭倦。」*6

❸圓滿善根義

1.行三事尚難得道,何況不行

第二分親近品第七十一

爾時,具壽善現白佛言:

「世尊!若菩薩摩訶薩不親近諸佛、不圓滿善根、不承事善友,是菩薩摩訶薩豈不能得一切智智?」

佛告善現:

「若不能親近諸佛、圓滿善根、承事善友,尚不名菩薩摩訶薩,豈能證得一切智智!所以者何?或有菩薩摩訶薩親近諸佛、種諸善根、承事善友,猶不能得一切智智;況不能親近諸佛、圓滿善根、承事善友,而能證得一切智智!彼若能得一切智智,無有是處。是故,善現!若菩薩摩訶薩欲稱菩薩摩訶薩名,欲疾證得一切智智,常應親近諸佛世尊、圓滿善根、承事善友勿生厭倦。」

2.遠離方便善巧力故難得道

具壽善現復白佛言:

「以何因緣,有菩薩摩訶薩雖親近諸佛、種諸善根、承事善友,而不能得一切智智?」

佛告善現:

「彼菩薩摩訶薩遠離方便善巧力故,雖親近諸佛、種諸善根、承事

善友，而不能得一切智智。謂彼菩薩摩訶薩不從諸佛及諸善友聞
說殊勝方便善巧，雖親近諸佛、種諸善根、承事善友，而不能得
一切智智。」*7

(CBETA, T07, no. 220, pp. 344a²⁴–345a²⁴)

sher phyin: v.028, pp. 330²¹–340⁰⁵ 《合論》: v.051, pp. 387¹²–396¹³

(2)方便善巧

①以六波羅蜜等明方便善巧

49.9 布施等勝義無所得故善巧方便不應道理，此於差別行起邪分別

卷464〈親近品71〉：具壽善現復白佛言：

「何等名為方便善巧，諸菩薩摩訶薩成就如是方便善巧，諸有所為定能
證得一切智智？」

❶以布施度明

　1.一切智智相應作意，三輪體空

　　佛告善現：

　　「若菩薩摩訶薩從初發心修行布施波羅蜜多時，以一切智智相應作
　　意，或施諸佛，或施菩薩，或施獨覺，或施聲聞，或施諸餘沙門
　　梵志，或施外道修梵行者，或施貧窮涉路苦行及來乞者，或施一
　　切人、非人等，是菩薩摩訶薩成就如是一切智智相應作意，雖行
　　布施而無施想、無受者想，亦無一切我、我所想。所以者何？是
　　菩薩摩訶薩觀一切法自相皆空，無實、無成、無轉、無滅，入諸
　　法相，知一切法無作、無能，入諸行相。

　2.增益善根，嚴土熟生，不求世間果報，但為救護有情

　　是菩薩摩訶薩成就如是方便善巧，恒時增長覺分善根，由此善根
　　常增長故，能行布施波羅蜜多，成熟有情、嚴淨佛土。雖行布施
　　而不希求施所得果，謂不迴向可愛境界及勝生處，唯為救護無救
　　護者，及欲解脫未解脫者，修行布施波羅蜜多。*8

❷以淨戒度明

　「復次，善現！

　　1.若菩薩摩訶薩從初發心修行淨戒波羅蜜多時，以一切智智相應作
　　意受持淨戒，心常不起貪、瞋、癡等隨眠纏縛，亦復不起能障菩
　　提餘不善法，所謂慳悋、惡戒、忿恚、懈怠、劣心、亂心、惡慧、
　　諸慢、過慢、慢過慢、我慢、增上慢、卑慢、邪慢、聲聞獨覺相

應作意。所以者何？是菩薩摩訶薩觀一切法自相皆空，無實、無成、無轉、無滅，入諸法相，知一切法無作、無能，入諸行相。

2.是菩薩摩訶薩成就如是方便善巧，恒時增長覺分善根，由此善根常增長故，能行淨戒波羅蜜多，成熟有情、嚴淨佛土。雖行淨戒而不希求戒所得果，謂不迴向可愛境界及勝生處，唯為救護無救護者，及欲解脫未解脫者，修行淨戒波羅蜜多。

❸ 以安忍度明

「復次，善現！

1.若菩薩摩訶薩從初發心修行安忍波羅蜜多時，以一切智智相應作意修學安忍，是菩薩摩訶薩乃至為護自命因緣，亦常不起一念忿恚惡言加報怨恨之心。假使有來欲害其命，劫奪財寶，侵凌妻室，誣謗罵辱，阻隔輕調，或打、或刺、或割、或截，及加種種不饒益事，於彼有情竟無忿恨，唯求作彼利益安樂。所以者何？是菩薩摩訶薩觀一切法自相皆空，無實、無成、無轉、無滅，入諸法相，知一切法無作、無能，入諸行相。

2.是菩薩摩訶薩成就如是方便善巧，恒時增長覺分善根，由此善根常增長故，能行安忍波羅蜜多成熟有情、嚴淨佛土。雖行安忍而不希求忍所得果，謂不迴向可愛境界及勝生處，唯為救護無救護者，及欲解脫未解脫者，修行安忍波羅蜜多。

❹ 以精進度明

「復次，善現！

1.若菩薩摩訶薩從初發心修行精進波羅蜜多時，以一切智智相應作意，發起正勤勇猛無怯，遠離懈怠下劣之心，為求菩提不憚眾苦，修諸善法常無懈廢。所以者何？是菩薩摩訶薩觀一切法自相皆空，無實、無成、無轉、無滅，入諸法相，知一切法無作、無能，入諸行相。

2.是菩薩摩訶薩成就如是方便善巧，恒時增長覺分善根，由此善根常增長故，能行精進波羅蜜多成熟有情、嚴淨佛土。雖行精進而不希求勤所得果，謂不迴向可愛境界及勝生處，唯為救護無救護者，及欲解脫未解脫者，修行精進波羅蜜多。

❺ 以靜慮度明

「復次，善現！

1.若菩薩摩訶薩從初發心修行靜慮波羅蜜多時，以一切智智相應作

意修學諸定。是菩薩摩訶薩眼見諸色，耳聞諸聲，鼻嗅諸香，舌
嘗諸味，身覺諸觸，意了諸法已，不取諸相，不取隨好，即於是
處防護諸根，不放逸住，勿令發起世間貪愛惡不善法、諸煩惱漏，
專修念定守護諸根。是菩薩摩訶薩若行、若住、若坐、若臥、若
語、若默，常不遠離勝奢摩他，遠離種種雜穢諸法，身心寂靜無
異威儀軌則，所行無不調善，心常安定無所分別。所以者何？是
菩薩摩訶薩觀一切法自相皆空，無實、無成、無轉、無滅，入諸
法相，知一切法無作、無能，入諸行相。

2.是菩薩摩訶薩成就如是方便善巧，恒時增長覺分善根，由此善根
常增長故，能行靜慮波羅蜜多成熟有情、嚴淨佛土。雖行靜慮而
不希求定所得果，謂不迴向可愛境界及勝生處，唯為救護無救護
者，及欲解脫未解脫者，修行靜慮波羅蜜多。

❻以般若度明

「復次，善現！

1.若菩薩摩訶薩從初發心修行般若波羅蜜多時，以一切智智相應作
意修學妙慧。是菩薩摩訶薩離諸惡慧，他不能引心，不發起我、
我所執，遠離一切我見、有情見乃至知者見、見者見、有無有見、
諸惡見趣，遠離憍慢無所分別，引發種種殊勝善根。所以者何？
是菩薩摩訶薩觀一切法自相皆空，無實、無成、無轉、無滅，入
諸法相，知一切法無作、無能，入諸行相。

2.是菩薩摩訶薩成就如是方便善巧，恒時增長覺分善根，由此善根
常增長故，能行般若波羅蜜多成熟有情、嚴淨佛土。雖行般若而
不希求慧所得果，謂不迴向可愛境界及勝生處，唯為救護無救護
者，及欲解脫未解脫者，修行般若波羅蜜多。

❼以靜慮、無量、無色定明

「復次，善現！

1.若菩薩摩訶薩從初發心修行般若波羅蜜多時，以一切智智相應作
意，入四靜慮、四無量、四無色定。是菩薩摩訶薩雖於靜慮、無
量、無色入出自在，而不攝受彼果異熟。所以者何？是菩薩摩訶
薩成就最勝方便善巧，觀諸靜慮、無量、無色自相皆空，無實、
無成、無轉、無滅，入諸法相，知一切法無作、無能，入諸行相。

2.是菩薩摩訶薩成就如是方便善巧，恒時增長覺分善根。由此善根
常增長故，能行靜慮、無量、無色，由行靜慮、無量、無色，便

能自在成熟有情、嚴淨佛土。

❽以行諸菩提分不取所證明

「復次，善現！

1.若菩薩摩訶薩從初發心修行般若波羅蜜多時，以一切智智相應作意，修學一切菩提分法，成就如是方便善巧，雖行見修所斷法道，而不取預流、一來、不還、阿羅漢果、獨覺菩提。所以者何？是菩薩摩訶薩觀一切法自相皆空，無實、無成、無轉、無滅，入諸法相，知一切法無作、無能，入諸行相。

2.是菩薩摩訶薩成就最勝方便善巧，恒時增長覺分善根。由此善根常增長故，能行一切菩提分法，超諸聲聞、獨覺等地，趣入菩薩正性離生，是名菩薩無生法忍。由此忍故，常能自在成熟有情、嚴淨佛土。

❾以行解脫、勝處、遍處等不取所證明

「復次，善現！

1.若菩薩摩訶薩修行般若波羅蜜多時，以一切智智相應作意，雖得自在順逆入出八解脫、八勝處、九次第定、十遍處等，而能成就方便善巧，不取預流、一來、不還、阿羅漢果、獨覺菩提。所以者何？是菩薩摩訶薩觀一切法自相皆空，無實、無成、無轉、無滅，入諸法相，知一切法無作、無能，入諸行相。

2.是菩薩摩訶薩成就最勝方便善巧，恒時增長覺分善根。由此善根常增長故，便能自在成熟有情、嚴淨佛土，證入菩薩不退轉地得受記忍。

❿以修如來十力、四無畏、四無礙解等明

「復次，善現！

1.若菩薩摩訶薩修行般若波羅蜜多時，以一切智智相應作意，精進修行如來十力、四無所畏、四無礙解、大慈、大悲、大喜、大捨及十八佛不共法等無量無邊諸佛功德，乃至未具成熟有情、嚴淨佛土，猶未證得一切智智。所以者何？是菩薩摩訶薩觀一切法自相皆空，無實、無成、無轉、無滅，入諸法相，知一切法無作、無能，入諸行相。

2.是菩薩摩訶薩成就最勝方便善巧，恒時增長覺分善根。由此善根常增長故，便能圓滿成熟有情、嚴淨佛土，漸次證得一切智智。

②具足方便善巧能證一切智智

「善現！如是名為方便善巧，若菩薩摩訶薩成就如是方便善巧，諸有所為定能證得一切智智。如是最勝方便善巧，皆由般若波羅蜜多而得成就。是故，善現！諸菩薩摩訶薩應勤修學甚深般若波羅蜜多，諸有所為勿希果報。若能如是精勤修學甚深般若波羅蜜多，速能證得一切智智。」

③具足方便善巧，不受世間果報

❶於諸法自性能不動故，不受世間果報

第二分遍學品第七十二之一

爾時，具壽善現白佛言：

「世尊！諸菩薩摩訶薩成就如是最勝覺慧，雖能受行清淨深法，而不攝受殊勝果報。」

佛告善現：

「如是！如是！如汝所說。諸菩薩摩訶薩成就如是最勝覺慧，雖能受行清淨深法，而不攝受殊勝果報。何以故？是菩薩摩訶薩於法自性能不動故。」

❷諸法無性，故不動

具壽善現白言：「世尊！是菩薩摩訶薩能於何法自性無動？」

佛告善現：「是菩薩摩訶薩能於無性自性無動。」

具壽善現復白佛言：「是菩薩摩訶薩於何無性自性無動？」

佛告善現：

「是菩薩摩訶薩能於色自性無動，能於受、想、行、識自性無動，能於眼處乃至意處自性無動，能於色處乃至法處自性無動，能於眼界乃至意界自性無動，能於色界乃至法界自性無動，能於眼識界乃至意識界自性無動，能於眼觸乃至意觸自性無動，能於眼觸為緣所生諸受乃至意觸為緣所生諸受自性無動，能於布施波羅蜜多乃至般若波羅蜜多自性無動，能於四靜慮、四無量、四無色定自性無動，能於四念住乃至八聖道支自性無動，能於三解脫門自性無動，能於八解脫、九次第定自性無動，能於如來十力乃至十八佛不共法自性無動，如是乃至能於一切智智自性無動，能於一切有為界、無為界自性無動。所以者何？如是諸法即是無性，諸菩薩摩訶薩於此無性自性無動，無性不能現證無性。」*9

(CBETA, T07, no. 220, pp. 345a²⁴–347a¹⁶)

sher phyin: v.028, pp. 340⁰⁶–350¹⁰ 《合論》: v.051, pp. 396¹⁴–408¹³

(3)離諸戲論得出世果

①明得道

49.10 所證有性及無性之自性無可證，於此現觀起邪分別

所證有性及無性之自性，皆於勝義無可證故，如來現觀不應道理，此於佛現觀起邪分別。

卷 464〈遍學品 72〉：具壽善現白言：

「世尊！有性法為能現證有性不？」

佛言：「不爾！」

「世尊！無性法為能現證有性不？」

佛言：「不爾！」

「世尊！有性法為能現證無性不？」

佛言：「不爾！」

「世尊！無性法為能現證無性不？」

佛言：「不爾！」

「世尊！若爾，亦應有性不能現觀有性，無性不能現觀有性，有性不能現觀無性，無性不能現觀無性，將非世尊無得、無現觀耶？」

佛言：

「善現！雖有得、有現觀，然離四句。」

「世尊！云何離四句而有得、有現觀？」

「善現！若得、若現觀非有非無，絕諸戲論，是故我說有得、有現觀，然離四句。」*10　(CBETA, T07, no. 220, p. 347a^{16–27})

sher phyin:　v.028, pp. 350^{10}–351^{12}　《合論》：v.051, pp. 408^{14}–409^{16}

②明入菩薩位

❶明戲論相

49.11 無常、不淨等戲論建立勝義無所得，於所治顛倒起邪分別

無常、不淨等戲論建立，皆於勝義無所得故，緣蘊常等四倒不應道理，此於所治顛倒起邪分別。

卷 464〈遍學品 72〉：具壽善現復白佛言：

「諸菩薩摩訶薩以何為戲論？」

佛告善現：

1.「諸菩薩摩訶薩觀色乃至識，若常若無常、若樂若苦、若我若無我、若淨若不淨、若寂靜若不寂靜、若遠離若不遠離，是為戲論。

「觀眼處乃至意處，若常若無常、若樂若苦、若我若無我、若淨若不淨、若寂靜若不寂靜、若遠離若不遠離，是為戲論。

「觀色處乃至法處，若常若無常、若樂若苦、若我若無我、若淨若不淨、若寂靜若不寂靜、若遠離若不遠離，是為戲論。

「觀眼界乃至意界，若常若無常、若樂若苦、若我若無我、若淨若不淨、若寂靜若不寂靜、若遠離若不遠離，是為戲論。

「觀色界乃至法界，若常若無常、若樂若苦、若我若無我、若淨若不淨、若寂靜若不寂靜、若遠離若不遠離，是為戲論。

「觀眼識界乃至意識界，若常若無常、若樂若苦、若我若無我、若淨若不淨、若寂靜若不寂靜、若遠離若不遠離，是為戲論。

「觀眼觸乃至意觸，若常若無常、若樂若苦、若我若無我、若淨若不淨、若寂靜若不寂靜、若遠離若不遠離，是為戲論。

「觀眼觸為緣所生諸受乃至意觸為緣所生諸受，若常若無常、若樂若苦、若我若無我、若淨若不淨、若寂靜若不寂靜、若遠離若不遠離，是為戲論。

「觀地界乃至識界，若常若無常、若樂若苦、若我若無我、若淨若不淨、若寂靜若不寂靜、若遠離若不遠離，是為戲論。

「觀因緣乃至增上緣，若常若無常、若樂若苦、若我若無我、若淨若不淨、若寂靜若不寂靜、若遠離若不遠離，是為戲論。

「觀無明乃至老死，若常若無常、若樂若苦、若我若無我、若淨若不淨、若寂靜若不寂靜、若遠離若不遠離，是為戲論。

「觀布施波羅蜜多乃至般若波羅蜜多，若常若無常、若樂若苦、若我若無我、若淨若不淨、若寂靜若不寂靜、若遠離若不遠離，是為戲論。

「觀內空乃至無性自性空，若常若無常、若樂若苦、若我若無我、若淨若不淨、若寂靜若不寂靜、若遠離若不遠離，是為戲論。

「觀真如乃至不思議界，若常若無常、若樂若苦、若我若無我、若淨若不淨、若寂靜若不寂靜、若遠離若不遠離，是為戲論。

「觀苦、集、滅、道聖諦，若常若無常、若樂若苦、若我若無我、若淨若不淨、若寂靜若不寂靜、若遠離若不遠離，是為戲論。

「觀四念住乃至八聖道支，若常若無常、若樂若苦、若我若無我、若淨若不淨、若寂靜若不寂靜、若遠離若不遠離，是為戲論。

「觀四靜慮、四無量、四無色定，若常若無常、若樂若苦、若我若無我、若淨若不淨、若寂靜若不寂靜、若遠離若不遠離，是為戲論。

「觀八解脫乃至十遍處，若常若無常、若樂若苦、若我若無我、若淨若不淨、若寂靜若不寂靜、若遠離若不遠離，是為戲論。

「觀空、無相、無願解脫門，若常若無常、若樂若苦、若我若無我、若淨若不淨、若寂靜若不寂靜、若遠離若不遠離，是為戲論。

「觀淨觀地乃至如來地，若常若無常、若樂若苦、若我若無我、若淨若不淨、若寂靜若不寂靜、若遠離若不遠離，是為戲論。

「觀極喜地乃至法雲地，若常若無常、若樂若苦、若我若無我、若淨若不淨、若寂靜若不寂靜、若遠離若不遠離，是為戲論。

「觀一切陀羅尼門、三摩地門，若常若無常、若樂若苦、若我若無我、若淨若不淨、若寂靜若不寂靜、若遠離若不遠離，是為戲論。

「觀五眼、六神通，若常若無常、若樂若苦、若我若無我、若淨若不淨、若寂靜若不寂靜、若遠離若不遠離，是為戲論。

「觀如來十力乃至十八佛不共法，若常若無常、若樂若苦、若我若無我、若淨若不淨、若寂靜若不寂靜、若遠離若不遠離，是為戲論。

「觀三十二大士相、八十隨好，若常若無常、若樂若苦、若我若無我、若淨若不淨、若寂靜若不寂靜、若遠離若不遠離，是為戲論。

「觀無忘失法、恒住捨性，若常若無常、若樂若苦、若我若無我、若淨若不淨、若寂靜若不寂靜、若遠離若不遠離，是為戲論。

「觀一切智、道相智、一切相智，若常若無常、若樂若苦、若我若無我、若淨若不淨、若寂靜若不寂靜、若遠離若不遠離，是為戲論。

「觀預流果乃至獨覺菩提，若常若無常、若樂若苦、若我若無我、若淨若不淨、若寂靜若不寂靜、若遠離若不遠離，是為戲論。

「觀一切菩薩摩訶薩行，若常若無常、若樂若苦、若我若無我、若淨若不淨、若寂靜若不寂靜、若遠離若不遠離，是為戲論。

「觀諸佛無上正等菩提，若常若無常、若樂若苦、若我若無我、若淨若不淨、若寂靜若不寂靜、若遠離若不遠離，是為戲論。

「觀一切智智,若常若無常、若樂若苦、若我若無我、若淨若不淨、若寂靜若不寂靜、若遠離若不遠離,是為戲論。

2.「復次,善現!諸菩薩摩訶薩若作是念:『苦聖諦應遍知,集聖諦應永斷,滅聖諦應作證,道聖諦應修習。』是為戲論。若作是念:『應修四靜慮、四無量、四無色定。』是為戲論。若作是念:『應修四念住乃至八聖道支。』是為戲論。若作是念:『應修空、無相、無願解脫門。』是為戲論。若作是念:『應修八解脫、八勝處、九次第定、十遍處。』是為戲論。若作是念:『應超預流果乃至獨覺菩提。』是為戲論。若作是念:『應行布施波羅蜜多乃至般若波羅蜜多。』是為戲論。若作是念:『應住內空乃至無性自性空。』是為戲論。若作是念:『應住真如乃至不思議界。』是為戲論。若作是念:『應入菩薩正性離生。』是為戲論。若作是念:『應圓滿菩薩十地。』是為戲論。若作是念:『應起一切陀羅尼門、三摩地門。』是為戲論。若作是念:『應引五眼、六神通。』是為戲論。若作是念:『應引如來十力乃至十八佛不共法。』是為戲論。若作是念:『應圓滿三十二大士相、八十隨好。』是為戲論。若作是念:『應引無忘失法、恒住捨性。』是為戲論。若作是念:『應引一切智、道相智、一切相智。』是為戲論。若作是念:『應行一切菩薩摩訶薩行。』是為戲論。若作是念:『應證諸佛無上正等菩提。』是為戲論。若作是念:『我當嚴淨佛土、成熟有情。』是為戲論。若作是念:『我當證得一切智智。』是為戲論。若作是念:『我當永斷一切煩惱習氣相續。』是為戲論。善現!諸菩薩摩訶薩以如是等種種分別而為戲論。*11

❷明離戲論

1.應行無戲論般若 (諸法因緣生,但有假名)

「復次,善現!諸菩薩摩訶薩行深般若波羅蜜多時,應觀色乃至識若常若無常、若樂若苦、若我若無我、若淨若不淨、若寂靜若不寂靜、若遠離若不遠離,皆不可戲論故不應戲論;如是乃至應觀一切智智,若應證得、若不應證得,俱不可戲論故不應戲論;應觀一切煩惱習氣相續,若應永斷、若不應永斷,俱不可戲論故不應戲論。

「善現!諸菩薩摩訶薩行深般若波羅蜜多時,應觀如是等諸法及有情,皆不可戲論故不應戲論。所以者何?以一切法及諸有情,有

性不能戲論有性，有性不能戲論無性，無性不能戲論無性，無性不能戲論有性，離有、無性，若能戲論、若所戲論、若戲論處、若戲論時皆不可得。是故，善現！色無戲論，受、想、行、識亦無戲論，如是乃至一切智智無戲論，永斷煩惱習氣相續亦無戲論。如是，善現！諸菩薩摩訶薩應行無戲論甚深般若波羅蜜多。」

2.重示因緣：無性故不可戲論

具壽善現白言：

「世尊！諸菩薩摩訶薩行深般若波羅蜜多時，云何觀色、受、想、行、識乃至一切智智、永斷煩惱習氣相續，皆不可戲論故不應戲論？」

佛告善現：

「諸菩薩摩訶薩行深般若波羅蜜多時，應觀色無自性，受、想、行、識亦無自性，如是乃至應觀一切智智無自性，永斷煩惱習氣相續亦無自性，若法無自性則不可戲論。是故，善現！色、受、想、行、識不可戲論故，諸菩薩摩訶薩不應戲論，如是乃至一切智智、永斷煩惱習氣相續不可戲論故，諸菩薩摩訶薩不應戲論。

❸入菩薩正性離生位

善現！諸菩薩摩訶薩若能如是於一切法離諸戲論，行深般若波羅蜜多方便善巧，便入菩薩正性離生，若已得入，速能證得一切智智。」*12

(CBETA, T07, no. 220, pp. 347a²⁷–348c²³)

4.正明遍學諸道

(1)遍學諸道入菩薩位

①應以何道入菩薩正性離生？

卷465〈遍學品72〉：第二分遍學品第七十二之二

爾時，具壽善現白佛言：

「世尊！若一切法皆無自性、離諸戲論、不可得者，諸菩薩摩訶薩由何等道得入菩薩正性離生？為聲聞道？為獨覺道？為如來道？」

②遍學諸道得入菩薩正性離生

佛告善現：

「諸菩薩摩訶薩不由聲聞道，不由獨覺道，不由如來道得入菩薩正性離生，然於諸道遍學滿已，由菩薩道得入菩薩正性離生。譬如第八，先

學諸道，後由自道得入自乘正性離生，乃至未起圓滿果道，未能證得自乘極果。諸菩薩摩訶薩亦復如是，先於諸道遍學滿已，後由自道得入菩薩正性離生，乃至未起金剛喻定，猶未能得一切智智。若起此定，以一剎那相應般若，乃能證得一切智智。」(CBETA, T07, no. 220, p. 349a$^{6\text{--}19}$)

sher phyin: v.028, pp. 351^{12}–360^{05} 《合論》: v.051, pp. 409^{17}–418^{15}

(2)釋遍學義

①疑難：諸道各異，所成亦應各異

49.12 修道之果於勝義中無可證，於道自性起邪分別

修道之果於勝義中無菩提可證故，其道自性不應道理，此於道自性起邪分別。

❶諸道各異

卷 465〈遍學品 72〉：具壽善現復白佛言：

「若菩薩摩訶薩先於諸道遍學滿已，後由自道得入菩薩正性離生，世尊！豈不第八、預流、一來、不還、阿羅漢、獨覺、如來向果其道各異？

❷若遍學諸道，則所成諸道亦應各異

世尊！如是諸道設各異者，云何菩薩摩訶薩先於諸道遍學滿已，後由自道得入菩薩正性離生？謂諸菩薩摩訶薩若起第八道應成第八，若起具見道應成預流，若起進修道應成一來、不還，若起無學道應成阿羅漢，若起獨覺道應成獨覺。

❸若入二乘位，則不入菩薩位

「世尊！若菩薩摩訶薩成第八已，能入菩薩正性離生必無是處。不入菩薩正性離生，而能證得一切智智亦無是處。世尊！若菩薩摩訶薩成預流、一來、不還、阿羅漢、獨覺已，能入菩薩正性離生必無是處。不入菩薩正性離生，而能證得一切智智亦無是處。世尊！云何令我如實了知諸菩薩摩訶薩要於諸道遍學滿已，乃入菩薩正性離生而不違理？」

佛告善現：

「如是！如是！如汝所說。若菩薩摩訶薩成第八已，廣說乃至成獨覺已，能入菩薩正性離生必無是處，不入菩薩正性離生，而能證得一切智智亦無是處。」

❹云何知遍學諸道得入菩薩正性離生？

　具壽善現白言：

「世尊！若爾，云何諸菩薩摩訶薩先於諸道遍學滿已，後由自道得入菩薩正性離生？已入菩薩正性離生，漸次證得一切智智，永斷一切習氣相續？」

②佛釋疑

❶菩薩以智觀過八地，以道相智入菩薩位，以一切相智斷煩惱習

　佛告善現：

「諸菩薩摩訶薩從初發心，勇猛精進修行六種波羅蜜多，以勝智見超過八地，謂淨觀地乃至獨覺地。雖於如是所說八地皆遍修學，而能以勝智見超過，由道相智得入菩薩正性離生。已入菩薩正性離生，漸次復由一切相智，證得圓滿一切智智，永斷一切習氣相續。

❷二乘智斷皆是菩薩忍

　善現當知！第八者智即是菩薩摩訶薩忍，預流、一來、不還、阿羅漢、獨覺若智若斷，亦是菩薩摩訶薩忍。

❸得無生忍入菩薩位，更斷煩惱習成佛道

　如是，善現！諸菩薩摩訶薩先於諸道遍學滿已，後由自道得入菩薩正性離生。已入菩薩正性離生，漸次證得一切智智。既已證得一切智智，以果饒益一切有情。」*13

5.廣修道相智

(1)勸修諸道般若

①善觀根性，應機施教

　爾時，具壽善現白佛言：

「世尊！如說菩薩摩訶薩眾應學遍知一切道相，若聲聞道、若獨覺道、若菩薩道、若如來道，知此等道一切種相名道相智，諸菩薩摩訶薩云何當起此道相智？」

　佛告善現：

「諸行、狀、相能正顯發道相智者，諸菩薩摩訶薩遍於如是諸行、狀、相皆現等覺，現等覺已如實為他宣說、開示、施設、建立，令諸有情得無倒解，隨應趣向所求利樂。是菩薩摩訶薩應於一切音聲語言皆得善巧陀羅尼門，由此善巧陀羅尼門發起種種音聲語言，遍為三千大千世界諸有情類宣說正法，令知所聞皆如谷響，雖有領解而無執著。

❶ 遮惡道

　「善現！諸菩薩摩訶薩由此因緣，應學圓滿諸道相智。既學圓滿道相智已，應如實知一切有情意樂、隨眠種種差別，如應為作利益安樂，謂如實知地獄有情意樂、隨眠及彼因果，知已方便遮障彼道；亦如實知傍生有情意樂、隨眠及彼因果，知已方便遮障彼道；亦如實知鬼界有情意樂、隨眠及彼因果，知已方便遮障彼道；亦如實知諸龍、藥叉、阿素洛等意樂、隨眠及彼因果，知已方便遮障彼道；

❷ 開善道

　　亦如實知人及欲天意樂、隨眠及彼因果，知已方便遮障彼道；亦如實知梵眾天乃至色究竟天意樂、隨眠及彼因果，知已方便遮障彼道；亦如實知空無邊處天乃至非想非非想處天意樂、隨眠及彼因果，知已方便遮障彼道。

❸ 示助道法，令入聖道

　　亦如實知四念住乃至八聖道支及彼因果，亦如實知三解脫門及彼因果，亦如實知四靜慮、四無量、四無色定及彼因果，亦如實知八解脫、八勝處、九次第定、十遍處及彼因果，亦如實知苦、集、滅、道聖諦及彼因果，亦如實知布施波羅蜜多乃至般若波羅蜜多及彼因果，亦如實知內空乃至無性自性空及彼因果，亦如實知真如乃至不思議界及彼因果，亦如實知淨觀地乃至如來地及彼因果，亦如實知極喜地乃至法雲地及彼因果，亦如實知一切陀羅尼門、一切三摩地門及彼因果，亦如實知五眼、六神通及彼因果，亦如實知如來十力乃至十八佛不共法及彼因果，亦如實知無忘失法、恒住捨性及彼因果，亦如實知一切智、道相智、一切相智及彼因果。善現！諸菩薩摩訶薩既如實知聲聞等道及因果已，隨其所應，安立有情於三乘道，令勤修學各得究竟。

② 應行諸道般若波羅蜜多

　「善現！諸菩薩摩訶薩應起如是諸道相智，若菩薩摩訶薩能學如是諸道相智，於諸有情種種界性、意樂、隨眠皆能悟入。既悟入已，隨其所宜為說正法，皆令獲得所求勝果終不唐捐。所以者何？是菩薩摩訶薩善達有情諸根勝劣，如實解了一切有情往來死生心所差別，故所說法終不唐捐。善現！諸菩薩摩訶薩應行如是諸道般若波羅蜜多。所以者何？一切聲聞、獨覺、菩薩所應學道菩提分法，無不攝在甚深般若波羅蜜多，一切聲聞、獨覺、菩薩於此中學皆得究竟。」*14

(2)諸法性空，不妨修道

　①明不妨修道

　　爾時，具壽善現白佛言：

　　「世尊！若一切種菩提分法乃至菩提，如是一切非合、非散、無色、無
　　　見、無對、一相，所謂無相，云何如是菩提分法能取菩提？世尊！一
　　　切非合、非散、無色、無見、無對、一相，所謂無相法，非於餘法有
　　　取有捨。譬如虛空於一切法無取無捨，自性空故，諸法亦爾自性皆空，
　　　非於餘法有取有捨，如何可言四念住等菩提分法能取菩提？」

　❶諸法自性空故無取無捨

　　佛告善現：

　　「如是！如是！如汝所說，以一切法自性皆空無取無捨。

　❷依世俗諦說令有情悟空

　　1.分別助道法令得菩提

　　　然諸有情於一切法自性空義不能解了，為益彼故，方便宣說菩提分
　　　法能取菩提。」(CBETA, T07, no. 220, pp. 349a^{19}–350b^{5})

　　　sher phyin:　v.028, pp. 360^{05}–367^{18}　《合論》：v.051, pp. 418^{16}–426^{20}

　　2.示一切法皆畢竟空無相

49.13 於能治之差別起邪分別
49.14 於所治之差別起邪分別

　　卷 465〈遍學品 72〉：

　　「復次，善現！若所有色、受、想、行、識，若眼處乃至意處，若
　　　色處乃至法處，若眼界乃至意界，若色界乃至法界，若眼識界乃
　　　至意識界，若眼觸乃至意觸，若眼觸為緣所生諸受乃至意觸為緣
　　　所生諸受，若地界乃至識界，若因緣乃至增上緣，若無明乃至老
　　　死，若布施波羅蜜多乃至般若波羅蜜多，若內空乃至無性自性
　　　空，若真如乃至不思議界，若苦、集、滅、道聖諦，若四念住乃
　　　至八聖道支，若四靜慮、四無量、四無色定，若三解脫門，若八
　　　解脫乃至十遍處，若淨觀地乃至如來地，若極喜地乃至法雲地，
　　　若一切陀羅尼門、三摩地門，若五眼、六神通，若如來十力乃至
　　　十八佛不共法，若三十二大士相、八十隨好，若無忘失法、恒住
　　　捨性，若一切智、道相智、一切相智，若預流果乃至獨覺菩提，
　　　若一切菩薩摩訶薩行，若諸佛無上正等菩提，若斷煩惱習氣相
　　　續，若一切智智，如是等一切法，皆於聖法毘奈耶中非合、非散、

無色、無見、無對、一相，所謂無相。

3.以世俗諦為有情說

如來為益諸有情類，令生正解入法實相，依世俗說不依勝義。善現當知！

②勸如道而學

❶勸學聖法

1.應以智見學，善分別應受用、不應受用

諸菩薩摩訶薩於如是一切法應學智見。學智見已，如實通達如是諸法應可受用，如是諸法不應受用。」

2.二乘法知而不應受用

具壽善現即白佛言：

「諸菩薩摩訶薩於何等法學智見已如實通達不應受用？於何等法學智見已如實通達應可受用？」

佛告善現：

「諸菩薩摩訶薩於諸聲聞、獨覺地法學智見已，如實通達不應受用；

3.一切智智知而受用

於一切智智相應諸法學智見已，如實通達一切種相應可受用。

4.勸學

善現！諸菩薩摩訶薩於此聖法毘奈耶中，應如是學甚深般若波羅蜜多。」

❷釋聖法義

具壽善現復白佛言：

「世尊！所說聖法毘奈耶，聖法毘奈耶者，何謂聖法毘奈耶？」

1.於一切法不合不散是為聖法

佛告善現：

「若諸聲聞，若諸獨覺，若諸菩薩，若諸如來，與貪、瞋、癡非合非散，與五順下分結非合非散，與五順上分結非合非散，與四靜慮、四無量、四無色定非合非散，與四念住乃至八聖道支非合非散，與苦、集、滅、道聖諦非合非散，與三解脫門非合非散，與八解脫乃至十遍處非合非散，與淨觀地乃至如來地非合非散，與五眼、六神通非合非散，與布施波羅蜜多乃至般若波羅蜜多非合非散，與內空乃至無性自性空非合非散，與真如乃至不思議界非合非散，與極喜地乃至法雲地非合非散，與一切陀羅尼門、三摩

地門非合非散，與如來十力乃至十八佛不共法非合非散，與三十二大士相、八十隨好非合非散，與無忘失法、恒住捨性非合非散，與一切智、道相智、一切相智非合非散，與預流果乃至獨覺菩提非合非散，與一切菩薩摩訶薩行非合非散，與諸佛無上正等菩提非合非散，與永斷一切煩惱習氣相續非合非散，與一切智智非合非散，與有為界非合非散，與無為界非合非散。

2.釋不合不散之因

「善現！彼名為聖者，此是彼聖法毘奈耶，是故名聖法毘奈耶。所以者何？此一切法無色、無見、無對、一相，所謂無相，彼諸聖者如實現見。善現當知！無色法與無色法非合非散，無見法與無見法非合非散，無對法與無對法非合非散，一相法與一相法非合非散，無相法與無相法非合非散。」

(CBETA, T07, no. 220, pp. 350b^5–351a^6)

sher phyin:　v.028, pp. 367^{18}–371^{21}　《合論》：v.051, pp.427^{01}–431^{06}

3.勸學無相般若

「善現！諸菩薩摩訶薩於此無色、無見、無對、一相、無相甚深般若波羅蜜多常應修學，學已不取一切法相。」*15

③勸修無相

❶明不以有相修般若

49.15 所相諸法勝義無故，於性相起邪分別

1.遍舉諸相問

卷465〈遍學品72〉：爾時，具壽善現白佛言：

「世尊！諸菩薩摩訶薩豈不應於色相乃至識相學？豈不應於眼處相乃至意處相學？豈不應於色處相乃至法處相學？豈不應於眼界相乃至意界相學？豈不應於色界相乃至法界相學？豈不應於眼識界相乃至意識界相學？豈不應於眼觸相乃至意觸相學？豈不應於眼觸為緣所生諸受相乃至意觸為緣所生諸受相學？豈不應於地界相乃至識界相學？豈不應於因緣相乃至增上緣相學？豈不應於無明相乃至老死相學？豈不應於布施波羅蜜多相乃至般若波羅蜜多相學？豈不應於內空相乃至無性自性空相學？豈不應於真如相乃至不思議界相學？豈不應於苦、集、滅、道聖諦相學？豈不應於四靜慮、四無量、四無色定相學？豈不應於四念住相乃至八聖道支相學？豈不應於八解脫相乃至十遍處相學？

豈不應於空、無相、無願解脫門相學？豈不應於淨觀地相乃至如來地相學？豈不應於極喜地相乃至法雲地相學？豈不應於一切陀羅尼門、三摩地門相學？豈不應於五眼、六神通相學？豈不應於如來十力相乃至十八佛不共法相學？豈不應於三十二大士相、八十隨好相學？豈不應於無忘失法、恒住捨性相學？豈不應於一切智、道相智、一切相智相學？豈不應於預流果相乃至獨覺菩提相學？豈不應於一切菩薩摩訶薩行、諸佛無上正等菩提相學？豈不應於永斷煩惱習氣相續、一切智智相學？豈不應於知苦、斷集、證滅、修道相學？豈不應於順逆緣起觀相學？豈不應於一切聖者聖法相學？豈不應於有為界、無為界相學？

「世尊！若菩薩摩訶薩不於如是諸法相學，亦應不於諸行相學。世尊！若菩薩摩訶薩於諸法相及諸行相既不能學，云何能超一切聲聞及獨覺地？若不能超一切聲聞及獨覺地，云何能入菩薩正性離生？若不能入菩薩正性離生，云何能得一切智智？若不能得一切智智，云何能轉妙法輪？若不能轉妙法輪，云何能以三乘正法安立有情，令出無邊生死苦海？」

2.諸法本無相，破取相行

佛告善現：

「若一切法有實相者，諸菩薩摩訶薩應於中學。以一切法非有實相，是故菩薩摩訶薩眾不於相學，亦復不於無相法學。所以者何？若佛出世、若不出世，法界常住，諸法一相，所謂無相，如是無相既非有相亦非無相故不可學。」(CBETA, T07, no. 220, p. 351a^6–b^{24})

sher phyin:　v.028, pp. 371^{21}–375^{01}　《合論》：v.051, pp. 431^{07}–434^{07}

❷正明以無相修般若

49.16 所修自共相皆於勝義無所得故，於修習起邪分別

1.修無相即是修般若

卷465〈遍學品72〉：爾時，具壽善現白佛言：

「世尊！若一切法皆非有相亦非無相，云何菩薩摩訶薩能修般若波羅蜜多？世尊！若菩薩摩訶薩不能修般若波羅蜜多，應不能超諸聲聞地及獨覺地。若不能超諸聲聞地及獨覺地，應不能入菩薩正性離生。若不能入菩薩正性離生，應不能起菩薩無生法忍。若不能起菩薩無生法忍，應不能發菩薩勝妙神通。若不能發菩薩勝妙

神通，應不能嚴淨佛土、成熟有情。若不能嚴淨佛土、成熟有情，應不能證得一切智智。若不能證得一切智智，應不能轉妙法輪。若不能轉妙法輪，則應不能安立有情令住預流果、或一來果、或不還果、或阿羅漢果、或獨覺菩提、或復無上正等菩提。亦應不能安立有情，令住施性福業事，或戒性福業事，或修性福業事，當獲人、天富樂自在。」

佛告善現：

「如是！如是！如汝所說。一切法非有相非無相，若菩薩摩訶薩知一切法若有相、若無相咸同一相，所謂無相，修此無相是修般若波羅蜜多。」

2.修除遣諸法是修般若

具壽善現復白佛言：「云何菩薩摩訶薩修此無相是修般若波羅蜜多？」

佛告善現：「若菩薩摩訶薩修除遣一切法，是修般若波羅蜜多。」

具壽善現復白佛言：

「云何菩薩摩訶薩修除遣一切法，是修般若波羅蜜多？」

佛告善現：

「若菩薩摩訶薩修除遣色、受、想、行、識，是修般若波羅蜜多；修除遣眼處乃至意處，是修般若波羅蜜多；修除遣色處乃至法處，是修般若波羅蜜多；修除遣眼界乃至意界，是修般若波羅蜜多；修除遣色界乃至法界，是修般若波羅蜜多；修除遣眼識界乃至意識界，是修般若波羅蜜多；修除遣眼觸乃至意觸，是修般若波羅蜜多；修除遣眼觸為緣所生諸受乃至意觸為緣所生諸受，是修般若波羅蜜多；修除遣地界乃至識界，是修般若波羅蜜多；修除遣因緣乃至增上緣，是修般若波羅蜜多；修除遣無明乃至老死，是修般若波羅蜜多；修除遣不淨觀，是修般若波羅蜜多；修除遣四靜慮、四無量、四無色定，是修般若波羅蜜多；修除遣佛隨念、法隨念、僧隨念、戒隨念、捨隨念、天隨念、寂靜隨念、持入出息隨念，是修般若波羅蜜多；修除遣無常想、苦想、無我想、空想、集想、因想、生想、緣想、滅想、靜想、妙想、離想、道想、如想、行想、出想，是修般若波羅蜜多；修除遣我想、有情想乃至知者想、見者想，是修般若波羅蜜多；修除遣常想、樂想、我想、淨想，是修般若波羅蜜多；修除遣緣起想，是修般若

波羅蜜多;修除遣聖諦想,是修般若波羅蜜多;修除遣四念住乃至八聖道支,是修般若波羅蜜多;修除遣三解脫門,是修般若波羅蜜多;修除遣八解脫乃至十遍處,是修般若波羅蜜多;修除遣有尋有伺三摩地、無尋唯伺三摩地、無尋無伺三摩地,是修般若波羅蜜多;修除遣苦、集、滅、道聖諦,是修般若波羅蜜多;修除遣苦智、集智、滅智、道智、法智、類智、世俗智、他心智、盡智、無生智、如說智,是修般若波羅蜜多;修除遣布施波羅蜜多乃至般若波羅蜜多,是修般若波羅蜜多;修除遣內空乃至無性自性空,是修般若波羅蜜多;修除遣真如乃至不思議界,是修般若波羅蜜多;修除遣淨觀地乃至如來地,是修般若波羅蜜多;修除遣極喜地乃至法雲地,是修般若波羅蜜多;修除遣一切陀羅尼門、三摩地門,是修般若波羅蜜多;修除遣五眼、六神通,是修般若波羅蜜多;修除遣如來十力乃至十八佛不共法,是修般若波羅蜜多;修除遣三十二大士相、八十隨好,是修般若波羅蜜多;修除遣無忘失法、恒住捨性,是修般若波羅蜜多;修除遣一切智、道相智、一切相智,是修般若波羅蜜多;修除遣預流果乃至獨覺菩提,是修般若波羅蜜多;修除遣一切菩薩摩訶薩行,是修般若波羅蜜多;修除遣諸佛無上正等菩提,是修般若波羅蜜多;修除遣一切智智,是修般若波羅蜜多;修除遣永斷一切煩惱習氣相續,是修般若波羅蜜多。」

3.不念法實有是修般若

具壽善現復白佛言:

「云何菩薩摩訶薩修除遣色、受、想、行、識,是修般若波羅蜜多?如是乃至修除遣永斷一切煩惱習氣相續,是修般若波羅蜜多?」

佛告善現:

「諸菩薩摩訶薩行深般若波羅蜜多時,若念有色、受、想、行、識,非除遣色、受、想、行、識,非修般若波羅蜜多。如是乃至若念有永斷一切煩惱習氣相續,非除遣永斷一切煩惱習氣相續,非修般若波羅蜜多。然諸菩薩摩訶薩行深般若波羅蜜多時,不念有色、受、想、行、識,是除遣色、受、想、行、識,是修般若波羅蜜多。如是乃至不念有永斷一切煩惱習氣相續,是除遣永斷一切煩惱習氣相續,是修般若波羅蜜多。所以者何?非有想者能修般若波羅蜜多。是故,善現!若菩薩摩訶薩修除遣色、受、想、

行、識,是修般若波羅蜜多,如是乃至修除遣永斷一切煩惱習氣相續,是修般若波羅蜜多。

4.住有想之過失

「復次,善現!住有想者,不能修布施波羅蜜多乃至般若波羅蜜多,亦不能修四念住乃至八聖道支,亦不能住內空乃至無性自性空,亦不能住真如乃至不思議界,亦不能住苦、集、滅、道聖諦,亦不能修空、無相、無願解脫門,亦不能修殊勝四靜慮、四無量、四無色定,亦不能修八解脫乃至十遍處,亦不能修極喜地乃至法雲地,亦不能修一切陀羅尼門、三摩地門,亦不能修五眼、六神通,亦不能修如來十力乃至十八佛不共法,亦不能修無忘失法、恒住捨性,亦不能修一切智、道相智、一切相智,亦不能修一切菩薩摩訶薩行,亦不能修諸佛無上正等菩提,亦不能修一切智智,亦不能修永斷一切煩惱習氣相續。所以者何?住有想者,必當執有我及我所,由此執故便著二邊,著二邊故決定不能解脫生死,無道、無涅槃,云何能如實修六波羅蜜多,乃至永斷一切煩惱習氣相續?」

5.有法無法及取相 (取相為二,一切二皆是有法)

具壽善現復白佛言:「何等是有?何等是非有?」

佛告善現:「二是有,不二是非有。」

善現復問:「云何為二?云何為不二?」

世尊告曰:

「色想乃至識想為二,色想空乃至識想空為不二;眼處想乃至意處想為二,眼處想空乃至意處想空為不二;色處想乃至法處想為二,色處想空乃至法處想空為不二;眼界想乃至意界想為二,眼界想空乃至意界想空為不二;色界想乃至法界想為二,色界想空乃至法界想空為不二;眼識界想乃至意識界想為二,眼識界想空乃至意識界想空為不二;眼觸想乃至意觸想為二,眼觸想空乃至意觸想空為不二;眼觸為緣所生諸受想乃至意觸為緣所生諸受想為二,眼觸為緣所生諸受想空乃至意觸為緣所生諸受想空為不二;地界想乃至識界想為二,地界想空乃至識界想空為不二;因緣想乃至增上緣想為二,因緣想空乃至增上緣想空為不二;無明想乃至老死想為二,無明想空乃至老死想空為不二;布施波羅蜜多想乃至般若波羅蜜多想為二,布施波羅蜜多想空乃至般若波羅

蜜多想空為不二；內空想乃至無性自性空想為二，內空想空乃至無性自性空想空為不二；真如想乃至不思議界想為二，真如想空乃至不思議界想空為不二；苦、集、滅、道聖諦想為二，苦、集、滅、道聖諦想空為不二；四念住想乃至八聖道支想為二，四念住想空乃至八聖道支想空為不二；四靜慮、四無量、四無色定想為二，四靜慮、四無量、四無色定想空為不二；八解脫想乃至十遍處想為二，八解脫想空乃至十遍處想空為不二；空、無相、無願解脫門想為二，空、無相、無願解脫門想空為不二；淨觀地想乃至如來地想為二，淨觀地想空乃至如來地想空為不二；極喜地想乃至法雲地想為二，極喜地想空乃至法雲地想空為不二；陀羅尼門、三摩地門想為二，陀羅尼門、三摩地門想空為不二；五眼、六神通想為二，五眼、六神通想空為不二；如來十力想乃至十八佛不共法想為二，如來十力想空乃至十八佛不共法想空為不二；三十二大士相、八十隨好想為二，三十二大士相、八十隨好想空為不二；無忘失法、恒住捨性想為二，無忘失法、恒住捨性想空為不二；一切智、道相智、一切相智想為二，一切智、道相智、一切相智想空為不二；預流果想乃至獨覺菩提想為二，預流果想空乃至獨覺菩提想空為不二；一切菩薩摩訶薩行、諸佛無上正等菩提想為二，一切菩薩摩訶薩行、諸佛無上正等菩提想空為不二；有為界、無為界想為二，有為界、無為界想空為不二。

6.取相之過失 (流轉生死苦，無三乘道果)

「善現！乃至一切想皆為二，乃至一切二皆是有，乃至一切有皆有生死，有生死者不能解脫生老病死愁歎苦憂惱。善現！諸想空者皆為不二，諸不二者皆是非有，諸非有者皆無生死，無生死者便能解脫生老病死愁歎苦憂惱。善現！由是因緣，當知一切有二想者定無布施、淨戒、安忍、精進、靜慮、般若波羅蜜多，無得、無現觀，下至順忍彼尚非有，況能遍知色、受、想、行、識！如是乃至況能遍知一切智智！彼尚不能修四念住乃至八聖道支，況能得預流果乃至獨覺菩提！況復能得一切智智，及能永斷一切煩惱習氣相續！」*16

6.別明無相無所有行
 (1)明大乘順忍之相

①取有無二相，不得大乘順忍，不能得一切相智

第二分漸次品第七十三之一

爾時，具壽善現白佛言：

「世尊！住有想者，若無順忍，亦無修道得果現觀。住無想者，豈有順忍，若淨觀地如是乃至若如來地，若修聖道，因修聖道斷諸煩惱？由此煩惱所覆障故，尚不能證聲聞、獨覺相應之地，況入菩薩正性離生！若不能入菩薩正性離生，豈能證得一切智智？若不能證得一切智智，何能永斷一切煩惱習氣相續？世尊！若一切法都無所有，無生無滅、無染無淨，如是諸法既都不生，豈能證得一切智智？」

佛告善現：

「如是！如是！如汝所說。住無想者，亦無順忍，乃至亦無永斷煩惱習氣相續。若一切法都無所有，無生無滅、無染無淨，如是諸法既都不生，豈能證得一切智智？」

②明離相般若行

❶行般若時有法相不？

具壽善現復白佛言：

「諸菩薩摩訶薩行深般若波羅蜜多時，為有有想，有無想不？為有色想，受、想、行、識想不？如是乃至為有一切智智想不？為有永斷一切煩惱習氣相續想不？為有色想，有色斷想不？為有受、想、行、識想，有受、想、行、識斷想不？為有眼處乃至意處想，有眼處乃至意處斷想不？為有色處乃至法處想，有色處乃至法處斷想不？為有眼界乃至意界想，有眼界乃至意界斷想不？為有色界乃至法界想，有色界乃至法界斷想不？為有眼識界乃至意識界想，有眼識界乃至意識界斷想不？為有眼觸乃至意觸想，有眼觸乃至意觸斷想不？為有眼觸為緣所生諸受乃至意觸為緣所生諸受想，有眼觸為緣所生諸受乃至意觸為緣所生諸受斷想不？為有地界乃至識界想，有地界乃至識界斷想不？為有因緣乃至增上緣想，有因緣乃至增上緣斷想不？為有貪、瞋、癡想，有貪、瞋、癡斷想不？為有無明乃至老死愁歎苦憂惱想，有無明乃至老死愁歎苦憂惱斷想不？為有苦聖諦想，有苦聖諦斷想不？為有苦集聖諦想，有苦集聖諦斷想不？為有苦滅聖諦想，有苦滅聖諦斷想不？為有證苦滅道聖諦想，有證苦滅道聖諦斷想不？如是乃至為有一切智智想，有證一切智智想不？為有所斷一切煩惱習氣相續想，有永斷一切煩惱習氣相續想不？」

❷不見有無相即是菩薩順忍，亦是修道、得果

佛告善現：

「諸菩薩摩訶薩行深般若波羅蜜多時，於一切法皆無有想亦無無想。
若無有想亦無無想，當知即是菩薩順忍，亦是修道、亦是得果、亦
是現觀。」

❸諸法以無性為自性

「復次，善現！諸菩薩摩訶薩以無性為聖道，以無性為現觀，達一切
法皆以無性而為自性。由是因緣，當知一切法皆以無性為其自性。」
*17

(2)引佛所證，顯修行法

①以無所有智合行一切法，斷著得菩提，成佛得自在

具壽善現即白佛言：

「若一切法皆以無性為自性者，云何如來、應、正等覺於一切法無性為
性現等覺已，說名為佛，於一切法及諸境界得自在轉？」

❶修禪定而不著

佛告善現：

「如是！如是！一切法皆以無性為自性。我本修學菩薩道時，無倒修
行布施、淨戒、安忍、精進、靜慮、般若波羅蜜多，由此離欲惡不
善法，有尋有伺，離生喜樂，入初靜慮具足住，如是乃至斷樂斷苦，
先喜憂沒，不苦不樂，捨念清淨，入第四靜慮具足住。我於爾時，
於諸靜慮及靜慮支，雖善取相而無所執，於諸靜慮及靜慮支不生味
著，於諸靜慮及靜慮支都無所得。我於爾時，於四靜慮行相清淨無
所分別。

❷起五神通而不著

「我於爾時，於諸靜慮及靜慮支雖善純熟，而不受彼所得果報，但依
靜慮令心引發神境、天耳、他心、宿住、天眼智通，於此五通雖善
取相，而無所執亦不愛味，於諸通境都無所得，亦不分別如空而住。

❸成佛道，隨三聚有情善說法

「我於爾時，觀一切法平等平等無性為性，以一剎那相應般若，證得
無上正等菩提，謂如實知是苦聖諦，是集聖諦，是滅聖諦，是道聖
諦，皆同一相，所謂無相，如是無相亦無所有。由此成就如來十力、
四無所畏、四無礙解、大慈、大悲、大喜、大捨并十八佛不共法等
無量無數不可思議微妙功德，以佛妙智安立有情三聚差別，謂正性

定聚、邪性定聚及不定聚，安立如是三聚別已，隨其所應方便化導，令獲殊勝利益安樂。」

②諸法無所有，而能起禪定神通，雖無有情而能分別作三聚

具壽善現復白佛言：

「云何如來、應、正等覺於一切法無性性中，起四靜慮發五神通，證大菩提具諸功德，安立利樂三聚有情？」

❶通達欲惡不善法無所有性，入禪定

佛告善現：

「若諸欲惡不善法等有少自性或復他性為自性者，我本修行菩薩道時，不應通達一切欲惡不善法等皆以無性為自性已，離欲惡等入初靜慮乃至能入第四靜慮具足安住。以諸欲惡不善法等都無自性亦無他性，但以無性為自性故，我本修行菩薩道時，通達欲惡不善法等皆以無性為自性已，離欲惡等入初靜慮，乃至能入第四靜慮。

❷知神通無所有性，起神通

「復次，善現！若五神通有少自性或復他性為自性者，我本修行菩薩道時，不應通達一切神通皆以無性為自性已，發起種種自在神通，於諸境界妙用無礙。以諸神通都無自性亦無他性，但以無性為自性故，我本修行菩薩道時，通達神通皆以無性為自性已，發起種種自在神通，於諸境界妙用無礙。

❸通達菩提無所有性，證得菩提

「復次，善現！若佛無上正等菩提有少自性或復他性為自性者，我本修行菩薩道時，不應通達諸佛無上正等菩提及諸功德皆以無性為自性已，證得無上正等菩提具諸功德。以佛無上正等菩提及諸功德都無自性亦無他性，但以無性為自性故，我本修行菩薩道時，通達無上正等菩提皆以無性為自性已，證得無上正等菩提具諸功德。

❹通達有情無所有性，安立三聚有情

「復次，善現！若諸有情有少自性或復他性為自性者，我成佛已，不應通達一切有情皆以無性為自性已，安立有情三聚差別，隨其所應方便化導，令獲殊勝利益安樂。以諸有情都無自性亦無他性，但以無性為自性故，我成佛已，通達有情皆以無性為自性已，安立有情三聚差別，隨其所應方便化導，令獲殊勝利益安樂。」*18

(CBETA, T07, no. 220, pp. 351b²⁵–354c¹¹)

sher phyin: v.028, pp. 375⁰¹–399¹⁹ 《合論》: v.051, pp. 434⁰⁸–459¹²

註解：

*1 諸法是無法

　　非但一切智智是無法，色等一切法亦是無法。

　　若法從因緣和合生，即無自性；無自性即是空無法。以是因緣故，當知一切法無所有性。

　　又諸法以空、無相、無願為自性，以真如、實際、法界為自性，當知一切法無所有性。

*2 起行方便

　　初發心者應以何方便行布施等波羅蜜乃至一切智智，成熟有情嚴淨佛土？

　　「應起無所有方便行」

　(1)空有無礙方便行

　　　於無所有法中學，於入觀時亦能集諸功德，成熟有情嚴淨佛土，此即是方便力。

　　　　有、無二法能同時行，空有無礙。(畢竟空，又能集諸福德。)

　　　　行六波羅蜜時，亦修治佛道。(如佛以畢竟空無所有法行六波羅蜜乃至一切智智。)

　　　　若能行此道，則能具足佛十力、四無畏、四無礙智、十八不共法等功德。

　　　若行此道圓滿，由一剎那相應般若，能證得一切智智，永斷煩惱習氣無餘，得名為佛。

　(2)觀諸法畢竟空，有無皆不可得

　　　得佛已，以佛眼尚不見無法，何況有法。

　　　畢竟空法能破顛倒令菩薩成佛，此事尚不可得，何況凡夫之顛倒有法。

　(3)學方便行無所有般若

　　　菩薩之方便，知一切法無所有相，空尚不可得，何況有。

　　　菩薩應行此無所有般若波羅蜜。

　(4)知諸法無作無所有 (一切法無作者)

　　　行無所有般若波羅蜜，布施時知布施物空無所有，受者及菩薩心亦無所有；乃至一切智智，

　　　得者(菩薩)、得法(無上菩提)、由此得(菩薩道)皆是法無所有。以一切法本性爾，不以智慧故

　　　異。非凡夫作，亦非聖人作，一切法無作，無作者故。

*3 諸法無所有，不失能知義

　(1)諸法無所有，但為有情以世俗說有無

　　(問)①若諸法無所有相，誰知是無所有？

　　　　②諸法性離，云何離法能知離法之有無？

　　　　　❶有法不能知無法；

　　　　　　(內雖有智，外空無法可知，外無緣云何智慧生？如刀雖利，不能破空。)

　　　　　❷無法不能知有法；

　　　　　　(內智無定相，外所緣法有定相，心隨緣而生。如無刀，雖有物，無刀可斫。)

　　　　　❸有法不能知有法；

　　　　　❹無法不能知無法。

　　　　如是一切法無所有相，云何菩薩作是分別是法若有若無？

　　(答)菩薩以世俗故為有情說若有若無，不依勝義說。

　　　　佛知無所有：若有是實有，無亦應有實；若有不實，無云何應實？

有情不知，故為有情說有、無。

(2)二諦真如無異，依世俗分別說

①非異世俗別有勝義，世俗之真如即是勝義。

若說世俗勝義，則破壞法性。

②有情不知不見真如，故以世俗為說有無。

有情著五蘊及諸法，為令有情離所有，得無所有，故說有無。

*4 菩薩行

(1)般若攝一切法，即是菩薩行。

此二以〈般若經〉及菩薩行共相攝者無異；一切菩薩道名菩薩行，遍知諸法實相智名般若波羅蜜，是為異。

(2)菩薩為無上正等菩提行，名菩薩正行。

菩薩於不善、無記及著心行善法，非菩薩行；但以悲心及空慧，為無上菩提行，名菩薩行。

(3)觀諸法空、修六波羅蜜等，不分別諸法是空、實，乃至是有為、無為等二相，能如無上菩提滅戲論不二相，是名菩薩行。

*5 明佛義及菩提義

(1)明佛義

①覺義、實義、薄伽梵義：知諸法實義。

②於諸實法現等正覺：得諸法實相。

「義」名諸法實相，不生不滅，法相常住，如涅槃。

是義中常覺悟，無錯謬；於是義，以種種名相法令有情解第一實義。屬四無礙中之義無礙、法無礙。

③通達實法

有人雖得諸法實義，但不能通達。

須陀洹、斯陀含、阿那含，未斷煩惱故，不能通達。

阿羅漢、獨覺、大菩薩煩惱雖盡，未得一切相智故，不能通達。

④於一切法如所有性、盡所有性無顛倒覺

如實知一切法，若義若法，若有若無，了了知故，如一切相智，能知寂滅相，亦知有為相。

⑤遍三世及無為法無障智轉。

⑥如實開覺一切有情令離顛倒。

(2)明菩提義

①空、真如、實際、法性、法界義

菩提名實智慧，此為空三昧相應實相智慧，緣真如、實際、法性、法界。

佛、阿羅漢、獨覺三無學人，無明永盡無餘故，其智慧名菩提。

二乘無學人不得一切智正遍知諸法，不得名無上正等菩提，唯佛一人能得。

②名相言說(語言文字)，能真實覺。

③不可壞、無分別義。

④諸法實相

菩提是指真如、不虛誑、不變異。

諸法轉，先虛妄後真實，轉轉增勝，至菩提無更勝者；如有情智慧轉轉增勝，至佛更無勝者。

⑤唯假名相無實可得。

⑥正遍知、現等覺

菩提義無量無邊，唯佛能遍知，餘人知其少分。

由此一切法、一切種相現等正覺，故名菩提。

或有以盡智、無生智、無礙解脫、四無礙智、佛十力乃至一切相智為菩提。

或有以佛十智及其共緣、共生、共相佐助之法皆名菩提。

*6 具行三事

(1)般若畢竟淨，菩薩行道時於法無得失(無增減)

(問)若菩提畢竟空不壞相，菩薩行六波羅時，增益何等善根？

(答)若菩薩行是菩提實相，於一切法無所增益，何況善根。

以般若波羅蜜不為得失乃至垢淨故出，畢竟清淨故。

(2)畢竟空和合共行，不以二法行諸道

(問)若無增減，云何菩薩行般若取布施等諸菩薩行？

(答)菩薩雖行是法，不以二法故行。(以與畢竟空和合共行故。)

(3)菩薩行不二法，能增益善根，世間有情及眾惡不能壞

(問)若菩薩不行二法，云何從初發心乃至後心增長善根？

(答)若人行二法，即是顛倒，不能增長善根，如人夢中得財，竟無所得。

①凡夫著二法不能增益善根；若行不二法，所謂諸法實相，從初發心乃至後心，增益善根。

②天、人、阿修羅等不能壞菩薩令墮二乘地。

③諸惡不善法不能壞六波羅蜜等善法。

(4)依正觀三事自利利他，得無上菩提

①不為善根、非善根行般若

人為到彼岸而渡，非為栰故渡。善根是助佛道法，不為善根而行，但為得無上正等菩提而行。

②勸行三事，能得一切智智

三事未成，不能得一切智智。

❶供養諸佛

❷圓滿善根

1.聽聞乃至得陀羅尼

聞法→受持→讀誦通利→思惟觀察→深見意趣→善通達→得陀羅尼

(聞持陀羅尼：善讀誦通利；實相陀羅尼：善通達義。)

2.得陀羅尼故，能起無礙智，為有情說法。

3.起無礙智故，隨所生處終不忘失。

4.為善根所將護，終不墮惡趣。

5.得意樂清淨故，能成熟有情、嚴淨佛土。

集善根福德故，得意樂清淨。於有情中得慈悲心、不捨心、救度心，於諸法中得無常、

　　　　苦、空、無我、畢竟空心，乃至佛不生佛想、涅槃想，故名意樂清淨。

　　❸承事善友

　　　　為善根所護故，終不離善知識(佛、大菩薩、阿羅漢等)。

*7 遠離方便善巧，難得一切智智

　　有菩薩雖行三事，以離方便善巧故，不得一切智智。此中「善巧方便」指般若波羅蜜。

　　若菩薩行者雖見諸佛色身，不以智慧眼見法身；雖少種善根，而不具足；雖得善知識，不親近諮受，則難得一切智智。

*8 以有無心行布施波羅蜜

　(1)以有無心行布施

　　①一切智智相應作意，三輪體空

　　　菩薩以有無心行布施。

　　　❶有心：一切智智相應作意而行布施，念諸佛無量功德、憐愍有情故行布施。

　　　❷無心：不生三想，所謂施者、受者、施物。(三輪體空)

　　　施物等一切法自相空，從本以來常不生故，無定相，若一若異、若常無常等，是法自相空故；不可轉，安住「如」中故。

　　　若能如是觀，即入諸法實相，所謂無作無起相。

　　②增益善根，嚴土熟生

　　　如是方便力故，能增益善根、離不善根，成熟有情，淨佛國土。

　(2)不受世間果報，但為有情

　　　布施若多若少，不受世間果報，但欲救度一切有情故行。

*9 具足方便慧，不受世間果報

　(1)菩薩以方便慧行深法，能作因而不受果。

　　　菩薩於諸法性中，定心安住不動，此諸法性無所有，畢竟空故。

　(2)於何無性自性中不動？

　　　於色性中乃至一切智智、有為界、無為界自性中不動。

　　　以諸法性，眾因緣生故不自在、無定相，無定相故無所有。

*10 離諸戲論得出世果

　(1)以四句戲論不能得道

　　①不能以無性法(無所有法)、得(現證)有性法(所有法)

　　　色等法無性，故無所有，不可以無性法得有性法。

　　②不能以有性法得有性法

　　　無性法為聖人所稱讚、所住處，尚不能有所得，何況有性法。(有性法虛誑不實故。)

　　③不能以有性法得無性法

　　④不能以無性法得無性法

　　　有性、無性，二俱有過，故言「不能」。

　　　有性法有生相、住相，以虛誑故尚無所得，何況無性法從本以來畢竟空，而說有所得。

　(2)若離四句戲論，即是道

　　　(問)若以四句皆不得，則將無道(現觀)、無得果(現證)？

(答)實有得、有現觀,但不以是四句。若得若現觀非有非無,絕諸戲論,即是道。

*11 明戲論相

(1)觀色等常無常等,是為戲論

①執常之過失

若常,則不生不滅,無罪福、好醜。

②執無常之過失

❶因常說無常,常既不可得,何況無常。

❷若無常是色等實相,則不應有業因緣果報,以色等法念念滅故。若業因緣果報滅,則不名無常相。

如是因緣故,無常非是色等之實相。

觀色乃至一切智智常無常等,皆是戲論。

(2)若念我當斷一切煩惱習,是為戲論

若以如下等種種分別,是為戲論:

①苦集滅道聖諦應知、斷、證、修。

②應修四靜慮等定、三十七道品、三解脫門、八解脫等。

③應超聲聞果、獨覺菩提。

④應行六波羅蜜、應住十八空、應住真如乃至不思議界。

⑤應入菩薩正性離生、應圓滿菩薩十地、應起陀羅尼門、三摩地門。

⑥應引五眼六通、如來十力乃至十八佛不共法、圓滿三十二相八十隨好。

⑦應引無忘失法、恆住捨性,應引一切智、道相智、一切相智。

⑧應行菩薩摩訶薩行,應證佛無上菩提。

⑨我當嚴淨佛土成熟有情,當證得一切智智,當永斷煩惱習氣。

*12 明離戲論,入菩薩位

(1)應行無戲論般若

①色等法是不可戲論相

色等法是不可戲論相。凡夫戲論諸法,菩薩於不可戲論法隨法不戲論。

何以故?

自性不能戲論自性。

性從因緣生但有假名,云何能戲論?若性不能戲論,何況無性。

離(有)性、無性更無第三法可戲論,所謂戲論者、戲論法、戲論處皆不可得。

②色等法無性,若法無性,即是不可戲論。

如是應行無戲論般若波羅蜜。

(2)若菩薩能行是無戲論般若,便得入菩薩位。

*13 遍學諸道

(1)遍學諸道入菩薩位

菩薩先遍學諸道,後由菩薩道入菩薩正性離生,但猶未得一切智智。

若菩薩住金剛喻定,以一剎那相應般若,乃能證得一切智智。

(2)入菩薩正性離生位

(問)云何知入菩薩位？

若起第八道應成第八，如是乃至若起無學道應成阿羅漢，諸道所成各異；若成第八已，能入菩薩正性離生，能證得一切智智必無是處。

云何知先由於諸道遍學滿已，後由自道得入菩薩正性離生？

(答)以智觀過八地入菩薩位

菩薩從初發心，精進修行六波羅蜜，

①以勝智見超過八地(淨觀地乃至獨覺地)；

②以道相智入菩薩正性離生；

③以一切相智證得一切智智，永斷一切煩惱習氣。

(3)二乘智斷皆是菩薩忍

①二乘智斷

❶智

學人八智，謂法智、類智、他心智、世智、苦智、集智、滅智、道智。無學道增盡智，得不壞解脫增無生智，成十智。

十無學法初心第九解脫修八智，不時解脫人修十智(證盡智、無生智)及一切有漏無漏善根，若時解脫人修九智(僅證盡智)及一切有漏無漏善根。(大智度論 23)(釋初品中十一智)

❷斷

斷十種結使，所謂五上分結、五下分結。

1.須陀洹、斯陀含

略說斷三結 (身見結、戒禁取結、疑結)；

廣說斷八十八結 (見所斷八十八隨眠及相應心心所法、等起不相應行)。

2.阿那含

略說斷五下分結 (身見結、戒禁取結、疑結、貪欲結、瞋恚結)；

廣說斷九十二結 (見所斷八十八隨眠及欲界修所斷貪、瞋、痴、慢)。

3.阿羅漢

略說三漏盡，斷五上分結 (色愛、無色愛、無明、慢、掉)；

廣說斷一切煩惱。

②二乘智斷皆是菩薩忍

二乘人於諸佛菩薩智慧得少分，其智斷皆是菩薩無生法忍。

聲聞人以四諦得道，菩薩以一諦(無生忍)入道。四諦皆是一諦，分別故有四，是四諦、二乘智斷，皆在一諦中。

菩薩先住柔順忍中，學無生、無滅、非無生、非無滅，離有見、無見、有無見，非有非無見等，滅諸戲論，得無生忍。

③無生法忍

❶常不生惡心。

❷觀諸法畢竟空，斷緣，心心所不生。

❸過二乘智，捨生滅觀，入不生不滅中。

　　1.明二乘智觀法之生滅

　　　　二乘智慧觀色等五蘊生滅，心厭、離欲、得解脫。

　　2.菩薩入不生不滅畢竟空中

　　　　凡夫於諸法中著常見，而所著法還歸無常，故得憂悲苦惱；若欲離憂苦，莫觀常相。

　　　　若但以肉眼粗心見法有無常生滅，菩薩以慧眼求法之生滅實定相不可得。

　　　　菩薩以無常破常顛倒，但不著無常，捨此生滅觀，能入不生不滅中。

　　3.無生忍有二種：一者著不生滅故，墮常顛倒；二者雖破生滅，不著無生無滅故，不墮
　　　常顛倒。

　　　　真無生者，滅諸觀、語言道斷，觀一切法如涅槃相；從本以來常自無生，非以智慧觀
　　　故令無生。得是無生無滅、畢竟清淨，無常觀尚不取，何況生滅。

　　如是等相，名無生法忍。

(5)得無生忍入菩薩位，更斷煩惱習成佛道

　　得是無生忍，即入菩薩位；入菩薩位已，以一切相智斷煩惱及習氣。

*14 應修諸道般若

　菩薩住無生法忍得諸法實相，取諸法名相語言，既自善解亦為有情說。菩薩得善巧陀羅尼門，
　起種種音聲語言，遍為三千大千有情宣說正法，令知所聞皆如谷響，雖有領解而無執著。
　(雖未具足如佛梵音相，而於佛音聲中普得其分。)

(1)善觀根性，應機施教

　　菩薩遍知一切道，遍觀有情意樂(心)、隨眠種種差別，以善法利益，遮不善法。

　　①遮惡道　②開善道

　　　　知有情意樂、隨眠及彼因果，知已方便遮障彼道。

　　③示助道法、令入聖道

　　　　如實知諸道及因果已，隨其所應，安立有情於三乘道，令勤修學究竟。

(2)如是道相智及諸助善法皆攝在般若中，是故菩薩當行諸道般若波羅蜜。

*15 應如道而學

(1)應以知見學，分別應受用、不應受用

　　①知見差別

　　　知為初知，深入為見；知為未了，見為已了。

　　❶四種差別

　　　1.是知非見：除世間正見及五見外之盡智、無生智。

　　　2.是見非知：五見(身見、邊見、邪見、見取見、戒禁取見)、世間正見、見諦道中之八
　　　　忍。

　　　3.亦知亦見：餘無漏慧。

　　　4.非知非見：離是見、知之餘法。

　　❷有說：定心名見，定、未定通名知，知已應見。

　　❸有說：知煩惱斷名見，如九遍知(九斷智)。〈阿毘達磨發智論〉4

②學知見已，於二乘法知而不受用，於一切智智知而受用。

(2)於聖法毗奈耶中，應學無相般若

①於一切法不合不散是為聖法

一切法無色、無見、無對、一相，所謂無相，是為聖法，聖者如實現見。

無色法與無色法非合非散，無見法與無見法非合非散；

無對法與無對法非合非散，一相法與一相法非合非散；

無相法與無相法非合非散。

如是法皆一性故，自性不與自性合。

②應學無相般若

由此無色、無見、無對、一相、無相般若波羅蜜常應修學，學已不取一切法相。

*16 勸修無相

(1)不以有相修般若

「不於諸法相學，不於諸行相學，云何能得一切智智？」

若諸法有實相，應於中學，而諸法非有實相，故不於相學。亦不於無相學，以取相故。

有佛、無佛，諸法常住一相，所謂無相，如是無相非有相亦非無相。

(2)以無相修般若

①修無相即是修般若

若能知一切法若有相、若無相咸同一相，所謂無相。

菩薩不以修相是修般若，修無相是修般若。

②修除遣諸法是修般若

「云何修無相是修般若？」

修除遣諸法(諸法壞)是修般若。

以諸法壞故，無相相亦壞。

譬如車分壞故，車相亦滅；輪分壞故，輪相亦壞，如是乃至微塵。

此中修除遣色乃至修除遣斷一切煩惱習氣，即是修般若。

③不念法實有是修般若

「云何修除遣諸法是修般若？」

不念色等是有法(非有想)是修般若。

以色是定實，有相之過失。有相者不修般若，般若中無法尚無，何況有法。

④念有之過失

若著有法之戲論，則不能修六波羅蜜乃至不能修斷煩惱習氣。

如是著者，執我我所故，

❶無解脫：無三解脫門故。

❷無　道：無空法故。

戲論諸法故，不厭老病死，著法生邪見；邪見故，不能如實觀身不淨等；不能觀身故，不修身念處；不修身念處故，不能修受、心、法念處；不修四念處故，不能修乃至一切智智，以著有法故。

❸無涅槃：無道故。

⑤有法、無法及取相

何等是有法？何等是無法？

二相是有，不二相是無。

何等是二相？何等是不二相？

取色相即是二，一切二相是有法。有皆有生死。

諸相空皆是不二，不二者皆是非有。非有者皆無生死。

⑥取相之過失

❶流轉生死苦

取相為二，二皆是有，有中生著心，著心因緣生煩惱，煩惱因緣往來生死，生死因緣憂
悲苦惱。

❷無三乘道果

有二想(相)者無(出世間)六波羅蜜、無得、無現觀乃至無有(二乘)順忍，何況能見色等實
相乃至見　切智智。不見色等實相，則無修道，云何有預流果乃至斷一切煩惱習氣。

*17 明大乘順忍之相

(1)取有無二相，不得大乘順忍，不得一切智智

(問)有法相者不得順忍，亦無修道得果現觀。

無相者，豈有順忍，若淨觀地乃至如來地，因修道斷煩惱？

若諸法無所有，無生滅、染淨，如是諸法不生，焉能證得一切智智？

(答)如汝所說。無相者亦無順忍，亦無永斷煩惱習氣。

若諸法無所有，無生滅、染淨，如是諸法不生，焉能證得一切智智？

(2)離相般若行

①問：諸法相

菩薩行般若波羅蜜時，有法相不？

所謂色相乃至識相，如是乃至一切智智相。

若色相、色斷相，乃至四聖諦相、四諦斷相，如是乃至一切智智相，斷一切煩惱習氣相。

②佛答

❶不見有無相

菩薩行般若時，無有法相、無非法相（見有、無二俱有過），即是菩薩順忍，亦即是修
道、亦是得果、亦是現觀。

❷諸法以無性為自性

菩薩以無性為聖道，以無性為現觀，通達一切法皆以無性為性。

因中行有法是菩薩道，行無法是菩薩果。

有說行有為八聖道斷諸煩惱，得無為果。

又有說以前五波羅蜜名有法是菩薩道，般若波羅蜜畢竟空故無有法是菩薩果。

又有以般若波羅蜜智慧相為有為法，是道；真如、法性、實際不從因緣生，常有故，
名為果。

*18 引佛自所證，顯修行法

 (1)以無所有智行，證菩提

  「若一切法無性，云何能現等覺成佛？」

  以無所有智合行一切法，能斷一切執著故，得無上菩提。

  ①修禪定而不著

   佛本為菩薩時無倒修六波羅蜜，於諸靜慮雖取相而不著，於四靜慮行相清淨無所分別。

  ②起神通而不著

   於諸靜慮不受果報，但起神通。於神通無味著。

  ③成佛道為三聚有情說法

   觀法無性為性，以一剎那相應般若，證得無上菩提，如實知諸法無相，成就諸功德，以佛妙智安立三聚有情，隨其所應方便化導。

 (2)諸法無所有能起神通，雖無有情而能分別作三聚

  「云何於一切法無性性中，起四靜慮發五神通，證大菩提？」

  ①通達欲惡不善法無所有性，入禪定。

   通達欲(五欲)、惡(五蓋令入惡道)、不善(障善法)都無自性亦無他性，但以無性為自性已，離欲惡不善法入初靜慮乃至第四靜慮。

    自性名自身不淨性，他性名衣服等莊嚴身具，此等皆無常、虛誑、苦惱因緣。內外五欲中，無有常樂我淨實，若有者，佛本行菩薩道時，不能觀五欲空無所有性入初靜慮等，今欲惡不善法無有實性，故佛於菩薩時能離欲惡不善法入諸靜慮。

  ②通達神通無所有性，起神通。

  ③通達菩提無所有性，證得菩提。

  ④通達有情無所有性，安立三聚有情，隨其所應方便化導，令得安樂。

 (3)若欲惡不善法有自性，佛修行菩薩時不能入諸靜慮；若神通有自性，不能發起自在神通；若菩提有自性，不能證得無上菩提具諸功德；若諸有情有自性，不能安立有情，隨其所應方便化導。以諸法定無所有空，故佛云於諸法中得自在力。

第六事

第50～62義

[乙二]堅固因果

【第六事】漸次加行

〔義相〕：為得三智行相堅固，次第修習三智行相慧所攝持之菩薩
瑜伽，即漸次加行之相。

〔界限〕：從大乘資糧道乃至十地最後心之前一剎那。

[丙一]為得堅固修漸次加行　　漸次現觀品第七

[丁一]布施漸次加行【第 50 義】

〔義相〕：由布施修持所攝，為於三智行相得堅穩故，次第修
習三智行相慧所攝持之菩薩瑜伽，是布施漸次加行
之相。

[丁二]淨戒漸次加行【第 51 義】

〔義相〕：由淨戒修持所攝，為於三智行相得堅穩故，次第修
習三智行相慧所攝持之菩薩瑜伽，是淨戒漸次加行
之相。

[丁三]安忍漸次加行【第 52 義】

〔義相〕：由安忍修持所攝，為於三智行相得堅穩故，次第修
習三智行相慧所攝持之菩薩瑜伽，是安忍漸次加行
之相。

[丁四]精進漸次加行【第 53 義】

〔義相〕：由精進修持所攝，為於三智行相得堅穩故，次第修
習三智行相慧所攝持之菩薩瑜伽，是精進漸次加行
之相。

[丁五]靜慮漸次加行【第 54 義】

〔義相〕：由靜慮修持所攝，為於三智行相得堅穩故，次第修習三智行相慧所攝持之菩薩瑜伽，是靜慮漸次加行之相。

[丁六]般若漸次加行【第 55 義】

〔義相〕：由般若修持所攝，為於三智行相得堅穩故，次第修習三智行相慧所攝持之菩薩瑜伽，是般若漸次加行之相。

[丁七]念佛漸次加行【第 56 義】

〔義相〕：由念佛修持所攝，為於三智行相得堅穩故，次第修習三智行相慧所攝持之菩薩瑜伽，是念佛漸次加行之相。

[丁八]念法漸次加行【第 57 義】

〔義相〕：由念法修持所攝，為於三智行相得堅穩故，次第修習三智行相慧所攝持之菩薩瑜伽，是念法漸次加行之相。

[丁九]念僧漸次加行【第 58 義】

〔義相〕：由念僧修持所攝，為於三智行相得堅穩故，次第修習三智行相慧所攝持之菩薩瑜伽，是念僧漸次加行之相。

[丁十]念戒漸次加行【第 59 義】

〔義相〕：由念戒修持所攝，為於三智行相得堅穩故，次第修習三智行相慧所攝持之菩薩瑜伽，是念戒漸次加行之相。

[丁十一]念捨漸次加行【第 60 義】

〔義相〕：由念捨修持所攝，為於三智行相得堅穩故，次第修習三智行相慧所攝持之菩薩瑜伽，是念捨漸次加行之相。

[丁十二]念天漸次加行【第 61 義】

〔義相〕：由念天修持所攝，為於三智行相得堅穩故，次第修習三智行相慧所攝持之菩薩瑜伽，是念天漸次加行之相。

[丁十三]無性自性漸次加行【第 62 義】

〔義相〕：由能現證一切法實性空之堪能，為於三智行相得堅穩故，次第修習三智行相慧所攝持之菩薩瑜伽，是無性自性漸次加行之相。

〔界限〕：從大乘資糧道乃至十地最後心之前一剎那。

[布施至般若，隨念於佛等，法無性自性，許為漸次行。](頌6-1)

(得頂現觀，對各個與含攝所理解之義理，依次更進一步為堅穩之故而善加作觀修。)

[1]六度之漸次加行：

　50.布施漸次加行

　51.淨戒漸次加行

　52.安忍漸次加行

　53.精進漸次加行

　54.靜慮漸次加行

　55.般若漸次加行

[2]六念之漸次加行：

　56.念佛漸次加行

　57.念法漸次加行

　58.念僧漸次加行

　59.念戒漸次加行

　60.念捨漸次加行

　61.念天漸次加行

[3]62 無性自性漸次加行：通達一切法於勝義中為無性自性。

許此十三種為漸次加行，以是布施等十三法所攝持之三智一切行相，次第決定而修之菩薩瑜伽故。

此十三法通彼諸位及三智行相之加行，以無性自性為所緣相，六念為意樂圓滿，六度為加行圓滿故。無性與六度通一切位易了。

六念者，在加行道時名念住等，在見道位名菩提分，在修道位名正道支。

由此十三法攝持漸修三智一百七十三種行相，即漸次加行之義。

[乙二]堅固因果

【第六事】漸次加行
漸次現觀品第七

[丙一]為得堅固修漸次加行
【第 50～62 義】

1.約發心明漸次加行

卷 466〈漸次品 73〉：第二分漸次品第七十三之二

爾時，具壽善現白佛言：

「世尊！若菩薩摩訶薩於一切法無性性中，起四靜慮發五神通，證得無上正
等菩提具諸功德，安立有情三聚差別，令其獲得利樂事者，云何初發心菩
薩摩訶薩於一切法無性性中，作漸次業、修漸次學、行漸次行，證得無上
正等菩提，作諸有情勝利樂事？」

(1)從聖人處聞一切法無所有

佛告善現：

「諸菩薩摩訶薩初發心位，或從佛聞，或復從於多供養佛、菩薩、獨覺及
阿羅漢、不還、一來、預流果等賢聖所聞，謂證諸法無性為性究竟圓滿
方名為佛，漸證諸法無性為性名為菩薩，乃至預流深信諸法無性為性名
賢善士。故一切法及諸有情無不皆以無性為性，法及有情乃至無有如毛
端量自性可得。

(2)雖知諸法畢竟空，以度有情故求無上菩提

「是菩薩摩訶薩聞此事已，作是念言：『若一切法及諸有情皆以無性而為
自性，證得此故說名為佛，乃至預流深信此故名賢善士。我於無上正等
菩提若當證得、若不證得，諸法有情常以無性而為自性故，我定應發趣
無上正等菩提，得菩提已，若諸有情行有想者，方便安立令住無想。』

(3)作漸次業、修漸次學、行漸次行

是菩薩摩訶薩作此念已，求趣無上正等菩提，普為有情得涅槃故，作漸
次業、修漸次學、行漸次行。如過去世諸菩薩摩訶薩求趣無上正等菩提，
先學漸次業、學、行故，證得無上正等菩提。是菩薩摩訶薩亦復如是，
先應修學布施波羅蜜多，次應修學淨戒波羅蜜多，次應修學安忍波羅蜜
多，次應修學精進波羅蜜多，次應修學靜慮波羅蜜多，後應修學般若波
羅蜜多。」*1

(CBETA, T07, no. 220, pp. 354c^{19}–355a^{19})

sher phyin: v.028, pp. 399^{19}–402^{01} 《合論》: v.051, pp. 459^{17}–461^{21}

2.約六度明漸次加行

(1)布施

50.布施漸次加行

卷 466〈漸次品 73〉:

①四種正行

　善現當知!是菩薩摩訶薩從初發心修學布施波羅蜜多時,應自行布施,
　亦勸他行布施,無倒稱揚布施功德,歡喜讚歎行布施者。

②得五無漏蘊(五分法身)入菩薩位

　由此因緣,得大財位,常行布施離慳悋心,隨諸有情所須飲食、衣服、
　臥具、瓔珞、香華、財寶、燈明、車乘、舍宅及餘資具悉皆施與。是菩
　薩摩訶薩由布施故,受持戒蘊,生天人中得大尊貴;由施、戒故復得定
　蘊;由施、戒、定故復得慧蘊;由施、戒、定、慧故復得解脫蘊;由施、
　戒、定、慧、解脫故復得解脫知見蘊;由施乃至解脫智見蘊圓滿故,超
　諸聲聞及獨覺地,證入菩薩正性離生。

③嚴土熟生

　既入菩薩正性離生,成熟有情、嚴淨佛土。作此事已,證得無上正等菩
　提轉妙法輪,以三乘法安立度脫諸有情類,令出生死證得涅槃。

④三漸次不可得

　善現!是菩薩摩訶薩由布施故,雖能如是作漸次業、修漸次學、行漸次
　行,而於一切都無所得。所以者何?以一切法無自性故。」*2

(CBETA, T07, no. 220, p. 355a^{19}–b^{7})

sher phyin: v.028, pp. 402^{01}–403^{12} 《合論》: v.051, pp. 462^{01}–463^{10}

(2)淨戒

51.淨戒之漸次加行

卷 466〈漸次品 73〉:

①四種正行

　復次,善現!是菩薩摩訶薩從初發心修學淨戒波羅蜜多時,應自行淨
　戒,亦勸他行淨戒,無倒稱揚淨戒功德,歡喜讚歎行淨戒者。

②得五無漏蘊(五分法身)入菩薩位

由此因緣，戒蘊清淨，生天人中得大尊貴，施貧窮者所須財物。既行施已，安住戒蘊、定蘊、慧蘊、解脫蘊、解脫智見蘊。由戒、定、慧、解脫、解脫智見蘊清淨故，超諸聲聞及獨覺地，證入菩薩正性離生。

③嚴土熟生

　既入菩薩正性離生，成熟有情、嚴淨佛土。作此事已，證得無上正等菩提轉妙法輪，以三乘法安立度脫諸有情類，令出生死證得涅槃。

④三漸次不可得

　善現！是菩薩摩訶薩由淨戒故，雖能如是作漸次業、修漸次學、行漸次行，而於一切都無所得。所以者何？以一切法無自性故。」

　(CBETA, T07, no. 220, p. 355b[7–20])

　sher phyin:　v.028, pp. 403[12]–404[14]　《合論》: v.051, pp. 463[11]–464[17]

(3)安忍

52.安忍之漸次加行

卷 466〈漸次品 73〉：

①四種正行

　復次，善現！是菩薩摩訶薩從初發心修學安忍波羅蜜多時，應自行安忍，亦勸他行安忍，無倒稱揚安忍功德，歡喜讚歎行安忍者。

②得五無漏蘊(五分法身)入菩薩位

　是菩薩摩訶薩行安忍時，能以資具施諸有情皆令充足。既行施已，安住戒蘊、定蘊、慧蘊、解脫蘊、解脫智見蘊。由戒、定、慧、解脫、解脫智見蘊清淨故，超諸聲聞及獨覺地，證入菩薩正性離生。

③嚴土熟生

　既入菩薩正性離生，成熟有情、嚴淨佛土。作此事已，證得無上正等菩提轉妙法輪，以三乘法安立度脫諸有情類，令出生死證得涅槃。

④三漸次不可得

　善現！是菩薩摩訶薩由安忍故，雖能如是作漸次業、修漸次學、行漸次行，而於一切都無所得。所以者何？以一切法無自性故。」

　(CBETA, T07, no. 220, p. 355b[20]–c[4])

　sher phyin:　v.028, pp. 404[14]–405[16]　《合論》: v.051, pp. 464[18]–466[02]

(4)精進

53.精進之漸次加行

卷 466〈漸次品 73〉：

①四種正行

　復次，善現！是菩薩摩訶薩從初發心修學精進波羅蜜多時，應自於諸善法發勤精進，亦勸他於諸善法發勤精進，無倒稱揚精進功德，歡喜讚歎行精進者。

②得五無漏蘊(五分法身)入菩薩位

　是菩薩摩訶薩行精進時，能以資具施諸有情皆令充足。既行施已，安住戒蘊、定蘊、慧蘊、解脫蘊、解脫知見蘊。由戒、定、慧、解脫、解脫智見蘊清淨故，超諸聲聞及獨覺地，證入菩薩正性離生。

③嚴土熟生

　既入菩薩正性離生，成熟有情、嚴淨佛土。作此事已，證得無上正等菩提轉妙法輪，以三乘法安立度脫諸有情類，令出生死證得涅槃。

④三漸次不可得

　善現！是菩薩摩訶薩由精進故，雖能如是作漸次業、修漸次學、行漸次行，而於一切都無所得。所以者何？以一切法無自性故。」

（CBETA, T07, no. 220, p. 355c[4-18]）

sher phyin: v.028, pp. 405[16]-406[18] 《合論》: v.051, pp. 466[03]–467[07]

(5)靜慮

54.靜慮之漸次加行

卷466〈漸次品 73〉：

①四種正行

　復次，善現！是菩薩摩訶薩從初發心修學靜慮波羅蜜多時，應自入四靜慮、四無量、四無色定，亦勸他入四靜慮、四無量、四無色定，無倒稱揚四靜慮、四無量、四無色定功德，歡喜讚歎入四靜慮、四無量、四無色定者。

②得五無漏蘊(五分法身)入菩薩位

　是菩薩摩訶薩行靜慮時，能以資具施諸有情皆令充足。既行施已，安住戒蘊、定蘊、慧蘊、解脫蘊、解脫智見蘊。由戒、定、慧、解脫、解脫智見蘊清淨故，超諸聲聞及獨覺地，證入菩薩正性離生。

③嚴土熟生

　既入菩薩正性離生，成熟有情、嚴淨佛土。作此事已，證得無上正等菩提轉妙法輪，以三乘法安立度脫諸有情類，令出生死證得涅槃。

④三漸次不可得

　善現！是菩薩摩訶薩由靜慮故，雖能如是作漸次業、修漸次學、行漸次

行，而於一切都無所得。所以者何？以一切法無自性故。」

(CBETA, T07, no. 220, pp. 355c^{18}–356a^{4})

sher phyin: v.028, pp. 406^{18}–408^{03} 《合論》: v.051, pp. 467^{08}–468^{15}

(6)般若

55.般若之漸次加行

卷 466〈漸次品 73〉：

①四種正行

復次，善現！是菩薩摩訶薩從初發心修學般若波羅蜜多時，以無所得而為方便，應自行六波羅蜜多，亦勸他行六波羅蜜多，無倒稱揚六波羅蜜多功德，歡喜讚歎行六波羅蜜多者。

②得五無漏蘊(五分法身)入菩薩位

是菩薩摩訶薩由於六波羅蜜多方便善巧，超諸聲聞及獨覺地，證入菩薩正性離生。

③嚴土熟生

既入菩薩正性離生，成熟有情、嚴淨佛土。作此事已，證得無上正等菩提轉妙法輪，以三乘法安立度脫諸有情類，令出生死證得涅槃。

④三漸次不可得

善現！是菩薩摩訶薩由般若故，雖能如是作漸次業、修漸次學、行漸次行，而於一切都無所得。所以者何？以一切法無自性故。

「善現！是為初發心菩薩摩訶薩，依學六種波羅蜜多，作漸次業、修漸次學、行漸次行，與諸有情作利樂事。」(CBETA, T07, no. 220, p. 356a^{4–18})

sher phyin: v.028, pp. 408^{03}–409^{09} 《合論》: v.051, pp. 468^{16}–470^{03}

3.約六念明漸次加行 (以無念為念)

(1)念佛

①六無念 (修學之六步驟)

56.念佛之漸次加行

❶不念五蘊

56.1 不以色等作意之佛隨念

卷 466〈漸次品 73〉：

「復次，善現！諸菩薩摩訶薩作漸次業、修漸次學、行漸次行時，從初發心以一切智智相應作意，信解一切法皆以無性而為自性，先應

修學佛隨念，次應修學法隨念，次應修學僧隨念，次應修學戒隨念，次應修學捨隨念，後應修學天隨念。

「善現！云何菩薩摩訶薩修學佛隨念？謂菩薩摩訶薩修學佛隨念時，不應以色思惟如來、應、正等覺，不應以受、想、行、識思惟如來、應、正等覺。何以故？色乃至識皆無自性，若法無自性則不可念、不可思惟。所以者何？若無念、無思惟是為佛隨念。」

(CBETA, T07, no. 220, p. 356a$^{19-29}$)

sher phyin: v.028, pp. 409^{09}–410^{05} 《合論》：v.051, pp. 470^{04}–471^{02}

❷不念相好

56.2 不以相等作意之佛隨念

卷 466〈漸次品 73〉：

「復次，善現！諸菩薩摩訶薩修學佛隨念時，不應以三十二大士相思惟如來、應、正等覺，不應以真金色身、常光一尋、八十隨好思惟如來、應、正等覺。何以故？如是相好、金光色身都無自性，若法無自性則不可念、不可思惟。所以者何？若無念、無思惟是為佛隨念。」

(CBETA, T07, no. 220, p. 356a^{29}–b^{6})

sher phyin: v.028, pp. 410$^{05-13}$ 《合論》：v.051, pp. 471$^{03-12}$

❸不念五分法身(無漏五蘊)

56.3 不以戒蘊等作意之佛隨念

卷 466〈漸次品 73〉：

「復次，善現！諸菩薩摩訶薩修學佛隨念時，不應以戒蘊思惟如來、應、正等覺，不應以定蘊、慧蘊、解脫蘊、解脫智見蘊思惟如來、應、正等覺。何以故？如是諸蘊皆無自性，若法無自性則不可念、不可思惟。所以者何？若無念、無思惟是為佛隨念。」

(CBETA, T07, no. 220, p. 356b$^{6-11}$)

sher phyin: v.028, pp. 410^{13}–411^{01} 《合論》：v.051, pp. 471^{13}–472^{01}

❹不念佛功德

56.4 不以十力等作意之佛隨念

卷 466〈漸次品 73〉：

「復次，善現！諸菩薩摩訶薩修學佛隨念時，不應以五眼、六神通思惟如來、應、正等覺，不應以佛十力乃至十八佛不共法思惟如來、

應、正等覺。何以故？如是諸法皆無自性，若法無自性則不可念、不可思惟。所以者何？若無念、無思惟是為佛隨念。

❺不念三智等

「復次，善現！諸菩薩摩訶薩修學佛隨念時，不應以無忘失法、恒住捨性思惟如來、應、正等覺，不應以一切智、道相智、一切相智及餘無量無邊佛法思惟如來、應、正等覺。何以故？如是諸法皆無自性，若法無自性則不可念、不可思惟。所以者何？若無念、無思惟是為佛隨念。」

(CBETA, T07, no. 220, p. 356b[11–23])

sher phyin: v.028, pp. 411[01–10] 《合論》: v.051, pp. 472[02–11]

❻不念十二因緣法

56.5 不作意緣起之佛隨念

卷466〈漸次品73〉：

「復次，善現！諸菩薩摩訶薩修學佛隨念時，不應以緣性法思惟如來、應、正等覺，不應以緣起法思惟如來、應、正等覺。何以故？緣性、緣起俱無自性，若法無自性則不可念、不可思惟。所以者何？若無念、無思惟是為佛隨念。」

(CBETA, T07, no. 220, p. 356b[23–28])

sher phyin: v.028, pp. 411[10–16] 《合論》: v.051, pp. 472[12]–472[19]

②覺一切法無自性

56.6 覺一切法無自性之佛隨念

卷466〈漸次品73〉：

「善現！諸菩薩摩訶薩行深般若波羅蜜多時，應如是修學佛隨念。若如是修學佛隨念，是為作漸次業、修漸次學、行漸次行。若菩薩摩訶薩能如是作漸次業、修漸次學、行漸次行時，則能圓滿四念住乃至八聖道支，亦能圓滿四靜慮、四無量、四無色定，亦能圓滿八解脫乃至十遍處，亦能圓滿布施波羅蜜多乃至般若波羅蜜多，亦能圓滿內空乃至無性自性空，亦能圓滿真如乃至不思議界，亦能圓滿苦、集、滅、道聖諦，亦能圓滿空、無相、無願解脫門，亦能圓滿諸菩薩地，亦能圓滿一切陀羅尼門、三摩地門，亦能圓滿五眼、六神通，亦能圓滿如來十力乃至十八佛不共法，亦能圓滿無忘失法、恒住捨性，亦能圓滿一切智、道相智、一切相智，由此證得一切智智。善現！是菩薩摩訶薩

以一切法無性為性方便力故,覺一切法皆無自性,其中無有想亦復無無想。善現!諸菩薩摩訶薩應如是修學佛隨念,謂一切法無性性中,佛尚不可得,況有佛隨念!」*3　(CBETA, T07, no. 220, p. 356b²⁸–c¹⁸)

sher phyin:　v.028, pp. 411¹⁷–412¹⁹　《合論》: v.051, pp. 472²⁰–474⁰¹

(2)念法 (諸法性空故,不念一切法)

57.念法之漸次加行

卷 466〈漸次品 73〉:

「善現!云何菩薩摩訶薩修學法隨念?謂菩薩摩訶薩修學法隨念時,不應
思惟善法非善法,不應思惟有記法無記法,不應思惟世間法出世間法,
不應思惟有愛味法無愛味法,不應思惟有諍法無諍法,不應思惟聖法非
聖法,不應思惟有漏法無漏法,不應思惟墮三界法不墮三界法,不應思
惟有為界法無為界法。何以故?如是諸法皆無自性,若法無自性則不可
念、不可思惟。所以者何?若無念、無思惟是為法隨念。善現!諸菩薩
摩訶薩行深般若波羅蜜多時,應如是修學法隨念。若如是修學法隨念,
是為作漸次業、修漸次學、行漸次行。若菩薩摩訶薩能如是作漸次業、
修漸次學、行漸次行時,則能圓滿四念住,廣說乃至一切相智,由此證
得一切智智。善現!是菩薩摩訶薩以一切法無性為性方便力故,覺一切
法皆無自性,其中無有想亦復無無想。善現!諸菩薩摩訶薩應如是修學
法隨念,謂一切法無性性中,法尚不可得,況有法隨念!」

(CBETA, T07, no. 220, pp. 356c¹⁸–357a⁸)

sher phyin:　v.028, pp. 412¹⁹–413¹⁹　《合論》: v.051, pp. 474⁰²–475⁰²

(3)念僧

58.念僧之漸次加行

卷 466〈漸次品 73〉:

「善現!云何菩薩摩訶薩修學僧隨念?謂菩薩摩訶薩修學僧隨念時,應作
是念:『佛弟子眾具淨戒蘊、定蘊、慧蘊、解脫蘊、解脫智見蘊,四雙
八隻補特伽羅,一切皆是無為所顯,皆以無性而為自性,由此因緣不應
思惟。何以故?如是善士皆無自性,若法無自性則不可念、不可思惟。
所以者何?若無念、無思惟是為僧隨念。』善現!諸菩薩摩訶薩行深般
若波羅蜜多時,應如是修學僧隨念。若如是修學僧隨念,是為作漸次業、
修漸次學、行漸次行。若菩薩摩訶薩能如是作漸次業、修漸次學、行漸
次行時,則能圓滿四念住,廣說乃至一切相智,由此證得一切智智。善

現！是菩薩摩訶薩以一切法無性為性方便力故，覺一切法皆無自性，其中無有想亦復無無想。善現！諸菩薩摩訶薩應如是修學僧隨念，謂一切法無性性中，僧尚不可得，況有僧隨念！」

(CBETA, T07, no. 220, p. 357a$^{8-25}$)

sher phyin: v.028, pp. 413^{19}–414^{15} 《合論》: v.051, p. 475$^{03-20}$

(4)念戒

59.念戒之漸次加行

卷 466〈漸次品 73〉：

「善現！云何菩薩摩訶薩修學戒隨念？謂菩薩摩訶薩修學戒隨念時，從初發心應念聖戒無缺無隙，無瑕無穢，無所取著，應受供養，智者所讚，妙善受持，妙善究竟，隨順勝定，思惟此戒無性為性，由是因緣不應思惟。何以故？如是聖戒都無自性，若法無自性則不可念、不可思惟。所以者何？若無念、無思惟是為戒隨念。善現！諸菩薩摩訶薩行深般若波羅蜜多時，應如是修學戒隨念。若如是修學戒隨念，是為作漸次業、修漸次學、行漸次行。若菩薩摩訶薩能如是作漸次業、修漸次學、行漸次行時，則能圓滿四念住，廣說乃至一切相智，由此證得一切智智。善現！是菩薩摩訶薩以一切法無性為性方便力故，覺一切法皆無自性，其中無有想亦復無無想。善現！諸菩薩摩訶薩應如是修學戒隨念，謂一切法無性性中，戒尚不可得，況有戒隨念！」

(CBETA, T07, no. 220, p. 357a^{25}–b^{12})

sher phyin: v.028, pp.414^{15}–415^{12} 《合論》: v.051, p. 476$^{01-18}$

(5)念捨

60.念捨之漸次加行

卷 466〈漸次品 73〉：

「善現！云何菩薩摩訶薩修學捨隨念？謂菩薩摩訶薩修學捨隨念時，從初發心常應念捨，若念自捨，若念他捨，若念捨財，若念捨法，於捨施位終不起心：『我能捨施或不捨施。』若捨所有身分肢節，亦不起心：『我能捨施或不捨施。』亦不思惟所捨所與施福、施果。何以故？如是諸法皆無自性，若法無自性則不可念、不可思惟。所以者何？若無念、無思惟是為捨隨念。善現！諸菩薩摩訶薩行深般若波羅蜜多時，應如是修學捨隨念。若如是修學捨隨念，是為作漸次業、修漸次學、行漸次行。若菩薩摩訶薩能如是作漸次業、修漸次學、行漸次行時，則能圓滿四念住，

廣說乃至一切相智，由此能證一切智智。善現！是菩薩摩訶薩以一切法無性為性方便力故，覺一切法皆無自性，其中無有想亦復無無想。善現！諸菩薩摩訶薩應如是修學捨隨念，謂一切法無性性中，捨尚不可得，況有捨隨念！」(CBETA, T07, no. 220, p. 357b^{12}–c^{01})

sher phyin: v.028, pp. 415^{12}–416^{09} 《合論》：v.051, pp. 476^{19}–477^{19}

(6)念天

61.念天之漸次加行

卷 466〈漸次品 73〉：

「善現！云何菩薩摩訶薩修學天隨念？謂菩薩摩訶薩修學天隨念時，從初發心應作是念：『四大王眾天乃至他化自在天，由有淨信、戒、聞、捨、慧，從此命終生彼天處。我今亦有如是淨信、戒、聞、捨、慧，與彼諸天功德相似。』又作是念：『諸預流等生六欲天，諸不還等生上二界，如是一切皆不可得、不應思惟。何以故？如是諸天皆無自性，若法無自性則不可念、不可思惟。所以者何？若無念、無思惟是為天隨念。』善現！諸菩薩摩訶薩行深般若波羅蜜多時，應如是修學天隨念。若如是修學天隨念，是為作漸次業、修漸次學、行漸次行。若菩薩摩訶薩能如是作漸次業、修漸次學、行漸次行時，則能圓滿四念住，廣說乃至一切相智，由此證得一切智智。善現！是菩薩摩訶薩以一切法無性為性方便力故，覺一切法皆無自性，其中無有想亦復無無想。善現！諸菩薩摩訶薩應如是修學天隨念，謂一切法無性性中，天尚不可得，況有天隨念！」(CBETA, T07, no. 220, p. 357c$^{01–20}$)

sher phyin: v.028, pp. 416^{10}–417^{05} 《合論》：v.051, pp. 477^{20}–479^{01}

4.修漸次行而心不轉

(1)以無性為方便，漸次修學

62.通達一切法於勝義中無性自性之漸次加行

卷 466〈漸次品 73〉：

「復次，善現！諸菩薩摩訶薩行深般若波羅蜜多時，若欲圓滿作漸次業、修漸次學、行漸次行，以一切法無性為性方便力故，應學內空乃至無性自性空，應學真如乃至不思議界，應學苦、集、滅、道聖諦，應學四念住乃至八聖道支，應學四靜慮、四無量、四無色定，應學八解脫乃至十遍處，應學空、無相、無願解脫門，應學布施波羅蜜多乃至般若波羅蜜

多，應學菩薩摩訶薩地，應學一切陀羅尼門、三摩地門，應學五眼、六神通，應學如來十力乃至十八佛不共法，應學無忘失法、恒住捨性，應學一切智、道相智、一切相智。

(2)漸次修學而心不轉

「善現！是菩薩摩訶薩如是修學菩提道時，覺一切法皆以無性而為自性，於中尚無少念可得，況有念色、受、想、行、識！況有念眼處乃至意處！況有念色處乃至法處！況有念眼界乃至意界！況有念色界乃至法界！況有念眼識界乃至意識界！況有念眼觸乃至意觸！況有念眼觸為緣所生諸受乃至意觸為緣所生諸受！況有念地界乃至識界！況有念因緣乃至增上緣！況有念無明乃至老死！況有念布施波羅蜜多乃至般若波羅蜜多！況有念內空乃至無性自性空！況有念真如乃至不思議界！況有念苦、集、滅、道聖諦！況有念四念住乃至八聖道支！況有念四靜慮、四無量、四無色定！況有念八解脫乃至十遍處！況有念空、無相、無願解脫門！況有念淨觀地乃至如來地！況有念極喜地乃至法雲地！況有念一切陀羅尼門、三摩地門！況有念五眼、六神通！況有念如來十力乃至十八佛不共法！況有念三十二大士相、八十隨好！況有念無忘失法、恒住捨性！況有念一切智、道相智、一切相智！況有念預流果乃至獨覺菩提！況有念一切菩薩摩訶薩行！況有念諸佛無上正等菩提！況有念一切智智！善現！如是諸念及所念法，若少實有，無有是處。

「如是，善現！諸菩薩摩訶薩行深般若波羅蜜多時，雖作漸次業、修漸次學、行漸次行，而於其中心皆不轉，以一切法無自性故。」

5.於無所有中起行

(1)性空不礙漸次行 (為未來著空者問)

具壽善現白言：

「世尊！若一切法皆無自性，則應無色、受、想、行、識，乃至應無一切智智，是則應無佛、法、僧寶、道果染淨，亦無得、無現觀，則一切法皆應是無！」

佛告善現：「於意云何？於一切法無性性中，有性、無性為可得不？」

善現對曰：「不也！世尊！」

佛告善現：

「若一切法無性性中，有性、無性俱不可得，汝今云何可作是說：若一切法皆無自性，則應無色、受、想、行、識，乃至應無得及現觀，則一切

法皆應是無？」

善現白言：

「我於是義自無疑惑，但為未來有苾芻等或求聲聞，或求獨覺，或求佛果，彼作是念：『若一切法皆無自性，誰染？誰淨？誰縛？誰解？』彼於染、淨、縛、解義中不了知故，毀戒、毀見、毀威儀、毀淨命，由此當墮三惡趣中，受諸劇苦難得解脫。我觀未來當有如是可怖畏事，故作是說，然我於此實無疑惑。」

佛告善現：

「善哉！善哉！汝今乃能為未來世諸苾芻等作如是問，然一切法無性性中，若有若無俱不可得。」

(2)諸法無所有中求無上菩提

①發菩提心

第二分無相品第七十四之一

爾時，具壽善現白佛言：

「世尊！若一切法皆以無性而為自性，諸菩薩摩訶薩見何等義，為欲利益安樂有情，求趣無上正等菩提？」

❶法性無所有，為有情故發菩提心

佛告善現：

「以一切法皆以無性而為自性，諸菩薩摩訶薩為欲利益安樂有情。

❷著有所得者無道、無果、無菩提

所以者何？

諸有情類具斷、常見，住有所得難可調伏，愚癡顛倒難可解脫。善現當知！住有所得者由有所得想，無得、無現觀，亦無無上正等菩提。」

②明修行得果

❶無得道果

具壽善現復白佛言：

「若有所得者無得、無現觀亦無無上正等菩提，無所得者為有得、有現觀、有無上正等菩提不？」

1.無所得即是道、果、菩提

佛告善現：

「若無所得即是得、即是現觀、即是無上正等菩提。所以者何？以彼不壞法界相故。

2.著無所得則壞法性

　　善現當知！若有於此無所得中欲有所得、欲得現觀、欲得無上正
　　等菩提，當知彼為欲壞法界。」

❷以無所得故有行道乃至嚴土熟生

　具壽善現復白佛言：

「若有所得者無得、無現觀亦無無上正等菩提，若無所得即是得、即
　是現觀、即是無上正等菩提。無所得中無得、無現觀亦無無上正等
　菩提，諸菩薩摩訶薩云何得有初地乃至十地？云何得有無生法忍？
　云何得有異熟神通？云何得有異熟布施波羅蜜多乃至般若波羅蜜
　多？云何得有安住如是異熟生法成熟有情、嚴淨佛土，於諸佛所恭
　敬供養上妙供具所獲善根，乃至無上正等菩提與果無盡，展轉乃至
　般涅槃後，自設利羅及諸弟子，猶得種種恭敬供養，善根勢力爾乃
　窮盡？」

　佛告善現：

「以一切法無所得故，諸菩薩摩訶薩得有初地乃至十地，即由此故得
　有無生法忍，即由此故得有異熟神通，即由此故得有異熟布施波羅
　蜜多乃至般若波羅蜜多。即由此故得有安住異熟生法成熟有情、嚴
　淨佛土，於諸佛所恭敬供養上妙供具所獲善根，乃至無上正等菩提
　與果無盡，展轉乃至般涅槃後，自設利羅及諸弟子，猶得種種恭敬
　供養，善根勢力爾乃窮盡。」

❸無所得中布施乃至諸神通皆無差別

　具壽善現復白佛言：

「若一切法皆無所得，布施、淨戒、安忍、精進、靜慮、般若波羅蜜
　多及諸神通有何差別？」

　1.以無所得故不異

　　佛告善現：

　　「無所得者布施等六波羅蜜多及諸神通皆無差別，

　2.為令有情離執故說

　　　為欲令彼有所得者離諸染著，方便宣說布施等六波羅蜜多及諸神
　　　通有差別相。」

　3.行時不見三事

　　具壽善現復白佛言：

　　「以何因緣，無所得者布施等六波羅蜜多及諸神通說無差別？」

佛告善現：

「諸菩薩摩訶薩行深般若波羅蜜多時，不得布施，不得施者，不得
受者，不得所施，不得施果而行布施，不得淨戒而護淨戒，不得
安忍而修安忍，不得精進而勤精進，不得靜慮而入靜慮，不得般
若而起般若，不得神通而發神通，不得四念住乃至八聖道支而修
四念住乃至八聖道支，不得三解脫門而修三解脫門，不得四靜
慮、四無量、四無色定而修四靜慮、四無量、四無色定，不得八
解脫乃至十遍處而修八解脫乃至十遍處，不得菩薩地而修菩薩
地，不得陀羅尼門、三摩地門而修陀羅尼門、三摩地門，不得五
眼、六神通而修五眼、六神通，不得如來十力乃至十八佛不共法
而修如來十力乃至十八佛不共法，不得無忘失法、恒住捨性而修
無忘失法、恒住捨性，不得一切智、道相智、一切相智而修一切
智、道相智、一切相智，不得有情而成熟有情，不得佛土而嚴淨
佛土，不得一切佛法而證無上正等菩提。

③魔不壞無所得般若

如是，善現！諸菩薩摩訶薩應行無所得甚深般若波羅蜜多，若菩
薩摩訶薩能行無所得甚深般若波羅蜜多，一切惡魔及魔眷屬皆不
能壞。」*4

(CBETA, T07, no. 220, pp. 357c^{21}-359a^{26})

sher phyin: v.028, pp. 417^{05}–427^{10} 《合論》：v.051, pp. 479^{02}–488^{14}

註解：

*1 約發心明漸次加行

(1)為初發心菩薩說漸次加行

初發心菩薩未得諸法實相，而於諸法無所有性中，為其說漸次修學，令行無所有。是菩薩以無所有畢竟空和合布施、持戒等行，譬如小兒而服藥，須蜜乃下。是故雖是新發心，亦於無所有性中說漸次業、漸次學、漸次行。

(2)約發心明漸次加行

①從聖人處聞諸法無所有

諸佛圓滿證得、菩薩漸次證得、預流等深信諸法無性為性。初發心者或從佛或從賢聖聞諸法無性為性。

諸有為作法從因緣和合生起故有，然無有實定性。諸法實相為寂滅、無戲論相。

②雖知諸法畢竟空，為度有情發心求無上菩提

❶人、法畢竟空，不妨發心行道

若證菩提若不證菩提，諸法及有情常皆以無性為性。諸法空無所有，不障發心。

發心因緣為：

1.諸親里、有情不知諸法實相，常受苦惱，故為利益有情發心求菩提。

2.雖聞諸法實相，但未有禪定、智慧，常受苦惱，為圓滿功德自能作證，為自利利他發心求菩提。

❷怨親平等，發心求菩提

住有情平等、諸法平等中，無別異心。

菩薩以畢竟空心，煩惱微薄、怨親平等，作是念：

「怨親無定，以因緣故，親或為怨，怨或為親。」

「中人、怨家雖於我無用，而是佛道因緣。」

是故發無上菩提心。

③漸次業、漸次學、漸次行

諸法雖空難解，但漸次行得力故，能得成就。

菩薩普為有情故，發無上菩提心，作漸次業、修漸次學、行漸次行。

得菩提已，為有想有情，方便安立令住無想。如過去世諸菩薩，先學漸次業、學、行故，證得無上菩提，菩薩亦應如是，先修布施，次修淨戒、安忍、精進、靜慮，後修學般若波羅蜜多。

*2 布施漸次加行

(1)四種正行

由善拔慳貪根，深愛布施波羅蜜，慈悲於有情，通達諸法實相故，能行四種布施波羅蜜正行。

①具大悲心，深愛善法能行四事

若但自行布施，不教他人，但能得今世少許利益。

應以種種因緣，為他人說布施功德，勸他人行布施。

若見破戒惡人行施，但念其好心布施之德，不念其惡，是故歡喜讚歎。

②觀未來無盡功德行四事

　　見三寶無盡福田中施故，施福不盡，必至佛道，故歡喜行布施四種正行。

(2)得大財位，離慳恪心，隨有情意布施

　　菩薩雖不為財富布施，但財富自至，以此隨有情意布施。

　　①應先施何人？

　　　　先供養諸佛、大菩薩、獨覺、阿羅漢及諸聖人。

　　　　次施持戒、精進、禪定、智慧離欲人，次施出家佛弟子，次施持五戒十善、一日戒、三皈

　　　　依者，次施中人非正非邪者，次施五逆惡人及諸畜生。菩薩以施攝一切有情。

　　　　或有說，應先布施五逆罪人、斷善根者，貧窮、老病、下賤、行乞者，乃至畜生，以其羸

　　　　病故。

　　②有情皆是菩薩福田，得無生法忍菩薩，等觀有情無差別。未得無生忍者，若悲心多，先施

　　　　貧窮惡人；分別心多者，先供諸佛。若得諸法實相，入般若波羅蜜方便力中，心得自在，

　　　　慈愍有情皆視如佛，則隨因緣行布施。

　　③隨受者意行布施

　　　　有情須食與食、須飲與飲、須衣與衣，隨有情意而施。有情或怖或羞不說，而菩薩善觀其

　　　　相貌、知其心，亦能隨時隨意相宜而與。

(3)漸成五無漏蘊功德，入菩薩位

　　①五無漏蘊

　　　　❶戒蘊：作是念：「我憐愍有情，以衣食為施，所益少，不如持戒，以無惱無畏施有情。」

　　　　　　　　因是布施，得成戒蘊。

　　　　❷定蘊：住戒中，為守護戒故，生禪定。

　　　　❸慧蘊：心不散清淨故，得成慧蘊；無戲論、捨諸著是慧相。

　　　　❹解脫蘊：以是慧破諸煩惱縛，得解脫蘊。

　　　　❺解脫知見蘊：了了知見證解脫故，名解脫知見蘊。

　　②入菩薩位

　　　　先行布施及五無漏蘊因緣故，過聲聞、獨覺地，入菩薩位。

　　　　❶何以行諸波羅蜜又說五無漏蘊？

　　　　　　法一名異故。(六度與五無漏蘊相攝)

　　　　　　1.菩薩從一波羅蜜欲起諸波羅蜜，先說布施波羅蜜。

　　　　　　2.戒蘊，即是淨戒波羅蜜。

　　　　　　3.定蘊、解脫蘊，即是靜慮波羅蜜。

　　　　　　4.慧蘊、解脫知見蘊，即是般若波羅蜜。

　　　　　　5.行諸波羅蜜時，能忍諸惡事，是名安忍波羅蜜。

　　　　　　6.能起諸波羅蜜，不休不息，是名精進波羅蜜。

　　　　❷蘊名積集、眾合。行者欲入菩薩位，不但以持戒得，應和合眾戒、清淨戒、無盡戒。「戒

　　　　　　眾」攝一切戒，能破煩惱，過二乘，入菩薩位。譬如一人、二人，不名為軍；和合多人

　　　　　　乃成軍，能破怨敵。

(4)嚴土熟生

　　菩薩自得諸無漏蘊功德，教化有情，亦令有情得；教化有情已，持自功德及有情功德，盡迴向淨佛國土。

　　具此二法，證得一切智智，轉法輪，以三乘法度有情。

(5)三漸次不可得

　　菩薩作漸次業、修漸次學、行漸次行，先麁後細、先易後難，漸漸學習，而於一切都無所得，以一切法無自性故。

(6)諸法性雖空無所有，但為破諸顛倒故，隨順世俗行。

*3 念佛 (參考第九義註 25, P.9-101)

(1)六波羅蜜、六念等，柔軟易行，不生邪見，是菩薩漸次學法。念佛等六念是初漸次行，以易行易得故。

　　有法共行，故名為易，譬如服苦藥，以蜜下之則易。

(2)念佛之漸次加行

　　①佛隨念之六步驟

　　　❶不念五蘊；　　　　❷不念相好；　　　　❸不念無漏五蘊(五分法身)；

　　　❹不念諸佛功德；　　❺不念三智等；　　　❻不念十二因緣法。

　　②覺一切法無自性。

　　佛隨念以六步驟修學，但最後佛隨念亦不可得。

*4 性空不礙漸次行

(1)若法無所有，云何有漸次行？

　　善現雖知法無所有，有、無俱不可得，亦無得、無現觀。

　　但未來求三乘人，聞空著空，便有是疑：

　　「若諸法皆無，誰染誰淨？誰縛誰解？何用持戒等行？」故毀戒、毀見，當墮三惡道。

　　故善現為未來行者問：「若諸法空無所有，云何有漸次行？」(此「無所有」以著心問。)

　　佛答：「諸法空無所有，有、無俱不可得，故不應以漸次行難空。」(此「無所有」以無著心答。)

　　漸次行不離於空，諸法但從因緣和合有，無有定實。

(2)於無所有中起行

　　①發菩提心

　　(問)諸法無所有中，不見菩薩發心、不見有情得利益、不見無上菩提。

　　　　故問：「若諸法無性為性，菩薩見何利故發心？」

　　(答)若菩薩、有情、菩提皆空無所有，則不得為難。

　　　　❶諸法空，不妨發心

　　　　　「畢竟空於諸法無所障礙，不妨發心。」

　　　　❷著有所得者無道、無果、無菩提

　　　　　「有情具斷常見，住有所得者，難可解脫。」

　　　　有情從始以來以一切煩惱故著諸法，著有、著無、著得失，難可出離生死。

　　　　故菩薩發無上菩提心，知有情三世心根本，以種種神通力、因緣譬喻，為說「無所有

法」「空解脫門」等引導其心。

「住有所得者，由有所得想，無得(果)、無現觀(道)、亦無無上菩提。」

②修行、得果

❶無得道果

1.無所得即是道、果、菩提

若人不分別有所得、無所得，入諸法實相畢竟空中，即是無所得，即是道、果、菩提，以不破壞諸法實相故。

2.著無所得則壞法性

法性雖不可破壞，而有情邪行名為破壞；如虛空，雲霧土塵雖不能染，但有雲霧亦名不淨。故說若有著於此無所得中，欲得現觀、無上菩提，是為欲壞法性。

❷以無所得故有行道乃至嚴土熟生

(問)若無所有即是道，云何有十地等菩薩法？(新發心菩薩聞空著空，善現為是人問。)

(答)以無所得故有初地乃至十地，如是乃至得無上菩提果。

❸無所得中布施乃至諸神通皆無差別

亦以無所得故，從布施乃至諸神通無有差別，但為有所得者離諸染著，方便說有差別。

(問)云何無所得布施乃至諸神通無差別？

(答)從初發心以來，行深般若波羅蜜多時，似無上菩提寂滅相，行無所得布施(無施者、受者、施物)、乃至無所得修一切智乃至一切相智，無所得成熟有情、嚴淨佛土，如是行無所得無分別。

③諸魔及魔民皆不能壞無所得般若波羅蜜。

第七事

第63～66義

【第七事】剎那加行 (十地最後心智)

〔義相〕：能於所作圓滿最後一剎那頃，三智一百七十三行相頓現
為覺慧之境，得此堪能之菩薩瑜伽，是剎那加行之相。

〔界限〕：唯在十地最後心。

[丙二]已得堅固剎那加行　　　剎那證大菩提品第八

[丁一]非異熟剎那加行【第 63 義】

〔義相〕：若一剎那現證非異熟之無漏一法，與此同類諸法皆
能現證；此慧所攝持，對治所知障之菩薩究竟瑜伽，
即非異熟剎那加行之相。

[丁二]異熟剎那加行【第 64 義】

〔義相〕：若一剎那現證異熟之無漏一法，與彼同類諸法皆能
現證；此慧所攝持，對治所知障之菩薩究竟瑜伽，
即異熟剎那加行之相。

[丁三]無相剎那加行【第 65 義】

〔義相〕：現觀「空性」慧所攝持，對治所知障之菩薩究竟瑜
伽，即無相剎那加行之相。

[丁四]無二剎那加行【第 66 義】

〔義相〕：現觀「二取戲論畢竟空」慧所攝持，對治所知障之
菩薩究 竟瑜伽，即無二剎那加行之相。

此四加行同是一事。

〔界限〕：唯在十地最後心。

[施等一一中，攝諸無漏法，當知即能仁，一剎那智德，](頌7-1)

[猶如諸士夫，動一處水輪，一切頓轉動，剎那智亦爾。](頌7-2)

[若時起異熟，一切白法性，般若波羅蜜，即一剎那智。](頌7-3)

[由布施等行，諸法如夢住，一剎那能證，諸法無相性。](頌7-4)

[如夢與能見，不見有二相，一剎那能見，諸法無二性。](頌7-5)

善加觀修漸次現觀，乃極力作串習之故，彼等以一剎那觀修，故為一剎那之成正等覺。又，性相上有四種。

63. 最後無間道菩薩能仁身中之一剎那智，當知即是非異熟剎那加行，以是現證一非異熟無漏法時，即能現證一切無漏法有學位之究竟智故。如是現證一無漏智，亦能現證餘智，以布施等一一法皆攝一切無漏道法故。譬如士夫搖水車輪，但動一處餘一切處皆頓動故。

64. 第二異熟剎那加行者，謂若時生起猶如離障白淨月光一切白法之自性般若波羅蜜多無漏異熟法，最後心菩薩之智時，此最後無間道於一剎那能證菩提，以是菩薩有學道究竟智故。

65. 第三無相剎那加行者，謂最後心智，即一剎那證菩提之無相剎那加行，以是善修布施等六度行，知一切法猶如夢事，增上力故，一剎那頃能知染淨一切諸法皆勝義無相之有學究竟瑜伽故。

66. 第四無二剎那加行者，謂最後心智即無二剎那加行，以是一剎那頃能現見能取所取一切諸法無二實體之有學究竟瑜伽故。譬如夢中所見宅舍等與能見之心無二體故。

【第七事】剎那加行
剎那證大菩提品第八

[丙二]已得堅固剎那加行
【第 63～66 義】

1.一念中具萬行

63.非異熟剎那加行

最後無間道菩薩能仁身中之一剎那智，當知即是非異熟剎那加行，以是現證一非異熟無漏法時，即能現證一切無漏法有學位之究竟智故。如是現證一無漏智，亦能現證餘智，以布施等一一法皆攝一切無漏道法故。譬如士夫搖水車輪，但動一處餘一切處皆頓動故。

(1)能具眾善之法：不離般若行

卷 466〈無相品 74〉：爾時，具壽善現白佛言：

「世尊！云何菩薩摩訶薩行深般若波羅蜜多時，一心現起則能攝受六波羅蜜多，亦能攝受四靜慮、四無量、四無色定，亦能攝受三十七菩提分法，亦能攝受三解脫門，亦能攝受八解脫乃至十遍處，亦能攝受一切陀羅尼門、三摩地門，亦能攝受五眼、六神通，亦能攝受如來十力乃至十八佛不共法，亦能攝受無忘失法、恒住捨性，亦能攝受一切智、道相智、一切相智，亦能攝受三十二大士相、八十隨好？」

(CBETA, T07, no. 220, p. 359a^{27}–b^{7})

sher phyin:　v.028, pp. 427^{10}–428^{07} 《合論》：v.051, pp. 488^{19}–489^{17}

佛告善現：

「若菩薩摩訶薩行深般若波羅蜜多時，所修布施乃至般若波羅蜜多，皆為般若波羅蜜多之所攝受方得圓滿。如是乃至所修三十二大士相，八十隨好，皆為般若波羅蜜多之所攝受方得圓滿。如是，善現！諸菩薩摩訶薩行深般若波羅蜜多時，一心現起則能攝受六波羅蜜多，如是乃至亦能攝受三十二大士相、八十隨好。」

(2)不離般若行之法：不以二相行

具壽善現白言：

「世尊！云何菩薩摩訶薩行深般若波羅蜜多時，諸有所作皆為般若波羅蜜多之所攝受故，一心起則能攝受六波羅蜜多，乃至三十二大士相、八十隨好？」

佛告善現：

「諸菩薩摩訶薩行深般若波羅蜜多時，所修布施乃至般若波羅蜜多，皆為般若波羅蜜多所攝受故遠離二想，如是乃至所修三十二大士相、八十隨好，亦為般若波羅蜜多所攝受故遠離二想。」

(3)云何不二相？

具壽善現復白佛言：

「云何菩薩摩訶薩行深般若波羅蜜多時，雖行布施乃至般若波羅蜜多而無二想，如是乃至雖修三十二大士相、八十隨好而無二想？」

①能成不二相之法

佛告善現：

「諸菩薩摩訶薩行深般若波羅蜜多時，為欲圓滿布施波羅蜜多故，即於布施波羅蜜多中，攝受一切波羅蜜多乃至三十二大士相、八十隨好而行布施，由此因緣而無二想。如是乃至為欲圓滿八十隨好故，即於八十隨好中，攝受一切波羅蜜多乃至三十二大士相、八十隨好而引八十隨好，由此因緣而無二想。

「復次，善現！諸菩薩摩訶薩行深般若波羅蜜多故，若行布施波羅蜜多時，住無漏心而行布施波羅蜜多。若行淨戒乃至般若波羅蜜多時，住無漏心而行淨戒乃至般若波羅蜜多。是故，雖行布施乃至般若波羅蜜多而無二想。如是乃至若修三十二大士相時，住無漏心而修三十二大士相；若引八十隨好時，住無漏心而引八十隨好。是故，雖修三十二大士相、八十隨好而無二想。」

②住無漏心，以一攝眾行 (以離相心行，不見一切法)

具壽善現復白佛言：

「云何菩薩摩訶薩行深般若波羅蜜多故，若行布施波羅蜜多時，住無漏心而行布施波羅蜜多，如是乃至若修八十隨好時，住無漏心而引八十隨好？」

佛告善現：

「若菩薩摩訶薩行深般若波羅蜜多時，以離相心不見諸相而行布施波羅蜜多，所謂不見誰能行施？所施何物？誰受此施？云何行施？住是離相無漏心中，離愛離慳而行布施波羅蜜多，爾時不見所行布施，亦復

不見此無漏心，乃至不見一切佛法，如是菩薩摩訶薩住無漏心而行布施波羅蜜多。如是乃至若菩薩摩訶薩行深般若波羅蜜多時，以離相心不見諸相而修八十隨好，所謂不見誰是能引八十隨好？於誰而修八十隨好？為何而修八十隨好？云何而引八十隨好？住是離相無漏心中，無染無著而修八十隨好，爾時不見所引八十隨好，亦復不見此無漏心，乃至不見一切佛法，如是菩薩摩訶薩住無漏心而引八十隨好。 *1

2.無相無作具萬行 (三空具六度)*2

具壽善現復白佛言：

「若菩薩摩訶薩行深般若波羅蜜多時，於一切法無相無作，云何能圓滿布施波羅蜜多乃至般若波羅蜜多？如是乃至云何能圓滿三十二大士相、八十隨好？」

(1)約布施度明

佛告善現：

「諸菩薩摩訶薩行深般若波羅蜜多時，能以離相無漏之心而行布施，隨諸有情所須資具悉皆施與，若有須內頭目、髓腦、皮肉、肢節、筋骨、身命，亦皆施與；若有須外國城、妻子、所愛親屬、種種嚴具，亦皆施與。

①自體具足：觀十二空故離相

如是施時，設有人來現前呵毀：『咄哉！大士！何用行此無益施為，如是施者今世後世多諸苦惱！』是菩薩摩訶薩行深般若波羅蜜多故，雖聞其言而不退屈，但作是念：『彼人雖來呵毀於我，而我不應心生憂悔，我當勇猛施諸有情所須之物身心無倦。』

「是菩薩摩訶薩持此布施，與諸有情平等共有迴向無上正等菩提。如是布施及迴向時不見其相，所謂不見誰能布施？所施何物？誰受此施？云何行施？亦復不見誰能迴向？何所迴向？云何迴向？何處迴向？於如是等一切事物悉皆不見。所以者何？如是諸法無不皆由內空故空，如是乃至由自相空故空。

②攝諸功德

「是菩薩摩訶薩觀一切法無不空已，復作是念：『誰能迴向？何所迴向？云何迴向？何處迴向？如是等法皆不可得。』是菩薩摩訶薩由如是觀及如是念，所作迴向名善迴向。由此復能成熟有情、嚴淨佛土，亦能圓滿布施波羅蜜多乃至般若波羅蜜多，如是乃至亦能圓滿三十二大士

相、八十隨好。

「是菩薩摩訶薩雖能如是圓滿布施波羅蜜多，而不攝受施異熟果。雖不攝受施異熟果，而由布施波羅蜜多善清淨故，隨意能辦一切資具。譬如他化自在諸天一切所須隨意皆現，此菩薩摩訶薩亦復如是，諸有所須隨意能辦。

③供養諸佛，兼濟有情

能以種種上妙供具供養恭敬、尊重讚歎諸佛世尊，亦能充足世間天、人、阿素洛等所須資具，由此布施波羅蜜多攝諸有情，方便善巧以三乘法而安立之，令隨所宜各得利樂。

「如是，善現！諸菩薩摩訶薩行深般若波羅蜜多時，由離諸相無漏心力，能於無相、無作法中，圓滿布施波羅蜜多，亦能圓滿諸餘功德。」

*2

(CBETA, T07, no. 220, pp. 359b⁷–360b¹⁴)

(2)約淨戒度明

①持種種戒

卷467〈無相品74〉：第二分無相品第七十四之二

「復次，善現！諸菩薩摩訶薩行深般若波羅蜜多時，能以離相無漏之心受持淨戒，謂聖無漏道支所攝法爾所得善清淨戒，如是淨戒無缺無隙，無瑕無穢，無所取著，應受供養，智者所讚。

②自體具足

由此淨戒於一切法無所取著，謂不取著色、受、想、行、識，不取著眼處乃至意處，不取著色處乃至法處，不取著眼界乃至意界，不取著色界乃至法界，不取著眼識界乃至意識界，不取著三十二大士相、八十隨好，不取著剎帝利大族、婆羅門大族、長者大族、居士大族，不取著四大王眾天乃至他化自在天，不取著梵眾天乃至色究竟天，不取著空無邊處天乃至非想非非想處天，不取著預流果乃至獨覺菩提，不取著轉輪王位及餘小王宰官等位。但以如是所受持戒，與諸有情平等共有迴向無上正等菩提，於迴向時，以無相、無所得、無二為方便，非有相、有所得、有二為方便，但由世俗不由勝義。由此因緣，一切佛法無不圓滿。

③攝諸功德，親近諸佛兼濟有情

「是菩薩摩訶薩由此淨戒波羅蜜多方便善巧，起四靜慮勝進分，無染著為方便故引諸神通。是菩薩摩訶薩用異熟生清淨天眼，恒見十方無邊

世界現在諸佛安隱住持，為諸有情宣說正法，乃至證得一切智智，於所見事能不忘失。是菩薩摩訶薩用超過人清淨天耳，恒聞十方無邊世界諸佛說法，乃至證得一切智智，於所聞事能不忘失，隨所聞法能作自他諸利樂事無空過者。是菩薩摩訶薩用他心智，能知十方佛及有情心、心所法，知已能起一切有情諸利樂事。是菩薩摩訶薩用宿住智，知諸有情先所造業，由所造業不失壞故，生彼彼處受諸苦樂，知已為說本業因緣，令其憶知作饒益事。是菩薩摩訶薩用漏盡智安立有情，或令住預流果，或令住一來果，或令住不還果，或令住阿羅漢果，或令住獨覺菩提，或令住菩薩勝位，或令住一切智智。以要言之，是菩薩摩訶薩在所生處，隨諸有情堪能差別，方便令住勝善品中。

「如是，善現！諸菩薩摩訶薩行深般若波羅蜜多時，由離諸相無漏心力，能於無相、無作法中，圓滿淨戒波羅蜜多，亦能圓滿諸餘功德。*2

(3)約安忍度明

「復次，善現！諸菩薩摩訶薩行深般若波羅蜜多時，能以離相無漏之心而修安忍。

①二種忍

「是菩薩摩訶薩從初發心乃至安坐妙菩提座，其中假使一切有情各持種種刀杖、瓦石競來加害，是菩薩摩訶薩不起一念忿恨之心。爾時，菩薩應修二忍，云何為二？一者、應受一切有情罵辱加害不生忿恨伏瞋恚忍。二者、應起無生法忍。

②自體具足

「是菩薩摩訶薩若遭種種惡言罵辱，或遭種種刀杖加害，應審思察：『誰能罵辱？誰能加害？誰受罵辱？誰受加害？誰起忿恨？誰應忍受？』復應審察一切法性皆畢竟空，法尚不可得，況當有法性！尚無法性，況有有情！如是觀時，若能罵辱、若所罵辱、若能加害、若所加害皆無所有，乃至分分割截身肢，其心安忍都無異念，於諸法性如實觀察，復能證得無生法忍。云何名為無生法忍？謂令一切煩惱不生，微妙智慧常無間斷，及觀諸法畢竟不生，是故名為無生法忍。

③攝諸功德

「是菩薩摩訶薩安住如是二種忍中，速能修滿布施波羅蜜多乃至般若波羅蜜多，速能修滿四念住乃至八聖道支，速能修滿四靜慮、四無量、四無色定，速能修滿八解脫乃至十遍處，速能修滿空、無相、無願解

脫門，速能修滿諸菩薩地，速能修滿一切陀羅尼門、三摩地門，速能修滿五眼、六神通，速能修滿如來十力乃至十八佛不共法，速能修滿無忘失法、恒住捨性，速能修滿一切智、道相智、一切相智，速能修滿三十二大士相、八十隨好。

④親近諸佛，兼濟有情

「是菩薩摩訶薩安住如是諸佛法已，於聖無漏、出世、不共一切聲聞、獨覺神通皆得圓滿。安住如是勝神通已，以淨天眼恒見十方無邊世界現在諸佛安隱住持，為諸有情宣說正法，乃至證得一切智智，起佛隨念常無間斷；以淨天耳恒聞十方諸佛說法，聞已受持常不忘失，為諸有情如實宣說；以他心智能正測量諸佛世尊心、心所法，亦能正知菩薩、獨覺及諸聲聞心、心所法，亦能正知餘有情類心、心所法，隨其所應為說正法今生勝解；以宿住智知諸有情宿種善根種種差別，知已方便示現、勸導、讚勵、慶喜，令獲殊勝利益安樂；以漏盡智隨其所應，安立有情於三乘法，令得解脫生、老、病、死。

⑤行化利生，得果轉法輪

「是菩薩摩訶薩行深般若波羅蜜多，成就殊勝方便善巧，嚴淨佛土、成熟有情，速能具足一切相智，證得無上正等菩提，轉妙法輪度有情眾。

「如是，善現！諸菩薩摩訶薩行深般若波羅蜜多時，由離諸相無漏心力，能於無相無作法中，圓滿安忍波羅蜜多，亦能圓滿諸餘功德。*2

(4)約精進度明

①身精進、心精進

「復次，善現！諸菩薩摩訶薩行深般若波羅蜜多時，能以離相無漏之心而修精進。是菩薩摩訶薩成就勇猛身心精進，由此能入初靜慮具足住，乃至能入第四靜慮具足住，依四靜慮起無量種神通變現，乃至以手摩捫日月自在迴轉不以為難。

②自體具足

❶以身精進辨

1.「成就勇猛身精進故，以神通力經須臾頃，能至十方殑伽沙等諸佛世界，復以種種飲食、衣服、臥具、醫藥及餘資具，恭敬供養、尊重讚歎現說正法諸佛世尊，由此善根果報無盡，乃至證得一切智智。由此善根增上勢力得成佛已，復為無量世間天、人、阿素洛等以無量種飲食、衣服、臥具、醫藥及餘資具恭敬供養、尊重讚歎。由此善根增上勢力，般涅槃後自設利羅及諸弟子，猶為無

量世間天、人、阿素洛等恭敬供養、尊重讚歎。

2.「是菩薩摩訶薩復以神力，能至十方殑伽沙等諸佛世界，於諸佛所聽聞正法，聞已受持乃至無上正等菩提終不忘失。

3.「是菩薩摩訶薩復以神力，能至十方殑伽沙等諸佛世界，成熟有情、嚴淨佛土，精勤修學一切智智，得圓滿已證得無上正等菩提，轉妙法輪度有情眾。

「如是，善現！諸菩薩摩訶薩行深般若波羅蜜多，成就勇猛身精進故，能令精進波羅蜜多疾得圓滿。

❷以心精進辨

「復次，善現！諸菩薩摩訶薩行深般若波羅蜜多，成就勇猛心精進故，速能圓滿諸聖無漏道及道支所攝精進波羅蜜多，由此能令一切不善身、語、意業無容得起。

1.「是菩薩摩訶薩於諸法中終不取著若常、若無常，若樂、若苦，若我、若無我，若淨、若不淨，若寂靜、若不寂靜，若遠離、若不遠離，若有為界、若無為界，若欲界、若色界、若無色界，若有漏界、若無漏界，若四靜慮、四無量、四無色定，若四念住、四正斷、四神足、五根、五力、七等覺支、八聖道支，若空、無相、無願解脫門，若布施波羅蜜多乃至般若波羅蜜多，若內空乃至無性自性空，若真如乃至不思議界，若苦、集、滅、道聖諦，若八解脫、八勝處、九次第定、十遍處，若淨觀地乃至如來地，若極喜地乃至法雲地，若一切陀羅尼門、一切三摩地門，若五眼、六神通，若如來十力乃至十八佛不共法，若三十二大士相、八十隨好，若無忘失法、恒住捨性，若一切智、道相智、一切相智，若無常、苦、空、無我，若預流果、一來果、不還果、阿羅漢果、獨覺菩提，若一切菩薩摩訶薩行、諸佛無上正等菩提。

2.「是菩薩摩訶薩亦不取著是預流、是一來、是不還、是阿羅漢、是獨覺、是菩薩、是如來，亦不取著如是有情下法所顯、如是有情中法所顯、如是有情上法所顯、如是有情上分所顯、如是有情下分所顯、如是有情聲聞乘所顯、如是有情獨覺乘所顯、如是有情無上乘所顯。

3.「是菩薩摩訶薩於如是等法及有情皆不取著。所以者何？所取著法及諸有情皆無自性可取著故。

「是菩薩摩訶薩成就勇猛心精進故，雖恒造作一切有情諸利樂事，

而於有情都無所得；雖常圓滿所修精進波羅蜜多，而於精進波羅蜜多都無所得；雖常圓滿一切佛法，而於佛法都無所得；雖常嚴淨一切佛土，而於佛土都無所得。

③攝諸功德，兼濟有情

「是菩薩摩訶薩成就如是身心精進，雖能遠離一切惡法，亦能攝受一切善法而無取著。無取著故，從一佛國至一佛國，從一世界至一世界，為欲饒益諸有情故，所欲示現諸神通事，皆能自在示現無礙。謂或示現雨眾妙花，散眾名香，作眾伎樂，現雲雷音振動大地。或復示現眾妙七寶莊嚴世界，身放光明照諸盲冥，身出妙香令臭穢者皆得香潔。或復示現設大祠祀，於中不惱諸有情類，因斯化導無量有情，令入正道離斷生命乃至邪見。或以布施乃至般若攝諸有情，為欲饒益諸有情故，或捨財寶，或捨妻子，或捨王位，或捨肢節，或捨身命，隨諸有情應以如是如是方便而得饒益，即以如是如是方便而饒益之。

「如是，善現！諸菩薩摩訶薩行深般若波羅蜜多時，由離諸相無漏心力，能於無相、無作法中，圓滿精進波羅蜜多，亦能圓滿諸餘功德。*2

(5)約靜慮度明

①入諸禪定

「復次，善現！諸菩薩摩訶薩行深般若波羅蜜多時，能以離相無漏之心而修靜慮。是菩薩摩訶薩除諸佛定，於諸餘定皆能圓滿。是菩薩摩訶薩離欲惡不善法，有尋有伺，離生喜樂，入初靜慮具足而住，如是乃至斷樂斷苦，先喜憂沒，不苦不樂，捨念清淨，入第四靜慮具足而住。是菩薩摩訶薩以慈俱心，普緣一方乃至十方一切世間具足而住，如是乃至以捨俱心，普緣一方乃至十方一切世間具足而住。

「是菩薩摩訶薩超諸色想，滅有對想，不思惟種種想，入無邊空，空無邊處具足而住，如是乃至超一切種無所有處，入非想非非想處具足而住。是菩薩摩訶薩安住靜慮波羅蜜多，於八解脫、八勝處、九次第定、十遍處，能順逆入具足而住。

「是菩薩摩訶薩能於空、無相、無願解脫門具足而住，能於無間三摩地、如電三摩地、聖正三摩地、金剛喻三摩地具足而住。

②攝諸功德

是菩薩摩訶薩安住靜慮波羅蜜多，修三十七菩提分法及道相智皆令圓滿。用道相智攝受一切三摩地已，漸次修超淨觀地乃至獨覺地，證入

菩薩正性離生,既入菩薩正性離生,修諸地行圓滿佛地。是菩薩摩訶薩雖於諸地漸次修超,而於中間不取果證,乃至未得一切智智。

③親近諸佛,兼濟有情

「是菩薩摩訶薩安住靜慮波羅蜜多,從一佛國趣一佛國,恭敬供養、尊重讚歎諸佛世尊,於諸佛所植眾善本,成熟有情、嚴淨佛土,從一世界趣一世界,饒益有情身心無倦。或以布施、或以淨戒、或以安忍、或以精進、或以靜慮、或以般若波羅蜜多攝諸有情,或以戒蘊、或以定蘊、或以慧蘊、或以解脫蘊、或以解脫智見蘊攝諸有情,或教有情住預流果,或住一來果,或住不還果,或住阿羅漢果,或住獨覺菩提,或住菩薩摩訶薩位,或住無上正等菩提,隨諸有情善根勢力善法增長,種種方便令其安住。

④自體具足

「是菩薩摩訶薩安住靜慮波羅蜜多,能引一切陀羅尼門、三摩地門,能得殊勝四無礙解、異熟神通。

「是菩薩摩訶薩成就殊勝異熟神通,決定不復入於母胎,受諸欲樂,攝受生乘,生過所染。所以者何?是菩薩摩訶薩善見善知一切法性皆如幻化。雖知諸行皆如幻化,而乘悲願饒益有情。雖乘悲願饒益有情,而達有情及彼施設皆不可得。雖達有情及彼施設皆不可得,而能安立一切有情,令其安住不可得法,此依世俗不依勝義。

「是菩薩摩訶薩安住靜慮波羅蜜多,修行一切靜慮、解脫、等持、等至,乃至圓滿所求無上正等菩提,常不捨離所修靜慮波羅蜜多。

⑤斷煩惱習,自利利他,為有情作福田

「是菩薩摩訶薩行道相智,方便引發一切相智,安住其中,永斷一切習氣相續,能正自利亦正利他,能與一切世間天、人、阿素洛等作淨福田,堪受世間供養恭敬。

「如是,善現!諸菩薩摩訶薩行深般若波羅蜜多時,由離諸相無漏心力,能於無相、無作法中,圓滿靜慮波羅蜜多,亦能圓滿諸餘功德。」
*2

(CBETA, T07, no. 220, pp. 360b[22]–363a[08])

sher phyin: v.028, pp. 428[07]–458[10] 《合論》: v.051, pp. 489[18]–517[10]

(6)約般若度明

64.異熟剎那加行

第二異熟剎那加行者,謂若時生起猶如離障白淨月光一切白法之自性般若波羅蜜多無漏異熟法,最後心菩薩之智時,此最後無間道於一剎那能證菩提,以是菩薩有學道究竟智故。

卷 467〈無相品 74〉:

「復次,善現!諸菩薩摩訶薩行深般若波羅蜜多時,能以離相無漏之心而修般若。

①自體具足

❶「是菩薩摩訶薩不見少法實有成就,謂不見色實有成就,不見受、想、行、識實有成就;不見色生,不見受、想、行、識生;不見色滅,不見受、想、行、識滅;不見色是增益門,不見受、想、行、識是增益門;不見色是損減門,不見受、想、行、識是損減門;不見色有積集,不見受、想、行、識有積集;不見色有離散,不見受、想、行、識有離散。如是乃至不見一切有漏法實有成就,不見一切無漏法實有成就;不見一切有漏法生,不見一切無漏法生;不見一切有漏法滅,不見一切無漏法滅;不見一切有漏法是增益門,不見一切無漏法是增益門;不見一切有漏法是損減門,不見一切無漏法是損減門;不見一切有漏法有積集,不見一切無漏法有積集;不見一切有漏法有離散,不見一切無漏法有離散。如實觀色是虛妄、不堅實、無自在,如實觀受、想、行、識是虛妄、不堅實、無自在;如是乃至如實觀一切有漏法是虛妄、不堅實、無自在,如實觀一切無漏法是虛妄、不堅實、無自在。

「是菩薩摩訶薩如是觀時,不得色自性,不得受、想、行、識自性,如是乃至不得一切有漏法自性,不得一切無漏法自性。

❷「是菩薩摩訶薩行深般若波羅蜜多如是觀時,於一切法深生信解,皆以無性而為自性。於如是事生信解已,能行內空,乃至能行無性自性空。如是行時,於一切法無所執著,謂不執著色,不執著受、想、行、識,不執著眼處乃至意處,不執著色處乃至法處,不執著眼界乃至意界,不執著色界乃至法界,不執著眼識界乃至意識界,不執著眼觸乃至意觸,不執著眼觸為緣所生諸受乃至意觸為緣所生諸受,不執著地界乃至識界,不執著因緣乃至增上緣,不執著無明乃

至老死，不執著布施波羅蜜多乃至般若波羅蜜多，不執著內空乃至無性自性空，不執著真如乃至不思議界，不執著苦、集、滅、道聖諦，不執著四念住乃至八聖道支，不執著四靜慮、四無量、四無色定，不執著八解脫乃至十遍處，不執著空、無相、無願解脫門，不執著淨觀地乃至如來地，不執著極喜地乃至法雲地，不執著一切陀羅尼門、三摩地門，不執著五眼、六神通，不執著如來十力乃至十八佛不共法，不執著三十二大士相、八十隨好，不執著無忘失法、恒住捨性，不執著一切智、道相智、一切相智，不執著預流果乃至獨覺菩提，不執著一切菩薩摩訶薩行，不執著諸佛無上正等菩提。

②攝諸功德

「是菩薩摩訶薩行無所有甚深般若波羅蜜多時，能圓滿菩薩道，謂能圓滿六波羅蜜多，亦能圓滿內空乃至無性自性空，亦能圓滿真如乃至不思議界，亦能圓滿苦、集、滅、道聖諦，亦能圓滿四念住乃至八聖道支，亦能圓滿四靜慮、四無量、四無色定，亦能圓滿八解脫乃至十遍處，亦能圓滿空、無相、無願解脫門，亦能圓滿諸菩薩地，亦能圓滿一切陀羅尼門、三摩地門，亦能圓滿五眼、六神通，亦能圓滿如來十力乃至十八佛不共法，亦能圓滿無忘失法、恒住捨性，亦能圓滿一切智、道相智、一切相智，亦能圓滿三十二大士相、八十隨好。」

③兼濟有情

「是菩薩摩訶薩圓滿如是菩薩道已，復能圓滿離闇佛道，謂能圓滿六波羅蜜多及餘無量無邊佛法。

❶「是菩薩摩訶薩安住如是離闇佛道，引發殊勝異熟神通，隨諸有情應以布施乃至般若而攝受者，即以布施乃至般若而攝受之；應以戒蘊、定蘊、慧蘊、解脫蘊、解脫智見蘊而攝受者，即以戒蘊乃至解脫智見蘊而攝受之；應令安住預流果、或一來果、或不還果、或阿羅漢果、或獨覺菩提、或復無上正等菩提者，即方便令安住預流果乃至無上正等菩提。

「是菩薩摩訶薩能作種種神通變現欲往殑伽沙等世界，隨意能往；欲現所往諸世界中種種珍寶，隨意能現；欲令所往諸世界中有情受用種種珍寶，隨其所樂皆令充足。

❷「是菩薩摩訶薩從一世界往一世界，利益安樂無量有情，見諸世界種種妙好莊嚴之相，能自攝受隨意所樂莊嚴佛土。譬如他化自在諸天諸有所須眾妙樂具隨心而現，如是菩薩隨意攝受種種莊嚴無量佛

土，此所攝受諸佛土中，微妙清淨離雜染法，隨意所欲悉皆能現。

④行化得果，一切法不受

「是菩薩摩訶薩由異熟生布施波羅蜜多乃至般若波羅蜜多，由異熟生諸
妙神通，由異熟生菩薩道故行道相智，由道相智得成熟故，復能證得
一切相智。由得此智，於一切法無所攝受，謂不攝受色，亦不攝受受、
想、行、識，如是乃至亦不攝受若善法若非善法、若有記法若無記法、
若世間法若出世間法、若有漏法若無漏法、若有為法若無為法，亦不
攝受所證無上正等菩提，亦不攝受一切佛土所受用物，其中有情於一
切法亦無攝受。所以者何？是菩薩摩訶薩先不攝受一切法故，於一切
法無所得故，為諸有情無倒宣說一切法性無攝受故。

「如是，善現！諸菩薩摩訶薩行深般若波羅蜜多時，由離諸相無漏心
力，能於無相無作法中，圓滿般若波羅蜜多，亦能圓滿諸餘功德。」
*2

(CBETA, T07, no. 220, pp. 363a^8–364a^{17})

sher phyin: v.028, pp. 458^{10}–464^{12} 《合論》：v.051, pp. 517^{11}–522^{08}

3.無相法中行六度 (明一相與差別相)

65.無相剎那加行

第三無相剎那加行者，謂最後心智，即一剎那證菩提之
無相剎那加行，以是善修布施等六度行，知一切法猶如
夢事，增上力故，一剎那頃能知染淨一切諸法皆勝義無
相之有學究竟瑜伽故。

卷467〈無雜品75〉：第二分無雜品第七十五之一

爾時，具壽善現白佛言：

「世尊！云何於一切無雜、無相、自相空法中，能圓滿六波羅蜜多？云何於
一切無差別法中而施設差別？云何了知如是諸法差別之相？云何於般若
波羅蜜多中能攝受一切六波羅蜜多，如是乃至攝受一切世、出世法？云何
於一切異相法中施設一相，所謂無相，及於一相、無相法中施設一切差別
法相？」

佛告善現：

「諸菩薩摩訶薩行深般若波羅蜜多時，安住如夢、如響、如像、如光影、如
陽焰、如幻、如化五取蘊中，為諸有情布施、持戒、安忍、精進、修定、

學慧，如實了知如夢乃至如化五蘊皆同一相，所謂無相。所以者何？夢乃至化皆無自性，若法無自性是法則無相，若法無相是法一相，所謂無相。
*3

(1)約布施度說

①知五蘊如夢，能具足無相布施度

由此因緣，當知一切施者、受者、施物、施性、施果、施緣皆同無相。」

②攝諸功德

「若如是知而行布施，則能圓滿所行布施波羅蜜多，若能圓滿所行布施波羅蜜多，則不遠離淨戒、安忍、精進、靜慮、般若波羅蜜多。安住此六波羅蜜多，則能圓滿四靜慮、四無量、四無色定，亦能圓滿四念住乃至八聖道支，亦能圓滿三解脫門，亦能圓滿內空乃至無性自性空，亦能圓滿真如乃至不思議界，亦能圓滿苦、集、滅、道聖諦，亦能圓滿八解脫乃至十遍處，亦能圓滿諸菩薩地，亦能圓滿五百陀羅尼門、五百三摩地門，亦能圓滿五眼、六神通，亦能圓滿如來十力乃至十八佛不共法，亦能圓滿無忘失法、恒住捨性，亦能圓滿一切智、道相智、一切相智。

「是菩薩摩訶薩安住如是諸異熟聖無漏法中，能往十方殑伽沙等諸佛世界，以無量種上妙供具，恭敬供養、尊重讚歎諸佛世尊。

③利益有情

作諸有情利益安樂，應以布施乃至般若波羅蜜多而攝受者，即以布施乃至般若波羅蜜多而攝受之；應以諸餘種種善法而攝受者，即以諸餘種種善法而攝受之。

「是菩薩摩訶薩成就一切殊勝善根，於一切法皆得自在，雖受生死不為生死過失所染。為欲利樂諸有情故，攝受人天富貴自在，由此富貴自在威力，能作有情諸饒益事，以四攝事而攝受之。

④不住二乘，當得佛果

是菩薩摩訶薩知一切法皆無相故，雖知預流果而不住預流果，乃至雖知獨覺菩提而不住獨覺菩提。所以者何？是菩薩摩訶薩如實了知一切法已，為欲證得一切智智，不共一切聲聞、獨覺。

「如是，善現！諸菩薩摩訶薩知一切法皆無相故，如實了知布施等六波羅蜜多及餘無量無邊佛法皆同無相。由此因緣，普能圓滿一切佛法，便能證得一切智智。*3*4

(2)約淨戒度說

①住如夢五蘊，能具足無相淨戒度

❶善持一切戒

「復次，善現！諸菩薩摩訶薩行深般若波羅蜜多時，安住如夢、如響、如像、如光影、如陽焰、如幻、如化五取蘊中，圓滿淨戒波羅蜜多。是菩薩摩訶薩如實了知如夢乃至如化五蘊，便能圓滿無相淨戒波羅蜜多。如是淨戒，無缺無隙，無瑕無穢，無所取著，應受供養，智者所讚，妙善受持，妙善究竟，是聖無漏，是出世間道支所攝。安住此戒，能善受持受施設戒、法爾得戒、律儀戒、有表戒、無表戒、現行戒、不現行戒、威儀戒、非威儀戒。

❷不作願生人中富貴，不取二乘果

「是菩薩摩訶薩雖具成就如是諸戒，而於諸法無所取著，不作是念：『我由此戒當生剎帝利大族、或婆羅門大族、或長者大族、或居士大族富貴自在。』不作是念：『我由此戒當為小王、或為大王、或為輪王、或為輔佐富貴自在。』不作是念：『我由此戒當生四大王眾天乃至他化自在天富貴自在。』不作是念：『我由此戒當得預流果、或一來果、或不還果、或阿羅漢果、或獨覺菩提，或入菩薩正性離生，或得菩薩無生法忍，或得無上正等菩提。』所以者何？如是諸法皆同一相，所謂無相、無住、無得。無相之法不得無相，有相之法不得有相，無相之法不得有相，有相之法不得無相，由是因緣都無所得。

②攝諸功德

「如是，善現！諸菩薩摩訶薩行深般若波羅蜜多時，速能圓滿無相淨戒波羅蜜多；既能圓滿無相淨戒波羅蜜多，速入菩薩正性離生；既入菩薩正性離生，復得菩薩無生法忍；既得菩薩無生法忍，修行道相智趣一切相智得異熟五神通。復得五百陀羅尼門，亦得五百三摩地門，安住此中，復能證得四無礙解。

③親近諸佛，兼濟有情

從一佛國至一佛國，親近供養諸佛世尊，成熟有情、嚴淨佛土。

「是菩薩摩訶薩為化有情，雖現流轉諸趣生死，而不為彼過失所染。如幻化人雖現行住坐臥等事，而無真實往來等業；雖現種種饒益有情，而於有情及彼施設都無所得。如有如來、應、正等覺名善寂靜，證得無上正等菩提，轉妙法輪度無量眾，令出生死證得涅槃，而無有情堪

受決得無上正等菩提記者。時，彼如來化作化佛令久住世，自捨壽行入無餘依般涅槃界。彼佛化身住一劫已，授一菩薩無上正等菩提記已方入涅槃。彼佛化身雖作種種饒益有情事而無所得，謂不得色、受、想、行、識，乃至不得一切有漏、無漏等法及諸有情。是菩薩摩訶薩亦復如是，雖有所作而無所得。

④圓滿淨戒，攝諸善法

「如是，善現！諸菩薩摩訶薩行深般若波羅蜜多時，圓滿淨戒波羅蜜多，由此淨戒波羅蜜多得圓滿故，便能攝受一切佛法，因斯證得一切智智。*4

(3)約安忍度說

①住如夢五蘊，能具足無相安忍度

「復次，善現！諸菩薩摩訶薩行深般若波羅蜜多時，安住如夢、如響、如像、如光影、如陽焰、如幻、如化五取蘊中，圓滿安忍波羅蜜多。是菩薩摩訶薩如實了知如夢乃至如化五蘊，便能圓滿無相安忍波羅蜜多。

②住安受忍(生忍)、觀察忍(法忍)，能具足安忍度，得無生法忍

　❶依二忍具足安忍度

「善現！云何菩薩摩訶薩行深般若波羅蜜多時，如實了知如夢乃至如化五蘊，便能圓滿無相安忍波羅蜜多？善現！是菩薩摩訶薩如實了知是五取蘊無實相故，修二種忍便能圓滿無相安忍波羅蜜多。云何為二？謂安受忍及觀察忍。

「安受忍者，謂諸菩薩從初發心乃至安坐妙菩提座，於其中間，假使一切有情之類競來訶毀，以麁惡言罵詈凌辱，復以瓦石、刀杖加害。是時，菩薩為滿安忍波羅蜜多，乃至不生一念忿恨，亦復不起加報之心，但作是念：『彼諸有情深可哀愍，增上煩惱擾動其心不得自在，於我發起如是惡業，我今不應瞋恨於彼。』復作是念：『由我攝受怨家諸蘊，令彼有情於我發起如是惡業，但應自責不應瞋彼。』菩薩如是審觀察時，於彼有情深生慈愍，如是等類名安受忍。

「觀察忍者，謂諸菩薩作是思惟：『諸行如幻、虛妄不實、不得自在，亦如虛空無我，有情、命者、生者、養者、士夫、補特伽羅、意生、儒童、作者、受者、知者、見者皆不可得，唯是虛妄分別所起，一切皆是自心所變。誰訶毀我？誰罵詈我？誰凌辱我？誰以種種瓦石、刀杖加害於我？誰復受彼凌辱加害？皆是自心虛妄分別，我今

不應橫起執著，如是諸法由自性空、勝義空故都無所有。」菩薩如是審觀察時，如實了知諸行空寂，於一切法不生異想，如是等類名觀察忍。

❷具足安忍度故，得無生法忍

「是菩薩摩訶薩修習如是二種忍故，便能圓滿無相安忍波羅蜜多，由能圓滿無相安忍波羅蜜多，即便獲得無生法忍。」

具壽善現白言：「世尊！云何名為無生法忍？此何所斷？復是何智？」

佛告善現：

「由此勢力，乃至少分惡不善法亦不得生，是故名為無生法忍。此令一切我及我所慢等煩惱畢竟不生，如實忍受諸行如夢乃至如化。此忍名智，得此智故說名獲得無生法忍。」

❸二乘忍與菩薩忍之差別

具壽善現復白佛言：「聲聞、獨覺及諸菩薩無生法忍有何差別？」

佛告善現：

「諸預流者若智若斷，乃至獨覺若智若斷，亦名菩薩摩訶薩忍。復有菩薩摩訶薩忍，謂忍諸法畢竟不生，是為差別。

③攝諸功德，嚴土熟生，得一切智智

「善現當知！諸菩薩摩訶薩成就如是殊勝忍故，超勝一切聲聞、獨覺。諸菩薩摩訶薩安住如是異熟忍中行菩薩道，能圓滿道相智。成就如是道相智故，常不遠離四念住乃至八聖道支，亦不遠離三解脫門，亦不遠離異熟神通。由不遠離異熟神通，從一佛國趣一佛國，親近供養諸佛世尊，成熟有情、嚴淨佛土。作是事已，用一剎那相應般若，證得無上正等菩提。

「如是，善現！諸菩薩摩訶薩行深般若波羅蜜多時，疾能圓滿無相安忍波羅蜜多。由此安忍波羅蜜多得圓滿故，便能圓滿一切佛法，因斯證得一切智智。」*4　(CBETA, T07, no. 220, pp. 364a^{18}–365c^{23})

(4)約精進度說

①住如夢五蘊，行身精進、心精進

卷468〈無雜品75〉：第二分無雜品第七十五之二

「復次，善現！諸菩薩摩訶薩行深般若波羅蜜多時，安住如夢、如響、如像、如光影、如陽焰、如幻、如化五取蘊中，如實了知如夢乃至如化五蘊無實相已，發起勇猛身心精進。

②具足無相精進度，攝諸功德兼濟有情

❶以身精進具足

「是菩薩摩訶薩發起勇猛身精進故,引發殊勝迅疾神通,能往十方殑伽沙等諸佛世界,親近如來、應、正等覺,以無量種上妙供具供養恭敬、尊重讚歎,於諸佛所種諸善根,利益安樂諸有情類,亦能嚴淨種種佛土。是菩薩摩訶薩由身精進成熟有情,隨其所宜以三乘法方便安立各令究竟。如是,善現!諸菩薩摩訶薩行深般若波羅蜜多,由身精進能速圓滿無相精進波羅蜜多。

❷以心精進具足

「是菩薩摩訶薩發起勇猛心精進故,引發諸聖無漏道支所攝聖道圓滿精進波羅蜜多。於中具能攝諸善法,謂四念住乃至八聖道支,若空、無相、無願解脫門,若四靜慮、四無量、四無色定,若八解脫乃至十遍處,若苦、集、滅、道聖諦,若布施波羅蜜多乃至般若波羅蜜多,若極喜地乃至法雲地,若一切陀羅尼門、三摩地門,若內空乃至無性自性空,若真如乃至不思議界,若五眼、六神通,若如來十力乃至十八佛不共法,若無忘失法、恒住捨性,若一切智、道相智、一切相智。

是菩薩摩訶薩由心精進,諸相隨好皆得圓滿,放大光明照無邊界。由心精進極圓滿故,便能永斷一切煩惱習氣相續,證得無上正等菩提,轉妙法輪具三十二相,令三千界六種變動。其中有情蒙光照觸、覩斯變動、聞正法音,隨其所應,於三乘道得不退轉各得究竟。

③安住精進度,疾證無上菩提

「如是,善現!諸菩薩摩訶薩行深般若波羅蜜多,圓滿精進波羅蜜多,由此精進波羅蜜多多有所作,是菩薩摩訶薩安住精進波羅蜜多,速能圓滿一切佛法,疾證無上正等菩提。*4

(5)約靜慮度說

①住如夢五蘊,能具足無相靜慮度

「復次,善現!諸菩薩摩訶薩行深般若波羅蜜多時,安住如夢、如響、如像、如光影、如陽焰、如幻、如化五取蘊中,圓滿靜慮波羅蜜多。

❶除如來定,餘諸定皆能入

善現!云何菩薩摩訶薩行深般若波羅蜜多時,安住如夢乃至如化五取蘊中,圓滿靜慮波羅蜜多?謂菩薩摩訶薩行深般若波羅蜜多時,如實了知如夢乃至如化五蘊無實相已,入初靜慮乃至第四靜慮,入慈無量乃至捨無量,入空無邊處定乃至非想非非想處定,修空、無相、無願

第七事

三摩地，修如電三摩地，修金剛喻三摩地，修聖正三摩地，住金剛喻
三摩地中。除如來定，於餘所有若共二乘若餘勝定，一切能入具足安
住。

❷不受定味，不受定果

然於如是靜慮、無量、無色定等不生味著，亦不耽著彼所得果。所以
者何？是菩薩摩訶薩如實了知靜慮、無量、無色定等及一切法皆同無
相、無性為性，不應無相味著無相，不應無性味著無性。無味著故，
終不隨順靜慮、無量、無色定等勢力而生色、無色界。所以者何？是
菩薩摩訶薩於一切界都無所得，於能入定及所入定、由此入定、為此
入定亦無所得。

②攝諸功德，能過二乘地

「是菩薩摩訶薩於一切法無所得故，速能圓滿無相靜慮波羅蜜多，由此
靜慮波羅蜜多超諸聲聞及獨覺地。」

❶善學空法，行空能入菩薩位

具壽善現白言：

「世尊！是菩薩摩訶薩云何圓滿無相靜慮波羅蜜多，超諸聲聞及獨覺
地？」

佛告善現：

「是菩薩摩訶薩善學內空乃至無性自性空故，便能圓滿無相靜慮波羅
蜜多，超諸聲聞及獨覺地。是菩薩摩訶薩住諸空中，於一切法都無
所得，不見有法離諸空者。是菩薩摩訶薩安住此中，不得預流果乃
至不得獨覺菩提，亦復不得諸菩薩行及佛無上正等菩提，如是諸空
亦皆空故。是菩薩摩訶薩由住此空，超諸聲聞、獨覺等地，證入菩
薩正性離生。」

❷別辨菩薩位、非菩薩位

具壽善現復白佛言：「諸菩薩摩訶薩以何為生？以何為離生？」

佛告善現：「諸菩薩摩訶薩以一切有所得為生，以一切無所得為離生。」

具壽善現白言：「世尊！諸菩薩摩訶薩以何為有所得？以何為無所
得？」

1.非菩薩位，於法有所得

佛告善現：

「諸菩薩摩訶薩以一切法為有所得，謂菩薩摩訶薩以色、受、想、
行、識為有所得，以眼處乃至意處為有所得，以色處乃至法處為

有所得，以眼界乃至意界為有所得，以色界乃至法界為有所得，以眼識界乃至意識界為有所得，以眼觸乃至意觸為有所得，以眼觸為緣所生諸受乃至意觸為緣所生諸受為有所得，以地界乃至識界為有所得，以因緣乃至增上緣為有所得，以無明乃至老死為有所得，以布施波羅蜜多乃至般若波羅蜜多為有所得，以內空乃至無性自性空為有所得，以真如乃至不思議界為有所得，以苦、集、滅、道聖諦為有所得，以四念住乃至八聖道支為有所得，以空、無相、無願解脫門為有所得，以四靜慮、四無量、四無色定為有所得，以八解脫乃至十遍處為有所得，以淨觀地乃至如來地為有所得，以極喜地乃至法雲地為有所得，以一切陀羅尼門、三摩地門為有所得，以五眼、六神通為有所得，以如來十力乃至十八佛不共法為有所得，以三十二大士相、八十隨好為有所得，以無忘失法、恒住捨性為有所得，以一切智、道相智、一切相智為有所得，以預流果乃至獨覺菩提為有所得，以一切菩薩摩訶薩行為有所得，以諸佛無上正等菩提為有所得，以一切智智為有所得。善現！諸菩薩摩訶薩以如是等種種法門為有所得，即有所得說名為生。

2.菩薩位，於法不可說、不可示

「復次，善現！諸菩薩摩訶薩以一切法無行、無得、無說、無示為無所得。謂諸菩薩摩訶薩以色、受、想、行、識無行、無得、無說、無示為無所得。所以者何？色自性乃至識自性皆不可行、得、說、示故。諸菩薩摩訶薩以眼處乃至意處無行、無得、無說、無示為無所得。所以者何？眼處自性乃至意處自性皆不可行、得、說、示故。諸菩薩摩訶薩以色處乃至法處無行、無得、無說、無示為無所得。所以者何？色處自性乃至法處自性皆不可行、得、說、示故。諸菩薩摩訶薩以眼界乃至意界無行、無得、無說、無示為無所得。所以者何？眼界自性乃至意界自性皆不可行、得、說、示故。諸菩薩摩訶薩以色界乃至法界無行、無得、無說、無示為無所得。所以者何？色界自性乃至法界自性皆不可行、得、說、示故。諸菩薩摩訶薩以眼識界乃至意識界無行、無得、無說、無示為無所得。所以者何？眼識界自性乃至意識界自性皆不可行、得、說、示故。諸菩薩摩訶薩以眼觸乃至意觸無行、無得、無說、無示為無所得。所以者何？眼觸自性乃至意觸自性皆不可

行、得、說、示故。諸菩薩摩訶薩以眼觸為緣所生諸受乃至意觸為緣所生諸受無行、無得、無說、無示為無所得。所以者何？眼觸為緣所生諸受自性乃至意觸為緣所生諸受自性皆不可行、得、說、示故。諸菩薩摩訶薩以地界乃至識界無行、無得、無說、無示為無所得。所以者何？地界自性乃至識界自性皆不可行、得、說、示故。諸菩薩摩訶薩以因緣乃至增上緣無行、無得、無說、無示為無所得。所以者何？因緣自性乃至增上緣自性皆不可行、得、說、示故。諸菩薩摩訶薩以無明乃至老死無行、無得、無說、無示為無所得。所以者何？無明自性乃至老死自性皆不可行、得、說、示故。諸菩薩摩訶薩以布施波羅蜜多乃至般若波羅蜜多無行、無得、無說、無示為無所得。所以者何？布施波羅蜜多自性乃至般若波羅蜜多自性皆不可行、得、說、示故。諸菩薩摩訶薩以內空乃至無性自性空無行、無得、無說、無示為無所得。所以者何？內空自性乃至無性自性空自性皆不可行、得、說、示故。諸菩薩摩訶薩以真如乃至不思議界無行、無得、無說、無示為無所得。所以者何？真如自性乃至不思議界自性皆不可行、得、說、示故。諸菩薩摩訶薩以苦、集、滅、道聖諦無行、無得、無說、無示為無所得。所以者何？苦、集、滅、道聖諦自性皆不可行、得、說、示故。諸菩薩摩訶薩以四念住乃至八聖道支無行、無得、無說、無示為無所得。所以者何？四念住自性乃至八聖道支自性皆不可行、得、說、示故。諸菩薩摩訶薩以空、無相、無願解脫門無行、無得、無說、無示為無所得。所以者何？空、無相、無願解脫門自性皆不可行、得、說、示故。諸菩薩摩訶薩以四靜慮、四無量、四無色定無行、無得、無說、無示為無所得。所以者何？四靜慮、四無量、四無色定自性皆不可行、得、說、示故。諸菩薩摩訶薩以八解脫乃至十遍處無行、無得、無說、無示為無所得。所以者何？八解脫自性乃至十遍處自性皆不可行、得、說、示故。諸菩薩摩訶薩以淨觀地乃至如來地無行、無得、無說、無示為無所得。所以者何？淨觀地自性乃至如來地自性皆不可行、得、說、示故。諸菩薩摩訶薩以極喜地乃至法雲地無行、無得、無說、無示為無所得。所以者何？極喜地自性乃至法雲地自性皆不可行、得、說、示故。諸菩薩摩訶薩以一切陀羅尼門、三摩地門無行、無得、無說、無示為無所得。所以者何？一切陀羅尼門、三摩地

門自性皆不可行、得、說、示故。諸菩薩摩訶薩以五眼、六神通無行、無得、無說、無示為無所得。所以者何？五眼、六神通自性皆不可行、得、說、示故。諸菩薩摩訶薩以如來十力乃至十八佛不共法無行、無得、無說、無示為無所得。所以者何？如來十力自性乃至十八佛不共法自性皆不可行、得、說、示故。諸菩薩摩訶薩以三十二大士相、八十隨好無行、無得、無說、無示為無所得。所以者何？三十二大士相、八十隨好自性皆不可行、得、說、示故。諸菩薩摩訶薩以無忘失法、恒住捨性無行、無得、無說、無示為無所得。所以者何？無忘失法、恒住捨性自性皆不可行、得、說、示故。諸菩薩摩訶薩以一切智、道相智、一切相智無行、無得、無說、無示為無所得。所以者何？一切智、道相智、一切相智自性皆不可行、得、說、示故。諸菩薩摩訶薩以預流果乃至獨覺菩提無行、無得、無說、無示為無所得。所以者何？預流果自性乃至獨覺菩提自性皆不可行、得、說、示故。諸菩薩摩訶薩以一切菩薩摩訶薩行無行、無得、無說、無示為無所得。所以者何？一切菩薩摩訶薩行自性皆不可行、得、說、示故。諸菩薩摩訶薩以諸佛無上正等菩提無行、無得、無說、無示為無所得。所以者何？諸佛無上正等菩提自性皆不可行、得、說、示故。諸菩薩摩訶薩以一切智智無行、無得、無說、無示為無所得。所以者何？一切智智自性皆不可行、得、說、示故。

「善現！諸菩薩摩訶薩以如是等種種法門無行、無得、無說、無示為無所得，即無所得說名離生。

③不隨定勢力生

諸菩薩摩訶薩證入正性離生位已，圓滿一切靜慮、解脫、等持、等至，尚不隨定勢力而生，況隨貪、瞋、癡等煩惱！若隨煩惱勢力而生，無有是處！是菩薩摩訶薩安住此中造作諸業，由業勢力流轉諸趣，亦無是處！是菩薩摩訶薩雖住如幻諸行聚中，作諸有情如實饒益，而不得幻及諸有情。是菩薩摩訶薩於如是事無所得時，成熟有情、嚴淨佛土常無懈廢。

「如是，善現！諸菩薩摩訶薩行深般若波羅蜜多時，速能圓滿無相靜慮波羅蜜多。由此靜慮波羅蜜多速圓滿故，疾證無上正等菩提，轉妙法輪度有情眾，如是法輪名無所得。*4

(6)約般若度說

66.無二剎那加行

第四無二剎那加行者，謂最後心智即無二剎那加行，以
是一剎那頃能現見能取所取一切諸法無二實體之有學
究竟瑜伽故。譬如夢中所見宅舍等與能見之心無二體
故。

①知諸法如夢如幻

卷 468〈無雜品 75〉：

「復次，善現！諸菩薩摩訶薩行深般若波羅蜜多時，安住如夢、如響、
如像、如光影、如陽焰、如幻、如化五取蘊中，圓滿般若波羅蜜多。
是菩薩摩訶薩如實了知諸法性相一切如夢乃至如化，便能圓滿無相般
若波羅蜜多。」

(CBETA, T07, no. 220, pp. 366a⁶–368b¹⁴)

sher phyin: v.028, pp. 464¹³–483¹⁶ 《合論》：v.051, pp. 522⁰⁹–542⁰⁷

具壽善現白言：

「世尊！云何菩薩摩訶薩行深般若波羅蜜多時，如實了知諸法性相一切
如夢乃至如化？」

❶不見夢、不見見夢者

佛告善現：

「諸菩薩摩訶薩行深般若波羅蜜多時，不見夢，不見見夢者；不聞響，
不見聞響者；不見像，不見見像者；不見光影，不見見光影者；不
見陽焰，不見見陽焰者；不見幻，不見見幻者；不見化，不見見化
者。所以者何？夢乃至化皆是愚夫異生顛倒之所執著，諸阿羅漢、
獨覺、菩薩摩訶薩眾及諸如來、應、正等覺，皆不見夢，不見見夢
者；乃至不見化，不見見化者。所以者何？以一切法無性為性，非
成非實，無相無為，非實有性，與涅槃等。

❷諸法無實性，故能修般若

「若一切法無性為性，廣說乃至與涅槃等，云何菩薩摩訶薩行深般若
波羅蜜多時，於一切法起有性想、成想、實想、有相、有為、有實
性想？若起此想，無有是處！所以者何？若一切法有少自性，有成
有實，有相有為，有實性可得者，則所修行甚深般若波羅蜜多應非
般若波羅蜜多。

❸善行般若波羅蜜，不著一切法

「如是，善現！諸菩薩摩訶薩行深般若波羅蜜多時，不著色乃至識，不著眼處乃至意處，不著色處乃至法處，不著眼界乃至意界，不著色界乃至法界，不著眼識界乃至意識界，不著眼觸乃至意觸，不著眼觸為緣所生諸受乃至意觸為緣所生諸受，不著地界乃至識界，不著因緣乃至增上緣，不著從緣所生諸法，不著無明乃至老死，不著欲界、色界、無色界，不著一切靜慮、解脫、等持、等至，不著四念住乃至八聖道支，不著空、無相、無願解脫門，不著布施波羅蜜多乃至般若波羅蜜多，不著苦、集、滅、道聖諦，不著內空乃至無性自性空，不著真如乃至不思議界，不著淨觀地乃至如來地，不著極喜地乃至法雲地，不著一切陀羅尼門、三摩地門，不著五眼、六神通，不著如來十力乃至十八佛不共法，不著三十二大士相、八十隨好，不著無忘失法、恒住捨性，不著一切智、道相智、一切相智，不著預流果乃至獨覺菩提，不著一切菩薩摩訶薩行，不著諸佛無上正等菩提，不著一切智智。

②攝諸功德，得無上菩提度有情

❶具足十地而不生著

「是菩薩摩訶薩行深般若波羅蜜多時，於如是等一切法門由不著故，便能圓滿菩薩初地乃至十地，而於其中不生貪著。所以者何？是菩薩摩訶薩不得初地乃至十地能、所圓滿，云何於中而起貪著？

❷行般若不得般若，諸法與般若無二無別

是菩薩摩訶薩雖行深般若波羅蜜多，而不得深般若波羅蜜多，由不得深般若波羅蜜多故，亦不得一切法。是菩薩摩訶薩雖觀般若波羅蜜多攝一切法，而於諸法都無所得。所以者何？以一切法與此般若波羅蜜多皆無二、無二處。何以故？一切法性不可分別說為真如、說為法界、說為實際，諸法無雜、無差別故。」

❸空有無礙

1.於諸法實相中，無相無分別

具壽善現白言：

「世尊！若一切法其性無雜、無差別者，云何可說是善、是非善，是有記、是無記，是有漏、是無漏，是世間、是出世間，是有為、是無為，有如是等差別法門？」

佛告善現：

「於意云何？一切法實性中，有法可說是善、是非善，是有記、是無記，是有漏、是無漏，是世間、是出世間，是有為、是無為，

是預流果、是一來果、是不還果、是阿羅漢果、是獨覺菩提、是
一切菩薩摩訶薩行、是諸佛無上正等菩提不？」

善現對曰：「不也！世尊！」

佛告善現：

「由是因緣，當知一切法無雜、無差別、無相、無生、無滅、無礙、
無說、無示。

2.善學空無所得，能具足六度，得無上菩提度有情

善現當知！我本修學菩薩道時，於法自性都無所得，謂不得色、
受、想、行、識，不得眼處乃至意處，不得色處乃至法處，不得
眼界乃至意界，不得色界乃至法界，不得眼識界乃至意識界，不
得眼觸乃至意觸，不得眼觸為緣所生諸受乃至意觸為緣所生諸
受，不得地界乃至識界，不得因緣乃至增上緣，不得從緣所生諸
法，不得無明乃至老死，不得欲界、色界、無色界，不得善、非
善，不得有記、無記，不得有漏、無漏，不得世間、出世間，不
得有為、無為，不得四念住乃至八聖道支，不得四靜慮、四無量、
四無色定，不得八解脫乃至十遍處，不得空、無相、無願解脫門，
不得苦、集、滅、道聖諦，不得布施波羅蜜多乃至般若波羅蜜多，
不得內空乃至無性自性空，不得真如乃至不思議界，不得淨觀地
乃至如來地，不得極喜地乃至法雲地，不得一切陀羅尼門、三摩
地門，不得五眼、六神通，不得如來十力乃至十八佛不共法，不
得三十二大士相、八十隨好，不得無忘失法、恒住捨性，不得一
切智、道相智、一切相智，不得預流果乃至獨覺菩提，不得一切
菩薩摩訶薩行，不得諸佛無上正等菩提。

「如是，善現！諸菩薩摩訶薩行深般若波羅蜜多時，從初發心乃至
安坐妙菩提座，常應善學諸法自性。若能善學諸法自性，則能善
淨大菩提道，亦能圓滿諸菩薩行，成熟有情、嚴淨佛土，速證無
上正等菩提，轉妙法輪，以三乘法方便調伏諸有情眾，令於三有
不復輪迴，證得涅槃究竟安樂。

③以無相法為方便，修學般若

「如是，善現！諸菩薩摩訶薩應以無相而為方便，修學般若波羅蜜多。」

*4

(CBETA, T07, no. 220, pp. 368b[14]–369b[18])

sher phyin: v.028, pp. 483[16]–489[03] 《合論》：v.051, pp. 542[08]–547[20]

註解：

*1 一念中具萬行

(1)能具眾善之法 (不離般若行)

「云何行般若時，一心現起能攝受六波羅蜜等諸善？」

般若波羅蜜無所有相，於諸法中無礙，無能不能、無事不作。

修行布施等，皆為般若波羅蜜之所攝受方得圓滿。

初發心時，著有無心重，故漸次行；今有無悉捨，不離般若行諸善法，以無障礙故，能一念中行。

(2)不離般若行之法 (不以二相行)

「云何不遠離般若？」

菩薩不以二相行布施等。

(3)云何不二相？

「云何不以二相行？」

①以一攝眾行

行般若波羅蜜時，欲具足布施波羅蜜，於布施一念中攝一切善法，由此因緣而無二相。

此中一念，即是菩薩得無生法忍，斷一切煩惱，除諸憶想分別，安住無漏心中，布施一切。

②無相無漏心行

無漏心即是離相心。

❶不見諸相

以離相心不見諸相而行布施，所謂不見 1.誰布施；2.所施物；3.誰受施；4.云何受施？

❷不見諸法

住離相無漏心行，布施時，1.不見所行布施；2.不見此無漏心；3.乃至不見一切佛法。

如是名不二相。

布施乃至八十隨好亦如是。

*2 無相無作能起萬行

(1)三空具六度

①捨寂滅樂受身，行六度為難

得無生法忍菩薩，得寂滅心，應受涅槃樂，若捨此寂滅樂，而入有情中受種種身(或為賤人，或為畜生等)，行六度是則為難。

②行無漏無相，則能具足六度

若行無漏無相六波羅蜜，是時能具足；有漏有相則不能具足。

③二乘有所得人行三空(空、無相、無作)，則失萬行；修萬行，則失三空故，是取捨生滅觀。

今菩薩行空，修萬行；萬行不動，三空故，空有不二不與，名無生滅觀。此中先明一多無礙，今明空有不礙。

《大品經義疏》10，一念品

(2)諸法無相無作，云何具足六度？

諸法無相無作無起，云何能具足六波羅蜜乃至八十隨好？

①約布施度

　菩薩無相無作法中不取相故，無礙心布施，須食與食。

　❶自體具足

　　勤行布施，與有情共有迴向無上菩薩，不見諸相：誰施、誰受、所施何物，誰迴向、迴
　　向法、迴向處等。

　　如是諸法皆由十二空故空。

　　（內空、外空、內外空、空空、有為空、無為空、畢竟空、無始空、散空、性空、一切法
　　空、自相空。）

　❷攝諸功德

　　爾時菩薩能成就有情、淨佛國土，具足六波羅蜜乃至諸道法、諸功德，隨意能辦一切資
　　具而不攝受此施果。

　❸供養諸佛，兼濟有情

　　以是布施果報，能供養諸佛，亦能充足所需資具利樂有情。

②約淨戒度

　菩薩於無相無作法中，行淨戒波羅蜜，持種種戒：八聖道分戒、自然戒、報得戒、受得戒、
　心生戒，如是戒無缺無隙、無瑕無穢、無所取著，應受供養，智者所讚。

　❶無缺無隙戒等

　　1.無缺無隙：五眾(篇)戒中，除四波羅夷重戒，犯餘重者名缺，犯餘罪為破。或說身罪名
　　　　　　　　缺，口罪名破；大罪名缺，小罪名破(隙)。

　　2.無瑕無穢：善心迴向涅槃，不令結使、種種惡覺觀得入，名不穿(無瑕)。為涅槃、為世
　　　　　　　　間、向二處，名雜(穢)。

　　3.無取無著：於戒不生愛慢等結使，知戒實相，亦不取是戒。行者若知戒是無漏因緣而
　　　　　　　　不生著，則解脫無所繫縛，是名不著戒。

　　4.智所讚戒：諸佛、菩薩、獨覺及聲聞所讚戒，行是戒、用是戒。

　❷菩薩所念十種戒　　〈摩訶止觀〉4，〈菩薩戒義疏〉上

　　菩薩所念十種戒，攝一切戒。

　　1.不缺戒：即是持於性戒乃至四重(殺盜淫妄)，清淨守護，如愛明珠。若毀犯者，失比丘
　　　　　　　法，非沙門釋子，如器已缺，無所堪用。

　　2.不破戒：即是持於十三僧殘，無所破損。若毀犯者，如器破裂(隙)。

　　3.不穿戒：即是持波逸提(墮罪)等。若毀犯者，如器穿漏(瑕)，不能受道。

　　(1、2、3律儀戒，凡夫散心能持。)

　　4.不雜戒者：持定共戒，定共持心，欲念不起，名不雜。雖持律儀，念破戒事，名之為
　　　　　　　　雜(穢)。(定共戒，凡夫入定能持。)

　　5.隨道戒：隨順諦理，能破見惑。(初果見諦聖人所持)

　　6.無著戒：即是見真成聖，於思惑無所染著。(三果人所持)

　　(5、6兩戒，約真諦持戒說。)

　　7.智所讚戒 /8.自在戒：約菩薩化他，為佛所讚，於世間中而得自在。

　　　(此為菩薩利他所持)(是約俗諦論持戒)

9.隨定戒　/10.具足戒：(此為大菩薩所持)

> 此二戒，即是隨首楞嚴定、不起滅定，現諸威儀，示十法界相，導利有情，雖威儀起動，而任運常靜，故名墮(隨)定戒。前說之諸定，以律儀防止，故名不具足；而中道之戒，無戒不備，故名具足。

❸得戒因緣

1.自然得戒

依《彌沙塞律》19，佛剃頭著出家衣，自然得戒。

依《僧祇律》23，佛種智初心時得戒。

有說，依前得者是共聲聞戒，依後得者是不共聲聞戒。故佛六年苦行受外道法，不名破戒。

2.具足戒得戒因緣　　　《十誦律》56，《俱舍論》14

1.自然得(佛與獨覺發盡智時)；	2.見諦得(憍陳如五比丘見諦時)；
3.善來得(佛稱耶舍善來比丘時)；	4.自誓得(摩訶迦葉自誓得)；
5.論議得(蘇陀夷與佛論議問答得)；	6.受重得(佛姨母大愛道比丘尼受八重法(八敬)得)；
7.遣信得(遣使得，由佛遣音信得)；	8.邊五得(邊地五人授法得)；
9.羯磨得(三師七證十眾得)；	10.三歸得(皈依佛法僧三寶得)。

❹自體具足

由此淨戒於一切法無所取著，但以如是所受持戒，與有情共有迴向無上菩提。迴向時以無相、無所得、無二為方便，一切佛法無不圓滿。

❺攝諸功德

具足持戒波羅蜜，以方便力起四禪，不味著故，得五神通。

❻親近諸佛，兼濟有情

因四禪得天眼，見十方諸佛為有情說法乃至證得一切智智，於所見事能不忘失。得清淨天耳，聞十方諸佛說法，所聞不失、自利利他。得他心智，知十方諸佛及有情心，能為饒益事。得宿住智，知有情諸業因緣，能為饒益事。得漏盡智，令有情得預流果乃至阿羅漢、獨覺、或令住菩薩位，住善品法中。

③約安忍度

❶自體具足

菩薩修二種忍：

1.伏瞋恚忍：思惟諸法實性畢竟空，無法無有情，不見罵辱加害者，不見受者。

2.無生法忍：知諸法相常不生，諸煩惱從本已來亦常不生。

❷攝諸功德

菩薩住是二忍，能具足四靜慮、三十七菩提分、三解脫門、佛十力、乃至一切相智聖無漏出世間法，不共二乘，具足勝神通。

❸親近諸佛，兼濟有情

住勝神通，以天眼、天耳、他心智、宿住智、漏盡智教化有情，令得三乘。以方便善巧，

嚴淨佛土、成熟有情，具足一切相智，證得菩提轉妙法輪度有情眾。

④約精進度

行般若波羅蜜時，成就身精進、心精進，入初靜慮乃至入第四靜慮，受神通力，能分一身為多身，乃至手摩捫日月。

❶身精進

1.成就身精進，以神通力能至十方諸佛世界供養諸佛，福德善根不盡。是菩薩由此得無上菩提時，復為諸人天所供養；般涅槃後，其設利羅及其弟子亦為人天所供養。

2.復以神力，能至十方諸佛世界聽聞正法，受持終不忘失。

3.復以神力，成熟有情、嚴淨佛土，證得無上菩提，轉妙法輪度有情眾。

❷心精進

成就心精進，於諸法及有情皆不取著，以諸有情、精進波羅蜜、一切佛法、諸佛土等，皆是無自性可取著故。

1.於諸法不取著常無常、樂苦、我無我、淨染、寂靜不寂靜、遠離不遠離。

2.亦不取著預流乃至阿羅漢，不取著獨覺、菩薩乃至如來。

3.亦不取著有情下、中、上法所顯，上、下分所顯，聲聞、獨覺、無上乘所顯。

❸攝諸功德，兼濟有情

身心精進成就，能攝諸善法而不取著。為利益有情，或以神通所作隨意無礙，或以布施乃至般若而為饒益。

⑤約靜慮度

❶入諸禪定

以無相無漏心修靜慮，除佛定，餘定皆能圓滿。

1.四靜慮；　　　　2.四無量(慈悲喜捨)；　　　　3.四空定；

4.八解脫、八勝處、九次第定、十遍處；　　　　5.三解脫門；

6.無間定、如電定、聖正定、金剛喻定。(定、慧一時具足名聖正，入法位，能證滅諦。)

❷攝諸功德，兼濟有情

修三十七菩提分及道相智圓滿，以道相智攝一切三摩地，超八地入菩薩正性離生，修諸地行圓滿佛地，於中間不取果證。

安住靜慮波羅蜜，於諸佛所植善根，成熟有情，嚴淨佛土。以方便力隨諸有情善根，或以六波羅蜜或以五無漏蘊攝諸有情，教令住預流果乃至無上菩提。

❸自體具足

修行一切靜慮、解脫、等持、等至、乃至無上菩提，常不捨靜慮波羅蜜。

1.能引一切陀羅尼門、三摩地門，得四無礙解、異熟神通(報得神通)。

2.成就殊勝異熟神通，不復入母胎、受諸淫欲樂、攝受生乘、生過所染，以善見善知諸法如幻如化故。

3.雖知諸法如幻如化，有情及彼施設皆不可得，而以悲願饒益有情，安立有情住不可得法。

❹自利利他，為有情作福田

　　　行道相智，引一切相智，永斷煩惱習氣，自利亦能利他，作世間人天等福田。

⑥約般若度

　❶自體具足

　　1.不見諸法實有

　　　不見諸法生、滅、增益、損減、積集、離散。如實觀諸法虛妄不實、無自在、無自性。

　　2.行空而不執著

　　　深信諸法以無性為自性，行空而於諸法無所執著。

　❷攝諸功德，兼濟有情

　　1.行無所有般若波羅蜜，能圓滿菩薩道，復能圓滿離闇佛道。

　　　安住佛道，引發異熟神通；以六波羅蜜、五無漏蘊攝受有情，令安住預流果乃至無上菩提。

　　2.能作種種神通變現，從一世界往一世界，利益無量有情、攝受種種莊嚴佛土。

　❸行化得果，不受一切法

　　1.證得一切智智

　　　由異熟生六波羅蜜、神通、菩薩道故，行道相智成熟，證得一切相智。

　　2.不攝受一切法

　　　自不受一切法乃至不攝受無上菩提，又令有情亦不攝受。

*3 明一相與差別相

　(問)　1.云何無雜(無所破壞法)、無相、自相空(無所有)諸法中，具足修六波羅蜜？

　　　2.云何無差別法中施設差別？

　　　3.云何般若波羅蜜攝餘五波羅蜜？

　　　4.云何行異相法，以一相道(無相法)得果？

　(答1)(1)正答

　　　菩薩行般若時，安住如夢五蘊中，能具足六波羅蜜。

　　(2)難

　　　若諸法空，而今現見菩薩行六波羅蜜作佛。

　　(答難)

　　　凡夫遠離真實智慧而取相，故見菩薩行六波羅蜜作佛，執著空無所有法故。菩薩雖住如夢五蘊空法中，亦以空心行布施，是故雖行諸法，具足六波羅蜜，不妨於空。譬如雲霧，遠視則見，近之則無所見。凡夫亦如是，遠實相故，見有諸佛。菩薩近實相故，所見皆空，是故不妨；不妨故，能於布施波羅蜜一念中具足諸善法。

　　(3)異熟(報得)聖無漏法

　　　若人常修無漏清淨波羅蜜故，轉身還報得(自然得)無漏波羅蜜。

　　　得是報得無漏波羅蜜已，能變一身作無量身，於十方佛所具足聞諸佛甚深法，度脫十方有情，漸漸淨佛世界，隨願作佛。

　(答2)(答3)

　　(1)正答

菩薩行者雖不自分別，而諸佛菩薩說其行以一度能具足諸行。

(2)舉喻明理

菩薩行是無相布施波羅蜜，能具足淨戒等諸善法。餘五波羅蜜亦如是。

譬如聲聞人入見諦，雖是無漏、無相、無分別法，而餘聖人亦分辨細說其所入法：(以八正道為例)

①知諸法實相，所謂無相相者，名為正見；　　　　　②正見得力已，名為正行；

③是時不惱有情，不作諸惡，是名正語、正業、正命；

④是中發心有所造作，是名精進；

⑤繫念緣中，是名正念；　　　　　　⑥攝心一處，是名正定。

見身、受、心、法實相，是名四念住，乃至七覺分亦如是。此等諸聖人為數。

(答4)上品以一念中能具諸波羅蜜，一多無礙；此中說以諸法雖空無相而能具諸波羅蜜，空有無礙。

*4 無相法中行六度

(1)約布施度說

①知五蘊如夢，能具足無相布施度

如實知五蘊無自性，五蘊皆同一相所謂無相，施者、受者、施物、施性、施果、施緣皆同無相。

②攝諸功德，利益有情

菩薩能如是知布施，則能具足諸善法功德，亦能住異熟無漏法中，至十方世界，供養諸佛，亦能以六波羅蜜及諸善法利益有情。菩薩成就一切善根，受世間身，不為世間生死所染；攝受人天富貴自利，能作饒益有情事。

③不住二乘，當得佛果

菩薩知一切法無相故，雖知二乘果而不住，為欲證得一切智智，不共二乘。

(2)約淨戒度說

①住如夢五蘊，能具足無相淨戒度

安住如夢五蘊，圓滿無相淨戒波羅蜜。

如是淨戒，無缺無隙(破)、無瑕無穢(不雜)、無所取著，聖所讚無漏戒，出世八聖道支所攝。住此戒中，持一切戒，所謂受施設戒(名字戒)、法爾得戒(自然戒)、律儀戒、有表無表戒、現行(作)不現行(無作)戒、威儀非威儀戒。

②不作願生人中富貴，不取二乘果

菩薩雖成就諸戒，而於諸法無所取著，不作願得人間富貴及二乘果，以諸法皆同無相、無住、無得故。

③攝諸功德兼濟有情

具足無相淨戒波羅蜜，能入菩薩正性離生，得菩薩無生法忍，修行道相智趣一切相智，得異熟五神通，五百陀羅尼門、五百三摩地門、證得四無礙解。從一佛國至一佛國，供養諸佛，成熟有情嚴淨佛土，菩薩為饒益有情，流轉生死，不為生死所染，於有情雖有所作而無所得。

(3)約安忍度說

①住如夢五蘊，能具足無相安忍度

如實了知如夢五蘊，能具足無相安忍波羅蜜。

②住安受忍、觀察忍，能具足安忍度得無生法忍

菩薩如實了知五蘊無實相故，修二種忍便能圓滿無相安忍波羅蜜。

❶安受忍 (生忍)

若一切有情惡言凌辱或加害，不生一念忿恨，不起加報之心，於有情深生慈愍，是為安受忍。

❷觀察忍 (法忍)

如實了知諸行虛幻空寂，唯是自心所變，無有害我者，無有受彼凌辱加害，於一切法不生異想，是為觀察忍。

若能如是修習二種忍，便能圓滿無相安忍波羅蜜，得無生法忍。

③無生法忍

菩薩無生法忍，少分惡不善法亦不得生

❶一切我及我所慢等煩惱畢竟不生，如實安忍諸行如夢如化，此忍名智。

❷預流者若智若斷，乃至獨覺若智若斷，亦名菩薩忍。而菩薩之無生法忍，謂忍諸法畢竟不生，是為差別。

④攝諸有情，嚴土熟生，得一切智智

菩薩成就如是勝忍，超勝二乘。菩薩安住異熟忍中行菩薩道，圓滿道相智，不遠離諸道法，亦不遠離異熟神通，從一佛國趣一佛國，供養諸佛，成熟有情嚴淨佛土，一剎那相應般若，證得無上菩提。

(4)約精進度說

①住如夢五蘊，行身心精進

安住如夢五蘊，如實了知五蘊無實相，發起勇猛身心精進。

②具足精進度，攝諸功德兼濟有情

❶以身精進具足

以身精進起神通，至十方國土供養諸佛，饒益有情嚴淨佛土；以身精進教化有情，令住三乘。如是能具足無相精進波羅蜜。

❷以心精進具足

以心精進，入聖無漏道，能具足無相精進波羅蜜。

於中皆能攝諸善法，謂四念住乃至一切智、道相智、一切相智。永斷一切煩惱習氣，轉妙法輪，相好圓滿，三千界六種變動。令有情於三乘道不退各得究竟。

❸菩薩安住精進波羅蜜，速能圓滿一切佛法，疾證無上菩提。

(5)約靜慮度說

①住如夢五蘊，具足無相靜慮度

❶除如來定，餘諸定皆能入

如實了知如夢五蘊無實相已，除如來定，於餘所有若共二乘若餘勝定，皆能入具足安住。

❷不受定味，不受定果

如實了知諸定皆同無相、無性為性，故不味著。

無味著故，終不隨順生色、無色界，以一切界不可得，能入定、所入定、由此入定、為此入定亦不可得。(人、法皆不可得故。)

②攝諸功德，能過二乘地

❶善學空，行空能入菩薩位

善學內空乃至無性自性空；於諸空中，無法可住處，若預流果乃至無上菩提；諸空亦空。

菩薩行如是諸空，過二乘地，證入菩薩正性離生。

❷菩薩位、非菩薩位

於法有所得為生，非菩薩位。

於法無行、無得、無說、無示為無所得，無所得說名離生，是菩薩位。

③不隨定勢力生

❶菩薩入正性離生位已，具足一切禪定等，

1.不隨定勢力生；2.不隨煩惱勢力生；3.不起罪業勢力生。

❷住如幻法中饒益有情，亦不得有情及如幻法。

❸於無所得中，能成熟有情、嚴淨佛土。

④如是圓滿無相靜慮波羅蜜，能疾證無上菩提，轉無所得法輪度有情眾。

(6)約般若度說

①云何知諸法如夢如幻？

❶不見夢、不見見夢者

夢乃至化皆凡夫顛倒之所執著，阿羅漢等不見夢，不見見夢者，乃至不見化，不見見化者。

以一切法無性為性，非成非實，無相無為，非實有性，與涅槃等。

❷諸法無實性，故能修般若

若行般若波羅蜜時，於一切法起有性想、成想、實想、有相、有為、有實性想，無有是處。

若一切法有少自性，有成有實，有相有為，有實性可得者，則所修行之般若波羅蜜應非般若波羅蜜。

❸善行般若，不著一切法

菩薩行深般若波羅蜜時，不著色乃至識，不著四念住乃至八聖道支，乃至不著一切菩薩摩訶薩行，不著無上正等菩提，不著一切智智。

②攝諸功德，得無上菩提度有情

❶具足十地而不生著

行般若時，於諸法門不著，則能圓滿初地乃至十地，而於中不貪著。

❷行般若不得般若，諸法與般若無二無別

菩薩雖行般若，而不得般若；由不得般若故，不得一切法。

菩薩雖觀般若攝一切法，而於諸法實無所得。

　　以諸法法性入真如、法界、實際故無分別,諸法與般若亦無二無別。

❸空有無礙

　1.於諸法實相中,無雜、無差別、無相、無生、無滅、無礙、無說、無示。

　2.善學諸法自性空無所得,能圓滿諸菩薩行,成熟有情、嚴淨佛土,速證無上菩提,轉妙法輪,以三乘法度無量有情。

第八事

第67～70義

[甲四]廣釋法身　　　法身品第九
　[乙一]身建立*1

【第八事】果法身　(佛陀)

〔義相〕：由修四加行力所得之究竟果，即果法身之相。

〔界限〕：唯在佛地。

　　　(善加觀修一刹那成正等覺之第二刹那，為法身成正等覺，分為四種。)

[丙一]自性身　(體性身)

　　【第 67 義】：自性身

　　〔義相〕：具二清淨之究竟法界，即自性身之相。

　　〔界限〕：唯在佛地。

[能仁自性身，得諸無漏法，一切種清淨，彼自性為相。](頌8-1)

　佛自性身具三別法：

67.1.已得念住等二十一聚無漏法故具足差別。(為念住等智之體，為出世間無漏法界之本質)

67.2.二障及習氣畢竟清淨故離繫差別。(諸染汙為客塵故一切行相畢竟清淨)

67.3.無漏智之自性以真空為相故自性差別。(所有成為自性空之性相，即彼等之自性無生之本質)

　此後二差別，即(67.2)離垢清淨之自性身、(67.3)自性清淨之自性身。

(此以出世間道而得，並非造作。其餘三身於勝義上為法性自性，猶如正世俗顯現，而以信解分類，宣說為「安立佛、菩薩、聲聞等之所行境」。)

[丙二]智法身

【第 68 義】：智法身

〔義相〕：現證發心等十法之究竟智，即智法身之相。又現見如
　　　　　所有性、盡所有性之究竟智，亦是智法身之相。

〔界限〕：唯在佛地。

[丁一]正義

[順菩提分法，無量及解脫，九次第等至，十遍處自體，](頌8-2)
[最為殊勝處，差別有八種，無諍與願智，神通無礙解，](頌8-3)
[四一切清淨，十自在十力，四種無所畏，及三種不護，](頌8-4)
[並三種念住，無忘失法性，永害諸隨眠，大悲諸眾生，](頌8-5)
[唯佛不共法，說有十八種，及一切相智，說名為法身。](頌8-6)

此智法身分二十一聚：

68.1.第一聚謂三十七菩提分法。

68.2.第二聚謂慈等四無量心。

68.3.第三聚有色觀色等八解脫。

（內以有色無色想觀外在諸色；以身現見美妙解脫圓滿而住；空識無邊處、無所有處、非想非非想處；斷滅想受。）

68.4.第四聚謂九次第等至。此等如前已說。

68.5.第五聚謂十遍處：增上緣依止靜慮，所緣緣為地水火風四大種及青黃赤白四大種所造，並空識二境，令其如欲，遍一切處世間定慧相應之十種等至也。

所餘諸處不立為遍處者，以諸根不能向外展，聲處不能相續，香味二處色界無故。遍者，謂相續普遍開展義。

68.6.第六聚八勝處，謂內有色想外觀色多勝處及少勝處，內無色想外觀色多勝處及少勝處。此四是<u>形色勝處</u>。（內以色無色想，各別於大小相貌等，觀看外在諸色並勝伏之，即所謂「知」四種。）

青勝處、黃勝處、赤勝處、白勝處，此四是<u>顯色勝處</u>。（內僅以無色想，勝伏青黃赤白，即所謂「見」四種。）

由此形、顯諸勝處,發生奢摩他勝知與毗缽舍那勝見之定慧相應也。

前四勝處從初二解脫因生,後四勝處從淨解脫因生。

68.7. 第七聚謂無諍,由佛無諍三摩地力,能令眾生有拔除煩惱之功能也。

68.8. 第八聚謂願智,乃至生死未空,隨願成辦眾生義利也。

68.9. 第九聚謂六神通。

68.10. 第十聚謂四無礙解,如前已說。

68.11. 第十一聚謂四一切種清淨:所依身清淨、所緣受用清淨、心三摩地清淨、智清淨,是為究竟四清淨。

68.12. 第十二聚謂十自在,能住壽一劫名壽自在,於無數三摩地獲得自在名心自在,已得虛空藏定名資具自在,開示一切工巧藝術等事業名事業自在,能隨願而受生名生自在,能現佛身充滿一切世界名勝解自在,成就無數調伏眾生大願名願自在,能於一時頓現無量神變調伏眾生名神通自在,獲得殊勝四無礙解名智自在,如欲能演十二分教名法自在。

68.13. 第十三聚謂十力。

68.14. 第十四聚謂四無畏,如前已說。

68.15. 第十五聚謂三不護,如來身、語、意行究竟清淨故,不恐他知三業邪行而護過失也。

68.16. 第十六聚謂三念住,佛說法時於善聽者不起貪心,於不善聽者不起瞋心,於間雜者不起二心,唯念住於捨也。

68.17. 第十七聚謂不忘失法,利益有情不越時(機)也。

68.18. 第十八聚謂永害隨眠,永斷煩惱、所知二障之習氣種子也。

68.19. 第十九聚謂大悲心,晝夜六時以饒益心恒觀一切眾生誰已成熟,誰未成熟,誰成增上生器,誰成決定勝器。

68.20. 第二十聚謂佛十八不共法,如前已說。

68.21. 第二十一聚,謂一切相智,「及」字亦攝究竟道相智、一切智。

如是二十一聚無漏智,即說名智法身也。(無戲論之智慧本體,具所有無漏法之本性性相。)

[丁二] 差別

[聲聞無諍定，離見者煩惱，佛無諍永斷，聚落等煩惱。](頌8-7)
[佛所有願智，任運無礙著，無障礙常住，普答一切問。](頌8-8)

如來無諍三摩地，勝出聲聞等之無諍三摩地：

以聲聞之無諍三摩地，唯斷自身為眾生作生煩惱之所緣緣。

佛之無諍三摩地，謂入聚落等時，能盡斷除見自眾生身中之煩惱故。

又如來願智，勝出聲聞等之願智：

佛者無少功用相故任運而轉，無執著故不貪著色等，永斷二障故於一切所知智無障礙，乃至生死未空，三摩地作用安住故恒常而住，由得四無礙解故能普答一切問。

聲聞等之願智則不能爾。

[丁三]斷諍
1.於法身常住斷諍

[若善因成熟，於彼彼所化，爾時能饒益，即於彼彼現，](頌8-9)
[如天雖降雨，種壞不發芽，諸佛雖出世，無根不獲善。](頌8-10)

若佛現身饒益有情者，須彼有情已集善根，要由值遇善知識等宿植善根，遇佛等之因勢力成熟，於彼彼所化彼時彼處現身說法能有利益，乃於彼彼所化現身說法故。

於未集資糧之有情，則不如是現，由彼眾生業障障蔽，不具現佛之因故。諸佛世尊雖出世間，亦有一類眾生不獲聞法等善根，以彼等無親見佛之善根故。譬如天雖降雨，然焦爛之種不發青芽也。

2.於遍常斷諍

[如是事廣大，故說佛為遍，即此無盡故，亦可說為常。](頌8-11)

諸佛世尊可說為「遍」，如上所說若有眾生調伏時至，則一切時處現身說法，作廣大利他事故。

事業相續亦可說為「常」，乃至生死未終安住利他時無盡故。

[丙三]受用身

【第 69 義】：受用身　(圓滿報身)

〔義相〕：具足五種決定之究竟色身，是受用身相。

　　　　　五決定者，謂：

　　　　　　1.處決定，唯住色究竟天宮。

　　　　　　2.身決定，唯是相好圓明莊嚴之身。

　　　　　　3.眾決定，唯聖菩薩之所圍繞。

　　　　　　4.法決定，唯說大乘之法。

　　　　　　5.時決定，乃至生死未空而住。

〔界限〕：唯在佛地。

[丁一]略標行相

[許三十二相，八十隨好性，受用大乘故，名佛受用身，](頌8-12)

　三十二相、八十隨好為性之能仁色身，許為圓滿受用身，圓滿受用大乘
法等五種決定所別之身故。*2

[丁二]廣釋功德
1.釋相　69.1

[手足輪相具，足底如龜腹，手足指網連，柔軟極細嫩，
　身七處充滿，]　　　　　　　　　　　　　　　　　　　(頌8-13)

[手足指纖長，跟廣身洪直，足膝骨不突，諸毛皆上靡，
　端如豎泥耶，雙臂形長妙，陰藏密第一，]　　　　　　(頌8-14)

[皮金色細薄，孔一毛右旋，眉間毫相嚴，上身如獅子，
　髆圓實項豐，]　　　　　　　　　　　　　　　　　　(頌8-15)

[非勝現勝味，身量縱橫等，譬諾瞿陀樹，頂肉髻圓顯，]

[舌廣長梵昔，兩頰如獅王，]　　　　　　　　　　　　(頌8-16)

[齒潔白平齊，諸齒極細密，數量滿四十，紺目牛王睫，
　妙相三十二。]　　　　　　　　　　　　　　　　　　(頌8-17)

[此中此此相，所有能生因，由彼彼圓滿，能感此諸相。](頌8-18)

[迎送師長等，正受堅固住，習近四攝事，布施妙資財。]（頌8-19）

[救放所殺生，增長受善等，是能生因相，如經所宣說。]（頌8-20）

(69.1.1)由昔於有學道時極善迎送師長等故，感得能仁手足具足輪相。

(69.1.2)由昔正受律儀堅固安住故，感得足下平整如龜腹狀。

(69.1.3)由昔修習四攝事故，感得手足指間縵網相連猶如鵝王。

(69.1.4)由昔布施善妙食物等故，感得手足柔軟細嫩。

(69.1.5)由昔布施善妙飲物等故，感得佛身手足四背（漢文經謂掌）雙肩及頸七處充滿。

(69.1.6)由昔救脫被殺被縛被打有情故，感得手足諸指纖長可愛。

(69.1.7)由昔饒益他活命故，感得足跟寬廣。

(69.1.8)由昔離殺生故，感得佛身洪直。

(69.1.9)由昔正受布施等善法故，感得足踝膝骨皆不突現。

(69.1.10)由昔自所行善轉增長他故，感得諸毛皆悉上靡。

(69.1.11)由昔將醫方明工巧明等傳授他故，感得雙腨漸次細圓如瑿泥耶(aiṇeya鹿王)腨。

(69.1.12)由昔不捨諸來求財者故，感得雙臂長妙。

(69.1.13)由昔安立一切有情於梵行律儀，及善防護祕密語故，感得陰相藏密最為第一。

(69.1.14)由昔施他妙敷具故，感得皮如金色清淨鮮明。

(69.1.15)由昔施他勝宮殿故，感得身皮細薄潤滑。

(69.1.16)由昔遠離憒鬧散亂等故，感得一一毛孔唯一毛生皆向右旋。

(69.1.17)由昔敬承一切眾生及師長等，亦令他敬事故，感得眉間(白)毫相莊嚴，量如橄欖核許，形如銀管，潔白軟柔，展長三肘，縮即右旋毫端上靡。

(69.1.18)由昔未曾輕毀他故，感得上身猶如獅子。

(69.1.19)由昔隨順他善說故，感得臂髆圓實。

(69.1.20)由昔施他醫藥等故，感得雙肩之中項部極善豐滿。

(69.1.21)由昔承事眾生作看病人等故，感得於非上味中亦得上味。

(69.1.22)由昔建造園林等故，感得身量與弓相等如諾瞿陀樹(nyagrodha)。

(69.1.23)由昔施他寺院等故，感得頂上烏瑟尼沙(uṣṇīṣa頂髻)高顯周圓。

(69.1.24)由昔三無數劫說和愛語等故，感得舌相薄淨廣長如紅蓮色。

(69.1.25)由昔一音為一切世界有情宣說正法故，感得成就五支梵音。

(69.1.26)由昔遠離綺語過故，感得兩頰如獅子王。

(69.1.27)由昔承事稱讚一切眾生故，感得齒潔白相。

(69.1.28)由昔遠離邪命正命清淨故，感得齒平齊相。

(69.1.29)由昔修諦實語故，感得齒細密相。

(69.1.30)由昔遠離離間語故，感得整四十齒。

(69.1.31)由昔視一切眾生如一子故，感得眼如紺青寶相。

(69.1.32)由昔視一切眾生無貪瞋故，感得兩眼上下睫毛不相雜亂猶如牛王。

此等即是三十二相。

能仁圓滿報身定能感得此三十二相，謂由能感此此諸相之彼彼因，皆圓滿故。迎送師長等因，隨各各相時已廣宣說。此等名為相者，由誰具足此相，即能表現彼是大丈夫故。

2.釋隨好　69.2

[佛爪赤銅色，潤澤高諸指，圓滿而纖長，脈不現無結，](頌8-21)
[踝隱足平隱，行步如獅象，鵝牛王右旋，妙直進堅密，](頌8-22)
[光潔身相稱，潔淨軟清淨，眾相皆圓滿，身廣大微妙，](頌8-23)
[步庠序雙目，清淨身細嫩，身無怯充實，其身善策勵，](頌8-24)
[支節善開展，顧視淨無翳，身圓而相稱，無歪身平整，](頌8-25)
[臍深臍右旋，為眾所樂見，行淨身無疵，無諸黑黶點，](頌8-26)
[手軟如木棉，手文明深長，面門不太長，唇紅如頻婆，](頌8-27)
[舌柔軟微薄，赤紅發雷音，語美妙牙圓，鋒利白平齊，](頌8-28)
[漸細鼻高修，清淨最第一，眼廣眼睫密，猶如蓮花葉，](頌8-29)
[眉修長細軟，潤澤毛齊整，手長滿耳齊，耳輪無過失，](頌8-30)
[額部善分展，開廣頂周圓，髮紺青如蜂，稠密軟不亂，](頌8-31)
[不澀出妙香，能奪眾生意，德紋相吉祥，是為佛隨好。](頌8-32)

佛受用身有八十隨好：

(69.2.1)由於一切諸行離貪愛究竟故，感得能仁爪如赤銅色，鮮紅光明。

(69.2.2)由於一切有情增上利益意樂到究竟故，爪色潤澤。

(69.2.3)由於上等族姓生故，爪甲高起。

(69.2.4)由行境無罪故，諸指圓形。

(69.2.5)由集善根究竟故，諸指豐滿。

(69.2.6)由漸次修三種智德故，指漸細長。

(69.2.7)由昔善護十不善業道及邪命故，筋脈不現。

(69.2.8)由已解煩惱結故，筋脈無結。

(69.2.9)由能了知甚深密義，踝骨不現。

(69.2.10)由從生死等難可行處度諸眾生故，足無不平。

(69.2.11)由善巧映覆人故，行步如獅子。

(69.2.12)由善巧映覆龍故，行步如象王。

(69.2.13)由善巧騰空故，行步如鵝王。

(69.2.14)由善引有情至安樂處故，行步如牛王。

(69.2.15)由順繞路而行故，回身右旋。

(69.2.16)由行步善巧端莊故，行步善妙。

(69.2.17)由心常無曲屈故，行步直進。

(69.2.18)由稱讚他功德故，身盤緊密。(身綽約端莊)

(69.2.19)由不染著諸惡法故，其身光潔。

(69.2.20)由說稱機法故，身次第相稱。(身高合宜)

(69.2.21)由行清淨故，身最潔淨。

(69.2.22)由心具大悲故，身柔妙。

(69.2.23)由意垢清淨故，身善清淨。

(69.2.24)由法毗奈耶圓滿故，眾相圓滿。

(69.2.25)為他說廣妙功德圓滿故，身廣大微妙。

(69.2.26)於一切有情心平等故，行步安庠平等。

(69.2.27)由說清淨法故，雙目清淨無翳。

(69.2.28)由說易解法故，身極細嫩。

(69.2.29)由於難行處心不退故，身容無怯弱。

(69.2.30)由修善根勝出一切世間故，身最充實。(身軀豐實)

(69.2.31)由盡後有故，身善策勵。(身極結實)

(69.2.32)由善分別緣起順逆故，支節善開展。

(69.2.33)由說清淨法義故，顧視清淨無翳。

(69.2.34)由弟子戒圓滿故，其身圓滿。(腹部圓好)

(69.2.35)由未染著生死過故，身部相稱。(腹腰細長)

(69.2.36)由摧伏我慢故，身無歪倒。(臀無凹陷)

(69.2.37)由說無盡法故，身相平整無諸高下。(平腹下垂)

(69.2.38)由通達甚深法故，臍底深妙。

(69.2.39)由弟子受持順自之教授故，臍紋右旋。

(69.2.40)由諸徒眾行端嚴故，威儀端莊眾所樂見。

(69.2.41)由意淨故，三業行淨。

(69.2.42)由於非時不說法毗奈耶故，身無疣贅及諸黶點。(無痔無斑)

(69.2.43)由說身等安樂法故，雙手柔軟如睹羅綿。(手如木棉)

(69.2.44)由得光明大沙門故，手文光明。(手紋光鮮)

(69.2.45)由住甚深法故，手文甚深。

(69.2.46)由數數說真淨法故，手文長直。

(69.2.47)由為眾生宣說眾多學處故，面門不太長。

(69.2.48)由通達一切世間猶如影像故，唇紅如頻婆果。

(69.2.49)由柔和語調伏眾生故，舌極柔軟。

(69.2.50)由說眾多功德正理故，舌極微薄。

(69.2.51)由所說法毗奈耶，諸著我我所之凡夫難測度故，舌赤紅色。

(69.2.52)由無一切怖畏故，語具雷聲。

(69.2.53)由說和愛語故，音韻美妙。

(69.2.54)防護三有結使故，四牙圓整。

(69.2.55)調伏難調故，四牙鋒利。

(69.2.56)降伏煩惱，法毗奈耶最潔白故，四牙潔白。

(69.2.57)安住通達生死涅槃平等地故，四牙相齊。

(69.2.58)漸說三乘現觀故，四牙漸細。

(69.2.59)安住方便所持勝慧故，鼻相高修。

(69.2.60)具足眾生信仰淨行故，鼻清淨。

(69.2.61)由說廣大法故，眼目寬廣。

(69.2.62)由度眾生出生死故，眼睫厚密。

(69.2.63)能令眾生歡喜稱讚故，眼目青白分明圓滿，如蓮花葉。

(69.2.64)由常時回顧諸有情故，雙眉修長。

(69.2.65)由善巧和緩調伏非以五火炙身等故，眉毛細軟。

(69.2.66)意為善故，雙眉潤澤。

(69.2.67)遍見貪等過患故，眉毛齊整。

(69.2.68)由遮遣有情損害故，手長圓滿。

(69.2.69)由戰勝貪等故，兩耳相齊。

(69.2.70)令諸有情相續不壞故，耳根不壞。

(69.2.71)不由邊執見等擾動心故，額部與髮際極善分展。

(69.2.72)由摧壞一切邪說故，額部開展寬大。

(69.2.73)由圓滿勝願故，頂圓如蓋。

(69.2.74)由於色等斷除貪愛故，髮紺青色如蜂。

(69.2.75)遍盡見修所斷隨眠故，頭髮稠密。

(69.2.76)由說聖教妙慧遍知故，頭髮柔軟。

(69.2.77)由意不為貪等亂故，頭髮不亂。

(69.2.78)常時不說粗惡語故，髮不粗澀。

(69.2.79)由於三寶前散佈妙花故，髮出妙香奪眾生意。

(69.2.80)手足拇指有德紋相猶如金剛，手足掌中有四方吉祥紋，其外無
　　　　　名指等有七紋右旋而善莊嚴。

此八十種名佛隨好者，由身外現功德相表內心功德故。

[丙四]勝應身

【第 70 義】：化身

〔義相〕：不具足五種決定所顯之究竟色身，是化身相。

〔界限〕：唯在佛地。

[若乃至三有，於眾生平等，作種種利益，佛化身無斷。](頌8-33)

此分生化身、巧化身、勝應身之三。

　　例如釋迦世尊，初如為天子時，次如現乾闥婆王時，三如釋迦能仁也。

　　又生化身亦現為禽獸、河橋、樹木等。

若有乃至三有未空，於淨不淨眾生，同時而作增上生決定勝等種種利益
(事)之身，即能仁佛世尊之化身，以是不具五種決定所顯之究竟色身故。

佛作事業亦常無間斷，乃至生死未空於一切世界事業相續無斷故。

(如是化身，從修持自性身本體之力而產生。於佛陀等之所行境，宣說觀待智慧等而施設之三身。於世俗，唯智慧於圓滿報身等，從生起境相上行利濟事。)

[乙二]法身事業　　70*3

[如是盡生死，此事業無斷，諸趣寂滅業，安立四攝事，](頌8-34)
[令知諸雜染，及知諸清淨，有情如證義，六波羅蜜多，](頌8-35)
[佛道自性空，盡滅二戲論，假名無所得，成熟諸有情，](頌8-36)
[及立菩薩道，遣除諸執著，得菩提嚴淨，佛土及決定，](頌8-37)
[無量有情利，親近佛等德，菩提分諸業，不失壞見諦，](頌8-38)
[遠離諸顛倒，無彼根本理，清淨及資糧，有為與無為，](頌8-39)
[悉不知有異，安立大涅槃，許法身事業，有二十七種。](頌8-40)

(得智法身後，由其加持所生受用身及勝應身，永不間斷地利益眾生。故窮生死際，諸佛智法身之此等事業無有間斷。)

如前所說智法身不間斷故，由是乃至盡其生死，此法身事業亦不間斷，以如是不間斷之資糧因已達究竟故。此事業者謂：

[資糧道]
　70.1.安立眾生於意樂圓滿，以令發求諸趣安樂及解脫寂靜之意樂　故。
　70.2.又安立他於成熟加行，以令了知布施、愛語、利行、同事四攝事故。
　70.3.又安立他令知四諦之正見，以令他了知雜染因果之苦集二諦為所捨，清淨因果滅道二諦為所取故。
　此三是安立於資糧道。

[加行道]
　70.4.安立他自利意樂圓滿，以令有情了知，如自所證之真實義故。
　70.5.又安立他於自成熟加行，以令圓滿六度行故。
　70.6.又立他於俱利行，以令往趣佛地十善道故。
　70.7.又安立他於清淨見，令以世間修所成慧，通達勝義自性空故。

此四安立於加行道。

[見道]

70.8.又安立他於見道，令諸眾生親證盡滅二取戲論之空性故。

(依止布施波羅蜜多)

[修道]

[第二、三地]

70.9.又安立他於修道中第二地、第三地者，由令了知彼二地所攝諸法，皆唯假名安立於尸羅、安忍故。

[第四、五、六地]

70.10.安立於第四地、第五地、第六地者，由令第四地了知菩提分慧；第五地了知四聖諦慧；第六地了知緣起慧中，皆知一切諸法勝義無所得故。(依精進、靜慮、般若波羅蜜多)

[第七地]

70.11.安立於第七地者，令以彼地所攝方便善巧波羅蜜多成熟諸有情故。

[第八地]

安立於第八地中，

70.12.初安立於了知三道之道相智者，安立於彼地所攝菩薩道表示之三道道相智故；(依力波羅蜜多)

70.13.第二安立於實執寂靜者，安立於遣除現行實執故；

70.14.第三安立於假名佛寶者，安立令得名佛寶之菩提故。

70.15.第四安立嚴淨佛土加行者，安立於嚴淨佛土故。

[第九地]

70.16.初安立於自定成佛者，安立決定成佛，不墮小乘故；(依願波羅蜜多)

70.17.第二安立令成熟他者，安立令作地上所攝無量有情義利故。

[第十地]

安立於第十地中，

1.初安立

70.18.初安立親近善知識者，安立令修彼地所攝親近無數諸佛為

善知識等功德故；(依智波羅蜜多)

2. **第二安立** 70.19~70.26

第二安立智德增長中，

(1)70.19.安立令得菩提分者，安立令圓滿菩提分善故；

(2)70.20.安立業不失壞者，安立令知諸業無失壞不欺誑故；

(3)70.21.安立令知四諦者，令現見四諦故；

(4)70.22.安立令遠離顛倒者，令永遠離常樂我淨等四顛倒故；

(5)70.23.安立令知無彼所依之根本者，安立於無實執生諸顛倒之根本故；

(6)70.24安立圓滿清淨者，安立圓滿證得平等性之清淨故；

(7)70.25.安立資糧圓滿者，令圓滿無上菩提之二資糧故；

(8)70.26.安立令知生死涅槃平等者，令現知生死有為與涅槃無為，於勝義中全無異故；

[佛道]

70.27.又安立於道果者，安立於究竟所得無住大涅槃故。

如上所說，即是所許二十七種法身事業也。

[甲四]廣釋法身　　法身品第九

【第八事】果法身

[乙一]身建立*1　【第 67～70 義】

[乙二]法身事業　【第 70 義】

[1]菩薩希有法

1.生身菩薩，於一國土中方便化他

卷 468〈眾德相品 76〉：第二分眾德相品第七十六之一

爾時，具壽善現白佛言：

「世尊！若一切法無不如夢、如響、如像、如光影、如陽焰、如幻、如化
都無實事，無性為性自相皆空，云何可立是善、是非善，是有記、是無
記，是有漏、是無漏，是世間、是出世間，是有為、是無為，如是乃至
是預流果、是能證得預流果法，是一來果、是能證得一來果法，是不還
果、是能證得不還果法，是阿羅漢果、是能證得阿羅漢果法，是獨覺菩
提、是能證得獨覺菩提法，是諸菩薩摩訶薩地、是能證得菩薩摩訶薩地
法，是諸佛無上正等菩提、是能證得諸佛無上正等菩提法耶？」

(1)凡夫顛倒心故起三業

佛告善現：

「世間愚夫無聞異生，於夢得夢、得見夢者，如是乃至於化得化、得見
化者。如是愚夫無聞異生，得夢乃至得化等已顛倒執著，或造不善身、
語、意行，或復造善身、語、意行，或造無記身、語、意行，或造非
福身、語、意行，或復造福身、語、意行，或造不動身、語、意行，
由諸行故，往來生死輪轉無窮。

(2)菩薩住二空中為有情說法

①二空破執示實相

「諸菩薩摩訶薩行深般若波羅蜜多時，以二種空觀察諸法。何謂二空？
一、畢竟空。二、無際空。是菩薩摩訶薩安住如是二種空中，為諸
有情宣說正法。

「謂作是言：『汝等應知色是空，離我、我所；受、想、行、識是空，
離我、我所。眼處是空，離我、我所；耳、鼻、舌、身、意處是空，
離我、我所。色處是空，離我、我所；聲、香、味、觸、法處是空，

離我、我所。眼界是空，離我、我所；耳、鼻、舌、身、意界是空，
離我、我所。色界是空，離我、我所；聲、香、味、觸、法界是空，
離我、我所。眼識界是空，離我、我所；耳、鼻、舌、身、意識界
是空，離我、我所。眼觸是空，離我、我所；耳、鼻、舌、身、意
觸是空，離我、我所。眼觸為緣所生諸受是空，離我、我所；耳、
鼻、舌、身、意觸為緣所生諸受是空，離我、我所。地界是空，離
我、我所；水、火、風、空、識界是空，離我、我所。因緣是空，
離我、我所；等無間緣是空，離我、我所；所緣緣是空，離我、我
所；增上緣是空，離我、我所。從緣所生諸法是空，離我、我所。
無明是空，離我、我所；行、識、名色、六處、觸、受、愛、取、
有、生、老死是空，離我、我所。善法是空，離我、我所；非善法
是空，離我、我所。有記法是空，離我、我所；無記法是空，離我、
我所。有漏法是空，離我、我所；無漏法是空，離我、我所。世間
法是空，離我、我所；出世間法是空，離我、我所。有為法是空，
離我、我所；無為法是空，離我、我所。布施波羅蜜多乃至般若波
羅蜜多是空，離我、我所。內空乃至無性自性空是空，離我、我所。
真如乃至不思議界是空，離我、我所。苦、集、滅、道聖諦是空，
離我、我所。四念住乃至八聖道支是空，離我、我所。空、無相、
無願解脫門是空，離我、我所。四靜慮、四無量、四無色定是空，
離我、我所。八解脫乃至十遍處是空，離我、我所。淨觀地乃至如
來地是空，離我、我所。極喜地乃至法雲地是空，離我、我所。一
切陀羅尼門、三摩地門是空，離我、我所。五眼、六神通是空，離
我、我所。如來十力乃至十八佛不共法是空，離我、我所。三十二
大士相、八十隨好是空，離我、我所。無忘失法、恒住捨性是空，
離我、我所。一切智、道相智、一切相智是空，離我、我所。預流
果乃至獨覺菩提是空，離我、我所。一切菩薩摩訶薩行是空，離我、
我所。諸佛無上正等菩提是空，離我、我所。』

「復作是言：『汝等應知色如夢乃至如化，都無自性；受、想、行、識
如夢乃至如化，都無自性。眼處如夢乃至如化，都無自性；耳、鼻、
舌、身、意處如夢乃至如化，都無自性。色處如夢乃至如化，都無
自性；聲、香、味、觸、法處如夢乃至如化，都無自性。眼界如夢
乃至如化，都無自性；耳、鼻、舌、身、意界如夢乃至如化，都無
自性。色界如夢乃至如化，都無自性；聲、香、味、觸、法界如夢

乃至如化，都無自性。眼識界如夢乃至如化，都無自性；耳、鼻、
舌、身、意識界如夢乃至如化，都無自性。眼觸如夢乃至如化，都
無自性；耳、鼻、舌、身、意觸如夢乃至如化，都無自性。眼觸為
緣所生諸受如夢乃至如化，都無自性；耳、鼻、舌、身、意觸為緣
所生諸受如夢乃至如化，都無自性。地界如夢乃至如化，都無自性；
水、火、風、空、識界如夢乃至如化，都無自性。因緣如夢乃至如
化，都無自性；等無間緣、所緣緣、增上緣如夢乃至如化，都無自
性。從緣所生諸法如夢乃至如化，都無自性。無明如夢乃至如化，
都無自性；行、識、名色、六處、觸、受、愛、取、有、生、老死
如夢乃至如化，都無自性。善法如夢乃至如化，都無自性；非善法
如夢乃至如化，都無自性。有記法如夢乃至如化，都無自性；無記
法如夢乃至如化，都無自性。有漏法如夢乃至如化，都無自性；無
漏法如夢乃至如化，都無自性。世間法如夢乃至如化，都無自性；
出世間法如夢乃至如化，都無自性。有為法如夢乃至如化，都無自
性；無為法如夢乃至如化，都無自性。布施波羅蜜多乃至般若波羅
蜜多如夢乃至如化，都無自性。內空乃至無性自性空如夢乃至如化，
都無自性。真如乃至不思議界如夢乃至如化，都無自性。苦、集、
滅、道聖諦如夢乃至如化，都無自性。四念住乃至八聖道支如夢乃
至如化，都無自性。空、無相、無願解脫門如夢乃至如化，都無自
性。四靜慮、四無量、四無色定如夢乃至如化，都無自性。八解脫、
八勝處、九次第定、十遍處如夢乃至如化，都無自性。淨觀地乃至
如來地如夢乃至如化，都無自性。極喜地乃至法雲地如夢乃至如化，
都無自性。一切陀羅尼門、三摩地門如夢乃至如化，都無自性。五
眼、六神通如夢乃至如化，都無自性。如來十力乃至十八佛不共法
如夢乃至如化，都無自性。三十二大士相、八十隨好如夢乃至如化，
都無自性。無忘失法、恒住捨性如夢乃至如化，都無自性。一切智、
道相智、一切相智如夢乃至如化，都無自性。預流果乃至獨覺菩提
如夢乃至如化，都無自性。一切菩薩摩訶薩行如夢乃至如化，都無
自性。諸佛無上正等菩提如夢乃至如化，都無自性。』

「復作是言：『汝等應知此中無色、受、想、行、識，無眼處乃至意處，
無色處乃至法處，無眼界乃至意界，無色界乃至法界，無眼識界乃
至意識界，無眼觸乃至意觸，無眼觸為緣所生諸受乃至意觸為緣所
生諸受，無地界乃至識界，無因緣乃至增上緣，無從緣所生諸法，

無無明乃至老死，無善、非善法，無有記、無記法，無有漏、無漏法，無世間、出世間法，無有為、無為法，無布施波羅蜜多乃至般若波羅蜜多，無內空乃至無性自性空，無真如乃至不思議界，無苦、集、滅、道聖諦，無四念住乃至八聖道支，無空、無相、無願解脫門，無四靜慮、四無量、四無色定，無八解脫乃至十遍處，無淨觀地乃至如來地，無極喜地乃至法雲地，無一切陀羅尼門、三摩地門，無五眼、六神通，無如來十力乃至十八佛不共法，無三十二大士相、八十隨好，無無忘失法、恒住捨性，無一切智、道相智、一切相智，無預流果乃至獨覺菩提，無一切菩薩摩訶薩行，無諸佛無上正等菩提，無夢、無見夢者，無響、無聞響者，無像、無見像者，無光影、無見光影者，無陽焰、無見陽焰者，無幻、無見幻者，無化、無見化者。』

②有情顛倒取相

「復作是言：『汝等應知是一切法皆無實事，無性為性。汝等虛妄分別力故，於無蘊中起有蘊想，於無處中起有處想，於無界中起有界想，於無觸中起有觸想，於無受中起有受想。』」

「復作是言：『汝等應知蘊、處、界等一切法性，皆從緣生，顛倒所起諸業異熟之所攝受，汝等何因於是虛妄無實事法起實事想？』」

(3)令離惡生善

①以福捨罪

「菩薩爾時方便善巧具大神力，若諸有情有慳貪者，方便拔濟令離慳貪，是諸有情離慳貪已，教修布施波羅蜜多，是諸有情由布施故，得大財位富貴自在。復從是處方便拔濟教修淨戒波羅蜜多，是諸有情由淨戒故，得生善趣尊貴自在。復從是處方便拔濟教修安忍波羅蜜多，是諸有情由安忍故，速能獲得無生法忍。復從是處方便拔濟教修精進波羅蜜多，是諸有情由精進故，乃至無上正等菩提，於諸善法不復退轉。復從是處方便拔濟教修靜慮波羅蜜多，是諸有情由靜慮故得生梵世，於初靜慮安住自在。從初靜慮方便拔濟，復令安住第二靜慮，如是展轉方便拔濟，乃至令住非想非非想處定。

②以空捨福

復從是處方便拔濟，隨其所宜令住三乘，或今住四念住乃至八聖道支，或今住三解脫門，或今住八解脫乃至十遍處，或今住四聖諦，或今住六波羅蜜多，或今住內空乃至無性自性空，或今住真如乃至

不思議界，或令住極喜地乃至法雲地，或令住陀羅尼門、三摩地門，或令住五眼、六神通，或令住如來十力乃至十八佛不共法，或令住無忘失法、恒住捨性，或令住一切智、道相智、一切相智。

「是菩薩摩訶薩方便善巧，若諸有情耽著有為布施、淨戒、安忍、精進、靜慮、般若及餘善法所得果報，以諸方便安慰濟拔令住無餘般涅槃界。

③令證聖果

是菩薩摩訶薩行深般若波羅蜜多方便善巧，成就無色、無見、無對真無漏法安住其中，若諸有情應得預流、一來、不還、阿羅漢果、獨覺菩提或復無上正等菩提，示現、勸導、讚勵、慶喜、方便濟拔，或令得預流果，乃至或令證得無上正等菩提。

「如是，善現！諸菩薩摩訶薩行深般若波羅蜜多，觀察二空，雖知諸法無不如夢乃至如化，皆非實有，無性為性，自相皆空，而能安立善、非善法，廣說乃至是能證得諸佛無上正等菩提，皆無雜亂。」

(CBETA, T07, no. 220, pp. 369b^{19}–371b^{19})

(4)讚歎菩薩希有法

卷 469〈眾德相品 76〉：第二分眾德相品第七十六之二

爾時，具壽善現白佛言：

「世尊！諸菩薩摩訶薩甚為希有，行深般若波羅蜜多，觀察二空，雖知諸法一切如夢、如響、如像、如光影、如陽焰、如幻、如化，皆非實有，無性為性，自相皆空，而能安立善、非善等諸法差別皆無雜亂。」

佛告善現：

「如是！如是！如汝所說。諸菩薩摩訶薩甚為希有，行深般若波羅蜜多，觀察二空，雖知諸法皆如夢等，都非實有，無性為性，自相皆空，而能安立善、非善等諸法差別不相雜亂。汝等若知諸菩薩摩訶薩行深般若波羅蜜多時，所有甚奇希有之法，聲聞、獨覺皆不成就、不能測量，汝等一切聲聞、獨覺於諸菩薩摩訶薩辯尚不能對，況餘有情而能酬答！」*4

2.法身菩薩：於無量世界中度有情無邊

(1)正明法身菩薩利益有情

①總說以希有法攝諸有情

具壽善現復白佛言：

「何等名為諸菩薩摩訶薩行深般若波羅蜜多時，所有甚奇希有之法，
　聲聞、獨覺皆不成就、不能測量？」

佛告善現：

「諦聽！諦聽！善思念之，吾當為汝分別解說諸菩薩摩訶薩行深般若
　波羅蜜多時，所有甚奇希有之法。

「善現！諸菩薩摩訶薩行深般若波羅蜜多時，安住異熟布施波羅蜜多
　乃至般若波羅蜜多，若五神通，若三十七菩提分法，若陀羅尼，若
　三摩地，若空、無相、無願解脫門，若四靜慮、四無量、四無色定，
　若八解脫、八勝處、九次第定、十遍處，若餘無量無邊佛法。徧十
　方界，若諸有情應以布施乃至般若而攝受者，則以布施乃至般若而
　攝受之；應以初靜慮乃至非想非非想處定而攝受者，則以初靜慮乃
　至非想非非想處定而攝受之；應以慈、悲、喜、捨而攝受者，則以
　慈、悲、喜、捨而攝受之；應以四念住乃至八聖道支而攝受者，則
　以四念住乃至八聖道支而攝受之；應以空、無相、無願三摩地而攝
　受者，則以空、無相、無願三摩地而攝受之；應以諸餘善法而攝受
　者，則以諸餘善法而攝受之。」

②別明以布施攝諸有情

　❶平等施外物為得

　　具壽善現復白佛言：

　　「云何菩薩摩訶薩行深般若波羅蜜多時，安住異熟波羅蜜多、五神
　　　通等無量功德，以布施等攝諸有情？」

　　佛告善現：

　　「諸菩薩摩訶薩行深般若波羅蜜多時，施諸有情所須之物，謂須飲
　　　食施與飲食，若須衣服施與衣服，若須車乘施與車乘，若須華香
　　　施與華香，若須臥具施與臥具，若須舍宅施與舍宅，若須燈明施
　　　與燈明，若須醫藥施與醫藥，若須諸餘種種資具，悉皆施與令無
　　　匱乏；或施聲聞、獨覺、菩薩、諸佛世尊衣服、飲食、臥具、醫
　　　藥、房舍、資具、諸妙華香、寶幢、幡蓋、伎樂、燈明及蘇油等
　　　諸餘供具。如是施時，其心平等無差別想而行布施，如施持戒，
　　　犯戒亦爾；如施人趣，非人亦爾；如施內道，外道亦爾；如施諸
　　　聖，異生亦爾；如施尊貴，下賤亦爾。上從諸佛下至傍生，平等
　　　布施無所分別，不觀福田勝劣有異。所以者何？諸菩薩摩訶薩了
　　　達一切自相皆空，空中都無上下差別故，無異想、無所分別而行

布施。是菩薩摩訶薩由無異想、無所分別而行布施,當得無異、無分別法,謂得圓滿一切相智及餘無量諸佛功德。

❷差別施外物為過失

「善現當知!若菩薩摩訶薩見傍生等有所求乞,便起是心:『此來乞者,若是如來、應、正等覺真福田故,我應施之。若非如來、應、正等覺,是傍生等非福田故,不應施與所須資具。』是菩薩摩訶薩起如是心越菩薩法。所以者何?諸菩薩摩訶薩要淨自心福田方淨。見求乞者不應念言:『如是有情有所求乞我應布施,如是有情有所求乞我不應施。』若作是念,違本所發大菩提心,謂諸菩薩發菩提心:『我為有情當作依怙、洲渚、舍宅、救護之處。』見來乞者應起是心:『今此有情貧窮孤露,我當以施而攝受之。彼由此緣不盜他物,少欲喜足,能轉施他,由是因緣離斷生命,廣說乃至離雜穢語,亦能調伏貪恚、邪見,身壞命終乘前福業生剎帝利大族、或婆羅門大族、或長者大族、或居士大族、或餘隨一富貴家生,豐饒財寶修諸善業。或因布施攝受因緣,漸依三乘而趣圓寂,謂令趣證聲聞、獨覺及無上乘般涅槃界。』

「復次,善現!若菩薩摩訶薩有諸怨敵或餘有情來至其所,為損害故、或有匱乏求乞身分及諸財物。是菩薩摩訶薩終不應起分別異心:『此應施與,此不應施。』但應發起平等之心,隨求身分及諸財物悉皆施與。所以者何?是菩薩摩訶薩普為饒益諸有情故,求趣無上正等菩提,不為利樂自身命故。若當發起分別異心:『此應施與,此不應施。』便為如來、應、正等覺及諸菩薩、獨覺、聲聞,世間天、人、阿素洛等諸聖賢眾共所呵責:『誰要請汝發菩提心,誓普利樂諸有情類,無歸依者為作歸依,無舍宅者為作舍宅,無洲渚者為作洲渚,無救護者為作救護,不安樂者令其安樂,而今簡別有施、不施?』

❸平等施內身等

「復次,善現!若菩薩摩訶薩行深般若波羅蜜多時,有人、非人來至其所,求乞種種髓腦、支節。是菩薩摩訶薩不應發起分別二心為施、不施,唯作是念:『隨彼所求定當施與。』所以者何?是菩薩摩訶薩常作是念:『我為利樂諸有情故而受此身,諸有來求定當施與,不應不施。』故見乞者便起是心:『吾今此身本為他受,彼不來取尚應自送,況來求乞而當不與!』作是念已歡喜踊躍,自

解支節而授與之，復自慶言：『今獲大利，謂捨雜穢得純淨身。』
「善現！諸菩薩摩訶薩行深般若波羅蜜多應如是學。

❹住空明內外布施

「復次，善現！若菩薩摩訶薩見乞求者便起是心：『今於此中誰施？
誰受？所施何物？由何而施？為何而施？云何而施？諸法自性皆
不可得。所以者何？如是諸法皆畢竟空，非空法中有與有奪、有
施有受。』善現！諸菩薩摩訶薩行深般若波羅蜜多時，應如是學
諸法皆空，所謂或由內空故空，乃至或由無性自性空故空。是菩
薩摩訶薩安住此空而行布施，恒無間斷圓滿布施波羅蜜多，由此
布施波羅蜜多得圓滿故，為他割截、劫奪一切內外物時，其心都
無分別瞋恨，但作是念：『有情及法一切皆空，誰割截我？誰劫奪
我？誰復受之？誰作是觀？』」*5

(CBETA, T07, no. 220, pp. 371b²⁶–372c²⁰)

sher phyin: v.028, pp. 489⁰⁴–501¹² 《合論》: v.051, pp. 550⁰⁷–562¹⁰

(2)以三示導教化有情

70.1 安立眾生於意樂圓滿，以令發求諸趣安樂及 解脫寂靜之意樂故

①化三惡道

❶化地獄道

(70.1.1)止息趣入地獄的事業

卷 469〈眾德相品 76〉：

「復次，善現！我以佛眼遍觀十方殑伽沙等諸世界中，有菩薩摩訶
薩為欲利樂諸有情類，以故思願入大地獄，見諸有情受諸劇苦，
見已發起三種示導。云何為三？一者、神變示導。二者、記說示
導。三者、教誡示導。是菩薩摩訶薩以神變示導滅除地獄湯、火、
刀等種種苦具，以記說示導記彼有情心之所念而為說法，以教誡
示導於彼發起慈、悲、喜、捨而為說法。令彼地獄諸有情類，於
菩薩所生淨信心，由此因緣從地獄出，得生天上或生人中，漸依
三乘盡苦邊際，證涅槃界究竟安樂。」

(CBETA, T07, no. 220, pp. 372c²⁰–373a²)

sher phyin: v.028, pp. 501¹²–503⁰⁵ 《合論》: v.051, pp. 562¹¹–564⁰⁴

「復次，善現！我以佛眼遍觀十方殑伽沙等諸世界中，有菩薩摩訶
薩承事供養諸佛世尊。是菩薩摩訶薩承事供養佛世尊時，深心歡

喜愛樂恭敬，非不歡喜愛樂恭敬。於諸如來、應、正等覺所說正法，恭敬聽聞、受持、讀誦，乃至無上正等菩提終不忘失，隨所聞法，能為有情無倒宣說，令獲殊勝利益安樂。

❷化傍生道

(70.1.2)止息趨入旁生的事業

「復次，善現！我以佛眼遍觀十方殑伽沙等諸世界中，有菩薩摩訶薩為欲饒益傍生趣中諸有情故自捨身命。是菩薩摩訶薩見諸傍生飢火所逼欲相殘害，起慈愍心自割身分斷諸支節，散擲十方恣令食噉。諸傍生類得此菩薩身肉食者，皆於菩薩深起愛敬慚愧之心，由是因緣脫傍生趣，得生天上或生人中，值遇如來、應、正等覺，聞說正法如實修行，漸依三乘而趣圓寂，謂隨證入無上大乘、獨覺、聲聞般涅槃界。如是，善現！諸菩薩摩訶薩能為世間作難作事多所饒益，謂為利樂諸有情故，自發無上正等覺心亦令他發，自行種種如實正行亦令他行。」

(CBETA, T07, no. 220, p. 373a²⁻²¹)

sher phyin: v.028, pp. 503⁰⁵–506⁰⁷ 《合論》: v.051, pp. 564⁰⁵–567⁰⁸

❸化餓鬼道

(70.1.3)止息趨入惡鬼趣的事業

卷 469〈眾德相品 76〉：

「復次，善現！我以佛眼遍觀十方殑伽沙等諸世界中，有菩薩摩訶薩為欲饒益餓鬼趣中諸有情類，以故思願往彼界中，方便息除飢渴等苦，令諸餓鬼眾苦既息，於此菩薩深起愛敬慚愧之心，復為宣說離慳法要，令彼聞已起惠施心，乘此善根脫餓鬼趣，得生天上或生人中，值遇如來、應、正等覺，供養恭敬聞正法音，漸次修行三乘正行，乃至證入無上大乘、獨覺、聲聞般涅槃界。如是，善現！諸菩薩摩訶薩於有情類安住大悲，發起無邊方便善巧，令隨證入三乘涅槃。」

(CBETA, T07, no. 220, p. 373a²¹⁻b⁰³)

sher phyin: v.028, pp. 506⁰⁸–507¹¹ 《合論》: v.051, pp. 567⁰⁹–568¹⁴

②化天道

❶化欲界天

(70.1.4)止息趨入天趣的事業

卷 469〈眾德相品 76〉：

「復次，善現！我以佛眼遍觀十方殑伽沙等諸世界中，有菩薩摩訶薩方便善巧，或為四大王眾天宣說正法，乃至或為他化自在天宣說正法。是諸天眾於菩薩所聞正法已，漸依三乘勤修正行，隨應證入般涅槃界。善現當知！彼天眾中有諸天子，耽著天上五妙欲樂及所居止眾寶宮殿，是菩薩摩訶薩示現火起，燒其宮殿令生厭怖，因為說法作是言：『諸天子！應審觀察諸行無常、苦、空、非我不可保信，誰有智者於斯樂著？』時，諸天子聞此法音，於五妙欲深生厭怖，自觀身命虛偽無常，譬如芭蕉、電光、陽焰，觀諸宮殿猶如牢獄。作是觀已，漸依三乘勤修正行而趣圓寂，謂漸證入三乘涅槃。

❷什諸梵天

「復次，善現！我以佛眼遍觀十方殑伽沙等諸世界中，有菩薩摩訶薩見諸梵天著諸見趣，方便化導令其厭捨，告言：『天仙！汝等何故於空、無相、虛妄、不實諸行聚中，發起如是諸惡見趣？當速捨之，信受正法，令汝長夜利益安樂！』如是，善現！諸菩薩摩訶薩安住大悲，為諸有情宣說法要。善現！是為菩薩摩訶薩所有甚奇希有之法。」*6

(CBETA, T07, no. 220, p. 373b^{03–23})

sher phyin: v.028, pp. 507^{12}–510^{03} 《合論》：v.051, pp. 568^{15}–571^{07}

(3)以四攝利益有情

70.2 安立他於成熟加行，以令了知布施、愛語、利行、同事四攝事故 (止息趣入人趣的事業)

卷 469〈眾德相品 76〉：

「復次，善現！我以無障清淨佛眼遍觀十方殑伽沙等諸世界中，有菩薩摩訶薩以四攝事攝諸有情。云何為四？一者、布施。二者、愛語。三者、利行。四者、同事。*7

①布施事

「善現！云何菩薩摩訶薩以布施事攝諸有情？善現！諸菩薩摩訶薩以二種施攝諸有情。云何為二？一者、財施。二者、法施。*7

❶財施

「善現！云何菩薩摩訶薩能以財施攝諸有情？善現！諸菩薩摩訶薩行深般若波羅蜜多時，能以種種飲食、衣服、房舍、臥具、車乘、

67-23

燈明、伎樂、香華、寶幢、幡蓋及瓔珞等施諸有情，或以金銀、吠瑠璃寶、頗胝迦寶、珂貝、璧玉、帝青、大青、末尼、真珠、石藏、杵藏、紅蓮等寶施諸有情，或以妻妾、男女、大小僮僕、侍衛、象馬、牛羊及醫藥等施諸有情，或以種種財寶、庫藏、城邑、聚落及王位等施諸有情，或以身分、手足、支節、頭目、髓腦施諸有情。是菩薩摩訶薩以種種物置四衢道，昇高臺上唱如是言：『一切有情有所須者，恣意來取勿生疑難，如取己物莫作他想，乃至我身手足、支節、頭目、髓腦隨意取之，我於汝等無所悋惜。』

「是菩薩摩訶薩施諸有情所須物已，復勸歸依佛、法、僧寶，或勸受持五近事戒，或勸受持八近住戒，或勸受持十善業道，或勸修學初靜慮乃至第四靜慮，或勸修學慈無量乃至捨無量，或勸修學空無邊處定乃至非想非非想處定，或勸修學佛隨念乃至天隨念，或勸修學不淨觀、持息念，或勸修學無常想乃至滅想，或勸修學四念住乃至八聖道支，或勸修學空、無相、無願解脫門，或勸修學八解脫乃至十遍處，或勸修學布施波羅蜜多乃至般若波羅蜜多，或勸安住內空乃至無性自性空，或勸安住真如乃至不思議界，或勸安住苦、集、滅、道聖諦，或勸修學一切陀羅尼門、三摩地門，或勸修學淨觀地乃至如來地，或勸修學極喜地乃至法雲地，或勸修學五眼、六神通，或勸修學如來十力乃至十八佛不共法，或勸修學三十二大士相、八十隨好，或勸修學無忘失法、恒住捨性，或勸修學一切智、道相智、一切相智，或勸修學預流果乃至獨覺菩提，或勸修學一切菩薩摩訶薩行，或勸修學諸佛無上正等菩提。

「如是，善現！諸菩薩摩訶薩行深般若波羅蜜多方便善巧，於諸有情行財施已，復善安立諸有情類，令住無上安隱法中，乃至令得一切智智。善現！是為菩薩摩訶薩行深般若波羅蜜多時所有甚奇希有之法。

❷世間法施

「善現！云何菩薩摩訶薩行深般若波羅蜜多時，能以法施攝諸有情？善現！法施有二種，云何為二？一者、世間法施。二者、出世法施。

1.「云何名為世間法施？謂諸菩薩摩訶薩行深般若波羅蜜多時，為諸有情宣說、開示、分別、顯了世間妙法，謂不淨觀、若持息

念、若四靜慮、若四無量、若四無色定、若五神通，若餘世間共異生法，如是名為世間法施。善現！何故此法名為世間？謂學此法未能畢竟離世間故名為世間。

「善現！是菩薩摩訶薩行此世間妙法施已，種種方便化導有情，令其遠離世間諸法，種種方便化導有情，令住聖法及聖法果。善現！云何聖法及聖法果？善現！言聖法者，謂三十七菩提分法及三解脫門等；聖法果者，謂預流果乃至獨覺菩提等。善現！何故此法名為出世？謂學此法能令畢竟出離世間故名出世。

「復次，善現！諸菩薩摩訶薩聖法者，謂六波羅蜜多，八解脫、八勝處、九次第定、十遍處，陀羅尼門、三摩地門，諸菩薩地，五眼、六神通，如來十力、四無所畏、四無礙解、大慈、大悲、大喜、大捨、十八佛不共法，無忘失法、恒住捨性，一切智、道相智、一切相智等諸無漏法。聖法果者，謂佛無上正等菩提大涅槃界。

「復次，善現！諸菩薩摩訶薩聖法者，謂預流果智、一來果智、不還果智、阿羅漢果智、獨覺菩提智、諸佛無上正等菩提智，四念住乃至八聖道支智，空、無相、無願解脫門智，四靜慮、四無量、四無色定智，八解脫、八勝處、九次第定、十遍處智，布施波羅蜜多乃至般若波羅蜜多智，一切陀羅尼門、三摩地門智，苦、集、滅、道聖諦智，內空乃至無性自性空智，真如乃至不思議界智，極喜地乃至法雲地智，五眼、六神通智，淨觀地乃至如來地智，如來十力乃至十八佛不共法智，三十二大士相、八十隨好智，無忘失法、恒住捨性智，一切智、道相智、一切相智，善法、非善法智，有記法、無記法智，有漏法、無漏法智，世間法、出世間法智，有為法、無為法智，是名聖法。聖法果者，謂永斷一切煩惱習氣相續，是名聖法果。」

(CBETA, T07, no. 220, pp. 373b²⁴–374b²⁰) 《合論》：v.051, pp. 571⁰⁸–576⁰⁸

2.具壽善現白言：「世尊！諸菩薩摩訶薩為亦能得一切相智？」
佛告善現：「如是！如是！諸菩薩摩訶薩亦名能得一切相智。」
具壽善現復白佛言：
「若菩薩摩訶薩亦名能得一切相智，與佛 世尊有何差別？」
佛告善現：
「諸菩薩摩訶薩名為隨得一切相智，諸佛世尊名 為已得一切相

智。所以者何？非諸菩薩與佛世尊絛然有異，謂諸菩薩與佛世尊俱住諸法無差別性，於諸法相求正遍知，說名菩薩，若至究竟，名佛世尊。然佛世尊於一切法自相、共相照了無闇，清淨具足，在因位時，名為菩薩，若至果位，名佛世尊。是謂菩薩與佛世尊雖俱名得一切相智，而有差別。善現！是名菩薩摩訶薩世間法施，諸菩薩摩訶薩依因如是世間法施，復能修行出世法施，謂諸菩薩摩訶薩行深般若波羅蜜多時方便善巧，先施有情世間善法，後令厭離世間善法，安住出世無漏聖法，乃至令得一切智智。*7

❸出世法施

善現！云何名為出世聖法，諸菩薩摩訶薩為諸有情宣說、開示、分別、顯了，說名法施？善現！一切不共異生善法，若正修學，令諸有情超出世間安隱而住，謂1.三十七菩提分法、2.三解脫門、3.八解脫、4.九次第定、5.四聖諦智、6.波羅蜜多、7.諸空等智、8.菩薩十地、9.五眼、10.六神通、11.如來十力、12.四無所畏、13.四無礙解、14.十八佛不共法、15.大慈大悲大喜大捨、16.三十二大士相、17.八十隨好、18.一切陀羅尼門、19.一切三摩地門，諸如是等無漏善法，一切皆名出世聖法。若菩薩摩訶薩為諸有情宣說、開示、分別、顯了如是諸法，名為菩薩出世法施。*7

(CBETA, T07, no. 220, p. 374b20-c20) 《合論》：v.051, pp. 57608–57806

1.三十七菩提分法

卷469〈眾德相品 76〉：

「善現！此中云何名為三十七種菩提分法？謂四念住、四正斷、四神足、五根、五力、七等覺支、八聖道支。善現！如是名為三十七種菩提分法。

善現！四念住者，謂菩薩摩訶薩於內身、外身、內外身住循身觀，具足正勤、正知、正念，除世貪憂，住身集觀，住身滅觀，由彼於身住循身觀，住身集觀，住身滅觀，無所依止，於諸世間無所執受，是為第一，於受、於心、於法亦爾，是名四念住。

善現！四正斷者，謂菩薩摩訶薩為令未生惡不善法永不生故，為令已生惡不善法永斷滅故，為令未生善法生故，為令已生善法堅住不忘，修滿倍增，廣大智作證故，生起樂欲，發勤精進，策心持心，是名四正斷。

善現！四神足者，謂菩薩摩訶薩欲三摩地斷行成就修習神足、勤三摩地斷行成就修習神足、心三摩地斷行成就修習神足、觀三摩地斷行成就修習神足，依止厭，依止離，依止滅，迴向於捨，是名四神足。

善現！五根者，謂菩薩摩訶薩信根、精進根、念根、定根、慧根，是名五根。

善現！五力者，謂菩薩摩訶薩信力、精進力、念力、定力、慧力，是名五力。

善現！七等覺支者，謂菩薩摩訶薩念等覺支、擇法等覺支、精進等覺支、喜等覺支、輕安等覺支、定等覺支、捨等覺支，是名七等覺支。

善現！八聖道支者，謂菩薩摩訶薩正見·正思惟、正語、正業、正命、正精進、正念、正定，是名八聖道支。

2.三解脫門

善現！三解脫門者，謂菩薩摩訶薩空、無相、無願解脫門。

云何空解脫門？謂菩薩摩訶薩以空、無我行相，攝心一趣，是名空解脫門。云何無相解脫門？謂菩薩摩訶薩以滅、寂靜行相，攝心一趣，是名無相解脫門。云何無願解脫門？謂菩薩摩訶薩以苦、無常行相，攝心一趣，是名無願解脫門。

3.八解脫

善現！八解脫者，謂菩薩摩訶薩有色觀諸色，是第一解脫。內無色想，觀外諸色，是第二解脫。淨勝解身作證，是第三解脫。超一切色想，滅有對想，不思惟種種想，入無邊空，空無邊處定具足住，是第四解脫。超一切空無邊處，入無邊識，識無邊處定具足住，是第五解脫。超一切識無邊處，入無少所有，無所有處定具足住，是第六解脫。超一切無所有處，入非想非非想處定具足住，是第七解脫。超一切非想非非想處，入滅想受定具足住，是第八解脫。

4.九次第定

善現！九次第定者，謂菩薩摩訶薩離欲惡不善法，有尋有伺，離生喜樂，初靜慮具足住，是第一次第定。尋伺寂靜，內等淨，心一趣性，無尋無伺，定生喜樂，第二靜慮具足住，是第二次第定。離喜住捨，正念正知，身受樂，聖說應捨，具念樂住，

第三靜慮具足住，是第三次第定。斷樂斷苦，先喜憂沒，不苦不樂，捨念清淨，第四靜慮具足住，是第四次第定。超一切色想，滅有對想，不思惟種種想，入無邊空，空無邊處定具足住，是第五次第定。如是乃至超一切非想非非想處，入滅想受定具足住，是第九次第定。*7

5.四聖諦智

善現！四聖諦智者，謂菩薩摩訶薩苦智、集智、滅智、道智，是名四聖諦智。

6.波羅蜜多

善現！波羅蜜多者，謂菩薩摩訶薩布施、淨戒、安忍、精進、靜慮、般若、方便善巧、妙願、力、智波羅蜜多，是名波羅蜜多。

7.諸空智

善現！諸空等智者，謂菩薩摩訶薩內空乃至無性自性空智，及真如乃至不思議界智，是名諸空等智。

8.菩薩十地

善現！菩薩十地者，謂菩薩摩訶薩極喜地、離垢地、發光地、焰慧地、極難勝地、現前地、遠行地、不動地、善慧地、法雲地，是名菩薩十地。

9.五眼

善現！五眼者，謂菩薩摩訶薩所求肉眼、天眼、聖慧眼、法眼、佛眼，是名五眼。

10.六神通

善現！六神通者，謂菩薩摩訶薩所學神境智證通、天眼智證通、天耳智證通、他心智證通、宿住隨念智證通、漏盡智證通，是名六神通。

11.如來十力

復次，善現！如來十力者，若諸如來應正等覺於是處如實知是處，於非處如實知非處，是第一力。若諸如來應正等覺於諸有情過去未來現在諸業及諸法受處因異熟，皆如實知，是第二力。若諸如來應正等覺於諸世間非一、種種諸界差別，皆如實知，是第三力。若諸如來應正等覺於諸世間非一、種種勝解差別，尋伺有異，皆如實知，是第四力。若諸如來應正等覺於諸有情

補特伽羅諸根勝劣，皆如實知，是第五力。若諸如來應正等覺於遍趣行，皆如實知，是第六力。若諸如來應正等覺普於一切靜慮、解脫、等持、等至、雜染、清淨、安立差別，皆如實知，是第七力。若諸如來應正等覺以淨天眼超過於人，見諸有情死時生時諸善惡事，如是有情因身、語、意三種惡行，因諸邪見，因謗賢聖，墮諸惡趣，如是有情因身、語、意三種妙行，因諸正見，因讚賢聖，生諸善趣；復以天眼清淨過人，見諸有情死時生時好色惡色，從此復生善趣惡趣，於諸有情，隨業勢力，生善惡趣，皆如實知，是第八力。若諸如來應正等覺於諸有情過去無量諸宿住事，或一生、或十生、或百生、或千生、或無量生、或一劫、或十劫、或百劫、或千劫、或無量劫，所有諸行、諸說、諸相，皆如實知，是第九力。若諸如來應正等覺於諸漏盡無漏心解脫、無漏慧解脫，皆如實知，於自漏盡真解脫法，自證通慧，具足而住，如實覺受：我生已盡，梵行已立，所作已辦，不受後有，是第十力。如是名為如來十力。*7

12.四無所畏

善現！四無所畏者，若諸如來應正等覺自稱我是正等覺者，設有沙門、若婆羅門、若天魔梵、若餘世間，依法立難，或令憶念：『佛於是法，非正等覺。』我於彼難，正見無因，以於彼難，正見無因，得安隱住，無怖無畏，自稱我處大仙尊位，於大眾中正師子吼，轉大梵輪，一切沙門、若婆羅門、若天魔梵、若餘世間，定無有能如法轉者，是第一無畏。若諸如來應正等覺自稱我已永盡諸漏，設有沙門、若婆羅門、若天魔梵、若餘世間，依法立難，或令憶念：『佛於是漏，猶未永盡。』我於彼難，正見無因，以於彼難，正見無因，得安隱住，無怖無畏，自稱我處大仙尊位，於大眾中正師子吼，轉大梵輪，一切沙門、若婆羅門、若天魔梵、若餘世間，定無有能如法轉者，是第二無畏。若諸如來應正等覺自稱我為諸弟子眾，說能障法，染必為障，設有沙門、若婆羅門、若天魔梵、若餘世間，依法立難，或令憶念：『有染是法，不能為障。』我於彼難，正見無因，以於彼難，正見無因，得安隱住，無怖無畏，自稱我處大仙尊位，於大眾中正師子吼，轉大梵輪，一切沙門、若婆羅門、若天魔梵、若餘世間，定無有能如法轉者，是第三無畏。若諸如

來應正等覺自稱我為諸弟子眾說出離道，諸聖修習，決定出離，決定通達，正盡眾苦，作苦邊際，設有沙門、若婆羅門、若天魔梵、若餘世間，依法立難，或令憶念：『有修此道，非正出離，非正通達，非正盡苦，非作苦邊。』我於彼難，正見無因，以於彼難，正見無因，得安隱住，無怖無畏，自稱我處大仙尊位，於大眾中正師子吼，轉大梵輪，一切沙門、若婆羅門、若天魔梵、若餘世間，定無有能如法轉者，是第四無畏。如是名為四無所畏。*7

13.四無礙解

善現！四無礙解者，謂義無礙解、法無礙解、詞無礙解、辯無礙解，如是名為四無礙解。善現！云何義無礙解？謂緣義無礙智。云何法無礙解？謂緣法無礙智。云何詞無礙解？謂緣詞無礙智。云何辯無礙解？謂緣辯無礙智。

14.十八佛不共法

善現！十八佛不共法者，謂諸如來應正等覺常無誤失，無卒暴音，無忘失念，無不定心，無種種想，無不擇捨，志欲無退，精進無退，憶念無退，般若無退，解脫無退，解脫智見無退，若智若見於過去世無著無礙，若智若見於現在世無著無礙，若智若見於未來世無著無礙，一切身業，智為前導，隨智而轉，一切語業，智為前導，隨智而轉，一切意業，智為前導，隨智而轉，是名十八佛不共法。*7

(CBETA, T07, no. 220, pp. 374c^{20}–376b^{16}) 《合論》: v.051, pp. 578^{07}–592^{13}

15.大慈大悲大喜大捨　(四無量心)

16.一切陀羅尼門

17.一切三摩地門

18.三十二大士相　(與 69.1.1~69.1.32 同)

復次，善現！三十二大士相者，謂1.如來足下，有平滿相，妙善安住，猶如奩底，地雖高下，隨足所蹈，皆悉坦然，無不等觸，是為第一。2.如來足下，千輻輪文，輞轂眾相，無不圓滿，是為第二。3.如來手足，悉皆柔軟，如睹羅綿，勝過一切，是為第三。4.如來手足，一一指間，猶如鴈王，咸有鞔網，金色交絡，文同綺畫，是為第四。5.如來手足，所有諸指，圓滿纖長，甚可愛樂，是為第五。6.如來足跟，廣長圓滿，與趺相稱，勝餘有情，是為

第六。7.如來足跌，脩高充滿，柔軟妙好，與跟相稱，是為第七。
8.如來雙腨，漸次纖圓，如瑿泥耶仙鹿王腨，是為第八。9.如來
雙臂，脩直庸圓，如象王鼻，平立摩膝，是為第九。10.如來陰
相，勢峰藏密，其猶龍馬，亦如象王，是為第十。11.如來毛孔，
各一毛生，柔潤紺青，右旋宛轉，是第十一。12.如來髮毛，端
皆上靡，右旋宛轉，柔潤紺青，嚴金色身，甚可愛樂，是第十
二。13.如來身皮，細薄潤滑，塵垢水等，皆所不住，是第十三。
14.如來身皮，皆真金色，光潔晃曜，如妙金臺，眾寶莊嚴，眾
所樂見，是第十四。15.如來兩足、二手掌中、頸及雙肩，七處
充滿，是第十五。16.如來肩項，圓滿殊妙，是第十六。17.如來
髀腋，悉皆充實，是第十七。18.如來容儀，洪滿端直，是第十
八。19.如來身相，修廣端嚴，是第十九。20.如來體相，縱廣量
等，周匝圓滿，如諾瞿陀，是第二十。21.如來頷臆并身上半，
威容廣大，如師子王，是二十一。22.如來常光，面各一尋，是
二十二。23.如來齒相，四十齊平，淨密根深，白逾珂雪，是二
十三。24.如來四牙，鮮白鋒利，是二十四。25.如來常得味中上
味，是二十五。26.如來舌相，薄淨廣長，能覆面輪，至耳髮際，
是二十六。27.如來梵音，詞韻弘雅，隨眾多少，無不等聞，其
聲洪震，猶如天鼓，發言婉約，如頻迦音，是二十七。28.如來
眼睫，猶若牛王，紺青齊整，不相雜亂，是二十八。29.如來眼
睛，紺青鮮白，紅環間飾，皎潔分明，是二十九。30.如來面輪，
其猶滿月，眉相皎淨，如天帝弓，是第三十。31.如來眉間，有
白毫相，右旋柔軟，如睹羅綿，鮮白光淨，逾珂雪等，是三十
一。32.如來頂上烏瑟膩沙，高顯周圓，猶如天蓋，是三十二。
是名三十二大士相。*2*8

(CBETA, T07, no. 220, pp. 376b¹⁷–c²⁷)《合論》: v.051, pp. 592¹⁴–598⁰²

19.八十隨好　(與 69.2.1~69.2.80 同)

卷 470〈眾德相品 76〉:「第二分眾德相品第七十六之三

「復次，善現！八十隨好者，謂1.如來指爪，狹長薄潤，光潔鮮淨，
如花赤銅，是為第一。2.如來手足，指圓纖長，映直柔軟，節骨
不現，是為第二。3.如來手足，各等無差，於諸指間，悉皆充密，
是為第三。4.如來手足，圓滿如意，軟淨光澤，色如蓮花，是為
第四。5.如來筋氛，盤結堅固，深隱不現，是為第五。6.如來兩

踝，俱隱不現，是為第六。7.如來行步，直進庠審，如龍象王，是為第七。8.如來行步，威容齊肅，如師子王，是為第八。9.如來行步，安平庠序，不過不減，猶如牛王，是為第九。10.如來行步，進止儀雅，其猶鵝王，是為第十。11.如來迴顧，必皆右旋，如龍象王，舉身隨轉，是第十一。12.如來支節，漸次映圓，妙善安布，是第十二。13.如來骨節，交結無隙，猶若龍盤，是第十三。14.如來膝輪，妙善安布，堅固圓滿，是第十四。15.如來隱處，其文妙好，威勢具足，圓滿清淨，是第十五。16.如來身支，潤滑柔軟，光悅鮮淨，塵垢不著，是第十六。17.如來身容，敦肅無畏，常不怯弱，是第十七。18.如來身支，堅固稠密，善相屬著，是第十八。19.如來身支，安定敦重，曾不掉動，圓滿無壞，是第十九。20.如來身相，猶若仙王，周匝端嚴，光淨離翳，是第二十。21.如來身有周匝圓光，於行等時，恒自照曜，是二十一。22.如來腹形，方正無欠，柔軟不現，眾相莊嚴，是二十二。23.如來臍深，右旋圓妙，清淨光澤，是二十三。24.如來臍厚，不窪不凸，周匝妙好，是二十四。25.如來皮膚，遠離疥癬，亦無黶點、疣贅等過，是二十五。26.如來手掌，充滿柔軟，足下安平，是二十六。27.如來手文，深長明直，潤澤不斷，是二十七。28.如來脣色，光潤丹暉，如頻婆果，上下相稱，是二十八。29.如來面門，不長不短，不大不小，如量端嚴，是二十九。30.如來舌相，軟薄廣長，如赤銅色，是第三十。31.如來發聲，威震深遠，如象王吼，明朗清徹，是三十一。32.如來音韻，美妙具足，如深谷響，是三十二。33.如來鼻高，脩而且直，其孔不現，是三十三。34.如來諸齒，方整鮮白，是三十四。35.如來諸牙，圓白光潔，漸次鋒利，是三十五。36.如來眼淨，青白分明，是三十六。37.如來眼相脩廣，猶如青蓮花葉，甚可愛樂，是三十七。38.如來眼睫，上下齊整，稠密不白，是三十八。39.如來雙眉，長而不白，緻而細軟，是三十九。40.如來雙眉，綺靡順次，紺琉璃色，是第四十。41.如來雙眉，高顯光潤，形如初月，是四十一。42.如來耳厚，廣大脩長，輪埵成就，是四十二。43.如來兩耳，綺麗齊平，離眾過失，是四十三。44.如來容儀，能令見者，無損無染，皆生愛敬，是四十四。45.如來額廣，圓滿平正，形相殊妙，是四十五。46.如來身分，上下圓滿，

如師子王，威嚴無對，是四十六。47.如來頭髮，脩長紺青，稠密不白，是四十七。48.如來頭髮，香潔細軟，潤澤旋轉，是四十八。49.如來頭髮，齊整無亂，亦不交雜，是四十九。50.如來頭髮，堅固不斷，永無遞落，是第五十。51.如來頭髮，光滑殊妙，塵垢不著，是五十一。52.如來身分，堅固充實，逾那羅延，是五十二。53.如來身體，長大端直，是五十三。54.如來諸竅，清淨圓好，是五十四。55.如來身支，勢力殊勝，無與等者，是五十五。56.如來身相，眾所樂觀，嘗無厭足，是五十六。57.如來面輪，脩廣得所，皎潔光淨，如秋滿月，是五十七。58.如來顏貌，舒泰光顯，含笑先言，唯向不背，是五十八。59.如來面貌，光澤熙怡，遠離頻蹙、青赤等過，是五十九。60.如來身支，清淨無垢，常無臭穢，是第六十。61.如來身所有諸毛孔中，常出如意微妙之香，是六十一。62.如來面門，常出最上殊勝之香，是六十二。63.如來頭相，周圓妙好，如末達那，亦猶天蓋，是六十三。64.如來身毛，紺青光淨，如孔雀項，紅暉綺飾，色類赤銅，是六十四。65.如來法音，隨眾大小，不增不減，應理無差，是六十五。66.如來頂相，無能見者，是六十六。67.如來手足，指約分明，莊嚴妙好，如赤銅色，是六十七。68.如來行時，其足去地，如四指量，而現印文，是六十八。69.如來自持，不待他衛，身無傾動，亦不逶迤，是六十九。70.如來威德，遠震一切，惡心見喜，恐怖見安，是第七十。71.如來音聲，不高不下，隨眾生意，和悅與言，是七十一。72.如來能隨諸有情類言音意樂而為說法，是七十二。73.如來一音演說正法，隨有情類，各令得解，是七十三。74.如來說法，咸依次第，必有因緣，言無不善，是七十四。75.如來等觀諸有情類，讚善毀惡而無愛憎，是七十五。76.如來所為，先觀後作，軌範具足，令識善淨，是七十六。77.如來相好，一切有情無能觀盡，是七十七。78.如來頂骨，堅實圓滿，是七十八。79.如來顏容，常少不老，好巡舊處，是七十九。80.如來手足及胸臆前，俱有吉祥喜旋德相，文同綺畫，色類朱丹，是第八十。如是名為八十隨好。

(CBETA, T07, no. 220, pp. 377a⁰⁶–378a⁰⁴) 《合論》: v.051, pp. 598⁰²–604⁰³

「善現！如來、應、正等覺成就如是諸相好故，身光任運能照三千大千世界無不遍滿，若作意時即能普照無量無邊無數世界，

然為憐愍諸有情故，攝光常照面各一尋，若縱身光，即日月等所有光明皆悉不現，諸有情類便不能知晝夜、半月、月時、歲數，所作事業有不得成。佛身任運能遍三千大千世界，若作意時即能遍滿無量無邊無數世界，然為利樂諸有情故，身隨眾量不減不增。

「善現！如是功德勝利，我先菩薩位修行般若波羅蜜多時已能成辦，故今相好圓滿莊嚴，一切有情見者歡喜，皆獲殊勝利益安樂。*2*8

「如是，善現！諸菩薩摩訶薩行深般若波羅蜜多時，能以財、法二種布施攝諸有情，是為甚奇希有之法。

②愛語事

「善現！云何菩薩摩訶薩以愛語事攝諸有情？善現！諸菩薩摩訶薩行深般若波羅蜜多時，以柔軟音為有情類，先說布施波羅蜜多，次說淨戒波羅蜜多，次說安忍波羅蜜多，次說精進波羅蜜多，次說靜慮波羅蜜多，後說般若波羅蜜多方便攝受。善現！諸菩薩摩訶薩行深般若波羅蜜多時，以柔軟音多說此六波羅蜜多攝有情類。所以者何？由此六種波羅蜜多普能攝受諸善法故。

③利行事

「善現！云何菩薩摩訶薩以利行事攝諸有情？善現！諸菩薩摩訶薩行深般若波羅蜜多時，於長夜中種種方便，勸諸有情精勤修學布施、淨戒、安忍、精進、靜慮、般若波羅蜜多，及餘種種殊勝善法常無懈廢。

④同事事

「善現！云何菩薩摩訶薩以同事事攝諸有情？善現！諸菩薩摩訶薩行深般若波羅蜜多時，以勝神通及大願力，現處地獄、傍生、鬼界、人、天等中，同彼事業方便攝受，令獲殊勝利益安樂。

「善現！諸菩薩摩訶薩能以如是布施、愛語、利行、同事攝諸有情，是為甚奇希有之法。(CBETA, T07, no. 220, pp. 378a⁴–b⁸)

sher phyin: v.028, pp. 510⁰³–516⁰¹ 《合論》：v.051, pp. 604⁰³–605¹⁵

[2]菩薩雖能廣利，不存化功 (唯為有情說法修道，而於其果不受不住)

> 70.3 安立他令知四諦之正見，以令他了知雜染因
>   果之苦集二諦為所捨，清淨因果之滅道二諦

為所取故

1.明菩薩於空有無礙
(1)於空法中度有情

①善知字法、無字法明化生事

卷 470〈眾德相品 76〉：

「復次，善現！我以佛眼遍觀十方殑伽沙等諸世界中，有菩薩摩訶薩行深般若波羅蜜多時，教誡教授諸餘菩薩摩訶薩言：『來！善男子！汝應善學引發諸字陀羅尼門，謂應善學一字、二字乃至十字，如是乃至二十、三十，乃至若百、若千、若萬，乃至無數，引發自在。又應善學一切語言皆入一字，或入二字乃至十字，如是乃至或入二十、或入三十，乃至若百、若千、若萬，乃至無數，引發自在。又應善學於一字中攝一切字，一切字中攝於一字，引發自在。又應善學一字能攝四十二本母字，四十二本母字能攝一字。』善現！是菩薩摩訶薩應如是善學四十二字入於一字，一字亦入四十二字，如是學已，於諸字中引發善巧，於引發字得善巧已，復於無字引發善巧。如諸如來、應、正等覺，於法善巧，於字善巧，以於諸法、諸字善巧，於無字中亦得善巧，由善巧故，能為有情說有字法、說無字法，為無字法說有字法。所以者何？離字、無字無異佛法，過一切字名真佛法。所以者何？以一切法、一切有情皆畢竟空、無際空故。」

*9

②空中行化

❶善現問難

1.若人法畢竟空，云何住六度及神通為有情說法？

具壽善現白言：

「世尊！若一切法、一切有情皆畢竟空、無際空故超諸字者，則一切法、一切有情自性畢竟皆不可得，諸菩薩摩訶薩云何修行布施波羅蜜多乃至般若波羅蜜多？云何修行四靜慮、四無量、四無色定？云何修行四念住乃至八聖道支？云何修行空、無相、無願解脫門？云何安住內空乃至無性自性空？云何安住真如乃至不思議界？云何安住苦、集、滅、道聖諦？云何修行八解脫乃至十遍處？云何修行極喜地乃至法雲地？云何修行一切陀羅尼門、三摩地門？云何修行五眼、六神通？云何修行如來

十力乃至十八佛不共法？云何修行無忘失法、恒住捨性？云何修行一切智、道相智、一切相智？云何修行三十二大士相、八十隨好？云何安住異熟六種波羅蜜多及六神通，為諸有情宣說正法？

2.若有情、諸法不可得，菩薩行深般若時，為有情說何等法？

「世尊！一切有情皆不可得，有情施設亦不可得。一切有情不可得故，色乃至識亦不可得，眼處乃至意處亦不可得，色處乃至法處亦不可得，眼界乃至意界亦不可得，色界乃至法界亦不可得，眼識界乃至意識界亦不可得，眼觸乃至意觸亦不可得，眼觸為緣所生諸受乃至意觸為緣所生諸受亦不可得，地界乃至識界亦不可得，因緣乃至增上緣亦不可得，從緣所生諸法亦不可得，無明乃至老死亦不可得，布施波羅蜜多乃至般若波羅蜜多亦不可得，四靜慮、四無量、四無色定亦不可得，四念住乃至八聖道支亦不可得，空、無相、無願解脫門亦不可得，內空乃至無性自性空亦不可得，真如乃至不思議界亦不可得，苦、集、滅、道聖諦亦不可得，八解脫乃至十遍處亦不可得，淨觀地乃至如來地亦不可得，極喜地乃至法雲地亦不可得，一切陀羅尼門、三摩地門亦不可得，五眼、六神通亦不可得，如來十力乃至十八佛不共法亦不可得，無忘失法、恒住捨性亦不可得，一切智、道相智、一切相智亦不可得，預流果乃至獨覺菩提亦不可得，一切菩薩摩訶薩行、諸佛無上正等菩提亦不可得，三十二大士相、八十隨好亦不可得。

「世尊！不可得中無有情亦無彼施設，無色乃至識亦無彼施設，無眼處乃至意處亦無彼施設，無色處乃至法處亦無彼施設，無眼界乃至意界亦無彼施設，無色界乃至法界亦無彼施設，無眼識界乃至意識界亦無彼施設，無眼觸乃至意觸亦無彼施設，無眼觸為緣所生諸受乃至意觸為緣所生諸受亦無彼施設，無地界乃至識界亦無彼施設，無因緣乃至增上緣亦無彼施設，無從緣所生諸法亦無彼施設，無無明乃至老死亦無彼施設，無布施波羅蜜多乃至般若波羅蜜多亦無彼施設，無四靜慮、四無量、四無色定亦無彼施設，無四念住乃至八聖道支亦無彼施設，無空、無相、無願解脫門亦無彼施設，無內空乃至無性自性空亦無彼施設，無真如乃至不思議界亦無彼施設，無苦、集、滅、道聖

諦亦無彼施設，無八解脫乃至十遍處亦無彼施設，無淨觀地乃至如來地亦無彼施設，無極喜地乃至法雲地亦無彼施設，無一切陀羅尼門、三摩地門亦無彼施設，無五眼、六神通亦無彼施設，無如來十力乃至十八佛不共法亦無彼施設，無無忘失法、恒住捨性亦無彼施設，無一切智、道相智、一切相智亦無彼施設，無預流果乃至獨覺菩提亦無彼施設，無一切菩薩摩訶薩行、諸佛無上正等菩提亦無彼施設，無三十二大士相、八十隨好亦無彼施設。

「世尊！一切有情法及施設，既不可得、都無所有，諸菩薩摩訶薩行深般若波羅蜜多時，為諸有情說何等法？世尊！勿諸菩薩摩訶薩眾自安住不正法，為諸有情說不正法，勸諸有情住不正法，以顛倒法安立有情。所以者何？諸菩薩摩訶薩行深般若波羅蜜多時，尚不得菩提，況得菩提分法！尚不得菩薩摩訶薩，況得菩薩摩訶薩法！」

❷佛答

1.印人法二空

佛告善現：

「如是！如是！如汝所說。一切有情皆不可得，一切有情施設亦不可得，一切法皆不可得，一切法施設亦不可得。由不可得、都無所有，無所有故，當知內空、外空、內外空、空空、大空、勝義空、有為空、無為空、畢竟空、無際空、散空、無變異空、本性空、自共相空、一切法空、不可得空、無性空、自性空、無性自性空，當知真如空、法界空、法性空、不虛妄性空、不變異性空、平等性空、離生性空、法定空、法住空、實際空、虛空界空、不思議界空，當知苦聖諦空、集聖諦空、滅聖諦空、道聖諦空，當知色蘊乃至識蘊空，當知眼處乃至意處空，當知色處乃至法處空，當知眼界乃至意界空，當知色界乃至法界空，當知眼識界乃至意識界空，當知眼觸乃至意觸空，當知眼觸為緣所生諸受乃至意觸為緣所生諸受空，當知地界乃至識界空，當知因緣乃至增上緣空，當知從緣所生諸法空，當知無明乃至老死空，當知我、有情乃至知者、見者空，當知布施波羅蜜多乃至般若波羅蜜多空，當知四靜慮、四無量、四無色定空，當知四念住乃至八聖道支空，當知空、無相、無願解脫門空，當

知八解脫乃至十遍處空，當知淨觀地乃至如來地空，當知極喜地乃至法雲地空，當知一切陀羅尼門、三摩地門空，當知五眼、六神通空，當知如來十力乃至十八佛不共法空，當知無忘失法、恒住捨性空，當知一切智、道相智、一切相智空，當知預流果乃至獨覺菩提空，當知菩薩摩訶薩正性離生空，當知成熟有情、嚴淨佛土空，當知一切菩薩摩訶薩行空，當知諸佛無上正等菩提空，當知三十二大士相、八十隨好空。*9

2.菩薩如實見空而為有情說，不壞法相

「善現！諸菩薩摩訶薩行深般若波羅蜜多時，見一切法皆悉空已，為諸有情宣說諸法令離顛倒。雖為有情宣說諸法，而於有情都無所得，於一切法亦無所得，於諸空相不增不減、無取無捨。由是因緣，雖說諸法而無所說。

「善現！是菩薩摩訶薩於一切法如是觀時得無障智，由此智故不壞諸法無二分別，為諸有情如實宣說，令離妄想顛倒執著，隨其所應趣三乘果，證得究竟常樂涅槃。如有如來、應、正等覺化作一佛，是佛復能化作無量百千俱胝那庾多眾。時，彼化佛教所化眾，或令修行布施波羅蜜多乃至般若波羅蜜多，或令修行四靜慮、四無量、四無色定，或令修行四念住乃至八聖道支，或令修行空、無相、無願解脫門，或令安住內空乃至無性自性空，或令安住真如乃至不思議界，或令安住苦、集、滅、道聖諦，或令修行八解脫乃至十遍處，或令修行淨觀地乃至如來地，或令修行極喜地乃至法雲地，或令修行一切陀羅尼門、三摩地門，或令修行五眼、六神通，或令修行如來十力乃至十八佛不共法，或令修行三十二大士相、八十隨好，或令修行無忘失法、恒住捨性，或令修行一切智、道相智、一切相智，或令安住預流果乃至獨覺菩提，或令安住菩薩勝位，或令安住無上菩提。善現！於意云何？是時，化佛及所化眾，頗於諸法有所分別、有破壞不？」

善現對曰：「不也！世尊！諸所變化於一切法無分別故。」*9

3.諸法畢竟淨、不縛不脫故，為有情如應說法

佛言：

「善現！由此因緣，當知菩薩摩訶薩眾亦復如是行深般若波羅蜜多，為諸有情如應說法，雖不分別破壞法相，而能如實安立有

情，令其安住所應住地；雖於有情及一切法都無所得，而令有情解脫妄想顛倒執著，無縛無脫為方便故。所以者何？

「善現！色本性乃至識本性無縛無脫。若法本性無縛無脫，是法非色乃至非識。何以故？色乃至識畢竟淨故。

「善現！眼處本性乃至意處本性無縛無脫。若法本性無縛無脫，是法非眼處乃至非意處。何以故？眼處乃至意處畢竟淨故。

「善現！色處本性乃至法處本性無縛無脫。若法本性無縛無脫，是法非色處乃至非法處。何以故？色處乃至法處畢竟淨故。

「善現！眼界本性乃至意界本性無縛無脫。若法本性無縛無脫，是法非眼界乃至非意界。何以故？眼界乃至意界畢竟淨故。

「善現！色界本性乃至法界本性無縛無脫。若法本性無縛無脫，是法非色界乃至非法界。何以故？色界乃至法界畢竟淨故。

「善現！眼識界本性乃至意識界本性無縛無脫。若法本性無縛無脫，是法非眼識界乃至非意識界。何以故？眼識界乃至意識界畢竟淨故。

「善現！眼觸本性乃至意觸本性無縛無脫。若法本性無縛無脫，是法非眼觸乃至非意觸。何以故？眼觸乃至意觸畢竟淨故。

「善現！眼觸為緣所生諸受本性乃至意觸為緣所生諸受本性無縛無脫。若法本性無縛無脫，是法非眼觸為緣所生諸受乃至非意觸為緣所生諸受。何以故？眼觸為緣所生諸受乃至意觸為緣所生諸受畢竟淨故。

「善現！地界本性乃至識界本性無縛無脫。若法本性無縛無脫，是法非地界乃至非識界。何以故？地界乃至識界畢竟淨故。

「善現！因緣本性乃至增上緣本性無縛無脫。若法本性無縛無脫，是法非因緣乃至非增上緣。何以故？因緣乃至增上緣畢竟淨故。

「善現！從緣所生諸法本性無縛無脫。若法本性無縛無脫，是法非從緣所生諸法。何以故？從緣所生諸法畢竟淨故。

「善現！無明本性乃至老死本性無縛無脫。若法本性無縛無脫，是法非無明乃至非老死。何以故？無明乃至老死畢竟淨故。

「善現！布施波羅蜜多本性乃至般若波羅蜜多本性無縛無脫。若法本性無縛無脫，是法非布施波羅蜜多乃至非般若波羅蜜多。何以故？布施波羅蜜多乃至般若波羅蜜多畢竟淨故。

「善現！四靜慮本性、四無量、四無色定本性無縛無脫。若法本性無縛無脫，是法非四靜慮、四無量、四無色定。何以故？四靜慮、四無量、四無色定畢竟淨故。

「善現！四念住本性乃至八聖道支本性無縛無脫。若法本性無縛無脫，是法非四念住乃至非八聖道支。何以故？四念住乃至八聖道支畢竟淨故。

「善現！空解脫門本性、無相、無願解脫門本性無縛無脫。若法本性無縛無脫，是法非空、無相、無願解脫門。何以故？空、無相、無願解脫門畢竟淨故。

「善現！內空本性乃至無性自性空本性無縛無脫。若法本性無縛無脫，是法非內空乃至非無性自性空。何以故？內空乃至無性自性空畢竟淨故。

「善現！真如本性乃至不思議界本性無縛無脫。若法本性無縛無脫，是法非真如乃至非不思議界。何以故？真如乃至不思議界畢竟淨故。

「善現！苦、集、滅、道聖諦本性無縛無脫。若法本性無縛無脫，是法非苦、集、滅、道聖諦。何以故？苦、集、滅、道聖諦畢竟淨故。

「善現！八解脫本性乃至十遍處本性無縛無脫。若法本性無縛無脫，是法非八解脫乃至非十遍處。何以故？八解脫乃至十遍處畢竟淨故。

「善現！淨觀地本性乃至如來地本性無縛無脫。若法本性無縛無脫，是法非淨觀地乃至非如來地。何以故？淨觀地乃至如來地畢竟淨故。

「善現！極喜地本性乃至法雲地本性無縛無脫。若法本性無縛無脫，是法非極喜地乃至非法雲地。何以故？極喜地乃至法雲地畢竟淨故。

「善現！陀羅尼門本性、三摩地門本性無縛無脫。若法本性無縛無脫，是法非陀羅尼門、三摩地門。何以故？陀羅尼門、三摩地門畢竟淨故。

「善現！五眼本性、六神通本性無縛無脫。若法本性無縛無脫，是法非五眼、六神通。何以故？五眼、六神通畢竟淨故。

「善現！如來十力本性乃至十八佛不共法本性無縛無脫。若法本

性無縛無脫，是法非如來十力乃至非十八佛不共法。何以故？如來十力乃至十八佛不共法畢竟淨故。

「善現！三十二大士相本性、八十隨好本性無縛無脫。若法本性無縛無脫，是法非三十二大士相、八十隨好。何以故？三十二大士相、八十隨好畢竟淨故。

「善現！無忘失法本性、恒住捨性本性無縛無脫。若法本性無縛無脫，是法非無忘失法、恒住捨性。何以故？無忘失法、恒住捨性畢竟淨故。

「善現！一切智本性、道相智、一切相智本性無縛無脫。若法本性無縛無脫，是法非一切智、道相智、一切相智。何以故？一切智、道相智、一切相智畢竟淨故。

「善現！預流果本性乃至獨覺菩提本性無縛無脫。若法本性無縛無脫，是法非預流果乃至非獨覺菩提。何以故？預流果乃至獨覺菩提畢竟淨故。

「善現！一切菩薩摩訶薩行本性、諸佛無上正等菩提本性無縛無脫。若法本性無縛無脫，是法非一切菩薩摩訶薩行、諸佛無上正等菩提。何以故？一切菩薩摩訶薩行、諸佛無上正等菩提畢竟淨故。

「善現！善法、非善法本性無縛無脫。若法本性無縛無脫，是法非善法、非非善法。何以故？善法、非善法畢竟淨故。

「善現！有記法、無記法本性無縛無脫。若法本性無縛無脫，是法非有記法、非無記法。何以故？有記法、無記法畢竟淨故。

「善現！有漏法、無漏法本性無縛無脫。若法本性無縛無脫，是法非有漏法、非無漏法。何以故？有漏法、無漏法畢竟淨故。

「善現！世間法、出世間法本性無縛無脫。若法本性無縛無脫，是法非世間法、非出世間法。何以故？世間法、出世間法畢竟淨故。

「善現！有為法、無為法本性無縛無脫。若法本性無縛無脫，是法非有為法、非無為法。何以故？有為法、無為法畢竟淨故。
*9

4.以空無所住而說法，則清淨無過

  (1)以不住法而行化事

    「如是，善現！諸菩薩摩訶薩行深般若波羅蜜多時。雖為有情

宣說諸法，而於有情及諸法性都無所得。所以者何？以諸有情及一切法不可得故。

「復次，善現！諸菩薩摩訶薩行深般若波羅蜜多時，以無所得而為方便，住一切法無所得中。謂以無所得而為方便，住色空乃至識空；以無所得而為方便，住眼處空乃至意處空；以無所得而為方便，住色處空乃至法處空；以無所得而為方便，住眼界空乃至意界空；以無所得而為方便，住色界空乃至法界空；以無所得而為方便，住眼識界空乃至意識界空；以無所得而為方便，住眼觸空乃至意觸空；以無所得而為方便，住眼觸為緣所生諸受空乃至意觸為緣所生諸受空；以無所得而為方便，住地界空乃至識界空；以無所得而為方便，住因緣空乃至增上緣空；以無所得而為方便，住從緣所生諸法空；以無所得而為方便，住無明空乃至老死空；以無所得而為方便，住布施波羅蜜多空乃至般若波羅蜜多空；以無所得而為方便，住四靜慮、四無量、四無色定空；以無所得而為方便，住四念住空乃至八聖道支空；以無所得而為方便，住空、無相、無願解脫門空；以無所得而為方便，住內空空乃至無性自性空空；以無所得而為方便，住真如空乃至不思議界空；以無所得而為方便，住苦、集、滅、道聖諦空；以無所得而為方便，住八解脫空乃至十遍處空；以無所得而為方便，住淨觀地空乃至如來地空；以無所得而為方便，住極喜地空乃至法雲地空；以無所得而為方便，住一切陀羅尼門、三摩地門空；以無所得而為方便，住五眼、六神通空；以無所得而為方便，住如來十力空乃至十八佛不共法空；以無所得而為方便，住三十二大士相、八十隨好空；以無所得而為方便，住無忘失法、恒住捨性空；以無所得而為方便，住一切智、道相智、一切相智空；以無所得而為方便，住預流果空乃至獨覺菩提空；以無所得而為方便，住一切菩薩摩訶薩行、諸佛無上正等菩提空；以無所得而為方便，住善法、非善法空；以無所得而為方便，住有記法、無記法空；以無所得而為方便，住有漏法、無漏法空；以無所得而為方便，住世間法、出世間法空；以無所得而為方便，住有為法、無為法空。

(2)諸法皆不可住

「善現！當知色乃至識無所住，色空乃至識空亦無所住。何以
故？色乃至識無自性不可得，色空乃至識空亦無自性不可
得，非無自性不可得法有所住故。如是乃至一切菩薩摩訶薩
行、諸佛無上正等菩提無所住，一切菩薩摩訶薩行、諸佛無
上正等菩提空亦無所住。何以故？一切菩薩摩訶薩行、諸佛
無上正等菩提無自性不可得，一切菩薩摩訶薩行、諸佛無上
正等菩提空亦無自性不可得，非無自性不可得法有所住故。
善法、非善法無所住，善法、非善法空亦無所住。何以故？
善法、非善法無自性不可得，善法、非善法空亦無自性不可
得，非無自性不可得法有所住故。有記法、無記法無所住，
有記法、無記法空亦無所住。何以故？有記法、無記法無自
性不可得，有記法、無記法空亦無自性不可得，非無自性不
可得法有所住故。有漏法、無漏法無所住，有漏法、無漏法
空亦無所住。何以故？有漏法、無漏法無自性不可得，有漏
法、無漏法空亦無自性不可得，非無自性不可得法有所住故。
世間法、出世間法無所住，世間法、出世間法空亦無所住。
何以故？世間法、出世間法無自性不可得，世間法、出世間
法空亦無自性不可得，非無自性不可得法有所住故。有為法、
無為法無所住，有為法、無為法空亦無所住。何以故？有為
法、無為法無自性不可得，有為法、無為法空亦無自性不可
得，非無自性不可得法有所住故。

「善現當知！非無性法住無性法，非有性法住有性法，非無性
法住有性法，非有性法住無性法；非自性法住自性法，非他
性法住他性法，非自性法住他性法，非他性法住自性法。所
以者何？是一切法皆不可得，不可得法當何所住？

(3)以空遣諸法，為有情宣說，於佛菩薩無過

「如是，善現！諸菩薩摩訶薩行深般若波羅蜜多時，以是諸空
修遣諸法，亦能如實說示有情。若菩薩摩訶薩能如是行甚深
般若波羅蜜多，於佛、菩薩、獨覺、聲聞一切賢聖皆無過失。
所以者何？諸佛、菩薩、獨覺、聲聞一切賢聖於是法性皆能
隨覺，既隨覺已，為諸有情無倒宣說。雖為有情宣說諸法，
而於法性無轉無越。所以者何？諸法實性即真法界、真如、
實際，如是法界、真如、實際皆不可轉亦不可越。何以故？

如是法界、真如、實際皆無自性都不可得，非不可得法有可轉越故。」*9　(CBETA, T07, no. 220, pp. 378b⁹-382b¹³)

(2)若諸法無異，云何分別有業果？

①諸法與法性(法界)平等無異

卷 471〈眾德相品 76〉：第二分眾德相品第七十六之四

爾時，具壽善現白佛言：

「世尊！若真法界、真如、實際無轉無越者，色乃至識與真法界、真如、實際為有異不？眼處乃至意處與真法界、真如、實際為有異不？色處乃至法處與真法界、真如、實際為有異不？眼界乃至意界與真法界、真如、實際為有異不？色界乃至法界與真法界、真如、實際為有異不？眼識界乃至意識界與真法界、真如、實際為有異不？眼觸乃至意觸與真法界、真如、實際為有異不？眼觸為緣所生諸受乃至意觸為緣所生諸受與真法界、真如、實際為有異不？地界乃至識界與真法界、真如、實際為有異不？因緣乃至增上緣與真法界、真如、實際為有異不？從緣所生諸法與真法界、真如、實際為有異不？無明乃至老死與真法界、真如、實際為有異不？布施波羅蜜多乃至般若波羅蜜多與真法界、真如、實際為有異不？四靜慮、四無量、四無色定與真法界、真如、實際為有異不？四念住乃至八聖道支與真法界、真如、實際為有異不？空、無相、無願解脫門與真法界、真如、實際為有異不？內空乃至無性自性空與真法界、真如、實際為有異不？苦、集、滅、道聖諦與真法界、真如、實際為有異不？八解脫乃至十遍處與真法界、真如、實際為有異不？淨觀地乃至如來地與真法界、真如、實際為有異不？極喜地乃至法雲地與真法界、真如、實際為有異不？一切陀羅尼門、三摩地門與真法界、真如、實際為有異不？五眼、六神通與真法界、真如、實際為有異不？如來十力乃至十八佛不共法與真法界、真如、實際為有異不？三十二大士相、八十隨好與真法界、真如、實際為有異不？無忘失法、恒住捨性與真法界、真如、實際為有異不？一切智、道相智、一切相智與真法界、真如、實際為有異不？預流果乃至獨覺菩提與真法界、真如、實際為有異不？一切菩薩摩訶薩行、諸佛無上正等菩提與真法界、真如、實際為有異不？善法、非善法與真法界、真如、實際為有異不？有記法、無記法與真法界、真如、實際為有異不？有漏法、無漏法與真法界、真如、實際為有異不？世間法、出世間法與

真法界、真如、實際為有異不？有為法、無為法與真法界、真如、實際為有異不？」

佛告善現：

「色乃至識不異真法界、真如、實際，如是乃至一切菩薩摩訶薩行、諸佛無上正等菩提不異真法界、真如、實際，善法、非善法不異真法界、真如、實際，有記法、無記法不異真法界、真如、實際，有漏法、無漏法不異真法界、真如、實際，世間法、出世間法不異真法界、真如、實際，有為法、無為法不異真法界、真如、實際。」

②依二諦明有無業果之別

❶善現問

具壽善現復白佛言：

「若色等法與真法界、真如、實際無有異者，云何世尊施設黑業有黑異熟，謂感地獄、傍生、鬼界？施設白業有白異熟，謂感人、天？施設黑白業有黑白異熟，謂感一分傍生、鬼界及一分人？施設非黑非白業有非黑非白異熟，謂感預流、一來、不還、阿羅漢果、獨覺菩提、諸佛無上正等菩提？」

❷佛答：依世俗諦有分別，勝義諦中無分別

佛告善現：

「我依世俗，施設如是因果差別，不依勝義，以勝義中不可說有因果差別。所以者何？勝義諦理諸法性相不可分別、無說、無示，如何當有因果差別？

「善現當知！於勝義諦，色乃至識無生無滅、無染無淨，以畢竟空、無際空故；眼處乃至意處無生無滅、無染無淨，以畢竟空、無際空故；色處乃至法處無生無滅、無染無淨，以畢竟空、無際空故；眼界乃至意界無生無滅、無染無淨，以畢竟空、無際空故；色界乃至法界無生無滅、無染無淨，以畢竟空、無際空故；眼識界乃至意識界無生無滅、無染無淨，以畢竟空、無際空故；眼觸乃至意觸無生無滅、無染無淨，以畢竟空、無際空故；眼觸為緣所生諸受乃至意觸為緣所生諸受無生無滅、無染無淨，以畢竟空、無際空故；地界乃至識界無生無滅、無染無淨，以畢竟空、無際空故；因緣乃至增上緣無生無滅、無染無淨，以畢竟空、無際空故；從緣所生諸法無生無滅、無染無淨，以畢竟空、無際空故；無明乃至老死無生無滅、無染無淨，以畢竟空、無際空故；布施波羅

蜜多乃至般若波羅蜜多無生無滅、無染無淨，以畢竟空、無際空故；四靜慮、四無量、四無色定無生無滅、無染無淨，以畢竟空、無際空故；四念住乃至八聖道支無生無滅、無染無淨，以畢竟空、無際空故；空、無相、無願解脫門無生無滅、無染無淨，以畢竟空、無際空故；內空乃至無性自性空無生無滅、無染無淨，以畢竟空、無際空故；真如乃至不思議界無生無滅、無染無淨，以畢竟空、無際空故；苦、集、滅、道聖諦無生無滅、無染無淨，以畢竟空、無際空故；八解脫乃至十遍處無生無滅、無染無淨，以畢竟空、無際空故；淨觀地乃至如來地無生無滅、無染無淨，以畢竟空、無際空故；極喜地乃至法雲地無生無滅、無染無淨，以畢竟空、無際空故；一切陀羅尼門、三摩地門無生無滅、無染無淨，以畢竟空、無際空故；五眼、六神通無生無滅、無染無淨，以畢竟空、無際空故；如來十力乃至十八佛不共法無生無滅、無染無淨，以畢竟空、無際空故；三十二大士相、八十隨好無生無滅、無染無淨，以畢竟空、無際空故；無忘失法、恒住捨性無生無滅、無染無淨，以畢竟空、無際空故；一切智、道相智、一切相智無生無滅、無染無淨，以畢竟空、無際空故；預流果乃至獨覺菩提無生無滅、無染無淨，以畢竟空、無際空故；一切菩薩摩訶薩行、諸佛無上正等菩提無生無滅、無染無淨，以畢竟空、無際空故；善法、非善法無生無滅、無染無淨，以畢竟空、無際空故；有記法、無記法無生無滅、無染無淨，以畢竟空、無際空故；有漏法、無漏法無生無滅、無染無淨，以畢竟空、無際空故；世間法、出世間法無生無滅、無染無淨，以畢竟空、無際空故；有為法、無為法無生無滅、無染無淨，以畢竟空、無際空故。」*10

(3)於勝義中凡聖無別

具壽善現復白佛言：

「若依世俗，施設因果分位差別，不依勝義，則應一切愚夫異生亦有預流、一來、不還、阿羅漢果、獨覺菩提及佛無上正等菩提。」

①凡夫不知二諦故無道果

佛告善現：

「於意云何？愚夫異生為如實覺世俗、勝義二諦理不？若如實覺二諦理者，彼亦應有預流、一來、不還、阿羅漢果、獨覺菩提及佛無上正等菩提。然諸愚夫異生不如實覺世俗、勝義故，無聖道、無修聖

道，不可施設有諸聖果分位差別。

②聖者知二諦故有道果

　　唯諸聖者能如實覺世俗、勝義故，有聖道、有修聖道，由斯得有聖果差別。」

2.不存化功故得聖果

(1)論修道得果

　　具壽善現復白佛言：「若修聖道，得聖果不？」

　　佛言：「不也！」

　　具壽善現復白佛言：「不修聖道，得聖果不？」

①依四句破著心

　佛言：

　「不也！善現當知！非修聖道能得聖果，亦非不修聖道能得聖果，非離聖道能得聖果，亦非住聖道中能得聖果。所以者何？於勝義諦，道及道果、修與不修不可得故。

②為有情分別道果差別，而不分別取相

　　如是，善現！諸菩薩摩訶薩行深般若波羅蜜多時，雖為有情施設聖果種種差別，而不分別在有為界或無為界施設聖果分位差別。」*11

(2)論三乘諸果差別

　　具壽善現復白佛言：

　「若不分別在有為界或無為界施設聖果分位差別，云何如來、應、正等覺說斷三結名預流果，薄欲貪、瞋名一來果，斷順下分五結永盡名不還果，斷順上分五結永盡名阿羅漢果，知所有集法皆是滅法名獨覺菩提，永斷煩惱習氣相續名佛無上正等菩提？世尊！我當云何知佛所說甚深義趣，謂不分別在有為界或無為界施設聖果分位差別？」

①三乘道果是無為

　佛告善現：

　「於意云何？所說預流、一來、不還、阿羅漢果、獨覺菩提及佛無上正等菩提，如是聖果為是有為、為是無為？」

　善現對曰：「如是聖果唯是無為。」

②無為中無分別

　佛告善現：「無為法中有分別不？」

　善現對曰：「不也！世尊！」

③無相中無二無別

佛告善現：

「於意云何？若善男子、善女人等，通達一切有為、無為皆同一相，所謂無相。當於爾時，頗於諸法有所分別此是有為或無為不？」

善現對曰：「不也！世尊！」*11

(3)菩薩以無所著法自行化他無礙

①正明

佛告善現：

「諸菩薩摩訶薩亦復如是，行深般若波羅蜜多時，雖為有情宣說諸法，而不分別所說法相，謂內空故乃至無性自性空故。

「是菩薩摩訶薩自於諸法無所執著，亦能教他於諸法中無所執著，謂於布施波羅蜜多乃至般若波羅蜜多無所執著，亦於四靜慮、四無量、四無色定無所執著，亦於四念住乃至八聖道支無所執著，亦於空、無相、無願解脫門無所執著，亦於內空乃至無性自性空無所執著，亦於真如乃至不思議界無所執著，亦於苦、集、滅、道聖諦無所執著，亦於八解脫乃至十遍處無所執著，亦於極喜地乃至法雲地無所執著，亦於一切陀羅尼門、三摩地門無所執著，亦於五眼、六神通無所執著，亦於如來十力乃至十八佛不共法無所執著，亦於無忘失法、恒住捨性無所執著，亦於一切智、道相智、一切相智無所執著，亦於一切菩薩摩訶薩行無所執著，亦於諸佛無上正等菩提無所執著，亦於一切智智無所執著。是菩薩摩訶薩無執著故，於一切處皆得無礙。

②舉喻

「如諸如來、應、正等覺所變化者，雖行布施波羅蜜多乃至般若波羅蜜多，而於彼果不受不住，唯為有情般涅槃故，如是乃至雖行一切智智，而於彼果不受不住，唯為有情般涅槃故。

③善達諸法相

諸菩薩摩訶薩亦復如是，行深般若波羅蜜多時，於一切法若善若非善、若有記若無記、若有漏若無漏、若世間若出世間、若有為若無為，皆無執著亦無所礙。所以者何？善達諸法如實相故。」*11

3.能善達諸法實相，復起利他行

(1)明菩薩善達諸法實相

①舉化人喻

❶如化人不行諸法

第二分善達品第七十七之一

爾時，具壽善現白佛言：

「世尊！諸菩薩摩訶薩行深般若波羅蜜多時，如何善達諸法實相？」

佛告善現：

「諸菩薩摩訶薩行深般若波羅蜜多時，如所變化，不行一切貪、瞋、癡結，不行色蘊乃至識蘊，不行眼處乃至意處，不行色處乃至法處，不行眼界乃至意界，不行色界乃至法界，不行眼識界乃至意識界，不行眼觸乃至意觸，不行眼觸為緣所生諸受乃至意觸為緣所生諸受，不行地界乃至識界，不行因緣乃至增上緣，不行從緣所生諸法，不行無明乃至老死，不行布施波羅蜜多乃至般若波羅蜜多，不行四靜慮、四無量、四無色定，不行四念住乃至八聖道支，不行空、無相、無願解脫門，不行內空乃至無性自性空，不行真如乃至不思議界，不行苦、集、滅、道聖諦，不行八解脫乃至十遍處，不行淨觀地乃至如來地，不行極喜地乃至法雲地，不行一切陀羅尼門、三摩地門，不行五眼、六神通，不行如來十力乃至十八佛不共法，不行三十二大士相、八十隨好，不行無忘失法、恒住捨性，不行一切智、道相智、一切相智，不行預流果乃至獨覺菩提，不行一切菩薩摩訶薩行，不行諸佛無上正等菩提，不行一切智智，不行內法、外法，不行隨眠、諸纏，不行善法、非善法，不行有記法、無記法，不行有漏法、無漏法，不行世間法、出世間法，不行有為法、無為法，不行聖道及聖道果。諸菩薩摩訶薩行深般若波羅蜜多時亦復如是，於一切法都無所行，是為善達諸法實相。」

❷如化人內無所修

具壽善現復白佛言：「云何所變化而能修聖道？」

佛告善現：「所變化者，依修聖道無染無淨，亦不輪轉諸趣生死。」

具壽善現復白佛言：

「諸菩薩摩訶薩行深般若波羅蜜多時，於一切法云何善達皆無實事？」

佛告善現：

「於意云何？一切如來、應、正等覺所變化者為有實事，依斯實事

有染有淨，及有輪轉諸趣事不？」

善現對曰：

「不也！世尊！非諸如來、應、正等覺所變化者有少實事，非依彼事有染有淨，亦無輪轉諸趣生死。」

佛告善現：

「諸菩薩摩訶薩行深般若波羅蜜多時，於一切法善達實相亦復如是，通達諸法都無實事。」

②舉菩薩妙悟例萬法如化

❶明一切法如化

具壽善現復白佛言：

「為一切色、受、想、行、識皆如化不？為一切眼處乃至意處皆如化不？為一切色處乃至法處皆如化不？為一切眼界乃至意界皆如化不？為一切色界乃至法界皆如化不？為一切眼識界乃至意識界皆如化不？為一切眼觸乃至意觸皆如化不？為一切眼觸為緣所生諸受乃至意觸為緣所生諸受皆如化不？為一切地界乃至識界皆如化不？為一切因緣乃至增上緣皆如化不？為一切從緣所生諸法皆如化不？為一切無明乃至老死皆如化不？為一切布施波羅蜜多乃至般若波羅蜜多皆如化不？為一切四靜慮、四無量、四無色定皆如化不？為一切四念住乃至八聖道支皆如化不？為一切空、無相、無願解脫門皆如化不？為一切內空乃至無性自性空皆如化不？為一切真如乃至不思議界皆如化不？為一切苦、集、滅、道聖諦皆如化不？為一切八解脫乃至十遍處皆如化不？為一切淨觀地乃至如來地皆如化不？為一切極喜地乃至法雲地皆如化不？為一切陀羅尼門、三摩地門皆如化不？為一切五眼、六神通皆如化不？為一切如來十力乃至十八佛不共法皆如化不？為一切三十二大士相、八十隨好皆如化不？為一切無忘失法、恒住捨性皆如化不？為一切一切智、道相智、一切相智皆如化不？為一切預流果乃至獨覺菩提皆如化不？為一切菩薩摩訶薩行、諸佛無上正等菩提皆如化不？為一切若善法非善法、若有記法無記法、若有漏法無漏法、若世間法出世間法、若有為法無為法皆如化不？」

佛告善現：「如是！如是！色等諸法無不如化。」

❷以菩薩所見證成

具壽善現復白佛言：

「若一切法皆如化者，諸所變化皆無實色、受、想、行、識，乃至無實有為、無為，由此亦無雜染、清淨，亦無輪轉諸趣生死，亦無從彼得解脫義，云何菩薩摩訶薩於諸有情有勝士用？」

佛告善現：

「於意云何？諸菩薩摩訶薩本行菩薩道時，頗見有情可脫地獄、傍生、鬼界、人、天趣不？」

善現對曰：「不也！世尊！」

佛告善現：

「如是！如是！諸菩薩摩訶薩本行菩薩道時，不見有情可脫三界。所以者何？諸菩薩摩訶薩行深般若波羅蜜多時，於一切法通達知見皆如幻化、都非實有。」*12

(2)為益有情故起行

具壽善現復白佛言：

「若菩薩摩訶薩於一切法通達知見皆如幻化、都非實有，諸菩薩摩訶薩為何事故修行六波羅蜜多？為何事故修行四靜慮、四無量、四無色定？為何事故修行四念住乃至八聖道支？為何事故修行空、無相、無願解脫門？為何事故安住內空乃至無性自性空？為何事故安住真如乃至不思議界？為何事故安住苦、集、滅、道聖諦？為何事故修行八解脫乃至十遍處？為何事故修行極喜地乃至法雲地？為何事故修行一切陀羅尼門、三摩地門？為何事故修行五眼、六神通？為何事故修行如來十力乃至十八佛不共法？為何事故修行無忘失法、恒住捨性？為何事故修行一切智、道相智、一切相智？為何事故修行一切菩薩摩訶薩行？為何事故修行諸佛無上正等菩提？為何事故成熟有情？為何事故嚴淨佛土？」

佛告善現：

「若諸有情於一切法能自通達皆如幻化、都非實有，諸菩薩摩訶薩不應經於三無數劫為諸有情修行菩薩難行苦行。以諸有情於一切法不能通達皆如幻化、都非實有，是故菩薩三無數劫為諸有情修行菩薩難行苦行。

「復次，善現！若菩薩摩訶薩於一切法不能通達皆如幻化、都非實有，不應經於三無數劫為諸有情修菩薩行嚴淨佛土、成熟有情。以菩薩摩訶薩於一切法如實通達皆如幻化、都非實有，是故經於三無數劫為諸有情修行六種波羅蜜多，廣說乃至成熟有情、嚴淨佛土、證得無上正

等菩提。」*12

4.有情住著名相虛妄分別中，菩薩以方便力令遠離

(1)略說

爾時，具壽善現白佛言：

「世尊！若一切法如幻、如夢、如響、如像、如光影、如陽焰、如尋香城、如變化事，所化有情住在何處，諸菩薩摩訶薩行深般若波羅蜜多救拔令出？」

佛告善現：

「所化有情住在名、相虛妄分別，諸菩薩摩訶薩行深般若波羅蜜多，從彼名、相虛妄分別救拔令出。」

(2)別釋

具壽善現復白佛言：「何等為名？何等為相？」

①釋名

❶於諸法施設名稱

佛告善現：

「名唯是客，唯假施設，表所顯義，謂此名色、受、想、行、識，此名眼處乃至意處，此名色處乃至法處，此名眼界乃至意界，此名色界乃至法界，此名眼識界乃至意識界，此名為男，此名為女；此名為小，此名為大；此名地獄，此名傍生，此名鬼界，此名為人，此名為天；此名善法，此名非善法；此名有記法，此名無記法；此名有漏法，此名無漏法；此名世間法，此名出世間法；此名有為法，此名無為法；此名預流果，此名一來果，此名不還果，此名阿羅漢果，此名獨覺菩提；此名一切菩薩摩訶薩行，此名諸佛無上正等菩提；此名異生，此名聲聞，此名獨覺，此名菩薩，此名如來。

❷凡愚著於假名法，菩薩示空令其遠離

「善現！如是等一切名，為表諸義唯假施設故，一切名皆非實有。諸有為法亦但有名，由此無為亦非實有，愚夫異生於中妄執。諸菩薩摩訶薩行深般若波羅蜜多，悲願熏心，方便善巧教令遠離，作如是言：『名是分別妄想所起，亦是眾緣和合假立，汝等於中不應執著，名無實事自性皆空，誰有智者執著空法？』如是，善現！諸菩薩摩訶薩行深般若波羅蜜多，方便善巧為諸有情說遣名法。

善現！是謂為名。

②釋相

❶凡愚著心取二相

相有二種，愚夫異生於中執著。何等為二？所謂色相及無色相。云何色相？謂所有色，若過去若未來若現在、若內若外、若麁若細、若劣若勝、若遠若近，如是一切自性皆空，愚夫異生分別執著謂之為色，是名色相。無色相者，謂諸所有無色法中，愚夫異生取相分別生諸煩惱，名無色相。

❷菩薩示無相令遠離

諸菩薩摩訶薩行深般若波羅蜜多，方便善巧教諸有情遠離二相，復教安住無相界中，雖教安住無相界中，而不令其墮二邊執，謂此是相、此是無相。如是，善現！諸菩薩摩訶薩行深般若波羅蜜多，方便善巧令諸有情遠離諸相，行無相界而無執著。」*13

5.知諸法但有名相故，能得大利益

(1)若諸法但有名相，云何能自利利人

①善現問

具壽善現復白佛言：

「若一切法但有名、相，一切名、相皆是假立，虛妄分別之所集起，於中都無少實可得，云何菩薩摩訶薩行深般若波羅蜜多時，於諸善法自能增進，亦能令他增進善法，由自善法漸增進故，能令諸地漸得圓滿，亦能安立諸有情類，令隨所應住三乘果？」

②佛答

❶若法定有，則無二利

佛告善現：

「若諸法中少有實事，非但假立有名、相者，則諸菩薩摩訶薩行深般若波羅蜜多時，應於善法自不增進，亦不令他增進善法。

❷諸法但有名相故，方有二利

以諸法中無少實事，但有假立諸名、諸相，是故菩薩摩訶薩行深般若波羅蜜多時，於諸善法能自增進，亦能令他增進善法，能以無相而為方便，圓滿般若波羅蜜多乃至布施波羅蜜多；能以無相而為方便，圓滿四靜慮、四無量、四無色定；能以無相而為方便，圓滿四念住乃至八聖道支；能以無相而為方便，圓滿空、無相、

無願解脫門；能以無相而為方便，圓滿內空乃至無性自性空；能以無相而為方便，圓滿真如乃至不思議界；能以無相而為方便，圓滿苦、集、滅、道聖諦；能以無相而為方便，圓滿八解脫乃至十遍處；能以無相而為方便，圓滿極喜地乃至法雲地；能以無相而為方便，圓滿一切陀羅尼門、三摩地門；能以無相而為方便，圓滿五眼、六神通；能以無相而為方便，圓滿如來十力乃至十八佛不共法；能以無相而為方便，圓滿無忘失法、恒住捨性；能以無相而為方便，圓滿一切智、道相智、一切相智；能以無相而為方便，圓滿一切菩薩摩訶薩行；能以無相而為方便，圓滿諸佛無上正等菩提；能以無相而為方便，圓滿一切智智；能以無相而為方便，成熟有情、嚴淨佛土。

「如是，善現！以一切法無少實事，但有假立諸名、諸相，諸菩薩摩訶薩於中不起顛倒執著，能以無相而為方便，於諸善法自增進已，亦能令他善法增進。

❸引證：若諸法實有如毛端量，則不能得菩提，亦不能化他

「復次，善現！若諸法中有毛端量實法相者，則諸菩薩摩訶薩行深般若波羅蜜多時，於一切法不應覺知無相、無念，亦無作意無漏相已，證得無上正等菩提，安立有情於無漏法，以諸無漏法皆無相、無念、無作意故。

「如是，善現！諸菩薩摩訶薩行深般若波羅蜜多，方便善巧安立有情於無漏法，乃名真實饒益他事。」

(2)正以諸法無相故，分別有三乘道果

①善現問

具壽善現復白佛言：

「若一切法真無漏性無相、無念、無作意者，何緣世尊於諸經中數作是說：此是有漏法，此是無漏法；此是世間法，此是出世間法；此是有為法，此是無為法；此是有諍法，此是無諍法；此是流轉法，此是還滅法；此是聲聞法，此是獨覺法；此是菩薩法，此是佛法耶？」

②佛答：無相法即是三乘法

佛告善現：「於意云何？有漏等法與無相等無漏法性為有異不？」

善現對曰：「不也！世尊！」

佛告善現：「於意云何？聲聞等法與無相等無漏法性為有異不？」

善現對曰：「不也！世尊！」

佛告善現：「有漏等法豈不即是無相、念等無漏法性？」

善現對曰：「如是！世尊！」

佛告善現：「諸預流果乃至無上正等菩提豈不即是無相、念等無漏法性？」

善現對曰：「如是！世尊！」

佛告善現：「由此因緣，當知一切法皆是無相等無二無別。*14

6.學一切法無相，能增益諸善法

(1)總明增益善法

①一切善法皆入三解脫門

「善現當知！若菩薩摩訶薩學一切法無相、無念、無作意時，常能增長所行善法，所謂布施波羅蜜多乃至般若波羅蜜多，若四靜慮、四無量、四無色定，若四念住乃至八聖道支，若空、無相、無願解脫門，若內空乃至無性自性空，若真如乃至不思議界，若苦、集、滅、道聖諦，若八解脫乃至十遍處，若極喜地乃至法雲地，若一切陀羅尼門、三摩地門，若五眼、六神通，若如來十力乃至十八佛不共法，若無忘失法、恒住捨性，若一切智、道相智、一切相智，若成熟有情、嚴淨佛土，諸如是等一切佛法，皆由學無相、無念、無作意而得增長。所以者何？諸菩薩摩訶薩除空、無相、無願解脫門，更無有餘要所學法。何以故？善現！三解脫門總攝一切妙善法故。所以者何？空解脫門觀一切法自相皆空，無相解脫門觀一切法遠離眾相，無願解脫門觀一切法遠離所願，諸菩薩摩訶薩依此三門，能攝一切殊勝善法，離此三門，所應修學殊勝善法不得生長。

②學三解脫門即攝一切善法

「復次，善現！若菩薩摩訶薩能學如是三解脫門，則能學色蘊乃至識蘊，亦能學眼處乃至意處，亦能學色處乃至法處，亦能學眼界乃至意界，亦能學色界乃至法界，亦能學眼識界乃至意識界，亦能學眼觸乃至意觸，亦能學眼觸為緣所生諸受乃至意觸為緣所生諸受，亦能學地界乃至識界，亦能學因緣乃至增上緣，亦能學從緣所生諸法，亦能學無明乃至老死，亦能學內空乃至無性自性空，亦能學真如乃至不思議界，亦能學苦、集、滅、道聖諦，亦能學布施波羅蜜多乃至般若波羅蜜多，亦能學四靜慮、四無量、四無色定，亦能學四念住乃至八聖道支，亦能學八解脫乃至十遍處，亦能學極喜地乃至法

雲地，亦能學一切陀羅尼門、三摩地門，亦能學五眼、六神通，亦
能學如來十力乃至十八佛不共法，亦能學無忘失法、恒住捨性，亦
能學一切智、道相智、一切相智，亦能學成熟有情、嚴淨佛土，亦
能學諸餘無量無邊佛法。」*15

(2)別論得無相則能通達一切法

具壽善現白言：

「世尊！云何菩薩摩訶薩能學如是三解脫門，則能學色蘊乃至識蘊？」

①知五蘊相生滅、如

佛告善現：「若菩薩摩訶薩行深般若波羅蜜多時，能如實知色乃至識若
相、若生滅、若真如，是名能學色乃至識。

❶「善現！云何菩薩摩訶薩行深般若波羅蜜多時，如實知色相？謂菩
薩摩訶薩行深般若波羅蜜多時，如實知色畢竟有孔、畢竟有隙，
譬如聚沫性不堅固。是名菩薩摩訶薩行深般若波羅蜜多時，如實
知色相。

　　1.「善現！云何菩薩摩訶薩行深般若波羅蜜多時，如實知色生滅？
　　　謂菩薩摩訶薩行深般若波羅蜜多時，如實知色生時無所從來、
　　　滅時無所至去，雖無來無去而生滅相應。是名菩薩摩訶薩行深
　　　般若波羅蜜多時，如實知色生滅。

　　2.「善現！云何菩薩摩訶薩行深般若波羅蜜多時，如實知色真如？
　　　謂菩薩摩訶薩行深般若波羅蜜多時，如實知色真如無生無滅、
　　　無來無去、無染無淨、無增無減，常如其性不虛妄、不變易故
　　　名真如。是名菩薩摩訶薩行深般若波羅蜜多時，如實知色真如。

❷「善現！云何菩薩摩訶薩行深般若波羅蜜多時，如實知受相？謂菩
薩摩訶薩行深般若波羅蜜多時，如實知受畢竟如癰，畢竟如箭，
速起速滅，猶若浮泡，虛偽不住，三和合起，是名菩薩摩訶薩如
實知受相。

　　1.「善現！云何菩薩摩訶薩行深般若波羅蜜多時，如實知受生滅？
　　　謂菩薩摩訶薩行深般若波羅蜜多時，如實知受生時無所從來、
　　　滅時無所至去，雖無來無去而生滅相應。是名菩薩摩訶薩行深
　　　般若波羅蜜多時，如實知受生滅。

　　2.「善現！云何菩薩摩訶薩行深般若波羅蜜多時，如實知受真如？
　　　謂菩薩摩訶薩行深般若波羅蜜多時，如實知受真如無生無滅、
　　　無來無去、無染無淨、無增無減，常如其性不虛妄、不變易故

名真如。是名菩薩摩訶薩行深般若波羅蜜多時,如實知受真如。

❸「善現!云何菩薩摩訶薩行深般若波羅蜜多時,如實知想相?謂菩薩摩訶薩行深般若波羅蜜多時,如實知想猶如陽焰水不可得,渴愛因緣妄起此想,發假言說。是名菩薩摩訶薩行深般若波羅蜜多時,如實知想相。

1.「善現!云何菩薩摩訶薩行深般若波羅蜜多時,如實知想生滅?謂菩薩摩訶薩行深般若波羅蜜多時,如實知想生時無所從來、滅時無所至去,雖無來無去而生滅相應。是名菩薩摩訶薩行深般若波羅蜜多時,如實知想生滅。

2.「善現!云何菩薩摩訶薩行深般若波羅蜜多時,如實知想真如?謂菩薩摩訶薩行深般若波羅蜜多時,如實知想真如無生無滅、無來無去、無染無淨、無增無減,常如其性不虛妄、不變易故名真如。是名菩薩摩訶薩行深般若波羅蜜多時,如實知想真如。」

(CBETA, T07, no. 220, pp. 382b²³-388a⁰²)

❹卷 472〈善達品 77〉:第二分善達品第七十七之二

「善現!云何菩薩摩訶薩行深般若波羅蜜多時,如實知行相?謂菩薩摩訶薩行深般若波羅蜜多時,如實知行如芭蕉樹,葉葉析除實不可得。是名菩薩摩訶薩行深般若波羅蜜多時,如實知行相。

1.「善現!云何菩薩摩訶薩行深般若波羅蜜多時,如實知行生滅?謂菩薩摩訶薩行深般若波羅蜜多時,如實知行生時無所從來、滅時無所至去,雖無來無去而生滅相應。是名菩薩摩訶薩行深般若波羅蜜多時,如實知行生滅。

2.「善現!云何菩薩摩訶薩行深般若波羅蜜多時,如實知行真如?謂菩薩摩訶薩行深般若波羅蜜多時,如實知行真如無生無滅、無來無去、無染無淨、無增無減,常如其性不虛妄、不變易故名真如,是名菩薩摩訶薩行深般若波羅蜜多時,如實知行真如。

❺「善現!云何菩薩摩訶薩行深般若波羅蜜多時,如實知識相?謂菩薩摩訶薩行深般若波羅蜜多時,如實知識如諸幻事,眾緣和合假施設有,實不可得。謂如幻師或彼弟子,於四衢道幻作四軍,所謂象軍、馬軍、車軍、步軍,或復幻作諸餘色類相,雖似有而無其實,識亦如是實不可得。是名菩薩摩訶薩行深般若波羅蜜多時,如實知識相。

1.「善現!云何菩薩摩訶薩行深般若波羅蜜多時,如實知識生滅?

謂菩薩摩訶薩行深般若波羅蜜多時，如實知識生時無所從來、滅時無所至去，雖無來無去而生滅相應。是名菩薩摩訶薩行深般若波羅蜜多時，如實知識生滅。

2.「善現！云何菩薩摩訶薩行深般若波羅蜜多時，如實知識真如？謂菩薩摩訶薩行深般若波羅蜜多時，如實知識真如無生無滅、無來無去、無染無淨、無增無減，常如其性不虛妄、不變易故名真如。是名菩薩摩訶薩行深般若波羅蜜多時，如實知識真如。

「善現！是為菩薩摩訶薩能學如是三解脫門，則能學色蘊乃至識蘊。」

②知十二入，十八界空

❶具壽善現復白佛言：

「云何菩薩摩訶薩能學如是三解脫門，亦能學眼處乃至意處？」

佛告善現：

「若菩薩摩訶薩行深般若波羅蜜多時，如實知眼處眼處自性空，乃至意處意處自性空，內處自性不可得故。善現！是為菩薩摩訶薩能學如是三解脫門，亦能學眼處乃至意處。」

❷具壽善現復白佛言：

「云何菩薩摩訶薩能學如是三解脫門，亦能學色處乃至法處？」

佛告善現：

「若菩薩摩訶薩行深般若波羅蜜多時，如實知色處色處自性空，乃至法處法處自性空，外處自性不可得故。善現！是為菩薩摩訶薩能學如是三解脫門，亦能學色處乃至法處。」

❸具壽善現復白佛言：

「云何菩薩摩訶薩能學如是三解脫門，亦能學眼界乃至意界？」

佛告善現：

「若菩薩摩訶薩行深般若波羅蜜多時，如實知眼界眼界自性空，乃至意界意界自性空。善現！是為菩薩摩訶薩能學如是三解脫門，亦能學眼界乃至意界。」

❹具壽善現復白佛言：

「云何菩薩摩訶薩能學如是三解脫門，亦能學色界乃至法界？」

佛告善現：

「若菩薩摩訶薩行深般若波羅蜜多時，如實知色界色界自性空，乃至法界法界自性空。善現！是為菩薩摩訶薩能學如是三解脫門，亦能學色界乃至法界。」

❺具壽善現復白佛言：

「云何菩薩摩訶薩能學如是三解脫門，亦能學眼識界乃至意識界？」

佛告善現：

「若菩薩摩訶薩行深般若波羅蜜多時，如實知眼識界眼識界自性空，乃至意識界意識界自性空。善現！是為菩薩摩訶薩能學如是三解脫門，亦能學眼識界乃至意識界。」

❻具壽善現復白佛言：

「云何菩薩摩訶薩能學如是三解脫門，亦能學眼觸乃至意觸？」

佛告善現：

「若菩薩摩訶薩行深般若波羅蜜多時，如實知眼觸眼觸自性空，乃至意觸意觸自性空。善現！是為菩薩摩訶薩能學如是三解脫門，亦能學眼觸乃至意觸。」

❼具壽善現復白佛言：

「云何菩薩摩訶薩能學如是三解脫門，亦能學眼觸為緣所生諸受乃至意觸為緣所生諸受？」

佛告善現：

「若菩薩摩訶薩行深般若波羅蜜多時，如實知眼觸為緣所生諸受眼觸為緣所生諸受自性空，乃至意觸為緣所生諸受意觸為緣所生諸受自性空。善現！是為菩薩摩訶薩能學如是三解脫門，亦能學眼觸為緣所生諸受乃至意觸為緣所生諸受。」

❽具壽善現復白佛言：

「云何菩薩摩訶薩能學如是三解脫門，亦能學地界乃至識界？」

佛告善現：

「若菩薩摩訶薩行深般若波羅蜜多時，如實知地界地界自性空，乃至識界識界自性空。善現！是為菩薩摩訶薩能學如是三解脫門，亦能學地界乃至識界。」

③知諸餘法

❶因緣、空、如、諦等

1.具壽善現復白佛言：

「云何菩薩摩訶薩能學如是三解脫門，亦能學因緣乃至增上緣？」

佛告善現：

「若菩薩摩訶薩行深般若波羅蜜多時，如實知因緣是種子相，等無間緣是開發相，所緣緣是任持相，增上緣是不礙相，自性本

空，遠離二法。善現！是為菩薩摩訶薩能學如是三解脫門，亦能學因緣乃至增上緣。」

2.具壽善現復白佛言：

「云何菩薩摩訶薩能學如是三解脫門，亦能學從緣所生諸法？」

佛告善現：

「若菩薩摩訶薩行深般若波羅蜜多時，如實知一切從緣所生法不生不滅、不斷不常、不一不異、不來不去，絕諸戲論、本性憺怕。善現！是為菩薩摩訶薩能學如是三解脫門，亦能學從緣所生諸法。」

3.具壽善現復白佛言：

「云何菩薩摩訶薩能學如是三解脫門，亦能學無明乃至老死？」

佛告善現：

「若菩薩摩訶薩行深般若波羅蜜多時，如實知無明乃至老死無生無滅、無染無淨，自性本空，遠離二法。善現！是為菩薩摩訶薩能學如是三解脫門，亦能學無明乃至老死。」

4.具壽善現復白佛言：

「云何菩薩摩訶薩能學如是三解脫門，亦能學內空乃至無性自性空？」

佛告善現：

「若菩薩摩訶薩行深般若波羅蜜多時，如實知內空乃至無性自性空皆無自性、都不可得而能安住。善現！是為菩薩摩訶薩能學如是三解脫門，亦能學內空乃至無性自性空。」

5.具壽善現復白佛言：

「云何菩薩摩訶薩能學如是三解脫門，亦能學真如乃至不思議界？」

佛告善現：

「若菩薩摩訶薩行深般若波羅蜜多時，如實知真如乃至不思議界皆無戲論、都無分別而能安住。善現！是為菩薩摩訶薩能學如是三解脫門，亦能學真如乃至不思議界。」

6.具壽善現復白佛言：

「云何菩薩摩訶薩能學如是三解脫門，亦能學苦、集、滅、道聖諦？」

佛告善現：

「若菩薩摩訶薩行深般若波羅蜜多時，如實知苦是逼迫相，集是生起相，滅是寂靜相，道是出離相，自性本空，遠離二法，是聖者諦。苦等即真如，真如即苦等，無二無別，唯真聖者能如實知。善現！是為菩薩摩訶薩能學如是三解脫門，亦能學苦、集、滅、道聖諦。」

❷知諸聖道法

1.具壽善現復白佛言：

「云何菩薩摩訶薩能學如是三解脫門，亦能學布施波羅蜜多乃至般若波羅蜜多？」

佛告善現：

「若菩薩摩訶薩行深般若波羅蜜多時，如實知布施波羅蜜多乃至般若波羅蜜多無增無減、無染無淨、無自性、不可得而能修習。善現！是為菩薩摩訶薩能學如是三解脫門，亦能學布施波羅蜜多乃至般若波羅蜜多。」

2.具壽善現復白佛言：

「云何菩薩摩訶薩能學如是三解脫門，亦能學四靜慮、四無量、四無色定？」

佛告善現：

「若菩薩摩訶薩行深般若波羅蜜多時，如實知四靜慮、四無量、四無色定無增無減、無染無淨、無自性、不可得而能修習。善現！是為菩薩摩訶薩能學如是三解脫門，亦能學四靜慮、四無量、四無色定。」

3.具壽善現復白佛言：

「云何菩薩摩訶薩能學如是三解脫門，亦能學四念住乃至八聖道支？」

佛告善現：

「若菩薩摩訶薩行深般若波羅蜜多時，如實知四念住乃至八聖道支無增無減、無染無淨、無自性、不可得而能修習。善現！是為菩薩摩訶薩能如是學三解脫門，亦能學四念住乃至八聖道支。」

4.具壽善現復白佛言：

「云何菩薩摩訶薩能學如是三解脫門，亦能學八解脫乃至十遍處？」

佛告善現：

「若菩薩摩訶薩行深般若波羅蜜多時，如實知八解脫乃至十遍處無增無減、無染無淨、無自性、不可得而能修習。善現！是為菩薩摩訶薩能如是學三解脫門，亦能學八解脫乃至十遍處。」

5.具壽善現復白佛言：

「云何菩薩摩訶薩能學如是三解脫門，亦能學極喜地乃至法雲地？」

佛告善現：

「若菩薩摩訶薩行深般若波羅蜜多時，如實知極喜地乃至法雲地無增無減、無染無淨、無自性、不可得而能修習。善現！是為菩薩摩訶薩能如是學三解脫門，亦能學極喜地乃至法雲地。」

6.具壽善現復白佛言：

「云何菩薩摩訶薩能學如是三解脫門，亦能學一切陀羅尼門、三摩地門？」

佛告善現：

「若菩薩摩訶薩行深般若波羅蜜多時，如實知一切陀羅尼門、三摩地門無增無減、無染無淨、無自性、不可得而能修習。善現！是為菩薩摩訶薩能如是學三解脫門，亦能學一切陀羅尼門、三摩地門。」

7.具壽善現復白佛言：

「云何菩薩摩訶薩能如是學三解脫門，亦能學五眼、六神通？」

佛告善現：

「若菩薩摩訶薩行深般若波羅蜜多時，如實知五眼、六神通無增無減、無染無淨、無自性、不可得而能修習。善現！是為菩薩摩訶薩能如是學三解脫門，亦能學五眼、六神通。」

8.具壽善現復白佛言：

「云何菩薩摩訶薩能如是學三解脫門，亦能學如來十力乃至十八佛不共法？」

佛告善現：

「若菩薩摩訶薩行深般若波羅蜜多時，如實知如來十力乃至十八佛不共法無增無減、無染無淨、無自性、不可得而能修習。善現！是為菩薩摩訶薩能如是學三解脫門，亦能學如來十力乃至十八佛不共法。」

9.具壽善現復白佛言：

「云何菩薩摩訶薩能如是學三解脫門，亦能學無忘失法、恒住捨
性？」

佛告善現：

「若菩薩摩訶薩行深般若波羅蜜多時，如實知無忘失法、恒住捨
性無增無減、無染無淨、無自性、不可得而能修習。善現！是
為菩薩摩訶薩能如是學三解脫門，亦能學無忘失法、恒住捨性。」

10.具壽善現復白佛言：

「云何菩薩摩訶薩能如是學三解脫門，亦能學一切智、道相智、
一切相智？」

佛告善現：

「若菩薩摩訶薩行深般若波羅蜜多時，如實知一切智、道相智、
一切相智無增無減、無染無淨、無自性、不可得而能修習。善
現！是為菩薩摩訶薩能如是學三解脫門，亦能學一切智、道相
智、一切相智。」

11.具壽善現復白佛言：

「云何菩薩摩訶薩能如是學三解脫門，亦能學成熟有情、嚴淨佛
土？」

佛告善現：

「若菩薩摩訶薩行深般若波羅蜜多時，如實知成熟有情、嚴淨佛
土無增無減、無染無淨、無自性、不可得而能修習。善現！是
為菩薩摩訶薩能如是學三解脫門，亦能學成熟有情、嚴淨佛土。」

12.具壽善現復白佛言：

「云何菩薩摩訶薩能如是學三解脫門，亦能學諸餘無量無邊佛
法？」

佛告善現：

「若菩薩摩訶薩行深般若波羅蜜多時，如實知諸餘無量無邊佛法
無增無減、無染無淨、無自性、不可得而能修習。善現！是為
菩薩摩訶薩能如是學三解脫門，亦能學諸餘無量無邊佛法。」

*15

(3)雖分別諸法而不壞法性(法界)

爾時，具壽善現白佛言：

「世尊！若菩薩摩訶薩行深般若波羅蜜多時，如實了知色等諸法各各差

別不相雜亂，將無以色乃至以識壞法界耶？將無以眼處乃至以意處壞法界耶？將無以色處乃至以法處壞法界耶？將無以眼界乃至以意界壞法界耶？將無以色界乃至以法界壞法界耶？將無以眼識界乃至以意識界壞法界耶？將無以眼觸乃至以意觸壞法界耶？將無以眼觸為緣所生諸受乃至以意觸為緣所生諸受壞法界耶？將無以地界乃至以識界壞法界耶？將無以因緣乃至以增上緣壞法界耶？將無以從緣所生諸法壞法界耶？將無以無明乃至以老死壞法界耶？將無以內空乃至以無性自性空壞法界耶？將無以真如乃至以不思議界壞法界耶？將無以苦、集、滅、道聖諦壞法界耶？將無以布施波羅蜜多乃至以般若波羅蜜多壞法界耶？將無以四靜慮、四無量、四無色定壞法界耶？將無以四念住乃至以八聖道支壞法界耶？將無以空、無相、無願解脫門壞法界耶？將無以八解脫、八勝處、九次第定、十遍處壞法界耶？將無以淨觀地乃至以如來地壞法界耶？將無以極喜地乃至以法雲地壞法界耶？將無以一切陀羅尼門、三摩地門壞法界耶？將無以五眼、六神通壞法界耶？將無以如來十力乃至以十八佛不共法壞法界耶？將無以三十二大士相、八十隨好壞法界耶？將無以無忘失法、恒住捨性壞法界耶？將無以一切智、道相智、一切相智壞法界耶？將無以預流果乃至以獨覺菩提壞法界耶？將無以一切菩薩摩訶薩行壞法界耶？將無以諸佛無上正等菩提壞法界耶？將無以一切智智壞法界耶？何以故？世尊！法界無二無差別故。」

佛告善現：

「若離法界餘法可得，可言彼法能壞法界；然離法界無法可得，故無餘法能壞法界。所以者何？諸佛、菩薩、獨覺、聲聞知離法界無法可得，既知無法離於法界，亦不為他施設宣說，是故法界無能壞者。如是，善現！諸菩薩摩訶薩行深般若波羅蜜多時，應學法界無二、無別、不可壞相。」*15

7.若學法性(法界)即遍學一切法

具壽善現復白佛言：「若菩薩摩訶薩欲學法界，當於何學？」

佛告善現：

「若菩薩摩訶薩欲學法界，當於一切法學。所以者何？善現！以一切法皆入法界故。」

具壽善現復白佛言：「何因緣故，說一切法皆入法界？」

佛告善現：

「若佛出世、若不出世，諸法法爾皆入法界無差別相，不由佛說。所以者
何？善現！若善法非善法、若有記法無記法、若有漏法無漏法、若世間
法出世間法、若有為法無為法，如是等一切法，無不皆入無相、無為、
性空法界。是故，善現！諸菩薩摩訶薩行深般若波羅蜜多時，欲學法界當
學一切法，若學一切法即是學法界。」*16

8.一切法雖即是法性(法界)，要須修行方能成就

(1)善現問

①若法界無二無別，云何當學諸道法？

具壽善現復白佛言：

「若一切法皆入法界無二無別，諸菩薩摩訶薩云何當學般若波羅蜜多
乃至布施波羅蜜多？云何當學初靜慮乃至第四靜慮？云何當學慈無
量乃至捨無量？云何當學空無邊處定乃至非想非非想處定？云何當
學四念住乃至八聖道支？云何當學空、無相、無願解脫門？云何當
學八解脫乃至十遍處？云何當學極喜地乃至法雲地？云何當學一切
陀羅尼門、三摩地門？云何當學內空乃至無性自性空？云何當學真
如乃至不思議界？云何當學苦、集、滅、道聖諦？云何當學五眼、
六神通？云何當學如來十力乃至十八佛不共法？云何當學無忘失
法、恒住捨性？云何當學一切智、道相智、一切相智？云何當學成
滿三十二大士相、八十隨好？云何當學成滿剎帝利大族、婆羅門大
族、長者大族、居士大族？云何當學成滿四大王眾天乃至他化自在
天？云何當學成滿梵眾天乃至廣果天？云何當學成滿無想有情天法
而不樂生彼？云何當學成滿淨居天法而不樂生彼？云何當學空無邊
處天法乃至非想非非想處天法而不樂生彼？云何當學初發菩提心乃
至第十發菩提心？云何當學趣證菩薩正性離生？云何當學一切聲聞
及獨覺地而不作證？云何當學成熟有情、嚴淨佛土？云何當學諸陀
羅尼及無礙辯？云何當學一切菩薩摩訶薩道及佛無上正等菩提，如
是學已知一切法一切種相，便能證得一切智智？

②法界無分別戲論，則無菩薩行顛倒起戲論？

「世尊！非法界中有如是等種種分別，將無菩薩摩訶薩眾由此分別行
於顛倒，無戲論中起諸戲論。何以故？真法界中都無分別戲論事故。

「世尊！法界非色、受、想、行、識，亦不離色、受、想、行、識；

色、受、想、行、識即是法界，法界即是色、受、想、行、識。

「世尊！法界非眼處乃至意處，亦不離眼處乃至意處；眼處乃至意處即是法界，法界即是眼處乃至意處。

「世尊！法界非色處乃至法處，亦不離色處乃至法處；色處乃至法處即是法界，法界即是色處乃至法處。

「世尊！法界非眼界乃至意界，亦不離眼界乃至意界；眼界乃至意界即是法界，法界即是眼界乃至意界。

「世尊！法界非色界乃至法界，亦不離色界乃至法界；色界乃至法界即是法界，法界即是色界乃至法界。

「世尊！法界非眼識界乃至意識界，亦不離眼識界乃至意識界；眼識界乃至意識界即是法界，法界即是眼識界乃至意識界。

「世尊！法界非眼觸乃至意觸，亦不離眼觸乃至意觸；眼觸乃至意觸即是法界，法界即是眼觸乃至意觸。

「世尊！法界非眼觸為緣所生諸受乃至意觸為緣所生諸受，亦不離眼觸為緣所生諸受乃至意觸為緣所生諸受；眼觸為緣所生諸受乃至意觸為緣所生諸受即是法界，法界即是眼觸為緣所生諸受乃至意觸為緣所生諸受。

「世尊！法界非地界乃至識界，亦不離地界乃至識界；地界乃至識界即是法界，法界即是地界乃至識界。

「世尊！法界非因緣乃至增上緣，亦不離因緣乃至增上緣；因緣乃至增上緣即是法界，法界即是因緣乃至增上緣。

「世尊！法界非從緣所生諸法，亦不離從緣所生諸法；從緣所生諸法即是法界，法界即是從緣所生諸法。

「世尊！法界非無明乃至老死，亦不離無明乃至老死；無明乃至老死即是法界，法界即是無明乃至老死。

「世尊！法界非布施波羅蜜多乃至般若波羅蜜多，亦不離布施波羅蜜多乃至般若波羅蜜多；布施波羅蜜多乃至般若波羅蜜多即是法界，法界即是布施波羅蜜多乃至般若波羅蜜多。

「世尊！法界非四靜慮、四無量、四無色定，亦不離四靜慮、四無量、四無色定；四靜慮、四無量、四無色定即是法界，法界即是四靜慮、四無量、四無色定。

「世尊！法界非四念住乃至八聖道支，亦不離四念住乃至八聖道支；四念住乃至八聖道支即是法界，法界即是四念住乃至八聖道支。

「世尊！法界非空、無相、無願解脫門，亦不離空、無相、無願解脫門；空、無相、無願解脫門即是法界，法界即是空、無相、無願解脫門。

「世尊！法界非內空乃至無性自性空，亦不離內空乃至無性自性空；內空乃至無性自性空即是法界，法界即是內空乃至無性自性空。

「世尊！法界非苦、集、滅、道聖諦，亦不離苦、集、滅、道聖諦；苦、集、滅、道聖諦即是法界，法界即是苦、集、滅、道聖諦。

「世尊！法界非八解脫乃至十遍處，亦不離八解脫乃至十遍處；八解脫乃至十遍處即是法界，法界即是八解脫乃至十遍處。

「世尊！法界非淨觀地乃至如來地，亦不離淨觀地乃至如來地；淨觀地乃至如來地即是法界，法界即是淨觀地乃至如來地。

「世尊！法界非極喜地乃至法雲地，亦不離極喜地乃至法雲地；極喜地乃至法雲地即是法界，法界即是極喜地乃至法雲地。

「世尊！法界非一切陀羅尼門、三摩地門，亦不離一切陀羅尼門、三摩地門；一切陀羅尼門、三摩地門即是法界，法界即是一切陀羅尼門、三摩地門。

「世尊！法界非五眼、六神通，亦不離五眼、六神通；五眼、六神通即是法界，法界即是五眼、六神通。

「世尊！法界非如來十力乃至十八佛不共法，亦不離如來十力乃至十八佛不共法；如來十力乃至十八佛不共法即是法界，法界即是如來十力乃至十八佛不共法。

「世尊！法界非無忘失法、恒住捨性，亦不離無忘失法、恒住捨性；無忘失法、恒住捨性即是法界，法界即是無忘失法、恒住捨性。

「世尊！法界非一切智、道相智、一切相智，亦不離一切智、道相智、一切相智；一切智、道相智、一切相智即是法界，法界即是一切智、道相智、一切相智。

「世尊！法界非三十二大士相、八十隨好，亦不離三十二大士相、八十隨好；三十二大士相、八十隨好即是法界，法界即是三十二大士相、八十隨好。

「世尊！法界非預流果乃至獨覺菩提，亦不離預流果乃至獨覺菩提；預流果乃至獨覺菩提即是法界，法界即是預流果乃至獨覺菩提。

「世尊！法界非一切菩薩摩訶薩行、諸佛無上正等菩提，亦不離一切菩薩摩訶薩行、諸佛無上正等菩提；一切菩薩摩訶薩行、諸佛無上

正等菩提即是法界，法界即是一切菩薩摩訶薩行、諸佛無上正等菩提。

「世尊！法界非善、非善法，亦不離善、非善法；善、非善法即是法界，法界即是善、非善法。

「世尊！法界非有記、無記法，亦不離有記、無記法；有記、無記法即是法界，法界即是有記、無記法。

「世尊！法界非有漏、無漏法，亦不離有漏、無漏法；有漏、無漏法即是法界，法界即是有漏、無漏法。

「世尊！法界非世間、出世間法，亦不離世間、出世間法；世間、出世間法即是法界，法界即是世間、出世間法。」

「世尊！法界非有為、無為法，亦不離有為、無為法；有為、無為法即是法界，法界即是有為、無為法。」

(2)佛答

①雖分別諸法，而不壞法性(法界)

❶知諸法即真法界，方便說名相

佛告善現：「如是！如是！如汝所說。真法界中無一切種分別戲論。法界非色、受、想、行、識，亦不離色、受、想、行、識；法界即色、受、想、行、識，色、受、想、行、識即法界。如是乃至法界非有為、無為法，亦不離有為、無為法；法界即有為、無為法，有為、無為法即法界。

「復次，善現！諸菩薩摩訶薩行深般若波羅蜜多時，若見有法離法界者，便非正趣所求無上正等菩提。是故，善現！諸菩薩摩訶薩行深般若波羅蜜多時，不見有法離真法界。

「善現當知！諸菩薩摩訶薩行深般若波羅蜜多時，知一切法即真法界，方便善巧無名相法，為諸有情寄名相說，謂此是色、受、想、行、識，此是眼處乃至意處，此是色處乃至法處，此是眼界乃至意界，此是色界乃至法界，此是眼識界乃至意識界，此是眼觸乃至意觸，此是眼觸為緣所生諸受乃至意觸為緣所生諸受，此是地界乃至識界，此是因緣乃至增上緣，此是從緣所生諸法，此是無明乃至老死，此是善法、非善法，此是有記法、無記法，此是有漏法、無漏法，此是世間法、出世間法，此是有為法、無為法，此是布施波羅蜜多乃至般若波羅蜜多，此是四靜慮、四無量、四無色定，此是四念住乃至八聖道支，此是空、無相、無願解脫門，

此是內空乃至無性自性空，此是真如乃至不思議界，此是苦、集、滅、道聖諦，此是八解脫乃至十遍處，此是淨觀地乃至如來地，此是極喜地乃至法雲地，此是一切陀羅尼門、三摩地門，此是五眼、六神通，此是如來十力乃至十八佛不共法，此是無忘失法、恆住捨性，此是一切智、道相智、一切相智，此是三十二大士相、八十隨好，此是預流果乃至獨覺菩提，此是一切菩薩摩訶薩行，此是諸佛無上正等菩提。」(CBETA, T07, no. 220, pp. 388a^{10}–392c^{19})

sher phyin: v.028, pp. 516^{01}–582^{20} 《合論》: v.051, pp. 605^{15}–644^{03}

❷舉喻明理

[安立於加行道]

70.4 安立他自利意樂圓滿，以令有情了知，如自所證之真實義故

卷 472〈善達品 77〉：

「如工幻師或彼弟子，執持少物於眾人前幻作種種異類色相。謂或幻作男女、大小；或復幻作象、馬、牛、羊、駝、驢、雞等種種禽獸；或復幻作城邑、聚落、園林、池沼，種種莊嚴甚可愛樂；或復幻作衣服、飲食、房舍、臥具、花香、瓔珞，種種珍寶、財穀、庫藏；或復幻作無量種類伎樂俳優，令無量人歡娛受樂；或復幻作種種形相令行布施，或令持戒，或令安忍，或令精進，或令習定，或令修慧；或復現生剎帝利大族乃至居士大族；或復幻作諸山、大海、妙高山王、輪圍山等；或復現生四大王眾天乃至他化自在天；或復現生梵眾天乃至色究竟天；或復現生空無邊處天乃至非想非非想處天；或復現作預流、一來、不還、阿羅漢、獨覺；或復現作菩薩摩訶薩，從初發心修行布施波羅蜜多乃至般若波羅蜜多，修行四靜慮、四無量、四無色定，修行四念住乃至八聖道支，修行空、無相、無願解脫門，學住內空乃至無性自性空，學住真如乃至不思議界，學住苦、集、滅、道聖諦，趣入菩薩正性離生，修行極喜地乃至法雲地，引發種種殊勝神通，放大光明照諸世界，成熟有情、嚴淨佛土，遊戲一切靜慮、解脫、等持、等至、諸陀羅尼及三摩地，修行種種諸佛功德；或復幻作如來形像，具三十二大丈夫相，八十隨好圓滿莊嚴，成就十力、四無所畏、四無礙解、大慈、大悲、大喜、大捨、十八佛不共法、

無忘失法、恒住捨性、一切智、道相智、一切相智等無量無邊不可思議殊勝功德。

「善現！如是幻師或彼弟子為惑他故，在眾人前幻作此等諸幻化事，其中無智男女大小見是事已，咸驚歎言：『奇哉！此人妙解眾技，能作種種甚希有事，乃至能作如來之身，相好莊嚴具諸功德，令眾歡樂自顯伎能。』其中有智見此事已，作是思惟：『甚為神異！如何此人能現是事，其中雖無實事可得，而令愚人迷謬歡悅，於無實物起實物想？』唯有智者了達皆空，雖有見聞而無執著。」

(CBETA, T07, no. 220, pp. 392c^{19}–393a^{27})

sher phyin:　v.028, pp. 582^{21}–585^{19}　《合論》：v.051, pp. 644^{04}–647^{04}

②以方便力知有情空、法空而廣修自利利他行

70.5 安立他於自成熟加行，以令圓滿六度行故

卷 473〈善達品 77〉：「第二分善達品第七十七之三

「如是，善現！諸菩薩摩訶薩行深般若波羅蜜多時，雖不見法界離諸法有，不見諸法離法界有，不見有情及彼施設實事可得，而能發生方便善巧，自修行六波羅蜜多，亦勸他修行六波羅蜜多，無倒稱揚修行六波羅蜜多法，歡喜讚歎修行六波羅蜜多者；」

(CBETA, T07, no. 220, p. 393b$^{6-12}$)

sher phyin:　v.028, pp. 585^{19}–586^{17}　《合論》：v.051, pp. 647^{05}–648^{05}

70.6 安立他於俱利行，以令往趣佛地十善道故

卷 473〈善達品 77〉：

「自受持十善業道，亦勸他受持十善業道，無倒稱揚受持十善業道法，歡喜讚歎受持十善業道者；自受持五戒，亦勸他受持五戒，無倒稱揚受持五戒法，歡喜讚歎受持五戒者；自受持八戒，亦勸他受持八戒，無倒稱揚受持八戒法，歡喜讚歎受持八戒者；自受持出家戒，亦勸他受持出家戒，無倒稱揚受持出家戒法，歡喜讚歎受持出家戒者；自修行四靜慮，亦勸他修行四靜慮，無倒稱揚修行四靜慮法，歡喜讚歎修行四靜慮者；自修行四無量，亦勸他修行四無量，無倒稱揚修行四無量法，歡喜讚歎修行四無量者；自修行四無色定，亦勸他修行四無色定，無倒稱揚修行四無色定法，歡喜讚歎修行四無色定者；自修行四念住乃至八聖道支，亦勸他修行四念住乃至八聖道支，無倒稱揚修行四念住乃至八聖道支法，歡喜讚歎修行四念住

乃至八聖道支者；自修行空、無相、無願解脫門，亦勸他修行空、無相、無願解脫門，無倒稱揚修行空、無相、無願解脫門法，歡喜讚歎修行空、無相、無願解脫門者；自安住內空乃至無性自性空，亦勸他安住內空乃至無性自性空，無倒稱揚安住內空乃至無性自性空法，歡喜讚歎安住內空乃至無性自性空者；自安住真如乃至不思議界，亦勸他安住真如乃至不思議界，無倒稱揚安住真如乃至不思議界法，歡喜讚歎安住真如乃至不思議界者；自安住苦、集、滅、道聖諦，亦勸他安住苦、集、滅、道聖諦，無倒稱揚安住苦、集、滅、道聖諦法，歡喜讚歎安住苦、集、滅、道聖諦者；自修行八解脫，亦勸他修行八解脫，無倒稱揚修行八解脫法，歡喜讚歎修行八解脫者；自修行八勝處，亦勸他修行八勝處，無倒稱揚修行八勝處法，歡喜讚歎修行八勝處者；自修行九次第定，亦勸他修行九次第定，無倒稱揚修行九次第定法，歡喜讚歎修行九次第定者；自修行十遍處，亦勸他修行十遍處，無倒稱揚修行十遍處法，歡喜讚歎修行十遍處者；自修行菩薩十地，亦勸他修行菩薩十地，無倒稱揚修行菩薩十地法，歡喜讚歎修行菩薩十地者；自修行一切陀羅尼門，亦勸他修行一切陀羅尼門，無倒稱揚修行一切陀羅尼門法，歡喜讚歎修行一切陀羅尼門者；自修行一切三摩地門，亦勸他修行一切三摩地門，無倒稱揚修行一切三摩地門法，歡喜讚歎修行一切三摩地門者；自圓滿五眼，亦勸他圓滿五眼，無倒稱揚圓滿五眼法，歡喜讚歎圓滿五眼者；自圓滿六神通，亦勸他圓滿六神通，無倒稱揚圓滿六神通法，歡喜讚歎圓滿六神通者；自圓滿如來十力，亦勸他圓滿如來十力，無倒稱揚圓滿如來十力法，歡喜讚歎圓滿如來十力者；自圓滿四無所畏，亦勸他圓滿四無所畏，無倒稱揚圓滿四無所畏法，歡喜讚歎圓滿四無所畏者；自圓滿四無礙解，亦勸他圓滿四無礙解，無倒稱揚圓滿四無礙解法，歡喜讚歎圓滿四無礙解者；自圓滿大慈、大悲、大喜、大捨，亦勸他圓滿大慈、大悲、大喜、大捨，無倒稱揚圓滿大慈、大悲、大喜、大捨法，歡喜讚歎圓滿大慈、大悲、大喜、大捨者；自圓滿十八佛不共法，亦勸他圓滿十八佛不共法，無倒稱揚圓滿十八佛不共法法，歡喜讚歎圓滿十八佛不共法者；自圓滿無忘失法，亦勸他圓滿無忘失法，無倒稱揚圓滿無忘失法法，歡喜讚歎圓滿無忘失法者；自圓滿恒住捨性，亦勸他圓滿恒住捨性，無倒稱揚圓滿恒住捨性法，歡喜讚歎圓滿恒住捨性者；自圓滿一切

智，亦勸他圓滿一切智，無倒稱揚圓滿一切智法，歡喜讚歎圓滿一
切智者；自圓滿道相智，亦勸他圓滿道相智，無倒稱揚圓滿道相智
法，歡喜讚歎圓滿道相智者；自圓滿一切相智，亦勸他圓滿一切相
智，無倒稱揚圓滿一切相智法，歡喜讚歎圓滿一切相智者；自圓滿
三十二大士相、八十隨好，亦勸他圓滿三十二大士相、八十隨好，
無倒稱揚圓滿三十二大士相、八十隨好法，歡喜讚歎圓滿三十二大
士相、八十隨好者。」(CBETA, T07, no. 220, pp. 393b^{12}–394b^{02})

sher phyin: v.028, pp. 586^{19}–589^{13} 《合論》: v.051, pp. 648^{06}–651^{02}

③法性(法界)本性空，前中後無異故，菩薩行般若能成滿二利行

70.7 安立他於清淨見，令以世間修所成慧，通達勝義自性空故

卷 473〈善達品 77〉:

「善現！若真法界初、中、後際有差別者，則諸菩薩摩訶薩行深般若
波羅蜜多時，不能施設方便善巧，為諸有情說真法界，嚴淨佛土、
成熟有情，修諸菩薩摩訶薩行，證得無上正等菩提，能盡未來利樂
一切。以真法界初、中、後際常無差別，是故菩薩摩訶薩行深般若
波羅蜜多時，能善施設方便善巧，為諸有情說真法界，嚴淨佛土、
成熟有情，修諸菩薩摩訶薩行，證得無上正等菩提，能盡未來利樂
一切。」*17

[3]廣明菩薩建立之法

1.為安立有情令住於實際故行般若

(1)有情雖畢竟空，而菩薩為實際故行般若

第二分實際品第七十八之一

爾時，具壽善現白佛言:

「世尊！若諸有情、有情施設俱畢竟不可得，諸菩薩摩訶薩為誰故行甚
深般若波羅蜜多？」

佛告善現:

「諸菩薩摩訶薩但以實際為量故行甚深般若波羅蜜多。善現當知！若有
情際異實際者，諸菩薩摩訶薩則不應行甚深般若波羅蜜多，以有情際
不異實際，是故菩薩摩訶薩眾為諸有情行深般若波羅蜜多。復次，善
現！諸菩薩摩訶薩行深般若波羅蜜多時，以不壞實際法，安立有情令
住實際。」

(2)以方便力安立有情於實際，而有情際、實際不一不異

具壽善現復白佛言：

「若有情際即是實際，云何菩薩摩訶薩行深般若波羅蜜多時，以不壞實際法，安立有情令住實際？世尊！若菩薩摩訶薩行深般若波羅蜜多時，安立有情令住實際，則為安立實際令住實際。世尊！若菩薩摩訶薩行深般若波羅蜜多時，安立實際令住實際，則為安立自性令住自性，然理不應安立自性令住自性，云何可說諸菩薩摩訶薩行深般若波羅蜜多時，以不壞實際法，安立有情令住實際？」

佛告善現：

「不可安立實際令住實際，亦不可安立自性令住自性，然諸菩薩摩訶薩行深般若波羅蜜多時，有方便善巧故，能安立有情令住實際，而有情際不異實際，有情際與實際無二無二處。」*18

2.菩薩之方便善巧

(1)就因行明令住六度

具壽善現復白佛言：

「何等名為諸菩薩摩訶薩方便善巧？諸菩薩摩訶薩行深般若波羅蜜多時，由此方便善巧力故，安立有情令住實際，而能不壞實際之相？」

①令住布施

❶教布施，說空令離著

佛告善現：

「諸菩薩摩訶薩行深般若波羅蜜多時，成就如是方便善巧，由此方便善巧力故，安立有情令住布施。既安立已，為說布施前、後、中際無差別相，謂作是言：『如是布施前、後、中際無不皆空，施者、受者、施所得果亦復皆空。

❷不念不著，得甘露果

如是一切於實際中都無所有、皆不可得。汝等勿執布施、施者、受者、施果各各有異，汝等若能不執布施、施者、受者、施果各異，所修施福則趣甘露得甘露果，定以甘露而作後邊。』

❸諸法自性空故不著一切法

「復作是言：『汝等用此所修布施，勿取色乃至識，勿取眼處乃至意處，勿取色處乃至法處，勿取眼界乃至意界，勿取色界乃至法界，勿取眼識界乃至意識界，勿取眼觸乃至意觸，勿取眼觸為緣所生

諸受乃至意觸為緣所生諸受，勿取地界乃至識界，勿取因緣乃至增上緣，勿取從緣所生諸法，勿取無明乃至老死，勿取布施波羅蜜多乃至般若波羅蜜多，勿取四靜慮、四無量、四無色定，勿取四念住乃至八聖道支，勿取空、無相、無願解脫門，勿取內空乃至無性自性空，勿取真如乃至不思議界，勿取苦、集、滅、道聖諦，勿取八解脫乃至十遍處，勿取淨觀地乃至如來地，勿取極喜地乃至法雲地，勿取一切陀羅尼門、三摩地門，勿取五眼、六神通，勿取如來十力乃至十八佛不共法，勿取三十二大士相、八十隨好，勿取無忘失法、恒住捨性，勿取一切智、道相智、一切相智，勿取預流果乃至獨覺菩提，勿取一切菩薩摩訶薩行，勿取諸佛無上正等菩提，勿取善、非善法，勿取有記、無記法，勿取有漏、無漏法，勿取世間、出世間法，勿取有為、無為法。所以者何？一切布施布施性空，一切施者施者性空，一切受者受者性空，一切施果施果性空，空中布施、施者、受者及諸施果皆不可得。何以故？如是諸法差別自性皆畢竟空，畢竟空中如是諸法不可得故。由此諸法不可得故，餘所取法亦不可得。』*19

②令住淨戒

❶教捨十惡，知諸法無自性

「復次，善現！諸菩薩摩訶薩行深般若波羅蜜多時，成就如是方便善巧，由此方便善巧力故，安立有情令住淨戒。既安立已，復作是言：『汝等今者於諸有情應深慈愍，離斷生命，廣說乃至應離邪見修行正見。所以者何？如是諸法都無自性，汝等不應分別執著。汝等復應如實觀察，何法名生欲斷其命？復以何緣而斷彼命？廣說乃至何法名為所邪見境欲起邪見？復以何緣而起邪見？如是一切自性皆空。』

❷說空離著入涅槃

「善現！是菩薩摩訶薩行深般若波羅蜜多時，成就如是方便善巧，能善成熟諸有情類，以無量門為說布施及淨戒果俱不可得，令知布施及淨戒果自性皆空。彼既了知所修布施及淨戒果自性空已，能於其中不生執著，由不執著心無散亂，無散亂故能發妙慧，由此妙慧永斷隨眠及諸纏已，入無餘依般涅槃界。

❸依世俗諦說得涅槃，不依勝義

「善現！如是依世俗說不依勝義。所以者何？空中無有少法可得，

若已涅槃、若當涅槃、若今涅槃、若涅槃者、若由此故得般涅槃，如是一切都無所有、皆畢竟空，畢竟空性即是涅槃，離此涅槃無別有法。

③令住安忍

❶明教法

1.教修忍辱除瞋恚

「復次，善現！諸菩薩摩訶薩行深般若波羅蜜多時，成就如是方便善巧，由此方便善巧力故，見諸有情心多瞋忿，深生慈愍方便教誡，作如是言：『汝等今者應修安忍樂安忍法，調伏其心受安忍行。

2.說空離著知性空

汝所瞋法自性皆空，云何於中而生瞋忿？汝等復應如實觀察，我由何法而生瞋忿？誰能瞋忿？瞋忿於誰？如是諸法皆本性空，本性空法未曾不空。如是空性非佛所作，非菩薩作，非獨覺作，非聲聞作，亦非天、龍、諸神、藥叉、健達縛、阿素洛、揭路荼、緊捺洛、莫呼洛伽、人非人作，亦非四大王眾天乃至他化自在天作，亦非梵眾天乃至色究竟天作，亦非空無邊處天乃至非想非非想處天作。汝等復應如實觀察，如是瞋忿由何而生？為屬於誰？復於誰起？當獲何果？現得何利？是一切法皆本性空，非空性中有所瞋忿，故應安忍以自饒益。』

3.次第示導令得無上菩提

「如是，善現！諸菩薩摩訶薩行深般若波羅蜜多時，成就最勝方便善巧，安立有情於性空理、性空因果，漸以無上正等菩提示現、勸導、讚勵、慶喜，令善安住速能證得。

4.依世俗說得菩提，不依勝義

善現！如是依世俗說不依勝義。所以者何？本性空中能得、所得、得處、得時一切非有。

❷為利益有情行般若，而有情不可得

善現當知！是名實際本性空理。諸菩薩摩訶薩為欲饒益諸有情故，依此實際本性空理行深般若波羅蜜多，不得有情及彼施設。何以故？善現！以一切法離有情故，有情離故法不可得，法及有情相待立故。

④令住精進

❶教身精進、心精進令滅惡生善

「復次，善現！諸菩薩摩訶薩行深般若波羅蜜多時，成就如是方便善巧，由此方便善巧力故，見諸有情身心懈怠退失精進，方便勸導令其發起身心精進修諸善法，作如是言：『諸善男子！應深信受本性空中無懈怠法、無懈怠者、無懈怠處、無懈怠時、無由此法發生懈怠，如是一切本性皆空不越空理。汝等應發身心精進，捨諸懈怠勤修善法，謂修布施波羅蜜多乃至般若波羅蜜多，若修四靜慮、四無量、四無色定，若修四念住乃至八聖道支，若修空、無相、無願解脫門，若住內空乃至無性自性空，若住真如乃至不思議界，若住苦、集、滅、道聖諦，若修八解脫乃至十遍處，若修淨觀地乃至如來地，若修極喜地乃至法雲地，若修一切陀羅尼門、三摩地門，若修五眼、六神通，若修如來十力乃至十八佛不共法，若修三十二大士相、八十隨好，若修無忘失法、恒住捨性，若修一切智、道相智、一切相智，若修預流果乃至獨覺菩提，若修一切菩薩摩訶薩行，若修諸佛無上正等菩提，若修諸餘無量佛法，應勤精進勿生懈怠，若生懈怠受苦無窮。

❷說空令離著

諸善男子！是一切法皆本性空無諸障礙，汝等應觀本性空理無障礙中無懈怠法、無懈怠者，此處、時、緣亦不可得。』

「如是，善現！諸菩薩摩訶薩行深般若波羅蜜多時，成就殊勝方便善巧，安立有情令住諸法本性空理，雖令安住而無二想。所以者何？本性空理無二無別，非無二法可於其中而作二想。

❸教有情無分別

「復次，善現！是菩薩摩訶薩行深般若波羅蜜多，依本性空教誡教授諸有情類令勤修學，謂作是言：『諸善男子！汝於善法當勤精進，若修布施波羅蜜多乃至般若波羅蜜多時，於此諸法不應思惟二、不二相；若修四靜慮、四無量、四無色定時，於此諸法不應思惟二、不二相；若修四念住乃至八聖道支時，於此諸法不應思惟二、不二相；若修空、無相、無願解脫門時，於此諸法不應思惟二、不二相；若住內空乃至無性自性空時，於此諸法不應思惟二、不二相；若住真如乃至不思議界時，於此諸法不應思惟二、不二相；若住苦、集、滅、道聖諦時，於此諸法不應思惟二、不二相；若修八解脫乃至十遍處時，於此諸法不應思惟二、不二相；

若修淨觀地乃至如來地時，不應思惟二、不二相；若修極喜地乃至法雲地時，於此諸法不應思惟二、不二相；若修一切陀羅尼門、三摩地門時，於此諸法不應思惟二、不二相；若修五眼、六神通時，於此諸法不應思惟二、不二相；若修如來十力乃至十八佛不共法時，於此諸法不應思惟二、不二相；若修三十二大士相、八十隨好時，於此諸法不應思惟二、不二相；若修無忘失法、恒住捨性時，於此諸法不應思惟二、不二相；若修一切智、道相智、一切相智時，於此諸法不應思惟二、不二相；若修預流果乃至獨覺菩提時，於此諸法不應思惟二、不二相；若修一切菩薩摩訶薩行、諸佛無上正等菩提時，於此諸法不應思惟二、不二相；若修諸餘無量佛法時，於此諸法不應思惟二、不二相。何以故？善男子！如是諸法皆本性空，本性空理不應思惟二、不二故。」

❹以方便力成就有情令得聖果

「如是，善現！諸菩薩摩訶薩行深般若波羅蜜多，成就殊勝方便善巧，行菩薩行成熟有情，諸有情類既成熟已，隨其所應漸次安立，或令住預流果，或令住一來果，或令住不還果，或令住阿羅漢果，或令住獨覺菩提，或令住菩薩勝位，或令住無上正等菩提。

⑤令住勝定

❶明教法

1.教修禪定除亂心

「復次，善現！諸菩薩摩訶薩行深般若波羅蜜多時，成就如是方便善巧，由此方便善巧力故，見諸有情心多散亂，於諸欲境不攝諸根，發起種種不寂靜業，見已方便令入勝定，謂作是言：『來！善男子！汝應修習勝三摩地，勿起散亂及勝定想。

2.說空離著不分別

所以者何？是一切法皆本性空，本性空中無法可得、可名散亂或名一心。

3.行性空故，隨所願而得道果

汝等若能住此勝定，所作善事皆速成滿，亦隨所欲住本性空。何等名為所作善事？謂起勝淨身、語、意業，若修布施波羅蜜多乃至般若波羅蜜多，若修四念住乃至八聖道支，若修空、無相、無願解脫門，若住內空乃至無性自性空，若住真如乃至不思議界，若住苦、集、滅、道聖諦，若修四靜慮、四無量、四

無色定，若修八解脫乃至十遍處，若修淨觀地乃至如來地，若趣菩薩正性離生，若修極喜地乃至法雲地，若修一切陀羅尼門、三摩地門，若修五眼、六神通，若修如來十力乃至十八佛不共法，若修三十二大士相、八十隨好，若修無忘失法、恒住捨性，若修一切智、道相智、一切相智，若修聲聞道、獨覺道、菩薩道、如來道，若修預流果乃至獨覺菩提，若修菩薩摩訶薩行及佛無上正等菩提，若成熟有情、嚴淨佛土。如是一切勝淨善法，由勝定力皆速成辦，及隨所願住本性空。』

❷明教利益

「如是，善現！諸菩薩摩訶薩行深般若波羅蜜多方便善巧，從初發心乃至究竟，求作善利常無間斷，為欲利樂諸有情故，從一佛土至一佛土，親近供養諸佛世尊，於諸佛所聽受正法，捨身受身經無量劫，乃至無上正等菩提，於其中間終不忘失。是菩薩摩訶薩得陀羅尼諸根無減。所以者何？是菩薩摩訶薩恒具善修一切智智，諸有所作能善思惟。由具善修一切智智，諸有所作能善思惟，於一切道悉能修習，謂聲聞道、若獨覺道、若菩薩道、若諸佛道、若勝天道、若勝人道、若諸菩薩勝神通道。是菩薩摩訶薩由住殊勝神通道故，常作有情諸利樂事，雖經諸趣生死輪迴，而勝神通常無退減。由無退減異熟神通，常作自他勝饒益事。如是，善現！諸菩薩摩訶薩行深般若波羅蜜多，住本性空方便善巧，能善利樂諸有情類，疾證無上正等菩提。

⑥令住般若

❶明教法

　1.教觀法性空

「復次，善現！諸菩薩摩訶薩行深般若波羅蜜多時，成就如是方便善巧，由此方便善巧力故住本性空，見諸有情智慧薄少，愚癡顛倒造諸惡業，方便引入甚深般若波羅蜜多，作如是言：『來！善男子！應修般若波羅蜜多，觀一切法本性空寂，

　2.趣甘露味果

汝等若能修此般若波羅蜜多，觀一切法本性空寂，諸所修行身、語、意業，皆趣甘露得甘露果，定以甘露而作後邊。

　3.性空中無有退

諸善男子！是一切法皆本性空，本性空中有情及法雖不可得，

而所修行亦無退失。何以故？善男子！本性空理非增非減，本性空中亦無增減法。所以者何？本性空理無性為性，離諸分別絕諸戲論，故於此中無增減法，由此所作亦無退失。是故汝等應修般若波羅蜜多，觀本性空作所應作。』如是，善現！諸菩薩摩訶薩行深般若波羅蜜多，方便善巧教誡教授諸有情類，令入般若波羅蜜多住本性空修諸善業。

❷別攝萬行

1.明他行化他

「善現！是菩薩摩訶薩如是教誡教授有情常無懈廢，謂自常行十善業道，亦勸他常行十善業道；自常受持五近事戒，亦勸他常受持五近事戒；自常受持八近住戒，亦勸他常受持八近住戒；自常受持出家戒，亦勸他常受持出家戒；自常修行四靜慮、四無量、四無色定，亦勸他常修行四靜慮、四無量、四無色定；自常修行四念住乃至八聖道支，亦勸他常修行四念住乃至八聖道支；自常修行空、無相、無願解脫門，亦勸他常修行空、無相、無願解脫門；自常修行布施波羅蜜多乃至般若波羅蜜多，亦勸他常修行布施波羅蜜多乃至般若波羅蜜多；自常安住內空乃至無性自性空，亦勸他常安住內空乃至無性自性空；自常安住真如乃至不思議界，亦勸他常安住真如乃至不思議界；自常安住苦、集、滅、道聖諦，亦勸他常安住苦、集、滅、道聖諦；自常修行八解脫乃至十遍處，亦勸他常修行八解脫乃至十遍處；自常修行諸菩薩地，亦勸他常修行諸菩薩地；自常修行一切陀羅尼門、三摩地門，亦勸他常修行一切陀羅尼門、三摩地門；自常修學五眼、六神通，亦勸他常修學五眼、六神通；自常修學如來十力乃至十八佛不共法，亦勸他常修學如來十力乃至十八佛不共法；自常修學三十二大士相、八十隨好，亦勸他常修學三十二大士相、八十隨好；自常修學無忘失法、恒住捨性，亦勸他常修學無忘失法、恒住捨性；自常修學一切智、道相智、一切相智，亦勸他常修學一切智、道相智、一切相智；自常發起預流果智乃至獨覺菩提智，而不住預流果乃至獨覺菩提，亦勸他常發起預流果智乃至獨覺菩提智，或令住預流果乃至獨覺菩提；自常發起諸菩薩摩訶薩行，亦勸他常發起諸菩薩摩訶薩行；自常發起諸佛無上正等菩提道，亦勸他常發起諸佛

無上正等菩提道。

2.歎能精進行

「如是，善現！諸菩薩摩訶薩行深般若波羅蜜多時，方便善巧自修善業常無懈廢，教誡教授諸有情類令修善業常無懈廢。善現！是名諸菩薩摩訶薩行深般若波羅蜜多時方便善巧。由此方便善巧力故，安立有情於實際中，而能不壞實際之相。」*19

(2)就果德明令住一切相智

①令於一切相智得實觀照 (諸法雖空，不妨行因得果)

爾時，具壽善現白佛言：

「世尊！若一切法皆本性空，本性空中有情及法俱不可得，由此於中亦無非法，云何菩薩摩訶薩為有情類求證無上正等菩提，欲盡未來常作饒益？」

❶由性空故自成菩提，亦為有情說性空法

1.一切法性空不可得

佛告善現：

「如是！如是！如汝所說。諸所有法皆本性空，本性空中有情及法俱不可得，由此於中亦無非法。善現當知！若一切法非本性空，諸菩薩摩訶薩行深般若波羅蜜多時，不應安住本性空理，求證無上正等菩提，為饒益有情說本性空法。以一切法皆本性空，是故菩薩摩訶薩行深般若波羅蜜多時，住一切法本性空理，求證無上正等菩提，為饒益有情說本性空法。

「善現！何等諸法本性皆空，而諸菩薩摩訶薩行深般若波羅蜜多時，如實了知本性空已，住本性空為他說法？善現！色乃至識本性皆空，眼處乃至意處本性皆空，色處乃至法處本性皆空，眼界乃至意界本性皆空，色界乃至法界本性皆空，眼識界乃至意識界本性皆空，眼觸乃至意觸本性皆空，眼觸為緣所生諸受乃至意觸為緣所生諸受本性皆空，地界乃至識界本性皆空，因緣乃至增上緣本性皆空，從緣所生諸法本性皆空，無明乃至老死本性皆空，布施波羅蜜多乃至般若波羅蜜多本性皆空，四靜慮、四無量、四無色定本性皆空，四念住乃至八聖道支本性皆空，空、無相、無願解脫門本性皆空，內空乃至無性自性空本性皆空，真如乃至不思議界本性皆空，苦、集、滅、道聖諦本性皆空，八解脫乃至十遍處本性皆空，淨觀地乃至如來地本性

皆空，極喜地乃至法雲地本性皆空，一切陀羅尼門、三摩地門本性皆空，五眼、六神通本性皆空，如來十力乃至十八佛不共法本性皆空，三十二大士相、八十隨好本性皆空，無忘失法、恒住捨性本性皆空，一切智、道相智、一切相智本性皆空，預流果乃至獨覺菩提本性皆空，一切菩薩摩訶薩行本性皆空，諸佛無上正等菩提本性皆空，永斷一切煩惱習氣相續本性皆空。諸菩薩摩訶薩行深般若波羅蜜多時，如實了知色等諸蘊乃至永斷一切煩惱習氣相續本性空已，住本性空為諸有情宣說如是本性空法。

2.空亦不可得(空亦復自空)

「復次，善現！若內空性本性不空，若外空、內外空、空空、大空、勝義空、有為空、無為空、畢竟空、無際空、散無散空、本性空、自共相空、一切法空、不可得空、無性空、自性空、無性自性空性亦本性不空者，則諸菩薩摩訶薩行深般若波羅蜜多時，不應為諸有情說一切法皆本性空，若作是說壞本性空。然本性空理不可壞，非常非斷。所以者何？本性空理無方無處，無所從來亦無所去。如是空理亦名法住，此中無法、無聚無散、無減無增、無生無滅、無淨無不淨，是一切法本所住性。

❷見一切法性空故，於菩提得不退轉

諸菩薩摩訶薩安住其中，求趣無上正等菩提，不見有法有所求趣，不見有法無所求趣，以一切法都無所住故名法住。諸菩薩摩訶薩安住此中行深般若波羅蜜多，見一切法本性空已，定於無上正等菩提得不退轉。所以者何？是菩薩摩訶薩不見有法能為障礙，見一切法無障礙故，便於無上正等菩提不生疑惑，故不退轉。

❸由悟性空故，能化有情，除諸顛倒

1.明性空無所有

「復次，善現！諸菩薩摩訶薩住一切法本性空中，觀本性空都無所得，謂我、有情、命者、生者、養者、士夫、補特伽羅、意生、儒童、作者、受者、知者、見者皆不可得，色乃至識亦不可得，眼處乃至意處亦不可得，色處乃至法處亦不可得，眼界乃至意界亦不可得，色界乃至法界亦不可得，眼識界乃至意識界亦不可得，眼觸乃至意觸亦不可得，眼觸為緣所生諸受乃至

意觸為緣所生諸受亦不可得，地界乃至識界亦不可得，因緣乃至增上緣亦不可得，從緣所生諸法亦不可得，無明乃至老死亦不可得，布施波羅蜜多乃至般若波羅蜜多亦不可得，內空乃至無性自性空亦不可得，真如乃至不思議界亦不可得，苦、集、滅、道聖諦亦不可得，四念住乃至八聖道支亦不可得，四靜慮、四無量、四無色定亦不可得，八解脫乃至十遍處亦不可得，空、無相、無願解脫門亦不可得，淨觀地乃至如來地亦不可得，極喜地乃至法雲地亦不可得，一切陀羅尼門、三摩地門亦不可得，五眼、六神通亦不可得，如來十力乃至十八佛不共法亦不可得，無忘失法、恒住捨性亦不可得，一切智、道相智、一切相智亦不可得，預流果乃至獨覺菩提亦不可得，一切菩薩摩訶薩行亦不可得，諸佛無上正等菩提亦不可得，善法、非善法亦不可得，有記法、無記法亦不可得，有漏法、無漏法亦不可得，世間法、出世間法亦不可得，有為法、無為法亦不可得，三十二大士相、八十隨好亦不可得。」

(CBETA, T07, no. 220, pp. 394b^2–398c^1)

sher phyin: v.028, pp. 589^{13}–609^{08} 《合論》：v.051, pp. 651^{03}–670^{17}

2.如佛作化人為有情說法

［安立於見道］

70.8 安立他於見道，令諸眾生親證盡滅二取戲論之空性故

卷474〈實際品 78〉：第二分實際品第七十八之二

「善現當知！如有如來、應、正等覺化作四眾，所謂苾芻、苾芻尼、鄔波索迦、鄔波斯迦，假使化佛或經一劫或一劫餘為彼四眾宣說正法，於意云何？如是化眾頗有能得或預流果、或一來果、或不還果、或阿羅漢果、或獨覺菩提，或得無上正等菩提記不？」

善現對曰：

「不也！世尊！何以故？是諸化眾都無實事，非無實法可有得果、可得受記。」

佛告善現：

「諸法亦爾，皆本性空都無實事，於中何等菩薩摩訶薩為何等有

情說何等法，可令證得或預流果、或一來果、或不還果、或阿羅漢果、或獨覺菩提，或得受無上正等菩提記？

3.正明拔有情顛倒

「善現當知！諸菩薩摩訶薩雖為有情宣說空法，而諸有情實不可得，哀愍彼墮顛倒法故，拔濟令住無顛倒法。無顛倒者謂無分別，無分別者無顛倒故，若有分別則有顛倒，彼等流故。

4.無顛倒中無有情、無諸法

「善現當知！顛倒即是無顛倒法，無顛倒中無我、無有情，廣說乃至無知者、無見者，亦無色、受、想、行、識，亦無眼處乃至意處，亦無色處乃至法處，亦無眼界乃至意界，亦無色界乃至法界，亦無眼識界乃至意識界，亦無眼觸乃至意觸，亦無眼觸為緣所生諸受乃至意觸為緣所生諸受，亦無地界乃至識界，亦無因緣乃至增上緣，亦無從緣所生諸法，亦無無明乃至老死，亦無布施波羅蜜多乃至般若波羅蜜多，亦無內空乃至無性自性空，亦無真如乃至不思議界，亦無苦、集、滅、道聖諦，亦無四念住乃至八聖道支，亦無四靜慮、四無量、四無色定，亦無八解脫乃至十遍處，亦無空、無相、無願解脫門，亦無淨觀地乃至如來地，亦無極喜地乃至法雲地，亦無一切陀羅尼門、三摩地門，亦無五眼、六神通，亦無如來十力乃至十八佛不共法，亦無三十二大士相、八十隨好，亦無無忘失法、恒住捨性，亦無一切智、道相智、一切相智，亦無預流果乃至獨覺菩提，亦無一切菩薩摩訶薩行，亦無諸佛無上正等菩提。

5.以性空破顛倒想

「善現！此無所有即本性空，諸菩薩摩訶薩行深般若波羅蜜多時，安住此中見諸有情墮顛倒想，方便善巧令得解脫，謂令解脫無我我想、無有情有情想，廣說乃至無知者知者想、無見者見者想，亦令解脫無常常想、無樂樂想、無我我想、不淨淨想，亦令解脫無色、受、想、行、識色、受、想、行、識想，亦令解脫無眼處乃至意處眼處乃至意處想，亦令解脫無色處乃至法處色處乃至法處想，亦令解脫無眼界乃至意界眼界乃至意界想，亦令解脫無色界乃至法界色界乃至法界想，亦令解脫無眼識界乃至意識界眼識界乃至意識界想，亦令解脫無眼觸乃至意觸眼觸乃至意觸想，亦令解脫無眼觸為緣所生諸受乃至意觸為

緣所生諸受眼觸為緣所生諸受乃至意觸為緣所生諸受想，亦令解脫無地界乃至識界地界乃至識界想，亦令解脫無因緣乃至增上緣因緣乃至增上緣想，亦令解脫無從緣所生諸法從緣所生諸法想，亦令解脫無無明乃至老死無明乃至老死想，亦令解脫無布施波羅蜜多乃至般若波羅蜜多布施波羅蜜多乃至般若波羅蜜多想，亦令解脫無內空乃至無性自性空內空乃至無性自性空想，亦令解脫無真如乃至不思議界真如乃至不思議界想，亦令解脫無苦、集、滅、道聖諦苦、集、滅、道聖諦想，亦令解脫無四念住乃至八聖道支四念住乃至八聖道支想，亦令解脫無四靜慮、四無量、四無色定四靜慮、四無量、四無色定想，亦令解脫無八解脫乃至十遍處八解脫乃至十遍處想，亦令解脫無空、無相、無願解脫門空、無相、無願解脫門想，亦令解脫無淨觀地乃至如來地淨觀地乃至如來地想，亦令解脫無極喜地乃至法雲地極喜地乃至法雲地想，亦令解脫無一切陀羅尼門、三摩地門一切陀羅尼門、三摩地門想，亦令解脫無五眼、六神通五眼、六神通想，亦令解脫無如來十力乃至十八佛不共法如來十力乃至十八佛不共法想，亦令解脫無三十二大士相、八十隨好三十二大士相、八十隨好想，亦令解脫無無忘失法、恒住捨性無忘失法、恒住捨性想，亦令解脫無一切智、道相智、一切相智一切智、道相智、一切相智想，亦令解脫無預流果乃至獨覺菩提預流果乃至獨覺菩提想，亦令解脫無一切菩薩摩訶薩行一切菩薩摩訶薩行想，亦令解脫無諸佛無上正等菩提諸佛無上正等菩提想，亦令解脫五取蘊等諸有漏法。*20

②由性空故，自證佛果，巧便化他

❶菩薩為性空故求菩提，前中後際本常空

「亦令解脫四念住等諸無漏法。

所以者何？四念住等諸無漏法，非如勝義無生無滅、無相無為、無戲論無分別，是故亦應解脫。彼法真勝義者即本性空，此本性空即是諸佛所證無上正等菩提。

「善現當知！此中無我乃至見者可得，亦無色乃至識可得，亦無眼處乃至意處可得，亦無色處乃至法處可得，亦無眼界乃至意界可得，亦無色界乃至法界可得，亦無眼識界乃至意識界可得，亦無眼觸乃至意觸可得，亦無眼觸為緣所生諸受乃至意觸為緣所生諸

受可得，亦無地界乃至識界可得，亦無因緣乃至增上緣可得，亦無從緣所生諸法可得，亦無無明乃至老死可得，亦無布施波羅蜜多乃至般若波羅蜜多可得，亦無內空乃至無性自性空可得，亦無真如乃至不思議界可得，亦無苦、集、滅、道聖諦可得，亦無四念住乃至八聖道支可得，亦無四靜慮、四無量、四無色定可得，亦無八解脫乃至十遍處可得，亦無空、無相、無願解脫門可得，亦無淨觀地乃至如來地可得，亦無極喜地乃至法雲地可得，亦無一切陀羅尼門、三摩地門可得，亦無五眼、六神通可得，亦無如來十力乃至十八佛不共法可得，亦無三十二大士相、八十隨好可得，亦無無忘失法、恒住捨性可得，亦無一切智、道相智、一切相智可得，亦無預流果乃至獨覺菩提可得，亦無一切菩薩摩訶薩行可得，亦無諸佛無上正等菩提可得。

「善現當知！諸菩薩摩訶薩不為無上正等菩提道故求趣無上正等菩提，但為諸法本性空故求趣無上正等菩提。是本性空前、後、中際常本性空，未曾不空。

❷歎性空能成化他行

諸菩薩摩訶薩住本性空波羅蜜多，為欲度脫諸有情類執有情想及法想故行道相智。是菩薩摩訶薩行道相智時，即得一切道，謂聲聞道、若獨覺道、若菩薩道、若諸佛道。

「善現當知！是菩薩摩訶薩於一切道得圓滿已，便能成熟所化有情，亦能嚴淨所求佛土，留諸壽行趣證無上正等菩提。既證無上正等菩提，能令佛眼常無斷壞。何謂佛眼？謂本性空。過去未來現在諸佛住十方界為諸有情宣說正法，無不皆以此本性空而為佛眼。

❸由悟性空故得道果

1.離本性空，無道無道果

「善現當知！定無諸佛離本性空而出世者，諸佛出世無不皆說本性空義，所化有情要聞佛說本性空理，乃入聖道得聖道果，離本性空無別方便。

「是故，善現！諸菩薩摩訶薩欲證無上正等菩提，應正安住本性空理，修行六種波羅蜜多及餘菩薩摩訶薩行。若正安住本性空理，修行六種波羅蜜多及餘菩薩摩訶薩行，終不退失一切智智，常能利樂一切有情。」

2.諸法不異性空

爾時，具壽善現白佛言：

「世尊！諸菩薩摩訶薩甚為希有，雖行一切法皆本性空，而於本性空常無失壞，謂不執色乃至識異本性空，亦不執眼處乃至意處異本性空，亦不執色處乃至法處異本性空，亦不執眼界乃至意界異本性空，亦不執色界乃至法界異本性空，亦不執眼識界乃至意識界異本性空，亦不執眼觸乃至意觸異本性空，亦不執眼觸為緣所生諸受乃至意觸為緣所生諸受異本性空，亦不執地界乃至識界異本性空，亦不執因緣乃至增上緣異本性空，亦不執從緣所生諸法異本性空，亦不執無明乃至老死異本性空，亦不執布施波羅蜜多乃至般若波羅蜜多異本性空，亦不執內空乃至無性自性空異本性空，亦不執真如乃至不思議界異本性空，亦不執苦、集、滅、道聖諦異本性空，亦不執四念住乃至八聖道支異本性空，亦不執四靜慮、四無量、四無色定異本性空，亦不執八解脫乃至十遍處異本性空，亦不執空、無相、無願解脫門異本性空，亦不執淨觀地乃至如來地異本性空，亦不執極喜地乃至法雲地異本性空，亦不執一切陀羅尼門、三摩地門異本性空，亦不執五眼、六神通異本性空，亦不執如來十力乃至十八佛不共法異本性空，亦不執三十二大士相、八十隨好異本性空，亦不執無忘失法、恒住捨性異本性空，亦不執一切智、道相智、一切相智異本性空，亦不執預流果乃至獨覺菩提異本性空，亦不執一切菩薩摩訶薩行異本性空，亦不執諸佛無上正等菩提異本性空。

「世尊！色即是本性空，本性空即是色，如是乃至諸佛無上正等菩提即是本性空，本性空即是諸佛無上正等菩提。」

3.知諸法本空，不壞諸法相

佛告善現：

「如是！如是！如汝所說。諸菩薩摩訶薩甚為希有，雖行一切法皆本性空，而於本性空常無失壞。

「善現當知！色不異本性空，本性空不異色，色即是本性空，本性空即是色，如是乃至諸佛無上正等菩提不異本性空，本性空不異諸佛無上正等菩提，諸佛無上正等菩提即是本性空，本性空即是諸佛無上正等菩提。

「善現當知！若色異本性空，本性空異色，色非本性空，本性空非色，如是乃至諸佛無上正等菩提異本性空，本性空異諸佛無上正等菩提，諸佛無上正等菩提非本性空，本性空非諸佛無上正等菩提者，則諸菩薩摩訶薩行深般若波羅蜜多時，不應觀一切法皆本性空，亦不應能證得一切智智。以色不異本性空，本性空不異色，色即是本性空，本性空即是色，如是乃至諸佛無上正等菩提不異本性空，本性空不異諸佛無上正等菩提，諸佛無上正等菩提即是本性空，本性空即是諸佛無上正等菩提故，諸菩薩摩訶薩行深般若波羅蜜多時，觀一切法皆本性空，而能證得一切智智。所以者何？離本性空無有一法是實、是常、可壞、可斷，本性空中亦無一法是實、是常、可壞、可斷，但諸愚夫迷謬顛倒起別異想，謂分別色異本性空，或分別受、想、行、識異本性空，如是乃至或分別一切菩薩摩訶薩行異本性空，或分別諸佛無上正等菩提異本性空。是諸愚夫分別諸法與本性空有差別故，不如實知色，不如實知受、想、行、識。由不知故便執著色，執著受、想、行、識。由執著故便於色計我、我所，於受、想、行、識計我、我所。由妄計故著內外物，受後身色、受、想、行、識，由此不能解脫諸趣生老病死愁憂苦惱，往來三有輪轉無窮。

4.行性空法，不壞性空相

「由此因緣，諸菩薩摩訶薩住本性空波羅蜜多，行深般若波羅蜜多，不執受色，亦不壞色若空不空；不執受受、想、行、識，亦不壞受、想、行、識若空不空。如是乃至不執受一切菩薩摩訶薩行，亦不壞一切菩薩摩訶薩行若空若不空；不執受諸佛無上正等菩提，亦不壞諸佛無上正等菩提若空若不空。所以者何？色不壞空，空不壞色，謂此是色，此是空；受、想、行、識不壞空，空不壞受、想、行、識，謂此是受、想、行、識，此是空。如是乃至一切菩薩摩訶薩行不壞空，空不壞一切菩薩摩訶薩行，謂此是一切菩薩摩訶薩行，此是空；諸佛無上正等菩提不壞空，空不壞諸佛無上正等菩提，謂此是諸佛無上正等菩提，此是空。譬如虛空不壞虛空，內虛空界不壞外虛空界，外虛空界不壞內虛空界。如是，善現！色不壞空，空不壞色；受、想、行、識不壞空，空不壞受、想、行、識。所以者何？如是諸法

俱無自性，不可分別，謂此是空，此是不空。如是乃至一切菩薩摩訶薩行不壞空，空不壞一切菩薩摩訶薩行；諸佛無上正等菩提不壞空，空不壞諸佛無上正等菩提。所以者何？如是諸法俱無自性，不可分別，謂此是空，此是不空。」*20

③雖諸法性空無別，而菩薩離分別取捨具足萬行，得菩提

❶歎菩提寂滅，離分別取捨

爾時，具壽善現白佛言：

「世尊！若一切法皆本性空，都無差別，諸菩薩摩訶薩為住何處發趣無上正等菩提？諸佛無上正等菩提無二行相，非二行相能證無上正等菩提，唯願世尊哀愍為說！」

1.分別取二相者不得菩提，不二不分別者能得

佛告善現：

「如是！如是！如汝所說。諸佛無上正等菩提無二行相，非二行相能證無上正等菩提。所以者何？菩提無二亦無分別，若於菩提行於二相有分別者，必不能證所求無上正等菩提。

「善現當知！諸菩薩摩訶薩不於菩提行於二相，亦不分別，都無所住，發趣無上正等菩提。諸菩薩摩訶薩於一切法不行二相，亦不分別，都無所行，則能證得所求無上正等菩提。

「善現當知！諸菩薩摩訶薩所求無上正等菩提，非行二相而能證得。諸菩薩摩訶薩所有菩提都無所行，謂不於色行，亦不於受、想、行、識行，如是乃至不於一切菩薩摩訶薩行行，亦不於諸佛無上正等菩提行。所以者何？諸菩薩摩訶薩所有菩提，不緣名聲執我、我所，謂不作是念：『我行於色，我行於受、想、行、識。』如是乃至不作是念：『我行於一切菩薩摩訶薩行，我行於諸佛無上正等菩提。』

「復次，善現！諸菩薩摩訶薩所有菩提，非取故行，非捨故行。」

2.化人喻

具壽善現白言：

「世尊！若菩薩摩訶薩所有菩提，非取故行，非捨故行，諸菩薩摩訶薩所有菩提當何處行？」

佛告善現：

「於意云何？如來化身所有菩提當何處行？為取故行？為捨故行？」

善現對曰：

「不也！世尊！如來化身實無所有，如何可說所有菩提有所行處若取、若捨？」

3.阿羅漢夢喻

佛告善現：

「於意云何？諸阿羅漢夢中菩提當何處行？為取故行？為捨故行？」

善現對曰：

「不也！世尊！諸阿羅漢諸漏永盡，惛沈睡眠蓋纏俱滅，畢竟無夢，云何當有夢中菩提有所行處若取、若捨？」

佛告善現：

「如是！如是！如汝所說。諸阿羅漢畢竟無夢，惛沈睡眠分別盡故，諸菩薩摩訶薩行深般若波羅蜜多，所有菩提亦復如是，非取故行，非捨故行，都無行處，達一切法本性空故。」

❷菩提雖寂滅，須具萬行乃得

1.具足萬行乃得菩提，知諸法空寂

(1)具壽善現復白佛言：

「若菩薩摩訶薩行深般若波羅蜜多所有菩提，非取故行，非捨故行，都無行處，謂不行於色，亦不行於受、想、行、識，如是乃至不行於一切菩薩摩訶薩行，亦不行於諸佛無上正等菩提者，豈不菩薩摩訶薩為欲饒益諸有情故，不行布施波羅蜜多乃至般若波羅蜜多，不行內空乃至無性自性空，不行真如乃至不思議界，不行苦、集、滅、道聖諦，不行四念住乃至八聖道支，不行四靜慮、四無量、四無色定，不行八解脫乃至十遍處，不行空、無相、無願解脫門，不行極喜地乃至法雲地，不行一切陀羅尼門、三摩地門，不行五眼、六神通，不行如來十力乃至十八佛不共法，不行三十二大士相、八十隨好，不行無忘失法、恒住捨性，不行一切智、道相智、一切相智，不住菩薩殊勝神通成熟有情、嚴淨佛土，而得無上正等菩提？」

佛告善現：

「諸菩薩摩訶薩所有菩提雖無行處，而諸菩薩摩訶薩為欲饒益諸有情故，要行布施波羅蜜多乃至般若波羅蜜多，如是乃至

要行一切智、道相智、一切相智，要住菩薩殊勝神通成熟有情、嚴淨佛土，乃得無上正等菩提。」

(2)具壽善現復白佛言：

「諸菩薩摩訶薩所有菩提若無行處，將無菩薩摩訶薩為欲饒益諸有情故，不住布施波羅蜜多乃至般若波羅蜜多久修令滿，如是乃至不住一切智、道相智、一切相智久修令滿，不住菩薩殊勝神通成熟有情、嚴淨佛土久修令滿，而得無上正等菩提？」

佛告善現：

「諸菩薩摩訶薩所有菩提雖無行處，而諸菩薩摩訶薩為欲饒益諸有情故，要住布施波羅蜜多乃至般若波羅蜜多久修令滿，如是乃至要住一切智、道相智、一切相智久修令滿，要住菩薩殊勝神通成熟有情、嚴淨佛土久修令滿，乃得無上正等菩提。善現當知！若菩薩摩訶薩修諸善根未總圓滿，終不能得所求無上正等菩提。

(3)「善現當知！若菩薩摩訶薩欲得無上正等菩提，應住色本性空，應住受、想、行、識本性空，如是乃至應住一切菩薩摩訶薩行本性空，應住諸佛無上正等菩提本性空，應住一切法本性空，應住一切有情本性空，修行布施波羅蜜多乃至般若波羅蜜多令得圓滿，如是乃至修行一切智、道相智、一切相智令得圓滿，修行菩薩殊勝神通成熟有情、嚴淨佛土令圓滿已，便得無上正等菩提。

「善現當知！是一切法本性空理及諸有情本性空理，最極寂靜，無有少法能增能減、能生能滅、能斷能常、能染能淨、能得果、能現觀。」

(CBETA, T07, no. 220, pp. 398c⁹–402a²⁵)

sher phyin: v.028, pp. 609⁰⁸–627¹⁸ 《合論》: v.051, pp. 670¹⁸–689¹⁶

2.依世諦故說得菩提，非勝義

[安立於修道]

[安立於第二第三地]

70.9 安立他於修道中第二地、第三地者，由令了知彼二地所攝諸法，皆唯假名安立於尸羅、安忍故

卷474〈實際品 78〉：

「善現當知！諸菩薩摩訶薩依世俗故，說修般若波羅蜜多，如實
　了知本性空已，證得無上正等菩提，不依勝義。所以者何？真
　勝義中無色可得，亦無受、想、行、識可得，如是乃至無一切
　菩薩摩訶薩行可得，亦無諸佛無上正等菩提可得；無行一切菩
　薩摩訶薩行者可得，亦無行諸佛無上正等菩提者可得。善現！
　如是諸法皆依世俗言說施設，不依勝義。」

「善現！諸菩薩摩訶薩行深般若波羅蜜多，從初發心雖極猛利為
　諸有情行菩提行，而於此心都無所得，於諸有情亦無所得，於
　大菩提亦無所得，於佛、菩薩亦無所得，以一切法、一切有情
　不可得故。」

3.以善現所證聲聞道，例證佛菩提

爾時，具壽善現白佛言：

「世尊！若一切法都無所有，皆不可得，云何菩薩摩訶薩行菩提
　行？云何能得所求無上正等菩提？誰行菩提行？誰復能證
　得？」

佛告善現：

「於意云何？汝於先時依止斷界，斷諸煩惱得無漏根，住無間定
　得預流果，次一來果，次不還，後阿羅漢果，汝於彼時頗見
　有情若心、若道、若諸道果有可得不？」

善現對曰：「不也！世尊！」

佛告善現：

「若汝彼時依止斷界，斷諸煩惱得無漏根，於有情心、道及道果
　都無所得，云何言得阿羅漢果？」

善現對曰：「依世俗說，不依勝義。」

佛告善現：

「如是！如是！如汝所說。諸菩薩摩訶薩亦復如是，依世俗說行
　菩提道及得無上正等菩提，不依勝義。

「善現當知！依世俗故假說有色、受、想、行、識，如是乃至依
　世俗故假說有一切菩薩摩訶薩行、諸佛無上正等菩提，依世俗
　故假說有情、菩薩、諸佛，不依勝義。

「善現當知！諸菩薩摩訶薩不見有法能於無上正等菩提有增有
　減、有益有損，以一切法本性空故。

「善現當知！諸菩薩摩訶薩於一切法，觀本性空尚不可得，況初
　發心而有可得！最初發心尚不可得，況修布施波羅蜜多乃至般

若波羅蜜多而有可得！況住內空乃至無性自性空而有可得！況住真如乃至不思議界而有可得！況住苦、集、滅、道聖諦而有可得！況修四念住乃至八聖道支而有可得！況修四靜慮、四無量、四無色定而有可得！況修八解脫乃至十遍處而有可得！況修空、無相、無願解脫門而有可得！況修極喜地乃至法雲地而有可得！況修一切陀羅尼門、三摩地門而有可得！況修五眼、六神通而有可得！況修如來十力乃至十八佛不共法而有可得！況修三十二大士相、八十隨好而有可得！況修無忘失法、恒住捨性而有可得！況修一切智、道相智、一切相智而有可得！況修一切菩薩摩訶薩行而有可得！況修諸佛無上正等菩提而有可得！

「善現！諸菩薩摩訶薩於所修住一切佛法若有所得，無有是處。如是，善現！諸菩薩摩訶薩行深般若波羅蜜多，方便修行大菩提行，證得無上正等菩提，利樂有情常無間斷。」*20

(CBETA, T07, no. 220, p. 402a25–c19)

sher phyin: v.028, pp. 627[18]–630[10] 《合論》: v.051, pp. 689[17]–692[20]

[4]以方便力故具足菩提道，能得佛道，度有情
1.明以方便力行菩提道

[安立於第四第五第六地]

> 70.10 令第四地了知菩提分慧，第五地了知四聖諦慧，第六地了知緣起慧知勝義無所得故

安立於第四地、第五地、第六地者，由令第四地了知菩提分慧；第五地了知四聖諦慧；第六地了知緣起慧中，皆知一切諸法勝義無所得故。

(1)云何修菩提道圓滿

卷 474〈無闕品 79〉：第二分無闕品第七十九之一

爾時，具壽善現白佛言：

「世尊！若菩薩摩訶薩雖勤精進修行布施波羅蜜多乃至般若波羅蜜多，安住內空乃至無性自性空，安住真如乃至不思議界，安住苦、集、滅、道聖諦，修行四念住乃至八聖道支，修行四靜慮、四無量、四無色定，修行八解脫乃至十遍處，修行空、無相、無願解脫門，修行極喜地乃

至法雲地，修行一切陀羅尼門、三摩地門，修行五眼、六神通，修行如來十力乃至十八佛不共法，修行三十二大士相、八十隨好，修行無忘失法、恒住捨性，修行一切智、道相智、一切相智，修行一切菩薩摩訶薩行，修行諸佛無上正等菩提，若菩提道修未圓滿，不能證得所求無上正等菩提。世尊！云何菩薩摩訶薩修菩提道令得圓滿，能證無上正等菩提？」

(2)以方便善巧力行

①舉布施度明方便行，不得三事亦不離三事

佛告善現：

「若菩薩摩訶薩行深般若波羅蜜多時，具足殊勝方便善巧，由此方便善巧力故，修行布施波羅蜜多時，不得布施，不得施者，不得受者，亦不遠離如是諸法而行布施波羅蜜多，是菩薩摩訶薩如是施時，能具照明三菩提道，修菩提道速能成就。

②例餘

如是，善現！諸菩薩摩訶薩行深般若波羅蜜多，方便善巧修菩提道令得圓滿，能證無上正等菩提。如是，善現！若菩薩摩訶薩行深般若波羅蜜多時，具足殊勝方便善巧，由此方便善巧力故，修行淨戒、安忍、精進、靜慮、般若波羅蜜多，廣說乃至修行一切菩薩摩訶薩行、諸佛無上正等菩提，隨其所應皆當廣說。」*21

2.以方便力學般若，無取著得無上菩提

(1)於諸法不合不離習般若

爾時，具壽舍利子白佛言：

「世尊！云何菩薩摩訶薩行深般若波羅蜜多時，勇猛正勤修菩提道？」

佛告舍利子：

「若菩薩摩訶薩行深般若波羅蜜多時方便善巧，不和合色、受、想、行、識，不離散色、受、想、行、識；不和合眼處乃至意處，不離散眼處乃至意處；不和合色處乃至法處，不離散色處乃至法處；不和合眼界乃至意界，不離散眼界乃至意界；不和合色界乃至法界，不離散色界乃至法界；不和合眼識界乃至意識界，不離散眼識界乃至意識界；不和合眼觸乃至意觸，不離散眼觸乃至意觸；不和合眼觸為緣所生諸受乃至意觸為緣所生諸受，不離散眼觸為緣所生諸受乃至意觸為緣所生諸受；不和合地界乃至識界，不離散地界乃至識界；不和合因緣乃至

增上緣，不離散因緣乃至增上緣；不和合從緣所生諸法，不離散從緣所生諸法；不和合無明乃至老死，不離散無明乃至老死。所以者何？如是諸法皆無自性可合、離故。

「舍利子！若菩薩摩訶薩行深般若波羅蜜多時方便善巧，不和合布施波羅蜜多乃至般若波羅蜜多，不離散布施波羅蜜多乃至般若波羅蜜多；不和合內空乃至無性自性空，不離散內空乃至無性自性空；不和合真如乃至不思議界，不離散真如乃至不思議界；不和合苦、集、滅、道聖諦，不離散苦、集、滅、道聖諦；不和合四念住乃至八聖道支，不離散四念住乃至八聖道支；不和合四靜慮、四無量、四無色定，不離散四靜慮、四無量、四無色定；不和合八解脫乃至十遍處，不離散八解脫乃至十遍處；不和合空、無相、無願解脫門，不離散空、無相、無願解脫門；不和合淨觀地乃至如來地，不離散淨觀地乃至如來地；不和合極喜地乃至法雲地，不離散極喜地乃至法雲地；不和合一切陀羅尼門、三摩地門，不離散一切陀羅尼門、三摩地門；不和合五眼、六神通，不離散五眼、六神通；不和合如來十力乃至十八佛不共法，不離散如來十力乃至十八佛不共法；不和合三十二大士相、八十隨好，不離散三十二大士相、八十隨好；不和合無忘失法、恒住捨性，不離散無忘失法、恒住捨性；不和合一切智、道相智、一切相智，不離散一切智、道相智、一切相智；不和合預流果乃至獨覺菩提，不離散預流果乃至獨覺菩提；不和合一切菩薩摩訶薩行，不離散一切菩薩摩訶薩行；不和合諸佛無上正等菩提，不離散諸佛無上正等菩提。所以者何？如是諸法皆無自性可合、離故。

「如是，舍利子！諸菩薩摩訶薩行深般若波羅蜜多時，勇猛正勤修菩提道。」

(2)應學無取般若證菩提

時，舍利子復白佛言：

「若一切法都無自性可合、離者，云何菩薩摩訶薩引發般若波羅蜜多於中修學？世尊！若菩薩摩訶薩不學般若波羅蜜多，終不能得所求無上正等菩提。」

①學般若不離方便力，可證得菩提

佛告舍利子：

「如是！如是！如汝所說。若菩薩摩訶薩不學般若波羅蜜多，終不能得所求無上正等菩提。舍利子！諸菩薩摩訶薩要學般若波羅蜜多，

乃能證得所求無上正等菩提。舍利子！諸菩薩摩訶薩所求無上正等
菩提，要有方便善巧乃能證得，非無方便善巧而能證得。

②諸法皆不可得故不應取，應於中學

「舍利子！諸菩薩摩訶薩行深般若波羅蜜多時，若見有法自性可得則
應可取，不見有法自性可得當何所取？所謂不取此是般若波羅蜜多
乃至布施波羅蜜多，此是色乃至識，此是眼處乃至意處，此是色處
乃至法處，此是眼界乃至意界，此是色界乃至法界，此是眼識界乃
至意識界，此是眼觸乃至意觸，此是眼觸為緣所生諸受乃至意觸為
緣所生諸受，此是地界乃至識界，此是因緣乃至增上緣，此是從緣
所生諸法，此是無明乃至老死，此是內空乃至無性自性空，此是真
如乃至不思議界，此是苦、集、滅、道聖諦，此是四念住乃至八聖
道支，此是四靜慮、四無量、四無色定，此是八解脫乃至十遍處，
此是空、無相、無願解脫門，此是淨觀地乃至如來地，此是極喜地
乃至法雲地，此是一切陀羅尼門、三摩地門，此是五眼、六神通，
此是如來十力乃至十八佛不共法，此是三十二大士相、八十隨好，
此是無忘失法、恒住捨性，此是一切智、道相智、一切相智，此是
預流果乃至獨覺菩提，此是一切菩薩摩訶薩行，此是諸佛無上正等
菩提，此是異生、此是聲聞、此是獨覺、此是菩薩、此是如來。」

(CBETA, T07, no. 220, pp. 402c^{20}–404a^{14})

卷 475〈無闕品 79〉：第二分無闕品第七十九之二

「舍利子！諸菩薩摩訶薩行深般若波羅蜜多，如實了知一切法性皆不
可取，所謂般若波羅蜜多乃至布施波羅蜜多皆不可取，色乃至識亦
不可取，眼處乃至意處亦不可取，色處乃至法處亦不可取，眼界乃
至意界亦不可取，色界乃至法界亦不可取，眼識界乃至意識界亦不
可取，眼觸乃至意觸亦不可取，眼觸為緣所生諸受乃至意觸為緣所
生諸受亦不可取，地界乃至識界亦不可取，因緣乃至增上緣亦不可
取，從緣所生諸法亦不可取，無明乃至老死亦不可取，內空乃至無
性自性空亦不可取，真如乃至不思議界亦不可取，苦、集、滅、道
聖諦亦不可取，四念住乃至八聖道支亦不可取，四靜慮、四無量、
四無色定亦不可取，八解脫乃至十遍處亦不可取，空、無相、無願
解脫門亦不可取，淨觀地乃至如來地亦不可取，極喜地乃至法雲地
亦不可取，一切陀羅尼門、三摩地門亦不可取，五眼、六神通亦不
可取，如來十力乃至十八佛不共法亦不可取，三十二大士相、八十

隨好亦不可取，無忘失法、恒住捨性亦不可取，一切智、道相智、一切相智亦不可取，預流果乃至獨覺菩提亦不可取，一切菩薩摩訶薩行亦不可取，諸佛無上正等菩提亦不可取，一切異生、聲聞、獨覺、菩薩、如來亦不可取。

「舍利子！諸菩薩摩訶薩行深般若波羅蜜多，如實了知一切法性不可取故，於一切法得無障礙。舍利子！此不可取波羅蜜多即是無障波羅蜜多，如是無障波羅蜜多即是般若波羅蜜多，諸菩薩摩訶薩應於中學。

③學相、般若、菩提不可得

舍利子！若菩薩摩訶薩能於中學，於一切法都無所得，尚不得學，況得無上正等菩提！況得般若波羅蜜多！況得異生、聲聞、獨覺、菩薩、佛法！

何以故？舍利子！無有少法實有自性。

於無自性一切法中，何等是異生法？何等是預流法？何等是一來法？何等是不還法？何等是阿羅漢法？何等是獨覺法？何等是菩薩法？何等是如來法？

舍利子！如是諸法既不可得，依何等法可施設有補特伽羅？補特伽羅既不可得，云何可說此是異生，此是預流，此是一來，此是不還，此是阿羅漢，此是獨覺，此是菩薩，此是如來？」

(3)諸法無性，云何分別凡夫乃至如來

①舍利子問

時，舍利子白言：

「世尊！若一切法都無自性、皆非實有，依何等事而可了知此是異生，此是異生法？廣說乃至此是如來，此是如來法？」

②佛答

❶明凡夫顛倒著相

佛告舍利子：

「於汝意云何？為實有色或曾或當如諸愚夫異生執不？為實有受、想、行、識或曾或當如諸愚夫異生執不？如是乃至為實有一切菩薩摩訶薩行或曾或當如諸愚夫異生執不？為實有諸佛無上正等菩提或曾或當如諸愚夫異生執不？為實有異生、預流、一來、不還、阿羅漢、獨覺、菩薩、如來或曾或當如諸愚夫異生執不？」

舍利子言：「不也！世尊！但由顛倒愚夫異生有如是執。」

❷明菩薩見法無性而能發菩提心

佛告舍利子：

「諸菩薩摩訶薩行深般若波羅蜜多方便善巧，雖觀諸法都無自性、
皆非實有，而依世俗求趣無上正等菩提，為諸有情方便宣說，令
得正解離諸顛倒。」

(CBETA, T07, no. 220, p. 404a²²–c²¹)

sher phyin:　v.028, pp. 631⁰¹–639⁰⁷　《合論》：v.051, pp. 693⁰¹–701⁰⁶

(4)知諸法性空無根本可住故不退懈

[安立於第七地]

70.11 安立於第七地者，令以彼地所攝方便善巧
波羅蜜多成熟諸有情故

卷475〈無闕品 79〉：時，舍利子復白佛言：

「云何菩薩摩訶薩行深般若波羅蜜多時方便善巧，雖觀諸法都無自性、
皆非實有，而依世俗求趣無上正等菩提，為諸有情方便宣說，令得正
解離諸顛倒？」

佛告舍利子：

「諸菩薩摩訶薩行深般若波羅蜜多時，成就如是方便善巧，謂都不見有
少實法可於中住，由於中住而有罣礙，由罣礙故而有退沒，由退沒故
心便劣弱，心劣弱故便生懈怠。

「舍利子！以一切法都無實事，離我、我所，皆以無性而為自性，本性
空寂、自相空寂，唯有一切愚夫異生迷謬顛倒，執著色蘊乃至識蘊，
執著眼處乃至意處，執著色處乃至法處，執著眼界乃至意界，執著色
界乃至法界，執著眼識界乃至意識界，執著眼觸乃至意觸，執著眼觸
為緣所生諸受乃至意觸為緣所生諸受，執著地界乃至識界，執著因緣
乃至增上緣，執著從緣所生諸法，執著無明乃至老死，執著布施波羅
蜜多乃至般若波羅蜜多，執著內空乃至無性自性空，執著真如乃至不
思議界，執著苦、集、滅、道聖諦，執著四念住乃至八聖道支，執著
四靜慮、四無量、四無色定，執著八解脫乃至十遍處，執著空、無相、
無願解脫門，執著淨觀地乃至如來地，執著極喜地乃至法雲地，執著
一切陀羅尼門、三摩地門，執著五眼、六神通，執著如來十力乃至十
八佛不共法，執著三十二大士相、八十隨好，執著無忘失法、恒住捨
性，執著一切智、道相智、一切相智，執著預流果乃至獨覺菩提，執

67-97

著一切菩薩摩訶薩行，執著諸佛無上正等菩提，執著異生、預流、一來、不還、阿羅漢、獨覺、菩薩、如來。*21

3.以般若成就故，能度有情而無所度

(1)以方便力為有情說法

①方便說法

❶為說世間善

「由是因緣，諸菩薩摩訶薩觀一切法都無實事，離我、我所，皆以無性而為自性，本性空寂、自相空寂，行深般若波羅蜜多，自立如幻師為有情說法，諸慳貪者為說布施，諸破戒者為說淨戒，諸忿恚者為說安忍，諸懈怠者為說精進，諸散亂者為說靜慮，諸愚癡者為說般若。

❷為說出世法

是菩薩摩訶薩安立有情，令住布施乃至般若波羅蜜多已，復為宣說能出生死殊勝聖法，令諸有情依之修學，或得預流果，或得一來果，或得不還果，或得阿羅漢果，或得獨覺菩提，或入菩薩正性離生，或住菩薩摩訶薩地，或證無上正等菩提。」

②無有所得之過失

時，舍利子復白佛言：

「諸菩薩摩訶薩行深般若波羅蜜多時，云何不名有所得者？謂諸有情實無所有，而令安住布施波羅蜜多乃至般若波羅蜜多，復為宣說能出生死殊勝聖法，或令得預流果，乃至或令證得無上正等菩提。」

佛告舍利子：

「諸菩薩摩訶薩行深般若波羅蜜多時，於諸有情非有所得。何以故？舍利子！是菩薩摩訶薩行深般若波羅蜜多時，不見有情少實可得，唯有世俗假說有情。

③安住二諦中，以方便力為有情說法

舍利子！是菩薩摩訶薩行深般若波羅蜜多時，安住二諦為諸有情宣說正法。何謂二諦？一、世俗諦。二、勝義諦。舍利子！雖二諦中有情施設俱不可得，而諸菩薩摩訶薩行深般若波羅蜜多時，方便善巧為諸有情宣說正法，令諸有情聞正法已，於現法中尚不得我，何況當得所求果證及能得者！如是，舍利子！諸菩薩摩訶薩行深般若波羅蜜多時，方便善巧雖為有情宣說正法，令修正行得所證果，而

心於彼都無所得，達一切法不可得故。」

(2)披功德鎧度有情出三界

爾時，具壽舍利子白佛言：

「世尊！此諸菩薩摩訶薩雖於諸法不得一性，不得異性，不得總性，不得別性，而被如是大功德鎧。由被如是大功德鎧，不現欲界，不現色界，不現無色界，不現有為界，不現無為界。雖化有情令出三界，而於有情都無所得，亦復不得有情施設。有情施設不可得故無縛無脫，無縛脫故無染無淨，無染淨故諸趣差別不可了知，諸趣差別不可了知故無業無煩惱，無業煩惱故亦無異熟果，既無異熟果如何得有我及有情流轉諸趣現三界等種種差別？」

(3)雖嚴土熟生，而於有情及諸法都無所得

①舉失

佛告舍利子：

「如是！如是！如汝所說。舍利子！若諸有情先有後無，菩薩、諸佛應有過失，若諸趣生死先有後無，則菩薩、諸佛亦有過失。先無後有理亦不然。

②顯得

是故，舍利子！若佛出世、若不出世，法相常住，真如、法界、不虛妄性終無改轉。以一切法法性、法界、法住、法定、真如、實際、不虛妄性、不變異性猶如虛空，此中尚無我等可得，況有色等諸法可得！既無色等諸法可得，云何當有諸趣生死？諸趣生死既不可得，云何當有成熟有情令其解脫？唯依世俗假說為有。

「舍利子！諸菩薩摩訶薩從過去佛聞一切法自性皆空，但諸有情顛倒執著，聞已如實繫念思惟。為脫有情顛倒執著，求趣無上正等菩提，於求趣時不作是念：『我於此法已得當得，令彼有情已度當度所執著處生死眾苦。』

「舍利子！是菩薩摩訶薩為脫有情顛倒執著，被功德鎧大誓莊嚴，勇猛正勤無所顧戀，不退無上正等菩提，常於菩提不起猶豫，謂：『我當證、不當證耶？』但正念言：『我定當證所求無上正等菩提，作諸有情真實饒益，謂令解脫迷謬顛倒諸趣往來受生死苦。』舍利子！諸菩薩摩訶薩雖脫有情迷謬顛倒諸趣生死而無所得，但依世俗說有是事。

③舉喻合法

「舍利子！如工幻師或彼弟子，依帝網術化作無量百千俱胝諸有情
類，復化種種上妙飲食施化有情皆令飽滿，作是事已歡喜唱言：『我
已獲得廣大福聚。』於意云何？是工幻師或彼弟子，實令有情得飽
滿不？」(帝釋宮有網(因陀羅網 indra-jāla)由寶珠所成，能現一切事，而實無實
事。幻術者之咒術網亦如是。)

舍利子言：「不也！世尊！」

佛告舍利子：

「諸菩薩摩訶薩亦復如是，從初發心為欲饒益諸有情故，修行布施波
羅蜜多乃至般若波羅蜜多，安住內空乃至無性自性空，安住真如乃
至不思議界，安住苦、集、滅、道聖諦，修行四念住乃至八聖道支，
修行四靜慮、四無量、四無色定，修行八解脫乃至十遍處，修行空、
無相、無願解脫門，修行極喜地乃至法雲地，修行一切陀羅尼門、
三摩地門，修行五眼、六神通，修行如來十力乃至十八佛不共法，
修行三十二大士相、八十隨好，修行無忘失法、恒住捨性，修行一
切智、道相智、一切相智，圓滿菩薩大菩提道，成熟有情、嚴淨佛
土。

「舍利子！諸菩薩摩訶薩雖作是事，而於有情及一切法都無所得，不
作是念：『我以此法調伏如是諸有情類，令其遠離顛倒執著，不復輪迴
諸趣生死。』」*21

(CBETA, T07, no. 220, pp. 404c²¹–406a²¹)

sher phyin: v.028, pp. 639⁰⁷–645⁰⁹ 《合論》: v.051, pp. 701⁰⁷–707⁰⁷

[5]明二種要行：成熟有情、嚴淨佛土

[安立於第八地]

70.12 安立於彼地所攝菩薩道表示之三道道相智
故

初安立於了知三道之道相智者，安立於彼地所攝菩薩道
表示之三道道相智故；

卷 475〈無闕品 79〉：

「爾時，具壽善現白佛言：「世尊！何謂菩薩大菩提道？諸菩薩摩訶薩修行
此道，方便善巧成熟有情、嚴淨佛土，疾證無上正等菩提？」

佛告善現：

「諸菩薩摩訶薩從初發心，所行布施波羅蜜多乃至般若波羅蜜多，所行內

空乃至無性自性空，所行真如乃至不思議界，所行苦、集、滅、道聖諦，所行四念住乃至八聖道支，所行四靜慮、四無量、四無色定，所行八解脫乃至十遍處，所行空、無相、無願解脫門，所行極喜地乃至法雲地，所行一切陀羅尼門、三摩地門，所行五眼、六神通，所行如來十力乃至十八佛不共法，所行無忘失法、恒住捨性，所行一切智、道相智、一切相智，及餘無量無邊佛法，皆是菩薩大菩提道。諸菩薩摩訶薩修行此道，方便善巧成熟有情、嚴淨佛土，疾證無上正等菩提，而無有情、佛土等想。」(於有情、佛土不取相生著) *22

1.成熟有情

(1)正明成熟有情

①以六度廣化有情

❶行布施度成熟有情

具壽善現復白佛言：

「云何菩薩摩訶薩修行布施波羅蜜多時，方便善巧成熟有情？」

1.教有情行布施且莫著布施，令得聖果

佛告善現：

「有菩薩摩訶薩修行布施波羅蜜多時方便善巧，自行布施亦勸他行布施，慇懃教誡教授彼言：『諸善男子！勿著布施，若著布施當更受身，若更受身，由斯展轉當受無量猛利大苦。諸善男子！勝義諦中都無布施，亦無施者、受者、施物及諸施果，如是諸法皆本性空，本性空中無法可取，諸法空性亦不可取。』如是，善現！諸菩薩摩訶薩修行布施波羅蜜多，雖於有情自行於施亦勸他施，而於布施、施者、受者、施物、施果皆無所得，如是布施波羅蜜多名無所得波羅蜜多。善現！是菩薩摩訶薩於此諸法無所得時，方便善巧能化有情，住預流果、或一來果、或不還果、或阿羅漢果、或獨覺菩提，或趣無上正等菩提。如是，善現！諸菩薩摩訶薩修行布施波羅蜜多時，成熟有情令獲勝利。

2.以四種正行修布施；以四攝法攝取有情

「善現！是菩薩摩訶薩自行布施，亦勸他行布施，無倒稱揚行布施法，歡喜讚歎行布施者。善現！是菩薩摩訶薩如是施已，或生剎帝利大族，或生婆羅門大族，或生長者大族，或生居士大族豐饒財寶，或作小王於小國土富貴自在，或作大王於大國土

富貴自在，或作輪王於四洲界富貴自在。

「是菩薩摩訶薩生如是等諸尊貴處，以四攝事攝諸有情，先教有情安住布施，由施因緣其心調善，漸次令住戒、忍、精進、靜慮、般若，復令安住四靜慮、四無量、四無色定，復令安住四念住乃至八聖道支，復令安住空、無相、無願解脫門。是菩薩摩訶薩令諸有情住如是等諸善法已，或令趣入正性離生，得預流果乃至令得阿羅漢果；或令趣入正性離生，漸次證得獨覺菩提；或令趣入正性離生，漸次修學諸菩薩地，速趣無上正等菩提。復告彼言：『諸善男子！當發大願速趣無上正等菩提，作諸有情饒益勝事。諸有情類虛妄分別所執諸法都無自性，但由顛倒妄執為有，是故汝等常當精勤，自除顛倒亦勸他斷，自脫生死亦令他脫，自獲大利亦令他得。』

❷住果成熟有情

「善現！諸菩薩摩訶薩常應如是修行布施波羅蜜多，由此布施波羅蜜多，從初發心乃至究竟不墮惡趣貧賤邊鄙，為欲饒益諸有情故，多生人趣作轉輪王，富貴自在多所饒益。所以者何？隨業威勢獲如是果。謂彼菩薩作輪王時，見乞者來便作是念：『我為何事流轉生死作轉輪王，豈我不為饒益有情住生死中，受斯勝果不為餘事？』作是念已，告乞者言：『隨汝所須皆當施與，汝取物時如取己物勿作他想。所以者何？我為汝等得饒益故，而受此身積聚財物，故此財物是汝等有，隨汝自取，若自受用，若轉施他，莫有疑難。』是菩薩摩訶薩如是憐愍諸有情時，無緣大悲疾得圓滿。由此大悲疾圓滿故，雖恒饒益無量有情，而於有情都無所得，亦復不得所獲勝果，能如實知：『但由世俗言說施設，饒益種種諸有情事。』又如實知：『所施設事皆如谷響，雖現似有而無真實。』由此於法都無所取。

「善現！諸菩薩摩訶薩常應如是修行布施波羅蜜多，謂於有情都無所顧，乃至能施自身骨肉，況不能捨諸外資具！謂諸資具攝受有情，令速解脫生老病死。」

具壽善現白佛言：「世尊！何等資具攝受有情，令速解脫生老病死？」

佛告善現：

「所謂布施波羅蜜多乃至般若波羅蜜多資具，若內空乃至無性自性空資具，若真如乃至不思議界資具，若苦、集、滅、道聖諦資具，

若四念住乃至八聖道支資具，若四靜慮、四無量、四無色定資具，若八解脫乃至十遍處資具，若空、無相、無願解脫門資具，若淨觀地乃至如來地資具，若極喜地乃至法雲地資具，若一切陀羅尼門、三摩地門資具，若五眼、六神通資具，若如來十力乃至十八佛不共法資具，若無忘失法、恒住捨性資具，若一切智、道相智、一切相智資具，若預流果乃至獨覺菩提資具，若一切菩薩摩訶薩行資具，若諸佛無上正等菩提資具。善現！諸如是等善法資具攝受有情，令速解脫生老病死，諸菩薩摩訶薩常以如是種種資具攝受有情，令速解脫生老病死。

❸住布施度攝餘五度，成熟有情

1.攝淨戒

「復次，善現！諸菩薩摩訶薩安住布施波羅蜜多，自行布施，勸諸有情行布施已，若見有情毀犯淨戒，深生憐愍而告之言：『汝等今應受持淨戒，我當施汝種種資具令無所乏。汝等由乏諸資生具，毀犯淨戒作諸惡業，我當隨汝所乏資具皆相供給。汝等安住律儀戒已，漸次當能作苦邊際，依三乘法隨其所應，出離生死至究竟樂。』

「善現！是菩薩摩訶薩安住布施波羅蜜多，自受持淨戒，亦勸他受持淨戒，無倒稱揚受持淨戒法，歡喜讚歎受持淨戒者。如是，善現！諸菩薩摩訶薩修行布施波羅蜜多，勸諸有情安住淨戒，解脫一切生老病死，證得究竟利益安樂。

2.攝安忍

「復次，善現！諸菩薩摩訶薩安住布施波羅蜜多，若見有情更相瞋忿，深生憐愍而告之言：『汝等何緣更相瞋忿？汝等若為有所匱乏展轉相緣起諸惡者，應從我索，我當濟汝，隨汝所須種種資具，皆當施汝令無匱乏。汝等不應更相瞋忿，應修安忍共起慈心。』善現！是菩薩摩訶薩安住布施波羅蜜多，勸諸有情修安忍已，欲令堅固復告之言：『瞋忿因緣都無定實，皆從虛妄分別所生，以一切法本性空故。汝等何緣於無實事妄起瞋忿更相毀害？汝等勿緣虛妄分別，更相瞋忿造諸惡業，當墮地獄、傍生、鬼界及餘惡處受諸劇苦，其苦楚毒剛強猛利，逼切身心最極難忍。汝等勿執非實有事，妄相瞋忿作斯惡業，由此惡業尚難可得下劣人身，況得生天，或得值佛聽聞正法如說修行！汝

等應知人身難得，佛世難值，生信復難。汝等今者既具斯事，勿由忿恚而失好時，若失此時則不可救，是故汝等於諸有情勿起忿恚，當修安忍。』

「善現！是菩薩摩訶薩安住布施波羅蜜多，自行安忍，亦勸他行安忍，無倒稱揚行安忍法，歡喜讚歎行安忍者。如是，善現！諸菩薩摩訶薩安住布施波羅蜜多，勸諸有情修行安忍，諸有情類由斯展轉，漸依三乘而得解脫。

3.攝精進

「復次，善現！諸菩薩摩訶薩安住布施波羅蜜多，見諸有情身心懈怠，深生憐愍而告之言：『汝等何緣不勤精進修諸善法而生懈怠？』彼作是言：『我乏資具，於諸善事不獲勤修。』菩薩告言：『我能施汝所乏資具，汝應勤修布施、淨戒、安忍等法。』時，諸有情得是菩薩所施資具無所乏少，便能發起身心精進，修諸善法速得圓滿。由諸善法得圓滿故，漸次引生諸無漏法，由無漏法得預流果、或一來果、或不還果、或阿羅漢果、或獨覺菩提，或有趣入諸菩薩地，漸得無上正等菩提。

「善現！是菩薩摩訶薩安住布施波羅蜜多，自行精進，亦勸他行精進，無倒稱揚行精進法，歡喜讚歎行精進者。如是，善現！諸菩薩摩訶薩安住布施波羅蜜多，令諸有情遠離懈怠，勤修諸善疾證解脫，復能利樂諸有情類。

4.攝靜慮

「復次，善現！諸菩薩摩訶薩安住布施波羅蜜多，見諸有情諸根散亂忘失正念，深生憐愍而告之言：『汝等何緣不修靜慮，散亂失念沈淪生死受苦無窮？』彼作是言：『我乏資具故，於靜慮不獲勤修。』菩薩告言：『我能施汝所乏資具，汝等從今不應復起虛妄尋伺，攀緣內外擾亂自心。』時，諸有情得是菩薩所施資具無所乏少，便能伏斷虛妄尋伺入初靜慮，漸次復入第二、第三、第四靜慮，依諸靜慮復能引發慈、悲、喜、捨四種無量，靜慮、無量為所依止，復能引發四無色定，靜慮、無量、無色調心令柔軟已，修四念住展轉乃至八聖道支，由此復能引空、無相及無願等殊勝善法，隨其所應得三乘果。

「善現！是菩薩摩訶薩安住布施波羅蜜多，自修靜慮，亦勸他修靜慮，無倒稱揚修靜慮法，歡喜讚歎修靜慮者。如是，善現！

諸菩薩摩訶薩安住布施波羅蜜多，勸諸有情遠離散亂，修諸靜慮獲大利樂。

5.攝般若

「復次，善現！諸菩薩摩訶薩安住布施波羅蜜多，見諸有情愚癡顛倒，深生憐愍而告之言：『汝等何緣不修妙慧，愚癡顛倒受苦無窮？』彼作是言：『我乏資具故，於妙慧不獲勤修。』菩薩告言：『我能施汝所乏資具，汝可受之。先修布施、淨戒、安忍、精進、靜慮得圓滿已，應審觀察諸法實相，修行般若波羅蜜多。謂於爾時，應審觀察為有少法而可得不？謂我、有情廣說乃至知者、見者為可得不？色乃至識為可得不？眼處乃至意處為可得不？色處乃至法處為可得不？眼界乃至意界為可得不？色界乃至法界為可得不？眼識界乃至意識界為可得不？眼觸乃至意觸為可得不？眼觸為緣所生諸受乃至意觸為緣所生諸受為可得不？地界乃至識界為可得不？因緣乃至增上緣為可得不？從緣所生諸法為可得不？無明乃至老死為可得不？欲界、色界、無色界為可得不？布施波羅蜜多乃至般若波羅蜜多為可得不？內空乃至無性自性空為可得不？真如乃至不思議界為可得不？苦、集、滅、道聖諦為可得不？四念住乃至八聖道支為可得不？四靜慮、四無量、四無色定為可得不？八解脫乃至十遍處為可得不？空、無相、無願解脫門為可得不？淨觀地乃至如來地為可得不？極喜地乃至法雲地為可得不？一切陀羅尼門、三摩地門為可得不？五眼、六神通為可得不？如來十力乃至十八佛不共法為可得不？三十二大士相、八十隨好為可得不？無忘失法、恒住捨性為可得不？一切智、道相智、一切相智為可得不？預流果乃至獨覺菩提為可得不？一切菩薩摩訶薩行為可得不？諸佛無上正等菩提為可得不？』

「彼諸有情既得資具無所乏少，依菩薩語先修布施、淨戒、安忍、精進、靜慮，得圓滿已復審觀察諸法實相，修行般若波羅蜜多。審觀察時如先所說，諸法實性皆不可得，不可得故無所執著，不執著故不見少法有生有滅、有染有淨。彼於諸法無所得時，於一切處不起分別，謂不分別此是地獄、傍生、鬼界、若阿素洛、若人、若天，亦不分別此是持戒、此是犯戒，亦不分別此是異生、此是聖者、此是預流、此是一來、此是不還、此是阿

羅漢、此是獨覺、此是菩薩、此是佛、此是有為、此是無為。
彼由如是無分別故，隨其所應漸次證得三乘涅槃究竟安樂。

「善現！是菩薩摩訶薩安住布施波羅蜜多，自修般若，亦勸他修
般若，無倒稱揚修般若法，歡喜讚歎修般若者。如是，善現！
諸菩薩摩訶薩安住布施波羅蜜多，勸諸有情勤修般若，令得究
竟利益安樂。

②以六度、諸道品成熟有情

「復次，善現！諸菩薩摩訶薩安住布施波羅蜜多，自行布施波羅蜜多
乃至般若波羅蜜多，亦勸他行布施波羅蜜多乃至般若波羅蜜多已，
復見有情輪迴諸趣，受無量苦未得解脫，欲令解脫生死苦故，先以
種種資具饒益，後以出世諸無漏法，方便善巧而攝受之。彼諸有情
既得資具無所乏少身心勇決，能住內空乃至無性自性空，亦能住真
如乃至不思議界，亦能住苦、集、滅、道聖諦，亦能修四念住乃至
八聖道支，亦能修四靜慮、四無量、四無色定，亦能修八解脫乃至
十遍處，亦能修空、無相、無願解脫門，亦能修淨觀地乃至如來地，
亦能修極喜地乃至法雲地，亦能修一切陀羅尼門、三摩地門，亦能
修五眼、六神通，亦能修如來十力乃至十八佛不共法，亦能修無忘
失法、恒住捨性，亦能修一切智、道相智、一切相智，亦能修無量
無邊諸餘佛法。彼諸有情，由無漏法所攝受故解脫生死，證得涅槃
究竟安樂。

「善現！是菩薩摩訶薩安住布施波羅蜜多，自行種種勝無漏法，亦勸
他行種種勝無漏法，無倒稱揚行種種勝無漏法，歡喜讚歎行種種勝
無漏法者。如是，善現！諸菩薩摩訶薩安住布施波羅蜜多，以無漏
法攝受有情，令其解脫生死眾苦，證得畢竟常樂涅槃，亦能為他作
大饒益。

③明展轉傳化

❶舉布施

「復次，善現！諸菩薩摩訶薩安住布施波羅蜜多，見諸有情無所依
怙，多諸苦惱眾具匱乏，深生憐愍而安慰言：『我能為汝作所依怙，
令汝解脫所受苦事。汝等所須飲食、衣服、臥具、車乘、舍宅、
香花、伎樂、燈明、財寶、僮僕，及餘種種所須資具，皆隨意索，
勿有疑難，我當隨汝所索皆施，令汝長夜利益安樂。汝等受我所
施物時，如取己物莫作他想。所以者何？我於長夜積聚財物，但

為汝等得利樂故。汝等今者以無難心，於此財物隨意受取，受已先應自正受用修諸善業，後以此物施諸有情亦令修善，謂令修行布施波羅蜜多乃至般若波羅蜜多，亦令安住內空乃至無性自性空，亦令安住真如乃至不思議界，亦令安住苦、集、滅、道聖諦，亦令修行四念住乃至八聖道支，亦令修行四靜慮、四無量、四無色定，亦令修行八解脫乃至十遍處，亦令修行空、無相、無願解脫門，亦令修行淨觀地乃至如來地，亦令修行極喜地乃至法雲地，亦令修行一切陀羅尼門、三摩地門，亦令修行五眼、六神通，亦令修行如來十力乃至十八佛不共法，亦令修行無忘失法、恒住捨性，亦令修行一切智、道相智、一切相智，亦令修行諸餘無量無邊佛法。』

「善現！是菩薩摩訶薩如是教導諸有情已，隨其所應復令修習諸無漏法，住預流果、或一來果、或不還果、或阿羅漢果、或獨覺菩提、或復無上正等菩提。

「如是，善現！諸菩薩摩訶薩修行布施波羅蜜多，方便善巧成熟有情，令其解脫惡趣生死，如應證得三乘涅槃，饒益自他究竟安樂。」

❷例餘度

具壽善現復白佛言：

「云何菩薩摩訶薩修行淨戒波羅蜜多，及餘菩薩大菩提道，方便善巧成熟有情？」

佛告善現：

「有菩薩摩訶薩修行淨戒波羅蜜多時，方便善巧見諸有情資財匱乏，煩惱熾盛不能修善，憐愍告言：『汝等若為資緣匱乏不能修善，我當施汝種種資緣，汝等勿起煩惱惡業，應正修習布施等善。』是菩薩摩訶薩安住淨戒波羅蜜多，如應攝受諸有情類，諸慳貪者令修布施，於身、命、財無所顧惜；諸破戒者令修淨戒，能正受行十善業道，住律儀戒不破不穿，無穢無雜亦無執取；諸瞋忿者令修安忍；諸懈怠者令修精進；諸散亂者令修靜慮；諸愚癡者令修妙慧；執諸法者令修法空；無餘種種勝功德者令具修學。如是，善現！諸菩薩摩訶薩安住淨戒波羅蜜多，成熟有情方便善巧，令其解脫惡趣生死，如應證得三乘涅槃，饒益自他究竟安樂。

「善現當知！諸菩薩摩訶薩修行餘四波羅蜜多，及餘菩薩大菩提道，一一皆能方便善巧，以一切善成熟有情，令其解脫惡趣生死，

如應證得三乘涅槃，饒益自他究竟安樂，一一廣說如前布施。」
*22

(CBETA, T07, no. 220, pp. 406a²²–409b¹⁹)

(2)菩薩自住勝道，教有情無住，共證菩提

①菩薩自住勝道

❶明菩薩所行道

卷 476〈道土品 80〉：第二分道土品第八十

爾時，具壽善現作是念言：

「何謂菩薩摩訶薩道？諸菩薩摩訶薩安住此道，能被種種勝功德
鎧，如實饒益一切有情？」

1.生身菩薩所行

世尊知彼心之所念，便告之言：

「善現當知！布施波羅蜜多乃至般若波羅蜜多是諸菩薩摩訶薩
道，四念住乃至八聖道支是諸菩薩摩訶薩道，內空乃至無性自
性空是諸菩薩摩訶薩道，真如乃至不思議界是諸菩薩摩訶薩
道，苦、集、滅、道聖諦是諸菩薩摩訶薩道，四靜慮、四無量、
四無色定是諸菩薩摩訶薩道，八解脫乃至十遍處是諸菩薩摩訶
薩道，空、無相、無願解脫門是諸菩薩摩訶薩道，極喜地乃至
法雲地是諸菩薩摩訶薩道，一切陀羅尼門、三摩地門是諸菩薩
摩訶薩道，五眼、六神通是諸菩薩摩訶薩道，如來十力乃至十
八佛不共法是諸菩薩摩訶薩道，無忘失法、恒住捨性是諸菩薩
摩訶薩道，一切智、道相智、一切相智是諸菩薩摩訶薩道，諸
餘無量無邊佛法是諸菩薩摩訶薩道。

2.法身菩薩所行

「復次，善現！總一切法皆是菩薩摩訶薩道。

「善現！於汝意云何？頗有法諸菩薩摩訶薩所不應學？諸菩薩摩
訶薩不學此法，能得無上正等菩提不？」

善現對曰：「不也！世尊！」

佛告善現：

「如是！如是！定無有法諸菩薩摩訶薩所不應學，諸菩薩摩訶薩
不學此法，必不能得所求無上正等菩提。所以者何？若菩薩摩
訶薩不學一切法，定不能得一切智智。」

❷菩薩住空無戲論道，為有情故分別諸法

具壽善現復白佛言：

「若一切法皆自性空，云何菩薩摩訶薩於何處學？若有所學，將無世尊於無戲論而作戲論，謂有諸法是此、是彼，由是、為是；此是世間，此是出世間；此是有漏，此是無漏；此是有為，此是無為；此是異生法，此是預流法，此是一來法，此是不還法，此是阿羅漢法，此是獨覺法，此是菩薩法，此是如來法？」

1.以諸法空故，能得無上道

佛告善現：

「如是！如是！如汝所說。諸所有法皆自性空。若一切法非自性空，則應菩薩摩訶薩不證無上正等菩提。以一切法皆自性空，是故菩薩摩訶薩能證無上正等菩提。

2.有情不知空故，菩薩巧為說

善現！如汝所言『若一切法皆自性空，云何菩薩摩訶薩於何處學？若有所學，將無世尊於無戲論而作戲論，謂有諸法是此、是彼，由是、為是，廣說乃至是如來法？』者，善現！若諸有情知一切法皆自性空，則諸菩薩摩訶薩不應學一切法，證得一切智智，為諸有情建立宣說。以諸有情不知諸法皆自性空故，諸菩薩摩訶薩定應學一切法，證得一切智智，為諸有情建立宣說。」(CBETA, T07, no. 220, pp. 409b^{27}–410a^{15})

sher phyin:　v.028, pp. 645^{11}–664^{19}　《合論》: v.051, pp. 707^{08}–727^{17}

②菩薩照明勝妙道

70.13 安立於遣除現行實執故

第二安立於實執寂靜者，安立於遣除現行實執故；

❶由因緣和合，有名字諸法

卷476〈道土品 80〉：

「善現當知！諸菩薩摩訶薩於菩薩道初修學時，應審觀察：『諸法自性都不可得，唯有執著和合所作。

❷明諸法性空無所著

我當審察諸法自性皆畢竟空，不應於中有所執著，謂不應執著色、受、想、行、識，不應執著眼處乃至意處，不應執著色處乃至法處，不應執著眼界乃至意界，不應執著色界乃至法界，不應執著眼識界乃至意識界，不應執著眼觸乃至意觸，不應執著眼觸為緣所生諸受乃至意觸為緣所生諸受，不應執著地界乃至識界，不應

執著因緣乃至增上緣，不應執著從緣所生諸法，不應執著無明乃至老死，不應執著布施波羅蜜多乃至般若波羅蜜多，不應執著內空乃至無性自性空，不應執著真如乃至不思議界，不應執著苦、集、滅、道聖諦，不應執著四念住乃至八聖道支，不應執著四靜慮、四無量、四無色定，不應執著八解脫乃至十遍處，不應執著空、無相、無願解脫門，不應執著淨觀地乃至如來地，不應執著極喜地乃至法雲地，不應執著一切陀羅尼門、三摩地門，不應執著五眼、六神通，不應執著如來十力乃至十八佛不共法，不應執著三十二大士相、八十隨好，不應執著無忘失法、恒住捨性，不應執著一切智、道相智、一切相智，不應執著預流果乃至獨覺菩提，不應執著一切菩薩摩訶薩行，不應執著諸佛無上正等菩提。所以者何？以一切法皆自性空，空性不應執著空性，空中空性尚不可得，況有空性能執著空！』

③悲濟有情無住著

❶學一切法，觀有情心行

「善現！諸菩薩摩訶薩如是觀察一切法時，於諸法性雖無執著，而於諸法學無厭倦。是菩薩摩訶薩住此學中，觀諸有情心行差別，調審觀察是諸有情心行何處？既觀察已，如實了知彼心但行虛妄所執。爾時，菩薩便作是念：『彼心既行虛妄所執，我令解脫必不為難。』

❷教化有情莫執著，自亦無住著

1.方便示導有情行菩薩道亦莫執著

是菩薩摩訶薩作是念已，安住般若波羅蜜多，方便善巧教誡教授諸有情言：『汝等今者皆應遠離虛妄所執，趣入正法修諸善行。』復作是言：『汝等今者應行布施，當得資具無所乏少，然勿恃此而生憍逸。所以者何？此中都無堅實事故。汝等今者應行淨戒、安忍、精進、靜慮、般若，當得種種功德具足，然勿恃此而生憍逸。所以者何？此中都無堅實事故。汝等今者應行內空乃至無性自性空，應行真如乃至不思議界，應行苦、集、滅、道聖諦，應行四念住乃至八聖道支，應行四靜慮、四無量、四無色定，應行八解脫乃至十遍處，應行空、無相、無願解脫門，應行淨觀地乃至如來地，應行極喜地乃至法雲地，應行一切陀羅尼門、三摩地門，應行五眼、六神通，應行如來十力乃至十八佛不共法，應行無忘

失法、恒住捨性，應行一切智、道相智、一切相智，應行預流果乃至獨覺菩提，應行一切菩薩摩訶薩行，應行諸佛無上正等菩提，應行諸餘無量佛法，然勿恃此而生憍逸。所以者何？此中都無堅實事故。』

2.行道得果亦不住

「善現！是菩薩摩訶薩安住般若波羅蜜多，方便善巧教誡教授諸有情時，行菩薩道無所執著。所以者何？一切法性不應執著，若能執著、若所執著、執時、執處皆無自性，以一切法自性空故。

「如是，善現！諸菩薩摩訶薩如是修行菩薩道時，於一切法都無所住，以無所住而為方便，雖行布施波羅蜜多乃至般若波羅蜜多，而於其中都無所住；雖行內空乃至無性自性空，而於其中都無所住；雖行真如乃至不思議界，而於其中都無所住；雖行苦、集、滅、道聖諦，而於其中都無所住；雖行四念住乃至八聖道支，而於其中都無所住；雖行四靜慮、四無量、四無色定，而於其中都無所住；雖行八解脫乃至十遍處，而於其中都無所住；雖行空、無相、無願解脫門，而於其中都無所住；雖行淨觀地乃至如來地，而於其中都無所住；雖行極喜地乃至法雲地，而於其中都無所住；雖行一切陀羅尼門、三摩地門，而於其中都無所住；雖行五眼、六神通，而於其中都無所住；雖行如來十力乃至十八佛不共法，而於其中都無所住；雖行無忘失法、恒住捨性，而於其中都無所住；雖行一切智、道相智、一切相智，而於其中都無所住；雖行預流果乃至獨覺菩提，而於其中都無所住；雖行一切菩薩摩訶薩行，而於其中都無所住；雖行諸佛無上正等菩提，而於其中都無所住；雖行諸餘無量佛法，而於其中都無所住。所以者何？如是自性、行者、行相一切皆空故，於其中都無所住。

3.不住因緣

「善現當知！諸菩薩摩訶薩雖能得預流果乃至獨覺菩提，而於其中不欲證住。所以者何？有二緣故。何等為二？一者、彼果都無自性，能住、所住俱不可得。二者、於彼不生喜足，是故於中不欲證住。謂諸菩薩常作是念：『我定應得預流果乃至獨覺菩提，不應不得，然於其中不應證住。所以者何？我從初發無上

正等菩提心來，於一切時更無餘想，唯求無上正等菩提。然我定當證得無上正等菩提，豈於中間應住餘果？』

「善現！是菩薩摩訶薩從初發心乃至趣入菩薩所得正性離生，曾無異想，但求無上正等菩提。善現！是菩薩摩訶薩從得初地展轉乃至得第十地，曾無異想，但求無上正等菩提。*22

④了悟無生，共證菩提

❶以一心專向，能生菩提道

善現！是菩薩摩訶薩專求無上正等菩提，於一切時心無散亂，諸有發起身、語、意業，無不皆與菩提心俱。善現！是菩薩摩訶薩住菩提心起菩提道，不為餘事擾亂其心。」

❷雖諸法無生，而有情不知，故起菩提道

具壽善現白言：「世尊！若一切法畢竟不生，云何菩薩摩訶薩起菩提道？」

佛告善現：

「如是！如是！如汝所說『一切法皆不生，此復云何諸無所作、無所趣？』者，知一切法皆不生故。」

具壽善現復白佛言：「豈不諸佛若出世間、不出世間，諸法法界法爾常住？」

佛告善現：

「如是！如是！然諸有情不能解了諸法法界法爾常住，流轉生死受諸苦惱。諸菩薩摩訶薩為饒益彼起菩提道，由菩提道令諸有情畢竟解脫生死眾苦，證得常樂清涼涅槃。」

(CBETA, T07, no. 220, pp. 410a[15]–411b[8])

sher phyin: v.028, pp. 664[20]–671[11] 《合論》: v.051, pp. 727[18]–734[08]

❸道與菩提，不一不異

1.用生道等四句不得菩提

70.14 安立令得菩提故

第三安立於假名佛寶者，安立令得名佛寶之菩提故。

卷476〈道土品 80〉：具壽善現復白佛言：

「諸菩薩摩訶薩為用生道得菩提耶？」

佛言：「不也！」

「世尊！為用不生道得菩提耶？」

佛言：「不也！」

「世尊！為用生、不生道得菩提耶？」

佛言：「不也！」

「世尊！為用非生、非不生道得菩提耶？」

佛言：「不也！」

2.明因果不異

具壽善現復白佛言：「若爾，菩提由何而得？」

佛告善現：

「菩提不由道、非道得。所以者何？菩提即道，道即菩提，是故不由道、非道得。」

3.破人法異

具壽善現復白佛言：

「若菩提即是道，道即是菩提者，豈不菩薩摩訶薩已得菩提道，應已得菩提？若爾，如來、應、正等覺何緣復為諸菩薩說如來十力、四無所畏、四無礙解、大慈、大悲、大喜、大捨、十八佛不共法、三十二相、八十隨好及餘無量無邊佛法，令其修證？」

佛告善現：「於意云何？汝豈謂佛得菩提耶？」

善現對曰：

「不也！世尊！所以者何？佛即是菩提，菩提即是佛故，不應謂佛得菩提。」

4.圓滿諸功德證得菩提，乃名為佛

佛告善現：

「如是！如是！然汝所問『豈不菩薩摩訶薩已得菩提道，應已得菩提？』者，善現！諸菩薩摩訶薩修菩提道未得圓滿，云何可說已得菩提？

「善現當知！諸菩薩摩訶薩若已圓滿布施波羅蜜多乃至般若波羅蜜多，若已圓滿內空乃至無性自性空，若已圓滿真如乃至不思議界，若已圓滿苦、集、滅、道聖諦，若已圓滿四念住乃至八聖道支，若已圓滿四靜慮、四無量、四無色定，若已圓滿八解脫乃至十遍處，若已圓滿空、無相、無願解脫門，若已圓滿極喜地乃至法雲地，若已圓滿一切陀羅尼門、三摩地門，若已圓滿五眼、六神通，若已圓滿如來十力乃至十八佛不共法，若已圓滿三十二大士相、八十隨好，若已圓滿無忘失法、恒住捨性，

若已圓滿一切智、道相智、一切相智，若已圓滿諸餘無量無邊佛法。從此無間以一剎那金剛喻定相應妙慧，永斷一切二障麁重習氣相續，證得無上正等菩提，乃名如來、應、正等覺，於一切法得大自在，盡未來際饒益有情。」*22

(CBETA, T07, no. 220, p. 411b[8]–c[13])

sher phyin: v.028, pp. 671[11]–673[11] 《合論》: v.051, pp. 734[09]–736[10]

2.嚴淨佛土

70.15 安立於嚴淨佛土故

第四安立嚴淨佛土加行者，安立於嚴淨佛土故。

(1)明淨土因

①明無惡因

卷476〈道土品80〉：爾時，具壽善現白佛言：

「世尊！云何菩薩摩訶薩嚴淨佛土？」

佛告善現：

「諸菩薩摩訶薩從初發心乃至後有，常自清淨身、語、意三麁重，亦清淨他三種麁重故，能嚴淨所居佛土。」

❶明諸麁重相

具壽善現復白佛言：「何謂菩薩摩訶薩身、語、意三麁重？」

1.十不善業

佛告善現：

「若害生命、若不與取、若欲邪行，是身麁重；若虛誑語、若離間語、若麁惡語、若雜穢語，是語麁重；若貪欲、若瞋恚、若邪見，是意麁重。

2.無漏五蘊不清淨

「復次，善現！若菩薩摩訶薩戒蘊、定蘊、慧蘊、解脫蘊、解脫智見蘊皆不清淨，亦名麁重。

3.六蔽心

「復次，善現！若菩薩摩訶薩慳貪心、犯戒心、忿恚心、懈怠心、散亂心、惡慧心，亦名麁重。

4.遠離出世之觀行(隨世間心)

「復次，善現！若菩薩摩訶薩遠離四念住乃至八聖道支心，亦名

麁重。

「復次,善現!若菩薩摩訶薩遠離內空乃至無性自性空心,亦名
麁重。

「復次,善現!若菩薩摩訶薩遠離真如乃至不思議界心,亦名麁
重。

「復次,善現!若菩薩摩訶薩遠離苦、集、滅、道聖諦心,亦名
麁重。

「復次,善現!若菩薩摩訶薩遠離四靜慮、四無量、四無色定心,
亦名麁重。

「復次,善現!若菩薩摩訶薩遠離八解脫乃至十遍處心,亦名麁
重。

「復次,善現!若菩薩摩訶薩遠離空、無相、無願解脫門心,亦
名麁重。

「復次,善現!若菩薩摩訶薩遠離極喜地乃至法雲地心,亦名麁
重。

「復次,善現!若菩薩摩訶薩遠離一切陀羅尼門、三摩地門心,
亦名麁重。

「復次,善現!若菩薩摩訶薩遠離五眼、六神通心,亦名麁重。

「復次,善現!若菩薩摩訶薩遠離如來十力乃至十八佛不共法
心,亦名麁重。

「復次,善現!若菩薩摩訶薩遠離無忘失法、恒住捨性心,亦名
麁重。

「復次,善現!若菩薩摩訶薩遠離一切智、道相智、一切相智心,
亦名麁重。

「復次,善現!若菩薩摩訶薩遠離一切菩薩摩訶薩行心,亦名麁
重。

「復次,善現!若菩薩摩訶薩遠離諸佛無上正等菩提心,亦名麁
重。

5.貪二乘果

「復次,善現!若菩薩摩訶薩貪著預流果乃至獨覺菩提,亦名麁
重。

6.於諸法取相生著

「復次,善現!若菩薩摩訶薩起色、受、想、行、識想,亦名麁

　　　　　重；起眼處乃至意處想，亦名麁重；起色處乃至法處想，亦名
　　　　　麁重；起眼界乃至意界想，亦名麁重；起色界乃至法界想，亦
　　　　　名麁重；起眼識界乃至意識界想，亦名麁重；起眼觸乃至意觸
　　　　　想，亦名麁重；起眼觸為緣所生諸受乃至意觸為緣所生諸受想，
　　　　　亦名麁重；起地界乃至識界想，亦名麁重；起因緣乃至增上緣
　　　　　想，亦名麁重；起從緣所生諸法想，亦名麁重；起無明乃至老
　　　　　死想，亦名麁重；起布施波羅蜜多乃至般若波羅蜜多想，亦名
　　　　　麁重；起內空乃至無性自性空想，亦名麁重；起真如乃至不思
　　　　　議界想，亦名麁重；起苦、集、滅、道聖諦想，亦名麁重；起
　　　　　四念住乃至八聖道支想，亦名麁重；起四靜慮、四無量、四無
　　　　　色定想，亦名麁重；起八解脫乃至十遍處想，亦名麁重；起空、
　　　　　無相、無願解脫門想，亦名麁重，起淨觀地乃至如來地想，亦
　　　　　名麁重；起極喜地乃至法雲地想，亦名麁重；起一切陀羅尼門、
　　　　　三摩地門想，亦名麁重；起五眼、六神通想，亦名麁重；起如
　　　　　來十力乃至十八佛不共法想，亦名麁重；起三十二大士相、八
　　　　　十隨好想，亦名麁重；起無忘失法、恒住捨性想，亦名麁重；
　　　　　起一切智、道相智、一切相智想，亦名麁重；起預流果乃至獨
　　　　　覺菩提想，亦名麁重；起一切菩薩摩訶薩行想，亦名麁重；起
　　　　　諸佛無上正等菩提想，亦名麁重；起異生想、聲聞想、獨覺想、
　　　　　菩薩想、如來想，亦名麁重；起地獄想、傍生想、鬼界想、人
　　　　　想、天想、男想、女想，亦名麁重；起欲界想、色界想、無色
　　　　　界想，亦名麁重；起善法想、非善法想，亦名麁重；起有記法
　　　　　想、無記法想，亦名麁重；起有漏法想、無漏法想，亦名麁重；
　　　　　起世間法想、出世間法想，亦名麁重；起有為法想、無為法想，
　　　　　亦名麁重。

　　❷應遠離麁業
　　　「善現！諸如是等無量無邊執著諸法及諸有情虛妄分別，并所發起
　　　　身、語、意業，及彼種類無堪任性，皆名麁重，諸菩薩摩訶薩皆
　　　　應遠離。*23
　②明有善因(菩薩淨佛國土之善根因緣)
　　❶自他共行六度，迴向佛淨土
　　　「復次，善現！諸菩薩摩訶薩行深般若波羅蜜多，遠離如是所說麁
　　　　重，自行布施波羅蜜多，亦教他行布施波羅蜜多。若諸有情須食

施食，須飲施飲，須車乘施車乘，須衣服施衣服，隨餘所須種種資具，隨時隨處悉皆施與，如自所行教他亦爾。如是施已，持此善根與諸有情平等共有迴向所居嚴淨佛土，令速圓滿利樂有情。是菩薩摩訶薩自行淨戒、安忍、精進、靜慮、般若波羅蜜多，亦教他行淨戒乃至般若波羅蜜多。作此事已，持是善根與諸有情平等共有迴向所居嚴淨佛土，令速圓滿利樂有情。

❷因色聲香味觸等發弘誓願

「復次，善現！諸菩薩摩訶薩以通願力，盛滿三千大千世界上妙七寶施佛、法、僧。施已歡喜發弘誓願：『我持如是所種善根，與諸有情平等共有迴向所居嚴淨佛土，當令我土七寶莊嚴，一切有情隨意受用眾妙珍寶而無貪著。』(七寶願、色)

「復次，善現！諸菩薩摩訶薩以通願力，擊奏無量天上、人中諸妙伎樂，供養三寶及佛制多。供已歡喜發弘誓願：『我持如是所種善根，與諸有情平等共有迴向所居嚴淨佛土，當令我土常奏如是上妙伎樂，有情聞者身心悅豫而無貪著。』(天樂願、聲)

「復次，善現！諸菩薩摩訶薩以通願力，盛滿三千大千世界人中、天上諸妙香花，供養三寶及佛制多。供已歡喜發弘誓願：『我持如是所種善根，與諸有情平等共有迴向所居嚴淨佛土，當令我土常有如是諸妙香花，有情受用身心悅豫而無貪著。』(天香願、香)

「復次，善現！諸菩薩摩訶薩以通願力，營辦百味上妙飲食，供養諸佛、獨覺、聲聞及諸菩薩摩訶薩眾。供已歡喜發弘誓願：『我持如是所種善根，與諸有情平等共有迴向所居嚴淨佛土，當得無上正等覺時，令我土中諸有情類，皆食如是百味飲食，資悅身心而無貪著。』(百味食願、味)

「復次，善現！諸菩薩摩訶薩以通願力，營辦種種人中、天上諸妙塗香、細軟衣服，奉施諸佛、獨覺、聲聞及諸菩薩摩訶薩眾，或復施法并佛制多。施已歡喜發弘誓願：『我持如是所種善根，與諸有情平等共有迴向所居嚴淨佛土，當得無上正等覺時，令我土中諸有情類，常得如是衣服、塗香，隨意受用而無貪著。』(天香細滑願、觸)

「復次，善現！諸菩薩摩訶薩以通願力，營辦種種人中、天上隨意所生五妙欲境，供養諸佛及佛制多、獨覺、聲聞并諸菩薩摩訶薩眾，施餘有情。施已歡喜發弘誓願：『我持如是所種善根，與諸有

情平等共有迴向所居嚴淨佛土，當得無上正等覺時，令我土中諸有情類，隨心所樂上妙色、聲、香、味、觸境應念而生，歡喜受用而無貪著。』（隨意五欲願）

❸因法發弘誓願

「復次，善現！諸菩薩摩訶薩行深般若波羅蜜多，勇猛正勤發弘誓願，自住內空乃至無性自性空，亦教他住內空乃至無性自性空。作是事已復發願言：『當得無上正等覺時，願我土中諸有情類，不離內空乃至無性自性空。』

「復次，善現！諸菩薩摩訶薩行深般若波羅蜜多，勇猛正勤發弘誓願，自住真如乃至不思議界，亦教他住真如乃至不思議界。作此事已復發願言：『當得無上正等覺時，令我土中諸有情類，不離真如乃至不思議界。』

「復次，善現！諸菩薩摩訶薩行深般若波羅蜜多，勇猛正勤發弘誓願，自住苦、集、滅、道聖諦，亦教他住苦、集、滅、道聖諦。作此事已復發願言：『當得無上正等覺時，令我土中諸有情類，不離苦、集、滅、道聖諦。』

「復次，善現！諸菩薩摩訶薩行深般若波羅蜜多，勇猛正勤發弘誓願，自修四念住乃至八聖道支，亦教他修四念住乃至八聖道支。作此事已復發願言：『當得無上正等覺時，令我土中諸有情類，不離四念住乃至八聖道支。』

「復次，善現！諸菩薩摩訶薩行深般若波羅蜜多，勇猛正勤發弘誓願，自修四靜慮、四無量、四無色定，亦教他修四靜慮、四無量、四無色定。作此事已復發願言：『當得無上正等覺時，令我土中諸有情類，不離四靜慮、四無量、四無色定。』

「復次，善現！諸菩薩摩訶薩行深般若波羅蜜多，勇猛正勤發弘誓願，自修八解脫乃至十遍處，亦教他修八解脫乃至十遍處。作此事已復發願言：『當得無上正等覺時，令我土中諸有情類，不離八解脫乃至十遍處。』

「復次，善現！諸菩薩摩訶薩行深般若波羅蜜多，勇猛正勤發弘誓願，自修空、無相、無願解脫門，亦教他修空、無相、無願解脫門。作此事已復發願言：『當得無上正等覺時，令我土中諸有情類，不離空、無相、無願解脫門。』

「復次，善現！諸菩薩摩訶薩行深般若波羅蜜多，勇猛正勤發弘誓

願，自修極喜地乃至法雲地，亦教他修極喜地乃至法雲地。作此事已復發願言：『當得無上正等覺時，令我土中諸有情類，不離極喜地乃至法雲地。』

「復次，善現！諸菩薩摩訶薩行深般若波羅蜜多，勇猛正勤發弘誓願，自修一切陀羅尼門、三摩地門，亦教他修一切陀羅尼門、三摩地門。作此事已復發願言：『當得無上正等覺時，令我土中諸有情類，不離一切陀羅尼門、三摩地門。』

「復次，善現！諸菩薩摩訶薩行深般若波羅蜜多，勇猛正勤發弘誓願，自修五眼、六神通，亦教他修五眼、六神通。作此事已復發願言：『當得無上正等覺時，令我土中諸有情類，不離五眼、六神通。』

「復次，善現！諸菩薩摩訶薩行深般若波羅蜜多，勇猛正勤發弘誓願，自修如來十力乃至十八佛不共法，亦教他修如來十力乃至十八佛不共法。作此事已復發願言：『當得無上正等覺時，令我土中諸有情類，不離如來十力乃至十八佛不共法。』

「復次，善現！諸菩薩摩訶薩行深般若波羅蜜多，勇猛正勤發弘誓願，自修三十二大士相、八十隨好，亦教他修三十二大士相、八十隨好。作此事已復發願言：『當得無上正等覺時，令我土中諸有情類，不離三十二大士相、八十隨好。』

「復次，善現！諸菩薩摩訶薩行深般若波羅蜜多，勇猛正勤發弘誓願，自修無忘失法、恒住捨性，亦教他修無忘失法、恒住捨性。作此事已復發願言：『當得無上正等覺時，令我土中諸有情類，不離無忘失法、恒住捨性。』

「復次，善現！諸菩薩摩訶薩行深般若波羅蜜多，勇猛正勤發弘誓願，自修一切智、道相智、一切相智，亦教他修一切智、道相智、一切相智。作此事已復發願言：『當得無上正等覺時，令我土中諸有情類，不離一切智、道相智、一切相智。』

「復次，善現！諸菩薩摩訶薩行深般若波羅蜜多，勇猛正勤發弘誓願，自修一切菩薩摩訶薩行，亦教他修一切菩薩摩訶薩行。作此事已復發願言：『當得無上正等覺時，令我土中諸有情類，不離一切菩薩摩訶薩行。』

「復次，善現！諸菩薩摩訶薩行深般若波羅蜜多，勇猛正勤發弘誓願，自修諸佛無上正等菩提，亦教他修諸佛無上正等菩提。作此

事已復發願言：『當得無上正等覺時，令我土中諸有情類，不離諸佛無上正等菩提。』

❹滿足眾願，自他皆成就一切善法，得莊嚴身

「如是，善現！諸菩薩摩訶薩行深般若波羅蜜多，由斯願行便能嚴淨所居佛土。

「善現當知！是諸菩薩摩訶薩眾隨爾所時行菩提道，應得圓滿所起願行，即爾所時精勤修學。由此因緣，自能成就一切善法，亦能令他漸次成就一切善法，自能修得殊勝相好所莊嚴身，亦能令他漸次修得殊勝相好所莊嚴身，由廣大福所攝受故。

「善現當知！是諸菩薩摩訶薩眾所修願行得圓滿已，各於所居嚴淨佛土證得無上正等覺時，所化有情亦生彼土共受淨土大乘法樂。」*23

(2)明嚴淨佛土之殊勝

①無諸下劣事

「善現當知！是諸菩薩摩訶薩眾應修如是嚴淨佛土，謂彼土中常不聞有三種惡趣，亦不聞有諸惡見趣，亦不聞有貪、瞋、癡毒，亦不聞有男女形相，亦不聞有聲聞、獨覺，亦不聞有苦、無常等不可意事，亦不聞有攝受資具，亦不聞有我、我所執、隨眠、纏結、顛倒執著，亦不聞有安立有情果位差別，

②常聞勝妙法

❶常聞諸法實相之音

但聞說空、無相、無願、無生、無滅、無性等聲。謂隨有情所樂差別，於樹林等內外物中，常有微風互相衝擊，發起種種微妙音聲，彼音聲中說：『一切法皆無自性，無性故空，空故無相，無相故無願，無願故無生，無生故無滅。是故諸法本來寂靜自性涅槃，如來出世、若不出世，諸法法界法爾常住，謂一切法無性、空等。』彼佛土中諸有情類若晝、若夜、若行、若立、若坐、若臥，常聞如是妙法音聲。

❷有情聞佛名，必至無上菩提

「善現當知！是諸菩薩摩訶薩眾各住所居嚴淨佛土證得無上正等覺時，十方如來、應、正等覺皆共稱讚彼彼佛名，若諸有情得聞如是諸佛名者，定於無上正等菩提得不退轉。

❸聞法皆信受

「善現當知！是諸菩薩摩訶薩眾各住所居嚴淨佛土證得無上正等覺時，為諸有情宣說正法，有情聞已定不生疑，謂為是法、為是非法。所以者何？彼諸有情達一切法皆即真如、法界、法性，一切是法無非法者。如是，善現！是諸菩薩摩訶薩眾皆能嚴淨如是佛土。

「復次，善現！是諸菩薩摩訶薩眾有所化生具不善根，未於諸佛、菩薩、獨覺及聲聞等種諸善根，為諸惡友所攝受故，離善友故，不聞正法，常為種種我、有情見及諸見趣之所執藏，墮在斷、常二邊偏執。是諸有情自起邪執，亦常教他令起邪執，於非三寶起三寶想，於三寶中謂非三寶，毀謗正法稱讚邪法，由是因緣，身壞命終墮諸惡趣受諸劇苦。是諸菩薩摩訶薩眾各住自土證得無上正等覺已，見彼有情沈淪生死受無量苦，以神通力方便教化，令捨惡見住正見中，從惡趣出生於人趣。生人趣已，復以種種神通方便教化令住正定聚中，由斯畢竟不墮惡趣。復令勤修殊勝願行，命終得生嚴淨佛土，受用淨土大乘法樂。

③無雜穢心，必定得無上菩提

「如是，善現！是諸菩薩摩訶薩眾皆能如是嚴淨佛土。由所居土極清淨故，生彼有情於一切法不起疑惑，謂此是世間法，此是出世間法；此是有漏法，此是無漏法；此是有為法，此是無為法。諸如是等疑惑分別畢竟不生，由此因緣彼有情類定得無上正等菩提。

「善現！是為菩薩摩訶薩嚴淨佛土功德之相。」*24

(CBETA, T07, no. 220, pp. 411c[14]–414c[8])

sher phyin:　v.028, pp. 673[11]–684[03]　《合論》: v.051, pp. 736[11]–746[21]

[6]成就自他行

1.自行德成

(1)住正性定聚

[安立於第九地]

70.16 安立決定成佛不墮小乘

安立於九地中，初安立於自定成佛者，安立決定成佛，不墮小乘故；

卷477〈正定品 81〉：爾時，具壽善現白佛言：

「世尊！是諸菩薩摩訶薩為住正性定聚，為住不定聚耶？」

佛告善現：「是諸菩薩摩訶薩皆住正性定聚，非不定聚。」

①但住菩薩正性定聚 (約所行道辨)

具壽善現復白佛言：

「是諸菩薩摩訶薩為住何等正性定聚？聲聞乘耶？獨覺乘耶？菩薩乘耶？」

佛告善現：「是諸菩薩摩訶薩皆住菩薩正性定聚，非住二乘正性定聚。」

②三種菩薩皆住正定聚 (約求道者辨)

具壽善現復白佛言：

「是諸菩薩摩訶薩為何時住正性定聚？初發心耶？不退位耶？最後有耶？」

佛告善現：

「是諸菩薩摩訶薩若初發心、若不退位、若最後有，皆住菩薩正性定聚。」

(2)住正性定菩薩斷眾惡業不墮八難

具壽善現復白佛言：「住正性定聚菩薩摩訶薩墮惡趣不？」

佛告善現：「住正性定聚菩薩摩訶薩決定不墮諸惡趣中。」

復告善現：

「於意云何？第八、預流、一來、不還、阿羅漢、獨覺墮惡趣不？」

善現對曰：「不也！世尊！」

佛告善現：

「諸菩薩摩訶薩亦復如是，從初發心修行布施波羅蜜多乃至般若波羅蜜多，及餘無量無邊佛法，斷諸惡法。由此因緣，墮諸惡趣無有是處，生長壽天亦無是處，謂於彼處諸勝善法不得現行。是菩薩摩訶薩若生邊鄙，或生達絮、蔑戾車中，無有是處，謂於彼處不能修行殊勝善法，多起惡見不信因果，常樂習行諸穢惡業，不聞佛名、法名、僧名，亦無四眾，謂苾芻、苾芻尼、鄔波索迦、鄔波斯迦。是菩薩摩訶薩生邪見家，無有是處，謂生彼家執著種種諸惡見趣，撥無妙行、惡行及果，不修諸善樂作諸惡，故諸菩薩不生彼家。復次，善現！諸菩薩摩訶薩初發無上正等覺心，以勝意樂受行十種不善業道，無有是處。」*25

2.化他德成

(1)為利益有情故受傍生身

①善現問

具壽善現復白佛言：

「若菩薩摩訶薩從初發心成就如是功德善根不生惡處，何故如來每為眾說自本生事多百千種，於中亦有生諸惡處，爾時善根為何所在？」

②佛答

佛告善現：

「諸菩薩摩訶薩不由穢業受惡趣身，但為饒益諸有情類，由故思願而受彼身，是故不應引彼為難。」

復告善現：

「於意云何？有諸獨覺或阿羅漢，方便善巧如諸菩薩，成就殊勝方便善巧，受白象等傍生之身，見怨賊來欲為損害，便起無上安忍慈悲，欲令彼人得利樂故，自捨身命不害彼不？」

善現對曰：「諸獨覺等無如是事。」

佛告善現：

「由此因緣，當知菩薩為欲饒益諸有情故，為大慈悲速圓滿故，雖現受種種傍生之身，而不為傍生過失所染。」

(2)菩薩成就白淨無漏法，現受傍生而不染

①具足一切善根

具壽善現復白佛言：「諸菩薩摩訶薩住何善根，為欲饒益諸有情故受傍生身？」

佛告善現：

「諸菩薩摩訶薩有何善根不應圓滿？然諸菩薩摩訶薩眾為求無上正等菩提，一切善根皆應圓滿，謂諸菩薩從初發心乃至安坐妙菩提座，無有善根不應圓滿。要具圓滿一切善法，方得無上正等菩提，若一善法未能圓滿，而得無上正等菩提，無有是處。是故，菩薩從初發心乃至安坐妙菩提座，於其中間常學圓滿一切善法，學已當得一切相智，永斷一切習氣相續，乃能證得一切智智。」

②方便受傍生身而不染

❶舉佛化現為例

具壽善現復白佛言：

「云何菩薩摩訶薩成就白法及真聖智，而生惡趣受傍生身？」

佛告善現：「於意云何？如來成就一切白法真聖智不？」

善現對曰：「如來成就一切白法及真聖智。」

佛告善現：「於意云何？如來化作傍生趣身，饒益有情作佛事不？」

善現對曰：「如來化作傍生趣身，饒益有情作諸佛事。」

佛告善現：「於意云何？如來化作傍生身時，是實傍生受彼苦不？」

善現對曰：「如來化作傍生身時，非實傍生不受彼苦。」

佛告善現：

「諸菩薩摩訶薩亦復如是，雖成白法及真聖智，而為成熟諸有情故，方便善巧受傍生身，如應成熟諸有情類。

❷舉阿羅漢做變化身為例

「復次，善現！於意云何？有阿羅漢諸漏永盡，能化作身起諸事業，由彼事業能發生他歡喜心不？」

善現對曰：

「有阿羅漢諸漏永盡，能化作身起諸事業，由彼事業能令他人生大歡喜。」

佛告善現：

「諸菩薩摩訶薩亦復如是，雖成白法及真聖智，而為饒益諸有情故，方便善巧受惡趣身，如應成熟諸有情類；雖受彼身而不同彼受諸苦惱，亦復不為彼趣過失之所雜染。

❸舉幻師作為例

「復次，善現！於意云何？有工幻師或彼弟子，幻作種種象、馬等事，令眾人見歡喜踊躍，於彼有實象、馬等不？」

善現對曰：「於彼無實象、馬等事。」

佛告善現：

「諸菩薩摩訶薩亦復如是，雖成白法及真聖智，而為饒益諸有情故，現受種種傍生等身，雖受彼身而實非彼，亦不為彼過失所污。」

③結歎

具壽善現復白佛言：

「諸菩薩摩訶薩如是廣大方便善巧，雖成就白法及真聖智，而為有情故受種種身，隨其所應現作饒益。」*26　(CBETA, T07, no. 220, pp. 414c^{16}–415c^{12})

sher phyin:　v.028, pp. 684^{04}–689^{09}　《合論》：v.051, pp. 747^{01}–752^{05}

(3)菩薩住無所得般若空中起神通，為有情隨意受身

70.17 安立令作地上所攝無量有情義利故

第二安立令成熟他者,安立令作地上所攝無量有情義利故。

①由般若起方便

❶住無所得空中,得無上菩提

卷 477〈正定品 81〉:

「世尊!諸菩薩摩訶薩住何等法,能作如是方便善巧,雖受諸趣種種身形,而不為彼過失所污?」

佛告善現:

「諸菩薩摩訶薩住深般若波羅蜜多,能作如是方便善巧,由斯方便善巧力故,雖往十方殑伽沙等諸佛世界現種種身,利益安樂彼有情類,而於其中不起染著。所以者何?是菩薩摩訶薩於一切法都無所得,謂都不得能染、所染及染因緣。所以者何?以一切法自性空故。善現!當知空不能染著空,空亦不能染著餘法,亦無餘法能染著空。所以者何?空中空性尚不可得,況有餘法而可得者!如是名為不可得空,諸菩薩摩訶薩安住此中,能證無上正等菩提,為諸有情常作饒益。」

❷住般若則住一切法

具壽善現復白佛言:

「諸菩薩摩訶薩為但安住甚深般若波羅蜜多,能作如是方便善巧,為亦安住諸餘法耶?」

佛告善現:「豈有餘法非深般若波羅蜜多之所攝受,而汝今者生如是疑?」

具壽善現復白佛言:

「甚深般若波羅蜜多既自性空,云何可說甚深般若波羅蜜多攝一切法?非於空中可說有法攝與不攝。」

佛告善現:「豈不諸法諸法性空?」

善現對曰:「如是!如是!」

佛告善現:「若一切法一切法性空,豈不空中攝一切法?」

善現對曰:「如是!如是!」

佛告善現:

「由此因緣,甚深般若波羅蜜多攝一切法,當知菩薩住深般若波羅

蜜多，能作如是方便善巧。」(CBETA, T07, no. 220, pp. 415c^{12}–416a^8)

sher phyin: v.028, pp. 689^{09}–690^{21} 《合論》: v.051, pp. 752^{06}–753^{19}

②方便起神通諸行

[安立於第十地]

1.[安立親近善知識]

70.18 安立令修彼地所攝親近無數諸佛為善知識
等功德故

安立第十地中，初安立親近善知識者，安立令修彼地所
攝親近無數諸佛為善知識等功德故；

卷 477〈正定品 81〉：爾時，具壽善現白佛言：

「世尊！云何菩薩摩訶薩行深般若波羅蜜多時，安住諸法自性空中，
引發神通波羅蜜多，安住神通波羅蜜多，能往十方殑伽沙等諸佛世
界，供養恭敬諸佛世尊，於諸佛所聽受正法，種植無量殊勝善根？」

❶菩薩行般若，遍觀國土諸佛皆空，能以方便起神通

佛告善現：

「諸菩薩摩訶薩行深般若波羅蜜多時，遍觀十方殑伽沙等諸佛世界
及諸佛眾并所說法自性皆空，唯有世俗假說名字說為世界、佛眾
及法，如是世俗假說名字亦自性空。

「善現當知！若十方界及諸佛眾并所說法假說名字自性不空，則所
說空應成一分，以所說空非成一分故，一切法自性皆空，其理周
圓無二、無別。諸菩薩摩訶薩行深般若波羅蜜多時，由遍觀空方
便善巧，引發神通波羅蜜多，安住神通波羅蜜多，便能引發天眼、
天耳、神境、他心、宿住、隨念及知漏盡微妙通慧。

❷起神通自行成

1.神通波羅蜜是菩提道，能令自他見善法亦無所著

「善現當知！諸菩薩摩訶薩非離神通波羅蜜多，有能自在成熟有
情、嚴淨佛土，證得無上正等菩提。是故神通波羅蜜多是菩提
道，諸菩薩摩訶薩皆依此道求趣無上正等菩提，於求趣時能自
圓滿一切善法，亦能教他修諸善法，雖作是事而於善法都無執
著。所以者何？是菩薩摩訶薩知諸善法皆自性空，非自性空有
所執著，若有執著則有愛味，由無執著亦無愛味，自性空中無

愛味故，能味、所味及味因緣於空法中不可得故。

2.觀一切法空，不起有漏業，為有情說法亦不著有情

「善現當知！諸菩薩摩訶薩行深般若波羅蜜多時，安住神通波羅蜜多，引發天眼清淨過人，用此天眼觀一切法自性皆空。見一切法自性空故，不依法相造作諸業，雖為有情說如是法，而亦不得諸有情相及彼施設。

3.得無所得般若，起無所得神通

是菩薩摩訶薩以無所得而為方便，引發菩薩殊勝神通，用此神通作所應作一切事業。

❸起神通化他行成

1.遊戲神通，廣演道法，饒益有情

「是菩薩摩訶薩以極清淨過人天眼，遍觀十方殑伽沙等諸佛世界，見已引發神境智通，往彼饒益諸有情類，或以布施波羅蜜多乃至般若波羅蜜多而作饒益，或以四念住乃至八聖道支而作饒益，或以四靜慮、四無量、四無色定而作饒益，或以八解脫乃至十遍處而作饒益，或以空、無相、無願解脫門而作饒益，或以諸餘殊勝善法而作饒益，或以聲聞、獨覺、菩薩及諸佛法而作饒益。

「是菩薩摩訶薩於十方界，若見有情多慳貪者，深生憐愍說如是法：『汝等有情當行布施，諸慳貪者受貧窮苦，由貧窮故無有威德，不能自益況能益他！是故汝等當勤行施，既自安樂亦安樂他，勿以貧窮更相食噉，俱不解脫諸惡趣苦。』

「若見有情毀犯淨戒，深生憐愍說如是法：『汝等有情當持淨戒，諸破戒者受惡趣苦，破戒之人無有威德，不能自益，況能益他！破戒因緣墮三惡趣，受苦異熟楚毒難忍，不能自救，況能救他！是故汝等當持淨戒，不應容納破戒之心經剎那頃，況經多時！勿自縱心後生憂悔。』

「若見有情更相忿恚，展轉結恨互相損惱，深生憐愍說如是法：『汝等有情當修安忍，勿相瞋忿結恨相害，諸忿恨心不順善法，增長惡法招現衰損。汝等由此忿恨心故，身壞命終當墮惡趣，受諸極苦難有出期，是故汝等不應容納忿恨之心經剎那頃，何況令其長時相續！汝等今者展轉相緣，應起慈心作饒益事。』

「若見有情懶惰懈怠，深生憐愍說如是法：『汝等有情當勤精進，

勿於善法懶惰懈怠，諸懈怠者於諸善法及諸勝事皆不能成。汝等由斯墮諸惡趣受無量苦，是故汝等不應容納懈怠之心經剎那頃，何況令其長時相續！』

「若見有情失念散亂心不寂靜，深生憐愍說如是法：『汝等有情當修靜慮，勿生失念散亂之心，如是之心不順善法，增長惡法招現衰損。汝等由此身壞命終，墮諸惡趣受無量苦，是故汝等不應容納失念散亂相應之心經剎那頃，何況令其長時相續！』

「若見有情愚癡惡慧，深生憐愍說如是法：『汝等有情當修勝慧勿起惡慧，起惡慧者於諸善趣尚不能往，況得解脫！汝等由此惡慧因緣，墮諸惡趣受無量苦，是故汝等不應容納愚癡惡慧相應之心經剎那頃，何況令其長時相續！』

「若見有情多貪欲者深生憐愍，方便令其修不淨觀；若見有情多瞋恚者深生憐愍，方便令其修慈悲觀。若見有情多愚癡者深生憐愍，方便令其修緣起觀。若見有情多憍慢者深生憐愍，方便令其修界分別觀。若見有情多尋伺者深生憐愍，方便令其修持息念。若見有情失正道者深生憐愍，方便教導令入正道，謂聲聞道、或獨覺道、或如來道，方便為彼說如是法：『汝等所執皆自性空，非空法中可有所執，以無所執為空相故。』

「如是，善現！諸菩薩摩訶薩行深般若波羅蜜多時，要住神通波羅蜜多，方能自在宣說正法，利益安樂諸有情類。善現當知！若菩薩摩訶薩遠離神通波羅蜜多，不能自在宣說正法，與諸有情作饒益事。善現當知！如鳥無翅，不能自在飛翔虛空遠有所至，諸菩薩摩訶薩亦復如是，若無神通波羅蜜多，不能自在宣說正法，與諸有情作饒益事。是故，善現！諸菩薩摩訶薩行深般若波羅蜜多時，應引發神通波羅蜜多，若引發神通波羅蜜多，即能自在宣說正法，隨意利樂諸有情類。

2.神通利樂有情，應機施教，隨意受身而無染

「善現當知！諸菩薩摩訶薩以極清淨過人天眼，遍觀十方殑伽沙等諸佛世界，及觀生彼諸有情類，見已引發神境智通，經須臾間往到彼界，以他心智如實了知彼諸有情心、心所法，隨其所應為說法要，謂說布施波羅蜜多乃至般若波羅蜜多，或說四念住乃至八聖道支，或說四靜慮、四無量、四無色定，或說八解脫乃至十遍處，或說空、無相、無願解脫門，或說一切陀羅尼

門、三摩地門，或說內空乃至無性自性空，或說真如乃至不思議界，或說苦、集、滅、道聖諦，或說因緣乃至增上緣，或說從緣所生諸法，或說無明乃至老死，或說種種蘊、處、界門，或說聲聞道，或說獨覺道，或說菩薩道，或說菩提，或說涅槃，令彼有情聞是法已，皆獲殊勝利益安樂。

「是菩薩摩訶薩以極清淨過人天耳，能聞一切人非人聲。由此天耳遍聞十方殑伽沙等諸佛世界一切如來、應、正等覺所說正法，聞已受持思惟義趣，隨所聞法能為有情如實宣說，或說布施波羅蜜多乃至般若波羅蜜多，廣說乃至或說菩提，或說涅槃，令彼有情聞是法已，皆獲殊勝利益安樂。

「是菩薩摩訶薩以極清淨他心智通，如實了知諸有情類心、心所法，隨其所應為說法要，謂說布施波羅蜜多乃至般若波羅蜜多，廣說乃至或說菩提、或說涅槃，令彼有情聞是法已，皆獲殊勝利益安樂。

「是菩薩摩訶薩以淨宿住隨念智通，能憶自他諸本生事。由此宿住隨念智通，如實念知過去諸佛及弟子眾名等差別，若諸有情樂聞過去諸宿住事而得益者，便為宣說諸宿住事，因斯方便為說正法，謂說布施波羅蜜多乃至般若波羅蜜多，廣說乃至或說菩提，或說涅槃，令彼有情聞是法已，皆獲殊勝利益安樂。

「是菩薩摩訶薩以極迅速神境智通，往到十方殑伽沙等諸佛世界，親近供養諸佛世尊，於諸佛所種諸善根，還來本土為有情說諸佛土事，因斯方便為說正法，謂說布施波羅蜜多乃至般若波羅蜜多，廣說乃至或說菩提，或說涅槃，令諸有情聞是法已，皆獲殊勝利益安樂。

「是菩薩摩訶薩以隨所得漏盡智通，如實了知諸有情類漏盡未盡，亦如實知漏盡方便，為未盡者宣說法要，謂說布施波羅蜜多乃至般若波羅蜜多，廣說乃至或說菩提，或說涅槃，令諸有情聞是法已，皆獲殊勝利益安樂。

「如是，善現！諸菩薩摩訶薩行深般若波羅蜜多時，應引發神通波羅蜜多。是菩薩摩訶薩修習神通波羅蜜多得圓滿故，隨意所樂受種種身，不為苦樂過失所染，如佛化身雖能施作種種事業，而不為彼苦樂過失之所雜染。*26

(4)以神通嚴土熟生、滿菩提願，轉法輪度有情

①以遊戲神通嚴土熟生，得無上菩提

2.[安立智德增長中]

70.19 安立智德增長圓滿菩提分善故

第二安立智德增長中，安立令得菩提分者，安立令圓滿菩提分善故；

卷 477〈正定品 81〉：

「如是，善現！諸菩薩摩訶薩行深般若波羅蜜多時，應遊戲神通波羅蜜多，若遊戲神通波羅蜜多，則能成熟有情、嚴淨佛土，疾證無上正等菩提。善現當知！若菩薩摩訶薩不成熟有情、嚴淨佛土，終不能得所求無上正等菩提。所以者何？諸菩薩摩訶薩若未圓滿菩提資糧，必不能證所求無上正等菩提。」

(CBETA, T07, no. 220, pp. 416a^9–417c^{16})

sher phyin: v.028, pp. 690^{21}–703^{10} 《合論》：v.051, pp. 753^{20}–766^{13}

②一切善法皆是無上菩提因緣

具壽善現白言：

「世尊！何等名為諸菩薩摩訶薩菩提資糧，諸菩薩摩訶薩圓滿如是菩提資糧，方能證得所求無上正等菩提？」

佛告善現：「一切善法皆是菩薩菩提資糧。」

❶約布施度

　1.以無分別心行布施，自利利他

　　具壽善現復白佛言：「何等名為一切善法？」

　　佛告善現：

　　「諸菩薩摩訶薩從初發心修行布施波羅蜜多乃至般若波羅蜜多，於中都無分別執著，謂作是念：『此是布施乃至般若，由此、為此而修布施乃至般若。』是三分別執著都無，知一切法自性空故。由此所修布施等六波羅蜜多，能自饒益，亦能饒益一切有情，令出生死證涅槃故，說為善法，亦名菩薩菩提資糧，亦名菩薩摩訶薩道。

　2.三世菩薩行是道得度生死

　　過去未來現在菩薩摩訶薩眾行此道故，已得當得今得無上正等菩提，亦令有情已當今度生死大海得涅槃樂。

❷例餘法

「復次，善現！諸菩薩摩訶薩從初發心修行四念住乃至八聖道支，安住內空乃至無性自性空，安住真如乃至不思議界，安住苦、集、滅、道聖諦，修行四靜慮、四無量、四無色定，修行八解脫乃至十遍處，修行空、無相、無願解脫門，修行菩薩摩訶薩地，修行一切陀羅尼門、三摩地門，修行如來十力乃至十八佛不共法，修行無忘失法、恒住捨性，修行一切智、道相智、一切相智，於中都無分別執著，謂作是念：『此是四念住乃至一切相智，由此、為此而修四念住乃至一切相智。』是三分別執著都無，知一切法自性空故。由此所修四念住乃至一切相智，能自饒益，亦能饒益一切有情，令出生死得涅槃故，說為善法，亦名菩薩菩提資糧，亦名菩薩摩訶薩道。過去未來現在菩薩摩訶薩眾行此道故，已得當得今得無上正等菩提，亦令有情已當今度生死大海得涅槃樂。

③具足諸善法，成佛度有情

「善現當知！復有無量諸菩薩眾所修功德皆名善法，亦名菩薩菩提資糧，亦名菩薩摩訶薩道。諸菩薩摩訶薩要修如是諸勝善法令極圓滿，方能證得一切智智，要已證得一切智智，乃能無倒轉正法輪，令諸有情究竟安樂。」*26

[7]菩薩法亦是佛法

1.佛與菩薩所行雖同，而有已得、當得之異

第二分佛法品第八十二

爾時，具壽善現白佛言：「世尊！若此諸善法是菩薩法者，復有何等是佛法耶？」

(1)得一切相智永斷習氣名佛，而菩薩未成滿

佛告善現：

「即菩薩法亦是佛法，謂諸菩薩於一切法覺一切相，由此當得一切相智，永斷一切習氣相續。若諸如來、應、正等覺，於一切法以一剎那相應妙慧現等覺已，證得無上正等菩提。

(2)行向、住果之差別

善現！是名菩薩與佛二法差別，如二聖者雖俱是聖，而有行向、住果差別，所成就法非無有異。如是，善現！若無間道中行於一切法，未離闇障，未到彼岸，未得自在，未得果時，名為菩薩。若解脫道中行於一切法，已離闇障，已到彼岸，已得自在，已得果時，乃名為佛。

是為菩薩與佛有異,由位有異法非無別,而不可說法性有異。」*27

(CBETA, T07, no. 220, pp. 417c^{16}–418b^{10})

sher phyin: v.028, pp. 703^{11}–706^{19} 《合論》: v.051, pp. 766^{14}–769^{21}

2.諸法自相空不二,然迷悟有別

70.20 安立令知諸業無失壞不欺誑故

安立業不失壞者,安立令知諸業無失壞不欺誑故;

卷 477〈佛法品 82〉: 具壽善現復白佛言:

「若一切法自相皆空,自相空中如何得有種種差別,謂此是地獄,此是傍
生,此是鬼界,此是人,此是天,此是種姓地,此是第八地,此是預流,
此是一來,此是不還,此是阿羅漢,此是獨覺,此是菩薩,此是如來?
世尊!如是所說補特伽羅既不可得,彼所造業亦不可得,如所造業既不
可得,彼異熟果亦不可得。」

(1)自相空中無別

佛告善現:

「如是!如是!如汝所說。一切法自相空,自相空中補特伽羅既無所有,
業果異熟亦無所有,無所有中無差別相。

(2)因迷悟不同而有差別

①有情迷故造業受報

然諸有情於一切法自相空理不如實知,造作諸業或善、或惡,由於善
業造作增長生人、天中,由於惡業造作增長墮三惡趣,於善業中由於
定業造作增長生於色界或無色界。

②菩薩悟故得道饒益有情

由此因緣,諸菩薩摩訶薩修行布施波羅蜜多乃至般若波羅蜜多,安住
內空乃至無性自性空,安住真如乃至不思議界,安住苦、集、滅、道
聖諦,修行四念住乃至八聖道支,修行四靜慮、四無量、四無色定,
修行八解脫乃至十遍處,修行空、無相、無願解脫門,修行極喜地乃
至法雲地,修行一切陀羅尼門、三摩地門,修行五眼、六神通,修行
如來十力乃至十八佛不共法,修行無忘失法、恒住捨性,修行一切智、
道相智、一切相智。

「善現!諸菩薩摩訶薩於如是等菩提分法,無間無缺修令圓滿,既圓滿
已,便能引發近助菩提金剛喻定,證得無上正等菩提,與諸有情作大

饒益常無失壞，無失壞故，令諸有情解脫生死諸苦惱事。」*27

3.佛雖不得諸趣生死，但為有情證菩提，廣說諦實法

(1)諸法自相空中無業果差別

具壽善現復白佛言：「佛得無上正等覺已，為得諸趣生死法不？」

佛言：「不也！」

具壽善現復白佛言：

「佛得無上正等覺已，為得黑業、白業、黑白業、非黑白業不？」

佛言：「不也！」

(2)為饒益有情故發菩提心

具壽善現復白佛言：

「若佛不得諸趣生死及業差別，如何施設此是地獄，此是傍生，此是鬼
界，此是人，此是天，此是種性地，此是第八地，此是預流，此是一
來，此是不還，此是阿羅漢，此是獨覺，此是菩薩，此是如來？」

佛告善現：「諸有情類自知諸法自相空不？」

善現對曰：「不也！世尊！」

佛告善現：

「若諸有情自知諸法自相空者，諸菩薩摩訶薩便於無上正等菩提不應求
證，方便善巧拔諸有情惡趣生死。以諸有情不知諸法自相空故，流轉
諸趣受無量苦，是故菩薩從諸佛所聞一切法自相空已，為欲饒益諸有
情故，求證無上正等菩提，方便善巧拔諸有情惡趣生死。

「善現當知！諸菩薩摩訶薩常作是念：『非一切法實有自相，如諸愚夫異
生所執，然彼分別顛倒力故，非實有中起實有想，謂無我中起於我想，
無有情中起有情想，廣說乃至無見者中起見者想，於無色中起於色想，
無受、想、行、識中起受、想、行、識想，乃至一切有為法中虛妄分
別顛倒力故，非實謂實，非有執有，由斯造作身、語、意業，不能解
脫惡趣生死，我當拔濟令得解脫。』

(3)為有情故行菩薩道、得菩提

是菩薩摩訶薩作此念已，行深般若波羅蜜多，以諸善法攝在其中，無
倒修行諸菩薩行，漸次圓滿菩提資糧，菩提資糧得圓滿已，證得無上
正等菩提。」

(CBETA, T07, no. 220, pp. 418b^{10}–419a^8)

sher phyin: v.028, pp. 706^{20}–711^{02} 《合論》：v.051, pp. 770^{01}–774^{05}

(4)成佛道已，教化有情

①說四諦、三寶

70.21 安立令知現見四諦故

安立令知四諦者，令現見四諦故；

卷 477〈佛法品 82〉：

「得菩提已，為諸有情宣說開示分別建立四聖諦義，謂此是苦聖諦，此是苦集聖諦，此是苦滅聖諦，此是趣苦滅道聖諦。復以一切菩提分法，依通達智攝在如是四聖諦中，復依一切菩提分法，以微妙智施設建立佛、法、僧寶。由此三寶出現世間，諸有情類解脫生死，若諸有情不能歸信佛、法、僧寶，造作諸業輪迴諸趣，受苦無窮故應歸依佛、法、僧寶。」

②說一乘實諦

❶四諦平等即是涅槃

具壽善現復白佛言：

「為由苦、集、滅、道聖諦，諸有情類得般涅槃？為由苦、集、滅、道聖智，諸有情類得般涅槃？」

佛告善現：

「非由苦、集、滅、道聖諦，諸有情類得般涅槃；非由苦、集、滅、道聖智，諸有情類得般涅槃。善現！我說四聖諦平等性即是涅槃，如是涅槃不由苦、集、滅、道諦得，不由苦、集、滅、道智得，但由般若波羅蜜多證平等性名得涅槃。」

❷別明四諦平等義

具壽善現復白佛言：「何等名為苦、集、滅、道平等性耶？」

1.無四諦、四諦智

佛告善現：

「若於是處無苦、集、滅、道諦，無苦、集、滅、道智，名四聖諦平等之性，此平等性即四聖諦。

2.四諦實相

所有真如、法界、法性、不虛妄性、不變異性、平等性、離生性、法定、法住、實際、虛空界、不思議界，若佛出世、若不出世性相常住，無失壞、無變易，如是名為苦、集、滅、道平等之性。

諸菩薩摩訶薩行深般若波羅蜜多時，為欲隨覺此四聖諦平等性故行深般若波羅蜜多，若能隨覺此四聖諦平等性時，名真隨覺一切聖諦，疾證無上正等菩提。」*27

4.通達實相入菩薩位，成熟空觀巧說法

(1)通達實諦能過二乘，入菩薩位順向菩提

具壽善現復白佛言：

「云何菩薩摩訶薩行深般若波羅蜜多時，為欲隨覺此四聖諦平等性故行深般若波羅蜜多，若能隨覺此四聖諦平等性時，名真隨覺一切聖諦，不墮聲聞、獨覺等地，趣入菩薩正性離生？」

①見一切法空，入菩薩位，不從頂墮

佛告善現：

「諸菩薩摩訶薩行深般若波羅蜜多時，無有少法不如實見，於一切法如實見時，於一切法都無所得，於一切法無所得時，則如實見一切法空，謂如實見四諦所攝及所不攝諸法皆空。如是見時，能入菩薩正性離生。由能入菩薩正性離生故，便住菩薩種性地中。既住菩薩種性地中，則能決定不從頂墮，若從頂墮應墮聲聞或獨覺地。

②通達實相，順向菩提

是菩薩摩訶薩安住菩薩種性地中，起四靜慮及四無量、四無色定。是菩薩摩訶薩安住如是奢摩他地，便能決擇一切法性，及隨覺悟四聖諦理。爾時，菩薩雖遍知苦而能不起緣執苦心，雖永斷集而能不起緣執集心，雖能證滅而能不起緣執滅心，雖能修道而能不起緣執道心，但起隨順趣向臨入無上正等菩提之心，如實觀察諸法實相。」

(2)空觀成就，以方便力為有情說法

①以自相空觀諸法

❶明觀行

具壽善現復白佛言：「是菩薩摩訶薩云何觀察諸法實相？」

佛告善現：「是菩薩摩訶薩觀一切法無不皆空，是為觀察諸法實相。」

具壽善現復白佛言：「是菩薩摩訶薩云何觀察諸法皆空？」

佛告善現：

「是菩薩摩訶薩於一切法如實觀察皆自相空，如是觀察諸法皆空。是菩薩摩訶薩以如是相毘鉢舍那，如實觀見諸法皆空，都不見有諸法自性可住彼性證得無上正等菩提。

❷諸法無自性，非佛、菩薩、二乘所作

所以者何？諸佛無上正等菩提及一切法，皆以無性而為自性，所謂色乃至識皆以無性而為自性，眼處乃至意處亦以無性而為自性，色處乃至法處亦以無性而為自性，眼界乃至意界亦以無性而為自性，色界乃至法界亦以無性而為自性，眼識界乃至意識界亦以無性而為自性，眼觸乃至意觸亦以無性而為自性，眼觸為緣所生諸受乃至意觸為緣所生諸受亦以無性而為自性，地界乃至識界亦以無性而為自性，因緣乃至增上緣亦以無性而為自性，從緣所生諸法亦以無性而為自性，無明乃至老死亦以無性而為自性，布施波羅蜜多乃至般若波羅蜜多亦以無性而為自性，內空乃至無性自性空亦以無性而為自性，真如乃至不思議界亦以無性而為自性，苦、集、滅、道聖諦亦以無性而為自性，四念住乃至八聖道支亦以無性而為自性，四靜慮、四無量、四無色定亦以無性而為自性，八解脫乃至十遍處亦以無性而為自性，空、無相、無願解脫門亦以無性而為自性，淨觀地乃至如來地亦以無性而為自性，極喜地乃至法雲地亦以無性而為自性，一切陀羅尼門、三摩地門亦以無性而為自性，五眼、六神通亦以無性而為自性，如來十力乃至十八佛不共法亦以無性而為自性，三十二大士相、八十隨好亦以無性而為自性，無忘失法、恒住捨性亦以無性而為自性，一切智、道相智、一切相智亦以無性而為自性，預流果乃至獨覺菩提亦以無性而為自性，一切菩薩摩訶薩行亦以無性而為自性，諸佛無上正等菩提亦以無性而為自性。如是無性非諸佛作，非獨覺作，非菩薩作，非聲聞作，亦非住果、行向者作，但為有情於一切法不知不見如實皆空故。

②愍有情不知實相故，菩薩行般若以方便力為有情說法

諸菩薩摩訶薩眾行深般若波羅蜜多方便善巧，如自所覺為諸有情如實宣說，令離執著解脫一切生老病死，得般涅槃究竟安樂。」
*27

(CBETA, T07, no. 220, pp. 419a⁸–420a¹²)

sher phyin: v.028, pp. 711⁰²–715⁰⁴ 《合論》：v.051, pp. 774⁰⁶–778⁰⁷

[8]諸法本空，迷悟不同故有凡聖

1.於空中分別諸法異

70.22 安立令遠離常樂我淨等四顛倒故

安立令遠離顛倒者，令永遠離常樂我淨等四顛倒故；

(1)諸法空，云何有五道、三乘？

①若諸法性空，云何分別有諸法異？

卷 478〈無事品 83〉：第二分無事品第八十三

爾時，具壽善現白佛言：

「世尊！若一切法皆以無性而為自性，如是無性非諸佛作，非獨覺作，
非菩薩作，非聲聞作，亦非住果、行向者作，云何施設諸法有異？
謂此是地獄，此是傍生，此是鬼界，此是人，此是四大王眾天乃至
他化自在天，此是梵眾天乃至色究竟天，此是空無邊處天乃至非想
非非想處天，此是預流，此是一來，此是不還，此是阿羅漢，此是
獨覺，此是菩薩，此是如來？

②無性法中無有業用，云何由行業因緣故有五道、三乘？

由此業故施設地獄，由此業故施設傍生，由此業故施設鬼界，由此
業故施設於人，由此業故施設四大王眾天乃至他化自在天，由此業
故施設梵眾天乃至色究竟天，由此業故施設空無邊處天乃至非想非
非想處天，由此法故施設預流、一來、不還，由此法故施設阿羅漢，
由此法故施設獨覺，由此法故施設菩薩，由此法故施設如來？

「世尊！無性之法定無作用，云何可言由如是業生於地獄，由如是業
生於傍生，由如是業生於鬼界，由如是業生於人中，由如是業生四
大王眾天乃至他化自在天，由如是業生梵眾天乃至色究竟天，由如
是業生空無邊處天乃至非想非非想處天，由如是法得預流果，由如
是法得一來果，由如是法得不還果，由如是法得阿羅漢果，由如是
法得獨覺菩提，由如是法入菩薩位行菩薩道，由如是法得一切相智
名佛世尊，令諸有情解脫生死？」

(2)無性法無業無果報

佛告善現：

「如是！如是！如汝所說。無性法中不可施設諸法有異，無業、無果亦
無作用。

①有五道之因緣

但諸愚夫不了聖法毘奈耶故，不如實知諸法皆以無性為性，愚癡顛倒
發起種種身、語、意業，隨業差別受種種身。依如是身品類差別，施

設地獄、傍生、鬼界、若人、若天乃至非想非非想處。

②有三乘之因緣

❶實慧觀道果無性

為欲濟拔如是愚夫愚癡顛倒受生死苦,施設聖法及毘奈耶分位差別,依此分位施設預流乃至獨覺、菩薩、如來。然一切法皆以無性而為自性,無性法中實無異法,無業、無果亦無作用,無性之法常無性故。

「復次,善現!如汝所說『無性之法定無作用,云何可言由如是法得預流果,廣說乃至由如是法得一切智名佛世尊,令諸有情脫生死?』者,於意云何?諸所修道是無性不?諸預流果、一來、不還、阿羅漢果、獨覺菩提及菩薩道一切相智是無性不?」

善現對曰:「如是!如是!諸所修道廣說乃至一切相智皆是無性。」

佛告善現:「於意云何?無性法為能得無性法不?」

善現對曰:「不也!世尊!」

佛告善現:

「無性及道,是一切法皆非相應非不相應,無色、無見、無對、一相,所謂無相。」

❷方便慧濟拔有情

愚夫異生愚癡顛倒,於無相法起有法想執著五蘊,於無常中起於常想,於諸苦中起於樂想,於無我中起於我想,於不淨中起於淨想,於無性法執著有性。由此菩薩摩訶薩眾行深般若波羅蜜多方便善巧,濟拔如是諸有情類,令離顛倒虛妄分別,方便安置無相法中,令勤修學解脫生死,證得畢竟常樂涅槃。」

(CBETA, T07, no. 220, p. 420a^{20}–c^{17})

sher phyin: v.028, pp. 715^{05}–720^{08}; 762^{03}–786^{03} 《合論》: v.051, pp. 778^{08}–805^{07}

(3)凡夫顛倒故生著

70.23 安立於無實執生諸顛倒無彼所依之根本故

安立令知無彼所依之根本者,安立於無實執生諸顛倒之根本故;

卷478〈無事品 83〉:具壽善現復白佛言:

「愚夫異生所執著事頗有真實而非虛妄,彼執著已造作諸業,由是因緣沈淪諸趣,不能解脫生死苦不?」

佛告善現:

「愚夫異生所執著事乃至無有如細毛端可說真實而非虛妄，彼執著已造
作諸業，由是因緣沈淪諸趣，不能解脫生死眾苦，唯有虛妄顛倒執著。
*28

2.舉八喻明雖有見聞而無染淨

(1)依喻明理

①如夢喻

吾今為汝廣說譬喻，重顯斯義令其易了，諸有智者由諸譬喻，於所說
義能生正解。

「善現！於意云何？夢中見人受五欲樂，夢中頗有少分實事可令彼人
受欲樂不？」

善現對曰：「夢所見人尚非實有，況有實事可令彼人受五欲樂！」

佛告善現：

「於意云何？頗有諸法，若善若非善、若有記若無記、若有漏若無漏、
若世間若出世間、若有為若無為，非如夢中所見事不？」

善現對曰：

「定無有法，若善若非善、若有記若無記、若有漏若無漏、若世間若
出世間、若有為若無為，非如夢中所見事者。」

佛告善現：「於意云何？夢中頗有真實諸趣於中往來生死事不？」

善現對曰：「不也！世尊！」

佛告善現：「於意云何？夢中頗有真實修道，依彼修道有離雜染得清淨
不？」

善現對曰：

「不也！世尊！所以者何？夢所見法都無實事，非能施設、非所施設，
修道尚無，況依修道有離雜染及得清淨！」

②如鏡中像喻

佛告善現：

「於意云何？明鏡等中所現眾像，為有實事可依造業，由所造業或墮
地獄、或墮傍生、或墮鬼界、或生人中、或生天上受苦樂不？」

善現對曰：

「明鏡等中所現眾像，都無實事但誑愚童，如何可依造作諸業，由所
造業或墮惡趣、或生人天受諸苦樂？」

佛告善現：「於意云何？眾像頗有真實修道，依彼修道有離雜染得清淨

不？」

善現對曰：

「明鏡等像都無實事，非能施設、非所施設，修道尚無，況依修道有
　離雜染及得清淨！」

③如響喻

佛告善現：

「於意云何？山谷等中所發諸響，為有實事可依造業，由所造業或墮
　地獄、或墮傍生、或墮鬼界、或生人中、或生天上受苦樂不？」

善現對曰：

「山谷等中所發諸響，都無實事但誑愚童，如何可依造作諸業，由所
　造業或墮惡趣、或生人天受諸苦樂？」

佛告善現：「於意云何？諸響頗有真實修道，依彼修道有離雜染得清淨
　不？」

善現對曰：

「不也！世尊！所以者何？山谷等響都無實事，非能施設、非所施設，
　修道尚無，況依修道有離雜染及得清淨！」

④如陽焰喻

佛告善現：

「於意云何？諸陽焰中現似水等，為有實事可依造業，由所造業或墮
　地獄、或墮傍生、或墮鬼界、或生人中、或生天上受苦樂不？」

善現對曰：

「諸陽焰中所現水等，都無實事但誑愚童，如何可依造作諸業，由所
　造業或墮惡趣、或生人天受諸苦樂？」

佛告善現：

「於意云何？諸陽焰中水等頗有真實修道，依彼修道有離雜染得清淨
　不？」

善現對曰：

「不也！世尊！所以者何？陽焰水等都無實事，非能施設、非所施設，
　修道尚無，況依修道有離雜染及得清淨！」

⑤如光影喻

佛告善現：

「於意云何？諸光影中所現色相，為有實事可依造業，由所造業或墮
　地獄、或墮傍生、或墮鬼界、或生人中、或生天上受苦樂不？」

善現對曰：

「諸光影中所現色相，都無實事但誑愚童，如何可依造作諸業，由所造業或墮惡趣、或生人天受諸苦樂？」

佛告善現：

「於意云何？諸光影中色相頗有真實修道，依彼修道有離雜染得清淨不？」

善現對曰：

「不也！世尊！所以者何？光影色相都無實事，非能施設、非所施設，修道尚無，況依修道有離雜染及得清淨！」

⑥如幻喻

佛告善現：

「於意云何？幻師幻作象、馬、車、步四種勇軍，或復幻作牛、羊、男、女及餘種種甚希有事，此幻象等為有實事可依造業，由所造業或墮地獄、或墮傍生、或墮鬼界、或生人中、或生天上受苦樂不？」

善現對曰：

「幻象、馬等都無實事但誑愚童，如何可依造作諸業，由所造業或墮惡趣、或生人天受諸苦樂？」

佛告善現：

「於意云何？幻事頗有真實修道，依彼修道有離雜染得清淨不？」

善現對曰：

「不也！世尊！所以者何？幻象、馬等都無實事，非能施設、非所施設，修道尚無，況依修道有離雜染及得清淨！」

⑦如化喻

佛告善現：

「於意云何？能變化者所化作身，此所化身為有實事可依造業，由所造業或墮地獄、或墮傍生、或墮鬼界、或生人中、或生天上受苦樂不？」

善現對曰：

「諸變化身都無實事，如何可依造作諸業，由所造業或墮惡趣、或生人天受諸苦樂？」

佛告善現：「於意云何？化身頗有真實修道，依彼修道有離雜染得清淨不？」

善現對曰：

「不也！世尊！所以者何？諸變化身都無實事，非能施設、非所施設，修道尚無，況依修道有離雜染及得清淨！」

⑧尋香城喻

佛告善現：

「於意云何？尋香城中所現物類，為有實事可依造業，由所造業或墮地獄、或墮傍生、或墮鬼界、或生人中、或生天上受苦樂不？」

善現對曰：

「尋香城中所現物類都無實事，如何可依造作諸業，由所造業或墮惡趣、或生人天受諸苦樂？」

佛告善現：

「於意云何？尋香城中物類頗有真實修道，依彼修道有離雜染得清淨不？」

善現對曰：

「不也！世尊！所以者何？尋香城中所現物類都無實事，非能施設、非所施設，修道尚無，況依修道有離雜染及得清淨！」

(2)結說：如實見者知無染淨者，亦無染淨事

佛告善現：「於意云何？此中頗有實雜染者、清淨者不？」

善現對曰：「此中都無實雜染者及清淨者。」

佛告善現：

「如雜染者及清淨者實無所有，由此因緣，雜染清淨亦非實有。所以者何？住我、我所諸有情類虛妄分別，謂有雜染及清淨者，由此因緣謂有雜染及有清淨，非見實者謂有雜染及清淨者。如實見者知無雜染及清淨者，如是亦無雜染清淨實事可得，以一切法畢竟空故。」*28

(CBETA, T07, no. 220, pp. 420c^{17}–422a^4)

sher phyin: v.028, pp. 720^{08}–728^{20} 《合論》: v.051, pp. 805^{08}–813^{18}

[9]廣明平等性

1.略說平等

70.24 安立圓滿證得平等性之清淨故

安立圓滿清淨者，安立圓滿證得平等性之清淨故；

卷478〈實說品 84〉：爾時，具壽善現白佛言：

「世尊！諸見實者既無雜染及無清淨，不見實者亦無雜染及無清淨。所以

者何？以一切法無所有故。世尊！諸實說者既無雜染及無清淨，不實說者亦無雜染及無清淨。所以者何？以一切法無自性故。世尊！無自性法既無雜染及無清淨，有自性法亦無雜染及無清淨，諸有自性、無自性法亦無雜染及無清淨。所以者何？以一切法皆用無性為自性故。世尊！若見實者及實說者無染無淨，不見實者、不實說者亦無染淨，云何世尊有時說有清淨法耶？」

(1)法平等性是清淨法

佛告善現：「我說一切法平等性為清淨法。」

具壽善現復白佛言：「何謂一切法平等性？」

佛告善現：

「諸法真如、法界、法性、不虛妄性、不變異性、平等性、離生性、法定、法住、實際、虛空界、不思議界，若佛出世、若不出世性相常住，是名一切法平等性，此平等性名清淨法。

(2)世俗假名說，勝義畢竟空

此依世俗說為清淨，不依勝義。所以者何？勝義諦中既無分別亦無戲論，一切名字言語道斷。」*29　(CBETA, T07, no. 220, p. 422a$^{5-24}$)

sher phyin:　v.028, pp. 729^{01}–730^{01}　《合論》：v.051, pp. 813^{19}–814^{20}

2.明平等行

(1)住虛妄分別法，不得成道

①云何依非實法發心

70.25 安立令圓滿無上菩提之二資糧故

安立資糧圓滿者，令圓滿無上菩提之二資糧故；

卷478〈實說品 84〉：具壽善現復白佛言：

「若一切法如夢、像、響、焰、影、幻、化及尋香城，雖現似有而無實事，諸菩薩摩訶薩云何依此非實有法，發趣無上正等覺心，作是誓言：我當圓滿布施波羅蜜多乃至般若波羅蜜多，我當圓滿殊勝神通波羅蜜多，我當圓滿方便善巧、妙願、力、智波羅蜜多，我當圓滿四靜慮、四無量、四無色定，我當圓滿四念住乃至八聖道支，我當圓滿空、無相、無願解脫門，我當圓滿八解脫乃至十遍處，我當圓滿內空乃至無性自性空，我當圓滿真如乃至不思議界，我當圓滿苦、集、滅、道聖諦，我當圓滿極喜地乃至法雲地，我當圓滿一切

陀羅尼門、三摩地門，我當圓滿五眼、六神通，我當圓滿如來十力
乃至十八佛不共法，我當圓滿無忘失法、恒住捨性，我當圓滿一切
智、道相智、一切相智，我當圓滿三十二大士相、八十隨好，我當
發起無量光明普照十方無邊世界；我當發起一妙音聲，遍滿十方無
邊世界，隨諸有情心、心所法勝解差別，為說種種微妙法門令獲利
樂？」

②住虛妄分別法，不得無上菩提

佛告善現：

「於意云何？汝所說法，豈不一切如夢、像、響、焰、影、幻、化、
尋香城耶？」

善現對曰：

「如是！如是！世尊！若一切法如夢乃至如尋香城皆無實事，云何菩
薩摩訶薩行深般若波羅蜜多時，發大誓言：我當圓滿一切功德，利
益安樂無量有情？

「世尊！非夢所見，廣說乃至尋香城中所現物類，能行布施波羅蜜多
乃至般若波羅蜜多，況能圓滿！餘一切法亦應如是，俱非實故。世
尊！非夢所見，廣說乃至尋香城中所現物類，乃至能行三十二大士
相、八十隨好，況能圓滿！餘一切法亦應如是，俱非實故。世尊！
非夢所見，廣說乃至尋香城中所現物類，能成一切所願事業，餘一
切法亦應如是，俱非實故。」

佛告善現：

「如是！如是！如汝所說。非實有法尚不能行布施波羅蜜多乃至般若
波羅蜜多，況能圓滿！如是乃至非實有法尚不能行三十二大士相、
八十隨好，況能圓滿！非實有法不能成辦所願事業，非實有法不能
證得所求無上正等菩提。

「復次，善現！布施、淨戒、安忍、精進、靜慮、般若波羅蜜多，及
餘無量無邊善法非實有故，不能證得所求無上正等菩提。善現當知！
如是諸法一切皆是思惟造作，諸有思惟所造作法皆不能得一切智智。

(2)修性空無相行，但為利益有情

①一切善法能助道，而知助道法性空如夢如化

「復次，善現！如是諸法於菩提道雖能引發，而於其果無資助用，由
此諸法無生、無起，無實相故。諸菩薩摩訶薩行深般若波羅蜜多時，
從初發心雖起種種身、語、意善，謂若修行布施、淨戒、安忍、精

進、靜慮、般若波羅蜜多，如是乃至若修行一切智、道相智、一切相智，而知一切如夢、像、響、焰、影、幻、化及尋香城皆非實有。

②具足諸道品而不取相，能成熟有情，得無上菩提

「復次，善現！如是諸法雖非實有，若不圓滿決定不能成熟有情、嚴淨佛土，證得無上正等菩提。謂菩薩摩訶薩若不圓滿布施、淨戒、安忍、精進、靜慮、般若波羅蜜多，乃至一切智、道相智、一切相智，決定不能成熟有情、嚴淨佛土，證得無上正等菩提。

「復次，善現！是諸菩薩摩訶薩行深般若波羅蜜多時，隨所修住一切善法，皆如實知如夢乃至如尋香城，謂若修行布施、淨戒、安忍、精進、靜慮、般若波羅蜜多，能如實知如夢乃至如尋香城；如是乃至若修行一切智、道相智、一切相智，能如實知如夢乃至如尋香城；若成熟有情、嚴淨佛土，求趣無上正等菩提，能如實知如夢乃至如尋香城，亦如實知諸有情類心行差別如夢乃至如尋香城。

「復次，善現！是諸菩薩摩訶薩行深般若波羅蜜多時，於一切法不取為有、不取為無，若由如是取故證得一切智智，亦知彼法如夢乃至如尋香城，不取為有、不取為無。所以者何？布施、淨戒、安忍、精進、靜慮、般若波羅蜜多乃至一切智、道相智、一切相智皆不可取故，善、非善法亦不可取故，有記、無記法亦不可取故，有漏、無漏法亦不可取故，世間、出世間法亦不可取故，有為、無為法亦不可取故。

③但為利益有情發心求佛道

❶辨所行

是菩薩摩訶薩知一切法不可取已，求趣無上正等菩提。所以者何？以一切法皆不可取、都無實事，如夢乃至如尋香城。不可取法不能證得不可取法，然諸有情於如是法不知不見，是菩薩摩訶薩為饒益彼諸有情故，求趣無上正等菩提。

「復次，善現！是菩薩摩訶薩從初發心，為欲利樂諸有情故，修行布施波羅蜜多乃至般若波羅蜜多，不為己身非為餘事；為欲利樂諸有情故，求趣無上正等菩提，不為己身非為餘事。

❷釋因緣

「復次，善現！是菩薩摩訶薩行深般若波羅蜜多時，見諸愚夫於非我中而住我想，於非有情住有情想，如是乃至於非知者住知者想，於非見者住見者想。是菩薩摩訶薩見是事已，深生憐愍方便教化，

令離顛倒妄想執著，安置無相甘露界中，住是界中不復現起我想
乃至知、見者想，是時一切掉動、散亂、戲論、分別不復現行，
心多安住寂靜淡泊無戲論界。

「善現！是菩薩摩訶薩由此方便，行深般若波羅蜜多，自於諸法無
所執著，亦能教他於一切法無所執著。

❸依世俗，不依勝義

此依世俗，不依勝義，以勝義中無所執著，自他差別不可得故。」
*29

3.明平等果

(1)二法分別即是虛妄，無有道果

爾時，具壽善現白佛言：

「世尊！佛得無上正等覺時所證佛法，為依世俗說名為得，為依勝義說
名得耶？」

佛告善現：

「佛得無上正等覺時所證佛法，依世俗故說名為得，不依勝義。若依勝
義，能得、所得俱不可得。所以者何？若謂此人得如是法便有所得，
有所得者便執有二，執有二者不能得果亦無現觀。」

(2)諸法平等離諸戲論，即有道果

具壽善現復白佛言：

「若執有二不能得果亦無現觀，執無二者為能得果有現觀耶？」

佛告善現：

「執有二者不能得果亦無現觀，執無二者亦復如是，有所執故如執有二。
若不執二、不執不二，則名得果亦名現觀。所以者何？若執由此便能
得果亦有現觀，及執由彼不能得果亦無現觀，俱是戲論，非一切法平
等性中有諸戲論，若離戲論乃可名為法平等性。」*29

4.論平等義

(1)離有性、無性，出過一切法；諸法平等性，凡聖不能行

具壽善現復白佛言：「若一切法皆以無性而為自性，此中何謂法平等性？」

佛告善現：

「若於是處都無有性亦無無性，亦不可說為平等性，如是乃名法平等性。
善現當知！法平等性既不可說亦不可知，除平等性無法可得，離一切

法無平等性。善現！當知法平等性，異生聖者俱不能行，非彼境故。」

(2)凡聖平等性無別異，故說佛亦不能行

具壽善現復白佛言：「法平等性豈亦非佛所行境耶？」

佛告善現：

「法平等性，一切聖者皆不能行亦不能證，謂諸預流、若諸一來、若諸不還、若阿羅漢、若諸獨覺、若諸菩薩、若諸如來，皆不能以法平等性為所行境，此中一切戲論分別皆不行故。」

具壽善現復白佛言：

「佛於諸法皆得自在，如何可言法平等性亦非諸佛所行境耶？」

佛告善現：

「佛於諸法雖得自在，若平等性與佛有別，可言是佛所行境界，然平等性與佛無別，如何可言佛行彼境？

「善現當知！若諸異生法平等性，若諸預流、一來、不還、阿羅漢、獨覺、菩薩、如來法平等性，如是一切法平等性，皆同一相，所謂無相，是一平等無二無別，故不可說此是異生法平等性，廣說乃至此是如來法平等性。於此一法平等性中，諸平等性既不可得，於中異生及預流等差別之相亦不可得。」

(3)平等中無差別，世諦故有差別

具壽善現復白佛言：

「若一切法平等性中，諸差別相皆不可得，則諸異生及預流等法及有情應無差別。」

佛告善現：

「如是！如是！如汝所說。於一切法平等性中，若諸異生、若諸聖者乃至如來法及有情皆無差別。」*29

5.明有一切教門

具壽善現復白佛言：

「若一切法平等性中，異生、聖者法及有情皆無差別，云何三寶出現世間，所謂佛寶、法寶、僧寶？」

(1)三寶即是平等，而佛有方便力，於空無相中分別是凡夫、是聖人

佛告善現：「於意云何？佛、法、僧寶法平等性各各別耶？」

善現對曰：

「如我解佛所說義者，佛、法、僧寶法平等性皆無差別。所以者何？佛、

法、僧寶法平等性，如是一切皆非相應非不相應，無色、無見、無對、一相，所謂無相。然佛世尊於無相法方便善巧，建立種種法及有情名相差別，所謂此是異生及法，乃至此是如來及法。」

佛告善現：

「如是！如是！如汝所說。諸佛於法方便善巧，能於無相建立種種法及有情名相差別。

(2)若佛不為有情分別諸法相，有情不能如實知其相

「復次，善現！於意云何？若諸如來、應、正等覺不證無上正等菩提，設證無上正等菩提，不為有情建立諸法名相差別，諸有情類為能自知：此是地獄，此是傍生，此是鬼界，此是人，此是天，謂四大王眾天乃至非想非非想處天，此是色乃至識，此是眼處乃至意處，此是色處乃至法處，此是眼界乃至意界，此是色界乃至法界，此是眼識界乃至意識界，此是眼觸乃至意觸，此是眼觸為緣所生諸受乃至意觸為緣所生諸受，此是地界乃至識界，此是因緣乃至增上緣，此是從緣所生諸法，此是無明乃至老死，此是善、非善法，此是有記、無記法，此是有漏、無漏法，此是世間、出世間法，此是有為、無為法，此是布施波羅蜜多乃至般若波羅蜜多，此是四念住乃至八聖道支，此是內空乃至無性自性空，此是真如乃至不思議界，此是苦、集、滅、道聖諦，此是四靜慮、四無量、四無色定，此是空、無相、無願解脫門，此是八解脫乃至十遍處，此是淨觀地乃至如來地，此是極喜地乃至法雲地，此是一切陀羅尼門、三摩地門，此是五眼、六神通，此是如來十力乃至十八佛不共法，此是三十二大士相、八十隨好，此是無忘失法、恒住捨性，此是一切智、道相智、一切相智，此是一切相妙願智，此是一切智智，此是三寶，此是三乘，諸有情類於如是等差別名相能自知不？」

善現對曰：

「不也！世尊！若佛不為有情建立諸如是等差別名相，諸有情類不能自知諸如是等差別名相。」

佛告善現：

「是故如來於無相法方便善巧，雖為有情建立種種差別名相，而於諸法平等性中能無所動；雖於有情作大恩德，而於其中能不取相。」*29

6.廣明一切法平等

(1)明理：凡聖皆於平等中不動

爾時，具壽善現白佛言：

「世尊！為如如來於一切法平等性中都無所動，如是一切異生、預流、一來、不還及阿羅漢、獨覺、菩薩，亦於諸法平等性中無所動不？」

佛告善現：

「如是！如是！以一切法及諸有情，皆不出過平等性故。如平等性，當知真如廣說乃至不思議界亦復如是，諸法異生及諸聖者於真如等無差別故。」

(CBETA, T07, no. 220, pp. 422a^{24}–424b^{10})

sher phyin: v.028, pp. 730^{01}–749^{13} 《合論》: v.051, pp. 815^{01}–835^{02}

(2)問難：諸法各各相，云何菩薩行般若時不分別，若不作分別，云何能成道

70.26 安立令現知生死有為與涅槃無為，於勝義中全無異故

安立令知生死涅槃平等者，令現知生死有為與涅槃無為，於勝義中全無異故；

卷 478〈實說品 84〉：

「具壽善現復白佛言：「若諸異生及諸聖者并一切法平等之性無差別者，今一切法及諸有情相各異故性亦應異。是則法性亦應各異，謂色乃至識相各異故性亦應異，眼處乃至意處相各異故性亦應異，色處乃至法處相各異故性亦應異，眼界乃至意界相各異故性亦應異，色界乃至法界相各異故性亦應異，眼識界乃至意識界相各異故性亦應異，眼觸乃至意觸相各異故性亦應異，眼觸為緣所生諸受乃至意觸為緣所生諸受相各異故性亦應異，地界乃至識界相各異故性亦應異，因緣乃至增上緣相各異故性亦應異，從緣所生諸法相各異故性亦應異，無明乃至老死相各異故性亦應異，貪、瞋、癡相各異故性亦應異，異生見趣相各異故性亦應異，四靜慮、四無量、四無色定相各異故性亦應異，四念住乃至八聖道支相各異故性亦應異，空、無相、無願解脫門相各異故性亦應異，內空乃至無性自性空相各異故性亦應異，真如乃至不思議界相各異故性亦應異，苦、集、滅、道聖諦相各異故性亦應異，布施波羅蜜多乃至般若波羅蜜多相各異故性亦應異，八解脫乃至十遍處相各異故性亦應異，淨觀地乃至如來地相各異故性亦應異，極喜地乃至法雲地相各異故性亦應異，一切陀羅尼門、三摩地門相各異故性亦應

異，五眼、六神通相各異故性亦應異，如來十力乃至十八佛不共法相各異故性亦應異，三十二大士相、八十隨好相各異故性亦應異，無忘失法、恒住捨性相各異故性亦應異，一切智、道相智、一切相智相各異故性亦應異，愚夫異生乃至如來相各異故性亦應異，善、非善法相各異故性亦應異，有記、無記法相各異故性亦應異，有漏、無漏法相各異故性亦應異，世間、出世間法相各異故性亦應異，有為、無為法相各異故性亦應異。

「世尊！如是法等相若各異，是則法性亦應各異，云何於諸異相法等，可得安立法性一相？云何菩薩摩訶薩行深般若波羅蜜多時，不分別法及諸有情有種種性？若菩薩摩訶薩不分別法及諸有情有種種性，則應不能行深般若波羅蜜多。若不能行甚深般若波羅蜜多，則應不能從一菩薩地至一菩薩地。若定不能從一菩薩地至一菩薩地，則應不能趣入菩薩正性離生。若定不能趣入菩薩正性離生，則應不能超諸聲聞及獨覺地。若定不能超諸聲聞及獨覺地，則應不能圓滿神通波羅蜜多。若定不能圓滿神通波羅蜜多，則應不能於諸神通遊戲自在。若定不能於諸神通遊戲自在，則應不能圓滿布施波羅蜜多乃至般若波羅蜜多。若定不能圓滿布施波羅蜜多乃至般若波羅蜜多，則應不能從一佛國趣一佛國親近供養諸佛世尊。若定不能從一佛國趣一佛國親近供養諸佛世尊，則應不能於諸佛所種諸善根。若定不能於諸佛所種諸善根，則應不能嚴淨佛土、成熟有情。若定不能嚴淨佛土、成熟有情，則應不能證得無上正等菩提，轉正法輪度有情眾，令其永離惡趣生死。」

(3)佛答：諸法皆空無異相，當知諸法平等，非即非離

佛告善現：

「如汝所言：若諸異生及諸聖者并一切法平等之性無差別者，今一切法及諸有情相各異故性亦應異，是則法性亦應各異，云何於諸異相法等，可得安立法性一相？云何菩薩摩訶薩行深般若波羅蜜多時，不分別法及諸有情有種種性乃至廣說？

「善現！於意云何？諸色法性是空性不？諸受、想、行、識法性是空性不？如是乃至一切有為、無為法性是空性不？」

善現對曰：「如是！如是！一切法性皆是空性。」

佛告善現：

「於意云何？於空性中法等異相為可得不？謂色異相廣說乃至一切有為、無為異相為可得不？」

善現對曰：「不也！世尊！於空性中一切異相皆不可得。」

佛告善現：

「由此當知法平等性非即一切愚夫異生，非離一切愚夫異生，如是乃至
非即如來、應、正等覺，非離如來、應、正等覺；法平等性非即色，
非離色，非即受、想、行、識，非離受、想、行、識，如是乃至非即
有為及無為法，非離有為及無為法。」*29

7.明平等相，有為無為一相

(1)諸法平等相，非有為非無為

具壽善現復白佛言：「法平等性為是有為，為是無為？」

佛告善現：

「法平等性非是有為，非是無為，然離有為法，無為法不可得，離無為
法，有為法亦不可得。善現當知！若有為界、若無為界，如是二界非
合非散，無色、無見、無對、一相，所謂無相。

(2)依世諦說，非依勝義

一切如來、應、正等覺依世俗說不依勝義。所以者何？非勝義中身行、
語行、意行可得，非離身行、語行、意行勝義可得。善現當知！即有
為法及無為法平等法性說名勝義，非離一切有為、無為別有勝義。

(3)菩薩於勝義中不動而利益有情

是故菩薩摩訶薩行深般若波羅蜜多時，不動勝義而行菩薩摩訶薩行，
成熟有情、嚴淨佛土，證得無上正等菩提，轉妙法輪度有情眾，令其
永離生老病死，證得究竟常樂涅槃。」*29

8.約法性平等論化有情義

(1)以二空化導有情

①善現問 (以第一義悉檀問)

第二分空性品第八十五

爾時，具壽善現白佛言：

「世尊！若諸法等平等之性皆本性空，此本性空於一切法非能、所作，
云何菩薩摩訶薩行深般若波羅蜜多時，不動勝義以四攝事饒益有
情？」

②佛答 (以對治悉檀辨)

佛告善現：

「如是！如是！一切法等平等之性皆本性空，此本性空於一切法非
能、所作，然諸菩薩能為有情以布施等作饒益事。

❶示有情空

若諸有情自知諸法皆本性空，則諸如來及諸菩薩不現神通作希有
事，謂於諸法本性空中雖無所動，而令有情遠離種種妄想顛倒，謂
令有情遠離我想、有情想乃至知者、見者想，

❷示法空

亦令遠離色乃至識想，眼處乃至意處想，色處乃至法處想，眼界乃
至意界想，色界乃至法界想，眼識界乃至意識界想，眼觸乃至意觸
想，眼觸為緣所生諸受乃至意觸為緣所生諸受想，地界乃至識界想，
無明乃至老死想，亦令遠離有為界想。住無為界，解脫一切生老病
死。無為界者即諸法空，依世俗說名無為界。」

(CBETA, T07, no. 220, pp. 424b^{10}–425c^2)

sher phyin: v.028, pp. 749^{13}–759^{03} 《合論》: v.051, pp. 835^{03}–844^{14}

(2)明所用空：遠離一切法相，知諸法空

[安立於佛道]

70.27 安立於究竟所得無住大涅槃故

又安立於道果者，安立於究竟所得無住大涅槃故。

卷 478〈空性品 85〉：具壽善現復白佛言：「由何空故說諸法空？」
佛告善現：「由想空故說諸法空。*30

9.諸法如化，而隨機施教分別說

(1)變化與空非合非散

「復次，善現！於意云何？若變化身復作化事，此有實事而不空耶？」
善現對曰：「諸所變化都無實事，一切皆空。」
佛告善現：
「變化與空如是二法非合非散，此二俱以空空故空，不應分別是空是化。
所以者何？非空性中有空、有化二事可得，以一切法畢竟空故。
「復次，善現！無色非化，無受、想、行、識非化，諸是化者無不皆空，
餘法有情應知亦爾。」

(2)諸法如化而有種種差別

具壽善現復白佛言：

「蘊、界、處等世間諸法及諸有情可皆是化,四念住等出世間法及諸有
　情豈亦是化?」

佛告善現:

「一切世間、出世法等無非是化,然於其中有聲聞化,有獨覺化,有菩
　薩化,有如來化,有煩惱化,有諸業化,由此因緣,我說一切皆如變
　化等無差別。」

(3)如化、不如化與本性空寂

① 為新學者分別說如化、不如化

❶ 有為生滅法如化

具壽善現復白佛言:

「一切斷果,所謂預流、一來、不還、阿羅漢果、獨覺、如來永斷
　煩惱習氣相續,豈亦是化?」

佛告善現:「如是諸法若與生滅二相合者亦皆是化。」

❷ 涅槃無生滅不如化

具壽善現復白佛言:「何法非化?」

佛告善現:「若法不與生滅相合,是法非化。」

具壽善現復白佛言:「何法不與生滅相合?」

佛告善現:「不虛誑法即是涅槃,此法不與生滅相合,是故非化。」

具壽善現復白佛言:

「如世尊說平等法性一切皆空,無能動者,無二可得,無有少法非
　自性空,如何涅槃可說非化?」

佛告善現:

「如是!如是!如汝所說。無有少法非自性空,此自性空非聲聞作,
　非獨覺作,非菩薩作,非如來作,亦非餘作,有佛無佛其性常空,
　此即涅槃。是故我說涅槃非化,非實有法名為涅槃,可說無生、
　無滅、非化。復次,善現!我為新學諸菩薩說涅槃非化,非別實
　有不空涅槃,是故不應執此為難。」

② 令新學者知法性本空

爾時,善現便白佛言:「云何方便教誡教授新學菩薩,令知諸法自性常
　空?」

佛告善現:

「豈一切法先有後無而不常空?然一切法先既非有後亦非無,自性常
　空不應驚怖。應作如是方便善巧教誡教授新學菩薩,令知諸法自性

常空。」*30

(CBETA, T07, no. 220, pp. 425c^2–426a^{10})

sher phyin: v.028, pp. 759^{03}–762^{01} 《合論》: v.051, pp. 844^{15}–847^{13}

註解：

*1 佛陀觀、佛身論與菩薩二身說

(1)佛陀觀與佛身論

佛入滅時，告誡弟子當以「法」和「律」為師，應自歸依不他歸依。但佛入滅後，對佛之崇拜仍以二種方式發展，一者追求可以取代的具體佛陀，而有佛陀觀；二者對佛區別有色身與法身之不同，而有佛身論。

①佛陀觀

❶三世佛

《阿含經》已有三世佛思想，有過去七佛以及未來彌勒佛。

❷他土佛

為能早日見佛，而祈求來世生於三千大千世界外他佛土，如東方阿閦佛和西方阿彌陀佛土。

❸十方遍滿佛

《華嚴經》的毘盧遮那佛，如日光遍照十方。

❹內在佛

《涅槃經》中的「佛性」及如來藏經典中的「如來藏」，可以看作是十方遍滿佛所演化的內在佛思想。

②佛身論

❶二身說

一直到龍樹為止，佛身論是以色身和法身之二身說為主。佛入滅後所留下的教法成為佛弟子永遠的歸依，見法即見佛，佛陀與不滅的法成為一體，產生法身之思想。佛生滅的色身與不滅的法身，是佛身論的主要內容。而說毘盧遮那佛或阿彌陀佛是釋迦牟尼佛之法身，則是融會了佛身論與佛陀觀之想法。

❷三身說

龍樹之後，五世紀之大乘經典，發展出法身、報身與化身之三身說。色身成為化身，雖然還是生滅變化身，但已有積極化導有情之意。

報身是佛的因行果德身，是無量劫修行所得之圓滿報身。此中三十二相及八十種好，有現實色身的具體性，而圓滿受報、佛壽無量，又具有法身的永恆性。

❸之後，隨著對佛身的不斷理想化，而有四身乃至種種身之說。

(2)原始佛教之佛陀觀

①歷史的佛陀觀

有兩部份：

❶理法即佛陀 (自覺的佛陀)

以體現究竟法為佛陀。佛陀與法一如，超越能知與所知之分別，體證四諦、緣起等理法之普遍性與平等性。

❷教法即佛陀 (覺他的佛陀)

以利導有情的大悲心為佛陀。

佛陀體現這兩種本質，顯示人人可依實踐而成佛。

②理想的佛陀觀

佛陀入滅後，只留下教法與大悲感化。弟子景仰懷念之情與時俱增，不僅將佛陀作為歷史

上的人物、世間唯一之偉人，越來越不能接受佛陀亦如一般人消滅，因此逐漸在信仰上發展出如下理想的佛陀觀。

理想化的佛陀：

❶殊勝的身(三十二相、八十種好)

　三十二大士相是印度普遍流傳之想法。依〈吠陀〉，具足此等相在家可成為轉輪聖王，出家成為正等覺者引導有情。

❷殊勝的心(十八不共法)

　以智慧為特質之十八不共法，是十力、四無所畏、大悲、三念住(三意止)。

　　　　　　　　　　　　　　　　　　　　　　　　　　　《大毗婆沙論》17

具有殊勝身心之佛陀常留人間，此等殊勝，緣自於過去生累積之善業功德。

理想化佛陀觀發展過程中，印度流行之先賢傳說，轉化成佛過去生之因行，由此等本生故事引發了大乘佛教興起之菩薩道思想，菩薩成佛之說逐漸盛行。佛陀本生普遍化中，產生了過去佛、三世佛思想，又在空間上發展出他方佛說，由此形成多佛思想。

③理智與信仰

從原始佛教文獻中，我們知道釋迦牟尼佛是歷史上活生生的人，透過理智斷盡煩惱，遊化各地說法，教導弟子如何面對煩惱達到解脫。他是在人間成佛的典範，鼓舞有情透過理性之淬鍊，人人皆可成佛。

然自佛入滅後，隨著佛弟子對佛的永恆懷念，佛陀逐漸被理想化。大乘佛教經典出現以後，佛陀形像有了鉅大轉變，壽命長遠乃至無量，身長高大甚於天神，神足凌空不再托缽洗足，佛越來越信仰化、理想化，成為信仰的對象。

從歷史到超歷史，或從超歷史到理想化的演變，應兼顧信仰上所希求之永遠性，以及「諸行無常」教理所呈現世間之無常性。

(3)部派佛教之佛陀觀

上座部系始終將佛陀視為人，除其煩惱滅盡外，其生身與常人無異。

大眾部系則從超人間、超歷史角度看佛陀，認為佛陀無所不知、無所不在、無所不能，完全理想化。

		大眾部	說一切有部
身		一切如來無有漏法，壽命無限。	佛之生身是有漏法，壽命有限。
心	佛與二乘	佛與二乘，解脫程度不同(阿羅漢有五不圓滿，大天五事)，聖道亦有差別。	佛與二乘皆斷染汙無明，解脫生死無別，佛更斷不染無明，得一切智及一切相智，二乘唯得一切智。
	剎那遍緣諸法	①一剎那心相應般若了一切法，盡智、無生智恆常隨轉。(二心可並起，緣境同時，亦了別自性故。) ②佛無無記心，答問不待思惟。	①一剎那心不了一切法，盡智、無生智非恆常隨轉。(二心不並起，一剎那中心心所不了自性故。) ②佛有無記心故，答問待思惟。
	佛　語	①諸如來語皆轉法輪，世尊無不如義語故。 ②佛以一音說一切法。	①非如來語皆為轉法輪，世尊亦有不如義語故。 ②非佛以一音說一切法。

(4)佛身論

　①二身說

　　佛在世時或入滅後不久，世人相信釋尊非是常人，其身超越常人而圓滿清淨(三十二相、八十種好)，並有殊勝能力(十力、四無畏等)。到了部派佛教時代，大眾部主張佛身無漏，壽量威力無限。說一切有部則認為佛生身仍屬有漏，但佛所成就之十力、四無所畏功德及教法盡屬無漏，稱為法身，由此而有二身。

　②三身說 (《十地經論》3，真諦譯《攝大乘論》下)

　　大乘佛教興起後，佛身論急速開展。

　　以法性真如理體為法身(dharmakāya)(無著〈金剛般若波羅蜜經論〉又以經典為言說法身，修行證得為證得法身)，生身為化身(nirmānakāya)，並在二者間別立報身(sajbhogakāya)。

　　❶法身 (自性身、法性身)

　　　承受說一切有部之法身說，指常住真實、普遍平等理體之真如法性為法身。

　　　(《攝論》自性身是諸如來法身，於一切法自在依止故。)

　　❷報身 (受用身、應身)

　　　指悟真理而有功德(因行果德)之具體普遍之身，此身既非永遠真理之身，亦非無常的人格之身。在菩薩因位時所立之願與修行，其果顯現為受樂之圓滿報身。報身以大慧、大定、大悲為體，具足無量色相、功德與樂相。佛之淨土係以此報身為因而立。菩薩在淨土受法樂，亦以報身為因。

　　　(《攝論》受用身者，諸佛種種土及大人集輪依止所顯現。此以法身為依止，諸佛土清淨、大乘法受樂受用因故。)

　　❸化身 (變化身、應化身)

　　　乃為救濟有情，應有情根機所現之人格身(如釋迦牟尼佛)。

　　　(《攝論》變化身者，以法身為依止，從住兜率陀天及退受生，乃至得無上菩提轉法輪等所顯現故。)

　　此三身之關係，如月之體、光、影，稱為一月三身。法身理體唯一，常住不變，如月之體；報身之智慧由法身之理體所生，能照明一切，如月光；化身具變化之作用，從機緣而現，如映現水面之月影。

　　如來身有二種得：

　　自性得是法身；人功得是應化二身。(真諦譯《攝大乘論釋》13)

　　依止自性身，起福德智慧二行，二行果是淨土清淨及大法樂。能受用二果名受用身(報身、應身)。於他修行地中，由佛本願自在力故，彼識似有情變異顯現，名變化身(應化身)。

　③四身說

　　❶《佛地經論》7

　　　受用身分為自受用身與他受用身，而成四身。

　　❷《入楞伽經》6

　　　分為法(自性)、報(受用)、化(變化)、變化(等流)四身。(應化身分為應身、化身)

　　❸《現觀莊嚴論明義釋》

　　　分為自性身、智法身、受用身、化身四身。

　　此中他受用報身，是為利益居住在他受用純淨土之初地以上菩薩，受用大乘法樂；而應化

身是為利益居住在淨土或穢土中，未登地之菩薩眾、二乘人及一切有情得諸利益事。

④諸佛身之施設

《現觀莊嚴論明義釋》以自性身為其餘三身之法性自性，觀待智慧等施設三身。

　　1.智慧法身：唯佛現前所行境，由積聚智慧資糧而生。

　　2.圓滿報身：為菩薩聖者以上之所行境，由積聚福德資糧而生。

　　3.殊勝化身：由積聚二資糧而生。

從理與智的圓滿自證說是法身，從法身的利他大用而顯現之身則有二身、三身、四身，乃至種種身之說。佛入滅後，佛弟子對佛之永恆懷念，對佛身不斷理想化，成就了之後理想的佛身論。

(5)菩薩二身說

菩薩身有二種：

①生死肉身(生身菩薩)

三賢位菩薩未證法性，乃為惑業因緣受三界分段生死之菩薩。

②法性生身(法身菩薩)

若證得無生法忍、捨三界生死肉身，受不生不死、不思議變易生死之菩薩。此為入初地或八地以上之菩薩。

「菩薩入法位，住阿鞞跋地，末後肉身盡，得法性生身。雖斷諸煩惱，有煩惱習因緣，故受法性生身，非三界生也。」《大智度論》28

「得法性身為度眾生故，種種變化身生三界，具佛功德，度脫眾生。」《大智度論》38

(法性生身亦指如來五種法身之一，以法性總該萬有萬德，如來之身由此出世，亦名法性生身。如來法身與菩薩法身，身無差別(同一真如)，而功德有滿未滿之異。)

*2 三十二相、八十隨好

(1)能自他受用之相好

佛陀殊勝莊嚴色身中，顯著易見者三十二，微細隱密難見者八十，能令人生起欣喜愛樂心。八十好隨三十二相而有，故亦稱隨好。

三十二相是聖無漏法果報，故自在隨意無量無邊。轉輪聖王雖亦有三十二相，但無威德、不具足、不得處，與愛等煩惱俱。八十隨好唯佛、菩薩具足。

此等皆是佛陀在因地精進不懈經長劫累積之福德業報，又以此圓滿報身利濟有情。

(2)三十二相 (前碼依論，括弧內碼依經)

①五根等

❶眼睛：如青空一樣澄美。　31 (29)

❷睫毛：如牛王一般長而美麗。　32 (28)

❸眉　：眉間生白毫，右旋放光明。　17 (31)

❹牙齒：1.四十顆，整齊而美麗。　30 (23)

　　　　2.牙齒潔白整齊而密，沒有縫隙。　28,29 (24)

　　　　3.上下門牙尤其白淨。　27 (24)

❺口　：口中有特別津液，味覺上好。　21 (25)

❻舌　：舌薄而柔軟，可蓋住整個臉部。　24 (26)

❼頭　：頭頂有肉隆起如髮髻。　23 (32)

❽臉　：臉頰飽滿而緊縮如獅王。　26 (30)

❾聲音：成就五支梵音，洪亮美妙**1。　25 (27)

❿毛孔：全身毛孔一孔一毛，青色不雜亂。　16 (11)

⓫體毛：體毛右旋向上而順伏。　10 (12)

②手足

❶手指：手足指細長優雅。　6 (5)

❷指間：指間縵網相連。　3 (4)

❸足底：1.足下豐滿平整。　2 (1)

　　　　2.足底具輪輻相。　1 (2)

❹足跟：寬廣豐滿。　7 (6)

❺足趺：足背隆起，不見足踝膝骨。　9 (7)

❻手足：柔軟細嫩。　4 (3)

③體軀

❶雙肩：豐滿。　20 (16)

❷腋下：臂髆(腋下)圓實。　19 (17)

❸七處：雙手、雙足、雙肩和頸七處豐滿。　5 (15)

❹雙腨：腿肚漸次細圓如鹿王。　11 (8)

❺陰相：陰(男根)藏密(縮入體內)如象馬。　13 (10)

④身形

❶身量：身量與弓**2 相等，如諾瞿陀樹(與雙手平舉同寬)。　22 (20)

❷臂長：雙臂長妙，垂立時過膝。　12 (9)

❸身形：身形洪直端正。　8 (18, 19)

❹上身：身體平正威嚴如獅子王。　18 (21)

❺身皮：身皮細薄潤滑無垢膩。　15 (13)

❻身色：身如金色清淨鮮明。　14 (14)

❼身光：身上常出丈高光芒。　(無) (22)

**1 佛音聲有五清淨相：正直、和雅、清徹、深滿、周遍遠聞。

**2 身長一弓《俱舍》12，《毗婆沙》136

　　印度之尺度，本以指而度，有種種異說，有以七麥成一指節，二十四指節成一肘，四
　　肘為一弓。

　　　《四分律羯磨疏》一弓長四肘，則長為七尺二寸。

(3)八十種好　(括號內碼依論)

①五根等

❶眼睛：1.雙目清淨無翳(27)；　2.眼目寬廣(61)；　　3.眼目青白分明圓滿(63)。

❷睫毛：眼睫厚密(62)。

❸眉　：1.雙眉修長(64)；　2.眉毛細軟(65)；　3.雙眉潤澤(66)；　4.眉毛整齊(67)。

❹牙齒：1.四牙圓整(54)；　2.四牙鋒利(55)；　3.四牙潔白(56)；　4.四牙相齊(57)；

　　　　　　5.四牙漸細(58)。

　❺唇　：唇紅如頻婆果(48)。

　❻舌　：1.舌極柔軟(49)；　　　　2.舌極微薄(50)；　　　3.舌赤紅色(51)。

　❼鼻　：1.鼻相高修(59)；　　　　2.鼻清淨(60)。

　❽耳　：1.兩耳相齊(69)；　　　　2.耳根不壞(70)。

　❾額頂：1.額頭開展寬大(72)；　　2.額頭與髮際極善分展(71)；　　3.頂圓如蓋(73)。

　❿髮　：1.髮紺青色(74)；　　2.頭髮綢密(75)；　3.頭髮柔軟(76)；　4.頭髮不亂(77)；

　　　　　　5.髮不粗澀(78)；　　6.髮出妙香(79)。

　⓫面門：面門不太長(47)。

　⓬聲音：1.語具雷聲(52)；　　　　2.音韻美妙(53)。

②手足

　❶爪　：1.爪如赤銅色，鮮紅光明(1)；　　2.爪色潤澤(2)；　　　3.爪甲高起(3)。

　❷指　：1.指圓形(4)；　　　　2.指豐滿(5)；　　3.指漸細長(6)。

　❸手　：1.雙手柔軟如綿(43)；　2.手紋光鮮(44)；　3.手紋甚深(45)；　4.手紋長直(46)；

　　　　　　5.手長圓滿(68)。

　❹足　：1.踝骨不現(9)；　　　　2.足無不平(10)。

　❺手足德相：姆指有德紋相，無名指等有七紋右旋。掌中有四方吉祥紋(80)。

　❻支節：支節善開展(32)。

③身軀

　❶筋脈：1.筋脈不現(7)；　　　　2.筋脈無結(8)。

　❷皮膚：身無疣贅，無痣無斑(42)。

　❸臍　：1.臍底深妙(38)；　　　　2.臍紋右旋(39)。

　❹身軀：顧視清淨無翳(33)。

④身形

　❶身盤緊密(18)；　　　　❷身光潔(19)；　　　　❸身次第相稱(身高合宜)(20)；

　❹身最潔淨(21)；　　　　❺身柔妙(22)；　　　　❻身善清淨(23)；

　❼身極細嫩(28)；　　　　❽身最充實(身軀豐實)(30)；　　❾身善策勵(身極結實)(31)；

　❿身圓滿(腹部圓滿)(34)；　⓫身部相稱(腰腹細長)(35)；　⓬身無歪倒(臀無凹陷)(36)；

　⓭身相平等無諸高下(平腹下垂)(37)；　⓮身廣大微妙(25)；　⓯眾相圓滿(24)。

⑤行步威儀

　❶行步如獅子(11)；　　　　❷行步如象王(12)；　　❸行步如鵝王(13)；

　❹行步如牛王(14)；　　　　❺行步善妙(16)；　　　❻行步直進(17)；

　❼行步安庠平等(26)；　　　❽回身右旋(15)；　　　❾身容無怯弱(29)；

　❿威儀端莊眾所樂見(40)；　　　　　　　　⓫三業行淨(41)。

*3 法身事業

　　觀待所化有情境相之法身事業是憑藉智慧法身之本性而生。

　　於世俗上，證知唯智慧法身於受用身(圓滿報身)及勝應身(化身)等，從生起境相上，從事利益有情之事業。受用身及勝應身利益有情永不間斷，故法身事業亦不間斷。

*4 生身菩薩於一國中方便化他

　(1)凡夫顛倒心故起三業

　　凡夫顛倒心故，於法作顛倒見，不見法實相。凡夫於夢中，著夢、得夢、見夢者，亦著夢中
　　所見事。

　　是人若不信罪福，起身語意三不善業；若信罪福，起三善業；或起非福、福、不動業。

　　①善、福業：欲界中善法，喜樂果報。　　　　　　　　②不善、非福業：欲界憂悲苦惱果報。

　　③不動業：生色、無色界因緣業。

　(2)菩薩住二空中，為有情說法

　　菩薩知三業皆虛誑不實，住畢竟空破諸法，住無際空破有情相。菩薩為有情說法，令知蘊、
　　處、界諸法，皆從緣生無實，不應顛倒於虛妄無實事起實事想，而造業受果。

　(3)令有情離惡生善

　　①以福捨罪

　　　菩薩以方便力，令有情以布施破慳貪，以戒破著布施果報者，以離欲禪定破著戒所生福報。

　　②以空捨福，令證聖果

　　　❶依諸道法，捨無常過，令住涅槃

　　　　禪定及果報皆無常不實，能令人墮顛倒中。

　　　　菩薩以種種因緣，為有情說布施、持戒、禪定之無常過失；以諸道法為方便，所謂四念
　　　　住乃至佛十八不共法，令有情住是法中，終得住涅槃。

　　　❷三福業不應執

　　　　布施、持戒等雖破凡夫法，因顛倒而生；雖少時利益有情，久則變異，能生苦惱，應遠
　　　　離。

　　　❸菩薩以方便力，先教有情捨罪，稱讚布施、持戒福德；次復為說布施、持戒亦未免無常
　　　　苦惱，然後為說諸法空，但稱讚實法，所謂無餘涅槃。

　(4)菩薩希有法，能知諸法實相畢竟空，聲聞、獨覺皆不能成就、不能測量。

*5 法身菩薩於無量世界中度有情無邊

　　前說生身菩薩度一國土有情，今說法身菩薩於無量世界度無量眾，別以布施明菩薩以希有法攝
　　受有情。

　(1)平等外施

　　應以平等無差別想而行布施。

　　①以般若力修畢竟空心，於諸法無分別

　　　菩薩以般若波羅蜜力，於一切法中修畢竟空心，故於諸法無分別。

　　　　如傍生，由五蘊、十二處、十八界和合而生；佛亦如是，從諸善法和合，假名為佛。

　　　若人憐愍有情，得無量福德；而於佛著心，起諸惡因緣，得罪無量。是故知一切法畢竟空
　　　故，不輕傍生，不著心貴佛。

　　②知法無相，不取相分別

　　　諸法實相，是一切法無相，無相中不分別是佛是傍生；若分別即是取相，是故應等觀。

　　③入畢竟空門，得平等觀

　　　菩薩有二法門：畢竟空門、分別好惡法門。

若入空法門，則得等觀；若入分別法門，諸阿羅漢、獨覺尚不及佛，何況傍生。

(2)平等內施

云何割截手足，不生異心？

①久修忍度故

菩薩久修安忍波羅蜜故，能不愁惱。

②久修大慈悲心故

菩薩無量世深修大慈悲心故，雖有割截，不生愁憂。

③深修般若，得般若空心故

菩薩深修般若波羅蜜，轉身得般若果報空心故，了了知空，割截身時心亦不動，般若果報，於諸法中無分別。

④菩薩是法性生身，住無漏心而慈念有情故

菩薩非生死身，是出三界法性生身，住無漏聖心果報中故，身如木石，而能慈念割截者，其心不動。

是為菩薩希有法。

*6 以三示導教化有情

(1)(問)菩薩遍以三示導教化有情，云何仍有三惡道？

(答)①菩薩雖無量，然有情倍多無量。

②若有情可度則度，若是重罪者不得見菩薩不得度。

③菩薩雖無分別教化有情，而有情各自因緣不同，有得解脫，有不得者。

(2)(問)菩薩雖能自捨其自命，而有情食其肉者應當有罪，云何得度？

(答)①此為菩薩之本願：「若有情噉我肉者，亦當令得度。」

②有情食菩薩肉，因之而起愛敬慚愧心，後當得免傍生趣生善處，值佛得度。

③菩薩多劫行慈心，外物布施有情，意猶不滿，並自以身布施，方為滿足。

④人得外物雖多，不以為恩，非所愛重故；若得其身時，乃能驚感故。

菩薩安住大悲，以三示導為三惡道及諸天等有情，宣說法要，是為甚奇希有之法。

*7 以四攝利益有情

以布施、愛語、利行、同事四攝事廣攝人道有情。

(1)廣說人道法、廣說布施、廣說法施

①何以廣說人道法？

❶不見因緣果報又多著外道邪見故

三惡道苦多，有情少疑，見菩薩神通，直信愛著得度。

諸天有天眼故，能自見罪福因緣，菩薩雖少現神足，亦能得解。而人道有情不見罪福因緣果報，又多著外道邪師邪見，故為人道有情廣說。

❷人中多三毒、邪見故

三毒人得邪見力，能盡作重惡；邪見人得貪瞋，能大作罪事。

須陀洹雖有三毒但無邪見，故不作墮三惡道重罪。

而人道有情既有三毒，又有邪見，則成大罪。

❸人難度

人肉眼不見罪福因緣故難度，難度故多說。

②何以廣說布施？

以布施攝神變示導(神通)、記說示導(知他心)、教誡示導(說法)三事故廣說。此中財施、法施教化有情無所不攝。

③何以廣說法施？

❶財施多欲界繫有量果報，而法施為三界繫或出三界無量果報。財施或能與三界富樂，而法施能與涅槃常樂。

❷財施果報，但有富樂，無種種；法施亦有富樂亦有餘事，乃至佛道涅槃果報。

又財施從法施生，故廣說法施。

(2)菩薩能得一切相智

菩薩具足佛因緣，生心欲得一切相智，得已，名為佛。

菩薩與佛俱住諸法無差別性，於諸法相求正遍知，說名菩薩，若至究竟，名佛世尊。因位時名為菩薩，若至果位，名佛世尊。

真實言之：「菩薩不得，佛亦不得」，以菩薩未得(若得，則不名菩薩)，佛得已竟，更不復得。

(勝義中，諸法無，無佛無菩薩；世俗諦中，說菩薩今得，佛得已竟。)

(3)出世間法施

①九次第定、三十二相、八十好

此等雖為世間共有法，亦是出世間法攝。

❶九次第定

滅想受定，唯聖人能得。

此中從初禪起不雜餘心入二禪，從二禪乃至滅想受定，念念中受，不雜餘心，名為次第。

❷三十二相

此中指聖無漏法果報，能自在隨意，無量無邊。

而轉輪聖王雖有同名三十二相，是由福德因緣而得，不能自在，有量有限，其威德、具足、淨潔、得處不同於佛。

❸八十隨好

八十隨好，唯佛、菩薩具足而有。餘人可有少許，不具足。

佛有二身，法身前已廣說，而生身相好莊嚴是聖無漏果報，亦應當說。

(佛隨此間閻浮提天竺國人所好，現三十二相、八十種好以攝有情。)

②如來十力

如來得一切相智，有無量智力，但非有情能得、能行故不說。

若為成辦度有情事，說十力。

❶處非處智力

佛以此力知一切法中因果，知是處(行惡業墮惡道、離五蓋修七覺分得道等)、非處(行惡業升天上、不離五蓋不修七覺分而能得道等)。

餘九力盡入此力中。佛以此力籌量十方六道有情可度、不可度者。

若可度，以種種因緣、神通變化而度脫之；若不可度，於此人中修捨心。

❷知業報智力 / ❸禪定解脫三昧智力

人以業因緣故受身繫縛，以禪定因緣故得解脫。

故以此二力知苦從何而生，由何而滅。

❹知有情上下根智力

人有鈍根為受身故作業，利根為滅身故作業。

❺知有情種種欲智力 ／ ❻知有情種種性智力

欲智力(勝解智力)知有情種種欲樂善惡不同；性智力(界智力)知有情種種界分不同。

有情以有惡欲常入惡故鈍；有善欲樂道，修助道法故利。

世間有惡性者能起惡欲，故根鈍；有善性者能起善欲，故根利。

(此中性先有，欲得因緣生；性在內，欲在外；性重欲輕；性難除，欲易捨；性深欲淺；
用性作業必當受報，用欲作業不必受報。)

欲常習增長，遂成為性；性亦能生欲。若人今世、若後世常習欲，則成為性；住是性中，
作惡作善；若住善性則可度，若住惡性則不可度。

❼一切至處道智力 (遍趣行智力)

如實知六道有漏行(善惡性)所至處(善惡道果報)，及無漏行所至處(涅槃果)之差別。

(天眼但見生死時，此力能知未死時。)

❽宿命智力 ／ ❾生死智力 ／ ❿漏盡智力

能通達三世中諸有情事：

　1.宿命智力：知過去事本末。

　2.天眼生死智力：知未來世中無量事。

　3.漏盡智力：知現在世中有情可度者。

佛以初力知有情可度、不可度相；

以第二力知有情為三障所覆、無覆者；

以第三力知有情生禪定、解脫淨不淨者；

以第四力知有情根有利、有鈍，能通法性、不通者；

以第五力知有情利鈍根因緣：善欲、惡欲；

以第六力知二欲因緣：種種性；

以第七力知有情利鈍善惡果報處：七種道；

以第八力知有情宿世善惡業障、不障；

以第九力知有情今世不可度、未來世生處可度；

以第十力知是人以空解脫門入涅槃，無相、無作門入涅槃；

　知是人於見諦道、思惟道中念念中斷若干結使。

以是十力籌量有情所應度緣而為說法。

③四無所畏

佛說法時具有四種無所懼畏之功德(自信)。

❶正等覺無畏：對於諸法皆覺知，住於正見無所屈伏，具無所怖畏之自信，與第一處非處
智力同體。

❷漏永盡無畏：斷盡一切煩惱而無外難怖畏，與第十漏盡智力同體。 (❶❷為自利)

❸說障道法無畏：闡示修行障礙之法，並對任何非難無所怖畏，與第二業報智力同體。

❹說出離道無畏：宣說出離之道而無所怖畏，與第七一切至處道智力同體。(❸❹為利他)

④十八佛不共法 《大智度論》26

❶由行攝

　1.身無失：無量劫來以戒定慧及悲心修身，盡諸煩惱故無失。(常無誤失)

　2.口無失：具無量智慧辯才，隨眾機宜說法皆使得證悟。(無卒暴音)

　3.念無失：修深定心不散亂，於諸法無所著，得第一義之安穩。(無忘失念)

　4.無異想：於有情平等普度，心無簡擇。(無種種想)

　5.無不定心：行住坐臥常不離深定。

　6.無不知已捨心：於諸法皆照知而方捨，無有了知法而不捨者。(無不擇捨)

❷由得攝

　7.欲(願)無減：具眾善欲度諸有情，心無厭足。(志欲無退)

　8.精進無減：身心精進滿足，常度有情無有休息。(精進無退)

　9.念無減：具三世諸佛之法，智慧滿足，無有退轉。(憶念無退)

　10.慧無減：具一切智慧，無量無際不可盡。(般若無退)

　11.解脫無減：遠離一切執著，具有為解脫與無漏智相應，具無為解脫，淨盡一切煩惱無餘。
　　(解脫無退)

　12.解脫知見無減：於一切解脫中，知見明了，分別無礙。(解脫知見無退)

❸由業攝

　13.一切身業隨智慧行：佛現勝相調伏有情，稱於智演說一切法，各使解脫證入。

　14.一切口業隨智慧行：以微妙清淨語隨智轉，化導利益有情。

　15.一切意業隨智慧行：以清淨意業隨智轉入有情心，為說法除滅其無明痴惑。

❹由智攝

　16.智慧知過去世無著無礙：以智慧照知過去世所有一切，有情法非有情法，悉能遍知無
　　礙。

　17.智慧知未來世無著無礙：以智慧照知未來世所有一切，有情法非有情法，悉能遍知無
　　礙。

　18.智慧知現在世無著無礙：以智慧照知現在世所有一切，有情法非有情法，悉能遍知無
　　礙。

*8 相好釋名

(1)三十二相

　1.奩：珠寶箱、梳妝箱。(音同簾)

　2.輻：車輪中間一根一根支撐之木條。輞：車輪邊框。

　　轂：車輪中心有孔之圓木，中心孔可插入車軸，借指車或車輪。

　3.睹羅綿 tūla，印度種之木棉樹。

　4.鞔：將皮或布固定在物體四周，如鞔鞋、鞔鼓、鞔網。(音同瞞)

　6.趺：足背。

　8.瑿泥耶 aineya 鹿王腨(腿肚)(瑿音同醫，黑色玉石)。

　17.髆腋：肩甲腋下部份。

　20.諾瞿陀 nyagrodha：類似榕樹下之桑科植物。

　21.臆：胸膛。

32.烏瑟膩沙 uṣṇīṣa：頭頂之肉髻。

(2)八十隨好

　28.頻婆果：鳳眼果。

　52.那羅延 nārāyaṇa：佛教為手持金剛杵之執金剛神，或名金剛手、密跡金剛。印度教為毘濕
　　　奴之化身。

　63.末達那 madana：(摩陀那果)醉人果，食此果能令人醉。樹皮、樹汁有毒素，可供藥用。

　76.令識善淨：此識為異熟生識。

　80.吉祥喜旋：又名吉祥海雲 śrīvatsa lakṣaṇa (卐相，德相)。

　　　卐本非字，佛教以之為吉祥德相，位於佛陀之手足及胸前。

　　　卐字鳩摩羅什、玄奘譯為「德」，武則天統一讀作「萬」。有左旋卍、右旋卐之分。

　　　印度教梵天以類似卐字，左旋代表宇宙向外演化，右旋代表向內沉思。

　　　漢傳佛教，左旋右旋混用，但唐以前以右旋為正，宋元明後以左旋為多。

　　　藏傳佛教為右旋，苯教則為左旋。

　　　日本以左旋代表愛與仁慈，右旋代表智慧與力量。

　　　在印度的傳說中，凡能統治世界之轉輪聖王皆有三十二相，有此卍字。卍字在古雅利安人、
　　　古波斯、希臘等被視為太陽或火的象徵，寓意為光明、無畏和永恆。古印度之佛教、婆羅
　　　門教、耆那教均把卍字作為吉祥、清淨、圓滿之標誌。

*9 於空法中度有情

(1)善知字法、無字法明化生事

　　教化有情應善學分別諸字，亦應善知四十二字門。(參考第九義參考資料 2)

　　①一切語言皆入字門

　　　一切語言，皆入一字、二字乃至多字。

　　　一切語言，皆入初字門、亦入第二字門，乃至入第四十二字門。

　　②有情應善學四十二字門

　　　一字入四十二字，如 a 變為 ra，亦變為 pa，亦變為 ca，亦變為 na 等，a 如是盡入四十二字。

　　　四十二字皆入一字，四十二字均有 a 分，而 a 又入「a」中。

　　③善說字法、無字法

　　　善學四十二字已，能善說字法；善說字法已，復善說無字法。

　　　佛善知法、善知字、善知無字，為無字法故說字法。

　　④佛法過一切字

　　　善知字故，善知諸法名，從而善知諸法義。

　　　無字即諸法實相義，以諸法義中，諸法無名字故。

　　　超過一切字名真佛法，以一切法、有情皆畢竟空、無際空故。

(2)空中行化

　(問)有情、法及施設不可得，則菩提、菩提分法不可得，菩薩、菩薩法亦不可得。

　　　若諸法、有情畢竟空、無際空，無名字，云何菩薩住異熟(報得)六波羅蜜及六神通為有情
　　　說法？

(答) ①印人法二空

　　如汝所說，有情、法及施設不可得，都無所有。

　②如實見空而為有情說，不壞法相

　　若見諸法悉空已，為有情宣說空法令離顛倒。

　　有情雖空，但由顛倒故有，是故菩薩不失於空而為說法。

　　　菩薩若以「諸法空，而所說不空」，或口說空而心是有，是為失於空。

　　雖為有情說法，而於有情、法皆無所得，於諸空相不增不減、無取無捨，雖說法而無所
　　說。

　　如是觀時得無障智，不壞諸法相，無二無分別，為有情如實說法令離顛倒執著。

　　　如化佛及所化眾無心、心所，於諸法無所分別，不壞諸法。

　③諸法畢竟淨不縛不脫，為有情如應說法

　　菩薩為有情如應說法，以無縛無脫法，能令有情離顛倒執著，安住所應住地，以色等諸
　　法本性畢竟淨無縛無脫故，無縛無脫中，無色等相故。

　　此中世諦說有縛有脫，而勝義是無。

　④以空無所住而說法則無過

　　❶以不住法而行化事

　　　菩薩如是不住法故，而住空法中為有情說法，以有情及法皆不可得故。

　　　　以無所得為方便，住色空乃至有為法、無為法空，以諸法自性不可得故，無有住處。

　　❷諸法皆不可住

　　　諸法、諸法空皆無自性不可得，無有住處。

　　　1.無所有法(無性法)不住無所有法，如虛空不住虛空。

　　　2.自性法不住自性法，如火不住火中。

　　　3.他性法不住他性法，如水性中無火性，又他性不定故。

　　❸以空遣諸法為有情宣說，於佛、菩薩無過

　　　諸法實性即真法界、真如、實際皆不可轉不可越，以皆無自性不可得故。

　　　若菩薩以空遣諸法為有情說，以是諸空，能如是說法，如是行般若波羅蜜，於佛、賢
　　　　聖等皆無過失。

諸佛、賢聖	說法菩薩
1.不著一切法	亦不著一切法
2.以畢竟空、皆寂滅相為心所行	亦如是
3.入三解脫門，得諸法實性，所謂「無餘涅槃」	亦隨是法

　　　諸佛、賢聖得是法已，為有情說法，亦不轉諸法性，以法性空無相故。

*10 諸法無異，云何分別有業果？

　　若不轉法性，法與法性平等無異，以諸法實相即是法性故。勝義上諸法性相不可分別、無言說，
　　亦無生滅、染淨，以畢竟空、無際空故，不可說有因果差別。但依世俗施設有善惡、白黑業及
　　諸果差別。

*11 不存化功得聖果

(1)修道得果

　①依四句破著心

　　❶修道不得果：若以著心問，欲從道中出果，則如麻中出油，故說不得果。

　　❷不修道不得果：修尚不可得，何況不修。

　　❸住道不得果：若住而不行，則不得道果。

　　❹離道不得果：雖行而離道(迷路，不行正菩薩道)，亦不能得道果。

　　勝義中，道及道果、修與不修俱不可得故。

　　依世俗，雖施設有道、果，然若取相，強以凡夫法不得諸聖果。

　②雖為有情施設道果差別，而不分別取相

　　若心取相修道，雖有禪定樂，無有道果；若不取相著心修道，則有道果。

　　若行般若時，<u>不分別</u>有為或無為界施設之道果差別。

(2)三乘諸果差別

　(問)若不分別有為界、無為界，

　　　云何有①斷三結得預流果；　　②薄欲貪得一來果；　　③斷五下分結得不還果；

　　　　④斷五上分結得阿羅漢果；　　⑤知集法皆是滅法得獨覺菩提；

　　　　⑥永斷煩惱習氣名佛無上正等菩提？

　(答)①如是聖果唯是無為。

　　②無為法中無有分別。(若皆無分別，云何問此道果差別？)

　　③通達諸法一相，所謂無相，住三解脫門中，證涅槃時，不分別若有為、若無為。唯是心
　　為真實，餘時皆虛誑。(若餘皆虛誑，云何有此問？)

(3)菩薩以無所著法自行化他無礙

　菩薩行般若時，為有情說法，不分別所說法相，住諸空中；自不執著，亦教有情令無所著。
　譬如佛所化人行布施等，不分別布施等亦不受布施等果報，但為利益有情故。菩薩亦如是，
　善通達諸法實相，不取法相，不住法性中，於法性中無所礙而說法。

*12 能善達法相，復起利他行

(1)菩薩善達法相

　①如化人不行諸法

　　化人無貪瞋痴煩惱結，無心心所法，無內法、外法、隨眠、諸纏，無有漏法、無漏法，不
　　墮凡夫法、不行聖道及聖道果，亦能引發他心善惡，所為變化事，必能令成就。

　　菩薩行深般若時亦復如是，於一切法都無所行，是為善達諸法實相。

　②如化人內無所修

　　化人云何有修道？

　　化人非實，非依彼事修道有染有淨，亦無輪轉諸趣生死。

　　菩薩亦如是，無貪瞋痴煩惱，知心心所皆是先世虛誑顛倒法因緣所生，不信不隨逐，通達
　　諸法都無實事，能如是行，是為善達諸法實相。

　③明一切法如化

　　若如化人無五蘊乃至無實有為無為，由此亦無染淨、無生死亦無解脫，云何菩薩於諸有情

有勝士用，能斷三惡道得涅槃？

　　諸菩薩本行菩薩道時，得無生法忍，於諸法通達皆如幻化非實有，不見有情可脫三界。

　(2)為益有情故起行

　　菩薩以何事故行六波羅蜜等？

　　諸有情不能通達諸法皆如幻化非實有，顛倒無明故起惡罪業，受無量苦，故菩薩起大悲心，
　　於無量劫為有情修菩薩行，修六波羅蜜多，廣說乃至成熟有情、嚴淨佛土，證無上菩提。

*13 遠離名相虛妄分別

　　若諸法如幻如化，所化有情住於何處，菩薩行般若救拔令出？

　　所化有情住於名相虛妄分別中。菩薩從彼名相中救拔令出。

　(1)有情住名相虛妄分別中

　　諸法無定實者，但有情虛誑故起執著。

　　如暗中見木樁謂是實人而生怖畏，又如狗吠井中影而投井。有情以四大和合名身，因緣生
　　識和合而有動作、語言，有情於中起人相生愛恨，起罪業，墮三惡道。

　(2)凡夫著於假名法，菩薩示空令其遠離

　　名為表所顯義，唯假施設，由分別妄想所起，眾緣和合假立，皆非實有，自性皆空。有情於
　　中妄執，菩薩行深般若，方便善巧，為說遣名法，令知空法而拔出。

　(3)凡夫著心取二相，菩薩示無相令遠離

　　凡夫所著處有二種相。

　　①色相：諸所有色，若粗若細、若劣若勝皆是空，於此空法中憶想分別著心，是名色相。

　　②無色相：諸無色法，憶想分別，著心取相故生煩惱，是名無色相。

　　菩薩以方便力，教有情遠離二相，安住無相界中，令不墮二法(二邊執)，謂此是相、此是無
　　相，而無執著。

*14 知諸法但有名相故，能得大利益

　(1)諸法但有名相，云何能自利利人

　　若一切法但有名相，菩薩云何自利利人？

　　①若法定有，則無二利

　　　若法定有，不須因緣和合，則無生，無生故無滅，無滅故無罪福。

　　　若法是常，則無縛解、無世間、無涅槃等。

　　　若法定有、非但名相者，菩薩不行般若波羅蜜等自利利人。

　　②若法但有名相，方有二利

　　　若法無實但有假立名相，菩薩於中不起顛倒執著，能以無相、無(憶)念、無作意之無漏法
　　　為方便自利利人。

　(2)諸法無相故，分別有三乘道果

　　若一切法之無漏法性是無相、無(憶)念、無作意(無分別)，云何分別有聲聞法、獨覺法、菩
　　薩法、佛法？

　　①三乘法不異無相法

　　　諸煩惱滅即是斷，斷即是無為法，滅道諦即是無漏、無相，故言三乘法不異無相法。

須陀洹乃至佛法即是無相法。

②以諸法無相故有三乘道果

以是因緣故，當知一切法皆是無相。正以無相故，而有三乘諸道。

(3)無漏法無相無念

①四諦法中，苦諦有苦相，集諦有集相，道諦有道相，唯滅諦無相，有憶念。

②大乘法中以一切無漏法皆無相、無憶念。

以有相有憶念皆是虛誑不實，即是煩惱漏，不名無漏。

見苦即捨、見集即斷不言實定，而見道為趣滅故，亦不住是道中，三諦皆隨滅諦。滅諦為主，是滅盡法，無相無緣，云何有憶念？以憶念皆是緣相著法。

是故無漏法皆無相無憶念。

*15 學一切法無相，能增益諸善法

(問)五蘊等諸法皆是有相、有分別法，云何學三解脫門故學如是等法？(學無相，云何知諸法是有？)

(答)菩薩學三解脫門，出三界盡三漏故，於諸法中得實智慧，無所不通。前於五蘊中皆虛妄邪行，今得此三解脫門，得正通達。

(1)三解脫門攝一切善法

一切佛法，皆由學無相、無念、無作意而得增長。

菩薩唯住三解脫門，不以餘法為要。三解脫門是實法，餘四念住等法雖實，皆方便說。三解脫門能攝一切實善法，亦能近涅槃。

三解脫門指得解脫入涅槃之三種法門。依空門 śūnyata 觀諸法空無自性，從因緣生；依無相門 animitta 通達諸法無相，離差別相；無願門 apranihita 又作無作門，知諸法無相，於三界無願求，不造作生死業受果報苦。此三門依空、無相、無願三三昧而入，唯通無漏。

三解脫門同緣諸法實相，以三解脫門觀世間即是涅槃。法雖一而義有三，又為度見多有情，為說因緣生無自性空；為度愛多有情，為說無常苦而無作，離愛入道；為度愛見等者，為說男女等相無而斷愛，一異相無而斷見。佛或一時說二門、三門，而菩薩應遍學，故說三門。

《大智度論》20

三門實無二無別，生死繫縛原因相同，解脫亦應相同，都以無所得為方便，方得解脫。

(2)學三解脫門即學一切法

云何菩薩能學如是三解脫門，則能學一切法？

若菩薩行深般若時，能如實知一切法若相、若生滅、若真如，是名能學一切法。

①如實知五蘊相生滅、真如

❶五蘊相

1.色相：色畢竟有孔、有隙，如聚沫性不堅固。

2.受相：受畢竟如癰、如箭，速起速滅，猶如浮泡，虛偽不住，三和合起。

3.想相：想猶如陽焰水不可得，渴愛因緣妄起此想，發假言說。

4.行相：行如芭蕉樹，葉葉析除實不可得。

5.識相：似如諸幻事，眾緣和合假施設有，實不可得。如幻師或彼弟子，於四衢道幻作

四軍，或復幻作餘色類相，雖似有而無其實，識亦如是實不可得。

❷五蘊生滅

五蘊生時無所從來、滅時無所至去，雖無來無去而生滅相應。

❸五蘊真如

五蘊真如無生滅、無來去、無染淨、無增減，常如其性不虛妄、不變易。

②如實知十二入、十八界、六大空

如實知十二入、十八界、六大法界自性空。

③如實知四緣、空、如、諦等

❶四緣：因緣(種子相)、等無間緣(開發相)、所緣緣(任持相)、增上緣(不礙相)，自性本空，遠離二法。

❷緣生法：從緣所生法無生滅、無斷常、無一異、無來去，絕諸戲論、本性憺怕。

❸十二緣起：無明乃至老死無生滅、無染淨，自性本空，遠離二法。

❹十八空：內空乃至無性自性空皆無自性、都不可得而能安住。

❺十二如：真如乃至不思議界皆無戲論，都無分別而能安住。

❻四諦：苦(逼迫相)、集(生起相)、滅(寂靜相)、道(出離相)，自性本空，遠離二法，是聖者諦。苦等即真如，真如即苦等，無二無別，唯真聖者能如實知。

④如實知諸聖道法

如實知，

六波羅蜜、四靜慮四無量四無色定、三十七菩提分、八解脫乃至十遍處、極喜地等十地、陀羅尼門三摩地門、五眼六通、如來十力乃至十八佛不共法、無忘失法恆住捨性、三智、嚴土熟生、諸餘無量無邊佛法。

無增無減、無染無淨、無自性、不可得而能修習。

(3)雖分別諸法而不壞法界(法性)

(問)若菩薩知色等相，知色等生、滅、真如，若如是分別，將無色等壞法性耶？

(答)若有法離法性可得，則色等應壞法性。

一切法實相名為法性，是故一切法皆入法性中；色等實相即是法性，同一性，云何色等能壞法性？

諸佛賢聖不見離法界(法性)有法可得，不得故不為他施設宣說。

菩薩應如是學法界(法性)無二、無別、不可壞相。

*16 若學法界(法性)即遍學一切法

(問)欲學法界，當於何學？

(答)欲學法界，當於一切法學，以一切法皆入法界故。

諸法法爾皆入無相、無為、性空法界，無差別相。若法界當別有性、或無性是性，則應學法界，不學一切法；今法界實無別性，亦無無性，故遍學一切法。諸法實相是法界(法性)，得實相則正遍學一切法。

界若指分界，指的是世間現象界萬物各有體性，分界不同，如華嚴之事法界及十法界等；界亦指因義，聖法因，指聖法緣此界而生。界又指構成現象界之法如，如空性、真如、實

際等，如華嚴之理法界。法界在〈雜阿含經〉中，指緣起與緣生法之真實樣貌。大乘教法中，法界指的是真如的界限或功能差別，又名法性、諸法實相等。

此中所指的法界即是法性。

*17 諸法雖即是法性，要須修行方能成就

(1)(問)

①若諸法即是法性(法界)，菩薩云何當學六波羅蜜等能證一切智智？

②真法界中無分別諸法，菩薩何以由此分別六波羅蜜等行，而起戲論顛倒？

(2)(答)

①雖分別諸法而不壞法性

❶諸法即真法界，方便說名相

1.真法界中無一切種分別戲論：法界非色，亦不離色；法界即色，色即法界。

2.不見有法離真法界，若見有法非趣無上菩提。

3.一切法即真法界，方便善巧無名相法，為有情寄名相說，謂此是色等。智者知諸法皆空，雖有見聞而無執著，如幻師(菩薩)作諸幻化事(六波羅蜜等)。

②以方便力知有情空、法空而修自利利他行

雖離法性不見有法、有有情，而以方便善巧，自修六波羅蜜亦令他修，稱揚修行六波羅蜜法亦讚歎修行者。

③法性本空，菩薩行般若成滿二利

真法界(法性)本空，三際無異，而菩薩方便善巧，為有情說真法界，嚴淨佛土成熟有情，修菩薩行得證菩提。

*18 為安立有情住於實際故行般若

前以法空問難：云何有五道生死、善不善法？

今以有情空問難：菩薩為誰行般若？

此段明如何教化有情：

1.安立有情於實際，

2.安立之法：就因行令住六度，就果德令住一切相智。

(1)為誰行般若

若有情不可得，菩薩為誰行般若？菩薩但為實際(諸法實相)行般若。

①行般若因緣

初發心菩薩但為滅有情苦故發大悲心。

云何滅苦？云何滅老病死等苦？故尋苦因緣。

苦因緣是生 → 生因緣是有(三有) → 有因緣是取(四取) → 取因緣是愛等煩惱 → 愛因緣是受(三受) → 受因緣是觸 → 觸因緣是六入 → 六入因緣是名色 → 名色因緣是識 → 識因緣是行(業) → 行因緣是無明。

②觀無明體，行般若通達實際

菩薩欲斷無明故，求無明體相，即入畢竟空，即是明，所謂諸法實相，名為實際。觀諸法如幻化，而有情顛倒因緣故，起諸煩惱作惡罪業，輪迴五道，受生死苦。

菩薩於此有情起大悲心，欲破顛倒故，求於實法，行般若波羅蜜，通達實際；種種因緣教

化有情，令住實際。

(2)安立有情住實際

①若有情與實際異，則不應行般若

若實際是畢竟空，而有情是決定有，則菩薩不應行般若。

若有情畢竟空，而實際定有，無有情則無所利益，為誰故行般若？

②有情與實際不異，故得行般若

今有情際、不異實際，無二無別，故得行般若。

③令有情住實際中，而不壞實際

(問)自性不應於自性中住，如指端不能自觸指端，若有情不異實際，云何能安住有情於實際？

(答)菩薩行般若，能以方便善巧，安立有情於實際，而不壞實際。

有情與實際不一不異。

❶一不可得：若是一則壞實際相，得是一性故。

❷異不可得：不一不二，亦不不一，亦不不二，畢竟寂滅無戲論相。

菩薩牛大悲心，但欲拔出有情離於顛倒故，而行般若教化有情，

*19 安立有情令住六度 (就因行說)

諸法本性空，本性空中有情、法、非法皆不可得。菩薩行深般若時，能以方便善巧，令有情住於六波羅蜜，安立有情於實際中而不壞實際之相。

(1)令住布施

若有情以布施從慳中出，復著布施，則受諸苦惱，復作大罪。

安立有情於布施，為說布施三世空，施者、受者及施果亦空。空中布施、施者、受者及施果皆不可得。安立有情於中不念不著。

亦令有情以所修布施不取色等諸法，以諸法自性畢竟空，畢竟空中諸法皆不可得故。

(2)令住淨戒、安忍、精進、勝定、般若亦如是。

*20 安立有情令住一切相智 (就果德說)

(1)令於一切相智得實觀照

若諸法本性空，有情、法、非法俱不可得，云何求證無上菩提？

①由性空故自成菩提，亦為他說

❶諸法性空

諸法本性空，本性空中有情及法、非法俱不可得。五蘊乃至無上菩提本性皆空。如實了知本性空已，住本性空為他說法。

❷空亦不可得

若內空性不空，如是乃至無性自性空性不空，則壞空性。

是性空不常不斷，以性空無方無處(無住處)，無所從來亦無所去，是名法住相。此中無法、無聚散、無減增、無生滅、無淨染，是為諸法本所住相。

②見諸法性空，於菩提不退轉

菩薩發菩提心時，不見法有所趣、無所趣，無趣無住，是名法住相。

菩薩安住此中行般若，見諸法性空，於菩提不退轉，以不見有法能為障礙，於菩提不疑不退轉。

③由悟空故，能化有情除顛倒

❶性空無所有

性空不得我、有情乃至知者、見者，不得五蘊乃至八十種好。

如化佛為化眾說法，諸化眾非實不得果及受記。

諸法亦爾，本性空都無實事，何等菩薩為何等有情說何等法，可令證果？

❷拔有情顛倒

菩薩雖為有情宣說空法，而實無有情可得，以有情墮顛倒故，拔有情令住無顛倒法。

此中顛倒即是無顛倒，雖是同為一相(空性)，而顛倒多，不顛倒少。

無顛倒中無我、有情乃至知者、見者，無色乃至無無上菩提。

❸以性空破顛倒想

菩薩安住本性空中行深般若，於有情想顛倒中拔出(解脫)有情，所謂無我、(有)我想，乃至無見者、見者想；於無色、色想中拔出(解脫)有情，十二入、十八界乃至一切有漏法亦如是。

(2)由性空自證菩提，亦巧便化他

①為本性空求趣無上菩提

亦有諸無漏法應解脫，所謂四念住等菩提分法。

此等無漏法非如勝義無生滅、無相無為，無戲論無分別，故亦應拔出。

彼法之勝義即本性空，即是佛所證無上菩提。

此中無我乃至知者見者，無色等蘊處界，無諸道法。

菩薩不為道法求趣無上菩提，但為諸法本性空求趣無上菩提。

本性空於三際常性空，無不性空時。

②性空能成化他行

菩薩行性空般若波羅蜜時，為度脫著有情想及法想之有情，故求道相智。

菩薩遍行聲聞道、獨覺道、菩薩道，成熟有情，嚴淨佛土，隨其壽命得無上菩提。

③由悟性空故得道果

❶離本性空，無道無道果

十方三世佛道皆本性空，離本性空，世間無道、無道果。

1.若離性空別有定法，則取相生著，不能離欲，無離欲則無道果。

2.若離性空，而行布施等、慈悲等諸善法力，雖不墮惡道而生天，果盡還墮惡道。

3.若行性空法，不著性空，無有退失，能得涅槃。

❷諸法不異性空

性空相者，色即是性空，性空即是色，乃至菩提即是性空，性空即是菩提。

菩薩如實知色等諸法實性空，發意求無上菩提，能得一切相智。

凡夫執色等法與性空異，即是壞性空相，不能得一切相智。

凡夫著色取相，以色等蘊計我，由妄計故著內外物，受後身蘊，不得解脫諸趣，往來三有輪轉。

❸行性空法不壞性空相

菩薩行性空波羅蜜(性空和合六波羅蜜)，不壞色等諸法相若空若不空，能得無上菩提。

於諸法相不作如此示：是空、是不空、是空不空、是非空非不空，是名不壞諸法相。

色實相即是性空，色不壞空，空不壞色，謂此是色、此是空；如虛空不壞虛空，內虛空不壞外虛空，外虛空不壞內虛空，以同體故。諸法俱無自性能有所壞，不可分別謂此是空，此是不空。如是乃至菩薩行、菩提不壞空，空不壞菩薩行、菩提。

(3)菩薩離分別取捨，具足萬行得菩提

　①菩提寂滅，離分別取捨

　　諸佛無上正等菩提無二行相，非二行相能證無上菩提。

　　若菩薩分別取二相，則不得無上菩提。

　　❶菩提無二無分別

　　　菩提是不二相、不壞相(不分別)。

　　　菩薩於菩提不行二相、不分別，無所住，發趣無上菩提。

　　　菩薩於諸法不行二相、不分別，無所行，能證無上菩提。

　　　　1.所有菩提都無所行：不於色中行(不著不染)，乃至不於菩薩行行，亦不於無上菩提中行。

　　　　2.所有菩提不緣名聲執我我所而行。

　　　　3.所有菩提非取故行，非捨故行。

　　　　　取名實法，捨名空法；取名著行，捨名不著行；取名二行，捨名不二行。

　　❷化人喻

　　　如來化身所有菩提非取中行，非捨中行，菩薩菩提亦如是。(化人無處行，以無心心所故)

　　❸阿羅漢夢喻

　　　阿羅漢畢竟無眠無夢，云何夢中菩提若取中行、若捨中行？

　　　菩薩行深般若所有菩提亦復如是，非取中行、非捨中行，都無行處，達一切法本性空故。

　②菩提雖寂滅，須具萬行乃得

　　若菩薩行深般若所有菩提，非取中行、非捨中行，都無行處，豈不菩薩不行布施等而得無上菩提？

　　❶具足萬行乃得菩提

　　　雖菩薩菩提無處行，若不具足行諸道法、若不住諸道法，不得無上菩提。

　　　欲得無上菩提應住諸法本性空，應住有情本性空，修行布施等諸道法令得圓滿，便得無上菩提。

　　　諸法本性空理及諸有情本性空理，最極寂靜，無有少法能增減、能生滅、能斷常、能染淨、能得果、能現觀。

　　❷依世諦說得菩提

　　　依世俗說菩薩得菩提，不依勝義。勝義中，無色等法乃至無上菩提，無行菩提者。

　　　菩薩從初發心以來，為有情行菩提行，菩提不增，有情亦不減，菩薩亦無增減，以一切法、一切有情不可得故。

　　❸以所證聲聞道，例證佛菩提

　　　得聲聞道果，須陀洹乃至阿羅漢，於爾時見有情心、道、道果有可得不？

　　　　實不可得，但以世諦分別說有得阿羅漢果者。

　　　世諦說名菩薩、說名色等乃至一切相智。是菩提中無法可得若增若減，以諸法性空故。

　　　諸法性(為根本)空尚不可得，何況得六波羅蜜(為作法)乃至一切佛法當有所得，無有是處。

　　　如是，菩薩行深般若，方便行大菩提行，證無上菩提，利樂有情。

*21 具足方便善巧行菩提道，得道度有情

(1)以方便善巧行菩提道

云何修菩提道圓滿，得證無上菩提？(善現問)

①以方便善巧力行 (不得三事亦不離三事)

菩薩行般若波羅蜜時，具足方便善巧。

以此方便善巧力行布施波羅蜜，不得布施、施者、受者三事，亦不離三事，能照明(具足)三菩提道，速能成就。

決定得布施三事，直墮常顛倒、取相著法；若不得是三事，則墮斷滅邊著空，還起邪見等煩惱，若如此，則離菩提道。

若菩薩離是二邊，因空捨施等假名虛誑法，因諸法實相離著空無施者、受者；如是觀布施與菩提相無異，名為具足。

②例餘

如是乃至餘波羅蜜、十八不共法等亦如是。

(2)以方便善巧學般若

云何行深般若時修菩提道？(舍利子問)

①於諸法不合不離習般若

菩薩行深般若時方便善巧，不和合(不隨)色等、不離散(不壞)色等，乃至不和合六波羅蜜等、不離散六波羅蜜等，以諸法皆無自性可合可離故。

❶不離散色 (不壞色)

不言「是色無常；是色空無所有」，是名不離散(不壞)色。

❷不和合色 (不隨色)

1.不取不生著：不如眼見色取相生著。

2.不墮常、無常二邊，不說「色若常、若無常、若苦、若樂等」，以常、無常等皆非色實相。

3.不生種種邪見

不說「是色從自性中來、從微塵中來、從大自在天來；從時來；從自然生；從無因無緣生。」

❸色等諸法皆無自性可合離

色從四大和合，假名為色，無有定法名色。色從因緣和合生，即是無自性，無自性即是性空。

若得是色相性空，即是習般若波羅蜜修菩提道。

②應學無取般若證菩提

不學般若不得無上菩提，而諸法無自性可合可離，云何菩薩能引發般若於中修學？

❶學般若不離方便力，可證得菩提

若菩薩以方便力行六波羅蜜，是人雖知諸法空，而能起般若波羅蜜。

❷諸法不可得故不應取，應於中學

菩薩不見法自性可得，所謂是色等、是六波羅蜜等乃至是菩薩、如來。

菩薩如實了知諸法皆不可取，色等不可取、六波羅蜜乃至菩薩、如來不可取，是名不可取般若波羅蜜多，菩薩應於中學。

❸學相、般若、菩提不可得

　　菩薩於中學時，學相不可得，無上菩提、般若波羅蜜、凡夫法、聲聞法、獨覺法、菩薩法、佛法亦不可得，以一切法無自性故。

　　如是無性法中，云何有凡夫、預流等、獨覺、菩薩、如來？

③諸法無性，云何分別凡夫乃至如來

　諸法無性，云何知是凡夫乃至如來？

　　一切法無根本定相，但凡夫顛倒故執有五蘊、有菩薩行、有菩提、有凡夫、預流乃至如來。

　　菩薩行般若時，以方便力故，見諸法無根本，而依世俗求趣無上菩提，為有情說法，令得離諸顛倒。

④知諸法性空無可住故不退懈

　　菩薩行深般若時，方便善巧，不見法實有，離我我所，本性空寂、自相空寂，故不懈不退；但凡夫顛倒故，著是陰、處、界等諸法。

(3)以般若成就，能度有情而無所度

①以方便力為有情說法

　❶方便說世間善法及出世法

　　為有情先說布施等六世間善法，安立有情令住六波羅蜜已，後宣說出生死殊勝聖法，依之修學能得預流果乃至無上菩提。

　　　此中殊勝聖法，指四諦等聖法及出三界生死法。

　❷無「有所得」之過失

　　菩薩雖安立有情令住六波羅蜜，復為說出世聖法令得聖果，然菩薩於有情實非有所得，不見有情及法，但諸因緣和合，假名安立。

　❸安住二諦，以方便力說法

　　菩薩住二諦中，為有情說法，不但說空、不但說有，為愛著有情說空，為取相著空有情說有，有、無中二處不染。

　　二諦中有情施設俱不可得，方便善巧為有情說法時，令有情聞法已，於現法中尚不得我，何況當得所求果證及能得者。

②披功德鎧度有情出三界

　　雖無法可得若一相、若異相、若總相、若別相，而能如是披大功德鎧度有情。披功德鎧度有情時，不生三界，不見有為無為性，亦不得有情。

　　煩惱顛倒皆虛誑不實，故無縛，無縛故無解；縛是染，解是淨，有情不縛不脫故無染淨；無染無淨故，無諸趣分別；不分別諸趣，無罪福業；無煩惱能起罪福業，不應有三界流轉之果報。

③雖嚴土熟生，而於有情及諸法都無所得

　❶過失

　　若有情、若諸趣生死，先有後無或先無後有，諸佛、菩薩皆有過失。

　　　若令有情入無餘涅槃，永滅五蘊等法，或入空中皆無所有，以有情及法斷滅故，說有過失。

　❷顯得

有佛、無佛，法相常住，是法相中尚無我、有情等，況有色等諸法。

若無法，云何有諸趣生死及解脫？

菩薩從過去佛聞諸法自性空，發無上菩提心。此中無有法我當得，無有有情定著處不可出，但以諸有情顛倒故著是虛誑法。以是故菩薩被大功德鎧，不退無上菩提，不疑我當得或不當得菩提。菩薩實定當得無上菩提；得已，度脫有情令出顛倒。

❸雖嚴土熟生，而於有情及法都無所得

菩薩從初發心為欲饒益有情，具足菩薩道，成熟有情，嚴淨佛土，而於有情及諸法都無所得，如幻師行布施，有情空，法亦空。

*22 成熟有情

(1)二種要行

修行何等菩薩道，能成熟有情嚴淨佛土？

菩薩從初發心，行六波羅蜜、十八空、四聖諦乃至十八佛不共法，皆是菩薩大菩提道，方便善巧成熟有情、嚴淨佛土，而無有情想、佛土想。(於有情及佛土不取相生著)

(2)成熟有情

①以六度廣化有情

❶行施度成熟有情

若法性空，有情亦性空，云何行可得成熟有情？

1.教有情行布施，莫著布施，令得聖果

菩薩以方便力，教化有情令行布施，而不著布施為定實法。

有情以布施故生貴樂處，貴樂因緣故生我慢，我慢增長故破善法，破善法故墮三惡道，故教化有情不著布施。

以性空諸法實相，不可取相故，但以布施、持戒等善法迴向菩提。

以此方便力教化有情，令得預流果乃至無上菩提。

2.以四種正行修布施；以四攝法攝有情

菩薩自行布施，亦勸他行布施，無倒稱揚行布施法，歡喜讚歎行布施者，以此四行生富貴處。

菩薩生如是富貴處，以四攝事攝諸有情，令住六度等諸善法已，以三乘隨有情所應度而度之，令得預流果等、或獨覺菩提、或無上菩提。

有情所著處實無有定法，但以顛倒故著。是故應自除顛倒亦勸他斷，自脫生死亦令他脫，自獲大利亦令他得。

❷住果成熟有情

菩薩如是行布施，從初發心乃至究竟，不墮惡趣，多生欲界人中作轉輪王，以四攝事攝有情。

以無色界中無形，故不可教化；色界中多味著禪定樂，無厭惡心，故難化；亦不生欲天，著妙五欲，故難化。

菩薩以憐愍有情，無緣大悲圓滿故，雖饒益有情，而於有情都無所得，亦不得所獲勝果，以諸所施設事雖現似有而無真實。

❸住布施度攝餘五度，成熟有情

菩薩安住布施波羅蜜，見有情因乏諸資生具，而

1.毀犯淨戒作諸惡業；(持戒因緣不具足，如貧窮飢寒而作賊，或持戒因緣具足，以習惡
心故好行惡事。)

2.展轉相緣起諸惡，更相瞋忿；

3.身心懈怠，於諸善事不獲勤修；

4.於靜慮不獲勤修，諸根散亂，忘失正念；

5.於妙慧不獲勤修，愚痴顛倒；

故施與所須，

1.令住律儀戒，漸次能作苦邊際，依三乘法隨其所應出離生死。

2.令修安忍共起慈心不瞋忿；又教空法，令知瞋忿因緣都無定實，從虛妄分別生，本性
皆空故。有情住安忍中，漸以三乘法得盡眾苦。

3.令起身心精進，修諸善法速得圓滿，漸次引生無漏法證果。

4.令伏斷虛妄尋伺入諸靜慮等定，修四念住等諸道法，漸入三乘證果。

5.令修諸道法，審觀諸法實相，知諸法不可得，無所執著，不見法有生滅、染淨。於諸
法無所得中，於一切處不起分別，隨其所應漸次證三乘果。

②以六度、諸道品成熟有情

菩薩安住布施度中，次第自行六度，亦勸他行，復見有情輪迴苦，欲令解脫，先以種種資
具饒益，後以六波羅蜜乃至三十七道品等出世諸無漏法，方便善巧攝受之。諸有情由無漏
法所攝受故解脫生死，證得涅槃。(前說次第具足六波羅蜜，今則一時總說，並通說三十七
道品及諸道果。)

③展轉傳化

❶舉布施

菩薩安住布施波羅蜜，見有情無所依怙，眾具匱乏，深生憐愍而說：「汝等所須衣服、
飲食等，盡來取之，如取己物。汝等得是物已，自行六波羅蜜，亦教化他人行六波羅蜜。
如是布施性皆空，汝等莫著是施及其果報。」

有情得是性空，漸得無上菩提，入無餘涅槃。

❷例餘度

餘波羅蜜亦如是。

(3)自住勝道，教有情無住共證菩提

①菩薩自住勝道

❶菩薩所行道

何謂菩薩道？安住此道能披勝功德鎧，饒益有情？

1.生身菩薩所行

有三種法是生身菩薩所行，以有分別故。

六波羅蜜是菩薩初發心道，多為有情故；

四禪、八背捨、九次第定及三十七道品，但求涅槃；

十八空、佛十力等微細，於涅槃中出過聲聞、獨覺地，入菩薩位道。

2.法身菩薩所行

法性生身菩薩所行，遍一切法，不見諸法有好惡，安立諸法平等相故。菩薩應學一切

　　法。

❷菩薩住空無戲論道，為有情故分別諸法

　　若諸法自性空，云何菩薩學一切法？

　　若有所學，將無於無戲論相法而作戲論？

　　　　戲論相：此東、彼西，是此、是彼，是上、是下，是常、是無常，是實、是虛，是世
　　　　　　　　間、是出世間，是有為、是無為，是二乘法、是菩薩法、是佛法。

　　1.以諸法空故，能得無上道

　　　　若法實定有不空者，即是無生無滅，故無四諦，故無佛法僧三寶。今諸法實空，乃至
　　　　空相亦空，而有情愚痴顛倒故著。是故於有情中起悲心，欲拔出故求佛身力，欲令有
　　　　情信受其語，捨顛倒，入諸法實相。

　　2.有情不知空故，菩薩巧為說

　　　　菩薩雖知諸法空，而為利益有情分別說；

　　　　若有情自知諸法空，菩薩但自住空相中，不須學分別一切法。

②菩薩照明勝妙道

　　菩薩行菩薩道時，常思惟：

　　「諸法無定實性，但從因緣和合起；是眾因緣亦各各從和合起，乃至畢竟空。畢竟空唯是
　　　一法實，餘者無性故皆虛誑。我從無始來，著是虛誑法，於六道中受苦。我今是三世十
　　　方佛子，般若是我母，不應復隨逐虛誑法。」

　　是故菩薩乃至畢竟空中亦不著。菩薩照明菩薩道，其心安隱，自念：「我但斷著心，道自
　　　然至。」

③悲濟有情無住著

　　❶學一切法，觀有情心行

　　　　知有情所著處皆虛誑顛倒，憶想分別故著，無根本真實，故易度。

　　　　有情愛著之不淨臭身及五欲是無常，為種種苦之因，若得信等五善根，即能捨離。

　　❷教化有情莫執著，自亦無住著

　　　　以方便力教化有情行布施，而不恃布施自憍高，以無堅實故。持戒乃至十八不共法亦如
　　　　是。諸法雖清淨有益，皆是有為法，從因緣生，無有自性，若著是法，能生苦惱。

　　　　如是菩薩教化有情行菩薩道，自無所著，亦為有情說無著。

④了悟無生共證菩提

　　❶專求無上菩提

　　　　住菩提心起菩提道，不為餘事擾亂其心。

　　❷為愍有情故起菩提道

　　　　有佛、無佛，諸法無生，法爾常住，無所作、無所趣。佛為知者說無生法，令不起三業。

　　　　然有情不能解了，流轉生死受諸苦惱，菩薩為愍有情，除有情顛倒，故起菩提道。

⑤道與菩提不一不異

　　❶不以四句法得菩提

　　　　1.生道不能得菩提：若觀有為法之生滅相是實者，不能得菩提。

2.不生道不能得菩提：不生法即是無為無作法，亦不可以之得菩提。

3.生不生道不能得菩提：此二法俱有過故。

4.非生非不生道不能得菩提：若分別「非生非不生」是好是醜，即是取相生著，即是有過，非是菩提道。

❷明因果不異

不由道、不由非道得菩提，以菩提即是道、道即是菩提故。

菩提名諸法實相，是諸佛所得之究竟實相，無有變異。

　1.菩提性即是道性

　　諸法入菩提中，皆寂滅相，如一切水入大海，同為一味。

　2.因果不異

　　若菩提性異道性，則不名菩提為無戲論寂滅相，行道亦不應得菩提。以諸法因果不一不異故，菩提即是道，道即是菩提。

❸破人法異

　無有佛得菩提，以菩提不離佛、佛不離菩提，二法和合故，是佛是菩提，不應分別有佛(人)得菩提(法)。

　1.佛與菩提不異 (人、法不異)

　　雖有三十二相莊嚴身，六波羅蜜功德莊嚴心，但不名為佛。要得菩提，方名之為佛，故說佛與菩提不異。

　　雖以清淨五蘊和合假名為佛，而菩提即是此五蘊之實相，以一切法皆入菩提故。是故說佛即是菩提、菩提即是佛，凡夫心中卻分別有異。

　2.一異皆不實，而多用一

　　若「道即菩提，菩提即道；佛即菩提，菩提即佛」，何以菩提與道不一不異？

　　實義中，一、異俱不實，若菩薩如實了知即是佛。

　　(1)著心少，故多說一

　　　若觀種種別異法，多生著心；若觀諸法一相，若無常、苦、空等，是時煩惱不生；以著心少，是故多用是「一」。

　　　如常、無常是二邊，常多生煩惱故不用，無常能破顛倒故多用；若事已成辦，亦捨無常。

　　　是故此中說「道即菩提，菩提即道；佛即菩提，菩提即佛。」

　　(2)別異無故，一亦不可得

　　　異無故，一亦不可得，相待法故；但以不著心(不取別異法)，不取一相(法)，故此說無過。

❹圓滿功德證菩提名為佛

(問難)

　　　　1.若道即是菩提，則菩薩行道，應便是佛。(菩薩應是佛)

　　　　2.若菩提即是道，則佛如同菩薩，不應有佛十力、三十二相八十好等殊勝功德。

　　　　　(佛應是菩薩)

善現為初學菩薩問難：菩薩應即是佛。

（答）

不應說行道之菩薩即是佛。

菩提雖寂滅相，而菩薩能具足六波羅蜜等諸功德，住金剛喻定，以一念相應慧，永斷一切二障麁重習氣，得無上菩提，乃名為佛，於一切法得大自在。

菩薩雖知「道」及「菩提」不異，但未具足諸功德，故不名為佛。

佛諸事畢竟，願行圓滿，故不名為菩薩。得者是佛，法是菩提，求菩提者是菩薩。

*23 嚴淨佛土之因

(1)何等是淨佛土？

三千大千世界是為一佛土。佛於此中施作佛事，常以佛眼遍觀有情：「誰可種善根？誰善根成就應增長？誰善根成就應得度？」

佛見是已，以神通力隨所見教化。

①為令有情易度故菩薩莊嚴佛土

有情心隨逐外緣，若得隨意事，則不生瞋惱；若得不淨、無常等因緣，則不生貪欲等煩惱；若得無所有、空因緣，則不生痴等煩惱。

菩薩為令有情易度，故莊嚴佛土，此土中無所匱乏，無我心，不生慳貪、瞋恚等煩惱。

②淨佛土

若有佛國土，一切樹木常出諸法實相音聲，所謂無生無滅、無起無作等；有情但聞此妙音，不聞異聲，利根有情即得諸法實相。如是等佛土莊嚴，名為淨佛土，如《阿彌陀經》等中說。

(2)無惡因是淨土因

①云何淨佛國土？

菩薩從初發心已來，自清淨身語意三麁重，亦清淨他人三麁重，能嚴淨所居淨土。

❶三業清淨，非但為淨佛土，一切菩薩道皆淨。

此三業初淨身口意業，後為淨佛土，自身淨，亦淨他人，非但一人，生國土中者皆共作因緣。

內法予外法作因緣，若善若不善：多惡口業故地生荊棘，諂誑曲心故地則高下不平，慳貪多故則水旱不調地生沙礫。不作上諸惡故，地平多出珍寶，如彌勒佛出時，人皆行十善，故地多珍寶。

❷三業攝一切善法，意業盡攝一切心心所法，身口業攝一切色法。

一切心心所法中，得道時智慧為大；攝心中定為大；作業時思為大，得思業已起身口意業，布施禪定等以思為首，如縫衣以針為導。受後世果報時，業力為大。

人身行三種，福德具足，則國土清淨。內法淨故，外法亦淨，如面淨故鏡中像亦淨。

❸麁細相不定

求道人中布施是麁善，於白衣為細。

小乘中不善業為麁，善業為細；大乘中取善法相乃至涅槃皆名為麁。

②明諸麁業相

何等是身麁業、語麁業、意麁業？

❶十不善業：害生命乃至邪見。

❷無漏五蘊不清淨：戒蘊乃至解脫智見蘊不清淨。

❸六蔽心

慳貪心乃至惡慧心。

此六法不入十不善道，十不善道皆是惱有情法，六法不但為惱有情。

　1.如慳心但自惜財，不惱有情。

　2.貪心有但貪他財未惱有情者，有貪心盛轉而毀害，能起業，為業道。

　3.殺生等及餘破五眾戒(五篇)者是破戒麁業，而戒不淨是微細罪，不惱有情，但常為三毒覆心，不憶念戒，迴向天福，邪見持戒者，名為戒不淨。

　4.瞋心亦如是，小者不名業道，但以其能趣惡處、能破六波羅蜜，故為道。

以是故，別說此六法。

❹遠離出世之觀行 (隨順世間心)

若菩薩心遠離三十七道品、十八空、十二如、四諦、四靜處等、八解脫等、二解脫門、十地、如來十力等、三智、菩薩行乃至無上菩提，是名麁業。

此中心應觀實法，隨涅槃不隨世間，若出四念住等法，心則散亂。不離出世間法，如蛇入竹筒中直行，而出筒後由本性好曲而曲行。

❺貪二乘果

貪著預流果乃至獨覺菩提。菩薩初發心時，誓願成佛，度一切有情，今為自身而取二乘果，則負一切有情，是名為麁。

❻於諸法取相生著

菩薩取五蘊相、十二處相、十八界相，乃至欲界、色界、無色界相，善法、非善法、有為法、無為法相，是名菩薩麁業。

以有情空破有情相，以法空破色等法虛妄相。能觀色等及善法等如幻如化，不取定實相，得厭心，捨戲論常無常等不名為取相，不生煩惱。

③應遠離麁業

菩薩皆應遠離如是身口意麁業相。

(3)有善因是淨土因 (淨佛土之善根因緣)

菩薩遠離身口意麁業，自行六波羅蜜，亦教他人行，持此善根與有情共有迴向嚴淨佛土；由此共清淨因緣故，則佛土清淨。

①因色聲香味觸發弘誓願

菩薩以七寶施與三寶、以伎樂供養佛及塔、以香花供養佛及塔、以百味飲食供養佛及僧、以天香細滑施與佛及僧、以隨意五欲施佛、僧及有情，並作願言：「以是善根因緣，令我國土皆以七寶成、常聞天樂、常有天香、有情皆得食、皆受天香細華、皆得隨意五欲。」

❶諸善根因緣

　1.好色因緣 (七寶等願)

　法性生身菩薩之好色因緣，以神通力現七寶供養三寶；現燈炷光明供養佛及塔；雨華香、幡蓋、瓔珞供養，令國土有情常相好莊嚴。

　2.好聲因緣 (天樂願)

以神通力作天伎樂供養，以此好聲因緣，令國土有情常聞好音，其心柔軟，易可受化。

3.好香因緣 (天香願)

以香供養佛及塔，令國中常有好香，無有作者。

4.百味因緣 (百味食願)

以福德生果報食及神通力變化食，有無量味能轉人心，令離欲清淨。

5.好觸因緣 (天香細滑願)

以天塗香及細滑衣供養佛及僧，以此因緣，令國中有情受天香細滑。

❷別說隨意五欲願

(難 1)五欲如火坑、如怨賊，能奪人善根，何以願有情得五欲？

(難 2)佛弟子應納衣乞食坐樹下，菩薩何以為有情求五欲？

(答 1) 1.若人具足五欲，則不行十不善

貧窮薄福者為自活，易行劫盜，易為財殺或盜或妄語等。若人五欲具足，則所欲隨意，不行十不善。天上、人中五欲是福德果報。

2.有情心柔軟，易聞法得道

菩薩國土有情豐樂自恣、無所匱乏，則無罪惡，但有愛、慢等軟結使。若聞佛法，以心柔軟故易得道，雖有著心，但利根者聞無常苦空理，便能得道。

(答 2) 1.淨佛國土有情福德成就，五欲平等不更求

若宿罪因緣生惡世，染著心多，若得好衣美食則著心深，為求好衣食而廢行道。淨佛國土有情，福德成就，五欲一等，不分貴著亦不更求。

2.若離五欲易增瞋恚，憶念五欲易生煩惱

若行者離五欲修苦行，易增長瞋恚；若憶念五欲，則生煩惱。故捨苦樂，以慧處中道。

是故於淨佛國土，五欲施無妨。

(難 3)受五欲是否障道？

(答) 1.白衣雖受欲能得證初二果。

而佛為出家人制「盡形壽不淫戒」。

2.淨佛國土，隨佛所聽出家五欲，無有過咎。

3.淨佛國土有情，世世習行六波羅蜜、三解脫門，雖得五欲，亦不染著。

②因法發弘誓願

菩薩行深般若時，作是願：「我自入十八空，亦教有情入十八空，四聖諦、三十七道品等亦如是；我得無上菩提時，令我國土中有情不離十八空乃至三十七道品。」

③滿足眾願，自他皆成就善法，得莊嚴身

菩薩行深般若時，由斯願行便能嚴淨所居佛土。

菩薩行菩提道，滿足諸願，自他皆成就一切善法，得莊嚴身，各於所居淨佛土證得菩提，所化有情亦共享大乘法樂。

*24 淨佛國土之殊勝

(1)無諸下劣事

①無三惡道

佛有清淨國土、有雜國土。雜國土中有五道，佛出為度有情，其中三惡道雖不可度，但可今種善根。而淨佛土中，或有人天別異，或無人天別異。淨國土中清淨業因緣故無三惡道。

②無三毒、邪見：淨國土中無三毒、邪見。

③無二乘名。

④無無常等、諸煩惱名：淨國土中無常、樂等四顛倒，故無對治之無常、苦等；亦無我我所，亦無諸煩惱結使。

⑤無諸果差別：無二乘故無預流等諸果差別。

(2)常聞勝妙法

①常聞諸法實相之音

七寶樹常出微妙音聲：

「諸法無自性，無性故空，空故無相，無相故無願，無願故無生，無生故無滅。諸法本來寂靜自性涅槃。」

有情眾多，或有從菩薩等聞法心不開悟，若從畜生聞法，或從樹木聞妙音聲，則便信受。

②有情聞佛名，必至無上菩提

菩薩住淨佛土證無上菩提時，十方諸佛共稱讚彼佛名。

若有情聞是佛名，見佛功德深心敬重，由此所種善根，畢竟於菩提不退轉。

③聞法皆信受

淨佛國有情聞佛說法，正信無疑。

若有情著我見、邊見等煩惱覆纏，非佛言是佛，是佛言非佛。不深種善根，常起三毒、邪見，於佛說多所生疑，生疑故心悔。

淨佛國中無如是罪人，故不生疑。

(3)無雜穢心，必定得無上菩提

如是淨國中無如是諸過，於世間、出世間，有漏、無漏，有為、無為法中無有障礙。國土七寶莊嚴，有情身相好端正，無量光明，常聞法音，常不遠離六波羅蜜乃至十八不共法，畢竟得無上菩提。

*25 自行德成

(1)住正性定聚

善現以入涅槃為正性定聚，故有三乘之別；此中說菩薩但住菩薩正性定聚。三種菩薩，若初發心、若不退位、若最後有，皆住菩薩正性定聚。(皆必當成佛)

(問)前說求佛者如恆河沙，得不退轉者若一若二，何以今說三種菩薩皆畢竟住菩薩正性定聚，必當作佛？

(答)般若甚深有無量門，或說「諸菩薩退轉而不畢竟成佛」，或說「菩薩畢竟成佛不退轉」，此二說皆實。如佛為初發心者說諸法有，為久學而著善法者說諸法空無所有。

1.懈怠於無上菩提不牢固者，應從聲聞道得度，若不求聲聞而久於生死中受苦，佛為此等人說「發心者如恆河沙，得不退轉者若一若二。」

有情聞此已，若能堪受眾苦者，畢竟能得無上菩提；若不能者，則取聲聞道或獨覺道。

2.有堪任得佛但大悲心薄，只求自愛者，若聞佛道難成，則多有退轉，自念「我或不能得佛，不如早取涅槃，何用世世受勤苦為。」

佛為此等人說「一切菩薩從初發心起皆畢竟能成佛」。

(2)不墮八難

住正性定聚菩薩從初發心修行六波羅蜜及餘無邊佛法，斷諸惡法，由此因緣不墮八難。

①不墮三惡道：斷諸惡業因緣，不墮三惡道。

②不生長壽天：雖入禪波羅蜜不著禪味，命終時念欲界法退禪道，不生長壽天，以著禪難度化故。

③不生障善法處，不生邊國：邊國無三寶七眾，為不知法、障善法處；若識三寶，知罪福因緣，解諸法實相，不名為邊。

④不生邪見：常行正見修諸善，不執六十二種邪見，不撥無妙行惡行及果(此為無作見)。

(無作見為六十二見之首，為外道富蘭那迦葉 pūrana kāśyapa 之主張，世間無功德罪業，無善惡，善法不能得解脫，否定出世沙門果，否定布施等功德，主張無後世，為斷見外道。)

*26 化他德成

(1)為利益有情故受傍生身

菩薩成就功德善根，不由穢業受惡趣身，但為饒益有情故，受傍生身而不為傍生過失所染。

菩薩變化作六牙白象，以象鼻保護獵師，不令餘象得害。獵師著煩惱罪，非是獵師之過，如鬼著人，咒師但治鬼而不瞋人，故莫求其罪。白象自斷象牙給予獵師，並供給糧食，示語道徑。

如是等慈悲，非阿羅漢、獨覺所有。

(2)菩薩住無所得空中，起神通，為有情受身

①由般若起方便善巧

❶住無所得空中，得無上菩提

菩薩住深般若，由方便善巧，於十方世界現種種身，利益安樂有情，而不起染著。

諸法自性空故，能染、所染及染因緣都不可得。

空不染著空，亦不染著餘法，以空中空性、餘法都不可得故。

此中法無故有情無，有情無故法亦無。

菩薩住此不可得空，能證無上菩提，為有情作饒益事。

❷住般若則住一切法

一切法皆入般若波羅蜜中，若住般若波羅蜜，則住一切法。

若一切法、一切法性空，一切法應入空中，菩薩住深般若波羅蜜，能作如是方便善巧。

②方便起神通諸行

云何住法空中起神通有法，往十方世界供佛、聽法、種善根？

❶行般若，遍觀國土、諸佛皆空，以方便力起神通

1.菩薩行般若時，遍觀十方國土及諸佛皆空，以空故能行。

此中佛以無量劫所成功德能動十方國土；而菩薩世世愛重佛，不能疾觀使佛空，故國土空與諸佛空分別說，而不合說空。

2.若國土與諸佛不空，則空應是此等之一分，故有空、不空處。

而真實上空並非是一分，故說一切法自性皆空。

3.菩薩行般若時，於一切法無礙，由遍觀空之方便善巧，引發神通波羅蜜，安住神通般羅蜜中，引發天眼通慧，令他界四大來在身中。

若以肉眼觀色，見上不見下，見前不見後，通見障不見，晝見夜不見，以肉眼力少故，故以方便更求天眼。

如是例能引發天耳、神境、他心、宿住、隨念及知漏盡之通慧。

❷起神通自行成

1.神通波羅蜜是菩提道，能令有情發心，諸菩薩依此道求趣無上菩提，自修善法，亦教他修，而於善法都無味著，以諸善法皆自性空故，

2.菩薩觀諸法空，不起有漏業，為有情說法亦不著有情，知有情假名不可得故。

3.菩薩以無所得般若為方便，引發殊勝神通，作所應作一切事業。

❸起神通化他行成

1.遊戲神通，廣演道法，饒益有情

菩薩以神通力，觀有情本末，應度因緣、國土、時節，知其信等諸根增利，諸因緣具足而為說法。菩薩若離神通，不能饒益有情，如鳥無翅。

2.以神通應機施教，饒益有情，隨意受身而無染。

(3)以神通嚴土熟生，滿菩提願，轉法輪度有情

①以遊戲神通嚴土熟生，得無上菩提

菩薩應如是遊戲神通，成熟有情、嚴淨佛土，疾證無上菩提。

若菩薩未能圓滿此菩薩資糧，必不能證所求之無上菩提。

空行為上，神通為下如小兒，故名為遊戲，但於嚴土熟生最為要用。

②一切善法皆是無上菩提因緣

何等名菩提資糧？

一切善法皆是菩薩菩提資糧。

❶約布施度

1.以無分別心行布施，自利利他

菩薩從初發心行布施波羅蜜乃至十八不共法，於是行法中，無憶想分別，由此所修能自饒益，亦能饒益有情，令出生死證涅槃，是名菩薩菩提資糧，亦名菩薩道。

此中不三分別執著，此是布施，由此、為此而行布施，以知一切法自性空故。

2.三世菩薩行是道得度生死

三世諸菩薩眾行此道故，已得當得今得無上菩提，亦令有情已當今度生死大海得涅槃樂。

❷例餘法

菩薩行諸餘法亦復如是，於中都無分別執著。如是三分別執著都無，知一切法自性空故。

由此能自他饒益，出生死得涅槃，是為菩提資糧。

③著心行布施之失、無著心布施之得

❶著心行布施之過失

1.易生忿恚、怨嫌、心悔

若著心行布施，有不稱意事，則生忿恚；若受者不感其恩，則成怨嫌。

若著心供養善人，有少凶衰，則嫌布施無應，悔惜所施；若布施心悔，所受果報則不

清淨。

2.增長三毒受罪苦

(1)貪因緣：受三惡道苦

若著心布施，深心貪著財物，若有侵奪，則便加害；能為重罪，受三惡道苦。

(2)瞋因緣：受諸苦惱

貪著因緣故生瞋恚，瞋恚因緣故加刀杖；刀杖殺害，受諸苦惱。

(3)痴因緣：必致大患

十方諸佛皆說無相解脫門，諸法無相相為實。若人取財物虛誑不實相，然後心著；心著故，期大果報而能施與，如是著心行布施，果報少而不淨，終歸於盡，受諸憂惱。

若以如實相行布施，無有如是過。

3.先著善法，後著空法，則有二失

若人以著心行善法，若聞諸法畢竟空，即捨所行法，著是空法取相，以此法為實，以先者為虛誑。是人有二種失：失先善法，後墮邪見。

著心者，有如是過。

❷無著心布施之得

1.捨著心，不取空相，為有情迴向無上菩提

菩薩捨於著心，不取空相；如同真如、法性、實際，而於布施等法亦如是見，為一切有情迴向無上菩提。

2.知諸法實相，亦知布施實相，以諸法實相迴向

菩薩布施時，作是念：「如十方三世諸佛清淨智慧，知諸法實相，亦知是布施相；我亦以是性迴向。」

3.以清淨智慧觀，諸法皆入勝義，清淨無別異

若未得諸法清淨真實慧，則有所分別是實、是虛。

若以清淨真實慧知之，則諸法皆入勝義，入勝義中，皆為清淨，無有別異。

④具足諸善法，成佛度有情

諸菩薩要修如是諸善法令極圓滿，方得證一切智智，要證得一切智智，乃能無倒轉正法輪，令有情究竟安樂。

*27 菩薩法亦是佛法

(1)佛法與菩薩法之差異

佛與菩薩於諸法行處相同，但智慧利鈍有異。

①佛得一切相智永斷煩惱習，菩薩未成滿

菩薩雖如實行六波羅蜜而未周遍，未能入一切相智門，不名為佛。若菩薩已入一切相智門，入諸法實相中，以一念相應慧得無上菩提，斷一切煩惱習氣，得諸法中自在力，爾時名為佛。

如十四日不能令大海水潮，菩薩亦如是，雖有實智慧清淨，未能具足，不能動一切十方有情。

而月十五日光明盛滿時，能令大海水潮，菩薩成佛亦如是，放大光明，能動十方國土有

情。

②行向得果之差別

菩薩與佛雖同為聖人，而其向道及得果有差別。

菩薩從初發心乃至金剛喻定，於一切法未離闇障，未到彼岸，未得自在，未得果時，名為菩薩。

佛已得果，斷一切法中疑，無所不了，故名為佛。

(2)諸法自相空不二，然迷悟有別

①自性空中無別

諸法自性空中，補特伽羅不可得，彼所造業不可得，彼異熟果不可得，皆無差別。

地獄乃至天，種性地、八人、須陀洹乃至佛皆不可得。

此中地獄等有情、業因緣皆不可得，以作業者、業、果報皆不可得故。

②因迷悟不同而有差別

有情不知自性空法故，能起善惡業。

身口意三業若善、若惡，若有漏、若無漏。善業生人、天中，惡業墮三惡趣，善業中有欲界繫及色、無色界繫差別。

若有情知諸法性空，不生著心不起業，不生三界異熟果。以是故菩薩盡受行布施等法乃至十八不共法，乃至能引發近助菩提金剛喻定，證得無上菩提，與諸有情作大饒益，令脫生死苦。

(3)佛不得諸趣生死，但為有情證菩提說諦實法

①諸法自相空中無業果差別

佛不得諸趣生死及業差別。(五趣生死如幻非實，假名為有，故言不得。)

佛不得黑業(三惡道業)、白業(人、天業)、黑白業(阿修羅等八部業)、非黑非白業(無漏業)。此中無漏法雖清淨無垢，以空無相無作故無所分別，不得言黑、白，又滅諸觀故亦不分別黑、白。須陀洹乃至阿羅漢等為非黑非白業。

②為饒益有情發心

若有情自知諸法自相空，無有情可度，則菩薩不發菩提心，不於六道中拔出有情。今有情實不知自相空法，隨心取相生著，以著染故造業，流轉諸趣受無量苦。菩薩從佛所聞自相空法，為饒益有情，故發心求證無上菩提，方便善巧拔有情苦。

③為有情行菩薩道，得菩提

菩薩為有情於般若中攝一切善法，行菩薩道，得無上菩提。

④成道已，教化有情

❶說四諦三寶

菩薩成道已，為有情說四聖諦。四聖諦攝一切菩提分法，以此為因緣分別有三寶。若有情不信三寶，則不得離六道生死。

❷說一乘實諦

1.四諦平等即是涅槃

四諦平等性即是涅槃。

如是涅槃，不由苦集滅道諦(諦體)故得，不由苦集滅道智故得，但由般若波羅蜜四諦平等性而得。

(1)諦智和合故能得道

愛等<u>煩惱</u>滅，名為有餘<u>涅槃</u>。

若以<u>苦諦</u>得涅槃，則一切有情牛羊等亦應得道。

若以<u>苦智</u>得，離苦則無智，離苦智不名為苦諦，但名為苦。

若苦諦、苦智和合故生，不得言但以苦諦滅，但以苦智滅。

如是乃至道諦亦如是。

(2)四諦平等即是滅(涅槃)

四諦平等即是滅，不用苦諦滅，乃至不用道諦滅。

以苦等四法皆從緣生，虛誑不實，無有自性不名為實，不實故何能滅？

(問難)苦集二諦有漏，虛誑不實；道諦則無漏法，無所著，雖從因緣和合生而不虛誑；滅諦是無為法，不從因緣有。

云何說此四法皆是虛誑？

(答)初得道，知苦集二諦是虛誑。

將入涅槃，亦知道諦虛誑，以空空三昧等捨離道諦，如說筏喻。

滅諦雖無定法，但離有為，則無無為，以因有為而說無為故。苦滅如燈滅，不應戲論求其處所。

是故說不由苦集滅道諦故得滅(涅槃)。

2.別明四諦平等義

(1)無四諦、四諦智

若無苦、無苦智，無集、無集智，無滅、無滅智，無道、無道智，是名四聖諦平等。

(2)四諦實相

是四聖諦真如、法界、法性、不虛妄性、不變異性、平等性、離生性、法定、法住、實際、虛空界、不思議界，有佛、無佛法相常住，為如實、不誑、不失壞、無變易故，不用心心所法及諸觀，但為不誑有情故。

住一切餘法皆顛倒，妄著顛倒果報生，雖能與人天喜樂，久皆虛妄變異，但有一法所謂<u>諸法實相</u>，以不誑故，常住不滅。

(4)通達實相入菩薩位，成熟空觀巧說法

①通達實諦，過二乘入菩薩位

❶見諸法空，得入菩薩位

若菩薩思惟籌量求諸法，無有一法可得定相，若四諦攝、若不攝，諸法皆空。此中虛空、非數緣盡者為非四諦，餘者皆在四諦。

若觀如是法空，爾時，入菩薩正性離生位。

❷安住種性地中，不從頂墮

菩薩入正性離生，便住菩薩種性地中，決定不從頂墮，不墮聲聞、獨覺地。

聲聞法中，煖、頂、忍、世第一法，名為種性地，是法隨順無漏道，故名為種性，住此中必望得道。菩薩亦如是，安住種性地中，必望作佛。

❸通達實相，順向菩提

菩薩住種性地中，能生四靜慮、四無量、四無色定。

菩薩住定地中攝心，分別諸法，通達四聖諦。

　　　知苦，不生緣苦心；斷集，不生緣集心；證滅，不生緣滅心；修道，不生緣道心，但隨
順無上菩提心，觀諸法實相。(不著四諦，不作四諦分別觀。)

　　　　了知凡夫受身著苦因緣，受諸憂惱；此人身如賊、如怨、無常、空等。以菩薩法位力，
　　　知苦已，應即時捨，不取苦相，亦不緣苦諦。

②空觀成就，以方便力為有情說法

　　❶以自相空觀諸法

　　　1.云何觀諸法實相？

　　　(答)觀空。

　　　　觀諸法若大若小皆空，名如實觀。

　　　2.用何等空法？

　　　(答)用自相空。

　　　　　內空、外空等是小空；畢竟空、無所得空等是甚深空。

　　　　　而自相空是中道空，以其有埋破而心不沒，能入甚深空中故。

　　　　菩薩以如是法，觀諸法皆空，乃至不見一法有性可住，可得無上菩提。

　　　3.觀空因緣

　　　　觀諸法如無上菩提，皆以無性為自性。

　　　　如是無性非佛所作，非菩薩所作，亦非二乘所作，亦非住果、行向者所作，常寂滅相，
　　　　無言語戲論。

　　❷為愍有情不知實相故，菩薩行般若以方便力為有情說法，令離執著解脫生死苦，得究竟
　　涅槃樂。

　　　此中方便力者，菩薩得無生法忍，入菩薩位，所通達之菩薩勝義諦。

*28 諸法本空，迷悟不同故有凡聖

(1)於空中分別諸法異

　　般若甚深難解，佛以語言名字、譬喻為有情說。利根者解意，而鈍根者處處生著，著於語言
名字。

　　此中聞「空」著空；聞「空亦空」亦著；聞「諸法寂滅相，語言道斷」亦著。

　　自心不清淨者，聞聖人法亦不清淨，如醫者視清淨珠，見自目影，謂珠不淨。

①諸法空，云何有五道、三乘

　　以是故，善現問：「諸法以無性為性，云何分別有五道、三乘？」

②無性法無業無果報

　　佛告善現：「無性法中不施設諸法有異，無業、無果亦無作用。」

　　❶有五道之因緣

　　　有情不知諸法無性為性，愚癡(三界繫無明)、顛倒(四顛倒)起身口意業，隨業差別受種種
　　　身，依身品類差別，施設五道乃至非想非非想處，以無定實故，五道等皆空，唯有假名。

　　❷有三乘之因緣

　　　1.以實慧觀道果無性

　　　　無性法中，無業、無果、無作用。

　　　但依聖法及毘奈耶分位差別，施設預流乃至獨覺、菩薩、如來。

　　　(問)無性法無作用，云何可得預流乃至諸佛得一切相智？

　　　　所修道是無性不？

　　　　諸預流果乃至一切相智是無性不？

　　　(答) (1)辨果

　　　　　諸賢聖以斷顛倒之差別(斷三結、五下分結、五上分結、入無生法忍等)故有不同

　　　　　之賢聖異名。

　　　　　　然顛倒不實故無所斷，又以滅失、無所有名斷，若實有法可斷，若無可斷法(不

　　　　　實法)，則何所顛倒！斷顛倒即是聖人果，是故諸賢聖果皆無所有。

　　　　(2)辨行道

　　　　　為果所修之道亦同無所有，是故修道時必當用空、無相、無作。

　　　　道果分別故，則賢聖有差別，今實無所有法不能得，無所有云何有差別？是故不

　　　　應問難。

　　2.以方便慧濟拔有情

　　　菩薩行深般若時，以方便力見有情顛倒著五蘊。

　　　　於無常中起常想、苦中起樂想、無我中起我想，不淨中起淨想，於無性法執著有性。

　　　菩薩以方便力，於無所有中濟拔有情。

　③凡夫顛倒故生著

　　(問)若凡夫所執為實有，執已造業，沉淪諸趣不得解脫不？

　　(答)不也，凡夫所執起業處非實，但是顛倒故。

　　　❶無顛倒則無勝義

　　　　因凡夫顛倒故為有情說勝義空，若無顛倒，則亦無勝義。

　　　❷空雖非實，為破執滅惑故以世諦說

　　　　若顛倒、勝義俱不實，云何得解脫？

　　　　1.法空實清淨，為破著故言無實

　　　　　諸法實相畢竟空，勝義實清淨。

　　　　　　以有凡夫顛倒之不清淨法，故有此清淨法，不可破壞，不變異故。

　　　　　以人於諸法實相上起著，故說「是法性空無所有，無所有故無實。」

　　　　2.法雖不實，而能遣惡

　　　　　雖二法皆不實，而不實中有差別。

　　　　　　十善、十不善皆有為法，虛誑不實，而殺生不善法墮惡道，不殺善法生天上。

　　　　　如慈能破瞋、施能破慳，雖二事俱不實，而能相破。又有情雖無所有，而惱有

　　　　　情者有大罪，慈念有情者有大福。

(2)舉八喻明雖有見聞而無染淨

　①依喻明理

　　❶如夢喻

　　　若諸法畢竟空無所有性，何以現有眼見、耳聞法？

　　　佛以夢喻明理。

1.夢中雖無實事而有所聞見，瞋喜處。夢中見六道生死往來，見須陀洹乃至阿羅漢。夢中無是法而見，夢中實無淨垢，而覺人在旁則無所見。

2.凡夫以無明顛倒力故，妄有所見，聖人覺悟，則無所見。諸法若有漏無漏、若有為無為，皆不實，因虛妄故有見聞。業果報五道亦如是，顛倒因緣故起業，業果報亦應空。除卻顛倒故名道，顛倒無實故道亦不應實。

❷餘喻亦如是

②如實見者知無染淨者，亦無染淨事

於如是空相中都無所有，無有著染者、無有淨者；以是因緣故亦無染淨。

❶住我、我所之有情有染、有淨

(難1)《阿毘曇》中分別說「諸法有染淨，但受染淨者無」。

此中三毒等諸煩惱為染，三解脫門等諸道法為淨。

(答)1.若無人，則法無所屬亦無染淨，故無縛解

若有情法無所屬，亦無作者；又若無作者，亦無作法，則無縛無解。

如人為火所燒，畏而捨離，非火離火；有情亦如是，畏五蘊苦故捨離，非苦離苦。

若無染淨者，則無有解脫。

2.住我我所則受染淨，我畢竟無則染淨亦無

有情住我我所中，則受染受淨。

若我畢竟無，則染淨無住處，無住處則無染、無淨。

(難2)我雖無，我見實有，凡夫住此中起諸煩惱。

(答)若無我，則我見無所緣，若無所緣，云何得生？

(難3)雖無我，凡夫於五蘊中邪行，謂有我，生我見；此五蘊是我我所。

(答)若以五蘊是定生我見之因緣，則於他五蘊中何以不生？

若於他五蘊中生我見，則為大錯亂。

是故我見並無有定緣，但以顛倒故生。

(難4)若顛倒生我見，何以故但自於己身生見？

(答)是顛倒狂錯，不應求其生見之實事。

又復於無始生死中來，有情自於相續五蘊中生著，故佛說：

「住我我所有情虛妄分別，由此因緣受染、受淨，謂有染有淨者。」

❷如實見者離妄執故無染無淨

若我定有，如實見者應有染淨；以如實見者實無染淨，以是因緣說無染淨事。

無染淨者，見諸法實相，又於諸法實相亦不著，故無染，諸法實相無相可取，故無淨；又不著八聖道故說無淨，能除諸煩惱不著顛倒，故說無染。

*29 廣明平等性

(1)略說平等

善現問：

1.實見者、邪見者都無染淨，以諸法無所有故；

實語者、邪語者都無染淨，以諸法無自性故。

2.無所有(無自性法)中無染淨，所有(有自性法)中無染淨，無所有中有所有中亦無染淨，以諸法皆以無性為自性故。

　　此中無所有為斷滅見，不應有染淨；所有為常見，亦不應有染淨。所有若決定是有，則不從因緣生故常，常故無染淨。

　　若如此，云何說有清淨法？

①諸法平等是名淨

佛答：「諸法平等性，即是清淨法。」

諸法實相，真如、法性、法住、實際等是平等，菩薩入如是平等中，心無憎愛。是法，有佛、無佛法性常住，是名為淨。

②世俗假名說，勝義畢竟空

平等義依世俗說為清淨，不依勝義。平等義不可說，勝義中無分別無戲論(心行處滅)，一切名字語言道斷。

　　諸法平等相，皆為世諦，世諦非實，但為成辦事故說。如人以金換草，問何以貴易賤？答以我事須用故。又如人以指指月，不知者但觀其指不觀月，如人於諸法平等取相著心。

(2)平等行

①住虛妄分別法不得菩提

諸法空如夢如化，云何菩薩發心行六波羅蜜等乃至為有情如應說法？

六波羅蜜等法雖有利益，不出如夢如化法。此等法皆是思惟、憶想、分別、造作所生法，不得住於如是法中得一切智智。

②修性空無相行，但為利益有情

❶一切善法能助道，而助道法性空如夢如化

六波羅蜜等善法皆是思惟造作，不實如夢如化。此說易令有情心生懈怠，故佛說：「是法皆是助道因緣。」

若於是法中邪行謬錯，是名不實；若直行不謬，即是助道法。如是等法為助道故，不為得果。

　　布施等是有為法，道亦是有為法，同相故相益。

　　果是諸法實相，無生無出，一相所謂無相，寂滅涅槃。是故布施等有為法於涅槃不能有益。如時雨能益草木，不益虛空。

菩薩從初發心以來所作布施等善法，知皆是畢竟空，如夢如化。

❷具足諸道品而不取相，能成熟有情得無上菩提

布施等若不圓滿，不能成熟有情、嚴淨佛土，得無上菩提。

菩薩為成熟有情，行布施波羅蜜等，亦不取布施波羅蜜等若有相若無相，不戲論如夢等諸法，直行乃至得無上菩提，以布施等乃至十八不共法皆不可取相故。

❸但為利益有情，發心求佛道

　1.辨所行

　菩薩知一切法不可取相已，發心求無上菩提。

　一切法無實如夢如化，皆不可取，以不可取法不能得不可取相法。但有情不知，故菩薩為有情發心求無上菩提。

　2.釋因緣

(1)菩薩發心求道，但為有情不為餘事

　　若菩薩無憐愍有情心，但求般若波羅蜜，求諸法實相，則或墮邪見中，以未得一切智心未調柔，故墮諸邊，諸法實相難得故。是故菩薩從初發心，憐愍有情，著心漸薄，不戲論畢竟空，若空若不空皆有過失。

(2)菩薩能令自他得無所著

　　菩薩行般若時，無有情乃至知者、見者，安住是中，拔出有情著於甘露性(所謂一切助道法)中。菩薩自得無所著，亦令有情得無所著。

(3)依世俗說，非勝義

　　勝義中無有情、無一無異等分別諸法相，此說依世俗，非依勝義。

(3)明平等果

①以二法分別，無有道果

　　以世俗諦說「有佛得無上菩提」，此中實無得者、無有得法。

　　若是人得是法，即是二法分別，即是有所得。執有二法者，皆是虛妄，無道、無果。

②諸法平等離諸戲論，即有道果

❶二法與不二法

　　二法是凡夫法，不二法是賢聖法。

　　不二法雖真，初發心者未得諸法實相，聞不二法，取相生著。

　　二法名各各別相，不二名一空相。

❷以平等法破戲論分別

　　以一空相破各各別相，破已還捨不二相。不分別戲論，謂用是法得道果，用是法無道果。

　　無戲論是平等法。佛遮二邊說中道，非二法，非不二法。

(4)論平等義

①諸法平等性，凡聖不能行

❶離有性、無性，出過一切法

　　若諸法以無性為性，何謂法平等性？

1.假名為平等

　　若離有性、無性，假名為平等。

(1)不說法有：不說諸法性、不說諸法相所顯；

(2)不說無法：不說無法性、無法相等所顯；

(3)不說離二邊更有平等相：一切處不取平等相；

(4)不說無是平等：以不妨行諸善法故，

　　是名諸法平等。

2.出過一切法

　　諸法平等者，所謂出過一切法。

　　此中所說平等，於凡夫行中出，不言於色等法中出。

　　(法有二種：一者色等法體；二者色等法中之行，凡夫邪行，賢聖正行。)

　　色等法平等性不可說、亦不可知，除平等性無法可得，離一切法無平等性。

❷諸法平等性，凡聖不能行

法之平等性，凡夫聖者俱不能行，以非彼等所行境故。

②凡聖平等性無別異，故說佛亦不能行平等

若佛與平等性有別，則佛應行平等性。但佛即是平等性，故不能行。

諸法平等性，若凡夫法、若預流法乃至若如來法，皆同一相，所謂無相，是一平等無二無別。此中凡夫乃至佛，自性不能於自性中行，自性應於他性中行。

③平等中無差別，世諦故有差別

若法平等性中無差別，不應有凡聖法及有情之差別。今以世諦說有差別。

(5)明有一切教門

若凡夫乃至佛無差別，云何有三寶出現於世間？

①三寶即是平等，佛方便於無相法中分別凡聖

平等即是法寶；得平等法即是佛寶；得此法，分別有須陀洹等僧寶。此法非相應非不相應，無色、無見、無對、一相，所謂無相。唯佛有方便力，於空無相中，分別凡聖差別。

②若佛不為有情分別諸法相，有情不能如實知

若佛不為有情建立諸差別名相，諸有情不能自知五道、諸天、五蘊乃至三寶、三乘等差別名相。而佛於無相法方便善巧，雖為有情建立種種差別名相，而於諸法平等性中無所動，於有情作大恩德而不取相。

❶佛為有情分別諸法相

但以一切智照為人演說令知，但不轉諸法相，不作好醜事；如日出不能令高者下、下者高，但能照明萬物，令有眼者別識。(佛如實知而為有情說，凡夫則為虛妄分別。)

❷佛於寂滅相中分別諸法，而不墮戲論

佛雖知寂滅、不二相，亦能於寂滅相中分別諸法，而不墮戲論。

❸入諸法平等中，方如實知諸法相。

③佛於平等性中不動，不著一異相，而善分別說諸法。

(6)廣明一切法平等

①凡聖皆於平等中不動

諸佛於諸法平等性中不動，如是菩薩、阿羅漢、獨覺乃至凡夫亦不動。

以諸法及有情皆不出過平等性故；如法平等性，凡夫乃至諸聖者，於真如乃至不思議界亦等無差別故。

②(問難)

❶諸法及有情相異故性亦應異，是則法性亦應各異：

色相異故性亦應異，如是乃至有為法相異故性亦應異。

❷云何於諸異相法等，可得安立法性一相？云何行般若時，不分別法及有情有種種性？

若不分別法及有情有種種性 → 則不能行深般若 → 不能從一菩薩地至一菩薩地

→ 不能趣入菩薩正性離生 → 不能超諸聲聞獨覺地 → 不能圓滿神通波羅蜜

→ 不能於諸神通遊戲自在 → 不能圓滿六波羅蜜 → 不能至諸佛國親近諸佛

→ 不能種諸善根 → 不能嚴淨佛土、成熟有情 → 不能證無上菩提，轉法輪度有情。

③(佛答)

諸法性皆是空性，空性中諸異相皆不可得。

法平等性非即凡夫乃至如來，非離凡夫乃至如來。

法平等性非即色乃至有為法、無為法，非離色乃至有為法、無為法。

❶若空中無異相，空便是實，云何於空中分別諸法？

畢竟空中，空亦不可得，各各相亦不可得，云何有空、有各各異相？

❷以是因緣故，當知諸法平等中，非凡夫人、亦不離凡夫人，乃至非佛、亦不離佛。

(7)明平等相，有為無為一相

①法平等性非是有為、非是無為，有為無為二界非合非散，無色、無見、無對、一相，所謂無相。

若有為，皆是虛誑作法；若無為，無生住滅故無法，無法不得名無為法。

離有為，無為不可得；離無為，有為不可得。破有為即是無為，更無異法名無為。不可說有為法無常，而無為法是常；無為法無分別故無相，若執為常相，則不可言無相。

②以世俗說有為無為，非依勝義。勝義中無身語意行，此時有為無為法平等。

③菩薩行深般若時，觀有為、無為法平等，亦不著一相，不動勝義而行，成熟有情、嚴淨佛土，證得無上菩提，轉妙法輪度有情眾。

*30

(1)約法性平等論化有情義

①以二空化導有情

(問)若諸法平等性皆本性空，非能作非所作，云何行深般若時，於諸法平等中不動能饒益有情？

(若諸法實相畢竟空，無所能作，菩薩住於其中何能利益有情？若用是平等利益有情，則壞實相。此以第一悉檀問。)

(答)菩薩不以諸法實相利益有情，但教有情知畢竟空。菩薩教化有情為對治悉檀。

❶示有情空

有情顛倒不知，佛但破有情顛倒，不言是實相。

菩薩住平等相中，遠離我相乃至知者、見者相，是名有情空；以是無我法，教化有情。

(此為對治愛多者立)

❷示法空

見多有情，雖知無我法，於色等法中戲論若常、若無常等；是故令遠離五蘊相、十二入、十八界乃至有為性相，令住無為性相。無為界即是諸法空，是名法空。

②明所用空：遠離一切法相，知諸法空

由何空故諸法空？

以諸法無所得畢竟空故，遠離一切相。

此中但說有情空、法空，以是二空故，諸法無不空。

諸法不可盡壞，但離其顛倒邪憶想，一切法自離，是故說想空(相空、離一切相)，則諸

　　法空。

(2)諸法如化，隨機施教分別說

　①變化與空非合非散 (諸法如化無差別)

　　❶變化與空二事非合非散，以空空故空，皆空故不應分別是空、是化。

　　　何以故？是二事等，空中不可得，不可謂是空、是化。

　　　　佛以化人復作化為喻，是化無有實事而不空中。凡夫虛妄亦如是，以無事實為實。為破十八事實故有十八空，為破有情心中變化空法，故用空空。

　　❷凡夫皆知變化(幻化)是空不實，而餘法是實，故以化喻不實。而聖人亦知餘法與化無異，皆不實，不得以化喻餘法，以彼等無分別故。

　　　色乃至識，五蘊無不是化，以空故。

　②諸法如化而有差別

　　一切世間、出世間法無非是化，而於其中有聲聞化、獨覺化、菩薩化、如來化、煩惱化、諸業化，一切法皆如變化無有差別。

　　(問)凡夫法虛妄應如化，出世法如化耶？涅槃(法果)亦如化耶？諸聖者(須陀洹乃至佛)亦如化耶？

　　(答)若有為、若無為及諸賢聖皆如化，畢竟空故。

　　❶諸法雖空而各有因緣

　　　佛所化及餘人所化，雖不實而有種種形象別異，如夢中所見種種好惡事，如鏡中見種種好醜像，諸法雖空而各各有因緣。

　　❷化法中有種種變化

　　　1.聲聞法變化

　　　　聲聞人住持戒中，禪定攝心求涅槃，觀內外身不淨，名身念住，乃至諸三十七品、四聖諦、三解脫門等法，本無今有，已有還無，是為聲聞變化。

　　　2.獨覺法變化：觀十二因緣等法。

　　　3.菩薩法變化：六波羅蜜、報得及修得神通等。

　　　4.諸佛法變化：三十二相、八十隨好、十力、一切相智等無量佛法。

　　　5.煩惱法變化：煩惱起種種業：善、不善、無記，定、不定業，善、不善、不動業等。

　　　6.業因緣法變化：

　　　　業因緣起六道善惡果報。依淨業、垢業，依凡夫業、聖人業而說有諸因業起之變化。

　　　當知一切法皆空如化。

　③如化、不如化與本性空寂

　　❶為新發心者說：有為如化、涅槃不如化

　　　1.具生滅之法必是變化，因緣生、無自性、畢竟空

　　　　諸法若生若滅皆如化，從因緣生法無自性故畢竟空，畢竟空故皆如化，本無今有、今有後無，誑惑人心故。

　　　2.為新發心者說：無生滅之涅槃不如化

　　　　諸有為法皆畢竟空。唯有涅槃一法，無生無滅，非如化。

平等法非佛所作，非聲聞獨覺所作，有佛無佛諸法常住性空相，性空相即是涅槃。

(1)為新發心菩薩，說涅槃不如化。

(2)為著涅槃有情說涅槃如化；若無著心，則說涅槃非如化。

(3)小乘論義，以涅槃為實；大乘論義，以利智深入故，觀色等諸法皆如涅槃。

❷示新發心菩薩法性本空

　菩薩為除新發心者怖畏性空，故應方便教導：

　1.若諸法先有，以行道故無，應當怖畏；

　2.今知法初自無故，不應怖畏，但為除有情之顛倒耳。

[甲五]釋餘略義　　　攝品第十
1.攝為六義

[相及彼加行，彼極彼漸次，彼竟彼異熟，餘六種略義。](頌攝1)

如是為樂廣者，已開八門廣說。

次為樂中者，除前八門，當知說餘六種略義，謂：

1.三智自性之相；
2.修彼三智行相之圓滿相加行；
3.修三智相最極之頂加行；
4.三智行相一串次第修習時之漸次加行；
5.修三智加行究竟時之剎那加行；
6.三智之異熟果法身也。

2.攝為三義

[初境有三種，因四加行性，法身事業果，餘三種略義。](頌攝2)

如是為樂中者，已開六門宣說。

次為樂略者，當攝為三門宣說，謂：

1.三智是修加行之境；
2.四加行是彼究竟三智之因；
3.法身及事業是加行之果。

此境、行、果三門，即離前二，另說餘門也。

論後義

[論後義]

其造論者，謂此《般若波羅蜜多教授現觀莊嚴論》，是成就究竟大悲大智，現住覩史多天一生補處彌勒菩薩所造。

由梵譯藏者，謂天竺明本光論師與吉祥積譯師翻譯校對，後又經天竺大德無死論師與具慧譯師重譯校閱，善為決擇也。

[謹依先覺論，摘譯少分義，歸命慈氏尊，加持成佛事。]

[論後義]

卷478〈空性品 85〉：

「時，薄伽梵說是經已，無量菩薩摩訶薩眾，慈氏菩薩而為上首，具壽善現及舍利子、大採菽氏、大迦葉波、阿難陀等諸大聲聞，及諸天、龍、阿素洛等一切大眾，聞佛所說皆大歡喜，信受奉行。」

(CBETA, T07, no. 220, p. 426a$^{10-14}$)

sher phyin: v.028, pp. 843^{09}–846^{10} 《合論》：v.051, pp. 847^{19}–849^{05}

國家圖書館出版品預行編目資料

二萬五千頌般若經合論記要(五) / 李森田 記要, -- 初版 -- 臺北
市：蘭臺出版社, 2024.08
　　冊；　公分. -- （佛教研究叢書；15）
　　ISBN：978-626-97527-9-9（全套：平裝）

1.CST: 般若部

221.4　　　　　　　　　　　　　　　　　　113005547

佛教研究叢書15

二萬五千頌般若經合論記要（五）

作　　者：李森田 記要
總　　編：張加君
編　　輯：柯惠真
主　　編：盧瑞容
美　　編：凌玉琳
校　　對：施麗蘭、林宜利、楊容容、沈彥伶
封面設計：陳勁宏
出 版 者：蘭臺出版社
發　　行：蘭臺出版社
地　　址：台北市中正區重慶南路1段121號8樓之14
電　　話：（02）2331-1675或（02）2331-1691
傳　　真：（02）2382-6225
E - MAIL：books5w@gmail.com或books5w@yahoo.com.tw
網路書店：http://5w.com.tw/
　　　　　https://www.pcstore.com.tw/yesbooks/
　　　　　https://shopee.tw/books5w
　　　　　博客來網路書店、博客思網路書店
　　　　　三民書局、金石堂書店
經　　銷：聯合發行股份有限公司
電　　話：（02）2917-8022 傳真：（02）2915-7212
劃撥戶名：蘭臺出版社　　　　　　　帳號：18995335
香港代理：香港聯合零售有限公司
電　　話：（852）2150-2100　　　傳真：（852）2356-0735
出版日期：2024年 8 月　初版
定　　價：套書 新臺幣 6,800 元整（平裝）
ISBN：978-626-97527-9-9